千甓學府文庫

中國近百年史（上）

羅元鯤 著
陳峰 整理

湖南大學出版社·長沙

圖書在版編目（CIP）數據

中國近百年史：上、下 / 羅元鯤著. -- 陳峰整理.
長沙：湖南大學出版社，2025.01 —（千年學府文庫
）. -- ISBN 978-7-5667-3896-7
Ⅰ. k25
中國國家版本館CIP數據核字第2024WF0624號

中國近百年史（上、下）
ZHONGGUO JIN BAI NIAN SHI（SHANG，XIA）

著　　者：羅元鯤
整　　理：陳峰
責任編輯：王桂貞　　責任印製：陳　燕
印　　裝：長沙超峰印刷有限公司
開　　本：787 mm × 1092 mm　1/16　　印　　張：58.75　　字　　數：493千字
版　　次：2025年1月第1版　　印　　次：2025年1月第1次印刷
書　　號：ISBN 978-7-5667-3896-7
定　　價：346.00圓（全兩冊）

出 版 人：李文邦
出版發行：湖南大學出版社
社　　址：湖南・長沙・岳麓山　　郵　　編：410082
電　　話：0731-88822559（營銷部），88821594（編輯室），88821006（出版部）
傳　　真：0731-88822264（總編室）
網　　址：http://press.hnu.edu.cn
電子郵箱：wanguia@126.com

ISBN 978-7-5667-3896-7
9 787566 738967 >

『千年學府文庫』編輯出版領導小組

出版説明

湖南大學歷史上承嶽麓书院，書院肇建於公元九七六年，爲我國古代四大書院之一，歷經宋、元、明、清，朝代更迭，學脉綿延，弦歌不絶。一九〇三年，書院改制爲湖南高等學堂。清末民初，學制迭經變遷，黌宫數度更易。一九二六年定名爲湖南大學，一九三七年改歸國立。一九五三年全國高校院係調整，學校更名爲中南土木建築學院，一九五九年恢復湖南大學校名。享有千年學府之盛譽，承載着我國教育的發展歷程和厚重的文化積澱，是中國教育史、學術史、思想史、文化史的一個縮影。

惟楚有材，於斯爲盛。從嶽麓書院到湖南大學，一批批學者先賢在此教書育人、著書立説，人才之盛，達成之功，史有明徵，班班可考。爲表彰前賢之述作，昭示後生以軌節，開啓學海津梁，溝通中西文明，弘揚大學之道，傳承中華文化，值此嶽麓書院創建一千零四十周年暨湖南大學定名九十周年華誕之際，中共湖南大學委員會、湖南大學决定編纂出版《千年學府文庫》。兹謹述編纂原則如次：

一、以『成就人才，傳道濟民』爲主綫，以全面呈現千年學府發展歷程、辦學模式、師生成就、學術貢獻爲目標，收録反映千年學府學制變遷與文化傳承的學術著述。

二、選録人物係湖南大學及前嶽麓書院、時務學堂、湖南高等學堂、高等實業學堂、優級師範學堂、高等師範學校、公立工業專門學校、法政專門學校、商業專門學校、國立商學院、國立師範學院、省立克强學院、私立民國大學、省立音樂專科學校、中南土木建築學院、湖南工學院、湖南財經學院之卓有成效并具有重要影響之師生員工。已刊者選印，未刻者徵求，切忌貪多，惟期有用。

三、收録文獻，上起九七六年，下訖一九七六年，既合千年之數，更以人事皆需論定。

四、收録文獻，以學術著述、校史文獻、詩文日記爲主，旁及其他，力求精當，不務恢張。

五、收録文獻，有原刻者求原刻影印，無原刻者求善本精印，無善本者由本校校印。排版形式根據著述年代而定，古代著作采用繁體竪排；一九一九年至中華人民共和國成立前，原則上簡體横排，根據版本情况，亦可用繁體竪排，規範標點；中華人民共和國成立後的著作，用簡體横排。

六、文獻整理，只根據底本與參校本、參校資料等進行校勘標點，對底本文字之訛、奪、衍、倒作正、補、删、乙，有需要説明的問題，則作出校記，一般不作注釋。

七、收録文獻，均由整理者撰寫前言一篇，簡述作者生平、是書主旨、學術價值、版本源流及所用底本等。

八、《千年學府文庫》圖書，尚待徵求選定，徵求所得，擬隨時付印，故暫無總目。

《千年學府文庫》卷帙浩繁，上下千載，疏漏缺失，在所難免，尚祈社會各界批評指正。

《千年學府文庫》編輯出版委員會謹識

二〇一六年十月

前言

羅元鯤，字瀚溟，湖南新化人，清光緒八年（一八八二）生，光緒三十二年（一九〇六）畢業於湖南中路師範學堂，旋即返籍，在新化速成中學堂、新化公立中學堂、新化縣立中學授課。民國二年（一九一三）至民國二十六年（一九三七），羅元鯤任教於長沙復初中學、明德中學、妙高峰中學、岳雲中學、衡湘中學、廣益中學、長郡中學、湖南省立第一女子師範學校、湖南省立第一師範學校、湖南大學附設高級中學等學校，以講授中國歷史、史學方法爲職志。全面抗戰爆發後，羅元鯤再回新化避難。民國三十四年（一九四五）春，參與籌辦妙高峰中學二部。同年秋，任教於行素中學，直至湖南和平解放。

羅元鯤畢生從事教育事業與史學研究，作育英才無數，著述專精宏富。其中，羅元鯤任教省立一師時，爲毛澤東的歷史教員，兩人師生情誼格外引人注目。新中國成立後，當毛澤東得知羅元鯤生計困難的情形時，於一九五〇年十月十一日致書時任湖南省人民政府主席王首道，信中寫道：

首道同志：張次崙、羅元鯤兩先生，湖南教育界老人，現年均七十多歲，一生教書未作壞事，我在湖南第一師範讀書時張爲校長，羅爲歷史教員。現聞兩先生家口甚多，生活極苦，擬請湖南省政府每月每人酌給津貼米若干，借資養老。又據羅元鯤先生來函説：曾任我的國文教員之袁仲謙先生已死，其妻七十歲餓飯等語，亦請省府酌予接濟。以上張、羅、戴三人事，請予酌辦見復，并請派人向張、羅二先生予以慰問。

張、羅通訊處均是妙高峰中學。戴任新化，問羅先生便知。順致敬意！①

同日，毛澤東復信羅元鯤，信中寫道：

賜示敬悉，甚爲感謝！先生及張次崙先生一生從事教育工作，在國民黨統治時期，保持政治清潔，年老貧苦，甚爲繫念。已函王首道主席由湖南省人民政府予以協助。袁吉六夫人亦在其列。肅復，敬頌教祺。②

信中提到的『張次崙』即張幹（一八八四—一九六七），民國三年（一九一四）三月至民國四年（一九一五）八月任湖南省立第一師範學校校長。毛澤東在校期間，爲反對由校長張幹提議、省議會作出的要求學生繳10元雜費的新規定，曾領導一師學生掀起驅逐張幹的學潮。時過境遷之後，毛澤東不僅不再介意張幹當時所采取的舉措，而且對這位老校長的生活境況仍有掛懷。在信中，毛澤東不僅點明了他與羅元鯤的師生關係，更以『湖南教育界老人』『一生教書未作壞事』『保持政治清潔』來評價羅、張兩位先生的貢獻、地位與品行。

一九五二年，羅元鯤應毛澤東主席之邀赴北京叙師生之誼。九月二十六日，毛澤東在中南海頤年堂會見羅元鯤、李潄清、張幹、王季範、鄒普勳、李介侯，并共進午餐、合影留念。會見後，毛澤東還爲羅元鯤舊居親自題寫『力食居』匾額。十月十七日，毛澤東在批示張有晉（一八八六—一九六二，毛澤東就讀一師時的數學教員）請求留京工作的信中寫道：『如留此人在京，則張幹（原一師校長）、羅元鯤（原一師歷史教員，此人誠篤，較二張爲優）亦有請求留京之可能。』③由此亦可推知毛澤東對羅元鯤的認可。

① 中央文獻研究室編：《毛澤東書信選集》，中央文獻出版社，2003年，第361頁。
② 中央文獻研究室編：《毛澤東年譜（1949—1976）》第一卷，中央文獻出版社，2023年，第210頁。
③ 中共中央黨史和文獻研究院編：《建國以來毛澤東文稿》（第七册），中央文獻出版社，2023年，第326頁。

十月十九日，羅元鯤請李漱清轉交給毛澤東兩篇文稿：一篇爲羅元鯤自傳，一篇是羅寫的《第一師範時代的毛主席》。十月二十二日，毛澤東致書羅元鯤，信中稱：

翰溟先生：十月十九日賜示敬悉。李先生交來兩件，均已拜讀，極爲感謝！《自傳》興會飆舉，評論深刻，可爲後生楷模。①

毛澤東對羅元鯤自傳的稱贊，實質上是對羅元鯤畢生自力更生、艱苦奮鬥精神的高度肯定。

一九五三年，羅元鯤在湖南長沙病逝。

作为長期耕耘歷史教學與研究的學者，羅元鯤著述豐贍，體大思精。整理者根據尋霖、龔篤清《湘人著述表》及梳理國内圖書館館藏目録，并以出版時間先後为序將其著述羅列如下：

（一）《民國史要》二十卷，一九二八年新化鎮梅書局石印本，一九三三年長沙鉛印本；

（二）《史學概要》，一九二九年石印本；

（三）《民國成立以來中外大事分類月表》，一九二九年湖南省立第五中學校印行；

（四）《中國史表解》，一九三二年武昌亞新地學社出版；

（五）《中國近百年史》，一九三四年上海商務印書館出版；

（六）《史學研究》，一九三五年上海開明書店出版；

（七）《高中本國史》，一九三五年上海開明書店出版；

① 中共中央黨史和文獻研究院編：《建國以來毛澤東文稿》（第七册），中央文獻出版社，2023年，第338頁。

（八）《抗戰三周年》，一九四〇年新化喚民書局出版；

（九）《初中本國史》，與吴鏡清合編，一九四五年新化勵進印務館鉛印本、一九四六年長沙湘芬書局鉛印本；

（十）《八年抗戰史略》，一九四六年新化群力書局出版；

（十一）《八年抗戰的湖南》，一九四六年新化群力書局出版。

此外，無法辨明出版年月、出版機構以及稿本的著述，有《中國文化史》（民國湖南省立第一中學石印本）、《新化續修縣志測繪事宜》（與鄒永修合編，湖南圖書館藏民國抄本）、《鄒氏地學源流記》（一九四六年出版）、《新化鄒氏輿地學會與亞新地學社》（湖南圖書館藏稿本）[①]等等。

以上所列羅元鯤的著述，大部分爲其講授中學歷史課程的教科書或講義。這些著述的内容大抵可分爲三類。第一類是史學史、史學方法，如《史學概要》《史學研究》，注重探究中國史學史的演變、中國古代史家的治史方法、中西史學比較；第二類是通史與斷代史，通史如《中國史表解》《高中本國史》《初中本國史》，斷代史如《民國史要》《中國近百年史》等；第三類是時政與鄉邦類著述，如抗戰史、新化縣鄉賢與史事研究。由此可見，羅元鯤治史善於從大處着眼，重視通貫古今而不拘泥於細碎考訂，强調民族認同、國家統一、社會進化，將以史爲鑒、古爲今用的治史原則一以貫之地融入著述。

在羅元鯤的著述中，《中國近百年史》卷帙最爲浩繁、史事最爲詳明、體例最爲完善，同時也與千年學府湖南大學有密切關聯。在民國二十三年（一九三四）一月出版的《民國二十二年度湖南大學一覽》中，

① 尋霖、龔篤清編著：《湘人著述表》（二），岳麓書社，2010年，第705—706頁。

第二十三章『附設高級中學職教員録』詳細地記録了羅元鯤的個人信息：

（姓名）羅元鯤，（别甫）漢溟，（學歷）前清湖南中路師範學堂畢業，（經歷）曾任湖南省立各中學教員，（職别）教員，（通訊處）妙高峰南村二號。①

不惟如此，《中國近百年史》首載兩篇序言，作者分别爲胡庶華（一八八六—一九六八）、胡元倓（一八七二—一九四〇），均爲湖南大學校長。胡庶華序作於民國二十二年（一九三三）九月，胡元倓序末題『民國二十二年秋』，正爲羅元鯤任教湖南大學附設高級中學之時。作爲教職員，索序於湖南大學前後兩任校長，亦在情理之中。另外，《民國二十二年度湖南大學一覽》還專列《附設高中概況及課程》一章，在介紹『中國歷史』課程的『施教目標』中有如下記載：

注重近代外交失敗之經過，及政治、經濟諸問題之起源，以説明本國國民革命的背景，指示今後本國民族應有之努力。

過去之政治經濟諸問題，其有影響於現代社會者，應特别注重，使學生得由歷史事實的啓示，以研討現代問題并培養其觀察判斷之能力。②

這一教學目標，與羅元鯤《中國近百年史》的撰寫關懷是若合符節的，益可證明《中國近百年史》與湖南大學的歷史淵源。

① 省立湖南大學編：《湖南省立湖南大學二十二年度一覽·附設高級中學職教員録》，省立湖南大学出版，1934年，第4頁。
② 省立湖南大學編：《湖南省立湖南大學二十二年度一覽·附設高中概況及課程》，省立湖南大学出版，1934年，第9頁。

《中國近百年史》全書共三十九章，分第一編『西力侵入時代』、第二編『民國成立時代』兩編，以乾隆晚期清室之中衰爲開端，止於民國二十二年《塘沽協定》簽訂，囊括了這一百五十餘年間所有重大歷史事件。第一編主要介紹清代中後期之種種危機以及帝國主義無孔不入的侵略行徑，對列强侵華戰爭、清廷屢戰屢敗、中外條約交涉等問題叙述尤詳。第二編主要介紹辛亥革命的前因後果、民國成立後軍閥混戰之亂象、國民黨北伐及内部分裂、九一八事變後中日關係之走向等問題。書後附有《習題》《民國成立以來中外大事分類月表》。約略而言，《中國近百年史》編撰的突出特點表現在如下三個方面。

首先是通貫古今的宏闊視野。知今不知古，謂之盲瞽；知古不知今，謂之陸沉。在本書緒論中，羅元鯤爲中國近百年史的開篇鋪叙了宏闊的歷史背景，既注意到了新航路開闢之後世界格局的重大轉變，同時對中國與外國的交流情况作出扼要説明，其文稱：

語云，天道百年一大變。四百年前，地亞士、奥斯達加馬，發見新航路，哥侖布發見新大陸，而世界形勢一變。自後葡人東來，西、荷、英、法人繼之，東西人種，逐漸接近。三百年間，明政日益腐敗，滿清崛起遼瀋，入主中華，而東洋形勢一變。西洋學術推行中土，東西文化，逐漸接近。二百年間，康、雍、乾三朝繼起，成立大清帝國，漢、滿、蒙、回、藏，共戴一朝，開五族共和之先聲，是爲東洋形勢又一變。附近小國，咸列屏藩，東來歐人，恭順維謹。惟是盛者衰之機，百年以來，朝政日非，内亂屢起。迄道光時，遂有中英鴉片之戰，帝國主義潮流澎湃衝入，是爲我國亘古以來未有之大變。國土日蹙，民生日艱，中華民族，幾淪於次殖民地地位。①

① 羅元鯤：《中國近百年史·緒論》，商務印書館，1934年，第1頁。

作爲世界近代史開端的新航路開闢，不惟促進了資本主義經濟的快速發展，同時也開啓了西方國家殖民擴張的歷史進程，開始侵擾我國沿海地區。依羅氏所見，在世界近代史的浪潮中，以中國爲中心的東亞世界歷經三次重要變革，且一次比一次劇烈：明清鼎革爲第一變，康乾盛世爲第二變，鴉片戰争爲第三變，且爲亘古未有之大變。從鴉片戰争開始，東方世界之静止與封閉被打破，西力入侵時代已然到來，也開啓了近代中國仁人志士救亡圖存的艱辛歷程，其中以辛亥革命影響最爲深遠。在羅書中，辛亥革命是劃分中國近百年歷史的標志性事件，這一重大歷史事件的發生并非偶然，而是清末以來諸多歷史合力的結果。對此，羅元鯤寫道：

清季政治改革之思想，漸輸入一般社會心理之中，其時可分兩派：（甲）立憲派：主張維持清室，以孫寶琦、袁世凱爲首領；（乙）革命派：主張推倒滿清，以孫文、黄興爲首領。其初立憲派盛，官僚階級、士紳階級皆主之，一般苟安之徒，亟望其成功。革命派以下級社會爲大本營，潛滋暗長，其勢力自不可侮。僞立憲揭破，向之言立憲者亦群趨於革命一途，而武昌革命起。①

若僅從革命黨人的思想、組織準備以描述辛亥革命的背景，便無法呈現古今巨變、新舊交替中不同政治力量與思想主張的複雜糾葛，亦難以真實地反映革命思潮從潛滋暗長到澎湃洶涌的歷史實情。

其次是救亡圖存的經世關懷。在叙述近代帝國主義侵華戰争的動因與影響時，羅書尤能從大處着眼，於單一的衝突紛争中窺見戰争爆發的深層根源，在評議戰争結果中突出論述不平等條約簽訂對於近代中國

① 羅元鯤：《中國近百年史》，商務印書館，1934年，第293—294頁。

的深遠影響。如論述第二次鴉片戰爭的後果時説：

英法戰役之直接動機，雖由於亞羅船事件，而其真因固不在此，蓋欲藉以改正條約，增進其特殊地位也。俄、美雖不參加戰役，亦以和平方法，得到相當利益。其後歐美各國，皆以是爲標準，争與我國訂結不平等條約焉。①

對羅元鯤等民國學人而言，列强逼迫清廷簽訂、民國政府接受的不平等條約不僅象徵屈辱的歷史，同時也是《中國近百年史》編撰時觸目所及的中國社會慘淡現實。革命黨人的無量頭顱、無量鮮血并没有改變中國作爲半殖民地的悲慘命運，而在民國成立之後，先有南北分裂、軍閥紛争的亂局，北伐後全國僅在形式上統一，再加上日本帝國主義在東北發動侵華戰争，亡國滅種的危險較前清時更爲嚴峻，正所謂中華民族到了最危險的時候。因此，胡庶華在表彰《中國近百年史》的撰作深意時説：

羅君元鯤治史學有年，於授課餘暇，新著《中國近百年史》一書。舉凡清政之紊隳，内亂之頻仍，帝國主義之壓迫，……與夫教育思想之變遷，文化事業之興替，縷述靡遺。尤于東北失陷、國聯會議、《塘沽協定》之經過，秉筆直書，不左右袒。寓警惕于字裏行間，冀民族能奮勵自强，意至深而心甚苦也。②

换言之，羅元鯤將正在發生且日益嚴重的日本侵華行徑寫入《中國近百年史》中，其目的便是凸顯國民政府内部意見分化與對外因應軟弱、揭破日本帝國主義的亡華陰謀、加深學子對世界形勢與中國國際地

① 羅元鯤：《中國近百年史》，商務印書館，1934年，第139頁。
② 胡庶華：《中國近百年史序》，載羅元鯤《中國近百年史》卷首，商務印書館，1934年。

位的瞭解，激發民衆的愛國救亡熱忱。

再次是旁行斜上的編纂體例。胡元倓在序言中稱贊羅書『至每章之末，更效史公旁行斜上之體，附以表解，既能爽豁心目，省約篇章，因例起義，體大思精，大合古人作史之例』①。所謂旁行斜上，是指用表格的方式呈現歷史事實與因果關係。這一體例在《中國近百年史》中有充分的體現。據整理者所見，《中國近百年史》中的大量表格根據内容可以分爲四類，即事件先後、因果分疏、人物經歷、思想辨析，前二者重在叙事與求因，在一般教科書中尚稱常見；後二者重在寫人與論學，尤可體現羅氏治史的卓識。在書中，羅氏將陶澍、林則徐、洪秀全、曾國藩、胡林翼、左宗棠、李鴻章、段祺瑞、張作霖、孫中山等近代名人的生平事略以圖表方式呈現。這既能清晰地通觀重要人物的生平事迹、政治作爲、學術觀點、歷史影響，又頗便於學者記誦基礎事實。

在圖表的設置與書寫中，也頗能反映羅元鯤對史事梳理與人物評議的獨得之思。以《曾國藩事功表》爲例，該表分『略歷』『修養時代』『服官時代』『治軍時代』『幕府人物』『批評』等項。於『修養時代』中分列曾國藩『養生之法』『讀書之法』『自修之法』『居家之法』，將曾國藩篤信踐行的修身齊家之學予以梳理。如『治軍時代』下列『創湘軍』『明戰略』『平大難』三項，是立足歷時性考察以呈現曾國藩平定太平天國運動的先後經歷。尤其是『幕府人物』一項中，羅元鯤將曾氏幕府中所聚集的人才群體分爲『贊畫戎機者』（下分閎偉、明練、淵雅）、『邂逅入幕者』（下分雄略、碩德、清才、雋辯）、『從容諷議者』（下分古文、博覽、樸學）、『襄理庶務者』（下分幹濟、勤樸、敏贍）等四項十三類，這一列表清晰地

① 胡元倓：《中國近百年史序》，載羅元鯤《中國近百年史》卷首，商務印書館，1934年。

呈現了曾國藩與幕府人物的關係，亦頗能折射曾國藩不拘一格的用人之道、漢宋兼采的爲學之方。

思想辨析一類的表格，在《中國近百年史》中亦爲數不少。以晚清學術爲例，有『經學今古文對照表』『康有爲三大名著内容表』『晚清物質文明一覽表』等。在近代變革大局中，學者著書立説時往往是政學兼學、互爲表裏。以康有爲托古改制諸書而言，若不從清代學術傳衍脉絡以示其源流，則對其書之歷史背景無從考究；若不能超越清代學術的局限，論析康有爲諸書對儒家思想學説與政治理想的創闢，則對康書的深遠影響與典範意義無從把握。『康有爲三大名著内容表』論康有爲著述之影響時，精闢地指出《新學僞經考》使『清學正統派之立脚點，根本摇動』，『一切古書，皆須從新檢查估價』①。《孔子改制考》則再進一步動摇了孔子、儒經的神聖性。羅書説道：

《僞經考》既以經中一大部分爲劉歆僞造，《改制考》復以真經全部分爲孔子托古之作，則數千年來共認爲神聖不可侵犯之經典，根本發生疑問，引起學者懷疑批評的態度。

謂孔子之創學派，與諸子之創學派，同一動機、目的、手段，則已夷孔子於諸子之列，所謂别黑白定一尊之觀念，全然解放，導人以比較研究的精神。②

在此，羅元鯤以精練的筆調點明了《孔子改制考》與《新學僞經考》的學理邏輯與思想效力，對康有爲《孔子改制考》的得失予以檢視，更可印證康有爲保皇保教諸説的自相矛盾。

① 羅元鯤：《中國近百年史》，商務印書館，1934年，第319頁。
② 羅元鯤：《中國近百年史》，商務印書館，1934年，第320—321頁。

需要説明的是，鑒於《中國近百年史》撰作時的社會背景及羅元鯤在認識上的若干局限，書中對中國共産黨創建、馬克思主義在中國的早期傳播、國共兩黨第一次合作、中國共産黨創立農村革命根據地等問題的認識均存在偏差甚至誤解。如論述共産主義與孫中山民生主義之差异時，羅書認爲『孫中山民生主義，是師馬克斯之意而不用其法的』，而『列寧共産主義，是師馬克斯之意而全用其法的』①，雖然點明了馬克思主義對孫中山創立民生主義的參照意義，却模糊了列寧主義對孫中山的重要影響。又如論國共合作之源起，其文稱：『孫中山以中國共産黨諸少年，震于德國馬克斯之學説、俄國列寧之政策，以爲新奇可喜，欲舉而移植之於中國，實爲誤解，而其鋭于革命之精神，則頗爲有用。故欲一切羅致。』②此論雖指出中國共産黨人在創黨初期獨樹一幟的革命精神，却將國共合作得以成功的原因歸於孫中山的容共政策，顯然是有失偏頗的。再如，探究國民大革命失敗的原因時，羅書認爲中國共産黨『勢力漸長，乘北伐勝利，如鄧演達等，利用政治主任地位，遂嗾使黨徒，四出擾亂，希圖挾制中央，篡奪國政，包辦農工團體，以湘省爲試驗場，演蘇俄之慘劇，遂激成許克祥等五月馬日之變』③。此論雖側面反映了中國共産黨領導下工運、農運在湖南蓬勃發展的事實，却不脱國民黨黨化教育的論調，掩蓋了國民黨右派在叛變革命時的凶悍殘暴。不過，相比對國民黨内部的腐化、墮落、鬥争的詳細描述，羅書對中共主張、行爲的書寫多屬一筆帶過，由此亦可窺見羅書的撰作微意。新中國成立後，從黨的領袖到史學界對羅元鯤的評價來看，《中國近百年史》在歷相關的表述仍是瑕不掩瑜的。相信讀者在去粗取精、去僞存真的閲讀中，自能辨明《中國近百年史》在歷

① 羅元鯤：《中國近百年史》，商務印書館，1934年，第578頁。
② 羅元鯤：《中國近百年史》，商務印書館，1934年，第556頁。
③ 羅元鯤：《中國近百年史》，商務印書館，1934年，第560頁。

史叙事、人物評價、圖表編纂上的學術價值。

本次整理以一九三四年上海商務印書館《中國近百年史》爲底本影印。對於原版中模糊漫漶之處，整理者通過對校、他校、理校等方式加以補訂，以期爲學界進一步瞭解羅元鯤史學成就與思想提供更爲精良的版本。因整理者水平有限，校補文獻不免訛誤缺憾之處，敬希讀者批評指正。

陳峰

二〇二四年七月十七日

著　者　像

胡序

吾國近百年來，患亂頻仍，版圖日蹙，其分崩離析之象，淫靡逸樂之風，以視宋明末季無少差焉，夫國家之一治一亂，民族之一盛一衰，循環往復，史籍習見，揆厥原因，無不由於政治之良窳國民之强弱有以致之。夷考清初鼎盛之秋，文治武功，兩臻其極。迨嘉道失馭，內亂迭起，外侮乘之，于是有不平等條約之束縛，政治經濟之侵略，致令民生凋敝，國勢日殆，每況愈下。及清社既屋，政體維新，原蘄奠國基於磐石，拯斯民於水火，戮力同心，樹大同之治。無如軍閥專橫，內爭迭起，而人民苟安澆薄，習國家民族存亡于度外。于是匪氛遍野，强隣肆虐，而國事益不堪問矣。羅君元鯤治史學有年，於授課餘暇，新著中國近百年史一書，舉凡清政之紊墮，內亂之頻仍，帝國主義之壓迫，容共剿匪之策略，與夫教育思想之變遷，文化事業之興替，縷述靡遺。尤于東北失陷，國聯會議，塘沽協定之經過，秉筆直書，不左右袒，寓警惕于字裏行間，冀民族能奮勵自强，意至深而心甚苦也。讀斯篇者，其亦本明恥之義，立沼吳之志乎。是爲序。

中華民國二十二年九月

胡庶華

胡序

作史難，作中國近百年史尤難。蓋以吾國近今之變，爲有史以來未嘗覩聞。舉凡政制之因革，戰爭之起伏，交涉之頻繁，措施之利弊，綜其原因，千端萬緒，苟非遠溯，終莫能明。且察往知來，前日之因，即後日之果。今日事變之所以紛紛者，又必逆窺至數十百年以上，始識其故。而其間瑰偉絕特之觀，消息盈虛之數，事或至微，理或至晦，甚且至于不可究詰。乃欲循是以明其所以然，其難自可想見。校友新化羅君元鯤，毅然于絕難之中，著成是編，出以示余。其書上起嘉道，下及近茲，敘述既有系統，主張一本良心，使讀者藉悉國體變遷之所由，進而知吾人之所以自處，誠盛業也。至每章之末，更效史公旁行袤上之體，附以表解，既能爽豁心目，省約篇章。因例起義，體大思精，大合古人作史之例。嗚呼，時至今日，世變亟矣。泄泄沓沓者流，上則安坐以躋顯榮，下則窮居而俟天命，於內外政治沿革損益措施張弛開闔，漠然無所動于心。於是外侮紛乘，瞠顧變色，怖駭愕眙，罔知所措。積習既成，一發乃不可復收，有心之人所爲浩歎。羅君獨以恢廣明密之思，曲折銳敏之筆，提綱絜領，探本窮源，俾百年來升降盛衰之故，瞭如指掌，余故樂為之敘。世之覽是編者，其亦能知羅君之苦心孤詣否歟。

民國二十二年秋胡元倓撰

編著大意

一　本書名曰中國近百年史當自鴉片戰役起。但鴉片戰役失敗之原因，由于清廷腐敗所致。故特於鴉片戰役前追述一二兩章。

二　本書約自嘉道起，至民國最近止，凡清政之紊亂，內亂之頻仍，帝國主義者之壓迫，民國成立之由來，南北之和戰，民衆之運動，革命軍北伐之奮鬥，國民黨成立，改組，容共，剷共之經過，以及歷屆國民黨全國代表大會，中央全會之概略，先總理整個之觀察，文化學術教育思想之變遷，并最近遼瀋慘變，僞國組織，國聯會議，以至華北戰役，塘沽協定，莫不作爲有系統之叙述。務使一般國民，明瞭己身所處之地位，國族之危險，各努力於今後之必要工作。

三　近代史事最爲繁雜，本書特于每章之末，多附表解，以便參證。

四　歷史非地圖不明，本書爲閱者便利起見，於必要處，插地圖計四十餘幅，以便明瞭當日形勢。

五　事變之來，莫知紀極，本書錯誤之處，當隨時修正。以後重要事實，亦當陸續增編，就正有道。末附民國成立以來中外大事分類月表以備參考。

著者　識

民國二十二年秋

緒論

語云，天道百年一大變。四百年前，地亞士，奧斯達加馬，發見新航路，哥侖布發見新大陸，而世界形勢一變。自從葡人東來，西荷英法人繼之，東西人種逐漸接近。三百年間，明政日益腐敗，滿清崛起遼瀋，入主中華，而東洋形勢一變。西洋學術，推行中土，東西文化，逐漸接近。二百年間，康雍乾三朝繼起，成立大清帝國，漢滿蒙回藏，共戴一朝，開五族共和之先聲，是為東洋形勢又一變。附近小國，咸列屏藩，東來歐人，恭順維謹。惟是盛者衰之機，百年以來，朝政日非，內亂屢起。迄道光時，遂有中英鴉片之戰。帝國主義潮流，澎湃衝入，是為我國亘古以來未有之大變。國土日蹙，民生日艱，中華民族，幾淪于次殖民地地位。我國先達憂之，曾李提倡機器救國，康梁主張變法維新，不克收效。惟 先總理審察世界大勢，提倡三民主義以為救國方針，于是推倒滿清，建立民國，以期脫離帝國主義者之壓迫，遂到民有民治民享目的。

邇來不覺二十餘年矣，初則以北洋軍閥之競爭，南北分裂，未能脫離帝國主義者之羈絆。繼則全國雖告統一，而內部意見屢生，赤禍蔓延未已，列强壓迫更甚，於是東北四省淪亡相繼，其危險較前清且有加焉。瞻念前途，不寒而慄。語曰，欲知來，視諸往。本書于近百年來事變之經過，用客觀的態度，作忠實的敍述，對于任何方面，不作左右袒。惟冀全國人士，各本良心上之主張，俾　總理主義早日實現，是則著者區區之微意也。

目錄

第二編　民國成立時代

中國近百年史

第一編　西力侵入時代

第一章　清室之中衰

一　高宗之驕泰　乾隆六十年中，文治武功，並臻極盛。而清室之衰，亦萌芽於此，茲述於後：

(1)巡幸之病民　高宗屢次巡幸，供億繁鉅，諸臣稍有論列者輒加嚴譴。如杭世駿疏論時事中有謂「巡幸所至，有司一意承奉，其流弊皆及於百姓。」帝怒免官放歸田里。尹會一視學江蘇，還言「上兩次南巡，民間疾苦，怨聲載道。」一坐謫戍。尹壯圖疏言「督撫藉詞辦差，勒派屬吏，致使倉庫虧耗，民間蹙額興歎。」上責問「蹙額興歎，究屬何人，」一坐革職。自是諸臣皆以婀婭取容，無復有為民請命者矣。

(2)慶典之鋪張、乾隆十六年，舉行太后六十萬壽，備極侈靡。旋復舉行七十萬壽，以太后喜江南風景，於京西萬壽寺旁倣造江南房屋長至數里，奉鑾輿往來遊行，名曰蘇州街。先是康熙六十一年，開千叟宴於乾清宮，六十五歲以上與宴者三百四十人。乾隆五十年，踵其故事，召宴五十歲以上者三千九百人，各賜鳩杖。嘉慶元年，高宗內禪禮成，復開千叟宴於皇極殿，六十歲以上預宴者五千九百餘人，百歲老人以十數計。高宗自稱古稀天子，又稱十全老人，其所作詩有古稀古稀又古稀之句，其志意驕泰極矣。

二、和珅之亂政

乾隆政治，號為清明。晚年信任和珅，遂至敗壞，其事跡有可得而言者。

(1)和珅之出身、本滿洲官學生，應役鑾儀衞，選舁御轎，帝喜其儀度俊雅，詢其出身，奏對稱旨，擢充總管。乾隆四十一年，授戶部侍郎，命在軍機大臣上行走，子尚公主，旋晉大學士，在政府二十四年，權勢薰灼，不可一世。

(2)和、珅、之、惡、跡、　高宗晚年倦勤，珅性敏給，善揣人主喜怒，嚮用之專，一時無兩，專以貪贓任法為事。達官貴人，奔走門下，故乾隆中葉以後，汚吏獨多。其家人差役，亦到處招搖，橫行無忌。步軍統領衙門差役杜成德等為暴山東，博山知縣武億捕治之，被劾免官。御史曹錫寶奏「和珅家人劉全服用奢侈，恐有借端撞索情事，應密行偵訪，嚴加懲創。」大臣多有為珅道地者，錫寶反得罪。珅妾弟乘違制車招搖過市，巡城御史謝振定痛杖之，焚其車，反以無左驗免官。他如兩江總督書麟，山東巡撫長麟之謫戍西域，浙江巡撫福崧之死，非其罪，左都御史竇光鼐之以科場事被誣奪職，皆以忤珅故也。寵眷既隆，出入內廷，遇所好之物，逕取以出，不復關白，四方貢獻，輒以上者入第，次者入宮中。甚至行文各省，令凡有摺奏，先具副封白軍機處，然後上聞，其專權攬勢如此。

(3)和、珅、之、失、敗、　和珅專政既久，吏治益壞，卒釀成川楚教匪之變。珅更任意稽壓軍報，授意各路將帥，虛張功績，以邀獎敘，而己亦得封公爵。又於覈算報銷時，勒索重賄，以致將帥不得不侵尅軍餉。教匪乘之，遂蔓延不可收拾。嘉慶四年，太上皇崩，御史廣興，給事中王念孫等劾之，賜死。籍其家，共分一百零九號，其中已估價者計二萬二千三百八十九萬餘兩。論者以比例推之，當八萬萬兩有奇，甲午庚子兩大賠欵，以和珅一人之家產足以當之，甚矣貪贓枉法之病民也。

三　官吏之貪汚

乾隆時汚吏最多，以贓私伏法者有提督鄂善，學政喀爾欽，巡撫常安，良卿，布政使蔣洲等，然此皆未興大獄也。其興大獄者有下列數案。

(1)兩淮鹽引案　乾隆三十三年，尤拔世任兩淮鹽政，風聞鹽商積弊，索賄未遂，乃奏言「上年普福奏請預提戊子綱引，仍令每引繳銀三兩，以備公用，共貯庫銀二十七萬八千有奇。普福任內所辦玉器古玩，共支銀八萬五千餘兩，其餘現存銀十九萬餘兩，請交內府查收。」朝廷以此項銀兩，歷任鹽政並未奏聞，檢查戶部檔案，亦無造報文冊。且自乾隆十一年提引以後，二十年來，銀數已過千萬，其中顯有蒙混欺蝕情弊，密查得實，乃革運使趙之璧職，前任鹽政高恆，普福，運使盧見曾下獄處絞，歷任運使降級有差，現任前任江督高晉，尹繼善等均以失察，交部嚴加議處。

(2)甘肅冒糧案　甘肅地瘠民貧，布政使王亶望慫恿總督勒爾錦，奏請捐監積糧備荒，一面勾通地方官吏，折收銀兩，以低價勒買民糧。又將各屬縣災賑，揑開分數，侵冒監糧逾數十萬。亶望升任浙撫，布政使王廷贊踵其轍，四十六年甘回作亂，廷贊奏繳廉俸銀四萬兩以助兵餉，亶望亦捐銀五千兩辦理海塘工程。上以甘省地瘠，何以藩司僉稱美缺，廷贊僅任藩司，何以家計充裕。亶望由甘調浙，何以卽能坐擁厚貲。因思甘省收捐監糧其中必有私收折色多得平餘情弊。詔查得實，誅亶望，賜勒爾錦死。甘肅全省現任及前任州縣官侵冒賑銀至二萬以上者處斬立決，二萬兩以下者處斬監候，餘充軍監禁有差。

(3)國泰勒索虧款案　國泰和珅私人，乾隆四十年，任山東巡撫，貪縱營私，勒派所屬州縣，虧帑數十萬。各州縣效之虧款多者亦至數萬，全省約二百萬。布政使于易簡與國泰朋比爲奸，御史錢灃劾之。並搜得國泰與和珅書，具言借款填庫備查事。中多隱語，立奏之。和珅不得已，乃以實聞。國泰易簡處死，其餘降革治罪有差。

他如伍拉納，浦霖之贓款累累，富勒渾，黃梅，德明之婪索層層，句容書吏之侵盜漕糧，高郵糧書之私印冒徵，侵漁輒至數十百萬。上自督撫，下至胥吏，通同一氣，吏風益壞，國勢益偷，小民益苦，而亂機乃潛伏於下矣。

四　軍官之豪侈　貪污既多，吏治自壞，軍官豪侈亦釀成風氣，而以福康安爲尤甚。出入將相仗鉞專征二十年，高宗寄寵之。其生平戰績皆恃海蘭察。海爲其征金川時故帥，極力周旋之。海亦頗全朝廷大體，不與計較甘居其下。福康安旣係貴冑出身，性情豪奢，富紈袴習氣。其用兵時，大軍所過，地方供給動逾數萬。福康安旣至，則笙歌達旦不休。出行坐轎用夫三十二名，分班更替轎夫皆狡壯者，時橫暴擾民。都司徐裴呵禁之，反被捽毆冠服皆裂。成都知府姚令儀亦以捕治轎夫撤職。其西征時，聲勢赫奕，所經州縣，以辦差不善登白簡者不一而足。凱旋以後，報銷多至數千萬。戶部書吏索部費輒至一二百萬，其司閽奴亦分得門包十萬。當時軍需固發內帑，民不加賦，而州縣官吏私派之弊，實不能免，邊省尤甚。乾隆征緬之役，調滿洲索倫兵各五千，每站夫馬倍給雇值，然多供有司浸潤，民間不沾實惠，甚至軍需告竣，而已加之費，吏不肯減，遂沿爲例，非積久被控，不能裁革。乾隆時代猶如此，嘉道以後更可知矣。

五　八旗生計之困難及滿人同化　清初入關，京師禁旅及各省駐防兵約二十萬人。旗人受王府之命，四方經商，或以出賣人參爲名，騷擾地方，甚招漢人反感。政府爲維持風化計，禁止旗人經商，月給銀米，餘丁亦給膄田，使之耕稼。國家有典禮時，必沐恩賜。迄歲月旣久，生齒日繁，旗人不知勤儉，近京所圈之地，大半盡典於民。政府出貲贖回歸官收租，於歲終分賞錢糧一月。然聚數百萬不士不農不工不商之人於京師，雖竭海內之正供不足以贍。世宗有見及此，議移旗人出關，終未實行。至乾隆時，採用梁詩正議，先移旗丁三千人，分配於拉林、阿勒楚喀兩地（今吉林雙城阿城兩縣地）政府給貲開墾，乃屯田之始。旗人卽無意居住，仍以放浪爲生，旋卽賣地，漢人陸續逃歸。高宗大怒，命捕治之。然卒未能實行。於是八旗生計問題，遂無法解決矣。

自來文化較低之民族，與文化較高者雜居，例被同化。滿漢雜居，當然不能在例外。清室列祖列宗深憂之，乃設種種方法，以防止滿人同化。初入關時，王公大臣無不挽强善射，國語純熟。居久漸染漢習，多驕逸自安。高宗知其弊，凡射不中法者，立加斥責，或命爲賤役以辱之。鄉會試必先試弓馬合格，乃許入場，故勛舊子弟多習弓馬焉。其有命名如漢人，或譯國姓爲漢姓者，帝深鄙之，蓋惡其忘本也。但滿洲本無固有之文化道德宗教，以維持其民族思想，雜居既久，自然同化。康雍乾三朝，雖設法防止，終歸無效。乾嘉以後之皇族，不過寄居於中國本部一客體而已。

（附）和珅亂政表一

和珅
- 1 略歷——滿洲正紅旗人，以官學生應役鑾儀衛，奏對稱旨，總管儀仗，旋升侍衛，擢副都統，遷侍郎，補尚書，入參軍機，晉大學士。
- 2 性質——執政二十年，專以曲謹取容，枉法貪贓爲事。
- 3 權勢——父配享大廟，子豐紳殷德，指尙公主，弟和琳專任封疆，勢燄之盛，雖康熙朝之鰲拜明珠，不足與抗。
- 4 黨徒——如國泰，王亶望，伍拉納，浦霖等，皆以贓欵起大獄。
- 5 陷賢——如武億之免官，曹錫寶之得罪，書麟長麟之謫戍西域，福崧之嫁罪枉死，竇光鼐之誣陷奪職，尹壯圖之下獄，管世銘之暴卒，錢灃之感疾而逝，皆是。
- 6 失敗——高宗崩後，廣興，王念孫，發其奸，奪職下獄，宣布其二十大罪，賜自盡。籍其家，估計約八萬萬兩，以二十年之宰相，其私蓄約當乾隆時全國歲入之半而强云。

清室中衰原因簡明表二

清衰原因：

1 吏治敗壞——乾隆中葉以後，和珅用事，養成內外官吏貪婪之風。

2 民間患貧——吸收民間母財數萬萬，置諸不生產之地。

3 下情壅滯——乾隆五十五年，尹壯圖以一督撫藉詞賠款，勒派屬員，倉庫遂至虧缺，商民蹙額興歎」等語奏聞，顧以事無左證，反得欺罔之罪。

4 兵士無用——自訥親溫福金川之敗，福康安總掌軍戎，侈汰驕逸，兵隊枯朽不可用。

5 帑藏大絀——乾隆四十七年增兵之案決，舉綠營兵額之不足者一一挑補，驟增新餉三百萬，統計二十餘年，須用七千萬兩。

6 旗民困頓——入關以後，養尊處優，及其久也，遂變爲不士不農不工不商不兵不民之廢物，生齒日繁，無所得食。雜居內地者，逐漸與漢人同化。

7 國事荒弛——高宗晚年倦勤，怡情聲色，所親者惟和珅之輩，世胄大臣莫敢與爭，於是佞幸之蠱惑，內監之引導，狎邪浪漫，縱欲敗度。

8 人民疾苦——乾隆末年，各省丁口凡二萬九千六百餘萬，較諸康熙雍正末年丁口，驟增至十倍以上，而民間財富適與相反，政府又不思爲之補救，人民始疾苦思亂。

（9）禍亂頻仍——亂源醞釀，已非一日。於是三十九年，有山東王倫之亂，四十六年，有甘肅馬明心之變。至六十年，苗民發難於湘黔，教匪作亂於川楚，海疆不靖，天理繼起，而清室遂衰矣。

第二章　嘉道時代之內亂

一　苗傜之亂　仁宗顒琰，初封嘉王。乾隆六十年受禪，改元嘉慶，太上皇仍隨時訓政。時民不聊生，亂機四伏，而苗禍猝發。方苗疆之改土歸流也，苗民畏隸如官，畏官如神，有司引以爲利，往往以纖芥之爭訟病及全寨。又漢民之移殖寖繁，對於土著之感情多未融洽，於是苗民倡言逐客民，復故地，而亂機以動。發難於貴州銅仁之石柳鄧、湖南永綏之石三保，而鎮筸（今鳳凰縣）之吳隴登、乾州之吳八月等接踵而起，川湘黔三省邊境同時戒嚴。高宗命福康安、和琳等進剿，皆無功，乃紛紛議撫。吳隴登誘擒吳八月以降，而八月子吳廷禮、廷義，仍與隴登相仇殺。是時福康安、和琳等將七省兵與苗相持一載，始奏賊么麽不足平。及老師曠日，則以山深阻障爲詞，而餉道崎嶇，先後益兵數萬，降苗受官弁者百餘，月給鹽米銀兩者數萬人，旋撫旋叛，軍士不習水土，中暑毒死者日衆。嘉慶元年，福康安、和琳先後卒，額勒登保繼之，草草以苗亂肅清報。前後所糜撫苗銀兩無算，苗民仍劫掠無虛日。

迨鳳凰同知傅鼐總苗疆事，始力講善後策，修碉堡，廣屯田，卹流民，破苗寨，收苗械，又從根本上解決，廣設書院義學以敎之凡經營十數年，而苗事始大定。

越二十餘年（道光十二年），湖南南部復有猺亂，以永州趙金龍，常寧趙福才爲之首。以名將羅思舉處置得宜，數月卽行戡定，以視福康安等之曠日持久，老師糜財，養賊自重者異矣。

二　白蓮敎之亂

淸代內亂

苗猺及白蓮教變亂圖

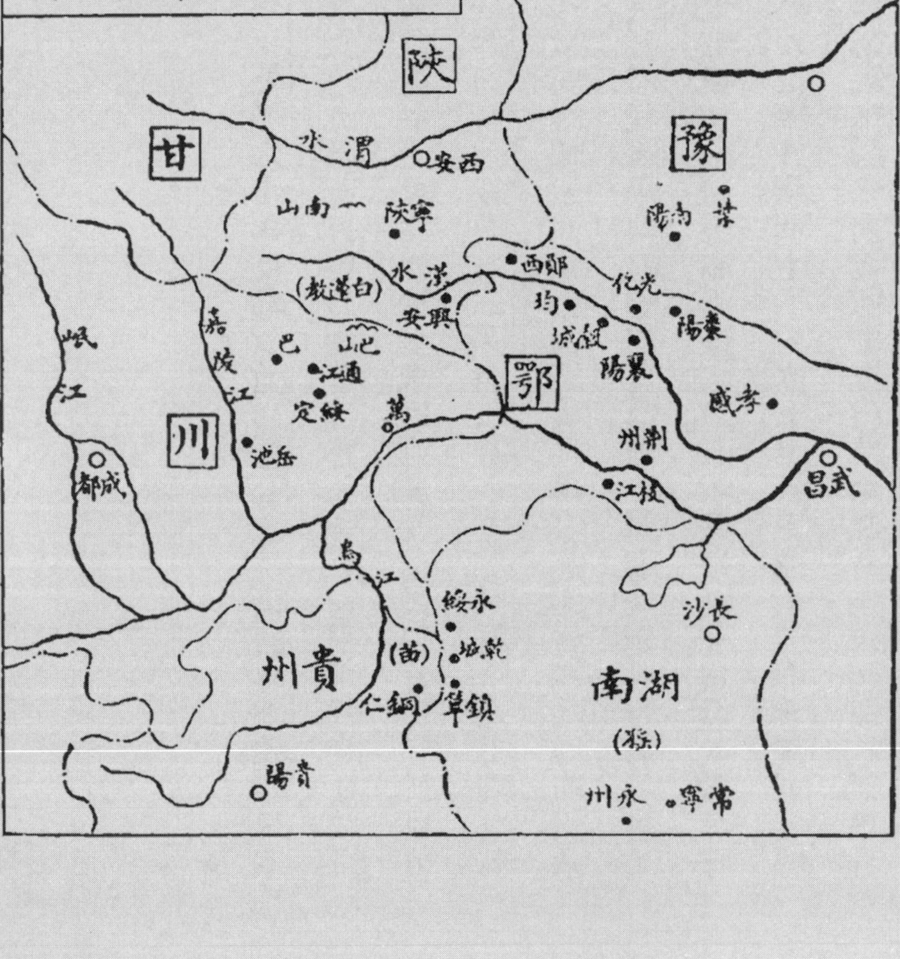

之最大者，前有吳三桂之變，後有洪秀全之役，而用兵九載，破壞五省，耗費二萬萬兩，殺人數十百萬者，復有嘉慶時白蓮教匪之亂，茲分述其況狀於下。

(1)教匪之發動　白蓮教倡自元末之韓山童，以燒香惑衆爲事，江淮愚民翕然信之，官吏捕之急，山童就擒。其黨劉福通奉其子林兒作亂，稱宋帝，時人稱爲紅巾賊，是爲白蓮教出現之始。明末王森徐鴻儒等繼之，皆以燒香聚衆起兵，訖無成功，然徒侶甚衆，流傳漸廣。高宗曾嚴禁之，教首劉松以謀亂被捕。其黨劉之協遠颺，高宗責所司窮緝，自河南而安徽而湖北，三省大吏，輾轉根究。不肖州縣，變本加厲，按戶搜緝，胥吏乘之爲奸，民間坐是破家亡命者不可勝計，會是時以征苗軍起，調兵轉餉，牽動兩湖四川雲貴兩廣七省，各地失業之民，早囂然思亂，於是桀黠者乘機號召，亂端遂作，荊宜一帶之教徒，以官逼民反爲詞，揭竿蜂起，其魁渠自劉之協外，有姚之富及教首齊林之妻王氏，蔓延於湖北河南陝西。而四川奸民徐天德等，激於胥役之侵蝕，復與王三槐冷天祿等並起，而禍亂遂熾，

(2)清師之僨事　當湖北教匪之初起也，命永保總統諸軍，當追剿襄賊之任。然其對賊方略，惟尾追，不迎擊，賊往來襄陽光化穀城間，橫行無忌。元年十一月，朝廷逮永保治罪，命惠齡總統諸軍，惠

齡建議，嚴守漢水，斷賊東西通路，徐分兵四出以蹙之。而景安擁兵屯南陽，不出一卒截擊，賊窺北路可乘，遂以二年正月趨河南，蹂躪二十餘州縣，脅日衆，其對官軍方略，不整隊，不迎戰，不走平原，惟數百爲羣，忽分忽合，以牽掣官軍兵勢。遂由陝入川，與四川新舊賊合衆頓數萬。仁宗以惠齡等防漢不嚴，追賊不力，奪職命戴罪立功，以宜綿總統川陝軍務。宜綿方督諸將分道要截，欲蹙羣賊於一隅，以爲聚殲之計，而賊以川北道險民稀，無所掠食，姚之富、齊王氏等，遂犯萬縣而東，分趨荊襄，王三槐、徐天德等亦據巴州（今巴中縣），欲斷川東川北運道以困官軍，賊勢益張。三年正月，乃命勒保以總統兼督四川，以一事權，宜綿移督陝甘，景安總督湖廣，各專責成，互相援應，勿東馳西鶩，各不相顧。然當時任事諸將大都仰承和珅風旨，專以老師糜餉，殺脅從冒功賞爲目的，雖賊首姚之富、齊王氏，羅其清、冉文儔先後死，王三槐亦被誘擒，而賊氛終未少戢。

(3)廟謨之革新及大功告成　嘉慶四年，和珅賜死，內定剿撫方略，(一)下哀痛之詔，(二)實行堅壁清野策，(三)定優卹鄉勇制，(四)開羣賊自新路，於是大憝既去，計畫改良，軍務始有起色。任額勒登保。德楞泰等分途剿治。額勒登保以爲「教匪本內地編氓，原當招撫以散其衆，然必能剿而後可撫能堵而後可剿。從前湖北教匪多脅從少，四川教匪少脅從多。今楚賊盡入川，其與川東接壤者，有山險可扼，是湖北重在堵而不在剿。至川陝交界，隨處可通，是漢水南北宜剿堵並重。川北形勢便於川東。若能驅各路之賊逼歸川北，必可聚而殲諸。」作戰方略既定，而又能與士卒同艱苦，所領之兵，與各提鎮互相更調，以故川楚秦豫諸省之教匪，以次肅清。餘匪之竄擾甘肅者，亦盪絕。劉之協在葉縣被獲，徐天德溺死，均州全境大定。未幾，復有寧陝（屬陝西）綏定（今四川達縣）新兵之變，蒲大芳王得先為首，官軍討平之。然自是清室元氣大傷矣。

三　海盜之亂　自康熙時海禁大開，內外市舶，往來江浙閩粵者不絕。乃乾隆末，安南阮光平父子得國，師盡財匱，乃招集沿海亡命，資以兵船，誘以官爵，令劫內洋商船，以佐國用，夏至秋歸，大為民害。已而內地土盜鳳尾幫水澳幫附之，清廷未嘗不知安南政府發蹤指使之罪，顧以川楚教匪方熾，不暇窮治，以故寇氛益惡。既而盜艇百餘艘，聚逼台州，為李長庚所破，獲安南總兵四人，處以磔刑，以所得敕印，擲還其國。會廣南前王之裔阮福映得法人援，恢復舊領，求中國封冊，乃一變前政府之策略，杜絕海盜。然海寇雖失安南政府之保護，而其尤雄桀者，輒兼併羣盜，自謀進取。一時閩人蔡牽粵人朱濆之徒復縱橫海上，患且益甚。

蔡牽者，福建同安人，奸猾善用衆。既得夷艇夷砲，又併水澳鳳尾餘黨，乃以閩海爲根據，凡商船出洋者勒索通行稅四百元，入港者倍之。嘉慶八年正月，牽進香普陀，浙江提督李長庚掩至，牽僅以身免。長庚晝夜窮追至閩海，牽糧硝盡，篷索朽，不能遁，乃僞降於閩浙總督玉德。玉德檄長庚收港勿出，牽得間遁去。九年夏，刼台灣米數千石，分濟粵盜朱濆，浙總兵胡振聲戰死，詔長庚總統閩浙水師。是年八月，牽濆合兵犯浙，復爲長庚所破，牽濆遂分，牽還福建，號召羽黨，復聚百餘艘犯台灣，結土匪萬餘人攻府城。十一年正月，長庚赴援，焚獲賊

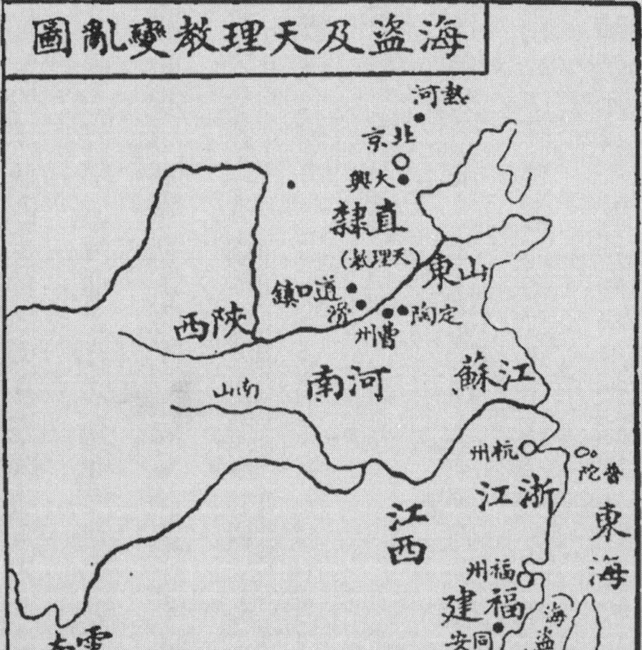

船二十餘艘，俘虜千餘，牽以重賄賂閩兵遁去，是時福建吏治軍政廢弛，歷任總督如雅德、伍拉納等，率貪冒不法；玉德妒長庚功，掣其肘，阿林保嘗三疏密劾長庚。幸仁宗不爲動，始終倚任之。長庚感知遇恩，益努力殺賊。十二年冬，追至黑水洋，牽僅存三舟。長庚自以火器攻賊，不幸敵彈中喉死，牽復遁去。長庚熟於海島形勢，風雲沙線，每戰自持舵，雖老於操舟者不能及，其死也，朝野惜之。部將王得祿、邱良功繼任討賊，遂擊殺牽。時朱濆已死；弟渥率餘衆降，由是海疆平。

四 天理教之亂

海盜之肅清也，清廷惟鋪張功烈，未嘗改革秕政，於是天理教徒又倡亂。天理教本白蓮教之一支，遍布今河北、河南、山東等省，而以滑縣李文成、大興林清爲之魁。時彗星見西北方，欽天監奏移十八年閏八月於次年九月，諸教徒以爲豫兆。又以其經中有「二八中秋，黃花落地」一語，遂附會其說，謂清朝不利閏八月，應於十八年秋九月十五日起事。文成黨徒數萬，而清交結宮禁，賄通內侍，外倚文成爲援，合謀乘仁宗秋狩時襲京師。事爲滑縣令强克捷所聞，急捕文成下獄，斷其脛。教徒旋陷滑，出文成於獄，殺克捷，兼陷曹州及定陶。時仁宗方自熱河起程謁東陵，中途聞變，立發兵往討，而禁門之變作。

林清本籍浙江，久居京師，解武術，彼教尊為法祖。由太監劉得才楊進忠引教徒入東西華門，將大亂宮禁。諸王公率禁軍入內搜捕，皇次子綿寧親發鳥槍，教徒死傷略盡，林清亦在黃村被獲。仁宗回鑾，下詔罪己，磔清及通謀諸內監，駢戮者百餘人。時李文成據滑圍濬，萃精銳於道口鎮（濬縣要鎮）號召冀魯諸教徒。總督那彥成提督楊遇春討之，文成走死，餘黨悉定。清廷方大賚諸將，而陝西南山萬五江西胡秉輝雲南邊外高羅衣又紛紛變亂，幸剿滅較速，未為大患。

五　回疆之亂　嘉慶變亂，起於腹地沿海，及道光時，西北又有回亂，計分下三次：

(1)張格爾之亂　張格爾者，故回酋大和卓木之後也。乾隆時平定回疆，大和卓木伏誅，其子薩木克逃匿浩罕。清廷慮其為患，歲賂浩罕王銀萬兩，使加約束，以故無所舉動。其次子張格爾有胆力，以誦經祈福傳食諸部，天山南路諸回聞之，漸有擁戴意。而中國所遣官吏，又以統治無狀失回衆心，蓋自烏什變亂以來，朝廷雖號慎選賢能，改良積習，期與回民休息，實則法令廢弛，弊風復作，參贊大臣以下，恣為暴行。所屬章京駐防，與各城伯克因緣為奸，需索百端，上下朋分。而又廣漁回女，奴使獸畜，惟所欲。及嘉慶末，參贊大臣斌靜以荒淫招衆怒，張格爾知有機可乘，糾衆犯邊。佈魯特頭目蘇闢奇來告警，反爲章京綏善所逐，怨與張合，領隊大臣色普徵額擊敗之，張格爾逃。朝廷命伊犂將軍慶祥往勘，員得斌靜召亂罪，奪職按問。道光二年，以永芹代之，亦不職，張格爾屢擾近邊。領隊大臣巴彥巴圖出塞不遇敵，殺布魯特游牧婦孺百餘人而還。其酋汰劣克憤甚，追殺清兵殆盡，回疆西部聞之皆蠢動，敵勢大張。帝以慶祥代永芹，喀什噶爾（今疏附）旋見陷，慶祥死之。英吉沙爾（今縣）葉爾羌（莎車）和闐（今縣）三城，同時盡陷。將軍長齡與楊遇春楊芳等同破之，所失城以次盡復。張格爾遁去，旋爲布魯特人所執獻，時道光八年也。

(2)穆罕、默德、玉素、普之亂、　張格爾之就擒也，長齡復檄浩罕布哈爾等國，獻回酋家屬，浩罕遣使來賀，提言俘擄可返，而和卓木子孫不可獻。清廷知不可得，乃絕浩罕貿易以困之。浩罕王穆罕默德阿里驁悍善戰，欲以兵力恢復通商權利，聞張格爾兄穆罕默德玉素普在布哈爾，以道光十年迎諸軍中奉之入寇。喀什噶爾葉爾羌皆被圍，附近回莊子女玉帛刼掠殆盡，帝遣長齡二楊先後赴援，玉素普解圍去。浩罕慮中國大舉，遂決議乞和，（一）浩罕歸還中國俘虜，並爲中國監守和卓木族。
(二)中國仍許免稅通商，並將前此抄沒浩罕人民資產給還。和約既定，帝移喀什噶爾參贊大臣於

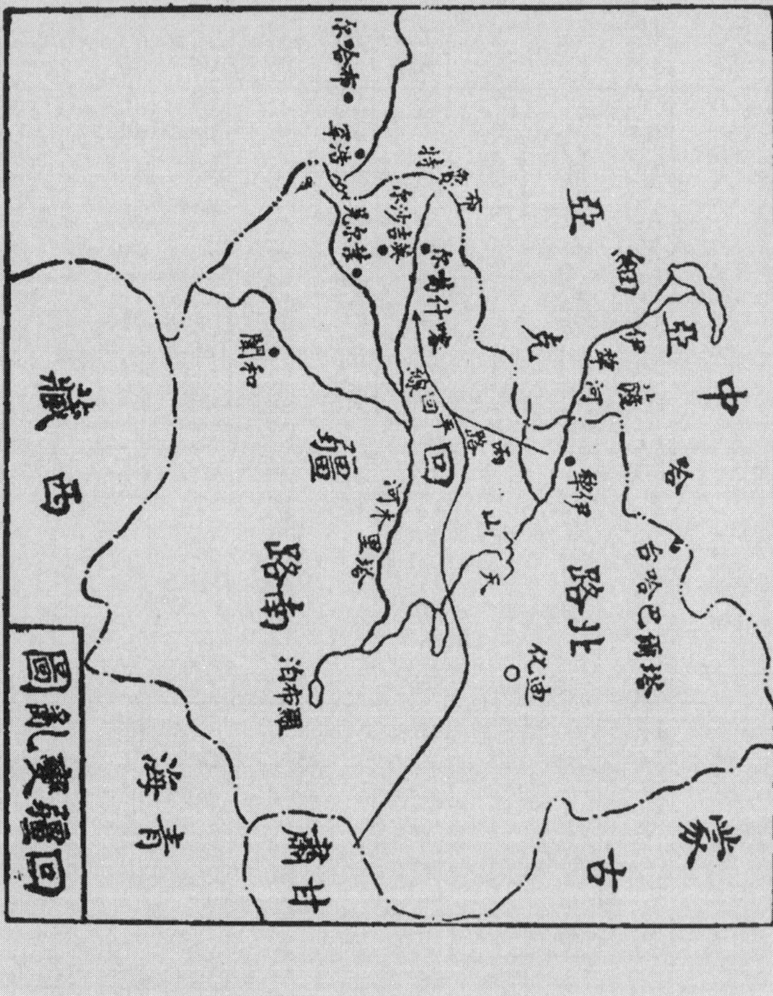
回疆變亂圖
中亞細亞
蒙古
甘肅
青海
西藏
北路
南路
回疆
塔爾巴哈台
伊犁
迪化
天山
羅布泊
和闐
喀什噶爾
葉爾羌
伊犁河

葉爾羌以資控制，又分兵駐各城，廣興屯田以佐軍餉。

(3)七和卓木之亂 是時中國對於新疆，方注意於安內之策，而浩罕自與中國回復邦交後，連年與布哈爾構兵，阿里戰死，庫達雅爾嗣位，不能用其衆，國內悍徒，復嗾使張格爾子弟，起復仇之師，於是和卓木族加漢他等七人，連合布魯特人，遂以二十七年入寇。卒以回部無響應者，不戰而遁，是爲七和卓木之亂。蓋自道光初葉至此，天山南路以和卓木族之故，凡三蒙兵禍矣。

(附)傅鼐平治苗疆事要表一

(甲)略歷——字重庵，浙江山陰人，仕至湖南按察使。

(乙)經過——初爲鳳凰同知，先平黑苗吳陳受之亂，奏加知府銜俸。復平貴州石峴苗寨，詔加道銜，總理邊務。最後悉繳永綏生苗、鳳凰黑苗器械，破其巢穴，師行所至，萬山震服。

1 修築碉堡，近石以石，遠石以土，或外石中土，留孔以放槍，外掘以濠防。

2 近其防閑，遙其聲勢，邊牆以限疆界，哨台以資守望，砲台以堵敵兵，堡以聚家室。碉卡以守以戰。

3 勉民三利及三便矢不入，火不焚，盜不踰。聚族則心固，扼要則數敷，犄角則勢强。

傅鼐

- （丙）衞民方法
- （丁）治苗方法
  1. 以苗養苗，卽以苗制苗。
  2. 使兵農爲一以相衞，使民苗爲二以相安。
  3. 約官與兵曰「毋擅入苗寨毋擅役苗夫。」
  4. 復與苗約曰，「毋巫鬼椎牛萃飲以靡財，毋挾槍矛尋眦睚以釀釁。」
- （戊）苗疆成績
  1. 建碉堡千有餘所，
  2. 興屯田十二萬餘畝，
  3. 收卹難民十餘萬戶，
  4. 練屯兵八千餘人，
  5. 追繳苗寨兵器四萬餘件，
  6. 設書院六，義學百，苗民駸駸向學矣。

白蓮教匪變亂表二

（甲）教亂由來

1 東漢末年張角呪符水療病，號「太平道，」聚衆作亂，稱「黃巾賊，」此邪教倡亂之始。

2 三國初，張魯據漢中世奉「五斗米道，」朝廷不能討，此教徒據地之始。

3 東晉末，孫恩自海島攻陷會稽諸郡，號其黨爲「長生人，」劉裕討平之。

4 元末韓山童以白蓮教燒香惑衆被捕，子林兒僭稱宋帝，號「紅巾賊，」是爲白蓮教倡亂之始。

5 明永樂時，唐賽兒自號「佛母」以幻術惑衆作亂，衛青討平之。

6 明末王森復倡白蓮教，號「聞香教主，」爲有司所誅，其黨徐鴻儒繼之作亂，以「紅巾」爲識，官軍討誅之。

7 清乾隆中葉，劉松倡白蓮教，被捕遣戍，其徒劉之協，謀奉童子王發生舉事失敗，之協遠逃，遂激成大變。

（乙）官吏激變

1 武昌同知常丹葵奉檄搜捕教匪，羅織者衆，於是楚賊姚之富、齊王氏等並起。

2 達州知州戴如煌假查教爲名，被害者衆，於是川賊徐天德、王三槐、冷天祿等並起。

（一）永保總軍時代

1 宜綿慶成破賊隕陽，惠齡破賊枝江，明亮殲賊孝感，而漢陽無恙。

2 福寧誘殺降衆二千，於是被脅迫者皆自危不敢降，賊勢轉盛。

3 時川賊大起，永保統重兵當襄賊之任，惟尾追，不迎擊，賊遂橫行無忌。嘉慶元年冬，逮治問罪。

（二）惠齡總軍時代

1 建議嚴守漢水，斷賊東西通路，而景安屯兵南陽不要擊，賊遂渡漢，趨河南，謀由陝入川。

2 時川賊徐王等爲宜綿所擊，僅餘二千，而楚賊來會，衆頓數萬。二年夏，奪惠齡職，命戴罪效力。

教匪之亂

（丙）勦匪經過

（三）宜綿總軍時代

1 襄賊以川北道險人少難覓食，姚齊等遂率大衆而東，分趨荊襄，留川者惟李全與王三槐合。

2 惠齡等留川，當李全、明亮、德楞泰自川東下追賊，齊王氏等復一意西竄，李全亦與三槐分黨沿漢東走，並會於興安漢水南岸。

3 徐王二賊並據巴州，謀斷川東川北運道以困官軍。

4 宜綿以精銳隨明亮等東下，而惠齡等又追李全入陝，川中兵力單薄，二年秋，奏請另簡大臣督軍，上許之。

（四）勒保總軍時代

1 上以姚齊二賊最梟悍，令明亮、德楞泰奮勉立功，會二賊由陝趨楚，追躡之於隕西，鄉勇扼其前，姚齊墜崖死。惟李全、高均德、王廷詔等，尚分擾川陝。

2 勒保令貢生劉星渠誘執王三槐，受上賞，然其部衆悉爲冷天祿所有，抗拒如故。徐天德亦寇川東，勢不少衰

3 額勒登保擒羅其清於石洞，德楞泰斬冉文儔於通江，川北匪賊平。

4 額勒登保復斬冷天祿於岳池。而川北川西之匪，以勒保調度不善、愈勦愈熾，四年夏逮京問罪。

（五）額勒登保總軍時代

1 德楞泰逐徐天德入陝，生擒高均德於西鄉，盡驅羣賊而南。

2 冉天元戰敗官軍，蹂躪川西。德楞泰要擊之於馬蹄岡、羅思舉率鄉勇為前鋒，擒斬之，川西解嚴。

3 馬慧裕訪獲劉之協於葉縣，楊遇春擒王廷詔於西鄉，德楞泰斃徐天德於均州，於是敎首悉平。

（丁）平亂概狀

1 歷時九載，自嘉慶元年起至九年。

2 破壞五省，湖北，四川，河南，陝西，甘肅。

3 耗用軍餉計二萬萬兩。

4 所奏殺賊之數，以數十萬計，而官兵鄉勇之陣亡，與五省良民之被害者不與焉。

嘉道時代內亂一覽表三

內亂名稱	首領	起訖年月	被害之區	何人平之
苗族之亂	石柳鄧 石三保 吳隴登 吳八月	起乾隆六十年正月 訖嘉慶元年十月	湘黔二省之地	明亮
白蓮教之亂	劉之協 姚之富 徐天德等	起嘉慶元年正月 訖九年九月	楚川豫秦隴五省	額勒登保 德楞泰
寧陝之亂	蒲大芳	起嘉慶十年六月 訖七月	陝西南部	楊芳
綏定之亂	王得先	起嘉慶十年十二月 訖同月	四川東部	涵桂
海盜之亂	蔡牽 朱濆	起嘉慶五年 訖十四年	浙閩粵三省	王得祿 邱良功
天理教之亂	李文成 林清	起嘉慶十八年九月 訖十二月	冀魯豫三省	那彥成 楊遇春

箱賊之亂	萬五　陳四	起嘉慶十八年十二月 訖十九年正月	陝西南山	長齡 楊遇春
妖賊之亂	胡秉輝	起嘉慶十九年十月 訖同月	江西	阮元
邊夷之亂	高羅衣	起嘉慶二十二年三月 訖同月	雲南臨安邊外	伯麟
回疆之亂	張格爾　玉素普 加漢他	起嘉慶末年 訖道光二十七年	天山南路	楊遇春
猺族之亂	趙金龍　趙福才	起道光十一年十二月 訖次年四月	湘粵二省之地	盧坤 羅思舉
猺族之亂	李沅發	起道光二十九年十一月 訖次年五月	湘桂二省之地	向榮

第三章　鴉片之戰

一　禁煙之由來　我國受帝國主義者不平等條約之壓迫，實自鴉片之戰，南京條約始。（道光二十二年公元一八四二）考鴉片初入中國本用於醫藥，英人于印度廣植鴉片運輸之額歲增。吸之者積久成癖，傷精敗神，對於道德上經濟上損失尤多。雍乾以來，屢頒禁令，嘉慶時更加嚴厲，但以奸商作弊，官吏受賄販吸轉熾。至道光十六年，每年竟漏銀至三千萬兩，於是內地銀荒日甚，朝臣交論其害。鴻臚寺卿黃爵滋，御史朱成烈，奏請嚴禁鴉片以塞漏巵。朝廷採其議，申禁三條：

(1)合十人爲一保，互相警戒，其中一人犯罪十人受罰。

(2)家藏煙具及鴉片者處死刑。

(3)如官吏受賄不報者，削其官職。

禁令既頒，並命各省督撫將軍，一體嚴禁，以杜禍根。而兩湖總督林則徐（少穆）覆奏之言，尤爲痛切，「如煙不禁，則國日貧，民日弱，數十年後，豈惟無可籌之餉，抑且無可練之兵。」宣宗大爲感動，召則徐來京，面受方略，佩欽差大臣關防，馳驛前往廣東，查辦海口事件，並節制廣東水師，實行禁煙政策。則徐既至，令英商限期全數交出，共二萬零二百八十三箱，每箱百二十斤，計値銀五六百萬元，則徐盡於虎門燒之，時道光十九年四月也。（公元一八三九年六月三日）

二　中英決裂及則徐之防備　時清廷厲行禁煙，一面頒布鴉片新例三十九條，以杜國人之吸食，一面由則徐規定鴉片專條，以斷外方之來源，則徐布告各國商人，凡商船入口者，皆須具結「有挾帶鴉片者，船貨沒官，人即正法。」葡美諸國皆具結願互市如舊，英義律亦願削去「人即正法」一語，徐悉如約，時政府有令「不患卿等孟浪，但患過於畏葸」等語，則徐乃嚴斥不許，並絕其貿易，斷其日用薪蔬食物，逼令退去澳門，於是英商坐困。時京朝官主張排外者氣燄愈高，如大理寺卿曾望顏等，至有請「封閉海關，盡停各國貿易」，則徐力陳不可，議乃寢，義律電請本國政府援救。英政府以贊助軍費案提交國會，國中重道德守正義者，以販賣鴉片爲可恥之事，力排擊之，卒因多數通過國會，而戰事遂決。

時則徐已調任兩廣總督，知戰事不可免，乃大治軍備，自虎門至橫當山，亘以鐵鍊木筏，增購洋炮二百餘位，列置兩岸，又備戰船六十、火舟二十，募壯丁五千，演習攻戰之法，並親赴師子洋校閱水軍，號令嚴明，聲勢甚壯。道光二十年五月，英將伯麥統海軍，喬治義律統陸軍，率軍艦二十六艘，士卒萬五千人抵澳門，見廣東有備，遂擬分犯各省，擴大戰區。

三　定海失守及琦善誤國　英軍既擬擴大戰區，遂以伯麥率艦北上，分擾廈門、定海，廈門以金廈道劉曜春發兵拒戰，英艦颺去。而定海毫無守備，見英艦至，倉猝集港內漁舟商船應戰，不敵，城陷，英軍封鎖寧波海口。警報達京師，政府大恐，命欽差大臣伊里布訪致寇之由，下詔責則徐空言無實。二十年七月，英艦駛入渤海，赴天津投書請款：（一）償還貨價，（二）開放廣州、廈門、福州、定海、上海通商，（三）兩國交際用平等禮，（四）賠償軍費，（五）不得以英船挾帶鴉片累及居留英商，（六）盡裁洋商浮費。直督琦善以聞。時天津道陸建瀛建議，「以廢止鴉片為先決問題，苟英人承認，則許以免稅代第一款，以開放澳門代第二款，以海關監督與之平行代第三款，其餘令回廣東與則徐定議」。時承平日久，沿海空虛，文武大吏懼禍及，皆歸咎則徐。政府諸人不知所措，亦欲加罪則徐以謝英人。

於英人所請均不置議，但覆以「上年廣東繳煙，其中或有多少曲折，將來派欽差大臣前往查實，不難重治則徐之罪。」於是褫則徐職，以琦善代之，而局勢驟變。

英軍以和局既見端倪，乃返兵舟山，撤退定海艦隊之半還澳門。冬十月琦善至廣東，盡反則徐所為，撤守備，散壯丁，以媚英人。英人見琦善易與，遂提出左列四條件：

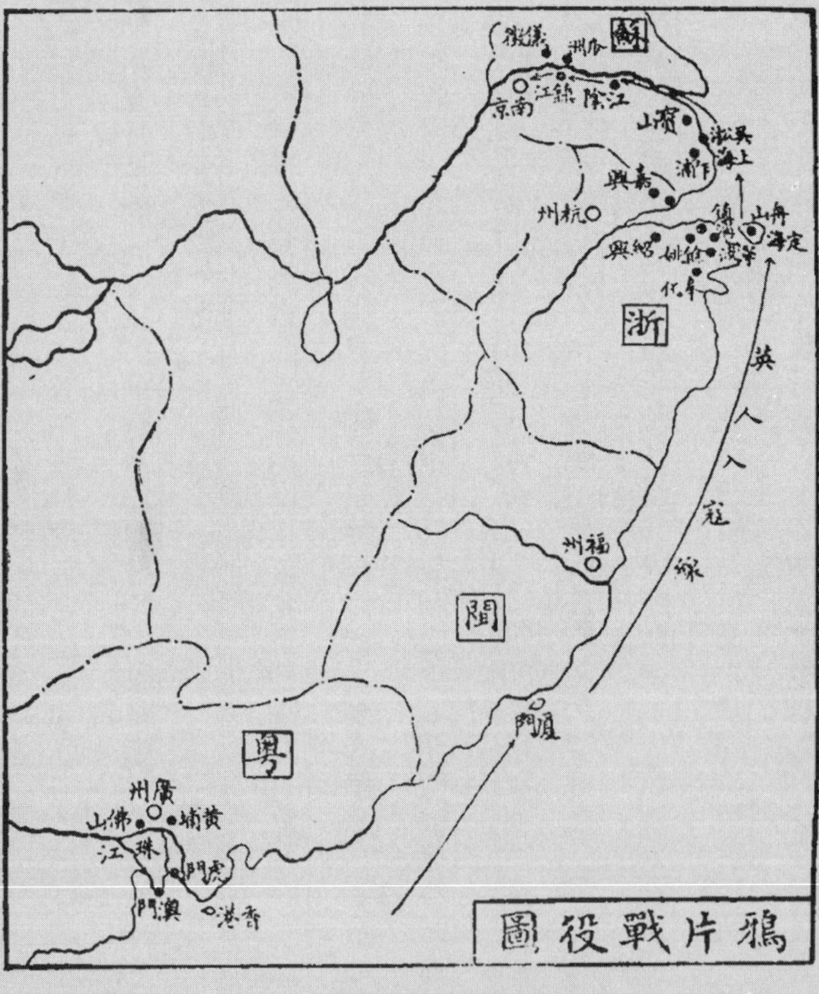

鴉片戰役圖

(1)割讓香港商業上交納清國正當之稅照舊，

(2)賠償六百萬元當交百萬其餘陸續付至一八四六年止，

(3)兩國間公事上之直接交際有對等資格，

(4)廣州開埠限陰歷新春十日內實行黃埔亦行貿易。

琦善堅拒之，談判決裂。英將以廣東無備，遂攻陷虎門外沙角大角二炮台。琦善大驚，即夜遣書義律，重申和議，允照所請上奏，遂暫停戰。

四　奕山失敗及廣州講和　和議告成，義律一方召還舟山屯駐兵艦，踐行草約，一方於香港起造房屋埠頭，視為己有。而清廷得英軍進攻之報，以英人反覆無常，勃然震怒，於二十一年正月，下令宣戰，奪琦善職，命奕山為靖逆將軍，尙書隆文，提督楊芳為參贊大臣，馳赴廣東討逆。而局勢又變。琦善接詔，大為狼狽，不得已乃飾美女，列珍饈，盛享英使，計遷延一時。義律覺局勢已變，偵知大兵將至，遂以二月進攻虎門，提督關天培死焉，各要隘大砲三百餘門，並則徐前此所購西洋新砲，並被奪去。時英政府不善義律與琦善和議，命陸軍少將臥烏古率印度戍兵，續向中國進發。適至廣東，楊芳兵亦至，方相度形勢，欲扼珠江要害。而臥烏古新兵長驅直入，楊芳束手。厥後屢戰屢敗，英軍進擊廣州，總兵鄧永福戰死。城西北之天字砲台，及北山頂之四方砲台，盡爲英奪。奕山倉皇失措，不知所爲，將棄城而遁，又恐爲英軍所襲，乃決計乞和，而局勢再變。於是使廣州知府余寶純出城議款，遂定下列休戰條約：

(1)將軍等允於烟價外，先償英國軍費六百萬元，限五日內交付，

(2)將軍及外省援兵，均退屯城外六十里地，

(3)以香港之割讓，爲未定問題。

(4)償金交出時，英軍退出虎門。

約成，奕山大索民財以爲賠欵。而英兵遊行街市，恣爲不法，粵人大憤，三元里民衆，樹平英團旗幟，乘英軍陸續撤退之際襲擊之，義律陷入重圍。知府余寶純以將軍命往解，義律始出償金授受單，英軍退出廣州，奕山等退屯城外。隆文尋卒，楊芳亦病歸，而廣東戰事，遂完全失敗。

五 浙東要塞失守及奕經再敗

廣東以城下之盟，得以苟全，然弈山奏報，則完全諉飾，僅謂

英人要求如前通商，且以償金改稱淸還商欠，至煙價香港二問題，則一字不提。帝微聞之，爲顧全體面計，亦不深究，僅飭奕山等增修廣東守備。並追論則徐開釁之罪，遣戍伊犂。而英人則以上年天津所索六款，及香港割讓，未得淸政府正式承諾，不肯罷兵，議復移兵北上，以武力要挾。會英新派大使璞鼎查，海軍少將巴爾克至，遂與伯麥，臥烏古等進犯廈門，陷之。棄而不守，北犯定海。總兵葛雲飛，方大治守備，英艦至，立發兵迎拒，血戰五晝夜，卒以器械不利，與處州總兵鄭國鴻，壽春總兵王錫朋皆戰死，定海復陷。時兩江總督裕謙，以欽差大臣專辦浙事，統兵千餘守鎮海，提督余步雲，總兵謝朝恩，以兵二千餘分守甬江口兩岸砲臺。英兵分道登陸，步雲朝恩兵皆潰，裕謙知事不可爲，自殺。鎮海寧波相繼陷，慈谿餘姚二城，逃散一空，浙東大震。事聞，淸廷又一意主戰，詔大學士奕經爲揚威將軍，侍郎文蔚，都統依順爲參贊，規復浙東。以道光二十二年正月抵紹興，其進兵方略分三路：

(1)奕經以兵三千，軍紹興之東關，文蔚以二千屯慈谿城北之長溪嶺，副將朱桂，參將劉天保，以兵二千屯城西之天寶山，以圖鎮海。

(2)提督段永福以兵四千，伏寧波城外，余步雲以二千駐奉化，圖寧波。

(3)海州知州王用賓駐乍浦，雇漁舟渡岱山。以故總兵鄭國鴻子鼎臣統水勇主火攻，圖定海。約日同時進兵，分遣鄉勇伏城中爲內應，而定海形勢隔絕，布置不易，鄭鼎臣先期渡海襲擊無功而還。段永福亦被砲擊死傷過半。攻鎮海之劉天保軍以內應不力，不戰而退。朱桂戰死，天寶山軍潰，文蔚即夜遁蕭山，奕經亦退走杭州。浙東恢復之師遂大失敗。

六　沿江要塞失守及南京條約　浙東未敗之先，浙撫劉韻珂已主撫。至是命伊里布赴浙主和議，詔諸軍按兵罷攻，惟嚴守以待。英軍見浙東有備，不便深入，遂決定轉略長江，以斷南北交通。全軍陷乍浦，杭州嘉興戒嚴。英軍復北上，逹吳淞口，守兵不戰而退。乃水陸並進，直取上海，江南提督陳化龍血戰死之，寶山上海相繼陷。時英國新加援兵，軍威轉盛，遂以四月中旬溯江而上，先後拔福山江陰圌山諸要隘，進取鎮江。守將海齡自殺，參贊齊愼，提督劉允孝退走。自瓜州至儀徵之鹽船估舶，焚燒一空，火光百餘里，鹽商饋銀五十萬兩免禍。英軍至南京，東南大震，清廷不得已，乃命耆英伊里布，牛鑑與英使璞鼎查訂立左列條約，時道光二十二年七月也。

(1)納英賠款二千一百萬元，分四年交清。其軍隊俟第一年清款時即行撤退，惟舟山鼓浪嶼二處須償金全清五口開放之後，始行撤退。

(2)香港全島永遠讓與英國。

(3)開廣州，廈門，福州，寧波，上海五口為通商口岸，准英領居住，並准英商及其家屬自由來往。

(4)五口應納進出口貨稅款，均宜秉公議定則例，由部頒示以便英商按照交納。英商貨物，自某港納稅後，卽准由中國商人徧運內地，不得加重課稅。

(5)以後兩國往來公文，用平等式。

(6)放還俘虜，凡戰役中為英軍服務之人，一律免罪。

和約既定，英卽盡撤各軍，退屯定海，璞鼎查以功任香港總督。清廷命伊里布至廣東，與英使交換批准條約，並議互市章程。適粵民有反英舉動，伊里布重懲之以謝，旋死，耆英繼之，交換批准正約，並訂虎門補遺條約。五口開放，英兵全撤，惟我國承認舟山列島，永不讓與他國，而此役乃全結。

七 鴉片戰爭之餘波及其影響

鴉片為害，盡人皆知，卽英國亦悉其弊。乃耆英等於議和之時，既不能訴之於正義人道，力求英方協同禁止。清廷於議和後，亦不知繼續嚴禁，遂使吸者日衆，輸額益增，咸豐九年且公然弛禁，以洋藥納稅，不啻爲法律所默許。陋政如此，誠可痛也。考此次我國失敗原因簡言之可分爲三：

(1)時承平日久，人習宴安。且當日無民族主義，故粵方民氣雖盛，而他方民氣，不能爲外交後盾。

(2)革林則徐職，代以琦善，一切盡反則徐所爲。專以媚外蒙蔽爲務，致使戰事擴大。

(3)沿海沿江失守，非戰不力，乃器械不良，無法抵禦。

至其影響，則我國門戶大開，外人進窺堂奧，後此英法入寇，八國聯軍，均此役啓之。鴉片戰後，繼南京條約而起者，有虎門補遺條約，中美條約，中法條約，茲四者，以歷史眼光觀之，殆屬一系，故於通商之點，內容相同，特以於中英虎門條約第八條規定之最惠條款，插入於中美條約第二條，中法條約第六條耳。關稅協定，外國裁判權，及居留地制度，亦包在此範圍之內。而後此與各國締結之約，亦多有此條，此爲中國在國際法上失權之始，不可不注意者也。

(附)道光以前我國對外態度及國際情形表一

甲 對外態度

1 清世祖時，俄人上書請互市，帝與俄皇書略云：「爾國遠處西北，誠心向化，朕實嘉之。特賜禮物，以明朕柔遠之至意。爾其欽承效忠，以世恩寵」

2 康熙五十八年，俄皇大彼得遣義斯麻伊兒齋書至京請訂商約，廷臣强其行拜跪禮，事不諧。副使蘭給留京，屢請議約，政府待之如囚虜，卒不許。

3 乾隆二十年，英人及各國商船，以粵海關稅重，趨浙海。高宗特重浙海關稅，英人氣阻，復回廣東。

4 乾隆二十四年，英商任洪輝，以廣東貿易困難，訴諸政府，語侵粵海關監督，卒坐以妄控罪，錮之澳門附近，久乃釋之。

5 乾隆四十九年，黃埔英船，以慶祝砲誤斃華人一，卒處砲手死刑。

6 乾隆五十七年，英使馬加爾尼來求改約，適值高宗八旬萬壽，强其樹朝貢旗，又迫令至熱河行宮行拜跪禮。於其所請求，一概不許。

7 嘉慶十年，嚴禁西洋人刻書傳教。會粵民陳若望私代西人德天賜遞送書信至山西，事發，若望發遣爲奴，德天賜禁錮熱河營房。

8 嘉慶十九年，粵督蔣攸銛奏定防夷數事，(1)嚴禁人民私爲夷人服役，(2)洋行不得用歐式建築，(3)商號不得用夷字、(4)清查商欠，(5)內地人民不得私往夷館。

9 嘉慶二十年，湖南官吏在耒陽縣訪獲西人蘭月旺，處以潛入內地煽惑人民之罪，絞決。

10 嘉慶二十一年，英使亞墨美斯，以廣東貿易事入京陳訴，旋以要求行三跪九叩首禮，稱病而退，嚴旨斥逐出境。

11 道光元年，粵民與英商屢起違言，英艦被民攻擊，英兵多受傷，地方官置之不理，且嚴課關稅，並禁外國婦人上陸。英商不得已，攜家屬退澳門。

1 廣東地位——自明季以來，外人來中國通商者，皆集中廣東。其原因(1)由於地勢的關係，當東西洋航路之衝。(2)由於歷史的習慣，自唐以來，即設市舶司於廣州，外商習以爲常。

乙 國際情形

2 公行制度——乾隆中葉，廣東商人設立公行，為政府與外商之傳遞機關，對於外商為惟一之經理者。外商來華，恆住公行所設之商館，不許遊行街市，公行於正稅外，復有種種苛索，外商漸覺困苦。

3 貿易狀況——於時各國雖同在中國貿易，而以英吉利為盛。出口貨為茶絹大黃，入口貨為鴉片綿花毛織物，而鴉片一物，竟引起中英戰爭。

4 英國國勢——鴉片戰前，其時英國國勢正盛，女皇維多利亞在位，英明果毅，土地日擴，加拿大，印度，南非，澳洲，皆入其勢力範圍，在海權上，商業上，均首屈一指，以故因鴉片問題，有所恃而不恐，遂與中國一戰。

鴉片戰役表二

(甲) 開戰原因

1 鴉片即阿片，一曰鶯粟，又曰阿芙蓉，俗稱福壽膏。

2 本藥材之一種，為治痢要品，惟專吸之，積久成癖，銷精爍髓，等於鴆毒。

3 鴉片之來，起於唐，繼於明，盛於清，至道光時，突增至二萬餘箱。

4 雍乾以來，曾頒禁令，至道光時，黃爵滋等建議嚴禁，命林則徐赴粵查辦，勒令英商全數焚燬。

5 並令外商具結入口「自後有犯禁者，船貨沒官，人卽正法，」英領義律不欲，遂決裂。

(乙)戰事經過

第一次戰——則徐見事機決裂，乃大治廣東海口，嚴加守備。道光二十年五月，英將伯麥率大隊至，見廣東有備，犯廈門，陷定海。沿海大吏共咎則徐，而朝旨漸變。

第一次和——英人上書直督琦善，提出議和條件。清廷令琦善代則徐督粵，盡反則徐所為以媚英人。英人提出强硬條件，割讓香港，賠償煙價。談判決裂，英遂進攻，琦善屈伏求和。

第二次戰——清廷以琦善誤國，革職拿辦。道光二十一年正月，下宣戰令，命奕山隆文楊芳等赴粵討逆。英政府亦遣卧烏古率兵續向中國進發，雙方

鴉片戰役

接闖，珠江要害盡失，廣州亦大受壓迫。

第二次和——弈山恐不敢戰，遣余寶純出城議款，定休戰條約：雙方撤兵，於煙價外，先償軍費六百萬元，香港問題，俟後協商。

第三次戰——英人以「賠償煙價」「割讓香港」問題，未得清廷正式承認，不肯罷兵，適璞鼎查至，大舉北上，攻掠閩浙沿海，連陷廈門定海寧波。宣宗聞變，一意主戰，道光二十二年正月，命奕經文蔚等督兵赴浙，未幾而浙東恢復之師又遭失敗。

第三次和——奕經敗後，清廷令諸軍按兵勿戰，一意防守，而英兵已連陷乍浦寶山上海，溯江而上，進逼南京，不得已乃遣使議和。

當局者
- 中國——耆英，伊里布，牛鑑，
- 英國——璞鼎查，

共十三條、

(丙)南京條約

- 條款
  - (二至三)開五口通商，並設領事，割給香港一島，
  - (四至六)償煙款六百萬，商欠三百萬，軍費一千二百萬元，廢公行，聽英商交易，
  - (八至九)釋放中英兩國俘虜罪犯，
  - (十)議定英貨納稅例，並進口後華商轉運英貨納稅例，
  - (十一)議定中英官商往來文書式。——
- 年月日
  - 道光二十二年七月二十四日，
  - 公元一八四二年八月二十九，
- 國外的
  - 1 英國得到優勝地位，
  - 2 荷，比，葡，普，西均派遣領事來粵，
  - 3 法美諸國，援例訂結通商條約，交涉遂日煩多，
  - 4 訂舟山不割讓他國之約，啓各國劃定勢力範圍之先聲，

（丁）戰爭影響

- 國內的
  - 1 開近百年中國事變之端，
  - 2 粵人嚴拒英人入城，伏後日廣州事變之機，
  - 3 戰爭主要之禁煙問題，戰後漠然不問，咸豐時且公然弛禁，流毒至今未已，
  - 4 國權之喪失（甲）居留地之起原見南京條約第二條及中法條約，（乙）領判權之讓出見虎門補遺條約，及中法中美條約，（丙）關稅協定之開始見南京條約第十條，（丁）最惠國條約之訂定見虎門補遺條約。

林則徐事略表三

- 甲 略曆
  - 1 名字——字元撫，一字少穆，晚號竢村老人，年六十六卒，謚文忠，
  - 2 籍貫——福建侯官人，今閩侯縣，
  - 3 出身——年十三入學，二十舉於鄉，二十七成進士，授編修

林則徐

乙 功事

- 1 分巡杭嘉湖時——修海塘，興水利，士民德之，
- 2 按察江蘇時——決獄平恕號林青天，
- 3 總督東河時——查驗科粱積弊盡去，
- 4 巡撫江蘇時——免逋饟，發賑卹，以實心求實事，
- 5 總督湖廣時——修隄工，整鹽務，利興害去，
- 6 總督兩廣時——厲行禁煙，反為庸臣所誤得罪，
- 7 遣戍伊犁時——担任墾務，縱橫三萬里水利大興，
- 8 總督雲貴時——執法無私，回漢安堵，滇人繪像祀之，
- 9 起任欽差時——兩粵聞公出，盜匪散去大半，及公病終，而大亂遂不可制。

丙 軼事

- 1 嗜好——少好飲喜弈，服官以後屏絕弗近，
- 2 態度——長不滿六尺，目光四射，聲如洪鐘，隔數舍聞之了了，
- 3 學問——詩宗白傅，書法歐陽，其在塞外，手蹟徧冰天雪海中，

4 遠見——嘗曰「西洋人易與耳，終爲中國患者，其惟俄羅斯乎。」

5 遺蹟——民國十八年六月三日爲公禁煙九十年紀念，國府明令於虎門鑄像立碑以資觀感。

第四章 嘉道之內治

一 仁宗之優柔 嘉慶一朝，匪亂頻仍，滿兵不競，綠營腐敗，積習已成。提鎮則養尊處優，不習勞苦，營務一委之參遊。參遊則因循玩愒，訓練無方，遇事又委之千把。將弁多冒空糧，兵士徒供私役，是以輦轂之下，盜賊縱橫，外省更不堪問。雖嘉慶四年，乾綱獨斷，誅戮和珅。然帝優柔寡斷，不能復臻郅治，玆分述其事實於下：

(1)善善而不能用 嘉慶三年，大考翰詹，御試征邪教疏。編修洪亮吉上書言事，(一)曰肅吏治，(二)曰貸脅從，(三)曰專責守，(四)曰信賞罰，為時相所忌，罷歸。及和珅伏誅，亮吉復上書言事，於福康安之奢費，及依附和珅之人，皆有所指摘。末復有「羣小熒惑，視朝稍宴」語，部議照大不敬律，擬斬立決，詔免死戍伊犂，旋赦回原籍，終身不用。而裝潢其書，常置左右以作良規。信其言而棄其人，可謂善善而不能用矣。

(2)**惡惡而不能去**　教匪蹂躪川楚，皆由諸臣防剿不力，以至賊勢蔓延，不可嚮邇。嘉慶四年，特罪狀永保縱賊湖北，景安縱賊河南，宜綿秦承恩縱賊陝西，英善勒保縱賊四川，惠齡縱賊渡漢，責罰有差。又以教匪多屬脅從，何以終不就撫，聞係福寧在湖北，殺旗鼓寨降人二千餘邀功所致，命逮交刑部治罪。然諸臣旋卽起用，富貴壽考，以功名終。較之高宗因征金川無功，誅訥親張廣泗，征回疆失機，誅雅爾哈善馬得勝，因征緬甸失機，誅楊應琚額爾登額異趣，亦可謂惡惡而不能去矣。

且不僅此也，平定苗疆之鳳凰同知傅鼐，平定教匪之南充知縣劉清，洵陽知縣嚴如熤，皆一時名臣，仁宗所深知者也。乃鼐在苗疆十五年，僅由道員擢湖南按察使，卒後始贈巡撫。清在四川行營十餘年，僅由道員擢至按察使。旋左遷刑部員外郎。滑縣之變，以鹽運使討賊有功，加布政使銜，改授登州鎭總兵，道光初以疾乞休卒。如熤在南山二十年，僅由定遠（今鎭巴縣）同知擢漢中府，道光初由道員擢按察使卒。三人皆久於其任，受知最深，然皆未盡其才而死。羅思舉桂涵，以川東鄉勇起家，征討教匪，屢立奇勛，乃功成時僅補副將，終帝之世，位不逾總兵，道光初始擢提督，而年已老，亦可謂用人未盡其才矣。

二　吏治之敗壞

乾隆末年，吏治敗壞，略如上述。然積習已成，仁宗親政以後，又有下列四案。

(1)私造假印虛收稅糧案　嘉慶十一年，直隸布政使慶格具奏究出司書私雕假印勾串舞弊案，略云「司書王麗南等歷年以來，有將司發庫收小數貼改大數者，有將領款抵解錢糧又蒙混給發者，有串通銀匠給與假印批收者，共虛收過定州等十九州縣地糧正耗雜稅銀二十八萬兩。」一詔大學士費淳尚書長麟馳驛查究得實，因將王麗南州縣官陳錫鈺等二十餘人正法，家產查抄，其失察之督撫藩司等分別治罪。既而武昌等五縣，亦發見有任意侵欺私將庫收照票洗改等事。數旬之間，連破兩案，亦可見此等舞弊之事各省所在多有也。

(2)私造假印冒領庫銀案　工部書吏王書常蔡泳等，私造假印，冒領庫銀，或於欽辦歲修工程，揑造大員名姓，重向戶部支領，或移咨戶部，經戶部憑文辦扎交領銀兩物料，計有十四次之多，數目不下千萬。嘉慶十四年，為工頭某告發，書常等伏誅，歷任經手畫諾之戶工二部堂官，均降黜有差。

(3)殺官滅口案　嘉慶十四年，江督鐵保派候補縣李毓昌赴山陽（今淮安縣）查賑，時縣令王伸漢揑報戶口浮冒賑款三萬金。毓昌親行鄉曲查得之，具清冊將揭諸府。伸漢賄以巨金，却之，倩淮安府王轂代爲緩頰，亦不從。乃謀竊其冊，使僕包祥，與毓昌僕李祥顧祥馬連升合謀。李祥曰，「稿冊收行篋，鑰掛主人身，當盜鑰乃可。」包祥曰，「是無庸，吾觀此人不可以利動，計惟有死之耳。」乃以毒進，縊殺之。伸漢搜焚稿冊，以瘋疾自縊聞。毓昌叔泰清來迎喪，厚賻之。歸檢行篋，舊書內有焚餘殘稿半紙，曰，「王令冒賑，以利啗毓昌，毓昌不受，恐上負天子。」又見皮衣有血跡，知其寃，乃走訴都察院。得實，僕囊淩遲處死，伸漢轂伏誅，總督以下、貶官有差。

(4)兵部失印案　嘉慶二十五年，仁宗謁陵，兵部奏失行在印，審訊月餘，未得端倪。後鮑姓胥吏供「係前年秋狩木蘭時在行帳內遺失，隨後員司隱匿未報」等情，將堂官司員降黜有差，移文口外訪拿，終未緝獲。然主事何炳彝言，「是日收印時適伊值日，親同滿員手封存庫，實未失也。」或曰，「有人覬覦非分，賄鮑胥竊去，意存叵測，事未發而謀敗。諸大臣恐興大獄，故借行賬遺失爲辭，消弭其事耳。」

此外如畢沅任兩湖總督時，滿洲福寗爲巡撫，陳淮爲藩司，時人有「畢不管，福死要，陳倒包」之語。嗚呼，一省如此，他省可知，長官如此，部屬可知，甚矣吏治之敗壞也。

三　河工之糜費　嘉慶一朝，文恬武嬉，國事敗壞，而河工糜費尤甚。嘉慶十三四年間，開濬海口，改良河道，費銀至八百萬，合計南河修堵諸費，數年之中不下四千餘萬，雖嚴旨特派尚書托津往查，歷任河督降革有差，然舞弊侵蝕之事仍不少減。在咸豐河決銅瓦箱（蘭封西北）以前，河督有二，北駐濟寧，南駐清河浦。南河繁劇，遠過北河，歲費銀四百五十萬，而決口漫溢不與焉。浙人王權齋熟於河工，謂「採買竹木薪石麻鐵之屬，及工人一切費用，費帑金十之二三，可以保安瀾，費十之三四，可以書上考。其餘三百萬，除各廳浮銷外，則供給院道，酬應戚友，饋送京員過客。降至丞簿千把胥吏工丁，凡有職事於河者，皆取給焉。歲修積弊，各有傳授，築隄則削濬增卑，挑河則墊崖貼腮，買料則虛堆假梁，即大吏查驗，奉行故事，勢不能親發其藏。當局者張皇補苴，沿爲積習，上下欺蒙，掊公肥私，而河工不敗不止矣。」故清江浦上下數十里，街市之繁，食物之富，五方輻輳，轂擊肩摩，高庭曲廊，食客滿屋，細轂豐毛，山腴海饌，揚揚然意氣自得。青樓綺閣之中，悲管清瑟，華燭通宵，不知其幾千萬家，梨園麗質，貢媚於後堂，琳宮緇流，抗顏爲上客，長袖利屣，颯沓如雲，不自覺其錯雜不倫也。下至道光之世，此風不歇，河督宴客一席所需恆斃三四駝，五十餘豚，鵝掌猴腦無數，食一豆腐亦需費數百金，畫夜演劇無虛日，其他衣服車馬玩好之品可知已。驕奢淫佚，一至於此，民安得而不貧，國安得而不衰哉。

四　宣宗之圖治　宣宗在位三十年，服用之儉，爲史册所罕見。所服套褲當膝處穿破，令所司綴一圓綢於上，一時大臣效之，成爲風氣。內務府歲費甚簡，堂司各官皆有「臣朔饑欲死」之歎。小心謹慎，素無失德，故內政亦有足稱者。

(1)新疆開墾　回疆亂首張格爾，雖於道光八年被擒，而餘患未息。十一年，將軍長齡請以回疆西四城開地招民開墾，以供兵糈，從之。回疆始行屯田法。

(2)行票鹽法　初兩淮鹽地用引地法，由官指定引地，督商販運。至是因鹽引不暢，私銷多。道光十一年，兩江總督陶澍乃奏用行票鹽法，請「於海州所屬之中正，板浦，臨興三鹽場，分設行店，聽民投行購買，運行售賣。擇各場要隘之地，設立稅局，給與照票，註明斤數及運往何處字樣。凡無票及越境者，仍以私論」。奏可。澍乃招商請票，不數月間，商販輻輳，場鹽一空，數載銷至數百萬兩，邇後日增月盛，爲政府歲入大宗。

(3)獎勵開礦　貨棄於地，殊爲可惜。宣宗知之，特於二十四年，諭「開礦一事，前朝屢行。雲南一省除現在開採外，尚多可採之處，著四川總督寶興等，體察地方情形，相度山場民間情願開採者，准照現開各廠一律辦理。斷不可假手吏胥，致有侵蝕滋擾阻撓諸弊。」二十八年又諭「四川雲貴兩廣江西各督撫於所屬境內，確切查勘礦產。」足見當時獎勵之情形矣。

五　庸相之誤國

宣宗儉德，爲三代以下一人。然而吏治日媮，民生日困，外起英禍，內生粵變，則信任庸相有以致之。

(1)曹振鏞　久居權要，專伺人主意旨。又復拘牽文義，毛舉細故，以箝制天下人之心。會帝倦勤，厭言官多事，振鏞謂帝曰「今天下承平，臣工好作危言，指陳闕失，以邀時譽。若遽罪之，則蒙拒諫之名，惟有抉摘其細故之舛謬者，交部嚴議，則臣下震於聖明，以爲察及秋毫，自莫敢或縱。」帝從之，臣下輒加譴責，由是中外惶悚，皆矜矜自持，不復有敢言者。又乾嘉以前，台閣書體，雖稱整齊，然碑帖古字，時見屑出，詩亦有拗體者。而振鏞奉命衡文，字則專搜點畫，詩則泥黏平仄，不問文章之工拙，若有破體貼字平仄失韻者，皆置下第。海內承風，士習因以闒茸、懨懨無生氣。論者謂政俗之壞，內外兵禍，紛至沓來，開前此未有之變局，皆振鏞一人造而成之。庸臣誤國，甚於凶人，言雖過甚，不得謂非無因也。

(2)穆彰阿　帝晚年信任穆彰阿，穆氏庸闒無識，怙勢攬權，植黨營私，妬賢害能，不減乾隆朝之和珅。當時如林則徐鄧廷楨之遣戍，姚瑩達洪阿之下獄（均抗英有功者）南京條約之失敗，皆穆彰阿所主持。雖其罪惡昭著，亦無一人敢直言彈劾者。以致大學士王鼎，效史魚之尸諫，服毒自盡，爲遺疏數千言，痛劾穆彰阿欺君誤國之罪，力排和議之非，並薦林則徐才可大用。穆彰阿懼，使其門下士陳孚恩張芾以危言怵王鼎之子伉，棄其父之遺疏弗上，別令軍機章京聶澐草稿以進。帝亦爲所蒙蔽，而毫不知。和局告成以後，帝遂忽忽不樂，以至棄天下，而天下益自此多事矣。

（附一）嘉慶朝河患表一

漫口年月	漫口處	合攏年月	堵築狀況	備註
嘉慶二年七月	永定河	同年八月		以雨，詔停秋獮

二年八月	碭山境內楊家壩河		蘇淩阿等馳往堵築	
二年八月	曹汎壩河	同年十二月		次年截江西漕米四十萬石，賑曹縣等水災，又截漕糧二十七萬石賑之
三月九月	睢州上汎河	四年正月	並疏濬下游	截祥符米豆十二萬石備賑
四年七月	碭縣邵家壩河	同年十一月		頒河神廟匾額
六年六月	永定河桑乾河各四處	同年十月	費蔭等分勘水災，褫總督姜晟河道王念孫職	京師大雨，宮門水深數尺，詔自責，發帑賑卹
八年九月	衡家樓河	九年三月	劉權之那彥寶馳勘	河督請開衡工捐例，允行
十一年六月	王家營減壩河	十二年三月		賞戴均元徐端太子少保
十一年七月	宿南廳郭家房河	同年十二月	鐵保等往勘	
十三年正月	南河陳家浦等處	同年二月	長麟戴衢亨往勘	
十三年六月	荷花塘運河	同年九月	十二月合而復蟄	鐵保下部議，那彥成降職

十三年六月	七里溝運河			
十五年七月	永定河	同年九月		
十五年十月	高堰山圩兩廳			褫徐端翎頂
二十年二月	睢州二堡	同年月		
二十四年七月	永定河	同年九月	吳璥那彥寶馳堵	
二十四年八月	儀封北岸黃河	二十五年三月	吳璥馳往、會琦善堵築	南岸復刷成漫口、續塌至百餘丈

陶澍政績表二

（甲）略歷

1 名字——字子霖，號雲汀，年六十二卒，諡文毅。

2 籍貫——湖南安化縣小淹人。

3 出身——嘉慶七年進士，選庶吉士，授編修，仕至兩江總督。

1 撫皖時，親勘壽州懷遠鳳陽鳳台等處陂塘及濱江之圩埦堤壩，

陶澍

（乙）政績

- 興水利
  1. 以次興濬築，民賴其利。
  2. 撫蘇時，疏濬吳淞劉河，使大湖入海之路暢通。築黃金黃泥二閘，以蓄練湖之水。濬孟瀆及德勝澡港二河，而吳中運河之上下流亦治。
- 講荒政
  1. 在皖時奏設豐備倉於各屬鄉村，秋收時量力捐集，歲歉則散之，略如社倉法，師其利而去其弊。
  2. 其後復在江蘇仿捐豐倉例，積穀各數萬石。
- 行海運
  1. 道光五年，漕河大梗，詔議海運，維時南漕北倉交阻之，不曰風濤，則曰寇盜，不曰霉變，則曰縻費。
  2. 澍毅然行之，以蘇松常鎮太倉之米百六十萬石歸海運，旬月抵天津，無一漂損者，且米色瑩潔，費省河運一倍。

1. 裁浮費以輕成本——凡公費匣費岸費窩費之病商者盡裁之，

復裁鹽政陋規十六萬兩有奇，本源澄而浮冒絕矣。

改鹽法

2 愼出納以重庫款——正項貯內庫以備部撥，雜項貯外庫，革總商以杜侵漁，永禁印本減貼諸名目，俾勿貽後患。

3 禁漕私船私以淸綱銷——糧艘南囘，禁帶蘆私，儀徵商船禁止借官行私之弊，又力主散輪隨到隨售，而久滯報淹之弊亦少。

4 革五壩十槓以淸淮北——北鹽十年無課，徧地皆私，商逃岸懸，澍乃改引地爲票鹽，聽民購運售賣，不數月間，商旅輻輳，場鹽一空，化私爲公，得未曾有。

(丙) 風度

1 虬髯山立，洪音壞辨，遇事奮發，有爲義形於色，而胸中無城府，待人表裏如一，用人必盡其才。

2 生平篤嗜風雅，留心文獻，於地形水利尤所究心。又嘗建惜陰書院於江寧，震川書院於嘉定，敦善書院於海州，以惠學者，著有印心石屋文集，陶桓公年譜，淵明集輯注傳世。

3澍以一身保障江淮者十餘年，自辭世後，而東南乃多故矣。

第五章　太平軍之役上

一　太平軍之崛起　嘉道以前國人假教倡亂者，不出佛道二宗。嘉道以後，歐風東漸日衆，於是有以基督教義聚集黨徒，建立國號，破壞十六省綿亘十五年者，則有廣東花縣人洪秀全。秀全嘉慶十七年生（公元一八一二）七歲入塾，父死家貧，身親農牧，然仍力學不倦。年二十，赴廣州應試，受美國宣教師之感化，信基督教義，自樹一幟，謂之上帝教，倡三位一體之說，即第一位爲天父即上帝，第二位爲天兄即基督，而己爲天弟，則居第三位也。凡入教者一律平等，男曰兄弟，女曰姊妹，遠近歸附者寖衆，皆稱秀全爲洪先生。秀全復與同邑馮雲山等，造眞言寶誥諸書，祕密傳布，而上帝教遂大興，蓋耶教之別派也。

道光十六年，秀全與馮雲山至廣西布教於桂平武宣二縣間之鵬化山中，時秀全妹婿武宣蕭朝貴，及桂平楊秀淸，韋昌輝，貴縣石達開多附之。分途傳道，從者日多，遂有舉事之志。適鴉片戰敗，淸室陵夷，粵西大飢，匪盜大起，巡撫鄭祖琛老病不事事。楊秀清等，遂以道光三十年六月（公元一八五〇）起事於平南藤縣間之金田村，擁戴秀全為首領，一時自命為豪傑者，如貴縣林鳳翔、廣東揭陽羅大綱、湖南衡陽洪大全之徒皆歸之，器械漸備。清命故雲南提督張必祿等馳往剿辦，敗死，秀全之勢大熾。復命賽尚阿督師，卒因將帥不和，秀全坐大，屯軍武宣，復取貴縣，渡江侵及桂平對岸。文宗咸豐元年正月，敗向榮軍，進屯大黃江（桂平東北），分掠旁郡縣，旋破永安（今蒙山縣），始建號曰太平天國，命其所統之軍曰太平軍，自為天王，封楊秀清、蕭朝貴、馮雲山、韋昌輝、石達開等為東西南北翼王，洪大全為天德王，秦日綱、胡以晃、羅大綱、林鳳祥等四十八人各授丞相軍師有差，儼然以革命政府自任也。

二　太平軍北上及定都南京前後之設施

咸豐元年十月，賽尚阿督向榮、烏蘭泰等圍永安，並檄江忠源募楚勇五百人助戰，累月不下。二年二月，太平軍潰圍北趨陽朔，洪大全被烏蘭泰所擒，送北京磔死。大全善文學，多機謀，就擒之日，尚從容談笑，自題小詞，為人所傳誦，秀全惜之甚。進攻桂林，烏蘭泰尾之，遇炮死，秀全亦不克，乃謀趨湖南，江忠源倍道扼全州下游之簑衣渡，激戰兩晝夜，南

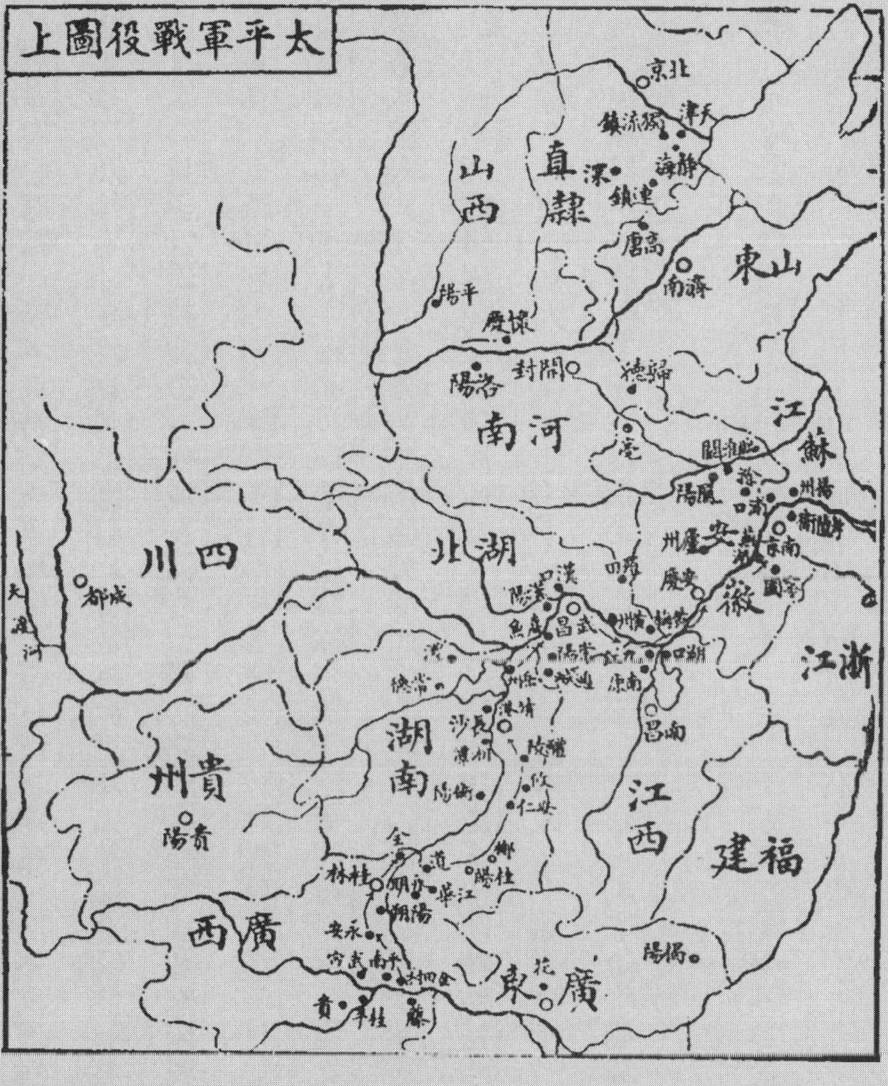
太平軍戰役圖上
山西
直隸
山東
河南
江蘇
安徽
湖北
四川
湖南
貴州
江西
福建
浙江
廣西
廣東
北京
天津
濟南
開封
洛陽
成都
武昌
漢口
長沙
衡陽
貴陽
桂林
南昌
南京
揚州
廬州
安慶
九江

王馮雲山陣亡，秀全哭之痛曰「天不欲吾定天下耶，何奪吾良輔之速也。」乃移攻道州，提督余萬清遁去。旋陷江華永明及桂陽郴州，謀趨長沙。清廷以賽尚阿調度乖方，革職逮問，詔張亮基代駱秉章爲湖南巡撫，又以雲貴總督羅繞典方赴任，道長沙，令留辦防堵。時秀全等尚在郴州，獨西王蕭朝貴雄勇好戰，利長沙守備薄，可襲取，乃率李開芳林鳳祥等破安仁攸縣醴陵，直薄省城，逼南門而軍。會總兵和春與江忠源馳至，與太平軍相持。向榮亦自桂林來救，守備漸固。蕭朝貴黃袍立馬攻南門，中炮死，太平軍心漸弛，乃於九月十九日夜半解圍，渡湘西去。旋破益陽，出洞庭，下岳州，蔽江而東，連破漢陽武昌。清廷褫兩湖總督程矞采職，遣戍，而起丁憂在籍侍郎曾國藩治團練，駐長沙。咸豐三年正月朔，太平軍舳艫蔽江東下，初九日破九江，十七日破安慶，得藩庫銀三十餘萬兩。連陷蕪湖太平，直薄南京。江督陸建瀛將軍祥厚死之，遂入南京，定都焉，改號天京，組織正式革命政府，其設施狀況如下。

(1)定軍制　行軍計畫，概由東王主之。其軍制萬三千一百二十五人爲軍，由軍帥統之，軍分前後左右中五營，每營二千六百二十五人，由師帥統之，營分前後左右中五旅。每旅五百二十五人由旅帥統之，每旅分一二三四五卒。每卒百零五人，由卒長統之，其下有兩司馬，伍長等名稱。軍帥之上，有監軍，總制，將軍，指揮，檢點，丞相，而以王爲最貴。服色尚黃，旗章則丞相以下用三角旗，四方旗惟封王者得用之。

(2)行新教　太平營規本有天條讚美及早晚禮拜之規定。及都南京，更頒天條，首列悔罪規則，次則洗禮祈禱，並舉西十戒。嘗下原道醒世詔，謂「萬國本一家，男盡兄弟，女盡姊妹。」又下原道救世詔云「第一不正淫爲首，第二不正忤父母，第三不正行殺害，第四不正爲盜賊，第五不正爲巫覡，第六不正好賭博，」此其大略也。

(3)行公田　咸豐三年，秀全頒新田制，分田爲九等，每田一畝，以早晚兩季出穀千二百斤者爲上上田，出千一百斤者爲上中田，以下遞減，出四百斤者爲下下田。上上田一畝，當下下田三畝，照人口分給。受田之標準，男婦一人，每十六歲以上受田十五歲以下給半。若一家六人，良劣田各半。以一年爲定。此制之精神，蓋欲使田產不爲私有，金錢不能私藏，有飯同吃，有田同耕，頗合現代之社會主義焉。

(4)**禁惡習**　婦人纏足，爲中國第一惡習，秀全下令禁之。買賣奴婢，娼妓盛行，人民蓄妾，匪特惡習，且大背上帝敎旨，故嚴禁之。又如飲酒，賭博，吸鴉片等事，亦一律禁革，不得絲毫假借云。

(5)**張女權**　定都南京後，設男女兩館，統治軍政。又以金陵女子傅善祥爲女丞相，蕭朝貴妻洪宣嬌爲女將軍。設學校，定考試，分男女兩榜，各有狀元榜眼探花等名目。開科取士，應試者二萬餘人，取王戩爲男狀元，傅鸞祥爲女狀元，此所以提高女子地位也。

(6)**用新曆**　太平在永安建號後，卽改用新曆，（辛開元年，卽咸豐元年，公元一八五一年）以三百六十六日爲一年，每年定十二月，單月三十一，雙月三十日，立春清明芒種，立秋寒露白雪，俱十六日，餘俱十五日，然一年三百六十六日，恰與太陽曆之閏年相當。蓋由西曆變來，而非純用西曆也。

三　江南北大營之組織及太平軍之進取方略　太平軍既破南京，秀全欲北上圖汴，定都洛陽，渡河以攻燕薊。或言「明太祖據金陵而有天下，宜先定都南京以示趣向，」秀全從之，卽據之以爲大本營。時清將向榮自湖南尾追至江寧，卽於城東孝陵衛結立營寨，號江南大營。琦善亦自河南率馬步諸軍馳至揚州，與陳金綬勝保等分營城外，號江北大營。然是時八旗綠營之暮氣久矣，暴露於外，故太平軍雖兩面受攻，而往來衝突，自若。其進取方略如下。

（甲）北伐軍　出河南攻山西以窺畿輔，丞相林鳳祥吉文元，主將李開芳統之。

（乙）西征軍　由安徽攻江西，以爭長江上游之勢，豫王胡以晃丞相賴漢英石祥貞統之。

兩軍約日同發。咸豐三年四月，林鳳祥先破揚州，盡取城中子女玉帛送南京，而自將兵出滁州，據臨淮關，陷鳳陽。吉文元由浦口攻亳州，與林鳳祥合。乘勝入河南，拔歸德，（今商邱）進圍開封。渡河攻懷慶，（今沁陽）知府余炳燾城固守，逾月不下。清廷命直督訥爾經額督兵赴援，吉文元中矢死。林鳳祥竄入山西，陷平陽，轉趨直隸。李開芳亦以九月下深州，據之，距北京僅六百里，爲科爾沁親王僧格林沁所敗，走攻天津，又不利，退據靜海。咸豐四年正月，林李合兵屯獨流鎭。（在天津西）時値大雪，南兵不習寒，耳鼻凍裂，輒熾火，潰爛者十六七，故憊甚，爲僧軍所乘，又大敗，林走東光吳橋間之連鎭，李據山東之高唐，未幾均爲僧軍所擒，而北伐軍遂歸失敗。

西征軍以三年五月四日再破安慶，十八日復圍南昌。時江忠源已以戰功超擢湖北按察使，方奉命赴江南大營，途次，聞南昌圍急，兼程往援，戰屢捷。又以太平軍分擾腹地，以圖牽制，飛函湖南告急。侍郎曾國藩派兵赴援，諸生羅澤南復率子弟鄉人自成一軍以往，湘軍出境討敵始此。太平軍包圍南昌九十餘日，知不可取，八月二十二日解圍去，湘軍楚勇名始大著。忠源以功授安徽巡撫，冬十一月，以胡以晃攻廬州，兼程抱疾前進，堅守逾月，卒以衆寡不敵投水死。忠源多智尚氣節，初遇曾國藩，國藩目送之曰，「平生未見此人，必當立名天下，然當以節烈死」，至是果然。皖北既破，武漢震驚，清廷命湖廣總督吳文鎔出省督師，駐黃州。咸豐四年正月，太平軍水陸並進，逼黃州，陷之，文鎔自殺，長江上游，望風披靡，滿目殘破。乃詔曾國藩出師赴援，未至而武昌再陷，巡撫青麟以敗逃伏誅。

四　湘軍崛起與太平軍在長江中區之角逐　先是曾國藩奉命辦團，知人善任，採用明戚繼光兵法而變通之，以五百人爲一營，營分四哨，置哨官四人，營以上自兩營至十營十數營，視其才之大小而設統領焉。又用江忠源郭嵩燾之議，編練水師，以彭玉麟楊岳斌鄒漢章等統之，是爲湘省成立水陸軍之始。咸豐四年三月，國藩奉命督師援鄂，而水師初出湖，遇大風，連壞數十艘，陸師至岳州，又一戰不利，走還長沙。太平軍乘勝溯湘而上，列舟靖港，復以一軍出間道，襲陷湘潭。國藩親督水師要擊之，大敗於靖港，憤而投水，賴左右拯救得免。會塔齊布有湘潭之捷，軍心復振，敵遂棄岳州，走湖北。乃乘勝分路進兵，（甲）塔齊布褚汝航爲中路，趨岳州，（乙）胡林翼爲西路，趨常德，（丙）江忠淑林源恩爲東路，趨崇陽通城。太平將林紹璋聞清兵大至，棄常澧北走，湖南肅清。七月三日城陵磯之役，湘軍挫而復振，連捷蒲圻嘉魚。而兩湖總督楊霈經營北路，亦於八月初收復蘄水廣濟羅田。國藩益督軍攻克沿江要塞，武漢城外敵壘及江面敵舟爲之一空，遂克武昌。太平軍退守田家鎮南岸之半壁山，以鐵鎖橫斷江面。羅澤南率二千人進逼，敵出萬餘人來援，敗退，湘軍水師分四隊，且戰且鎔斷鎖衝出，縱火反燒，煙燄蔽天，炮無虛發，燔敵舟殆盡。遂薄田家鎮，並下黃梅，湖北大定，時四年十一月也。

武漢既下，清以曾國藩署湖北巡撫，辭不就職，以陶恩培代之。乃專力圖贛，塔齊布等進圍九江湖口。顧敵以湘軍圍九江急，復謀佔上游，乃分軍趨湖北，總督楊霈敗走，而武昌遂以咸豐五年二月陷，陶恩培死之。武昌綰轂江漢要衝，太平軍凡三克之，韋志俊無役不從，軍中遂有「韋國宗三打湖北」之稱，以功加右軍主將。由是太平軍之勢力，依然屹立楚中矣。

時太平軍之勁將翼王石達開英王陳玉成等，悉萃贛皖間，江西外江而內湖，湘軍孤懸其間，太平軍乘舴艋夜來襲，火燒數十百艘，國藩水師大潰，憤欲自戕，羅澤南止之得免，自赴南昌南康治水師，仍命九江圍師堅持勿動，而命澤南上援湖北。湘軍力分，而敵勢益張，咸豐五六年間江西七府一州五十餘縣皆陷。九江武昌之役名將塔齊布羅澤南先後沒於軍。塔氏治軍嚴明，秋毫無犯，士卒皆得其死力，與羅澤南齊名。羅氏以諸生辦團練起家，轉戰兩湖江西，屢立奇功。至是攻太平軍於武昌，屯軍洪山，大小百數十戰，直薄城下。會大霧，太平軍突出衝擊，澤南三退三進，軍幾潰，以所部皆故鄉子弟，不忍相棄，故不敗。俄左額中彈，血沾衣，猶能指揮退敵。臨死握胡林翼手曰，「武漢未克，江西復危，不能兩顧，死何足惜，恨事未了耳，其與迪庵好爲之。」迪庵，李續賓字也。時林翼已授湖北巡撫，遂與續賓左提右挈，克復武昌。林翼交歡總督官文，選賢清匪，籌餉練兵，於是湖北遂屹然爲天下重矣。

五　楊韋內亂及石達開遠行

太平軍之衰，始由於不用道州舉人胡孝先之言「取關中以爲天下根本。」後由於不用沛王羅大綱之說「統兵北伐。」惟事偷安江左，使銳氣挫折。而楊韋內亂，尤爲主要原因。自定都南京以來，軍國大事悉決於東王楊秀清。三陷武昌，威勢頗盛。至是江南大營，兼顧江北，又以頓兵堅城分兵出援之故，大敗於孝陵衞，提督向榮憤死，清軍大挫，秀清自以功高，出入儀衛，均擬乘輿，欲迫秀全禪位。一日秀全親臨問疾，秀清仰臥，旁侍四女子，設一小榻以待秀全。秀全言「東王病苦可念，」秀清佯作囈語曰，「人言天無二日，秦時二日相鬥何也。」秀全卽勅從官呼「東王萬歲，」秀清愕然，秀全乘間歸，因深自危，嚙血書詔召北王韋昌輝自江西入衛。昌輝與燕王秦日綱領精卒五百馳至，至秀清府奪門入，衛士殊死戰，日綱被戕。昌輝大呼「奉詔討賊，釋械者弗罪，」漸散去，引秀清出殺之，盡屠其家屬，並殺其黨徒男女二萬人以上。或曰昌輝赴秀清府飲，卽於飲次殺之。石達開在鄂聞變，急馳歸，責昌輝治餘黨過嚴。昌輝復謀殺達開，達開覺，縋城走寧國，起兵靖難。昌輝悉殺其母妻子女，又恣殺秀全侍衛。秀全大恐，復密約秀清餘黨襲殺昌輝，傳首寧國，止靖難兵，召達開回京輔政，而陰疏忌之，悉委政於王兄弟安王仁發，福王仁達。達開危不自安，乃依幕客張遂謀之言，別圖發展，走安慶，不復歸，時咸豐八年八月也。

旋由江西而閩浙，而湖南，而廣西，而貴州，而四川，專以出沒邊地避實蹈瑕爲得計。同治二年三月，誤入大渡河土司絕地，川督駱秉章遣川軍會土司兵要擊之。達開糧盡路絕，已二日不食，慷慨謂其下曰，「清軍所欲得者我耳，我一人去，爾等可以免死。」乃馳清軍受執，檻送成都，見秉章，長揖不拜。秉章曰，「降乎，甚善。」達開曰，「吾來乞死，兼爲士卒請命，九原下亦當拜賜也。」乃成其志，死年僅三十三。秉章招撫其部衆將弁二百人，銳卒數千人，無一降者，其殆古田橫之徒歟。達開爲秀全初起時五王之一，文武具備，或謂在楊秀清李秀成之右。徒以爲秀全所疏忌，倉皇出走，獨樹一幟，轉戰六七省，攻陷百餘城，至是就擒。在四川獄中自述其生平事略，及太平軍戰事始末，爲日記四冊，紀載甚詳，乃就刑，而太平軍之勢益孤矣。

(附)洪秀全事略表一

(甲)略歷

1 籍貫——廣東花縣人。

2 家庭——父國游，兄弟仁發仁達仁政仁玕，妹宣嬌，妻賴氏，子福瑱。

3 師友——初事朱九濤，入上帝會，旋從香港美國教師羅巴茲受洗禮，創上帝教，與同邑友馮雲山盧賢拔等，造眞言寶誥諸書。

4 年歲——嘉慶十七年生，同治三年卒，年六十有五。

1 起兵金田，在廣西平南藤縣間。

洪全秀

(乙)關係要地

2 建號永安，今改爲濛山縣。

3 血戰於武昌，九江，安慶，南京，廬州，蘇，杭等處。

(丙)部下要人

前五王

東王楊秀清——桂平人，智勇特出，總攬一切軍政大權。

南王馮雲山——花縣人，能謀善斷，教規多其手定，死於全州。

西王蕭朝貴——武宣人，雄鷙自喜，用兵如烈風暴雨，死於長沙。

北王韋昌輝——桂平人，陰狠多智，討殺東王，後亦伏誅。

翼王石達開——貴縣人，文武具備，能得部下死力，死於四川。

後二王

英王陳玉成——藤縣人，起小卒爲王，兵强冠諸鎮，曾胡深畏之軍中號四眼狗。

忠王李秀成——藤縣人，尙信義，重然諾，廷爭直諫，有古大臣風，爲太平軍後起第一人物。

1 初在永安，胡孝先建議「先取關中，乃出山右，定燕薊，傳檄以定天下，」一不用。

（丁）進取方略

2 既下武漢，用錢江之策，「順流而下，進取金陵。」

3 南京既定，羅大綱屢勸天王「統兵北伐，平定中原，」不納。

3 南京圍急時，李秀成勸天王「親征鄂贛，據上流以號令天下」亦不納。

（戊）政治概況

1 定官制，2 定兵制，3 頒天條，4 行新敎，5 講道理。

6 行公田，7 禁纏足，8 廢奴婢，9 禁娼妓，10 戒飲酒。

11 禁賭博，12 戒鴉片，13 張女權，14 行新曆，15 講外交。

（己）作戰計畫

1 命林鳳翔北伐中原，胡以晃西征贛鄂，以擴張地盤。

2 令林啓榮守九江，葉芸來守安慶，保障長江上游。

3 命石達開等破淸軍江南北大營，鞏固南京形勢。

4 令陳玉成守皖北以拒湘軍，李秀成下蘇杭以足財賦。

（庚）敗亡原因

1 楊韋內亂，達開遠行，而太平軍之勢力日就衰弱。

2 湘軍崛起，人才衆多，其鋒遂不可遏。

（辛）禍亂概略
1 蹂躪十六省，破壞六百餘城。
2 綿亘十五年，殺人數百萬。

太平新曆對照表二

太平新曆	清曆	西曆——即公元
辛開元年正月元日庚寅	咸豐元年正月三日	一八五一年二月三日
壬子二年正月元日丙申	元年十二月十五日	一八五二年二月四日
癸好三年正月元日壬寅	二年十二月念七日	一八五三年二月四日
甲寅四年正月元日戊申	四年正月八日	一八五四年二月五日
乙榮五年正月元日甲寅	四年十二月二十日	一八五五年二月六日
丙辰六年正月元日庚申	六年正月二日	一八五六年二月七日
丁巳七年正月元日丙寅	七年正月十三日	一八五七年二月七日

戊午八年正月元日壬申	七年十二月廿五日	一八五八年二月八日
己未九年正月元日戊寅	九年正月七日	一八五九年二月九日
庚申十年正月元日甲申	十年正月十九日	一八六〇年二月十日
辛酉十一年正月元日庚寅	十一年正月元日	一八六一年二月十日
壬戌十二年正月元日丙申	同治元年正月十三日	一八六二年二月十一日
癸開十三年正月元日壬寅	元年十二月念五日	一八六三年二月十二日
甲子十四年正月元日戊申	三年正月六日	一八六四年二月十三日

太平封爵等級表三

（甲）未亂以前
- 一等王——東王楊秀清，西王蕭朝貴。
- 二等王——南王馮雲山，北王韋昌輝。
- 三等王——翼王石達開，天德王洪大全。

太平封爵

四等王——燕王秦日綱，豫王胡以晃，沛王羅大綱。

五等列侯——貞天侯林啓榮，靖胡侯林鳳翔，定胡侯李開芳。

（乙）內亂以後

一等王——英王陳玉成，忠王李秀成。

二等王——安王洪仁發，福王洪仁達，邱王洪仁政，干王洪仁玕，輔王楊輔清，侍王李世賢。

三等王——顧王吳汝孝，贊王蒙得恩，航王唐正財，章王林紹璋，慕王譚紹洸，堵王黃文金，聽王陳炳文，護王陳坤書，納王郜雲官，康王汪海洋

四等王——偕王譚體元，裕王李繼達，來王陸順德，扶王陳得才，啓王梁成富，遵王賴汶光，端王藍成春，湘王黃子澄，孝王胡昇文，守王方海宗，佑王李遠繼，昭王黃文英，對王洪春元，烈王李萬材，譽王李瑞生，會王蔡元隆，松王陳得風等。

五等列侯——從略。

（附注）列侯以下六等丞相，七等檢點，八等指揮，九等將軍，十等總制，十一等監軍，十二等軍帥，十三等師帥，十四等旅帥，十五等卒長，十六等兩司馬。

第六章　太平軍之役下

一　太平軍後起二傑與清軍在長江下流之角逐　自楊韋難作，達開遠行，國力已凋。加以諸洪用事，魁柄不專，而頻年鏖兵，胡林翼李續賓崛起於上流，和春張國樑再振於蘇省，其勢遂益岌岌。然傾而復安者又七八年，則英王陳玉成，忠王李秀成實支持之。二人均廣西藤縣人，起小卒封王，縱橫盪決大江南北，清軍憚之甚。自五王死後，秀全倚爲左右手者二人而已。咸豐八年三月，和春張國樑進逼南京，江南大營勢復振。是年四月，李續賓克九江，八月曾國荃克吉安，太平軍在江西之勢力又墜。時湘軍作戰計畫，陸軍渡江，先皖北而後江南，水師先安徽而後南京，而以圖皖之事屬之李續賓。自五月至十月，連克太湖潛山桐城舒城四縣，進取三河，距廬州僅五十里。兩方血戰，殺傷相當。而玉成秀成等自廬州至，連營數十里，抄湘軍後路，續賓敗死，而太平軍之勢力一振。

自江南大營再振後，南京復被圍，時方隆冬，秀成遂羽檄諸將期明春大會諸將於桐城縣東南之樅陽鎮，屆時第一鎮李世賢，第二鎮陳玉成，第三鎮黃文金，第四鎮楊輔淸，第五鎮劉官芳等上將百餘皆至。秀成曰「吾欲先取杭州，以斷張國樑餉道使其分兵來攻，我則返旆出其不意擊之，蔑不勝矣，諸君整軍候調可也。」衆曰諾。秀成旣破揚州六合，防堵浦口，遂以咸豐十年二月出寧國，趨廣德，倍道搗杭州，由淸波門穴地道，三日破之，巡撫羅遵殿自縊死。國樑使張玉良統援浙軍至，見城上徧插秀成旗幟，不敢逼，駐離城四十里之塘棲鎮。秀成遂全師撤回，檄諸鎮分撲圍城師，鼓聲震地，旌旗匝天，國樑不能禦，退守丹陽，追兵踵至，國樑拒戰，馬蹶死亂流中，和春亦嘔血死。江南圍師三百餘營，悉夷爲平地，連下常州蘇州，巡撫徐有壬死之，而太平軍之勢力又一振。

方秀成之下蘇常也，江浙境內紛紛告警。時曾國藩總督兩江，自赴祁門督師，而以圍攻安慶之責，委之國荃。咸豐十年十月，陳玉成督十萬衆來援，國荃擊走之。多隆科又敗之於桐城西南之掛車河，鮑超再敗之於安慶北境之集賢關，玉成驍將劉瑲林被擒，精銳耗喪殆盡。十一年八月一日國荃地雷破安慶，守將葉芸來以下死者萬六千人。玉成全家自焚殉焉，乃退走廬州，又爲多隆阿所敗，走依練總苗沛霖，被執送淸帥勝保營。勝保命之跪，玉成叱之曰「爾乃吾之敗將，何向我作態，曾記合肥官亭一戰，爾騎兵三萬有一生還者乎。」勝保怍其言，予酒食，說之降。玉成曰，「吾今自投羅網，有死而已，何饒舌爲。」遂見殺，死年二十六。玉成眼下有雙疤，軍中號四眼狗，饒勇富謀略，曾、胡深畏之。秀成聞其死，歎曰，「吾無助矣。」時同治元年四月也。

二　曾國藩起復後之作戰計畫

先是咸豐七年二月，國藩遭父憂還長沙，以討敵重任，委之胡林翼。是時江西各縣，漸次收復，惟九江以太平軍守將林啓榮堅忍能軍，圍攻年餘未下。八年四月，李續賓彭玉麟等水陸夾攻，督軍士穴地入，啓榮死焉，士卒萬七千人無一降者，人稱啓榮平日善撫其衆云。李續賓等馳驅皖北，不意九月忽有三河之敗，自續賓以下，死者六千人，湘軍精銳殲焉。續賓少從羅澤南學，爲人含弘淵默，其選士以知恥近勇樸誠敢戰爲上，遇敵則人當其脆，而己當其堅，糧仗則予人以善者，而己取其枯者。軍行所過，萬幕無譁，大小六百餘戰，克復四十餘城，口不言功。及死，遠近痛之，而江浙亦於咸豐十年陷破，東南大震，乃起復國藩督師，其作戰狀況如下。

(1)祁門督師之計畫　曾國藩奉命督師後，以爲欲克南京，必復安慶，故以圍剿之師，命國荃任之。復保道員沈葆楨辦理江西廣信防務，自與胡林翼籌商，調鮑超所部六千人，朱品隆、唐義訓等三

潁州
淮水
六合
揚州
江蘇
浦口
廬州
官亭
三河
巢湖
南京
丹陽
常州
無錫
太倉
嘉定
舒城
蘇州
崑山
上海
桐城
松江
潛山
掛車河
樅陽鎮
廣德
寧國
湖州
湖北
太湖
集賢關
安慶
安徽
杭州
武昌
東流
蕭山
富陽
餘姚
田家鎮
祁門
左軍進路
徽州
淳安
湖口
九江
婺源
開化
金華
景德
龍游
湯溪
衢州
廣信
南昌
江西
贛水
吉安
福建
閩江
石城
嘉應

太平軍戰役圖下

千人渡江而南，駐徽州之祁門，以固吳會人心，兼壯皖南聲勢。敵將李世賢等聞之，悉衆分三路來犯。一出祁門之西，至於景德鎮。一出婺源之東，復南至山。一出祁門之北，直趨國藩大營。於是國藩所部，糧道幾絕。有勸國藩退師者，答曰「去此一步無死所」，懸劍帳外以自誓，堅忍數旬，乃漸得脫。未幾而安慶以克復聞。國荃遺書謂「株守偏隅無益，宜出大江，規畫全局」，國藩乃移駐大江南岸之東流縣。

(2)安慶督師之計畫　穆宗初立，恭王奕訢任事，信任國藩益專。同治元年正月，授國藩大學士，仍督兩江。是時國藩駐節安慶，居中調度。於是國荃有直擣南京之師，李鴻章有援剿蘇滬之師，彭玉麟、楊岳斌有肅清長江下游之師。大江以北，多隆阿有圍攻廬州之師，李續宜有派援潁州之師。大江以南，鮑超有進攻寧國之師，張運蘭有防剿徽州之師，左宗棠有規復全浙之師，十道並出，皆受成於國藩。於是湘軍勢力大振矣。而尤得力者，推李、左、曾三路。

三　蘇常之克復　先是蘇常淪陷時，江蘇巡撫薛煥駐上海，倚洋兵以偪敵軍。松江既陷，上海道吳煦令美人華爾募洋槍隊五百人守之，號長勝軍，此我國有洋槍隊之始。咸豐十一年五月，敵逼上海，又拒却之。會安慶克復，上海官紳備銀二十萬兩求乞師。國藩疏薦道員李鴻章「才大心細，可獨當一面。」以湘軍轉戰各地無兵可撥，因屬鴻章募淮軍七千人赴上海。同治元年春，鴻章募勇至安慶，國藩爲定營伍之法，薪糧之數，悉倣湘軍制。又選湘軍名將郭松林程學啓以助之，以是兩軍將卒如一家然。旋鼓輪至上海，鴻章詔授江蘇巡撫，乃率淮軍及長勝軍將領美華爾英戈登等前進，先後克復松江嘉定太倉崑山常熟無錫各縣。以同治二年十月進逼蘇州。太平將郜雲官伍貴文等八人，通欵於淮軍程學啓，學啓本陳玉成養子，降清，故雲官等與之有舊，學啓許以總兵副將等職，使殺忠王李秀成，慕王譚紹洸。雲官等不忍害秀成，秀成亦以南京圍急赴援。雲官等遂殺紹洸以降，求如約。學啓恐不能制，密白鴻章盡誅之，遂復蘇州，時華爾前卒，戈登以殺降不義，提短槍直追鴻章，欲殺之。鴻章避不歸營，乃爲雲官等八人設奠祭弔，戈登怒乃解，卒誓不復見學啓。三年三月，攻復嘉興府城，學啓中砲死。四月鴻章督郭松林劉銘傳及常勝軍戈登，克復常州，擒太平名將陳坤書。於是蘇省各城，自南京外悉爲清有，是爲太平軍受第一次大打擊。

四　兩浙之克復　左宗棠初以輔湖南巡撫駱秉章治軍有名。後爲湖廣總督官文所劾，幾獲大罪。有旨下曾國藩問狀。國藩奏稱「宗棠剛明耐苦，曉暢戎機，若假以事權，必能感激圖報。」遂賞給四品京堂，交國藩任用。會浙江危急，清命左宗棠馳往剿辦。咸豐十一年十二月，超授浙撫。宗棠既受命，卽疏陳方略，略云「浙江軍務之壞，由歷任督撫全不知兵。始則竭本省之餉，以濟金陵，皖南，冀藉其力爲屏蔽，而於練兵選將之道，漫不經心。自金陵皖南敗壞，又復廣收潰卒，糜以重餉，卒之兵增餉絀，遂渙散決裂而不可支。今臣奉命督師，非嚴汰冗兵，束以營制不可，非申明賞罰，予以實餉不可。非另行調募，豫爲換補不可。」詔從之。宗棠遂由浙邊開化進兵，三戰皆捷。同治元年六月，宗棠破敵衢州，定直搗金華之計。太平將李世賢在金華，値南京圍急，秀全飛召世賢回援。世賢請擊退衢州軍，乃往而集精兵入金華，嚴守備。七月，宗棠進軍龍游，屢戰破敵，世賢遣兵赴援敗還。閏八月，蔣益澧新軍至衢州，國藩自廣西所調也。宗棠築長濠以偪龍游，而令益澧攻湯溪。二年正月下之。金華龍游敵兵並棄城遁。於是沿浙水而下，劉典兵追至富陽，當杭州西南，益澧兵軍蕭山，當杭州南面，距省城均僅數十里。宗棠以功授閩浙總督，兼權巡撫。攻富陽久不下，乃徵法國總兵德克碑率洋槍隊助戰，陷之，遂薄杭州，而令康國器魏喻義攻餘杭。太平將自杭州出援，國器擊敗之，益澧令高聯陞屯六和塔萬松嶺，據高阜俯瞰杭城，水師亦破濱江石壘，城中敵兵遂大困。三年二月，克杭州，守將陳炳文夜開北門出走，餘姚守將汪海洋，亦棄城遁去，是爲太平軍受第二次大打擊。

五　南京之克復及李秀成之殉國　洪秀全定都南京，以武昌爲重鎭，而以九江安慶爲屏蔽。武昌淪陷，勢已不揚，九江安慶失守，危險更甚。曾國荃遂以同治元年四月，進圍南京，自朝陽門至鍾阜門，穴地道三十三處，篝火而入，地崖崩而窟塞，則縱橫叢葬於其中。城中兵或穿隧以迎，熏以毒煙灌以沸湯，將士須臾殞命者，率常數十百人。前後合圍逾兩年，堅忍不退。而太平軍當此亦大窘迫，屢調大將解圍，終不得志。時李秀成留守南京，見蘇浙已失，知不能持久，嘗勸秀全「親征鄂贛，據上游以號令天下，襟帶江浙，以利餉源」，不聽。又請「奉太子監軍，萬一京師不幸，奉幼主以圖恢復，如唐肅宗靈武故事」，亦不省。至是城中糧絕，草根樹皮食盡，而軍猶死守。秀全知事不可爲，乃仰藥死，年六十有五，時同治三年五月也。太子福瑱年十六，即位，秀成輔之，晝總政務，夜則巡軍，憔悴骨立。知人善任，恩威並行，人心服之。俄國荃聞太平將陳得才自漢中提師百萬赴援南京，已至英霍，乃奮力猛攻龍膊子山北堅壘，所謂地保城也，克之，偵知城中火藥竭，國荃與李臣典，高踞於太平門外鍾山之巔，俯瞰城中，列巨炮日夜轟擊，城堞皆頹。陰於龍脖子山下穴一隧道，以火藥實之。六月十六日暴發，李臣典、蕭孚泗等乘缺口入，城遂陷。掘秀全屍，斬其首，焚之。妃嬪投御溝死者以百十計，將弁三千餘人皆戰沒，軍民十餘萬爭蹈河死，屍填溢如橋，城郭宮室連燒三日夜不絕。后賴氏攜幼主付秀成，返身入河死。

秀成倉卒挾福瑱出，至家別母，母麾之去而自投繯，弟名成適至，大呼曰：「兄護幼主，弟護老母，以聽天命。」一相將登城，衝缺口而出，途遇勁兵，部衆皆散，秀成乃以所愛駿馬與福瑱，使弟奉之，並其母馳去。自率九騎登方山，至暮下山渡河，村民挾秀成送國荃軍。秀成書起兵始末，自是月十七至二十七日，凡十日，間記述數萬言，事畢就刑，年四十。秀成，廣西藤縣人，與玉成同里，尚信義，富謀略，恩撫士卒，皆樂爲之死。自五王死後，賴秀成支持危局者亘六七年。廷爭直諫，有古大臣風。去蘇州日，男女老幼，流涕送之。解至國荃營中，松王陳得風見之，長跪請安。湘軍恐其民心未去，決計除之。捷書奏聞，清封國藩、國荃、李臣典、蕭孚泗一等侯伯子男，餘各獎敘有差。於是湘軍列校，咸躋顯秩，而太平軍淪胥以盡矣。

六　太平餘黨之肅清及其餘聞　洪福瑱之出走也，黃文金迎至浙江湖州，旋敗走淳安，文金中砲死。福瑱又爲李秀成次子士貴所護，輾轉至徽州遇席寶田軍大敗，福瑱擁衆馳去。士貴孑身走杭州，爲左宗棠砲船所得，被殺。士貴驍勇富膽略，年十六，統兵萬餘，戰輙勝，軍中稱曰「神童」。行軍常自斷後，死年十九。福瑱又輾轉走至江西廣信，寶田軍緊躡其後，及之石城，福瑱走匿山中，旋混入難民中，行牧者識之，引見營官蘇元春，寶田馳來取之，解至南昌，死於市。太平軍之餘衆，分竄各地者，又有下列數人。

(1)遵王賴文光，后賴氏弟也。遁北方，爲捻黨首領，詳見下章。

(2)扶王陳得才，先略河南陝西湖北，復與川匪藍大順合，保守盩厔，清將多隆阿雖攻下之，而旋受傷死，至是僧格林沁與湖北軍會剿，得才無可歸，服毒死。

(3)侍王李世賢，與康王汪海洋，自江西入福建廣東，奔亡之際，自相攜貳，同治四年八月，海洋刺殺世賢。冬十二月，左宗棠督鮑超方曜等擊之於嘉應，（今梅縣）海洋中炮死，嘉王譚體元繼之，亦敗沒，於是太平軍之餘黨悉平。

統觀太平軍前後勢力，不可謂不盛。其所以卒底於亡者，主要原因，由於諸王內亂，而外人之牽制亦其一也。方秀全之定都南京也，英美各國以太平規制，頗能尊重自由平等，深表贊同，皆願遣使通好，儼然以新中國目之。秀全亦遣其弟干王仁玕使美優答。法蘭西初雖以太平軍採用基督新教，與彼國所信仰者不同，及至南京，見太平軍之秩序與訓練爲之一驚，亦願保守局外中立。此可見太平建國之初，足以得外人之同情也。及請毋攻上海，楊秀成不納，各國始有違言。然英法聯軍入京之役，猶欲擁戴秀全爲中國共主，惜其不善爲處置，以致感情漸傷。至李秀成攻滬時，有蘇州諸生王畹者，或曰其人卽王韜。上書秀成，具陳收滬之策，「宜排和外人，藉其勢力以圖中原。否則以精兵假作難民，入居留地中，夜一呼，縱火焚燒，外人必登船退去，此亦一奇策也。」秀成知其善，而微嫌其毒，置不用，惜哉。其後李鴻章用華爾、戈登，左宗棠用德克碑，以立大功，多藉外人之助，是皆太平軍之失計也。又聞洪秀全圍長沙時，有一人布衣草履，與論攻守建國之策，多中要害，並勸其一棄基督教，專崇儒教。秀全不能用，其人乘夜逃去。

七　太平變亂對於上海之影響　太平軍變亂時，清廷無暇顧及上海中外權力之消長，故外人勢力，逐漸擴張。其最要者有下列三端。

(1)租界主權之侵犯　上海雖未爲太平軍所據，然當變亂正熾時，匕首黨（三合會支派，即小刀會）領袖劉麗川，以咸豐三年九月佔據之，計一年有半，當時外人宣言中立，布告上海租界，不供雙方攻擊防禦之用，使海軍登陸防護租界，僑居外人，亦組織義勇隊，以貫澈其主張。厥後法人以特別事故，援助清軍以逐亂徒，上海遂安，自是租界以內，不許我國軍隊入駐矣。當劉麗川亂時，中國官吏或死或逃，上海租界一時有國權全部停止之觀。於是各國領事，遂起而奪租界內之行政權。後雖恢復原狀，而中國官吏，亦未收回此權。其後更有所謂公共租界（即英美租界外有法租界）之工部局，包攬一切市政矣。

(2)關稅權利之喪失　劉麗川之亂，上海無管理關稅之官吏。外國領事協議，除英人瓦得外，吏選二人，俾暫司其事。亂後中國官吏，喜其成績優良，使繼續管理，且擴張於他處，由是喧賓奪主，遂成爲今日之關稅制度。

(3)我國司法權之破壞　上海租界之人民，凡民刑訴訟，本應由中國法庭裁判。後因有華洋訴訟機關，遂設立會審公廨，於是我國司法權爲之破壞。且中國官廳對於界內華人，亦不能行使法權，非得領事簽字，不得在租界內拘捕華人。卽中國人民相互案件，亦須由會審公廨審理。而外國會審官不惟觀審，並且實在判案。加之辛亥革命以後，原屬中國之會審公廨，完全落於外國領事團之手，其所判決之案，再無上訴機關，甚矣我國司法權之喪失也。

太平軍之亂，英將戈登助平蘇常，較爲努力，故中國對之信用頗加。卽如上述三項，皆英人主持之力居多，至今英吉利在我國外交上佔大勢力，此其原因也。

（附）曾國藩事功表一

（甲）略歷

1 籍貫——湖南湘鄉人。

2 名號——字伯涵，號滌生，謚文正，卒年六十二。（公元一八七二）

3 家庭——先世業農，祖玉屏，父麟書，弟國潢，國華，國荃，國葆。

4 出身——道光十八年進士，選翰林院檢討侍讀侍講，禮兵工刑吏部侍郎，仕至大學士，封一等毅勇侯。

（乙）修養時代

1 養生之法，注重懲忿窒欲，少食多動八字。

2 讀書之法，六經以外，注重史記，漢書，莊子，韓文，文選，說文，通鑑。

3 自修之法，禽裏遠人，靜由敬出，死中求活，淡極樂生。

4 居家之法，守書，蔬，猪，魚，早，掃，考，寶八字訣。

（丙）服官時代

1 料理官事，摘由備查，圈點京報，注解搢紳。

2 委員之道，習勞盡職，崇儉養廉，舉以廣才，端以正俗。

3 為政之道，廣收慎用，勤教嚴繩以待人，經分綸合，詳思約守以治事。

創湘軍

1 招募山農，將用士人，嘗以岳飛「文官不愛錢，武官不怕死」二語自勵。

2 陸軍編為十營，共五千人，以塔齊布，羅澤南等統之。

3 水師亦編十營，共五千人，以楊岳斌，彭玉麟等統之。

1 全城為王，保城次之，堅守已得之地，多籌游擊之師。

- 曾國藩
  - （丁）治軍時代
    - 明戰略
      - 2 戒驕如孔子之臨事而懼，戒惰同孔子之好謀而成。
      - 3 知人善任，善覘敵情臨陣有膽有識，營務能整能齊。
    - 平大難
      - 1 初出師援鄂，前鋒潰於岳州自敗於靖港，憤欲投水死，湘軍一挫。
      - 2 塔齊布湘潭戰勝後，復岳州下武漢，湘軍大振。
      - 3 沿江東下，江西水師大敗，國藩憤欲自殺，內湖外江隔絕，乃困守南昌南康間，羅澤南勸留殘軍駐湖口，湘軍再挫。
      - 4 澤南回師援鄂，不幸在洪山軍次遇彈死，李續賓繼之，與胡林翼收復武昌，湘軍再振。
      - 5 石達開入江西，陷七府一州五十餘縣，國藩被困南昌，湘軍三挫。
      - 6 李續賓由鄂東下，與彭楊水師攻破九江，湘軍三振。
      - 7 達開犯閩浙，陳玉成雄長皖北，李續賓敗死三河，湘軍四挫。
      - 8 胡林翼鞏固武昌，曾國藩肅清江西，國荃攻破安慶陳玉成敗死廬州，湘軍四振。

9 國藩駐節安慶，令國荃圍南京，李鴻章取蘇州，左宗棠取杭州，至同治三年六月，大功告成。

- 贊畫戎機者
  - 1 閎偉——李鴻章，郭嵩燾，劉蓉，李元度。
  - 2 明練——郭崑燾，鄧輔綸，程桓生，甘晉，陳鼐，許振禕，錢應溥，蔣嘉棫，凌煥。
  - 3 淵雅——方翊元，李鴻裔，柯鉞，程鴻詔，方駿謨，向師棣，黎庶昌，吳汝綸。
  - 4 右二十一人，鴻章功最高，二郭劉所議，皆天下大計。
- 邂逅入幕者
  - 1 雄略——左宗棠，彭玉麟，李雲麟，周開錫，羅萱，吳坤修。
  - 2 碩德——李宗羲，李瀚章，梅啓照，唐訓方，陳蘭彬，陳士杰，王家璧。
  - 3 清才——孫衣言，周學濬，何栻，高心夔。

4 雋辯——周騰虎，李榕，倪文蔚，王定安。

5 右二十二人，左彭功最高，雲麟千里來從，受知最先。

（戊）幕府人物

從容諷議者

1 古文——吳敏樹，吳嘉賓，張裕釗。

2 博覽——俞樾，羅汝懷，陳學受，夏燮，莫友芝，王闓運，楊象濟，曹耀相，劉翰清，趙烈文。

3 樸學——錢泰吉，方宗誠，李善蘭，汪士鐸，陳艾，張文虎，戴望，劉毓崧，劉壽曾，唐仁壽，成蓉鏡，華蘅芳，徐壽。

4 右二十六人皆學者，敏樹汝懷嘉賓，名輩最先。

襄理庶務者

1 幹濟——馮焌光，程國熙。

2 勤樸——洪汝奎，劉世墀，李興銳。

3 敏贍——何源，李士棻。

4 右皆能劇繁應瑣者。

（己）批評——學問，文章，道德，事功，兼攬其美，確爲近世一大人物。

胡林翼事功表二

（甲）略歷
1 籍貫——湖南益陽人。
2 名號——字貺生，號潤芝，謚文忠，卒年五十。（公元一八六二）
3 家庭——父達源，一甲三名進士，官少詹事，有弟子箴言傳世。
4 出身——道光十六年進士，累任貴州知府，貴東道，仕至湖北巡撫。

（乙）籌餉
1 漕糧——湖北漕政久敝，官民交困，公三次奏減，民以是輸將足額。
2 鹽課——自淮鹽阻絕，楚民率食川鹽，公分置鹽局於宜昌沙市武穴老河口等處，課額視向來過之。
3 釐稅——設釐局於各府州縣市鎮，抽收釐金，任用士人，嚴杜中飽，稅收甚旺，故能以貧瘠之區養兵六萬而商民不困。

（丙）練兵
1 於武昌設水師二千人，陸師八千人，以為東征之豫備。
2 拔多隆阿，鮑超於儔人之中，用為大將，一時以善戰名者，如都興阿，舒保，劉騰鴻，蕭翰慶等，皆公麾下之選。

胡林翼

(丁)事上

1 公事國藩彌謹，常從問士大夫賢否，聞有一言之獎者，即加擢用。

2 公與總督官文，初有意見上之衝突，旋力與交歡，由是二人之交始固，一切軍國要事，任公所爲，官文畫諾而已。

(戊)御將

1 羅澤南將兵援鄂，詔受節制，公一見行弟子禮甚恭，凡事必問而後行。

2 公倚任李續賓兄弟辦賊，迎養其父母來鄂，使無內顧憂，事之如己父母。

3 彭楊水師西上，時有牴牾，公傾心調和，備極優待，由是客將皆親附焉。

4 多鮑二人，素不相下，公因激勵而兩用之，各予卒萬人當一方面，由是兩人爭以戰功顯。

(己)愛民

1 裁通省浮勇以節靡費。

2 嚴查保甲以除盜匪。

3 愼選賢員以資蘇息。

4 設清查局，查被兵州縣倉庫以便交代。

5 設節義局表章縣年殉難官紳士女以彰節義。

6 參劾鑲道以下不肖官吏以與民更始。

（庚）雜述

1 風度——公狀貌英偉目閃閃如崖下電。

2 性質——少時父以儒先性理書授之，略不措意，其後進德益猛，故能以一身負天下之重。

3 遺事——公在安慶時，見洋船上行如奔馬，遽變色不語，閻敬銘嘗與公論洋務，公閉目搖手神色不怡者久之，曰「此非我輩所知也。」其深憂遠慮如此。

太平軍戰役簡明表三

（一）發難原因

1 清政不綱——道光末年，穆彰阿用事，吏治敗壞。

2 民生困苦——鴉片賠款，民生已困，屢遭凶年，盜賊時起，兩廣尤甚。

（甲）太平軍之初起

3 民族思想發達——明亡以還，漢人之富排滿思想者，秘密結社，反抗清室，就中以三合會爲最著。

（二）起事金田

1 秀全在廣東，假基督教義，創上帝教以號召徒衆。

2 見廣西山多民悍，密與馮雲山前往傳教，楊秀清等爭依附之，徒黨益衆。

3 見勢力日盛，遂乘機起事，時土寇紛起，淸軍顧此失彼，秀全轉得從容布置。

4 以「恢復中原，掃除胡虜」相號召，乘淸軍將帥不和，遂據永安建號「太平天國」，時咸豐元年閏八月也。

（三）定都金陵

1 出師北上，逼長沙，下武漢，中原大震。

2 順流東下，破九江安慶，以咸豐三年二月，攻陷南京，改爲天京都焉。

1 職官——朝內分王侯，丞相，檢點，指揮，將軍等職，軍中分總制，監軍，師帥，旅帥，卒長，兩司馬等職。

（四）開國制度

2 兵制——分軍，師，旅，卒，伍五級，又有老軍，新軍，童子軍等名目。

3 宗教——頒天條，資約束，設高座說法，謂之「講道理。」

4 改俗——禁止婦女纏足，買賣奴婢，賣娼，蓄妾，吸食鴉片等惡習。

5 其他——改曆法，行公田，設女營，設女官，開科取女狀元。

（乙）太平軍之全盛

（一）清軍情形

1 向榮由上游追至南京，結營孝陵衛，號江南大營。

2 琦善率直陝黑諸軍，結營揚州，號江北大營。

3 北營攻揚州，屢得而復失，南營聲威雖遠在北營上，但頓兵堅城，分援他郡，後竟兩度敗潰。

（二）分道出師

1 林鳳祥等北伐中原，蹂躪豫晉直魯，但最後為清將僧格林沁所破。

2 胡以晃等西爭長江上流，分攻皖贛，進窺鄂省，則甚得志。

1 時旗兵綠營，均極腐敗，清廷乃倡辦團練，以曾國藩主之，於是始有湘軍之名。

2 其組織方法，採用明戚繼光兵法而變通之，兵盡山農，將用七人，於是軍務始有起色。

(四)南軍角逐

1 咸豐三年南昌圍急，江忠源飛函國藩乞援，乃令羅澤南等率師以往，湘軍出境討亂始此。

2 從郭嵩燾之議，成立水師五千人，是爲長江水師之先聲。

3 胡以晃攻陷廬州，江忠源死焉，一時太平軍聲威大振。

4 咸豐四年，太平軍進攻武昌，湘軍出援，即遭失敗，而武昌再陷。

5 湘軍再出洞庭，克復武漢，進攻九江湖口，不意失敗，曾國藩困守江西，而武昌遂于咸豐五年二月三陷，太平軍勢力大振。

(一)諸王內亂

1 自南京定都後，軍事一决於楊秀清，漸有異志，韋昌輝嫉之，而秀全亦不懌。

2 昌輝奉密詔殺秀淸，及其徒黨甚衆，石達開馳歸諫之，並欲殺達開，達開遁去，於是起義諸王或亡或走，政事決於羣小矣。

(丙)太平軍之中衰

(二)湘軍再振

1 江南大營潰敗後，由和春張國樑統之，乘太平軍內亂，進逼南京，其勢復振。

2 咸豐七年冬，胡林翼收復武漢，籌餉練兵，軍務日有起色，後日湘軍卒奏全功者，林翼之力不小。

3 湘軍名將李續賓等入贛，以次克復失地，惟九江以太平悍將林啓榮死守，至咸豐八年三月始下。

(三)兩方奮鬥

1 胡林翼建議先淸皖北而後及於江南，以皖事責之續賓，不意八年九月復有三河之敗，楚皖間大震。

2 咸豐九年，曾胡議先攻安慶，兼搗廬州，規畫粗定，而江南大營潰報又至。

3 李秀成乘大營潰敗之際，攻陷蘇杭，而東南形勢一變。
4 東南危急時，清以曾國藩總督兩江，進駐祁門，而以圍攻安慶之責委之國荃，至十一年八月，血戰下之。

(一)國藩計畫

1 同治即位，信任國藩，尤專命國藩總理軍事全局。
2 國藩駐節安慶，分路進兵，曾國荃圍南京，李鴻章取蘇常，左宗棠圖全浙，於是湘軍聲勢大振。

(二)克復蘇常

1 李鴻章以國藩之薦，成立淮軍，以滬上官紳之請，遂督師東下。
2 上海先為劉麗川所據，未幾法軍助清軍平之，咸豐十年，李秀成佔領蘇常，進圖上海。
3 先是上海道吳煦，使美人華爾以新法練兵，號常勝軍，會同外人共同防守上海。
4 鴻章以上海為財源地，以同治元年抵上海，更募淮軍三千，益以常勝軍，自是江浙戰役，常勝軍立功不少。

5 同治二年，國荃正圍南京，鴻章已自太倉崑山進逼蘇州，太平將郜云官殺譚紹洸以降，常州亦下。

（丁）太平軍之滅亡

（三）平定浙江

1 同治元年，左宗棠入浙，破李世賢於衢州，世賢回援南京，宗棠督軍前進，規取杭州。

2 同治三年進逼杭州，太平將陳炳文遁去，汪海洋亦棄餘姚入贛，全浙肅清。

（四）攻破南京

1 陳玉成皖北敗死，安慶陷落，曾國荃直圍南京。

2 同治二年，破雨花台，彭楊水師，亦下江浦據九洑州，太平軍與江北交通之路絕。

3 時蘇杭告捷，國荃圍攻益力，而南京卽於同治三年六月陷落，秀全先死，秀成繼殉。

(五)餘黨殲滅

1 石達開入四川，於同治二年，為駱秉章所殺。

2 陳得才於同治元年，奉陳玉成之命合捻黨由豫入陝，引起陝甘回亂，二年擾漢中，三年入楚，兵敗自殺。

3 洪福瑱自南京出走，輾轉至江西石城荒谷中，為席寶田所執，送南昌磔死。

4 李世賢汪海洋竄閩，同治四年，海洋誘殺世賢入粵東，被砲死，於是太平軍餘黨悉平。

(一)國內的

1 太平軍之亂，賴湘淮兩軍平之，於是清廷重用漢人，是為滿漢政權轉移之大關鍵。

2 太平軍雖失敗，而餘黨流落國內者，日以興漢滅滿為職志，隱伏後日革命之動機。

3 大功告成以後，湘軍退伍無正當職業謀生者，相率加入哥老會，統計有清末年，不下七十餘萬後與革命黨聯合倒滿，遂有辛亥起義。

(戊)太平軍之影響——(二)國外的

1 確定租界中立之原則——禍亂正熾時外人宣言上海中立，不供雙方防禦攻擊之用，且命海軍登陸組織義勇隊，以維持租界治安。

2 租界行政權漸歸外人——太平軍全盛時，中國在上海政權，有全部停止之勢，於是各國領事共當行政之任，後雖恢復原狀，此權卒未收回。

3 會審制度之起原——租界行政權既歸領事，則裁判權亦被掠奪，因有會審公廨之設，華洋民刑案件均歸外人會審。

4 海關行政權之喪失——當上海變亂時，中國無管理關稅之官吏，外領協議，派人暫行管理海關稅權，亂後喜其成績優良，命其繼續辦理，是爲外人掌握我國海關行政權之張本。

第七章　捻回之變亂

一　捻亂發動及僧格林沁之戰功　當長江流域之被太平軍蹂躪也，同時長淮流域，亦有捻亂。然二者性質不同，太平據城邑，捻黨爲流寇。太平知建設，捻黨惟破壞，其凶悍且或過之，考其起原，康熙時已有之，始則鄉人行儺逐疫，捻紙燃膏爲龍戲，謂之拜捻，厥後聚捻成隊，仇殺焚掠，謂之捻子。或云皖東人呼一聚爲一捻，捻者即組織黨徒之謂也。始於山東西部，蔓延於吳皖豫鄂等處，自嘉道時，徒黨已衆，清廷屢飭各省大吏嚴治之。迄咸豐改元，太平軍起，益下令嚴捕各省州縣盜賊，於是禍亂猝起，當時爲首者有下列二人。

(1)**張洛刑**　洛刑捻黨巨魁，咸豐五年（公元一八五五）乘江寧安慶省城陷落之後，據安徽蒙城亳州爲根據地，而以雉河集（今渦陽縣治）爲老巢，北犯河南歸德，南與太平軍互爲聲援，清將袁甲三勝保等屢破之。八年，二將大破捻黨於固始，進復六安，降其魁李兆受，後賜名世忠，豫皖略清，未幾文宗奔熱河，捻黨又乘勢北上，陷濟寧，略曹州，山東大震。清命僧格林沁討之，初至急功負氣，以輕進失敗。同治二年正月，復率大軍南下，其將陳國瑞猛攻雉河集，洛刑敗走宿州，為苗沛霖所執以獻，遂被殺。

(2)苗沛霖　沛霖本壽州諸生，捻事起，為團練長，刼其衆以叛。咸豐八年，勝保曾招撫之，以功擢至川北道。然陰持兩端，受官於清，不肯冠帶，令其下呼為苗先生。攻巡撫翁同書於壽州，陷之，殺豪族之不附己者。詔褫其職，將進兵討之。沛霖復求撫於勝保，亦陰通款於太平軍之陳玉成，受封為平北王。時清廷方注意於太平軍及捻亂，無暇致討，以故跋扈益甚。同治元年，誘執陳玉成，送勝保營殺之，二年復誘執張洛刑以獻，自以為連立大功，當受上賞。顧以前罪削籍，三年未復，鞅鞅不平，遂以七月叛，陷壽州，圍蒙城，據懷遠，斷臨淮大營餉道，勢張甚。將軍富明阿等引軍赴援，皆堅壁不敢戰。十一月，僧格林沁督兵至，陳國瑞連壞敵壘，會陳玉成降兵為故主報仇，斬沛霖首以獻，苗亂平。國瑞，僧軍勇將也，幼為太平軍所擄，既而降於總兵黃開榜，轉屬袁甲三吳棠僧格林沁部下。此次攻蒙城，國瑞方閱文書，甫離席，炮碎其座。國瑞大呼曰，「我陳國瑞也，任爾放炮，有爾則無我，有我則無爾，」立命左

捻匪變亂圖
北京
直隸
山西
天津
定
滄
徒駭河
太原
順德
濟南
濰
山東
吉
曲沃
新鄉
濟源
原武
垣曲
濟寧
曹州
日照
贛榆
歸德
河南
西安
徐州
宿
亳
周家口
江蘇
雉河集
蒙城
懷遠
臨淮
鄧
揚州
樊城
棗陽
壽
安徽
襄陽
隨
光山
固始
六安
南京
湖北
鍾祥
安陸
安慶
武昌

右置交椅于營門外，卒克之。但性慓悍不馴，動輒犯法，後卒以此取戾。

二　捻黨猖獗及曾國藩之作戰計畫

同治二年，洛刑沛霖先後敗死，顧其勢不少戢，洛行從子張總愚繼領其衆走山東，與捻黨任柱牛洪及太平遵王賴汶光合號四大首領。三年又與太平軍扶王陳得才等合擾河南湖北等處。已而南京陷破，餘衆加入，勢甚熾。僧格林沁任征討，恃勇輕進，連敗於麻城廣濟間，狼狽走光山鄧州，又屢中伏喪良將。僧王大怒，日夜追二三百里，捻黨足皆龐裂不能行，願就撫，總兵陳國瑞為之關說，已有成議。會僧王殺其渠，捻黨大駭，並入山東境。僧格林沁追益急，卒以四年四月與戰於曹南，遇伏死。清軍大挫，北京震恐，急召曾國藩入衛，尋命督師，其作戰計畫略如下。

(1)因湘軍裁撤殆盡，外調劉松山一軍，劉銘傳淮勇各軍，尚不敷剿辦。當另募徐勇，加以訓練，以楚軍之規模，開齊兗之風氣。

(2)因捻黨戰馬極多，步兵不足以制敵，當採買古北口外馬匹，成立馬隊，以利戎機。

(3)因捻黨馳逐無定，宜於山東濟寧、江蘇徐州、安徽臨淮、河南周家口成立四鎮，各駐重兵，相機援應，庶能以有定之兵，制無定之寇。

(4)於黃河置水師，創「守黃防運」之策，又沿山東運河東岸，河南賈魯河西岸，沿隄築牆，長千數百里，分汛防守，以為長圍圈制之法。

計畫既定，自是剿捻之局始有綱紀。是年六月、劉銘傳破捻黨於雉河集。同治五年，國藩以老病薦李鴻章自代，由是淮軍功績遂與湘軍埒。

三 李鴻章平定東西捻 是時捻分東西兩股。東捻出入豫鄂蘇魯，以任柱賴文光為首領。自河南趨湖北，盤據今安陸鍾祥二縣間、（舊德安安陸府治）郭松林被圍張樹珊戰死，捻勢大張，屯尹隆河以窺鍾祥。鮑超劉銘傳兩軍，約期由襄樊隨棗分道進剿。銘傳貪功先進，大敗，所部大將唐殿魁吳維章田履安等死之，銘傳與諸將幕僚俱脫冠服坐地待死。鮑軍踐期至，勢如風雨，張兩翼以蹴之，呼聲震十餘里，捻黨大潰，超追奔五晝夜，殺敵二萬餘，生擒八千餘人，拔銘傳及其將士二千餘人於重圍之中，並奪還其所失騾馬輜重器械無算。銘傳內慚，反以後期咎超，李鴻章右之，據以入告。超得嚴飭，憤不能平，遂請疾解兵柄。所部三十營，鴻章散遣之，銘傳遂專討捻之任。同治六年十月，迭破捻於濰縣日照贛榆等處，捻黨潘貴升殺任柱以降。任柱驃忽善戰，爲各股總頭目及死，衆推文光爲首南竄揚州。傳檄歷詆諸將，而以揚州守將吳毓蘭爲愈，使得己以爲功，乘夜投毓蘭營。李鴻章命磔之。軍中傳其檄言至深痛。東捻平。

西捻入秦中，以張總愚爲首領。同治五年十月入陝，防軍拒戰敗潰，遂圍省城。清廷命左宗棠督辦陝甘軍務。六年二月，劉松山率老湘營馳至，一戰解圍，復大破之於西安附近。又攻鄜，破之。是年十一月，西捻自陝西渡河，攻山西吉州曲沃垣曲，東趨河南濟源原武。遂北自新鄉，趨直隸順德至定州，京師大震。清廷切責鴻章，命恭親王奕訢督諸軍防守，以左宗棠總前敵戰事。已而總愚趨天津，由滄州南下，淮軍躡其後，直追至山東茌平，四面圈制，將大股殲除。總愚奔竄無路，遂率八騎走至徒駭河投水死，西捻平。時同治七年六月也。（公元一八六八）

四　雲南之回亂　咸同多故，太平捻亂而外，西南西北復有回亂。雲南回亂，起於咸豐五年，（公元一八五五）臨安（今建水縣）回與漢民私鬬，各召其黨爲助，遠近悍回，聞風響應。其著名渠帥，據曲靖者馬聯陞，據省垣者馬得新，據大理者杜文秀，而以杜文秀爲最悍。本居永昌（今保山）

起兵數萬襲據大理，於是大理以東各回民，率戕官以應之，全省大震。總督恆春知不敵，自縊死，而布政使鄧爾恆已擢陝撫，將之任，羣回劫而殺之，巡撫徐之銘不敢問，劉源灝，福濟由清廷命爲雲貴總督，皆不至，卒以潘鐸代之，爲回將馬榮戕殺，自是無敢言辦回者。及岑毓英出而後滇事始有轉機。

岑毓英，廣西西林人，先以縣丞帶勇入滇，屢克要城，至同治元年，積功至代理布政使，加按察使銜。無何，馬榮殺總督，毓英抵死力戰，而馳書回將馬如龍入援，內外夾擊，盡殪叛回，獨馬榮遁走曲靖，省城既安，乃西出

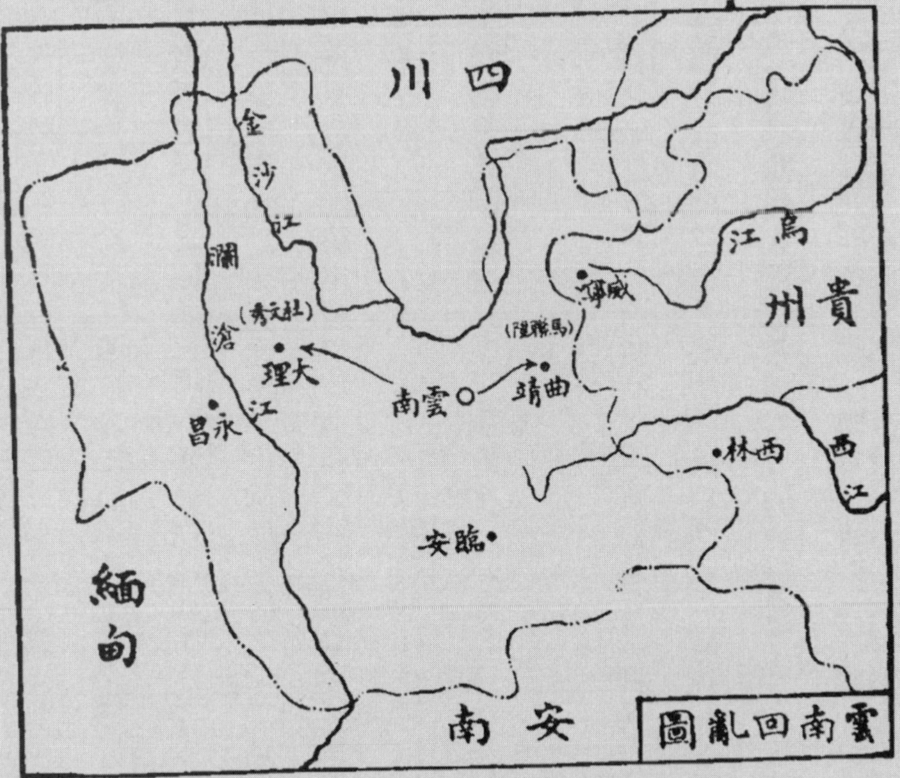

雲南回亂圖

師，首略楚雄，謀進規大理。而東路告警，馬榮與馬聯陞來犯。毓英還軍大破之，二馬既亡，遂克曲靖，時三年九月也。迤東既平，毓英以曲靖爲滇東重鎮，養兵儲餉，爲西征準備者凡二年。及勞崇光移督雲貴，始定策以毓英剿貴州威甯境之猪拱箐及附近海馬姑之回，而以馬如龍專辦迤西事。六年六月，毓英連戰有功，斬回酋陶新春。而杜文秀知毓英遠出，引兵二十萬，連破二十餘城，進薄省城。毓英回軍破敵壘數十，馬如龍亦來會，時毓英已任巡撫，分遣諸將繞出敵後，攻迤西，又約各地豪傑大舉蹙敵，遂復省城。復督軍肅清迤東南諸回，命部將楊玉科圍攻大理。十一年十一月，毓英親往督師，以地雷轟城，破之。文秀飲藥未死，其黨舁之以獻，玉科斬之。凡割據十八載，蹂躪五十三縣之巨寇，至是始平。（公元一八七二）

五　陝甘之回亂

同治初元，太平將陳得才合捻入陝，時陝防空虛，大吏勸紳民募團勇自守，回衆亦率衆助防。既而遣歸，道經華州，以伐竹與村民衝突，死二人。州中回民以同類被戕，欲報怨，而漢民亦糾衆以爲抵抗，於是回亂起。爲首者任五，戕殺團練大臣張芾，關內外同時騷動，清廷命多隆阿率師討之，不及二年，驅剿回匪，如風掃籜，陝回幾盡。會川匪藍大順入據盩厔，移師圍之。盩厔城小而堅，大順百計守禦，久不能拔，朝命責之，多隆阿躬冒槍炮，遂克盩厔，亦罹重創卒。多隆阿以馬隊起家，身經百戰，愛士卒如骨肉，號令嚴明，智勇兼備，胡林翼深倚任之，有多龍鮑虎之稱。至是以傷卒，人皆惜之。左宗棠奉命督辦陝西軍務，又以剿捻黨，無暇顧及回亂，遂大。北有董福祥據鎮靖堡（屬陝西靖邊縣），西有白彥虎據董志原（屬甘肅寧縣），中有馬化龍據金積堡（今甯夏金積縣），互相連絡，而化隆尤爲回衆所信仰，

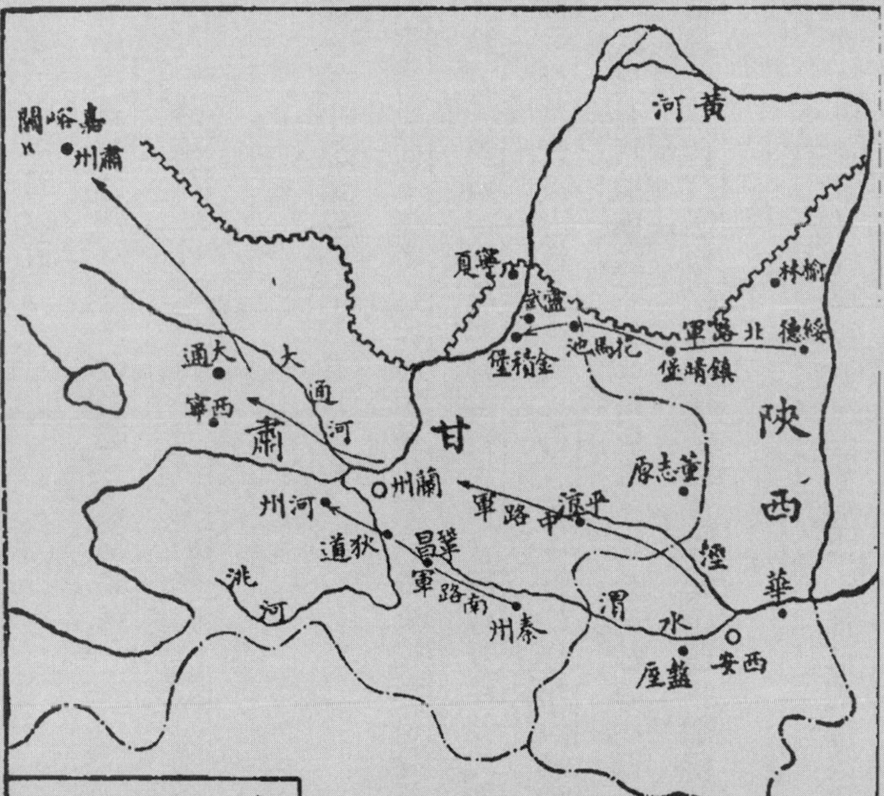

陝甘回亂圖

威勢頗大。會西捻平，左宗棠還督陝甘，建三路平回之策。

(1)劉松山由綏德取道花馬池（今寧夏鹽池縣）直搗金積堡老巢，爲北路。

(2)周開錫由秦州（今甘肅天水縣）趨鞏昌（今隴西縣）討狄道河州（今臨洮臨夏二縣）之回，爲南路。

(3)宗棠親督劉典諸軍，沿涇水而上，趨平涼，盡驅陝回入甘，爲中路。

期以五年成功。同治七年十月，左宗棠抵西安，檄劉松山等出發，迭破回巢於榆林綏德等處。進至鎭靖堡，董福祥父子乞降，收其衆十餘萬人，陝西平，進逼寧夏。時董志原之回，以受中路之壓迫，悉萃於金積堡。松山由靈州（今靈武縣）來攻，先破附近各寨，旋攻馬五寨，中飛炮卒。松山初隸王珍部下，號老湘營，其後行軍篤守王珍遺法，先召諸將集謀，各手一圖，以示奇正分合，故每戰輒勝。及死，湘人哀悼。左宗棠令其從子錦棠代領其衆，破金積堡，斬化隆以祭之，寧夏亦爲金順張曜所平，時十年三月也。

馬化隆雖伏誅，其黨馬壽馬文祿糾合陝回餘黨，又據西寧，河西大擾，宗棠督軍剿撫兼施，錦棠俘馬壽於大通，西甯克復。而白彥虎復據肅州，馬文祿走附之。十一年八月，宗棠自往督攻，克之，殺回民無算，惟白彥虎走出關外。自是甘境悉平，而新疆之兵事起。

六　新疆之回亂　自道光平定回疆以後，西陲無事者屢年，迄同治改元，陝回變亂，遣其黨四出招誘，而後新疆回亂起。三年八月，陝回阿渾妥明（即妥得璘）據烏魯木齊（今迪化）參將索煥章奉之，稱清眞王，先後攻陷伊犂九城，而北路擾。同時奸回金相印迎安集延（浩罕八城之一）酋阿古柏帕夏，圖喀什噶爾（今疏附）以次攻奪回部八城，而南路又亂。其時北路漢民結團自保，以徐學功為之魁，能以馬隊陷陣，勢若風雨，尤為回人所畏。帕夏聞其名，遣使約和。九年八月，兩軍合圍烏垣，妥明敗死，帕夏入據之，遂令回漢民薙髮易服，效其國俗，一時勢力極盛。旋白彥虎亦敗走出關，與相聯合。

光緒元年，左宗棠奉命為欽差大臣督辦新疆軍務，二年春，駐兵肅州。時朝議紛紛，多以遠征勞費，欲棄南八城，封帕夏為外藩，英使威妥瑪復為之請，宗棠上言力闢其非，略云「臣一介書生，高位顯爵，為平生夢想所不到，豈思立功邊域，覬望恩施。況年已六十有五，日暮途長，乃不自忖量，妄引邊，荒艱鉅爲己任，雖至尠陋，亦不出此。而事固有萬不容已者，烏魯木齊各城，不克無總要之地以安兵。今伊犁爲俄人所據，喀什噶爾又爲安集延所踞，若此時置之不問，後患環生，必有日蹙百里之勢，此

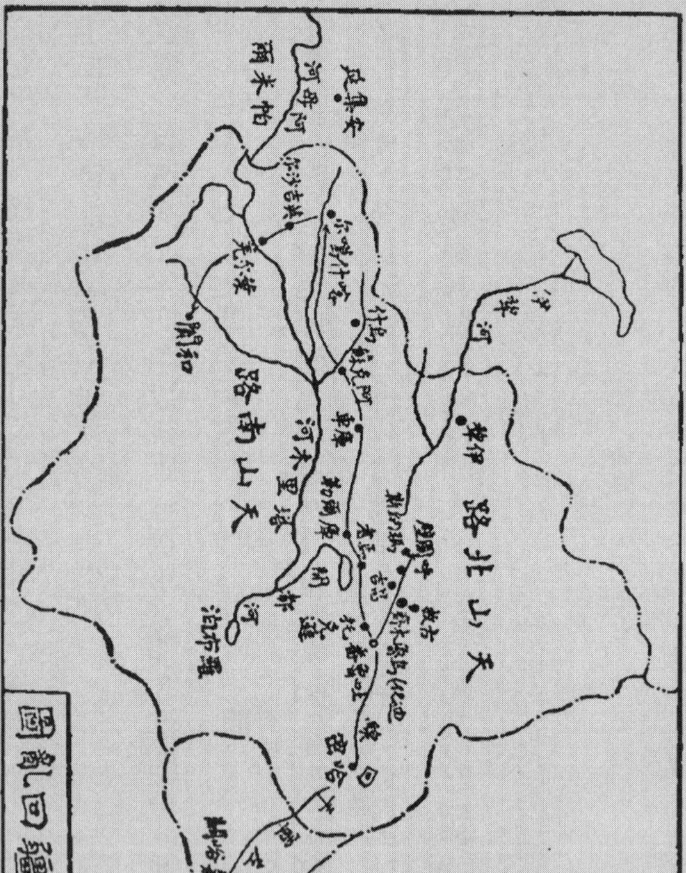

新疆回亂圖

區區愚忱不敢不盡者也。」並主張先北路而後南路，遂進兵。命金順張曜兩軍先駐哈密，而以劉錦棠譚上連譚拔翠余虎恩等繼之。湘軍二萬人，分道由戈壁進。秋攻拔古牧（在迪化北）回酋馬明，馬人得，白彥虎宵遁，遂復烏魯木齊昌吉呼圖壁瑪納斯（在綏來西）各城，天山北路大定，乃專力南路。旋大雪封山，諸軍不能前進，帕夏命白彥虎馬人得守吐魯番，次子海古拉守托克遜，自居喀喇沙爾（今焉耆）以策應之。三年冰解，劉錦棠督軍南下，張曜軍亦自哈密來會，遂克吐魯番，馬人得及纏回萬餘降，帕夏憂懼自殺，其子伯克胡里繼立，令白彥虎守庫爾勒，扼開都河設防。時郭嵩燾使英，威妥瑪又爲之緩頰，事下左宗棠議，宗棠議力斥其非，仍主進兵，東四城喀喇沙爾（卽焉耆）庫車，阿克蘇，烏什以次下。四年二月，復克和闐葉爾羌英吉沙爾喀什噶爾西四城，伯克胡里白彥虎遁入俄境，俘帕夏妻女及其幼子並金相印父子磔於市，新疆平。其後收回伊犂，改設行省，新疆遂得安穩及今焉。

附捻亂簡明表一

捻亂

- (甲)捻之意義
  - 1 豫皖間鄉人行儺逐疫，裹紙燃膏爲龍戲，謂之捻，厥後聚捻成隊，肆行刦殺，遂有捻子之名。
  - 2 皖東人民呼一聚爲一捻，即組織黨徒之謂。
- (乙)捻黨區域
  - 1 江蘇之淮海徐，
  - 2 安徽之潁亳壽，
  - 3 山東之沂兗曹，
  - 4 直隸之大名一帶，
  - 5 河南之汝光南，
  - 6 湖北之襄陽隨州，
  - 皆有之。
- (丙)捻亂首領
  - 1 倡首者——李士林，劉疙瘩，劉元吉，任二皮，龔瞎子等。
  - 2 凶狡者
    - 張洛刑起蒙城
    - 李兆受起霍邱
    - 苗沛霖起壽州
    - 均安徽人。
  - 3 繼起者
    - 任　柱——善戰陣
    - 賴文光——善謀略
    - 東捻
      - 由河南趨湖北，復入河南，
      - 走山東江蘇。

張總愚——洛刑娃—西捻
- 由河南趨陝西，轉山西。
- 經河南入直轉魯。

(丁)討捻者

1 英桂治捻無功，罷職。

2 袁甲三頗能立功，旋以病乞罷。

3 勝保招降李兆受苗沛霖，旋以苗叛賜死。

4 僧格林沁先後擒斬張洛刑苗沛霖，旋以輕進敗死曹南。

5 曾國藩定剿捻計畫，旋以老病辭職。

6 李鴻章用劉銘傳潘鼎新等專剿東捻，劉松山等追剿西捻，大功告成。

(戊)捻亂概況

1 捻黨長於馬隊，善馳逐衝擊，故清軍每爲所苦。

2 曾國藩議設濟甯徐州臨淮周家口四鎮，以潘鼎新，張樹聲，劉松山，劉銘傳等分領之，迎頭痛擊，又設長圍限其馬足，而後治捻始有辦法。

3 李鴻章平捻，專摺奏事，由是淮軍功績與湘軍埒。

4 捻亂自咸豐五年張洛刑據雉河集起，至同治七年凡十四年而始平。

回亂簡明表二

(甲)回亂總因

1 回人與漢人不合——一不共烹調，二不通婚姻，三不同歷書，四不同習慣，其團結力異常堅固。

2 清廷苛待回教徒——清廷以回教徒性多强悍，務取束縛主義，官吏多抑回伸漢，常因此以激成禍亂。

(乙)雲南方面

起因——咸豐五年，臨安回以細故與漢人私鬥，遠近同教徒聞風響應。

禍首
1 馬德新據省垣，挾滇撫徐之銘爲傀儡，戕總督潘鐸。
2 馬聯陞據曲靖，總督劉源灝、福濟俱不敢到任。
3 杜文秀據大理，佔據十八載，攻陷五十三城，極爲凶悍。

平亂
1 同治二年，岑毓英利用回酋馬如龍收復省城。
2 同治三年，平定迤東諸郡，斬馬聯陞馬榮，以曲靖爲根據地，

3同治十一年，親督楊玉科攻大理，杜文秀服毒死，全滇大定。

回亂

- （丙）陝甘方面
  - 起因
    - 1受太平軍及捻亂之激刺，同治初陳得才合捻入陝，回衆遂蠢然思動。
    - 2豫撫嚴樹森，曾募陝甘回勇六百赴汴，事後遣散，團練大臣張芾復招之，道經華州，與漢民以伐竹啓釁。
  - 禍首
    - 1任五發難於渭南，旋爲多隆阿所破。
    - 2董福祥據鎮靖堡，紛擾於陝北。
    - 3白彥虎據董志原，鴟張於隴東。
    - 4馬化隆據金積堡，凶橫于甯夏。
  - 平亂
    - 1同治七年，左宗棠建三路平回之策，劉松山出花馬池，董福祥來降，
    - 2同治九年，劉錦棠破金積堡，馬化隆伏誅。
    - 3同治十二年，克復肅州，甘肅悉平，惟白彥虎走出關外。

- (丁)新疆方面
  - 起原——由陝西叛回遣使四出招誘而成。
  - 禍首
    1. 阿渾妥明據烏魯木齊，蹂躪天山北路，號清眞王。
    2. 阿古柏帕夏據喀什噶爾佔領南路八城，稱畢調勒特汗，旋與徐學功夾攻妥明，妥明走死，進據烏魯木齊。
  - 平亂
    1. 光緒元年，左宗棠督辦新疆軍務，次年劉錦棠出關，克復烏魯木齊，新疆北路略定。
    2. 光緒二年，劉錦棠張曜等克復吐魯番，帕夏自殺。
    3. 光緒四年，南路八城全部克復，新疆平。

左宗棠事略表三

- (甲)略歷
  1. 籍貫——湖南湘陰人。
  2. 名號——字季高，光緒十一年七十三歲卒，諡文襄。(公元一八八五)
  3. 家況——讀書麓山，貧不能備餐，二十七歲設館時有詩自述云「硯田終歲營兒舖，糠屑經時當夕飧，乾坤憂痛何時畢，忍屬兒孫齩菜根。」

4出身——道光十二年舉人，嘗佐湘撫張亮基駱秉章幕，以樊燮事幾興大獄，潘祖蔭疏薦云「天下不可一日無湖南，湖南不可一日無左宗棠」，胡林翼云「一名滿天下，謗亦隨之，」旋以曾國藩薦致大用，仕至大學士。

平定浙江

1太平名將——李世賢守金華，汪海洋據餘姚，楊輔清守湖州，全浙破壞，

2用兵方略——避長圍，防後路，定直擣金華之計，分攻浙西東，杭州餘姚相繼下，

3部下將領——蔣益澧，劉典，魏喻義，康國器，高聯陞等。

1叛回首領——馬化隆據金積堡，白彥虎據董志原，董福祥據鎮靖堡，陝甘糜爛，

2用兵方略——分三路進兵，命劉松山出北路，周開錫出南路，宗棠

左宗棠

(乙)事功

肅清陝甘

自督大軍驅陝回入甘爲中路，董福祥先降，白彥虎出走，馬化龍伏誅，關內肅清，

3 部下將領——劉錦棠，劉典，魏光燾，雷正綰，宋慶，張曜等。

平定新疆

1 阿渾妥明據烏魯木齊，阿古柏帕夏據喀什噶爾，俄羅斯乘機入據伊犂，天山南北路破壞，

2 用兵方略——(甲)反對朝臣苟安之言放棄關外，先平北路，後平南路，(乙)反對英使封帕夏之說放棄回疆，先平東四城，後平西四城，(丙)反對崇厚使俄誤國喪失帖克斯河流域，極力主戰，於是大功告成，

3 部下將領——劉錦棠，金順，張曜，譚上連，譚拔萃，余虎恩等。

(丙)遠見

1 置新疆行省，由是西北邊防始固，

2 設馬尾船政局，於我國交通界開一新局面。

(丁)概況

1 持己——廉不言貧，勤不言勞，貴顯以後，非宴客不用海菜，雖窮冬猶著緼袍，

2 待人——遇長上以直，撫士卒以恩，

3 馭吏——篤守論語「言忠信行篤敬」六字，

4 訓子——主張「勤儉忠厚」四字，嘗曰「欲子弟成材，總要從寒苦艱難中作起，」又曰「讀書先須明理，非循序漸進，熟讀深思，不能有所開悟，」又曰「讀書總要目到口到心到，」又曰「最要有恆無間。」

(戊)軼事

1 公以監生應鄉試，主考官涇陽徐法績於落卷中搜得六人，公與吳敏樹與焉，後總督陝甘，對於師門禮極優渥，

2 公喜大言，自號「左諸葛，」曾國藩戲出對云「季子敢言高，與吾意見大相左，」公即答云「藩臣徒誤國，問他經濟有何曾，」一笑而罷。

第八章　英法聯軍之役

一　粵民排外及葉名琛之輕敵　自南京條約訂結以後，沿海五口，次第開放。獨廣州紳民，有嚴拒英人入城之舉，大起團練，傳檄遠近，不支官餉，亦不受官約束，駸駸與官為仇。是時耆英督粵，英人復以條約為詞，數請入城。耆英納之，懼激變，拒之處起釁，密告英人以粵民驁悍，請徐圖之，期以二年後踐約，而一面密諜內用。道光二十七年，耆英果內用，徐廣縉為兩廣總督，葉名琛為巡撫。二十九年，英人以兵艦闖入省河申前約，總督密召諸鄉團練先後至者逾十萬人，英人懼，請修舊好，不復言入城事。於是粵民益自喜，謂洋人易與，好事者宣言於外，欲乘勝阻敗通商事。英香港總督文翰貽書總督，願重訂和好。粵民請為載書，嚴禁洋人入城，文翰見衆情洶洶，遂簽字。督撫會銜入告，清廷大悅，封廣縉一等子，名琛一等男，風示天下。自是廣東無交涉問題者數年，然英忌之甚，異日戰端，實伏於此。

咸豐二年，太平軍起，東南大震，清廷調徐廣縉總督湖廣，葉名琛坐遷粵督。旋又以擊平土匪，保全粵東，接濟外省有功，晉太學士。名琛益自負，馭外人尤倨，凡遇交涉事件，輒嚴詞峻拒，每接文書或略書數字答之，或竟不答。會英政府以包冷代文翰督香港，性剛愎，與名琛相似，遂積不相能。又以巴夏里為廣東領事，尤負氣好爭，日夜思搆釁。迄亞羅船事件起，而粵難遂作。

二 亞羅船事件及廣州第一次陷落

先是廣東會匪作亂，政府嚴辦之，並下令各府州縣，凡昔日通匪者，准格殺勿論，前後斬十餘萬人，從賊者不敢歸，如關鉅梁楫之徒，競投降英人，歸其驅使。而沿海奸商復借英人勢力，委為奸利，英人亦利用之，與以保護，使其出入諸港，以故華商船隻揭英國國旗往來沿海者甚衆。咸豐六年九月，有船名亞羅者，張英國旗由廈門駛入粵河。巡河水師千總梁國定知為奸民託英籍自護者，登船大索，拔其國旗投甲板上，執華人十三入城，以獲匪報。巴夏里聞之大怒，立執南京條約為辭，要求送還所捕十三人，並具狀謝罪。葉名琛查悉亞羅船雖入英籍，然十日前已期滿，無再揭英旗之權，且中國官吏搜捕中國海盜於中國商船，與英人無涉，但以小事不足較，遂盡送所捕十三人於領事館。乃巴夏里不但不受，且提出四項要求尋釁：

(1)送還十三人於原船中。

(2)辯解拘捕之理由。

(3)誓此後不再有此不法舉動。

(4)限四十八小時答覆。逾時卽作爲談判决裂。

葉名琛接到此項無理要求，置之不理，亦不備戰，英艦遂於二十六日，進攻黃埔砲台，時英兵不滿千，而我兵及團練赴援者數萬人，均畏敵火器不敢力戰，迄十月朔，廣州失守，督署被焚，名琛避匿。顧英軍此舉，並無本國政府訓令，特作勢恐嚇，求達入城之目的而止，又以兵寡不敷分配，故不久復還軍艦，於是名琛復出，一聽人民自由活動，羣起爲報復之舉，舉英美法各國商館及十三家洋行悉焚燬之，以洩前此英軍砲擊之憤。法美兩國以無故遭此意外之災，亦起而右英。巴夏里則以事變擴大，請英政府對華宣戰。

三　英法聯合及廣州第二次陷落　英政府既得報告，時巴馬斯頓爲內閣首領，力主用兵。咸豐七年正月，向兩院提出宣戰案，上院通過，而下院以多數否决，巴氏遂依照憲法解散下院，召集新會，卒得多數議決，「先遣特使迫中國政府改訂條約，賠償損失，否則以兵臨之。」並徧告法美俄諸國，說以合縱之利。美俄兩國，無意與中國開釁，惟各簡使臣求改訂商約。而法帝拿破崙第三好遠略，又以先一年有法教士，在廣西西林縣被戕，向中國求償不得，至是遂引爲口實，斷然與英聯合，而粵事乃益棘。

是年七月，英使額爾金率艦隊抵香港，時法軍未至，額爾金復至加爾各答，視印度亂狀。九月歸，貽書名琛略云「舊約凡領事官得與中國官相見，所以聯氣誼，釋嫌疑，兩國無難辦之事。自廣東禁止入城以來，浮言互煽，壅閼不通，致有今日之釁，粵民燬我洋行，羣商何辜，喪其資斧，請約期會議償款，重立約章，則兩國和好如初，永無齟齬。否則以兵戎相見，毋貽後悔。」名琛謂其語狂悖，置不答。法美領事亦以毀屋失財移文責償，且言英已決意攻城，願居間排解。名琛謂「彼輩所云皆比周以脅我也。」又不聽，亦不設備。額爾金留香港月餘，不得要領。適法使噶羅，美使利特，俄使布恬廷先後至。英法聯軍遂以十一月貽名琛最後通牒，限四十八小時內答覆。名琛猶澹若無事，僚屬請調兵設防，不許，請召集團練，亦不許。屆期無覆，聯軍發動，以十四日攻陷廣州，名琛避匿左都統署之八角亭，英人盡括督署財物及藩庫銀二十萬兩以去。卒以二十二日搜得名琛，挾以登舟，囚諸印度之加爾各答，逾年病死。自是廣州爲英法軍佔領者三年，將軍督撫司道避居佛山鎮，城中空無人。迄勞崇光督粵，單騎馳入，英人迎之，省城始復。

四　聯軍北上及天津條約　廣州既陷，英法乃欲乘勝壓迫清廷，訂立條約，俄美亦欲乘間增改商約。於是四國使臣協議，以咸豐八年正月聯合致書大學士裕誠，由兩江總督何桂清轉達。清廷謂「朝廷參贊內政，乃大學士本職，向無預聞外交之例，外交事當由邊臣議之。英法美三國事，已委黃宗漢爲欽差大臣，赴廣東會議，俄事委黑龍江辦事大臣辦理。」仍由何桂清轉付之。時英使額爾金，法使噶羅，已集上海，得覆書謂無誠意，乃決議北上。於是英法俄美四國軍艦二十餘艘，於三月初雲集白河口，投書直督譚廷襄，仍請轉達清廷，急派全權議和。廷襄奏聞，詔戶部侍郎崇綸內閣學士烏爾棍泰往會廷襄議款。英法謂無全權資格，拒不見，惟俄美二使略與周旋而已。天津去海口二百餘里，大沽口設有砲台，爲天津門戶。外有積沙一道，海船至此往往擱淺不能行。當四國投書時，廷襄遣武弁駕小舟導之行，遂無阻滯，自此數以小汽船及舢板探水，以時方議款，不之禁，亦不設備。四月八日英法聯軍突以小輪數十艘闖入大沽口，炮台遂陷。清廷大震，急命僧格林沁督兵馳赴天津備敵。又以東南半壁，兵禍方深，不欲久開外釁，復命大學士桂良、吏部尚書花沙納，馳赴天津議款。即於

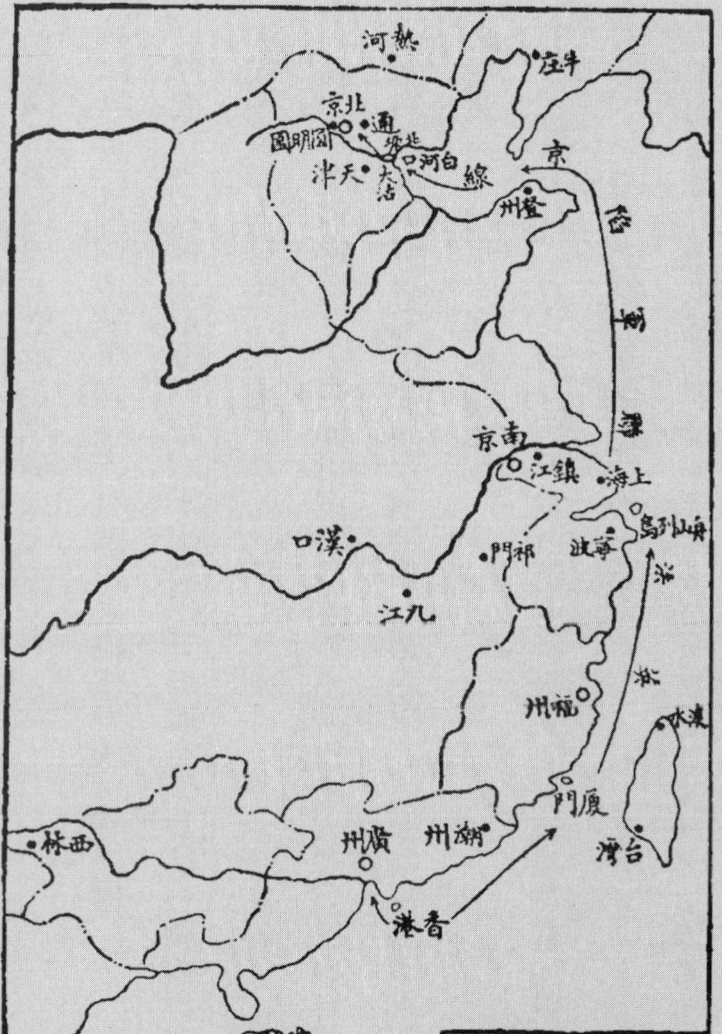

英法聯軍戰役圖

五月十六日，（公元一八五八年六月二十六日）依照英使所提五十六款簽字，所謂中英天津條約也。其要點如下：

(1)中英兩國，得派公使互駐於北京倫敦。

(2)中國政府，承認英國傳教事宜，英人有護照者，得往中國內地游歷。

(3)除原開五口外，更開牛莊，登州，台灣，潮州，瓊州五口通商。又長江一帶俟粵亂平定後，得選擇三口通商。（後開漢口，九江，鎮江三處。）

(4)英人犯罪，由英領懲辦，華人犯罪，由中國地方官懲辦，兩國人民爭訟事宜，雙方會同辦理。

(5)南京條約後，海關稅課值百抽五。今以物價下落，課稅亦宜減輕，由雙方派員另定稅率，經此協定後，凡關於通商各款，每十年酌量更改。

(6)賠償英商損失及軍費共四百萬兩，悉由廣東督撫設法賠償後，英軍始退出廣東省城。

(7)本約限一年交換御筆批准之正約於北京。

法人亦提出四十二款，與英略同，惟僅償軍費二百萬兩，新開通商口岸，指定登州，台灣，淡水，潮州，瓊州，江寧六處，亦一併簽字，是約也，未經兩方之談判，爲自古所無，外人譏爲無談判之條約。其結果喪失國權，遂遠軼乎尋常範圍之外，後日外交上之種種棘手，悉根於此。

五　白河開釁及天津再和　自英法天津條約成立後，聯軍即退至上海，桂良復於八年十月，與英法俄美四國訂立子口半稅之約（即值百抽二·五）諸事駸駸就緒矣。會僧格林沁至天津，目擊和議之成，辦理過柔，實由於海疆無備，於是一方劾直督譚廷襄罪，一方築壘購砲，調集馬隊，置柵橫斷河流，以備敵艦之侵入，軍備頗充足。九年二月，英以額爾金之弟普魯斯爲公使，法以布爾布隆爲公使，至北京換約，五月同抵白河口，直督恒福，遣人告以大沽現以設防，不便行走，請改由北塘口進。普魯斯拒之，二十四日駛入大沽，將截港鐵鍊用砲炸毀。次日遣小輪十三艘，樹紅旗挑戰，逼近砲台開砲，中國守兵，同時開砲還擊。英國狃於往歲海口之無備，出其不意，倉皇失措，傷英領隊官及登岸洋兵數百，僅餘一艘，駛擱江沙外，華兵亦陣亡數人。上諭「此次英人全軍覆滅，我軍士奮勇異常，著分別獎叙，陣亡者從優議恤。」美使至，遵命改道行走，特優旨答之。時朝野動色相告，皆謂外事自此當有轉機，孰知未及一年，而大禍作。

敗耗西傳，英法政府大憤，雖英國會中人，有歸咎於普魯斯之輕率無能者，然卒依內閣首領巴馬斯頓之言主戰。於是英法仍任額爾金噶羅爲全權公使，率重兵東來，並募閩粵亡命備戰。華洋巨商，知決裂在卽，恐妨貿易，議集銀二百萬兩賠償損失，阻再用兵。英使普魯斯法使噶羅，乃致書商務大臣何桂清，謂「依照天津原約，仍可罷兵。」桂清入奏，得旨謂「普魯斯輒帶兵船毀我海口防具，首先背約，損兵折將，咎由自取，所有八年議和條款，概作罷論。若彼自知悔悟，必於前議條款內，擇道光年間曾有之事無礙大體者，通融辦理，仍在上海定議，不得率行北來。再有兵船駛入攔江沙者，必痛加攻剿，毋貽後悔。」蓋曩戰勝之後，外人或就我範圍，可修正前約也。然猶申戒疆臣，不得見敵船輒先開砲，致礙和局。又命留北塘海口，爲通使議和地。顧北塘地勢扼要，不亞大沽，僧格林沁經營防務，卽此一口，已用費百餘萬兩。會有言宜縱敵登岸擊之者，僧格林沁韙其說，適奉朝命撤北塘之備，退就大沽，議者多謂失計。御史陳鴻翊疏爭於朝，不聽。郭嵩燾時在幕，亦力爭之，僧格林沁狃於前此之捷，亦不聽，嵩燾辭去。十年春，英法兵至上海，先佔舟山列島，以爲根據地，卽率艦隊北上，合兵萬有八千，懲前敗不敢攔入大沽，窺北塘備弛，遂以六月二十六日駛入，挽炮車登岸。大吏遣人持照會詣英法使臣入京換約，不應徑入內港。僧格林沁麾兵扼之，值潮退，敵艦不能動，詭懸白旗示欲和狀。俄潮長，直抵新河，以七百人登陸，手執火槍，排列爲一字陣。僧格林沁以精騎三千遶之，衆槍齊發，僧軍如牆之倒，得免者七人而已。自後路攻陷大沽砲臺，提督樂善死之，僧格林沁退守通州之張家灣，天津隨陷。清廷大恐，命侍郎文俊、前粵海關監督恒祺赴津議和，爲英法軍所拒。改名大學士桂良與直督恒福往訂和約如下：

(1)咸豐八年天津條約之外，更開天津爲商埠。

(2)中國政府賠償英法軍費各八百萬兩。

(3)英法公使各帶數十人入北京換約。

然清廷以英法要求過奢，又二人無訂約全權，拒不批准，而局勢更壞。

六　聯軍陷京及北京條約　英法聯軍聞和議不成，大憤，以六月二十一日大舉北上，擾及河西務，畿輔大擾，文宗有幸熱河之議，都人洶恐，各謀遷徙，廷臣交章諫阻。適勝保自河南召還，飭帶禁兵萬人赴通州助勦。旋聯軍進薄張家灣，僧軍大敗，死者無算。復與勝保瑞麟共屯兵八里橋，以扼聯軍進路。八月七日敵方大舉來攻，勝保紅頂黃褂，馳馬督戰，敵軍叢槍注射，勝保傷頰墜馬，師潰，僧瑞二軍，亦退據京城外。文宗知京城難保，決意北奔熱河，命弟恭親王奕訢留守，仍督僧瑞兩軍屯海淀，並給予全權大臣官銜，和議復起。

方英法軍之逼通州也，命怡親王載垣前往議款，以巴夏里要求過重，不成。復有馳告者，謂額爾金衷甲將襲我，載垣倉皇無措，密令僧軍擒巴夏里解京。至是文宗北走，英人索巴夏里甚急，諸王大臣猶豫未決。勝保奏請調南軍入援，時東南告警，曾國藩方督師祁門，未能猝至。敵方以巴夏里未歸，進攻海淀，禁兵不戰而潰，奕訢懼，命釋之。巴夏里出，遂縱火焚圓明園以洩忿，園中珍寶刼掠殆盡，雍正以來百餘年之精華，悉成焦土，甚矣其野蠻也。

圓明園焚後，巴夏里要求奕訢親至軍前，面訂和約，並開安定門，脅以三日之限。不得已開城延入，巴夏里帶百餘人入城，法使亦入，奕訢慮英人叵測，不敢至會。前此與巴夏里同獄之人，至是釋放，其中死者十餘人，英人大憤，再攻海淀，火三日夜不絕。復聲言攻禁城，燬皇宮，擁戴洪秀全爲中國皇帝。奕訢惶恐不知所出，由俄使依格那提夫居中調停，和局漸就緒。聯軍要求革僧格林沁瑞麟職，並索監斃遺族恤銀五十萬兩，悉如議。乃於十年九月十一二日（公元一八六〇年十月二十四五日）成立英法北京條約，除九龍歸英外，公共要點如下：

(1)天津條約，除此次改正外餘皆實行。

(2)加開天津爲通商口岸。

(3)英法賠款各改增爲八百萬兩，總數淸償後始退兵。

自咸豐六年亞羅船事件發生糾紛以來，至是始告結束，同時止東南勤王之師，內亂得以敉平。而帝國主義者不平等條約之壓迫，較前更甚矣。

七　英法聯軍戰役之影響　英法戰役之直接動機，雖由於亞羅船事件，而其眞因固不在此，蓋欲藉以改正條約，增進其特殊地位也。俄美雖不參加戰役，亦以和平方法得到相當利益。其後歐美各國，皆以是爲標準，爭與我國訂結不平等條約焉。茲述其要項如下：

(1)居留地之擴大　揚子江流域及中國北部之開放，以及外使駐京，內地傳教，實爲此次改約之主旨。昔以五口爲通商地，此次新增十一口，直與中國全部開放無異。蓋向者傳教之徒，探險之人，雖不無私入內地者，而公然通過，則祇限於港灣附近極短距離之間而已。此次天津條約，外人苟有領事護照，無論內地何處均許游歷。至北京條約，又許法國傳教自由，無論何地，均得傳教購地建屋，此項權利，他國亦共同享受，中國門戶洞開矣。

(2)領判權之擴張　自南京條約成立，外國始設領事，專理商務及往來公文而已。至天津條約，乃訂定英法兩國屬民相涉案件，不論人產，均歸辦理，於是更予外國以領事裁判權。訂約之初，不過各依本國法律審判治罪耳，故犯罪者必為外國人則然。繼而入外籍之華人，亦由領事裁判矣。由是擴張而外人僱用之華人，亦包括在內。始而訴訟者兩造中有一方為外人則用之，繼而租界中兩造皆華人亦適用之。於是事涉租界，無復有中國法權之餘地，此種破壞中國主權之領判權，天津條約階之厲也。

(3)總理衙門之設立　清初不諳國際交涉，凡一切外交事件，均歸理藩院統轄，或由兩廣總督兼辦。無人負專責，因之國威日降，外交棘手。自此次事變結束後，清廷用奕訢之言，於十年十二月，特設總理衙門，命奕訢、桂良等管理一切事務。同時命侍郎崇厚為辦理天津、牛莊、登州三口通商大臣，蘇撫薛煥，辦理上海寧波廈門淡水潮州廣州瓊州及長江三口通商事務。清廷經此大創，漸知注意對外矣。

(4)鴉片之弛禁　南京條約，於禁烟一字未及，由是鴉片輸入益多，至咸豐九年，遂公然弛禁，照洋藥納稅，每百斤徵銀三十兩。以故吸食愈多，販運愈衆，種植愈夥，其流毒至今未已，此邦國所由殄瘁也。

附葉名琛事略表一

- (甲)略歷
  - 1 原籍江蘇溧水縣，後爲湖北漢陽人，
  - 2 字崑臣，道光十五年進士，授編修，仕至兩廣總督，晉大學士，
- (乙)對內尚佳
  - 1 先平英德懷遠羅定土匪鄧十富黃毛五林十八等，
  - 2 後平三元里紅頭賊李文茂，收復二十二縣，境內肅清，
  - 3 時太平軍起，惟廣東差完，凡鄰近各省調兵食購器械，皆取給焉，名琛能以一省應各方之急，以故年未四十，超任疆圻，負天下重望。

- 葉名琛
  - (丙)對外僨事
    - 變前
      1. 初與英港督文翰定約，禁止入城，授封一等男爵，因頗自負，常以雪大恥尊國體爲言，遇外人交涉事，輒略書數字答之，或竟不答，
      2. 英港督包冷，領事巴夏里，與名琛積不相能，借亞羅船事件挑釁，發砲進攻，文武相顧愕眙，名琛曰「烏有是，日昃彼自走耳」，令水師勿與戰，廣州遂陷，
      3. 旋英人以兵少退出廣州，粵民遂暴動，焚燒各國商館及十三家洋行，事變擴大，巴夏里請本國出師赴粵，
      4. 額爾金抵粵，遺書請面議，置不答，
      5. 法美言英決計攻城，願居間調解，亦不聽。
    - 變時
      1. 諜報英艦將大舉攻城，答曰「訛言耳，必無是事」，不設備，
      2. 將軍巡撫司道進商戰守策，澹然若無事者，
      3. 敵將攻城時，或言「宜遣紳商往偵動靜」，答曰「敢有赴敵船者按軍法」

4信任通事張同雲偵探外情，謂「敵之動作，我先知之，不和可以困敵」

5信父志詵乩語，謂「過十五日可以無事」「而廣州卒以十四日再陷。」

變後

1城陷時，奔粤華書院，以英人索之急，移居副都統署之八角亭，英人搜得之，送香港，猶每日作書畫以應洋人之請，題曰「海上蘇武」，

2移居印度孟加拉省之鎮海樓，賦詩曰「鎮海樓頭月色寒，將星翻作客星單，縱云一范軍中有，怎奈諸君壁上看，向戍何心求免死，蘇卿無恙勸加餐，任他日把丹青繪，恨態愁容下筆難」，逾年病卒，

3英人歸其喪，時人諷其詩，因爲之語曰「不戰不和不守，不死不降不走，相臣度量，疆臣抱負，古之所無，今亦罕有」，蓋反言以嘲之云。

1英法駐兵城內不去，而粤民之義師雖起，設團練局於佛山，揚言戒

期攻城，然心志不齊，號令不一，卒無成功，

（丁）中國狀況

粵方的

3 英佔將軍署爲領事館，于沙面起造洋樓爲通商埠，法佔藩署爲領事館，改總督署爲天主堂，而粵人固無如之何。

全局的

1 英人初志在得入粵城見大吏謀通商而已，後見中國易與，遂聯軍北上，成立天津條約，而國恥更甚，

2 以白河開釁之故，復聯軍北上，成立北京條約，而國恥尤甚。

僧格林沁事略表二

（甲）略歷

1 內蒙古科爾沁人，

2 初封郡王，以破太平軍功，封博多勒噶台親王，死謚曰忠，

（乙）保障京畿

1 咸豐二年，太平將林鳳祥李開芳等北伐，京師大震，僧格林沁擊敗之，退走東光吳橋間之連鎮，五年正月力攻下之，鳳祥伏誅，而太平之悍將去其一，

2 李開芳竄山東之高唐，勝保力攻不下，僧格林沁往會師，誘賊出巢，竄踞

馮官屯，掘運河灌之，開芳窮蹙來降，凌遲處死，而太平北伐之悍將全滅。

僧格林沁

(丙)抗拒英法

1 咸豐八年聯軍北上，成立天津條約，敵退，僧格林沁設防太沽北塘海口，設砲台，購巨砲分布要害，伐大木叢植水底以禦輪船，守備頗固，

2 九年英法使臣來換約，冒昧駛入太沽口，僧格林沁開砲轟擊，毀敵船數艘，殺數百人，英法軍退去，急欲報怨，

3 十年聯軍復至，僧格林沁欲引敵登岸盡殲之，撤北塘守備，郭嵩燾諫不聽，敵兵乘之，衆槍齊發，僧軍大敗，津京相繼失守，遂成立北京和約，

(丁)剿治捻黨

1 擒張洛刑於宿州，殲苗沛霖於蒙城，威望甚著，

2 僧格林沁急欲奏功，追捻于光黃汝鄧間，累中敵伏，喪其良將恆齡，舒通額，蘇金克等，益憤，追敵日夜輒一二百里，

3 同治四年，追捻曹南，遇伏死，總兵何建鰲，內閣學士全順與焉，惟陳國瑞僅以身免。

(戊)遺事
- 1 性友愛，王弟至營與同寢處，將別，告以無生還意，並善事大妃無他語，
- 2 王子來省，中途有司館之辭不獲，王怒將殺之，僚屬爲請，猶罰長跪，並以賤事苦之，
- 3 每安營定，輒獨坐飲酒，卒奏炙肉於前，諸騎卒環而乞肉，王偏啖之，日以爲常，以故能得部下死力，爲一時重臣。

英法聯軍條約簡明表三

(甲)原因
- 1 廣州入城問題，
- 2 假亞羅船事件，要索新權利。

(乙)當事者
- 中國——大學士桂良，尚書花沙納，
- 英國——伯爵額爾金，
- 法國——男爵噶羅，

共五十六款，（2）兩國各遣使駐京，（8）保教，

英法聯軍

1 天津條約

(丙)要項

- 中英
  - (9)准英人持照至內地游歷通商，(10)開放長江三口，
  - (11)開牛莊，登州，台灣，潮，瓊五口，(16)領事裁判，
  - (26)改定通商專條，賠款四百萬兩。
- 中法
  - 共四十二款，(2)各遣使駐京，(3 4)定公文往來程式，
  - (6)開登州，台灣，淡水，湖，瓊，江寧六口
  - (7 8 10 13)准持照游歷內地，建造教堂保護教士內地傳教。
  - (17至28)定通商各項條款，(34至38)定領事裁判賠款二百萬兩。

(丁)時日

- 中歷——清咸豐八年五月十六日
- 公元——一八五八年六月二十六日

(甲)原因——太沽開釁問題

2 北京條約

- (乙) 當事者
  - 中國——恭親王奕訢
  - 英國——伯爵額爾金
  - 法國——男爵噶羅
- (丙) 要項
  - 中英
    - 共九款，(3)加增賠款為八百萬兩，(4)天津通商，(5)准華工赴英各處作工，(6)九龍讓歸英有，
    - 其餘均照天津條約。
  - 中法
    - 共十款，(4)賠補銀共八百萬兩，
    - (6)任軍民習天主教，(9)定華工出口例，
    - (10)開放天津，其餘概照原約。
- (丁) 時日
  - 中曆——清咸豐十年九月十一二日
  - 公元——一八六〇年十月二十四五日

第九章　咸光間之中俄交涉

一　奕山之愛琿條約

俄自伊凡四世以後，侵略政策，累世勿替，然自尼布楚條約成，而東侵之力一挫，恰克圖條約成，而東侵之力再挫。降及嘉慶八年，俄船駛至廣東求貿易，為兩廣總督那彥成所屏。道光二十八年，俄船又駛至上海圖互市，復為兩江總督李星沅所却，皆俄君臣所深引以為恨者。因是益以西北利亞無東洋航路為不便，日夜思攘地於黑龍江以逞其大欲。有木剌福岳福者，素負侵略黑龍江之大志。俄皇尼哥拉一世，遂任之為東部西北利亞總督，畀以全權，俾得便宜行事，直接與中國交涉。咸豐三年，木氏建議俄皇行文中國，謂「自黑龍江格爾必齊河上流以達於海，未立界碑，卽屬未定之地，請派員會勘，」欲以嘗試中國也。實則俄人早已私移外興安嶺界碑，又潛於黑龍江北岸屯兵據守，攘為殖民地，匪伊朝夕矣。四年，俄艦順黑龍江而下，通過愛琿，中國官吏止之不聽，五年，黑龍江將軍奕山與木氏會議界務，俄欲以黑龍江及烏蘇里江為兩國界，奕山援尼布楚約折之，不諧而罷。六年又遣全權至天津，再申前請，清廷婉却之。會中國有英法聯軍之禍，俄派布恬廷爲公使，與清廷協商境界問題，不成，乃轉道至滬，觀望風色。同時木氏在黑龍江已著著增防，大有伺隙開釁之勢。八年春，屯兵一萬二千於黑龍江口，又移其居民於烏蘇里江口，通告奕山，詢以答覆黑龍江交涉事件。奕山遂爲所屈，於四月十六（公元一八五八年五月十六）成立愛琿條約，其要點如下。

(1)黑龍江北岸歸俄，但在精奇里江以南之滿人，仍居原地，歸中國官吏保護，俄人不得侵犯。

(2)自烏蘇里以東地，作爲中俄兩國共管之地：

(3)黑龍江烏蘇里江松花江之航路，限於中俄兩國，准兩國人一同交易。依是約所定，將尼布楚約所收回之外興安嶺以南地方，及恰克圖約所規定之烏得河流域，盡歸俄有，失地千里，可歎孰甚。

二　桂良之天津條約　愛琿條約既失地無算，不旋踵間，又有天津條約之訂立。蓋是時適英法第一次聯軍攻陷大沽，清廷遣桂良花沙納赴天津議和，而滯滬已久之俄使布恬廷，亦隨英法艦隊至津，要求照例。桂良不能却，即於是年五月初三日，成立天津條約，其要項如下：

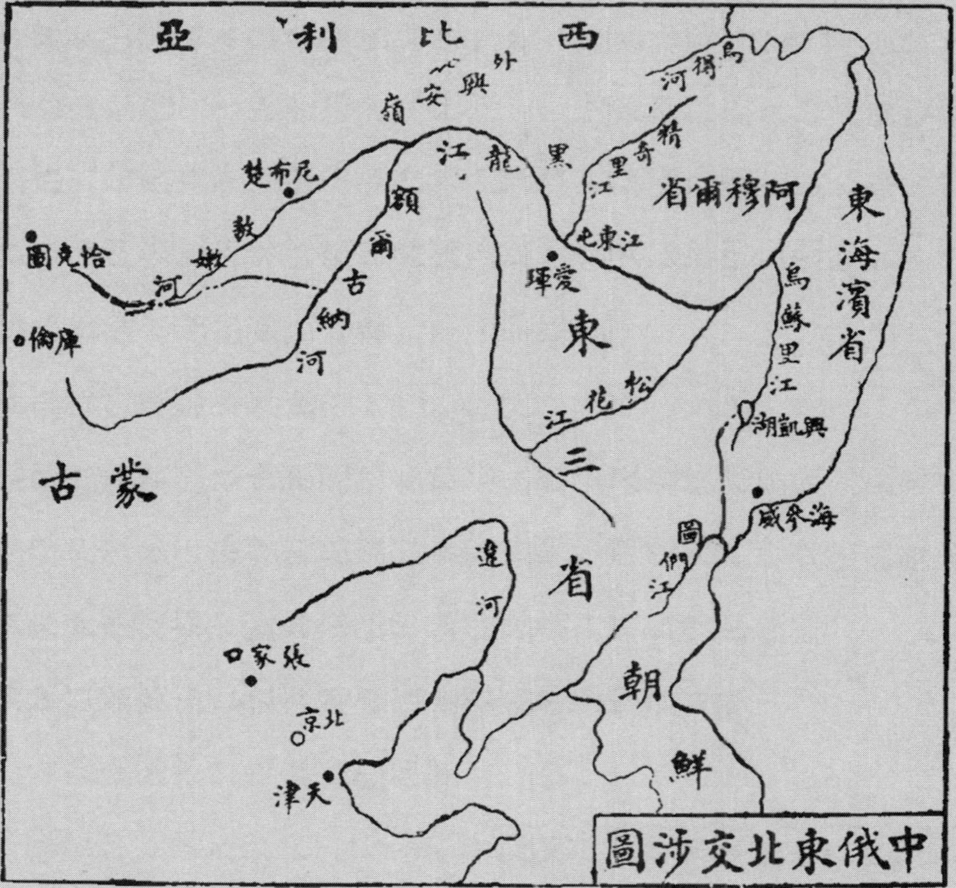
西比利亞
外興安嶺
黑龍江
尼布楚
額爾古納河
敖嫩河
恰克圖
庫倫
烏得河
精奇里江
阿穆爾省
東海濱省
愛琿
烏蘇里江
興凱湖
松花江
東三省
海參威
圖們江
蒙古
遼河
張家口
北京
天津
朝鮮

中俄東北交涉圖

(1)此後兩國通商除陸路依照前次所定外，准俄國於上海甯波福州臺灣廈門廣州瓊州七口通商，以後他國有在沿海增添口岸者，准俄照辦。

(2)准俄國在海口通商地方設立領事館，並得派兵艦以資保護。

(3)兩國人民若有事故時中國官吏須與俄領事或代理員會同辦理。

(4)俄人有傳敎內地者，領事官與沿途地方官，按照定額查驗執照，果係良民，卽畫押放行。

(5)從來未經明定疆界地方，由兩國派遣信任大員秉公查勘劃定補入此次和約之內，邊界既定，登入地冊，繪成地圖，俾兩國永遠遵守。

(6)日後中國如有優待他國通商等事，俄國一律享受。

右約純然爲片面的最惠國條約，俄與我國初無訂立此項條約之憑藉。乃木氏既不顧邦交，脅定愛琿條約於前，布氏復乘我危局，續定此約於後，於此可見俄帝國主義者乘間侵略之猛進矣。

三　奕訢之北京條約　方英法聯軍之陷京也，俄使依格那提夫居間調停和議告成，事後乃挾此以要索厚報，恭親王弈訢不能却。遂於咸豐十年十月初二日（公元一八六〇年十一月二日）

與訂北京條約，其要項如下：

(1)兩國沿烏蘇里江興凱湖琿春河及圖們江爲界，以東屬俄，以西屬中，惟自國界迄海濱原居之中國人，均准照常辦理。

(2)西疆未勘定之界，此後應順山河及中國常駐卡倫等處立標爲界，自雍正五年所立沙賓達巴哈之界碑末處起，往西至齋桑泊，自此往西南，順天山之特木爾圖泊，南至浩罕邊境爲界。

(3)交界各處，准兩國人民自由貿易，並不納稅。

(4)俄商由恰克圖到北京，經過庫倫張家口地方，亦准零星貿易，並准設庫倫領事一人。

(5)中國許開喀什噶爾，照咸豐元年伊犂塔爾巴哈臺試行貿易之例，一律辦理。

自斯以後，烏蘇里江以東之地，悉歸俄有。合觀愛琿北京兩約，我國土地之喪失，東西廣二十餘度，南北長十餘度，俄人遂於其地建阿穆爾省東海濱省，並竭力經營大彼得灣內之海參威港，爲俄國太平洋艦隊根據地，而我國東北之邊防益急矣。

四　崇厚之伊犂新約　俄人之東侵也，一方由東部西北利亞，向黑龍江進攻，一方由西部西北利亞，向中亞蠶食時我國髮捻內亂，英法外使無暇顧及。俄人乘之，先後併吞哈薩克布魯特，布哈爾，基發，浩罕等國。遂與伊犂接壤。同治十年以我國回部叛亂，假代守之名，進據伊犂，我國以兵事方殷，未暇問也。迄光緒四年回亂平，五年四月，以吏部侍郎崇厚爲出使俄國大臣，朝議索還伊犂，與以全權，便宜行事，旋轉官左都御史。崇厚既懵於外事，以奉命索還伊犂，俄人但許見還，其他皆非所計，遂於是年九月，與俄使布策定伊犂新約，其要項如下：

(1)中國償還俄國佔領費洋五百萬盧布。（約銀二百八十萬兩）

(2)俄國歸還伊犂之一部，其南境帖克斯河流域之廣大平原讓予俄國。

(3)除喀什噶爾及庫倫兩地，已照原約俄設領事外，今議定在嘉峪關，哈密，吐魯番，烏魯木齊，庫車，科布多各地各再立領事。

(4)蒙古，天山南北路，俄貨往來，無庸付稅。

(5)凡俄商販運貨物至張家口，嘉峪關，天津，漢口等處者，可過同州西安漢中各路，其將中國貨物運入俄國，亦由此路。

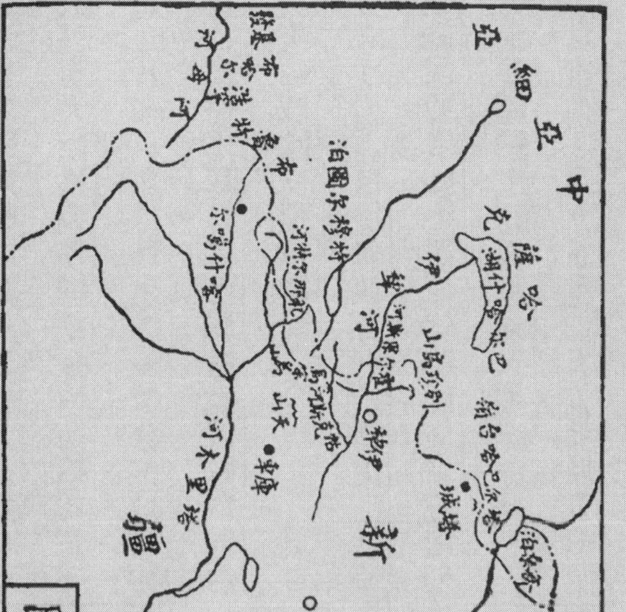

中俄西北交涉圖

約文咨送回國，朝野駭然，僉謂俄人索之可謂至貪至橫，而崇厚許之可謂至謬至愚，修撰王仁堪，庶吉士盛昱，交章論劾，朝士激昂論戰。洗馬張之洞上疏，語尤激烈，謂有十不可。於是撤崇厚回國，革職逮問，旋定爲斬監候，中俄國交幾至破裂。

五　曾紀澤之伊犁條約　崇厚訂約失敗後，國內輿論可分三派：(甲)張之洞等多主戰，(乙)郭嵩燾主和，(丙)左宗棠等則主和戰並用。時英將戈登在京，以曾助清破太平軍有功，甚得清廷信任，至是見中俄決裂在卽，出作調人，勸淸廷依和平交涉修正前約，勿開戰端，淸廷然之，俄無異議，以先出崇厚於獄，爲恢復兩國感情之先決條件。光緒六年正月，曾紀澤使俄，既至，新開談判，主張破棄前約，另從新議。俄外務大臣格爾斯則主張以前約爲基礎。折衝數次，雙方讓步，遂以光緒七年正月二十六日(公元一八八一年二月十二)改訂伊犁條約，其要點如下：

(1)關於償費及交還伊犁者　中國償還俄國自同治十年以來佔領伊犁之費用九百萬盧布，(照原約多四百萬)俄國交還伊犁。

(2)關於分界者　(甲)自伊犁西部別珍島山，沿霍爾果斯河，過伊犁河，南至烏宗島山，爲兩國分界處，界東屬中國，西屬俄國。(照原約收回伊犁以南地)(乙)同治三年塔城界約規定齋桑泊方面之國境，尚有未妥，應酌定新界，中國失地一部分。

(3)關於通商者　(甲)蒙古各盟，俄人貿易，照舊不納稅，並准俄人在天山南北路各城貿易，暫不納稅。（乙）准在肅州及吐魯番兩城貿易，設立領事。至科布多，烏里雅蘇臺，哈密，烏魯木齊，古城五處，俟商務興旺，再議添設。

六　伊犂條約之影響及新疆善後　俄對於我國西北境，素抱鯨吞之志，所謂得尺進尺，得寸進寸者也。崇厚既不明國際情形，又不知山川大勢，徒得伊犂空城，而置國家實利於不顧，誠可爲中國使臣羞。幸有曾紀澤審愼周密，左宗棠忠誠愛國，內鼓國人之氣，而外抗强俄，卒得達改約之目的。然而帖克斯河流域雖曰收回，而霍爾果斯河以西，竟不能不割讓。且科布多塔城二處舊界，亦不能不酌改。厥後伊犂界約，科布多界約，喀城界約，先後均有割讓之地，出此約所許範圍之外。亦可見曾紀澤挽回之不易，而俄人野心勃勃，有隙卽乘也。

自是以後，清廷知西北邊圉之不可疏失，卽於光緒八年（公元一八八二）從劉錦棠之請，改建行省，添甘肅新疆巡撫一員，駐烏魯木齊爲省治（改稱迪化）十年十月，詔授劉錦棠爲巡撫，責以改進行省各事務，於是設郡縣，修城垣，造壇廟，置倉庫，通驛站，興屯田，立義墩，授漢文，行省規模燦然具備，而西北防邊漸固矣。

(附)中俄第二期條約簡明表一

1 愛琿條約

- (甲)原因——乘我國內外交逼時，潛據黑龍江北岸，以武力壓迫。
- (乙)當事者
  - 中國——黑龍江將軍奕山，
  - 俄國——東部西北利亞總督木剌福岳福。
- (丙)要項
  - 共計三款(1)割黑龍江以北歸俄有，烏蘇里江以東兩國共管，
  - (2)黑龍江松花江烏蘇里江，限於中俄兩國通航，
  - (3)議定兩國永遠遵守，並曉諭界上人周知。
- (丁)時日
  - 中曆——咸豐八年四月十六日，
  - 公元——一八五八年五月十六日，

- (甲)原因——見英法在我國大得利益，故援例要求訂約。
- (乙)當事者
  - 中國——大學士桂良尚書花沙納，
  - 俄國——公使布恬廷。

中俄二期條約

- 2 天津條約
  - (丙)要項
    - 共十二項(3)開上海甯波福州台灣廈門廣州瓊州七口通商：
    - (5)派領事官及兵船于各通商口岸，
    - (7)中俄民事交涉會同俄官辦理，
    - (8)保護教士，(9)查勘邊界繪圖立據，
    - (12)利益均沾互換條約。
  - (丁)時日
    - 中歷——咸豐八年五月初三日，
    - 公元——一八五八年六月。
- 3 北京條約
  - (甲)原因——為要索報酬而起。
  - (乙)當事者
    - 中國——恭親王奕訢，
    - 俄國——公使依格那提夫。
  - 共十五款(1)烏蘇里江以東讓歸俄有，
  - (3)東自興凱湖至圖們江，西自沙賓達巴哈至浩罕中間之地，

- (丙)要項
  - 應立界碑，由兩國派員查勘，
  - (4)至(7)規定兩國通商事務，
  - (8)兩國互設領事商民犯罪照天津條約第七條辦理。
- (丁)時日
  - 中曆——咸豐十年十月初二日，
  - 公元——一八六〇年十一月二日。

4 伊犁條約

- (甲)原因——因崇厚使俄失敗，另派使臣前往改約，
- (乙)當事者
  - 中國——出使俄國全權大臣曾紀澤，
  - 俄國——外務大臣格爾斯，前駐華公使布策，
- (丙)要項
  - 共二十款(1)伊犁地方交還中國伊犁西境歸俄管有，
  - (6)償俄軍費九百萬盧布，(7)(8)劃定兩國疆界，
  - (10)至(13)規定兩國通商事項。
- (丁)時日
  - 中曆——光緒七年正月二十六日，
  - 公元——一八八一年二月十二日。

伊犁交涉清廷和戰兩派言論綱要表二

- (甲)主戰派
  - 人物——以太子洗馬張之洞爲代表，附和者甚衆。
  - 反對新約
    1. 不可——由嘉峪關西安漢中直達漢口，秦隴荆楚要害盡失。
    2. 不可——若許乘船至吉林伯都訥，陪京立卽發生危險。
    3. 不可——蒙古任俄免稅貿易，既受盤剝，又啓戎心。
    4. 不可——蒙古沙漠，爲天然界限，任彼往來，藩屏自撤。
    5. 不可——准俄建立多卡。無事則譏不勝譏，有事則禦不勝禦。
    6. 不可——俄商各許攜帶一槍，其意何居，隱憂實大。
    7. 不可——俄商免稅，各國希冀均沾，洋關稅收，損失甚鉅。
    8. 不可——新疆北荒南富，爭磽瘠棄膏腴，務虛名受實禍。

伊犁交涉

- 言論要點
  - 9 不可——伊犁科布多喀城烏垣古城哈密嘉峪關等處，准設領事，是西域全疆盡歸其控制。
  - 10 不可——名還伊犁，而險要盡失，地利全無，出路斷絕，人民空虛，將焉用之。
- 改議之道
  - 1 曰立誅誤國媚敵之崇厚則計決。
  - 2 曰將暴俄情形明告中外則氣盛。
  - 3 曰緩收伊犁仍肆責言則理長。
  - 4 曰設防新疆吉林天津三處則謀定。

(乙)主和派

- 人物——以在籍侍郎郭嵩燾爲代表，曾紀澤屬之，
  - 1 曰收還伊犁，應由甘督核議，左宗棠學識經驗，均極宏富，適堪其任。
  - 2 曰遣使議還伊犁，當徑赴伊犁會辦，無舍伊犁而徑赴俄會議之

理，卽令議辦已有端諸，應遣使赴俄定約，亦必須取道伊犁，兼與
左宗棠商定一切。

言論要點

3 曰直截議駁伊犁新約，暫聽俄人駐紮，仍以從緩計議，留爲後圖，
庶自處有餘而亦有餘地以處俄人。

4 曰駐紮英法兩國公使，不宜遣使俄國，因英俄累世積怨，其心意
所向背，卽其喜怒好惡，亦皆爲之轉移，故必如是，然後可免俄人
口實。

5 曰定議崇厚罪名，於例本無專條，亦當原情赦宥，免激俄人之怒。

6 曰廷臣主戰，祇是一隅之見，亟宜斟酌理勢之平，求所以自處，而
無急言用兵。

中俄西北界約簡明一覽表三

約名	年次	備考
一 塔城界約	同治三年 一八六四	西北全界總綱、締約而未實行劃定、據約所載、失去一三三七〇〇〇方里
二 科布多界約	同治八年 一八六九	三次界約、即塔城界約之實行劃界也、最南迄塔爾巴哈台嶺止、自是以南、若伊犁、若喀什噶爾、均弗及焉、蓋當時回亂新疆、俄佔伊犁、天山以南、不能過問、伊犁亦幾成俄之領土、此所以同治之時、僅及塔爾巴哈台嶺也
三 烏里蘇雅台界約	同治九年 一八六六	
四 塔爾巴哈台界約	同前	
五 伊犁條約	光緒七年 一八八一	爲光緒八年伊犁界約、及光緒九年科布多與阿列克別克河口界約所本
六 伊犁界約	光緒八年 一八八二	索還伊犁後所訂、劃分伊犁附近國界、失去伊犁河南北地三二〇〇〇方里
七 喀什噶爾東北界約	同前	失去札那特河上流地三〇〇〇〇方里
八 科布多界約	光緒九年 一八八三	失去額爾齊斯河南北地六〇〇〇〇方里
九 阿列克別克河口約	同前	係修訂同治八年科布多界線
十 塔爾巴哈台約界	同前	補劃塔爾巴哈台嶺與伊犁間未劃之界

十一

喀什噶爾西北界約

光緒十年一八八四

失去廓克沙勒河上流地二七〇〇〇方里

第十章　咸同之時政

一　文宗之善政　宣宗在位三十年崩，皇子奕詝即位，是爲文宗，以明年爲咸豐元年。（公元一八五一）即位之初大亂已起，故不能大有所爲。然其內政亦有可觀者，茲分述於左：

(1)去奸佞　穆彰阿誤國已如前述。耆英與英人定約，不注意禁煙問題，爲時論所指斥。文宗即位九月，即宣布兩人罪狀，革穆彰阿職，永不敘用，降耆英爲六部員外郎候補，旋於咸豐八年賜死，亦可見其英斷風度矣。

(2)任賢能　文宗爲皇子時，以杜受田（字芝農，山東濱州人）爲師傅，帝之有寵得立，受田訓導之力居多，故甫即位，以受田入閣。受田篤謹愛才，如疏薦林則徐、周天爵等，大節昭然，海內頗承其風。而罷廢之太常寺卿唐鑑亦被徵入覲。終帝之時，名臣輩出，如曾國藩、胡林翼、江忠源、羅澤南、左宗棠、李鴻章等相繼雲集，而以國藩尤契帝心，雖有大學士祁寯藻、彭蘊章等之詆排，終不爲動，故太平軍雖盛，終得敉平，可謂收得人之效也。

(3)除種界　滿淸開國以來，奇功偉績，皆出滿人，及蒙古漢軍之隸旗籍者。漢臣雖不乏賢俊，不過用其文學議論，粉飾太平而已。降及乾嘉，畛域猶嚴。文宗初年，文慶官大學士軍機大臣。是時海內多故，粵亂滋張，督師大臣如賽尙阿、訥爾經額等，皆以失律獲咎。文慶建議謂　欲辦天下事，當重用漢人。彼等皆從田間來，知人民疾苦，熟諳情僞。豈若吾輩未出國門一步，懵然於天下大計乎。肅順立言，亦多類此。帝然其說，故曾胡左李諸人，聯翩大用，大亂遂平，淸祚之得以延長數十年者，此其關鍵也。

二　文宗之怠荒　帝中年以後，見時局大亂，東南各省，半非淸有。林則徐既道卒，向榮與周天爵烏蘭泰諸將帥，又復齟齬不和，軍事日壞。任用葉名琛，將粵，復召英法聯軍之禍，外侮日急。因是怠荒政事，溺情聲色，前後若出兩人。圓明園者，本明武淸侯徐偉淸華園舊址，淸康熙間修之，改名暢春園。後於園中闢地築室以賜雍邸，命名圓明。雍正三年，乃大宮殿朝署之規，以避暑聽政。乾隆中，又大加修飾，離宮別館，殫精搆造，凡帝南巡所覽西湖風景，以及海甯之安瀾園，江寧之瞻園，吳縣之獅子林諸勝，悉倣其制點綴園中所費不下億萬。歷雍乾嘉道百餘年每歲皆以夏首幸園，冬初還宮，聯軍之役，悉成焦土。咸豐帝初卽位時，尙知振奮，及避居熱河，志氣頹喪，自號且樂道人，亦可慨矣。最奇者，咸豐九年帝壽三旬，內外交逼，猶引歷朝聖壽開科之成例，因而頒恩詔開慶榜，咸豐十年帝在熱河，間關逃竄之餘，猶復御行殿，受朝賀，作樂宣表，賞賚近支親藩等大宴，豈眞絕無心肝歟。

三　兩宮之垂簾

文宗惑於聲色，遂多疾病，日飲鹿血以療之。咸豐十一年秋七月，帝在熱河，瘵疾大作，復患暑瀉，倉卒求鹿不可得，疾增劇，急召怡親王載垣，鄭親王端華，御前大臣肅順，景壽，軍機大臣穆蔭，匡源，杜翰，焦祐祿八人，受顧命輔政，立皇長子載淳爲太子。翌日崩。擬以明年爲祺祥元年。尊皇后鈕祜祿氏爲母后皇太后，貴妃那拉氏爲聖母皇太后，那拉氏不悅，旋改稱慈安慈禧兩宮皇太后。時有御史董元醇者，疏言「皇上冲齡，未能親政，暫請兩宮垂簾聽政，並派近支親王一二人輔政。」疏入，太后命照所請施行。載垣等抗論不可，復以本朝家法，禁母后臨朝，令軍機處駁還。恭親王奕訢來奔喪，太后將召見，杜翰復言「恭親王於太后嫂叔，不通問，且太后居喪，尤宜避嫌。」奕訢幾爲所窘，然終設計得見太后。太后慮載垣等專恣，與奕訢密謀誅之，召鴻臚寺少卿曹毓英擬拿問各旨，以備到京發表，奕訢先行，太后即下詔奉大行皇帝梓宮回京，命肅順護送。載垣等隨太后先從間道行，隔絕二人，弗使合謀也。既至，會大學士周祖培、賈楨，尚書沈兆霖，趙光等，合疏請太后垂簾。皖豫督師大臣勝保，亦請簡近支親王輔政。太后遂下詔，授奕訢為議政親王，及大學士桂良，尚書沈兆霖，侍郎文祥，寶鋆，少卿曹毓英，並為軍機大臣。解載垣等八人贊襄大臣職，並降旨拿問。載垣端華賜死，肅順棄市，穆蔭遣戍，其餘降革有差。自時垂簾之局定，皆慈禧一人所主持。異日慈禧之才略，於此已先見一斑矣。

四　同治之中興　垂簾之局既定，太子年六歲，即位於太和殿，是為穆宗，改元同治。（公元一八六二）時衆正盈廷，內有奕訢，沈桂芬，李棠階等之效忠樞府，外有曾國藩，左宗棠，李鴻章等之戮力戎行，故同治一代號為中興，其內政亦多可紀者。

(1)誅鋤奸猾　咸同之際，各省大吏貪庸驕蹇，植黨甚衆，盜名亦工，朝廷每為其所蒙蔽，迨罪狀昭著，卒以此敗，就其最著者言之，漢員中莫若何桂清，滿員中莫若勝保。桂清滇人，弱冠入翰林，督學江蘇，值太平軍起，屢上書言兵事，文宗奇其才，擢浙江巡撫，旋以太學士彭蘊章薦，總督兩江。自是慷慨談兵，聲譽日隆，與胡林翼齊名，天下稱何胡兩宮保。及江南大營再陷，坐視不救，又棄常州走上海，有詔革職逮問，抗不就逮。會言官論劾不已，乃以同治元年夏入獄，是年冬棄市。勝保始以內閣學士從琦善敗敵浦口，收復揚州，用是驟簡爲欽差大臣，治直隸軍務，略有微功。尋於咸豐八年解太平捻黨合攻固始之圍。聯軍陷京，首先率師勤王，以故寵眷益隆。詎意恃寵驕縱，治軍皖豫，皆無效果。督辦陝西回亂時，每飾報捷音，廣納賄賂，妄保僉人，濫漁女色。英桂、德興等先後劾之，乃逮治籍沒。又經僧格林沁查實，遂以同治二年七月賜死，人皆快之。

(2)設同文館　同治二年二月，以朝臣建言「宜培植洋務人才，備總理衙門任使，」遂設立同文館於京師。從此各國文字，中國亦多能通者，辦理交涉，便利多矣。

(3)減輕賦稅　同治二年四月，曾國藩、李鴻章奏請減蘇松太倉賦額。因三屬田賦，雖經雍乾兩朝減輕，然仍重於其他各省。至是諭令設局查明，折衷酌減。又命將杭州嘉湖三府賦額，減輕三十分之八。復從山東巡撫閻敬銘之請，停止畝捐，民困以蘇。

(4)設立船廠　清廷以西洋航業發達，得獲重利，因思所以抵制之法。同治五年六月，左宗棠奏請設立馬尾船政局，試造火輪，從之。命沈葆楨總任其事。雖無大效可睹，然其眼光固甚遠也。

(5)注重國交　同治六年十月，總理衙門請派美使蒲安臣往有約各國辦理中外交涉事務。旋又派道員志剛，郎中孫家穀使美。我國派遣使臣始此。

(6)杜絕奔競　同治七年八月，御史德泰奏請修理園庭，並以內務府庫守貴祥所擬章程，請於京外各地方按戶按畝按村鱗次收捐爲可取。奉旨責德泰喪心病狂，即革職，貴祥發往黑龍江給披甲人爲奴。奔競之風，因以杜絕。

五　安得海之伏法　以上善政，均兩宮皇太后所主持者，安得海直隸南皮人，以自宮入爲閹宦，自稱奉命往南方織辦龍衣。舟過德州，自稱欽差、身服衣龍，船上有日形三足烏旗，船外有龍鳳旗幟，並帶有前站官標兵妻妾太監女樂等數十人品絲調竹，沿岸觀者如堵。寶楨聞之，一面具疏奏其僭越無度，招搖煽惑。一面逕飭東昌府知府程繩武追捕之，躡其後三日不敢動，復檄總兵王正起率兵協拿至泰安獲之，械至濟南。得海大言曰，「吾奉皇太后命，誰敢犯者，徒自速死耳，」官吏皆聾焉，寶楨念朝旨未可知，不如先論殺之，遂乘夜棄得海於市，駢誅其黨二十餘人，籍其輜重財寶無算。當寶楨奏至京師大臣等議以「祖制宮監不得出都門犯者殺無赦當就地正法」朝旨下時安得海已伏法五日矣時同治八年秋八月也。

六　穆宗之崩　同治十一年帝年十七兩宮爲擇后慈安欲婚尚書崇綺女阿魯特氏慈禧欲婚侍郎鳳秀女富察氏不能決令帝自擇之如慈安旨因於是年秋九月立阿魯特氏爲皇后富察氏爲慧妃慈禧大不悅帝大婚後以皇后才德兼備動必以禮愛敬有加而慈禧以后被寵故每値入見從未少假以顏色且語帝曰「慧妃賢明宜加眷豫皇后年少未嫻禮節皇帝毋輒至宮中致妨政務」又陰遣內使時時監之帝懊喪遂不入后宮亦不幸慧妃終歲獨宿乾淸宮內侍有陰導帝微行者起居多不律尤與貝勒載澂侍讀王慶祺洽遂以是致疾崩年甫十九時同治十三年十二月五日也。

七　德宗之立　穆宗崩慈禧以醇親王奕譞之子載湉入承大統時載湉年甫四齡卽移居宮中卽皇帝位是爲德宗改元光緒（公元一八七五）兩宮仍垂簾聽政穆宗后稱嘉順皇后旋病歿在穆宗喪百日內人皆謂以身殉也。

（附）晚清帝系表一

宣宗旻寧（道光）

- 長子次子三子（早殀）
- 文宗奕詝（咸豐）——穆宗載淳（同治）
- 惇親王奕誴——端郡王載漪——大阿哥溥儁
- 恭親王奕訢——貝勒載澂
- 醇親王奕譞 福晉慈禧妹——
  - 德宗載湉（光緒）
  - 攝政王載灃——廢帝溥儀（宣統）

第十一章　同光間之法日英交涉

一　天津教案之起訖　自咸豐八年天津條約成立後，許外人在中國內地設堂傳教。因是各地教案屢起，以同治九年（公元一八七〇）天津教案爲最烈。推原其故，始由於外教不能得國人同情，繼由於愚民深信迷拐幼孩之說，匪徒又煽惑之，而仇教之事起矣。按天主教徒迷拐幼孩，挖眼剖心，用以製藥之說，不知起於何時，顧炎武天下郡國利病書已有烹食小兒之語，則其由來遠矣。蓋由國人疑忌外族之心理，遂有此謠言耳。天津一案，初由該處有匪徒迷拐人口，並傳有挖眼剖心等事。據獲犯武蘭珍供，爲天主教民王三所使，津民遂聚衆焚毀各國教堂，且毆死法國領事豐大業。時崇厚在津辦理通商。曾國藩爲直隸總督，方因病請假，廷命赴天津查辦。國藩以大亂初平，宜堅持和局，不宜與鄰邦搆釁，又慮四國敗約，變生不測，京師震驚，於是力主和平辦理，爲教堂昭雪挖眼剖心之誣，以平其心。其焚毀英法美教堂公館，復提款興修，誤傷俄人三名，均給予撫卹。而法使羅淑亞，肆意要挾除懲犯若干人外，必令府縣官及陳國瑞三人議抵，國藩力拒之。法調兵艦來津恫嚇，國藩亦奏調丁日昌郭松林等軍馳赴近畿以資鎮懾。國人不察，叢怨國藩，政府頑固黨，又大肆搭擊，呼爲「賣國賊」白簡紛紜，舉國欲殺。旅京湖廣會館，且將國藩匾額拔除摧燒之。於是崇厚懼事決裂，奏國藩病勢甚重，請罷免，以李鴻章代之。於是調國藩總督兩江，以鴻章爲直隸總督。時津案已有眉目，仍由國藩與法使議結。定滋事人民正法者二十人，軍流者二十五人，天津府縣張光藻劉傑皆遣戍，神機營統領陳國瑞免議，事乃已。

二 中日訂約之發端 自咸豐十年特設總理衙門專司外交，於是泰西各國，皆以次來中國請互市訂條約，咸豐十一年，則爲德意志，同治二年，則爲丹麥荷蘭，三年則爲西班牙，四年則爲比利時，六年則爲意大利，八年則爲奧大利，至十年（公元一八七一）則爲日本。日本開國，約當我國周惠王時（公元前六六〇日本紀元始此）厥後通使於漢，修貢於魏，而賓服於唐，一切禮制，效法中國。五代及宋，彼此不相聞問。元伐日本二次無功。明代倭人爲患沿海，豐臣秀吉入寇朝鮮，未幾乃息。清初與中國無大交涉，嘉道以來，日本商民通市江浙，咸豐以後，蘇浙閩商往長崎貿易寄居者不絕。

時明治即位，（同治七年）迫於外患下詔變法，廣事外交，與泰西各國互訂商約。念與中國鄰近，亟宜通好以冀協力禦侮。乃於同治九年，遣使柳原前光，花房義質等來中國，與總理衙門，預商通好事宜。旋議覆許以通商不必換約，前光再三力爭，始允與之訂約。十年五月，日本以大藏卿伊達宗城爲正使，柳原前光副之，來訂約。清命李鴻章爲全權大臣，辦理日本通商事務，是爲中日議約之始。先是疆臣有以前明倭寇爲辭，陳請拒絕者，鴻章奏駁之。但約中不可載明比照泰西各國通例辦理，尤不可載「利益均沾等語」。朝旨韙之，遂於是年九月，命鴻章與定修好規條十八款，通商章程三十三款，附以中國日本海關規則。約成，宗城歸，日本政府以不能盡同西約，意尙觖望，以事免宗城官。次年復命柳原前光來議改約，李鴻章謝之，前光惶愧而退。後其右大臣岩倉具視至泰西諸邦議改約，於領事裁判，及海關稅則兩事，終不得要領而退。同治十二年，日外務卿副島種臣來換約，並入京賀穆宗大婚，及親政盛典。留前光爲公使。以井田讓爲總理事，管理十五口商務。品川忠道爲理事駐上海，兼管寧波鎭江九江漢口四處。林道三郎爲副理事駐香港，管理廣州潮州瓊州三處。次年中國亦派使臣何如璋，駐日本東京，而兩國正式國交開幕。

三　琉球事件之起訖　先是同治十年十一月，有琉球船遇颶風飄至台灣，爲生番刼殺五十四人。十二年二月，日本小田縣民四人亦漂至遇害。時副島種臣柳原前光在北京，前光奉命以台灣事詢問總理衙門毛昶熙等，昶熙等初尙答以「生番殺琉民，我自有措置，何與貴國事而煩爲過問。」繼又言「生番係化外之民，我政府未使窮治。」日本政府遂發兵至台征生番，爲琉民雪仇。然琉球本中國藩屬，自明洪武時，中山王尙氏統一琉球，受中國封，按歲入貢，歷世無間。世祖入關，稱臣受封，一如明制。至是日本亦强封爲藩王，以琉民被害事與中國交涉。未得要領，乃以陸軍少將西鄉從道爲都督，谷干城及海軍少將赤松則良爲參軍，率兵赴臺。淸廷因命沈葆楨巡閱臺灣，調兵警備。日人進攻諸番不利，遂於八月遣大久保利通爲辦理全權大臣來議臺事，要索償金三百萬元。軍機大臣文祥執議不給一錢。葆楨亦疏言「倭備雖增，倭情漸怯，虛聲恫喝，冀我遷就求和，倘入其彀中，彼必得步進步。我但厚集兵力，無隙可乘，自必帖耳而去。請堅持定見，力爲拒却。」並貽書北洋大臣李鴻章，請敕水師整暇。鴻章以告政府，大韙之。已而以英使威妥瑪居間調停，乃於同治十三年九月二十二日給款退兵，立約如左：

(1)日本此次所辦，爲保民義舉，清國不得指爲不是。

(2)清國給被害者家屬撫卹銀十萬兩，賠償日本修道建築費銀四十萬兩。

(3)台灣生番，清國自行妥爲約束，不得加害航民。

自是以後，日本經營琉球，不遺餘力，卒以光緒五年（公元一八七九）廢琉球王，置沖繩縣。清廷遣使抗議無效，而中國藩國之喪失始此矣。

四　馬加理滇案之論結　天津琉球案件之了結，於本案以外無所要求，而於本案以外多所要求者，有光緒元年之馬加理滇案。初同治末駐京英使威妥瑪，派繙譯官馬加理領總理衙門護照，往緬甸，迎印度派來副將柏印等。既遇，折回雲南，至是年正月，行至騰越蠻允地方，爲土人所戕。威妥瑪指爲由署雲貴總督岑毓英指使，要挾多端，並有與俄使布策協圖我國之說。清廷爲先事綢繆之計，詔實任滇督劉嶽昭迅速赴任，會同岑毓英，將此案秉公查結，並謂「滇省野人，雖居鐵壁關外，其地尚屬中國，不得謂非中國管理。設加馬理非野人所戕，而委之野人。或實係野人所戕，而謂野人非王法所及，勢必如臺灣番社之事，彼族即可出兵自辦，遂其奸計」云云。五月特派李瀚章入滇查辦，又派薛煥幫同辦理。旋瀚章等覆奏云「馬加理由緬反滇，中隔野人土司地界，該處向多匪徒與野人勾結劫掠行旅，當馬加理由滇赴緬時由地方官妥爲護送。嗣由緬還滇未經知會地方官，致匪徒乘機劫殺地方官並無調兵阻止及指使戕害情事。」威妥瑪堅請將全案人證提京覆訊，王大臣等不允，威妥瑪遂出京。詔李鴻章俟其到津時與之互商。旣而威妥瑪至煙臺，未卽南下，鴻章卽往會議，威妥瑪仍堅執事由岑毓英主使，要求將全案人證提京。適德俄美法等使臣均在煙臺，公論亦以無確實憑據請提京爲非。威妥瑪始允另議辦法，光緒二年七月二十六日（公元一八七六年九月十三）成立煙臺條約，其要項如左：

(1)昭雪滇案，將此次摺件諭旨，張貼各省。並賠償卹款及用費銀二十萬兩。

(2)兩國官員往來會晤，及一切公文均須平等。審判案件，各按本國法律審判。凡遇內地或通商口岸有關係英人命盜案件，議由英國大臣派員前往該處觀審。

(3)通商事務，除洋藥另議辦法，在新關併納釐稅外，所有各口租界一律免收洋貨釐金。並添開宜昌，蕪湖，溫州（卽浙江永嘉）北海（屬廣東合浦）四口，作爲領事官駐地。又准於大通（屬安徽銅陵）安慶，湖口，武穴，陸溪口（屬湖北嘉魚）沙市六處，起卸貨物。

另立專條一款，英擬派員由北京啓行，徧歷甘肅青海一帶，或由四川等處入藏，抵印度，探訪路程。中國應發護照，並知會地方官保護。是爲後日英人侵略西藏之發端。

五　煙臺續約之成立　洋藥稅釐併徵，載在煙臺條約，延擱數年，迄未開辦。迭經總署與英使威妥瑪商議，總以咨報本國政府爲辭，藉作延宕地步。至光緒九年正月，以威妥瑪回國，詔派曾紀澤與英外部商辦此事，期在必成。如李鴻章前議百一十兩之數，並在進口時輸納，卽可定議。紀澤屢與其前外部大臣葛蘭斐爾磋商，至十一年二月始克成議。會斐爾去職，英首相沙力斯伯里兼管外部，紀澤迭催訂期劃押，至六月七日，（公元一八八五年七月十八）在倫敦成立煙臺續約，其要項如下：

(1)凡洋藥運入中國，應由中國海關驗明封存，必俟按照每百斤一箱，向海關完納正稅三十兩，並納釐金不過八十兩之後，方許搬出。

(2)運貨憑單，只許華民持用，凡洋人牟利於此項洋藥者，不得持單運貨，不許押送洋藥，同入內地，而且各口一律辦理。

(3)香港至中國洋藥，應派員查禁偷漏，

按洋藥（即鴉片）徵稅，始於咸豐九年，並訂明除進口納稅外，一入內地，即與洋商無涉，其天津條約第九條，英人持照內地通商，及二十八條內地關稅之例，皆非洋藥所能援引。條約既定，英人無計可施。赫德乃創爲上海洋藥，不論行棧躉船，皆可與外人貿易，又爲外人開一利孔，其設辭甚巧。至煙臺續約，訂定稅釐並取，非不可稍杜漏卮。然徵稅釐，究不敵出口之銀。不特中國之銀日益損耗，而受洋藥毒害者之怯恇病夫，亦日衆矣。

附耶教東來後狀況表一

甲 傳教由來

1 唐太宗時，阿羅本來長安，傳景教，

2 元世祖時，若望高未諾來元都，建堂布教，

3 明神宗時，利瑪竇來廣東，轉入北京傳教，

4 清世祖時，湯若望掌欽天監，設堂京師，天主教極盛。

5 乾嘉兩朝，屢次下詔嚴禁，其勢漸衰，
6 道咸以後，傳教事件，載入約章，其勢復盛，

耶教東來

乙 仇教原因

1 基督教儀式，與中國習俗不合，
2 外國野心家，以傳教爲一種侵略手段，
3 中國愚頑之徒，訛傳教堂有迷拐幼孩挖眼剖心諸事，
4 初入教者，每假外人勢力侮辱同胞，
5 地方官吏，多懼外人勢力，枉法壓制人民。

局部的

1 同治元年，江西南昌拆毀教堂，知縣革職，勒限賠修，
2 同時貴州殺害教士文乃爾等，巡撫田興恕遣戍，
3 六年及八年，四川毆斃教士馮弼樂李與兩案，皆懲犯償銀，而教民殺死平民，及焚殺首惡王學鼎張添興等，雖已議罪，終不到案，其司鐸覃輔臣，殺斃團民趙永林二百餘名，地方官不能查辦，

丙歷年教案

4此外天津有混星子之案，皖南有白會淸之案，浙溫州有施鴻鰲之案，閩長樂有維全福之案，粵花縣有王任鳳之案，魯海陽有林奴仔之案，粵鶴山有李鏡湖之案，贛九江有赫教士之案，直永年有魏長慶之案等凶暴害民，不可勝數，

全局的

1廣西西林縣張鳴鳳以處治法教士，引起英法聯軍之役，

2山東以曹州鉅野縣教案，致德國強借膠州灣，

3津京以義和團排外，釀成庚子八國聯軍之役，

耶教兩派比較表二

甲舊教——羅馬教	乙新教——耶穌教
1舊教原由羅馬教皇主持	1新教由馬丁路德改革而成
2明末復由利瑪竇傳入	2淸嘉慶時，始由英人莫立遜傳入

3	傳教者曰神父	傳教者曰牧師
4	多法蘭西、意大利人	多英吉利、美利堅人
5	其教士主獨身、不婚娶	其教士攜眷屬、行婚娶
6	得設小像、有代民赦罪之權	不設小像、無赦罪權、但爲人民所禱而已

中日英新約簡明表三

修好規條
- 甲原因——明治維新，以泰西各國東來通商，故要求中日通好。
- 乙當事者
  - 中國——太學士李鴻章，
  - 日本——大藏卿伊達宗城。
- 丙要項——共十八款，(1)兩國不稍侵越，(4)互遣使臣駐京，
  - (7)至(8)彼此指定通商口岸各設理事官辦理交涉，
  - (11)至(13)禁止商民帶刀，互交逃犯，定匪盜辦法，

- 丁效果——此為我國最妥善之平等條約。
  - 附通商章程三十三款，

(甲)中國與日本

琉球專條

- 甲原因——為琉球人被台灣生番所殺而起，
- 乙當事者
  - 中國——總理衙門王大臣，
  - 日本——內務卿大久保利通，
- 丙要項
  - 共三款，(1)不得指日本此次舉動為不是，
  - (2)償銀五十萬兩，(3)生番由中國自行約束。
- 丁效果——無形中已認琉球歸日矣，故日本縣之，我國不能與爭。

- 甲原因——以馬加理在雲南為土人所殺而起，
- 乙當事者
  - 中國——直隸總督李鴻章，
  - 英國——公使威妥瑪，
- 共三端十六款，

(乙)中國與英國

- 煙台條款
  - 丙要項
    - 關於昭雪滇案者六，償銀二十萬兩，
    - 關於往來審判交涉者三，英國得派員觀審，
    - 關於通商事務者七，除洋藥外，加開通商口岸，
  - 丁效果——另議專條，允英派員入藏，爲後日英人侵藏之發端。
- 烟台續約
  - 甲原因——根據烟台條約第三端而起，
  - 乙當事者
    - 中國——出使大臣曾紀澤，
    - 英國——首相兼管外部沙力斯伯里，
  - 丙要項
    - 共十款，(2)詳議洋藥稅釐辦法，每百斤共徵銀百一十兩，
    - (3)至(4)規定洋藥轉運憑單辦法，
    - (6)至(9)規定本專條施行辦法，並派員查禁偷漏，
  - 丁效果——自後我國吸烟之病夫日衆矣。

第十二章　西南藩國之喪失

一　阮福映復國及法越開釁　當阮光平統一安南之時，舊阮之裔嘉隆王號福映者，逃奔暹羅，力圖恢復。有法教士畢尼約者，勸福映求援於法，約事成許以割地傳教。時法國大革命起，不遑外事，乃由法國將校數十人，以私人志願率二艦東來，道經印度，得法總督援助，兵力稍厚。時福映已克復西貢，及法兵至，攻克順化，滅阮光瓚，恢復舊領，以嘉慶七年（公元一八〇二）受淸封為越南國王。福映既得志，僅許傳教，不履行前約，國交漸疏。道光中福皎在位，拒絕法使，禁止傳教，兩國感情益惡。咸豐初，拿破侖第三好勤遠略，乘克里米戰勝之後，舉兵東來。咸豐八年，侵佔下交趾，進兵西貢，越人輕之。適攻中國之法兵，戰勝回國，參加作戰，連陷數城。至同治元年，越兵失敗，不得已與法議和，結西貢條約

(1)越南王准法人自由傳教，並許越人信教自由。

(2)越南政府，割嘉定（卽西貢）邊和（西貢東北）定祥（西貢西南）三省，及康道爾島（湄公河口外）以和。

(3)自後越南有割地與他國時，須得法國同意。

(4)償法軍費四百萬圓，

(5)法軍暫駐永隆城（在湄公河口三角洲中）俟和平恢復後，仍還越南。

同治六年，柬埔寨又作亂，下交趾亦蠢動。法見越政府不能平亂，乃借口恢復秩序，遂佔領下交趾六州，卽今日之法蘭西交趾是也。

二　法人侵略越南之進步　法人侵略越南，可分三步：第一步認越南爲獨立國，第二步使越南自認爲法之保護國，第三步使中國承認越南爲法之保護國。當法人之佔領下交趾也，多遣測量隊，探水道，以爲必可通中國內地，爲將來通商上之大便利。結果發見湄公河不便通航，乃注意於越南北部之紅河。（卽富良江）蓋其時有法商得雲南提督馬如龍之許可，輸運糧械，直入雲南，深知紅河之便利故也。同治十二年，法領下交趾總督，遣使至河內，向總督阮知方，要求紅河航行權，阮不

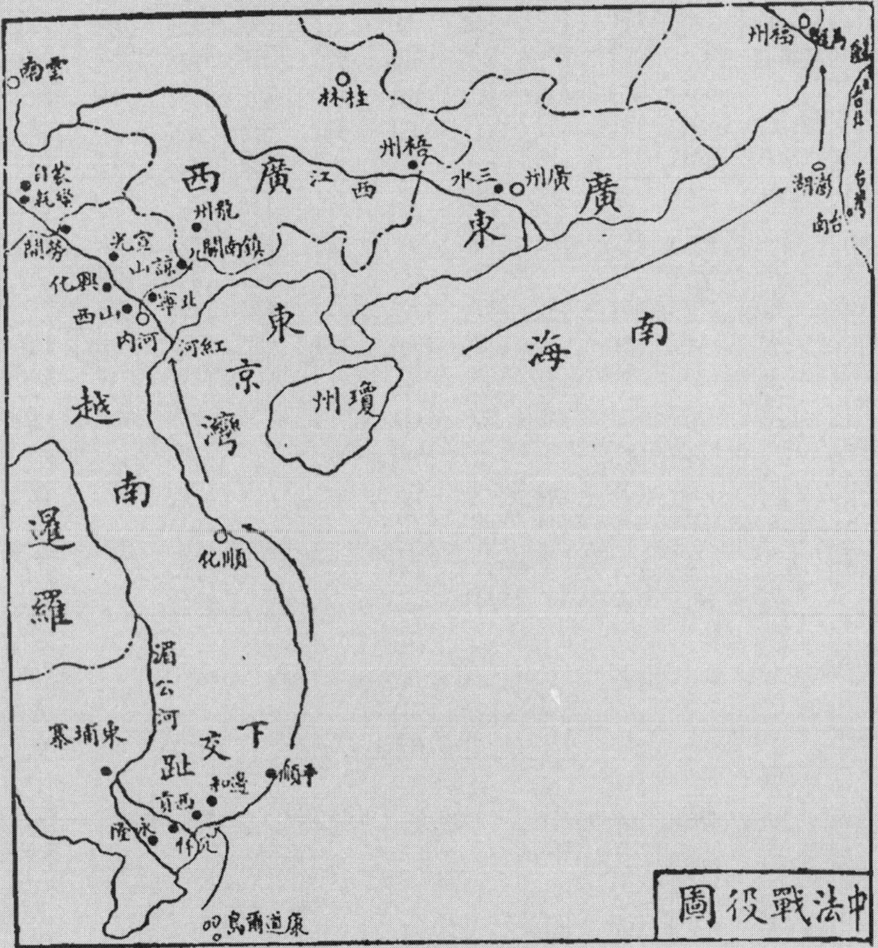
雲南
桂林
梧州
三水
廣州
福州
澎湖
台南
台灣
廣西
廣東
西江
龍州
鎮南關
諒山
宣光
北寧
山西
河內
興化
紅河
東京灣
瓊州
南海
越南
暹羅
順化
湄公河
下交趾
西貢
永隆

中法戰役圖

許，乃殘掠各地攻陷河內。已而法人忽採懷柔政策，退還侵地。越人大悅，遂於同治十三年，（公元一八四七）成立法越和親條約，其要項如下：

(1)法國承認越南為獨立國。越南有內憂外患時，法國無償援助。

(2)安南外交事務，須受法國之監督。

(3)下交趾六州之地，悉割讓於法國。

(4)開河內為通商口岸，且許由紅河至中國蒙自縣之河道通航。

至此法國侵略之第一步成功，越南實際上，已成為法之保護國矣。

三　法人侵略越南之再進

當法越西貢和約成立時，中國以太平軍之亂，無暇過問。及法越和親條約成立，中國始而抗議，但以國內多故，不能積極談判。法亦以越南業已獨立，因循不答。光緒五年，越政府漸悟和親條約之非，乞援中國，仍願稱藩內屬，同時並獎勵黑旗軍猛攻法軍，以期補救。黑旗軍首領劉永福者，太平軍故將也。本名義，廣西人，亡命越南，勇壯豪邁，富於謀略。越王授以三宣副提督，統轄山西興化宣光三省（均在河內西北），聽其收稅贍軍，法人藉口有礙紅河商務，遣兵來攻，陷河內。時永福駐山西，軍絕悍，又得雲貴總督岑毓英資助軍火，屢敗法兵，光緒八年，永福擊殺法海軍大佐黎威爾於河內，法政府聞之，議大舉兵。光緒九年，法將孤拔突陷越南都城順化，時越王阮福時死，國中多故，遂與法成立順化和約，其要項如下：

(1)安南自認爲法之保護國，卽與中國交際，亦須由法國介紹。

(2)平順州（在西貢東北海濱）割讓於法，河內亦歸法人佔領。

舉凡越南外交，兵政，司法，警察，行政，修港，築路之權，悉歸法人所有，至此法國之第二步侵略政策，又完全告成矣。

四　中法之和戰　當順化危急時，越南乞援中國，清廷命直督李鴻章馳赴廣東，督辦越南事宜，節制兩廣雲南三省防務。李鴻章奉命未赴粵，先至天津，與法使寶海訂約三條，分界保護越南。議既成，中國方許退兵，而法忽翻成議，召寶海回國，以脫古利代之，認越南爲自主國，中國不能干涉，和約遂破。鴻章奉命還直督任。以彭玉麟爲欽差大臣，馳往廣東督辦海防事宜。又命雲南巡撫唐炯出駐越之山西，廣西巡撫徐延旭出駐越之北寧，會同劉永福軍援助越南。光緒十年春，徐延旭自駐諒山，倚任提督黃桂蘭統四十二營，據北寧，當前敵。桂蘭在軍，日夜酗酒，恣爲荒淫，不恤軍事，部下絕無紀律，越人怨之次骨。旋爲法軍所敗，北寧遂失守，桂蘭遁，尋自殺。唐炯出關，見敵勢盛，中途折回雲南，山西亦失守，唐炯徐延旭皆革職逮問，命雲貴總督岑毓英出關督師，而越事乃益棘，是爲中法和戰第一次。

會廣東稅務司德特林力任調停，乃授李鴻章全權大臣，與法國艦長福祿諾，在天津定議五款，大略謂「不侵犯中國，撤還北圻防營，不索償金，不傷礙中國體面」等語，並詔江督曾國荃往滬會議。無何，法以巡邊爲名，遽犯諒山，爲桂撫潘鼎新所敗，要索鉅款，清廷拒之，和議再破，法人遂分兵來犯。

(1)海軍　孤拔領之。十年六月，進攻台北，劉銘傳擊却之。七月闖入馬江，擊沈揚武等軍艦七艘，燬船政局及福州馬尾各砲台。參將高騰雲，管駕陳英，學生王漣，守備許壽山等百戰死。船政大臣何如璋，會辦海疆欽差大臣張佩綸皆遁去。佩綸素以敢諫鳴，尤好言兵事，至是身敗名裂，爲天下笑。十二月法艦來攻浙江鎮海海日、爲提督歐陽利見所却，孤拔受傷，尋沒。

(2)陸軍，納克列耳領之。十年秋冬，蘇元春等在越邊，屢有斬獲。明年正月，法兵大舉攻諒山，蘇元春潘鼎新等力戰不能守。法兵進攻鎮南關，楊玉科中砲死，驍將寧裕明奮死爲玉科復仇，亦中傷敗退，廣西大震。時前廣西提督馮子材，年七十，老於家，粵督張之洞禮用之，率兵防邊，屯鎮南關。法人來攻，子材大破之。是役也，法人前後受逼，子材與蘇元春王德榜諸軍，乘勝窮追，斬馘數十，斃法軍官數十，長驅二百餘里，克復諒山，越民響應，而岑毓英西路之師，亦迭獲勝利。法人大懼，急欲講和，是爲中法和戰第二次。

五　越南之割讓　越事之初起也，清軍名將勁兵未集，所用者如唐徐何張，皆輕躁無經驗之徒，以故屢戰屢敗。及其繼也，劉銘傳潘鼎新蘇元春馮子材等諸宿將雲集，軍事乃有轉機，而法國又當普法戰後，元氣未復，此次敗挫，人心搖動，內外交責，增兵籌餉之案，又爲國會所否決。於是潛託總稅務司英人赫德及駐京英使巴夏里出面調停。清廷亦厭戰，遂於光緒十一年四月二十七日（公元一八八五年四月四日）李鴻章與法使巴特納成立天津和約，其要項如下：

(1)中國承認安南爲法之保護國，

(2)中國擇勢開以上諒山以北二處，開爲通商口岸。

(3)法國撤退基隆澎湖之軍隊。

(4)中國於南數省建造鐵路時，僱用法人。

此約既定，法國第三步侵略政策完全告成，我國將士，皆憤痛扼腕，由越境退兵。法人急思擴張商務，並協定越南國境，復與中國締結左列條約；

(甲)光緒十二年三月，訂結越南邊境通商細則十九款，

(乙)同年五月，訂結中越界務專約五款，及商務續約五款。

右約既定，於是廣西之龍州，雲南之蒙自與蠻耗，陸續開爲通商口岸，而滇越鐵路隨之，法國之勢力、侵入內地矣。

六　緬甸之喪失　緬甸自乾隆時臣服後，對於中國行貢獻禮。嘉道時，英人經營印度，已告成功，遂與緬甸接壤。緬之西境，有阿拉干者，爲緬所迫，其人多遁入印度孟加拉。緬兵追之，侵入印度，而英緬之交涉起。

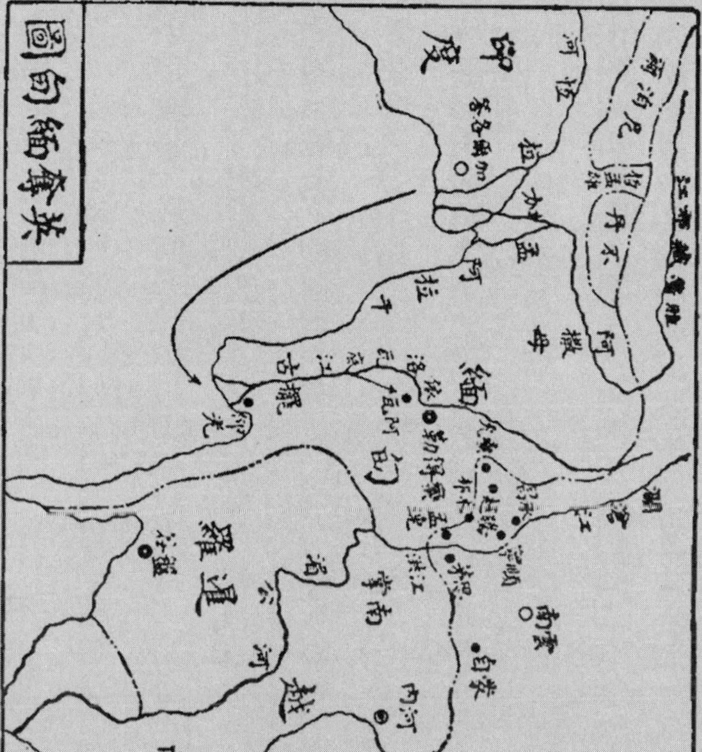

英奪緬甸圖

道光二年，緬人侵入印度阿撒母，阿撒母乞援於英，英人助之，遣海軍攻緬甸仰光，進逼緬都阿瓦。緬人大懼，割阿拉干以和，並償兵費金百萬磅，是為英緬和議第一次。緬既與英和，又昧於外情，拒絕英使，虐待英商，英緬糾紛常不絕。咸豐元年，英人據仰光，拔攏古。緬再求和，割攏古爲英有，是爲英緬和議第二次。

時緬甸僅有伊洛瓦底江上游之地，沿海要地，全爲英有。法人方經營越南，亦思在緬扶植勢力。光緒十年，法緬訂立攻守同盟條約，緬允以湄公河東岸地讓歸法有，緬遂爲英法交爭之地。光緒十一年，英見法方有事越南，爲先發制人計，徑以大兵直抵緬之新都蠻得勒。緬王請降，兩週之內，全緬平定。時中法戰事方殷，皆坐視不能援手，英人傾緬甸之志願遂達。

光緒十二年，英國合併上下緬甸，編入英領印度，清政府以緬甸久屬藩屏，命曾紀澤對英廷提出抗議，擬「立君存祀，守入貢舊例。」英人不允。不得已遂於是年六月二十三日（公元一八八六年七月二十四）令慶郡王奕劻，與英使歐格訥成立緬甸條約。其要項如下：

(1)中國承認英國在緬甸有最高主權。

(2)英許緬甸依照舊例，十年入貢一次，但使臣限於緬甸種族。（此條後無形取消）

(3)滇緬境界，兩國派員會勘，邊境通商事宜，另立專條定之。

依據右約，中英兩國，又先後成立下列條約：

（甲）光緒二十年正月，薛福成與英廷訂立緬甸續約：（1）永昌騰越邊界外之隙地，歸於英國。（2）木邦科干及從前中緬共屬之孟連江洪兩地，若不先與英國議定，不得讓與他國。（3）中英互派領事駐仰光蠻允兩處。

（乙）光緒二十三年正月，總理衙門王大臣與英使訂立中緬條約附款：（1）英領改駐騰越或順寧，並准思茅設立領事。（2）梧州三水開為通商口岸，並准設領事官。（3）許建造滇緬鐵路。於是兩廣雲南，遂為英法兩國之競爭場矣。

七　暹羅之脫藩　暹羅以乾隆末年通好中國，受封冊。及英法既據緬越，暹羅介居兩大之間，法屢侵湄公河兩岸，以擴張越南之形勢，英亦沿湄公河上流，謀窺滇邊。暹羅王庫朧隆昆，見英法交侵，乃勵精圖治，變法自強，親遊印度及歐洲，考察政治情形，並遣子弟留學，整頓海陸軍，刷新政治，氣象一新。英法見其內政修明，為避免衝突起見，遂於光緒十九年（公元一八九三）以暹羅為緩衝地，成立英法協約，暹羅獨立始確定。

我國自光緒以來，西北藩國，既淪於俄，西南藩國，復入英法，國勢益不可問矣。

附法越戰役大事表一

年號	公元	事實
乾隆五二年	一七八七	舊阮嘉隆王福映、爲阮惠所敗出奔、與法人訂立同盟草約
乾隆五三年	一七八八	阮惠滅黎氏自立、是爲新阮、改名光平、受清封爲安南國王
嘉慶七年	一八〇二	阮福映得法助、滅新阮、受清封爲越南國王
道光一一年	一八三一	福晈即位、年號明命、大殺法教士
道光二一年	一八四一	福璇即位、年號紹治、虐待教士益甚
道光二六年	一八四六	法艦擊沈越艦二艘、王憤死、子福時立、年號嗣德
咸豐七年	一八五七	嗣德王殺西班牙教士

咸豐九年	一八五九	法西聯軍、佔領西貢
同治元年	一八六二	法軍陷邊和定祥嘉定三省、結西貢條約、割讓三省
同治二年	一八六三	下交趾六州、悉歸法有、號曰法蘭西交趾
同治一一年	一八七二	法人欲得紅河通商、攻陷河內
同治一二年	一八七三	法人改用懷柔政策、退還河內、越人大悅
同治一三年	一八七四	與法人成立和親條約、法承認越南爲獨立國、越承認割讓下交趾六州於法
光緒七年	一八八一	駐法公使曾紀澤、對法聲明法越和親條約、中國不能承認
光緒八年	一八八二	法黎威爾陷河內海防二府、曾紀澤抗議、法人不理 是年黎氏爲劉永福敗死、法波也率陸軍、孤拔率海軍來攻
光緒九年	一八八三	嗣德王崩、諸臣立朗國公、年號合和 法軍攻順化、追訂法越新約、越南承認爲法保護國 清聞法約、令滇粵出師、唐炯徐延旭入越境、任劉永福爲越南經略大臣 越人逼王死、立福昊、年號建福、復議拒法

光緒十年	一八八四	三月法攻黑旗軍、徐延旭黃桂蘭敗走諒山、北寧太原興化諸鎮失陷 五月李鴻章與福祿諾天津議和、承認法越新約、旋諒山發生衝突、法索賠款、中國拒絕之、遂宣戰 六月孤拔攻台北、劉銘傳章高元等拒却之 七月法艦攻入馬江、南洋艦隊及福州馬尾炮台全歸覆沒 十二月法兵攻諒山、潘鼎新等退守鎮南關
光緒十一年	一八八五	正月法軍攻鎮南關、楊玉科死之、廣西大震、起用馮子材督師守邊 二月馮子材苦戰破敵、克復諒山、進規北寧、岑毓英西路之師亦大破法軍於臨洮 四月、李鴻章與法使、會議天津、成立媾和條約、認越南爲法保護國、越南亡

法國謀奪越南及中國失敗原因表二

一　步驟
- 第一步——承認越南爲獨立國，
- 第二步——使越南自認爲法之保護國。
- 第三步——使中國承認越南爲法之保護國。

甲 法國謀奪越南——方法

1 以傳教爲侵略之先導。凡越民信敎充敎士者，犯法不得加刑，准以錢贖，故越民趨之若鶩。

2 刼取根據地，爲侵蝕之張本。先取下交趾六州，既抽地稅，又抽丁稅，兵餉充足。

3 奪其與國，先併柬埔寨，復攫南掌(老撾)以擴充勢力。

4 寬猛並用。既用懷柔政策以服其心，又用武力政策，使之不得不受其箝制。

1 兵艦不及——開戰之日，法有一萬四千五百噸之兵船八，水雷艇二，可載兵千七百九十人，七十七支槍砲中，且有最新式者。我國祇有六千五百噸之兵船十一，有九隻全係木製，共載兵千零四十人，四十五支槍炮中，僅有數支口徑稍大者。

2 餉源缺乏——據岑毓英奏報，出關深入重地，糧餉時有匱乏之處，除粵川二省

乙 中國失敗原因

外，其餘各省協餉報解寥寥。當時營制，每勇月餉二兩四錢，糧米在內，若在前敵，始照發足，設派在諒山之北，止發七成，謀生不足，安望其舍命破敵耶。

3 統將非人——黃桂蘭等駐兵關外，目徵士妓三四十名，入供酣樂，營哨官皆有越妾，一聞聲至，爭先逃避。張佩綸以清流而主戰者，漫無設備，聞警即逃，餘將概可知矣。

4 廟謨不定——不外曾紀澤所言「一始誤於柔，繼誤於忍，終誤於讓」三字。

外藩喪失一覽表三

國名	位置	服屬年代	喪失年代
朝鮮	朝鮮半島	清崇德二年（一六三七）	光緒二十一年（一八九五）
琉球	東海中	順治十一年（一六五四）	光緒五年（一八七九）
越南（安南）	印度支那半島	乾隆五十四年（一七八九）	光緒十一年（一八八五）

暹羅	同前	乾隆五十五年（一七九〇）	光緒十九年（一八九三）
緬甸	同前	乾隆三十四年（一七六九）	光緒十二年（一八八六）
南掌（老撾）	同前	雍正九年（一七三一）	未詳
祿蘇	南洋羣島中	乾隆五年（一七四〇）	未詳
布魯克巴（不丹）	喜馬拉雅山南	乾隆元年（一七三六）	未詳
哲孟雄（錫金）	同前	康熙五十九年（一七二〇）	光緒十五年（一八八五）
廓爾喀（尼泊爾）	同前	乾隆五十七年（一七九二）	道光十五年（一八三五）
坎巨提（乾竺特）	北印度	乾隆二十九年（一七六四）	未詳
博羅爾（帕米爾）	印度河北	乾隆二十四年（一七五九）	未詳
巴達克山	帕米爾高原	乾隆二十四年（一七五九）	未詳
阿富汗（愛烏罕）	伊蘭高原	乾隆二十七年（一七六二）	光緒二十一年（一八九五）

布哈爾	中亞細亞	乾隆二十四年（一七五九）	同治七年（一八六八）
浩罕（敖罕）	同前	同前	光緒二年（一八七六）
哈薩克	同前	乾隆二十二年（一七五七）	道光二十年（一八四〇）
布魯特	同前	乾隆二十二年（一七五七）	道光二十年（一七四〇）

第十三章　中日之戰及各國租借軍港

一　朝鮮事變之發生及我國應付之失策　朝鮮自李成桂建國以後，受明封冊。皇太極崛起，國王李倧，臣服於清。自是世爲中國藩屬。同治二年，李熙在位，其本生父昰應當國，號大院君，持鎖國主義，嚴禁外國通商及基督教傳入，與外人不相能，而於日本尤甚。我國應付朝鮮，計三次失策。

據國際慣例，屬國無外交權，當昰應當國時，歐人以我國爲朝鮮之宗主國，來相質問，時自顧不暇，答以「朝鮮雖我藩屬，而內治外交，聽其自主，中國向不過問。」其於日本也，亦以此意答之。會光緒元年（明治八年公元一八七五）日艦雲陽號測量朝鮮海岸，與朝人發生衝突，是爲江華事變。日廷以爲有機可乘，遣黑田清龍、井上馨爲正副使，率兵來朝，壓迫朝鮮。朝鮮畏其強，遂於次年遣大臣申櫶，副官尹滋承，與訂江華條約，其要項如下：

(1)朝鮮爲自主之邦，與日本有平等之權。

(2)朝鮮除釜山外加開二處爲通商口岸。(後開元山津仁川兩處)

(3)朝鮮沿海，任日本之自由測量。

自此約成，日本遂得排斥我國宗主權，而我國亦漠然置之，是爲應付朝鮮失策第一次。

後朝王李熙年長親政，國家大權，悉歸王后閔氏一族主持，大院君居常怏怏，會光緒八年，漢城鎭兵以餽糧腐蠧短斛變亂，大院君嗾使夜襲王宮，殲閔族，縱火焚日使館，日使花房義質等走免，被害者四人，是爲壬午之亂。日廷聞變，決派兵護送公使入漢城，要求改約，限三日答覆。我國以朝臣金允植魚允中之請，亦派丁汝昌吳長慶等督兵前往以資鎭懾，並誘捕禍首大院君送天津安置保定，以免發生戰事。而朝鮮屈於日本之威脅，乃命李裕元，金宏集，與花房義質，成立濟物浦條約，其要項如下：

(1)捕究兇徒，嚴懲巨魁。

(2)給死者恤金五萬元，償兵費五十萬元。

(3)自後日本以兵隊駐紮京城，保護公使館，兵營設置費，歸朝鮮擔任。依據右約，日本得派兵駐朝鮮，其勢力更不可侮。李鴻章雖薦馬建忠爲朝鮮外交顧問，袁世凱爲全權委員以資保護，究於事無補。是爲應付朝鮮失策第二次。

時朝鮮分新舊兩黨，舊黨爲閔台鎬，閔泳翊，閔泳駿等，附中國，號事大黨。新黨爲金玉均，朴泳孝，洪英植等，附日本，號獨立黨。光緒十年，中國以越南事件與法起釁，駐朝日使竹添進一郎，煽動新黨，假漢城郵政局開幕式攻殺舊黨，並出兵援助。中國駐防提督吳兆有，商務委員袁世凱，助事大黨，斬洪英植，金朴等逃日本，日使焚使館逃去，是爲甲申之亂。日人大憤，派井上馨等至朝鮮，要索一卹金十二萬元，軍費二萬元，修書謝罪，處兇手以極刑，一朝人皆如約。次年正月，日本又遣宮內卿伊藤博文來中國，與李鴻章成立天津條約：

(1)兩國屯駐朝鮮兵，各盡撤退。

(2)朝鮮練兵時，兩國均可派員爲教習官。

(3)將來朝鮮有事時，兩國或一國認爲必要出兵時，必先行文知照。

自是我國遂認朝鮮爲中日兩國公共保護國，非復我國藩屬矣。是爲應付朝鮮失策第三次。

二　東學黨之亂及中日開戰

李熙即位後，政教陵夷，國勢頹敗，民間有「金樽美酒千人血，玉盤嘉殽萬姓膏，燭淚落時人淚落，歌聲高處怨聲高」之謠。一般青年志士，思起而拯救之，遂組織東學黨。所謂東學黨者，對於中國稱東方之學，即朝鮮國學之義，其宗旨以明人倫，誅汚吏，匡粃政，救生靈為辭。光緒二十年（公元一八九四）三月，倡亂於全羅道之古阜縣，黨魁全琫準，率衆擊敗官軍，漸猖獗。日本浪人組織「天佑俠團」助之，所在破州佔城，民人多響應者。朝鮮政府不能討，乞援袁世凱，請中國出兵。五月，李鴻章派直隸提督葉志超，太原鎮總兵聶士成，率六營東渡，據牙山海口。並依天津條約，令我國駐日公使汪鳳藻，照會日本。中有「馳平禍亂以綏藩服」之語。日外務卿陸奥宗光，直以「日本否認朝鮮為貴國屬邦」之公文覆鳳藻。並決定出兵，遣海軍少佐向山及陸軍少將大島義昌，率兵七千六百餘人赴朝。東學黨以中日大兵將至，恐懼悉散亡。袁世凱即以之照會駐朝日使大鳥圭介，請共同撤兵。圭介不應，且提出對朝協同改革案，要求中國承認，其大意謂「由中日兩國設委員會於京城，調查其財政，淘汰其官吏，設警備兵，保護其國內安寧，並整理朝鮮財政，募集公債，興辦一切公益事業」等。我國當局，不為同意之答覆。日政府遂表示堅決態度，謂「貴國

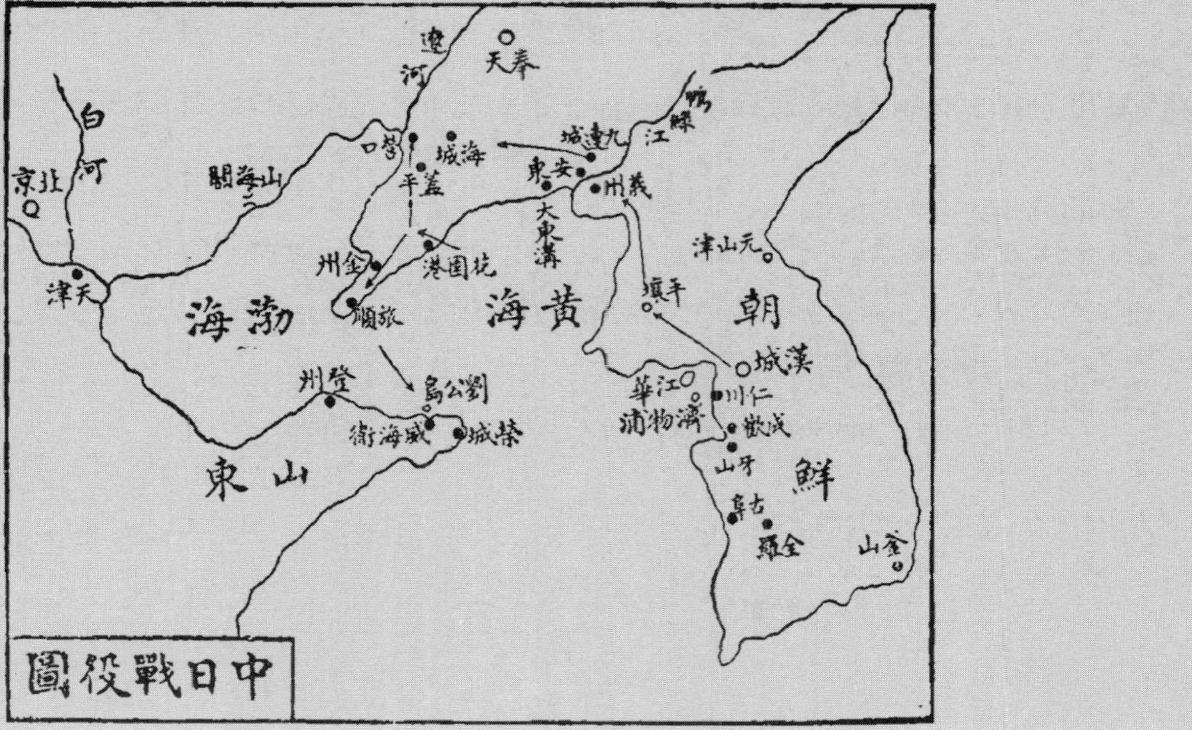
北京
白河
天津
山海關
營口
遼河
奉天
海城
蓋平
金州
旅順
花園港
渤海
黃海
九連城
安東
大東溝
義州
鴨綠江
元山津
平壤
朝
漢城
江華
仁川
濟物浦
成歡
牙山
鮮
古阜
全羅
釜山
登州
劉公島
威海衛
榮城
山東

中日戰役圖

政府所見不同，帝國政府，斷不能撤此現駐之軍隊，」蓋即開戰之先聲也。

當事機危急時，我國朝士皆主戰，以樞臣翁同龢爲首領。獨李鴻章遲疑審愼，希冀和議。及袁世凱歸國，報告日使於六月二十一日率兵入王宮，幽李熙，擁大院君主政，凡朝臣不親日者皆殺之。乃決意備戰，遣輪載兵渡海益牙山守兵。日艦要擊沈之，死者七百餘人。同時牙山兵失利於成歡，葉志超退平壤。清廷不得已，乃於七月一日宣戰，而大戰啓。

三　我國海陸軍之失敗　中日戰役，固由於李鴻章遲疑寡斷，予日人以可乘機會。然海陸軍全敗，則葉志超，丁汝昌，宋慶等諸庸將有以致之。茲分述其戰況於下：

(1)平壤之役　平壤爲朝鮮北方重鎭，清軍萬七千人齊集於此。將帥日置酒高會，而軍士淫掠之事，時有所聞，以衞汝貴之軍尤甚。葉志超時爲總統，恇怯無能，僅築壘城內外以自保。八月日將野津道貫分三路來犯。馬玉崑，左寶貴均能戰，而寶貴遽以中彈死，衞汝貴率全營遁，葉志超即懸旗罷戰，俱退去朝鮮境，人馬踐踏死者幾二千人，軍資委棄殆盡。自是倭勢驟張，駸駸有內犯之志矣。

(2)黃海之役　先是六月之杪，日艦要毀我高陞運船及廣乙兵輪，濟遠遁還不敢出。至是以戰事危迫，令提督丁汝昌率海軍全部護軍由大東溝海口登陸。八月十七日事畢，海軍將歸旅順，距口外十二海里之地，突見有煙自西南方來，知日艦將至，即列人字陣以待之，開跑不及敵。日司令伊東祐亨列陣作一字形，魚貫猛進，俄改爲太極陣，圍攻我艦。揚威超勇先中彈火起，超勇即沈沒，陣漸亂。致遠彈盡，管帶鄧世昌曰「敵艦所恃者吉野耳，苟沈之，足以破敵」，遂開機向吉野衝突。吉野駛避，而致遠中其魚雷，遂炸沈，世昌死之。濟遠逃，撞傷揚威，舵葉沈之。廣甲亦逃，擱淺沈沒，靖遠經遠來遠不能支，亦駛出陣外，敵船來追，經遠亦沈。時敵船萃於鎮定兩艦，定遠受重傷。日暮敵解圍去，我軍亦歸旅順，以臨陣先逃斬濟遠管帶方柏謙。是役吾全軍十二艦，存者惟鎮遠，定遠，來遠，靖遠，濟遠及平遠，廣丙七艘而已，伏匿威海不敢出，而黃海海權，遂全入於日人之手矣。

(3)九連城及旅順威海之役　日本自海陸軍戰勝後，即編兩軍以逼我。第一軍以山縣有朋統之，由義州渡鴨綠江。第二軍以大山巖統之，則取海道窺大連灣旅順。時清軍在鴨綠江北者，宋慶統毅軍，劉盛休統銘軍，依克唐阿統鎮邊軍，合之平壤敗歸各軍約七十一營，據守九連城。除依克唐阿一軍外，餘皆乘宋慶節制。宋慶武人，能戰無調度，非大將材。且諸將驟受節度，多不悅，故漫無統紀。九月二十六日，日本第一軍由義州渡江，依軍先潰，劉軍繼之，諸軍相繼潰，九連城及安東皆失守，東邊大震。同時日本第二軍由金州東北之花園港登岸，進逼旅順，諸軍統領皆逃，於是旅順有砲臺二十餘座者，亦不戰自潰。旅順既失，蓋平海城營口，已在囊中，而山東之榮城登州，亦兵烽相接，在敵之掌握。是時負傷狼狽之丁汝昌，方困守威海外之劉公島，自揣無力自存，不得已仰藥死，時光緒二十一年正月十八日也，洋員代作降草，遣廣丙管帶程璧光齎書詣日軍降。所有殘餘艦隊十一艘，並劉公島各砲臺軍資器械，全納於敵，而我國兵力，遂一蹶不振。

四　馬關條約之成立

中國政府，迭接警報，知事不可爲，主戰者皆爲奪氣，於是主和派大盛。二十一年正月，乃派侍郎張蔭桓及署湘撫邵友濂赴日本廣島議和，日人以張邵資望太淺，無專決之權，拒不納，要求須有資望而能負條約全責者，方開談判，清廷乃派李鴻章爲頭等全權大臣，鴻章子經芳爲參贊，以二月東渡。日則以首相伊藤博文，外相陸奧宗光爲議和大臣，會議於馬關。日本提出休戰條約甚酷，鴻章不允。適有日本暴徒鎗傷鴻章，各國輿論嘖嘖，日人不得已，乃以無條件休戰，開始議和。屢經磋商，始於光緒二十一年三月二十三日（公元一八九五年四月十七日）成立馬關條約，其要項如下：

(1)中國確認朝鮮爲完全獨立自主國。

(2)割讓遼東半島及台灣並澎湖羣島與日本。

(3)賠償軍費銀二萬萬兩，先交半數，餘欵限七年內分六次交淸。

(4)開重慶，沙市，蘇州，杭州爲通商口岸。

(5)日本人民在中國內地購買貨品及生產物，又向中國內地輸入之品，皆有租棧存貨之權，免稅鈔及一切派徵諸費。

(6)日本人民在中國各通商口岸，得自由從事各種製造業。又各種機器，僅納進口稅，俾得自由裝運入口。

(7)新與日本訂結與歐美各國同等之條約，並許以最惠國待遇。

(8)日軍暫駐威海，每年由中國支付軍費五十萬兩，俟賠款交淸，通商行船約章批准後，始行撤回。

右約訂立後，兩國兵事結局，其損失較諸前此南京天津北京諸約爲尤多。故中外洶洶，交詆鴻章，奏疏凡百十數上，甚至有請將鴻章父子拿辦治罪，欲將和局推翻者。然清勢驟於時勢，莫可挽回，亦遂批准。自是藩國全失，台灣爲敵外府，而遼東且別起風雲矣。

五　台灣獨立之失敗　臺灣舊隸福建，稱臺灣府，後設臺灣道，光緒十一年，中法和議成，翌年遂建臺灣省，閩浙總督兼領之。升淡水廳爲臺北府，設巡撫駐焉。劉銘傳最先爲巡撫，振興百務，鐵路商輪屯墾開礦諸新政具舉，凡今日日本所經營盡美者，悉本銘傳之舊而擴張者也。中日開戰時，唐景崧爲巡撫，駐臺北，總兵帮辦軍務劉永福駐臺南，二人劃地分守。光緒二十一年二月，日艦攻陷澎湖，海中道梗，臺灣勢孤。及割臺灣議起，臺人大憤，主事邱逢甲等建議自主，公舉唐景崧爲大總統。未幾割臺諭下，命唐景崧以下率民兵離臺。臺人議乞各國保護，並議將臺灣抵押於法，皆不成。唐景崧下令各官弁「欲去者聽，留者錄用」。於是提督楊岐珍及道府各員皆內渡。夏五月，景崧遂受臺灣總統印，文曰「臺灣民主國之章」，國旗藍地黃虎，文設內外軍政各部，儼然有開國氣象。俄日本兵至，諸生孫子棠募壯士與戰，死焉。城中姦民約爲內應，縱火焚總統府，景崧微服乘英輪內渡，而臺北亡，距馬關訂約時僅二月也。

臺北既失，臺南僻在一隅，不足守，於是鎮道以下各官及臺紳邱逢甲林朝棟等，皆相繼內渡。臺民猶冀獨立，上總統印章於劉永福。永福不受，仍稱幫辦，入府城，議防守。賴義民徐驤，林義成等，與日人相持者數月。迄秋九月，城中餉械皆竭，餓軍悉潰，土匪蜂起，引日軍入城。劉永福登德國商船歸廈門，而臺南又亡，距馬關訂約時蓋六月也。

六　遼東半島之歸還　馬關和局之成，美國實居間介紹。英人依違其間，頗陰袒日，而俄德法三國滋不平。法忌其索臺灣，俄則怒其據遼東，尤引為大害，必欲阻之。德雖為後起之國，亦欲乘機干預東方，為將來拓展計。故三國抗議，於四月一日一並提出，而俄人即作最後準備，命在遠東之海陸全軍，同時待令出發。而日人則軍隊悉在國外，又新戰勝中國，斷無餘勇以戰俄。伊藤即往廣島開御前會議。最後決定依從三國之請，退還遼東半島於中國。又恐中國乘此不批准馬關條約，乃主張對三國讓步，對中國毫不放鬆，且同時以好意向英法俄諸國聲明其意旨。然各國皆從本國利益上主張，不肯為日人援助。俄人且拒絕要求，嚴整軍備以待。日人不得已，乃照會俄國，「日本除保留金州外，其餘遼東半島概依俄國意見，放棄其佔有權，但日本得向中國索取其相當報償」云。俄人以日本照會，辯於佔有遼東半島，不允其請。日人乃又照會謂「日本悉依三國政府友誼上之忠告，願將遼東半島永久佔有權，全然拋棄。」於是三國政府，乃電祝日人謂「能爲宇內謀和平」。由中國政府加給銀三千萬兩。時中日換約全權大臣已至烟臺，遂如期換約，而中日戰事乃完全結局。

是役也，日本隱忍還遼，其全國上下，引爲大辱，乃處心積慮以謀報俄，其後卒有日俄之戰。

七　中日戰後我國在國際法上之失權　中日戰爭之結果，除割地賠款外，

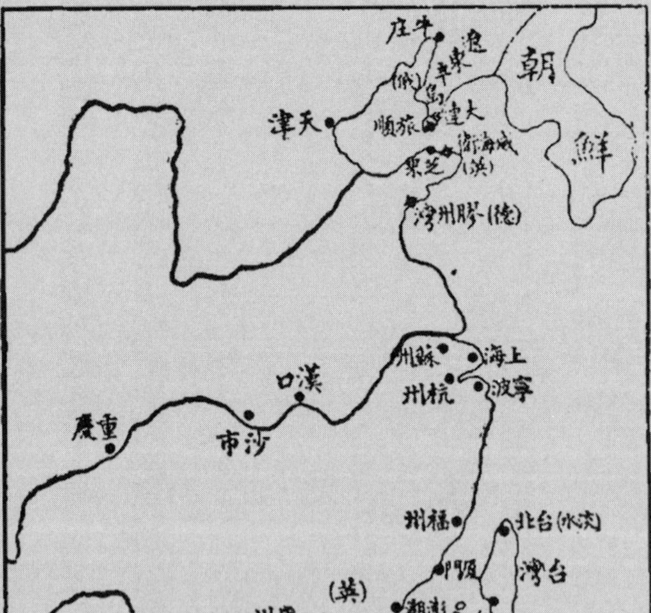

中日戰後我國地權喪失圖

我國在國際法上，又喪失下列二種權利：

(1)租界之擴張　馬關條約，中國開重慶沙市蘇杭爲通商口岸，均照向章辦理，應得優待權利，亦一律享受。翌年即依照馬關條約，與日本締結通商行船條約，日本人民得攜家屬駐紮中國已開約開諸商埠，從事工商業，其賃房租屋建築等享受最惠國人民待遇。按同治十年中日修好規條，許日本通商口岸指明上海，寧波，福州，廈門，臺灣，淡水，汕頭，九龍，廣州，瓊州，芝罘，天津，牛莊，鎮江，漢口十五處，明此後新開口岸，非日本所得均沾也。今馬關條約及通商行船條約，有最惠國條約之加入，且承認日本爲其國人之便利，得於諸要地設專管租界，於是日本專管租界，俄焉勃興，於天津福州廈門蘇州杭州漢口沙市重慶諸地。各國以是效尤，權利競爭之風大熾，而各國租界之湧現於拳變前後者，殆不鮮也。其在天津，除英法外，益以德俄意奧比日，其在漢口，英國而外，益以德俄法比日，皆獲有專管租界，即於天津上海之舊有租界，亦推廣其地域。租界愈廣，而吾國之法權亦愈喪失焉。

(2)日本片面領判權之取得　同治十年中日修好規條，雙方有領事裁判權也。今據中日通商行船條約第三條，明言「在日華人，當服從日本裁判。」又於二十二條至二十四條，規定「關於在華日人之裁判關係表明日人爲被告之一切民刑案件，當服從日本裁判權。」是日人明明攫取我國之片面領事裁判權矣。

八　中日戰後各國在我國軍港之租借　以上固我國中日戰爭直接之損失也，其間接損失者，又有各國軍港之租借。自俄聯合德法迫日還遼後，首挾以要索報酬，會光緒二十二年俄皇行加冕禮，李鴻章往賀，因與俄人訂立密約，許俄人以東三省鐵路建築權，並租借膠州灣軍港。是時法人亦訂海南島（瓊州）不割讓他國之約，並獲廣西南部之鐵路鑛產優先權。德人獨向隅，索福建之金門島不成，遂首先發難，茲分述其租借狀況於下：

(1)德租膠灣　光緒二十三年（公元一八九七）十月，德人藉口曹州教案，命軍艦徑駛入膠州灣，照會跑台守將章高元，限二十四小時退去。次年二月成立膠灣租借條約，以九十九年爲期。

(2)俄租旅大　俄以膠灣既失，乃於光緒二十四年（公元一八九八）三月佔領旅順大連灣，以爲西伯利亞鐵路之終點，迫清訂約，以二十五年爲期。

(3)英租威海　光緒二十四年五月，英人藉口於勢力平均，索租威海，亦以二十五年爲期。又先爲抵制法國勢力計，於是年四月，要求擴張九龍租界，定期爲九十九年。

(4)法租廣州灣：法以他國皆有所獲，遂於光緒二十五年（公元一八九九）十月，倣德國故智，以法武官教士在廣州灣附近遂溪縣爲遊匪所殺，佔領廣州灣，迫清廷訂約，定期九十九年。

按軍港租借瓜分之禍，近在目前。推其近因，實自中俄密約始。自密約中有租借膠州之議，而德人强租膠州灣之事起；自密約有關於旅大之權利問題，而俄借旅大之事起。自俄德有租借之事，而英法繼之。於是而路鑛問題起矣，而勢力範圍定矣，而門戶開放矣。我國以馬關之辱，深惡日本，遂爲俄國陰謀甘言所中，引虎拒狼，適以自斃，甚矣謀國者之弗思也。

附中日戰爭大事表一

中曆	日曆	公元	大事
同治七年	明治元年	一八六八	日本維新變法，遣對馬島守吏使朝鮮，報告王政復古，朝鮮拒不納，於是日本征韓論起
九年	三年	一八七〇	日使柳原前光來議約，中國許之

十年	四年	一八七一	李鴻章與日使伊達宗城、訂定中日修好規條十八款通商章程三十三款於天津、此中日正式立約之始
十二年	六年	一八七三	先年日使柳原前光來議改約、中國謝之、至是大久保利通來換約
十三年	七年	一八七四	日本以琉球事件、用兵台灣、中國命沈葆楨督辦海防旋李鴻章與日使利通講和、給銀五十萬兩罷兵
光緒二年	九年	一八七六	朝日成立江華條約、認朝鮮爲自主國、排斥我國宗主權
五年	十二年	一八七九	日本滅琉球置冲繩縣、中國抗議無效
八年	十五年	一八八二	朝日成立濟物浦條約、日本得駐兵漢城
十一年	十八年	一八八五	李鴻章與伊藤博文成立天津條約、公認朝鮮爲中日保護國
十五年	二二年	一八八九	朝鮮咸鏡道、發布禁穀令、朝日感情大傷、歷四年償日款十一萬圓息事
			二月朝鮮刺客殺親日黨首領金玉均於上海、兩國感情益惡 三月東學黨倡亂、清遣兵平之、引起中日之戰 六月日兵襲據漢城、幽朝王、我國遣兵東渡、日艦要擊運兵輪船、沈之

二十年	二七年	一八九四	七月與日本布告宣戰 八月日本攻平壤、葉志超敗退、同時我國海軍亦大敗於黃海 九月九連城及安東失守、日本分兵進逼大連旅順 十月日兵陷鳳凰岫巖各城、我國旅順要塞失守 十一月日兵陷海城復州、命張蔭桓往日議和不成 十二月命劉坤一督辦關內外軍務、日兵陷蓋平威海
二一年	二八年	一八九五	正月日兵陷劉公島、我國海軍全殁、命李鴻章往日論和 二月日兵陷營口、湘軍吳大澂等退走、日兵又陷澎湖 三月馬關條約成立 四月俄德法三國干涉日本退還遼東、加給兵費三千萬兩 五月台灣官民推巡撫唐景崧爲總統、宣告獨立、旋敗

平壤戰役狀況表二

1 平壤形勢

1 城垣壯闊，南北綿亘十餘里，

2 東及東南直逼大同江，北跨山爲城，牡丹台最爲扼要，

3 東走元山津，西南至大同江口，東南通上京，北通義州，爲朝北重鎮。

平壤之役

2 清軍守勢

1 葉志超統蘆防軍六營——守西面

2 衞汝貴統盛軍十三營——守西南

3 左寶貴統奉軍六營

4 豐紳阿統奉天奉軍六營 }守城北

5 馬玉崑統毅軍四營——守東面

共三十五營萬七千餘人

3 日軍攻勢

一支來攻東南，大島義昌統之，其主力爲第九旅團，並騎砲工兵，

一支來攻西南，野津道貫統之，其主力爲第十旅團，幷騎砲工兵，

一支來攻北面，立見尚文統之，爲第九第十旅團之一部，並騎砲兵，

一支截西北大路，佐藤統之，由日調來第五旅團之一部，並騎砲工兵。

4 兩方戰況

1 佐藤先至平壤西北之順安，截我軍歸路，葉志超欲潰圍北歸，

2 大同江東岸日兵來攻，馬玉崑血戰抗拒，日兵退去，旋奉令撤兵，

3 左寶貴守城北，日兵死傷無算，旋日以重砲來攻，寶貴死焉，我軍奪氣，

4 日兵由城北入，葉志超懸白旗乞緩兵，夜半率諸將弁北走，我軍死者甚衆，軍資器械委棄山積，日人聲勢大振。

黃海戰役狀況表三

1 清艦實力

- 二鐵甲
  - 鎮遠——林泰曾
  - 定遠——劉步蟾
  - 船最堅大每小時行十四海里有半（附註）以定遠爲旗艦丁汝昌駐焉
- 十兵輪
  - 致遠——鄧世昌
  - 靖遠——葉祖珪
    - 速率較大每小時行十八海里
  - 經遠——林永升
  - 來遠——邱寶仁
  - 濟遠——方柏謙
    - 每小時行十五六里不等
  - 超勇——黃烱臣
  - 揚威——林履中
    - 最弱小而鈍

黃海之役

- 廣甲——吳敬榮
- 平遠——李和
- 廣丙——程璧光
  - 亦弱不任戰

2 日艦實力

- 四快輪
  - 吉野——速率最大每小時行卄三海里
  - 高千穗
  - 秋津洲
  - 浪速
  - （高千穗、秋津洲、浪速）每小時行十九海里上下
- 八兵輪
  - 松島
  - 千代田
  - 嚴島
  - 橋玄
  - 扶桑
  - 每小時約行十七海里以上十九海里以下

比較{西京丸 赤城}最鈍弱

3 兩方戰況

1 清軍見日艦來，即列人字陣，以鎮遠定遠居前，張兩翼以應之。遽開砲示威，無一彈中者。

2 日艦作一字陣來撲，快輪居前，兵輪繼之，近前忽飛駛左行繞我陣後，揚威超勇中彈火起，超勇沈焉，我軍亦擊沈其西京丸。

3 日艦復分快輪與兵輪爲二支，左右環裹而攻，若太極圖然，我陣始亂。致遠鄧世昌，欲突破吉野以制敵，不幸遇魚雷沈沒。

4 濟遠即轉舵逃，撞沈揚威，廣甲隨之，靖遠經遠來遠不支，亦駛出陣地，經遠被敵擊沈，廣甲遇礁，越日爲日艦所碎。

5 日艦聚攻鎮遠定遠，我定遠幾擊沈敵旗艦，而定遠亦受重傷，雙方退去，是役我艦損失五艘。敵勢大張。

4 勝敗原因

1 慈禧太后以建築頤和園故，撥海軍經費三千餘萬，因之海軍費絀，設備多不完全。

2 海軍多閩人，自左右翼總兵而下，爭挈眷陸居，軍士去船淫賭，軍事廢弛。丁汝昌淮人陸將，孤寄其上，大爲閩人所制。

3 臨戰之時，將士胆怯，汝昌先立望樓，受砲彈震倒地，賴德員漢納根指揮，得以終局。而濟遠管帶方柏謙，見敵先逃，尤爲罪首。

4 敵艦小于我，而速率大於我，大砲少於我，而快砲亦多於我，將士沈著應戰尤其主要致勝原因也。

旅順威海戰役狀況表四

1 口門寬僅九丈，內澳約周十八里，可容巨艦多艘，水面形如撲滿，口門兩

岸建立砲台，與威海相望，爲北洋重鎮，

甲　旅順之役

1　旅順形勢

2口東爲黃金山砲台，再東爲摸珠礁，老蠣嘴，老蠣嘴後二砲台，東事發生後，增砲台一。

3口西爲威遠砲台，迤南曰蠻子營砲台，再西迤南曰饅頭山砲台，威遠北循沙舌至盡頭處曰老虎尾砲台，東事發生後，增砲台三。

4旅順後路有椅子山，案子山，測望台三砲台，作半月形，東曰松樹山砲台，再東迤南則二龍山大坡山等砲台，爲後路全防，再夜築大連灣砲台六座，兼顧金州防務。

2　清軍防務

1先是宋慶防旅順，黃仕林張光前分守口東西砲台，劉盛休守大連。東事發生後，奉令出發，命姜桂題程永和衞汝成徐邦道協防旅順，而以趙懷益部補大連之隙。

2設北洋營務處，兼船塢工程總辦，官雖道員，隱帥旅順。是時任是職者爲貪庸失望之龔照嶼，旅順危機即伏於是。

3 旅順陷落

1 日第二軍大山巖統第二第六師團，由花園登岸襲貔子窩。徐邦道前往拒敵，趙懷益不爲之助，以致金州大連失守，後路告急。

2 日軍向旅順，龔照嶼逃去船塢工匠，羣搶銀庫，旅順大擾。徐邦道復扼日兵於水師營北，頗獲勝利。惜諸將坐視不爲之助，以致失敗，海口及後路各砲台，均放棄不守。自是門戶洞開，畿輔大震。

1 威海形勢

1 海灣形若箕張，斜伸入海，作半環形，劉公島橫其前若箕舌，北口水深至三丈外，大兵艦可以暢行，南口水淺僅及其半。

2 灣南嘴於灶北，鹿角嘴，龍廟嘴三處，建南幫砲台。並設有火藥子彈器械諸庫，及水雷營。其後路有所前嶺楊風嶺砲台二。

3 灣北嘴於北山嘴，黃泥溝，祭祀臺三處，建北幫砲台，並設有火藥子彈器械諸庫及水雷營。其後路有合慶灘老姆頂砲台二。

4 劉公島有東西砲台及零星砲臺數所。並設有火藥子彈器械諸庫，及製造局水師公所水師學堂。其至南嘴之間有日島礮臺一。

乙 威海之役

2 清軍防務

1 劉越佩戴宗騫分守南北兩幫礮臺，張文宣守劉公島，爲三方犄角之勢。

2 東撫李秉衡移駐煙臺，巡視威海，令閻得勝守榮城，孫萬齡移屯舊港，爲榮城威海聲援，鞏固陸路防務。

3 威海陷落

1 丁汝昌率餘艦退入威海，堅伏不敢出，劉公島南北口外，任日艦東西礮擊，坐以待斃。

2 日兵一面礮擊登州威海，一面由榮城之龍鬚島登岸，閻孫敗退，日兵徑抄南幫後路，劉超佩逃奔北幫，南幫礮臺盡陷。

3 南幫陷後，北幫劉樹德所統前敵兩營逃潰，戴宗騫以令箭截之不可止，乃仰藥死，北幫砲臺全陷。

4 南北幫既失，劉公島陷入重圍，日利用我國礮臺巨礮反攻，來遠威遠沈沒，魚雷艇十二艘亦被捕去，劉步蟾丁汝昌張文宣自殺，北洋艦隊全沒，所有一切軍資器械全委於敵。

各國租借軍港及日意美態度表五

- 甲 德租膠灣
  - 1 起因
    - 1 俄德法三國干涉還遼，俄由密約中取得利益，法得廣西南部路鑛權，德獨未得報酬。
    - 2 德爲歐洲後起之邦，早欲在遠東得一海軍根據地以謀發展。
    - 3 德欲聯俄以制法，與俄交換條件，先佔膠灣，以作俄佔旅大之藉口。
  - 2 經過
    - 1 光緒二十三年，山東曹州鉅野暴徒殺德教士一人，德乃派兵入佔膠灣。
    - 2 次年二月十四（公元一八九八年三月六日）成立租借條約，限期九十九年，並取得膠濟路建築權及鐵路附近左右各三十里之開鑛權，此爲租借地之始。
  - 3 勢力範圍
    - 1 依膠灣租借條約，山東全省皆爲德國勢力範圍。
    - 2 德又與英結天津鎮江鐵路協約，自山東北至天津之鐵路，歸德承辦，其勢力已超過山東以外。

乙 俄租旅大

1 起因

1 根據中俄密約，旅大已歸俄國勢力圍範。

2 俄以德國租借膠州灣爲口實。

3 各國在華皆有海軍根據地，俄亦欲得一終年不冰之善良軍港，以擴大其遠東勢力。

2 經過

1 光緒二十三年十一月，俄艦駛入旅順口，要求租借旅大。

2 次年三月初六日（公元一八九八年三月十五）成立租借條約，以二十五年爲期，旅順作軍港，大連作商港，自哈爾濱至旅順之鐵路，由俄建築。

3 勢力範圍

1 俄國擴大其勢力於遼東，設關東省治之，南滿一帶，悉歸其勢力範圍。

2 光緒二十五年，英俄二國不經中國許可，徑定英俄協約，俄認長江流域爲英勢力範圍，英認長城以北爲俄勢力範圍，自是俄又擴張勢力範圍至蒙古矣。

丙 英租威海

1 起因

1 英租威海，所以南防德北抗俄，尤以俄國爲甚。日以受三國壓迫，樂與英攜手，故亦助之，是爲英日同盟之發端。

2 英租九龍半島，所以抵制法人，故英人要求曰：「中國租法廣灣以危害香港，故必租九龍以爲抵制。」

2 經過

1 光緒二十四年五月十三（公元一八九八年七月一日）成立威海租借條約，以二十五年爲期，與俄租旅大同。

2 次年二月初八（公元一八九九年三月十九）成立九龍租借條約以九十九年爲期，與法租廣灣同。

3 勢力範圍

1 光緒二十年，英法協約，兩國同享雲南四川之權利。

2 光緒二十三年，中英通商條約，英得滇緬鐵路之聯絡權，及兩廣雲南數處之通商權。

3 光緒二十四年，定揚子江沿岸各省，不得租借或割讓他國之約，並中國總稅務局，允永久僱用英人。

4 光緒二十五年，英俄協約，俄承認揚子江流域，爲英國建造鐵路範圍。

丁　法租廣灣

1 起因

1 法併越後，即注意我國廣東海灣及西南陸地。

2 代索遼東後，曾獲得越南鐵路展至中國境內權，及兩廣雲南開鑛優先權，益啓法國覬覦野心。

3 德俄租借軍港，法國以平均勢力爲口實。

2 經過

1 光緒二十五年夏，廣州灣附近之遂溪縣民，殺法武官二人敎士一人，法兵竟闖入廣州灣，要求租借。

2 同年十月十四（公元一八九九年十一月十六）成立租借條約，以九十九年爲期，既以鞏固東京，又以對抗香港，維持英法之均勢，擴大其勢力於兩廣。

3 勢力範圍
- 1 光緒二十三年，成立海南島不得讓予他國之約。
- 2 光緒二十四年，成立兩廣雲南不得讓予他國之約，
- 3 同年承認自東京至雲南之鐵路，由法國建築。

戊 其他
- 1 日本——光緒二十四年要求我國「永不許將福建及沿海一帶割讓或借與他國。」
- 2 意大利——光緒二十五年，要求租借三門灣，結果失敗。
- 3 美國——光緒二十五年，總統麥堅尼主張對華門戶開放，不得用武力壓迫或政治侵略，祇從經濟及文化方面發展，各國皆贊成之，於是中國形勢一變。

第十四章　戊戌政變及義和團之役

一　德宗之圖治　德宗沖齡卽位，慈禧太后聽政，自光緒元年至十五年間，日漸荒怠，不復如同治朝之精核。政以賄成，寵宦官，任羣小，國事日壞。及光緒十五年，德宗大婚後，始親政，然一切用人行政之權，仍出太后之手。內則宦官李蓮英爲太后耳目，外則軍機大臣孫毓汶等把持朝政，視帝如虛器。及光緒二十年，帝年漸長，圖治之心漸切，因朝臣皆不聽命，乃思登進一二通才以資使用。以文廷式爲侍讀學士，志銳任侍郎，尋亦罷免，皆太后意也。中日一戰，喪師辱國，繼以中俄密約，滿洲喪失權利，列國效尤，軍港租借，國幾不國，環顧在廷諸臣，無足與言自強者，於是而康有爲進。

有爲，廣東南海人，先是以布衣伏闕上書，痛陳時局，請及時變法以謀自強，格不得上，康乃歸學，開塾講學，以實學教授弟子。及光緒二十一年，馬關條約成，康領鄉薦，又集公車千三百人上書請變法，亦不達。旋捷南宮，授刑部主事，自是四年之間，凡七上書，皆寢不報。乃立強學會保國會於北京上海等處，鄂督張之洞道員袁世凱等皆贊成之。至是以侍郎張蔭桓侍讀學士徐致靖等薦，所有陳奏著作，由總署進呈帝大加贊賞，光緒二十四年四月特召見於頤和園之仁壽殿，是爲康有爲進用之始。

二　新政之施行

康有爲召見時，德宗深以廷臣守舊阻礙變法爲憂。有爲「請上勿去舊衙門。惟增置新衙門。勿革黜舊大臣，惟漸擢小臣。多召見才俊志士，不必加其官，而惟委以差事，賞加卿銜，許專摺奏事足矣。彼大臣尙來本無事可辦，聽其尊位重祿，而新政之事別責之小臣，則守舊大臣既無辦事之勞，復無失位之懼，則怨謗自息矣。」德宗然之，命其在總理衙門章京上行走。先擢用其弟子梁啓超，賞六品銜。復擢內閣候補侍讀楊銳，刑部主事劉光第，內閣候補中書林旭，江蘇候補知府譚嗣同四人均賞給四品卿銜，命在軍機章京上行走。凡有奏摺，皆經四卿閱覽，凡有上諭，皆經四卿屬草。自是新政之詔，凡數十下，可約分爲下列數項：

（甲）關於教育者——1 廢八股取士制，
2 開辦京師大學堂，及各省府廳州縣學堂，

3設立報館，開通民智，
4獎勵士民著書，製器及捐欵興學。

(乙)關於武備者
1變通武舉，廢止弓刀石，改試槍砲，
2變更兵制，改習洋槍，
3裁汰冗兵，力行保甲。

(丙)關於實業者
1開辦銀行，設立鑛務鐵路等局，增設鐵路鑛務學堂，
2設立農工商局及商會。

(丁)關於政治者——刪改各衙門則例，裁汰冗員，詔誡因循，廣開言路。

自是一般頑固舊臣，羣相側目，未幾，即有詔命有為速去上海，督辦官報，而政變起矣。

三　八月之政變　自康有為進用後，朝臣分新舊兩黨，新黨倚德宗，舊黨倚太后。有御史文悌者，初自附於新黨，語同僚楊深秀以宮中隱事，謂「太后刻虐皇孫載澍，蓋為帝示威，故帝見太后輒顫，此與唐武氏何異。」並朗誦徐敬業討武氏檄「燕啄皇孫」四語以激深秀。深秀以為滿人不敢

信，故難之。既而文悌懼語洩，又自附於舊黨，乃日騰謗於朝，謂新黨不利太后，以至露章劾深秀及有爲，爲帝所申斥革職。尚書懷塔布許應騤等，亦以阻主事王照上書言新政革職。於是舊黨日短帝於太后前，宮廷之間嫌隙大起。譚嗣同建議利用袁世凱，奪榮祿兵柄，賜以密詔，超擢候補侍郎。榮祿者，后戚也，時爲直督兼管兵權。世凱還津，盡以告之。榮祿據以上變，謂新黨有謀逆意。后大怒，八月十六日，復臨朝稱制，幽帝於南海之瀛台，逮楊深秀，楊銳，林旭，劉光第，譚嗣同，及有爲之弟廣仁，殺之。康梁走免，詔捕其族屬，籍其家產。凡與新黨有連者，大學士翁同龢，尚書李端棻，侍郎張蔭桓，徐致靖，內閣學士張百熙，湖南巡撫陳寶箴，三品卿銜黃遵憲，四品京堂王照，江標，編修徐仁鑄，徐仁鏡，庶吉士熊希齡，主事陳三立等，俱降革有差。一切政治，概復舊觀。復密謀廢立，命軍機處密電各省督撫，徵取同意。兩江總督劉坤一，及上海紳商經元善等，均抗電力爭。各國使臣亦不贊同。太后不得已，乃祇立溥儁爲大阿哥，繼穆宗後，而廢帝之議已。

四、義和團之起因　新政推翻，舊黨執政，釀成我國空前變亂，及奇恥大辱者，則光緒二十六年庚子義和團之亂是也，其發生原因可分爲四：

(1)自政變後，舊黨務反德宗所爲，徐桐疑世界各國名稱，除日俄英法外，皆新黨所僞造，用以眩惑帝聽。剛毅則寧以中國贈友邦者也。自此舊得志，對內對外兩方，均起莫大之惡感。

(2)德宗既被幽禁，慈禧恨之，立端郡王載漪之子溥儁爲大阿哥，隱然視爲太子。外使漠視不入賀，感情益惡。

(3)康有爲逃香港，梁啓超走日本，均乘外國汽船得免。淸廷索之急，皆以國事犯無交出理由爲言，由是仇英日兩國，兼仇各國。

(4)內地傳教，其初入教者，多爲鄉里所不齒。牧師神甫，復以盛氣陵官吏，教徒亦倚教勢虐待平民，往往激成巨案。教案一發，株及無辜，貧殺身，富破產，不可勝數。積憤既深，如彈在機，一觸即發，故大亂起。

以上四端，爲禍亂之本，而義和團實爲引線。義和團出於八卦教，即白蓮教之一支。所祀之神，如姜太公，楚霸王，諸葛亮，趙子龍，以及小說所載之洪鈞老祖，梨山老母，孫悟空，豬八戒，九天玄女，梅山七弟兄等，奇思怪想，莫可究詰。其團以八卦分配，乾坎二字最盛，聚集鄉里無賴，習拳棒，佩符誦咒，謂有神護身槍炮不能入以扶清滅洋相號召，分洋人教士教民爲大毛子二毛子三毛子，遇則殺無赦。其黨彌滿於直魯一帶，發難於山東。巡撫毓賢陰祖之，以外使要求罷去。代以袁世凱，一意主剿，東境以寧。於是黨徒悉萃直隸，政府利用之，其禍遂一發不可收拾。

五　京津之破壞　當義和團之起也，毓賢貽書朝貴，極言可用，載漪剛毅等深然之，以白太后。時裕祿爲直隸總督，遂聽其蔓延。於是團民益公倡邪說，號召鄉愚，以曹福田張德成等爲首領，凡遇洋人及入洋教穿洋服通洋語用洋貨者，輒殺之。又有紅燈照者，皆十餘齡女子，左手持紅燈，右手持紅巾，更有黑燈照，以老婦主之。青燈照以孀婦主之，皆云有術，人皆呼爲師姑，與之相輔而行，沿途焚刼掘鐵路，毀電線，燒教堂，殺教民，裕祿皆不之究，且待之如上賓，輒與分庭抗禮。太后命剛毅與趙舒翹前往查視，還奏「天降義和團以滅洋人，請收集爲團練，以載漪統之。」一時莊王載勛貝勒載濂，輔國公載瀾，左都御史英年，大學士徐桐，及其子侍郎徐承煜等，皆力贊其說，太后信之，密令入京。開壇建醮，香烟滿城，紅巾匕首，往來數萬。於是達官貴人，信仰惟謹，暴動之事，時有所聞。五月日本書記官杉山彬出永定門，董福祥部兵殺之，焚右安門教民居，無老幼男女皆殺之。焚順治門教堂，城門晝閉，京師大亂。正陽門外商場，爲京師最繁盛處，團民縱火焚之，數百年精華盡矣。

載漪等復倡言圍攻使館，太后召太學士六部九卿會議，諸臣逡巡莫敢言，惟兵部尙書徐用儀，戶部尙書立山，吏部侍郎許景澄，內閣學士聯元，太常寺卿袁昶等冒死痛呈主剿，外釁不可開。太學士王文韶亦以爲言。太后怒責之，下詔褒義和團爲義民，令各省一體保護，積極排外。德使克林德入總署會議，載漪遣人殺之。旋命董福祥督攻使館，月餘未下。義和團益橫暴，京師晤無天日矣。

六　聯軍之陷京　初各國軍艦，已雲集大沽海口，英俄德法意奧日美八國凡四十七艘，英將西摩爲之長，聯名致書於守將羅榮光，限期交出炮台，榮光拒之，五月二十一日遂開戰，大沽陷，榮光死之。直隸提督聶士成，先以奉命剿義和團，有所誅鋤，既而朝議大變，直督裕祿，又袒團民，士成內外受逼，憤懣無所洩，乃陷陣而亡。馬玉崑代領其衆，死者三千人。天津陷，裕祿走北倉，京師大震。六月二十二日有「保護教士及各國商民，殺德使者議抵罪」之旨，蓋大學士王文韶榮祿意也。已而李秉衡至自江南，太后召見，復主戰，七月四日殺許景澄袁昶，天下哀之。既而北倉失守，裕祿自殺，外兵將逼京師，乃變計言和，停攻使館。李秉衡視師通州，率義和團三千人以從，兵敗，死之，復殺徐用儀立山聯元三人。太后聞秉衡軍敗而哭，顧廷臣曰，「余母子無所賴，寧不能相救耶。」廷臣皆莫敢對。已而聯軍至自通州，董福祥與戰於廣渠門外，大敗，七月二十日敵軍陷北京，畫地分守，於是皇都之精華，與夫數千年歷史上相傳之寶物，遂分散爲各國之戰利品，噫！恫矣。

次日黎明太后靑衣徒步泣而出，攜帝及后至西華門外乘騾車，從者載漪載勛載瀾溥儁剛毅等，[illegible]主[illegible]入，[illegible][illegible]之去。由昌平懷

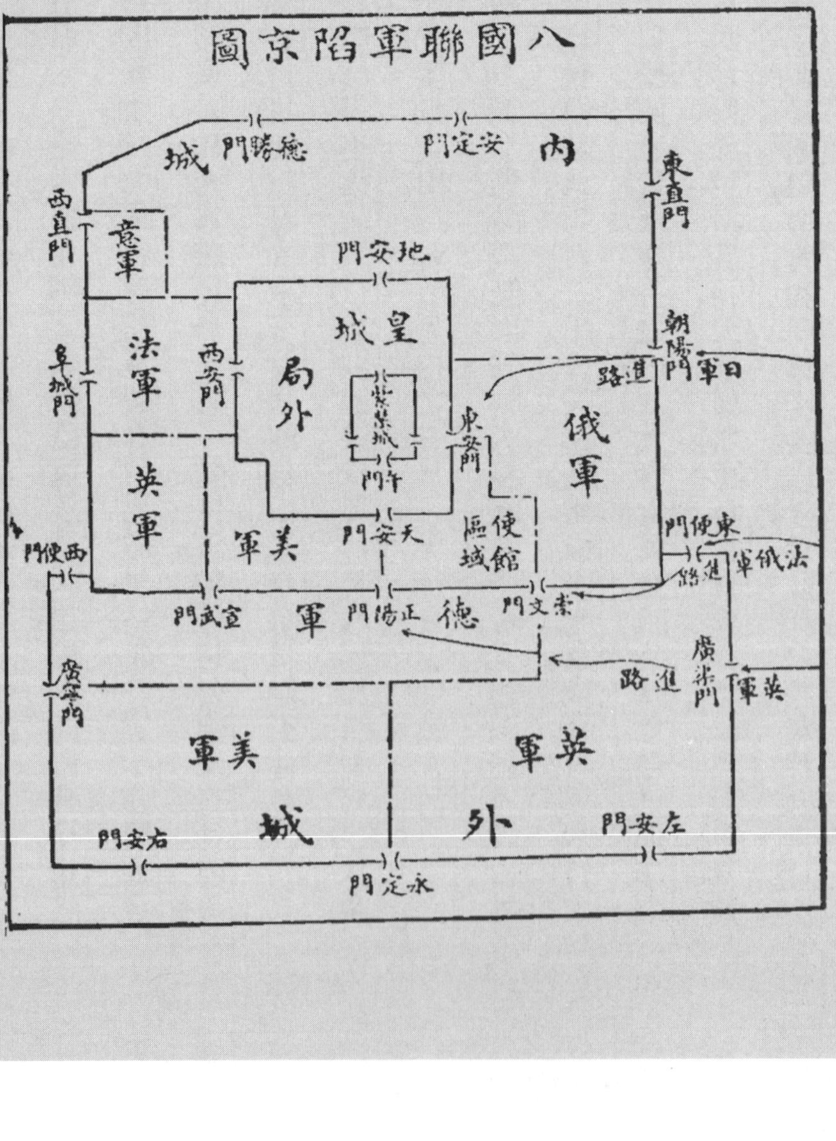

八國聯軍陷京圖

來駕幸太原，在道辛苦萬狀。俄聞洋兵將追至，大懼，乃定入陝之策。既抵西安，設行在於撫署，授岑春煊爲巡撫。賞其扈駕之功也。榮祿至行在，命長樞府，而載漪輩乃噤若寒蟬矣。

七　辛丑之講和　聯軍入京後，散漫無紀，肆行搶掠，舉動暴戾，尤以德兵爲甚。德將瓦德西爲聯軍統帥，入居禁中，清廷乃命鴻章與奕劻同爲議和全權大臣至京。奕劻推讓鴻章，不敢置辭。俄美兩國，首先允和，德人要以先誅罪魁，餘亦各有要挾。各公使乃先自會議，定大綱十三條，以待中國之承認。

(1)嚴辦罪魁，

(2)禁止軍火輸入，

(3)公私損失一律賠償，

(4)使館住兵，其界內禁止華人居住，

(5)燬太沽及津京間砲臺軍備，

(6)有事時各國得選擇要地駐兵，

(7)遣使赴德謝罪，並爲克林德樹碑，

(8)遣使赴日謝殺杉山彬之罪，

(9)改正現行條約，

(10)整頓中國財政，以籌措賠款，

(11)改正總理衙門之事權，

(12)懲辦地方官之保護外人不力者，

(13)公使入覲禮節改從簡易。

鴻章與各國磋議，共歷數月，心力交瘁。行在政府，屢傳電諭，授意駁辨。鴻章謂樞臣不明敵情，徒亂人意，閫韭焚之幕僚不及見也。各使堅持久而未定，而鴻章積勞病深，猶口講指畫。竟以不起。各使聞之皆感愴，乃卒如鴻章意簽約，時光緒辛丑七月二十五日也。（公元一九〇一年九月七日）約中要項如下：

(1)毓賢啓秀徐承煜斬決，載勛英年趙舒翹賜死，載漪及其弟載瀾發遣外永禁，剛毅李秉衡徐桐追奪原官，徐用儀立山許景澄袁昶聯元，開復原官，董福祥革職，其餘禁錮革職永不敘用者凡百餘人。

(2)賠款四萬五千萬兩，分三十九年還淸，未淸以前加年息四釐。

(3)劃東交民巷，爲使館區域，華人不得居住。

(4)派載灃那桐，分赴德日謝罪，並爲克林德建滌垢雪侮之碑。

(5)以常關歸稅務司辦理，准洋鹽進口。復派大臣先與英國改訂商約，裁釐後乃得加稅。

(6)改總理衙門爲外務部，位在六部之上。

此外凡各國公使會議所要求者，亦一律照行。八月上旬，外兵出京，而此滔天之大禍乃告結局。

八　義和團之影響及在國際法上之大損失　當載漪之擅權也，排外之檄，紛布各省，江督劉坤一鄂督張之洞等，宣言不受亂命，與外領訂約保全，故東南不至糜爛。惟東三省應之，黑龍江將軍壽山，進攻哈爾賓，並由愛琿攻入俄境。俄人乃大舉敵之，海蘭泡華僑三千，强迫渡江，同日溺死。七月中旬，遂陷齊齊哈爾，乃南下吉林，轉入奉天，所過殘破，中國官吏，莫敢攖其鋒者。時英德已佔駐山海關，而關外悉爲俄有，置兵十八萬統之，迫奉天將軍增祺與之訂約，歸其節制。迄辛丑和約成，關內撤兵，關外亦約分三期撤退，乃第二次撤兵之期，俄人不履行條約，致有日俄之戰，其隱憂遠患且日增月進而未有已。關內雖秩序恢復，而劃定使館區域，置於外國行政權之下，儼然爲中國之太上政府。且其區域內禁止華人居住，平時准各國駐紮軍隊，是與國際法上公使館不可侵犯之原則不同。蓋國際法不可侵犯者，僅限於公使館內，此則公使館外包括其附近一帶之廣地，而爲一種武裝行政區域，是誠中國之特種現象，爲世界各國所未有也。

附戊戌政變簡明表一

原因
- 1 德宗勵精圖治，與慈禧太后意見不相容，
- 2 新黨銳意改革，與一般舊黨意見不相容。
- 3 舊黨在傳統思想上及政治地位上，本有深厚之勢力，新黨則勢力薄弱，兩不相斂，故政變起。

1 德宗欲開懋勤殿聽政，大受太后申斥，自知地位危險，又聞有天津閱兵廢立

- 戊戌政變
  - 事實
    - 之言，故密詔新黨設法援救。
    - 2 譚嗣同建議密詔袁世凱奪榮祿兵柄，袁以告榮，榮祿據以入告；於是太后以迅雷不及掩耳之手段，先發制人，政變遂成。
    - 3 被難者楊銳，楊深秀，林旭，劉光第，譚嗣同，康廣仁六君子。
    - 4 走免者康有爲，梁啓超兩人。
    - 5 降革者翁同龢，李端棻，張蔭桓，徐致靖父子，張百熙，陳寶箴父子，黃遵憲，王照，江標，熊希齡等十數人。
  - 結果
    - 1 舊黨把持政局，爲庚子變亂之發端，
    - 2 立溥儁爲大阿哥，爲端郡王載漪攬權之始。
    - 3 康梁出走，英日保護之，廢立陰謀，外使反對之，爲排外之根原。
    - 4 政變以後，孫文革命黨，康有爲保皇黨，對立，爲辛亥革命之遠因。

義和團內容狀況表二

義和團之內容

1 背景

1 歷史上遺傳之心理，（甲）尊王攘夷，屬於排外的，（乙）神佛萬能，屬於迷信的。

2 外力壓迫之破裂，人民鬱憤既久，一引即發。

3 戊戌政變以後，舊黨既茫然於世界之大勢，又惡外人干涉，故急思利用義和團以圖一逞。

2 起原——本白蓮教之餘孽，初名義和拳，或謂義和會，利用宗教迷信以惑愚民，或糾聚黨徒以拒官吏，光緒中葉起於山東堂邑，蔓延於曹沂諸地。後以袁世凱捕之急，流入直隸境內。

3 宗旨——扶清滅洋，分洋人教士教民為大毛子二毛子三毛子，殺無赦，凡穿洋服通洋語用洋貨者皆戮之。

1 神名——如姜太公，楚霸王，諸葛亮，趙子龍，以及小說所載之洪鈞老祖孫悟空，豬八戒，九天玄女，梅山七弟兄，隨意所欲皆祀之。

- 4 祈神
  - 2 誦咒——其一云「快馬一鞭，西山老君，一指天門動，一指地門開，要學武藝請師來，」又云「天靈靈地靈靈，奉請祖師來顯靈，一請唐僧豬八戒，二請沙僧孫悟空，三請二郎來顯聖，四請馬超黃漢升，五請濟顛我佛祖，六請江湖柳樹精，七請飛標黃三太，八請前朝冷於冰，九請華陀來治病，十請托塔天王金吒木吒哪吒三太子，率領天上十萬神兵。」
  - 3 練術——分渾功淸功兩種，渾功百日可避槍礮，淸功四百日可以飛昇，然習者欲速成，多渾功也。
- 5 首領
  - 1 男子——以曹福田，張德成李來中等爲首領，有老師父大師兄二師兄等名目，
  - 2 女子——有紅燈照（少女）黑燈照（老婦）青燈照（孀婦）等名目，以黃蓮聖母，董二姑，劉三姑爲最著。

義和團事變概況表三

- 1 暴動
  - 1 天津方面——焚教堂，殺教士，燬鐵路，折電線凡藏洋文書報者殺之。
  - 2 北京方面——焚順治門教堂及右安門教民住宅，正陽門外商場，付之一炬，殺日書記杉山彬，德使克林德，圍攻使館，拳民益橫無辜被殺者十數萬人。
- 2 主持者
  - 1 京官——端王載漪，莊王載勛，貝勒載濂，輔國公載瀾，大學士剛毅，徐桐，尚書趙舒翹，啓秀，崇綺，侍郎徐承煜，都御史英年等數十人。
  - 2 外官——直督裕祿，晉撫毓賢，黑省將軍壽山，巡視長江大臣李秉衡等。
- 3 反對者
  - 1 京官——尚書徐用儀，立山，侍郎許景澄，內閣學士聯元，太常寺卿袁昶等，
  - 2 外官——粵督李鴻章，江督劉坤一，鄂督張之洞，川督奎俊，閩督許應騤，魯撫袁世凱，蘇撫鹿傳霖，皖撫王之春，鄂撫于蔭霖，湘撫俞廉三，粵撫德壽等。

義和團之事變

4 聯進進攻

1 大沽口之役，守將羅榮光死之，直隸提督聶士成亦陷陣死，天津失陷，裕祿逃至北倉自殺，

2 河西務之役，李秉衡大敗，走至通州，仰藥死，

3 廣渠門之役，董福祥大敗，聯軍陷北京，太后走西安，遣李鴻章主持和議。

5 和約敗失

1 關於土地者——劃定使館區域，禁止華人居住，並允各國無期佔領各處要塞，是誠特有之現象。

2 關于經濟者——鉅額賠款，直接影響于國家經濟者固大，因担保品之關係，又影響于關稅鹽稅，外國銀行家更操縱我財政大權，間接之損失亦甚大也。

3 關於民氣者——因條約上處處見外人尊貴，國人卑下，上自政府官吏，下至鄉曲平民，人人皆存懼外之心，此無形損失之最鉅者也。

1 國內的——（甲）東南互保，開地方自治先例，（乙）懼外思想變爲媚外，

6影響——
此其劣點，（丙）頑固思想，一旦解放，此其優點。
2國外的——（甲）英日同盟成立，本爲防俄，其遺患于我國前途者甚大，
（乙）因關鹽兩稅，悉供賠款之用，遂啓外國銀行操縱我國金融之端，
（丙）外人卑視我國之心理，日益加甚，至最近始稍稍改變態度。

李鴻章事略表四

1略歷——
1籍貫——安徽合肥縣人，
2名號——字漸甫，號少荃，謚文忠，光緒二十七年卒，（公元一九〇一）享壽七十有八，
3出身——道光二十七年進士，入翰林院，仕至太學士，封一等肅毅伯，
4部屬——程學啓，郭松林，劉銘傳，潘鼎新，張樹聲，宋慶，袁世凱等最著。
1同治元年，成立淮軍東下，以上海爲根據地，與常勝軍聯合對太平軍作戰。

2 平蘇常

2 太平將李秀成陷嘉定，圍松江，程學啓力戰解圍，自是外人始知淮軍能戰，不敢漠視，

3 二年八月程學啓圍攻蘇州，太平將部雲官殺譚紹洸以降，自是太平軍之勢力搖動。

4 三年四月，郭松林克常州，太平將陳坤書被執，南京隨下。

3 平捻黨

1 同治五年，繼曾國藩督軍勦捻，一依曾氏成規，用長圍圈制法。

2 六年劉銘傳潘鼎新追勦捻黨，任柱被殺，賴汶光走至揚州，自投晃𧁯蘭𤀲而死，東捻平。

3 七年西捻由秦晉東犯畿輔，轉入山東，淮軍扼黃守運，張總愚投徒駭河而死，西捻平。

1 同治四年，設江南機器製造局于上海，

2 同治九年，設北洋機器局于天津，

3 同治十年，擬在大沽口建築新式炮臺，

4 同治十一年，挑選學生赴美留學，派武弁往德國學習軍械技藝，並請開辦煤鐵鑛，成立輪船招商局。

李鴻章

4 辦洋務

5 光緒元年，籌辦鐵甲兵船，請設洋學局于各省，並變通考試功令，另開洋務一格。

6 光緒二年，派建福船政局學生出洋學習，

7 光緒六年，始創海軍，向外國訂造軍艦，設水師學堂于天津，並設南北洋電線，請開辦鐵路，

8 光緒七年，設開平鑛務局，創設公司船，赴英國貿易，招商承辦各省電報，

9 光緒八年，築旅順船塢，設織布局于上海，

10 光緒十一年，設武備學堂于天津，挑選各省附營勇弁入學，

11 光緒十三年，開辦漠河金鑛，

12 光緒二十年，設醫學堂于天津，

5 辦外交

1 同治九年，繼曾國藩辦理天津教案，適値普法開戰，依照國藩原議了結，由是在外交上頗負聲望。

2 同治十年，與日使伊達宗城，訂結修好規條于天津，實爲雙方平等條約。

3 同治十三年，與日使大久保利通，解決琉球事件，日本由台退兵，此爲琉球喪失之發端。

4 光緒二年，與英使威妥瑪訂立煙台條約，解決馬加理滇案，除本案賠款外，喪失許多權利。

5 光緒十一年，與日使伊藤博文，訂立天津條約，朝鮮遂爲中日之保護國，又與法使巴特納訂立天津和約，越南遂爲法之保護國，此爲我國正式失藩之始。

6 光緒二十一年，與日相伊藤博文成立馬關條約，我國大受打擊，瓜分之說由是起。

7光緒二十二年，與俄外長羅拔成立中俄密約，引起軍港租借，滿州風雲由是告警。

8光緒二十七年，與八國公使擬定辛丑和約，清室雖得苟延，中國幾不國矣。

6略評——鴻章爲時勢所造之英雄，非造時勢之英雄。平定內亂爲其功，外交失敗非其罪，蓋一切環境致之也。

第十五章　日俄戰役及清季外交

一　日俄開戰之原因　俄自建築西北利亞鐵路以後，經營遠東，不遺餘力。日本以後起之邦，變法維新，積極發展大陸政策，彼此利害衝突而戰爭起，其原因可分爲五：

(1)三國干涉還遼　光緒二十一年馬關條約，遼東半島已歸日有，旋以俄人聯合德法二國出而干涉，日不得已乃將半島退還。日人雖忍痛一時，而其恨俄之心，則固未嘗一日忘也。

(2)俄人擴張在滿勢力　光緒二十四年俄租旅大，遼關東州，設總督治之。又因光緒二十二年之華俄道盛銀行契約及同年之東清鐵路條例，取得東三省之築路權及採鑛設警等權利，汲汲經營，不遺餘力，儼然有囊括滿洲之概。日本西進之大陸政策，大受打擊。

(3)俄人伸張在韓勢力　俄既得志於東省，遂伸張勢力於韓國。先是馬關條約，清認韓國獨立，日本遂獨力經營，奪取各種權利。韓人恨之，欲藉俄排日，於是親俄黨首領金嘉鎮等，以閔妃爲中心，大肆活動，引俄爲助，俄國勢力，遂伸張於韓國，日本在韓勢力爲之動搖，益引起仇俄之心。

(4)俄國不遵約撤兵　先是俄人乘義和團事變時，侵畧東省，及事平，各國撤兵，俄亦定期撤退，第一期於光緒二十八年九月退去，及第二次撤兵期滿，俄國延不實行。並由駐京俄使向清外部要求「封鎖滿洲門戶，而從於俄國保護之下。」嗣因英美日三國之勸告，自動撤回要求條件。次年俄國陸軍大臣苦魯巴金東游日本，以觀虛實，日人主戰對俄宣戰。俄國亦新設極東太總督府，即以關東總督亞歷塞夫充之，凡極東外交行政軍事最高權力，皆歸其統轄。依此制俄國已有收東省爲領土之勢，遑言撤兵乎。

(5)滿韓交換案不成　光緒二十九年七月，日本桂太郎內閣小村外長電命駐俄日使粟野，向俄廷提出滿韓交換案，大旨謂「日俄兩國互相尊重中韓兩國之獨立及領土保全，對于兩國之工商業互相保持機會均等主義。及俄國承認日本在韓之卓越利益，日本承認俄國在滿經營鐵路之特殊利益」等。俄國亦令駐日使臣羅栓提出對案，雙方談判，不得結果。而第三次撤兵期又至，俄不惟不撤，且增加極東守備，大肆威迫。兩方國交破裂，遂于是年十二月下詔宣戰。

二　我國之宣告中立　當戰事發動之初，我國輿論，頗多袒日，蓋以俄國侵略之情勢已著，而日尚未然，無識之徒，直以日為可友。就政府言，兩國交戰區域，在中國領土以內，本不能作壁上觀。然果參加日方戰事，結果殊不可測，蓋蒙古新疆各邊境，俄軍處處可入，中國邊備空虛，萬難抵拒，且經甲午庚子兩役以後，財政尤極紊亂，其不能遂行參戰者勢也。就日本言，多一助戰之國，本所歡迎，但作戰須有實力，且一經共同作戰，則停戰講和，須以兩國之意志行之，又不能有索于我也。故日使內田康哉首先勸我國守局外中立之例。並通牒英美德法意奧，要求其保證俄國不破壞中國之中立，各國皆贊成之。遂於我國光緒三十年正月二日，向日俄兩國宣布中立，略云「日俄失和，朝廷均以友邦之故，守局外中立之例。東三省所在之城池官衙民命財產，兩國不得損傷。原有之中國軍隊，彼此不相侵害。遼河以西，由中國派兵駐紮，內外蒙古，依照辦理。如有闖入界內者，中國自當極力阻攔，不得視為有乖和平。但滿洲為外國駐紮軍隊未撤退之地方，以中國因力有未逮，恐難實行局外中立之例。惟不論何國失敗，東三省土地權利，仍歸中國，不得佔據。」日俄兩國，均承認之，於是公認遼河以東為交戰地，以西為中立地。嗚呼，以宣告局外中立之國，而劃領土一部分作為他國戰場，此誠前此未有之奇聞也。

三　兩方之戰況　當戰事之發動也，俄之海軍厚集於旅順，而分駐於海參威。陸軍則厚集於奉天，而分布於朝鮮北境及關東州。日人爲先發制人之計，於光緒二十九年十二月二十日，遣東鄉平八郎，率聯合艦隊出佐世保，分攻仁川旅順俄艦，皆獲勝利。次年三月，黑木爲楨統第一軍由朝鮮攻陷九連城，此日俄陸軍交戰之始。復遣奧保鞏統第二軍自貔子窩登陸，攻取金州，截斷旅順後路。俄統帥苦魯巴金遣兵來援，分駐於得利寺（復州北）大石橋（蓋平北）等處，日人既決取遼瀋旅順，乃使乃木希典組織第三軍，與東鄉艦隊夾攻旅順。使奧保鞏統兵北上，五月克得利寺，六月得大石橋營口牛莊海城，皆歸日有，自是俄兵無南下之望，旅順之救援遂絕。

先是東鄉司令，以旅順天險，決以全力封鎖港口，凡三次閉塞，粗達目的，廣瀨武夫，死事最烈。然俄艦仍不時出沒，又經多次攻擊，至光緒三十年十一月，與乃木希典陸軍，始收夾擊之效，旅順陷落。遼陽大戰，俄兵退守渾河北岸。日帥統大山巖以俄新兵大至，乃急調兵本國，遂於光緒三十一年正月，復有奉天大戰，陣線延長四十餘里，日以第五軍攻撫順，苦魯巴金誤以爲日軍主力所在，命總豫

哈爾濱
長春
吉林
海參威
琿春
延吉
圖們江
會寧
遼河
法庫
撫順
新民
奉天
遼陽
牛莊
營口
海城
大石橋
九連城
鴨綠江
得利寺
山海關
貔子窩
金州
旅順
大連灣
安東
朝鮮
漢城
仁川
對馬海峽
對馬島

日俄戰役圖

備隊往禦之，而日第三軍繞出其後，斷奉天以北鐵路，俄軍遂陷包圍之中，乃下令退却，奉天遂陷。是役也，日軍死傷四萬，俄軍約三倍之，於是形勢大壞，陸戰告終。

先年，俄國波羅的海艦隊，爲一萬八千里之大遠征，鼓行而東。本年四月，東鄉艦隊，要擊之於對馬海峽，俄艦自司令官羅哲斯德而下，皆爲俘虜。推其原因，波羅的係內海，其艦員不習大海風濤，故其舉動不如日兵之鎭靜，而兵士經歷長途，銳氣盡挫，亦其失敗之一因也。於是海戰告終，而和議起。

四　朴子茅斯和約及其影響　俄國海陸軍全敗，無力再戰，日本亦精疲力竭，無再戰之可能，乃接受美國總統羅斯福之勸告，各遣代表赴美，日小村，俄微德，於光緒三十一年七月，會議於大西洋岸之朴子茅斯，（在波士敦北境）日使要求賠款及割讓庫頁島全部，俄使拒之，最後日方讓步，遂於七月二十九日（公元一九〇五年八月二十九）成立朴子茅斯和約，其要項如下：

(1)俄國承認日本在韓有政治上軍事上及經濟上之卓越利益。

(2)俄國定期撤退滿洲軍隊，並放棄在滿一切權利，

(3)俄以中政府之承認，將旅順大連灣租借權，讓予日本，

(4)俄以中政府之承認，將長春以南之鐵路，並附屬一切權利，讓予日本。

(5)日俄在滿洲所有鐵路限於工商業的經營，但遼東半島租借地除外。

(6)俄將庫頁島北緯五十度以南及其附屬島嶼，一概讓予日本。

右約成立後，日俄戰爭結局。其直接之影響，有下列二項：

(甲)滿洲善後條約之成立　光緒三十一年十一月，中國全權奕劻袁世凱，與日使小村，會議於北京，成立滿洲善後條約。大旨爲　中國政府承日俄和約中有關於中國主權之條件，及日本政府承認遵行中俄兩國締結之租借地，並建築鐵路增開商埠諸條，是也。自是關東主權，雖屬我國，而路鑛森林漁業等權利，多歸外人掌握之中。且邊地與日俄二國爲鄰，內政外交，益形棘手矣。

(乙)韓國之滅亡　自日俄和議以後，日本在韓勢力大增，設立統監，掌握其政治生命。韓皇不能忍，密訴於海牙和平會議，不理。日因逼韓皇讓位於其太子坧，旋利用韓總理李完用成立一進會，主張日韓合邦。迄宣統二年（公元一九一〇年即明治四八年），事機成熟，統監寺內正毅先收朝鮮警察權，代以日本憲兵二萬人，徧布要地。尋遷李熙父子於東京，設朝鮮總督府以治之。於是韓國全亡，各國亦無異議，惟韓民不勝亡國之痛，而革命屢起焉。

五　中日南滿之交涉　滿洲善後條約成立以後，日本即成立經濟侵略，軍事侵略，政治侵略之大本營，於光緒三十二年五月設南滿鐵路會社，其性質與英之東印度社會同。同年七月，又設關東都督府，與俄之關東總督，英之印度總督無別。旋主張軍民分治，析爲關東司令部及關東廳兩部。其交涉要件可分下列三項：

（甲）安奉鐵路　安奉路本日俄戰爭時軍用鐵道，滿洲善後訂約時，允日人經營改良。至是協議不成，日本即自由行動，起工建築。清廷不得已，於宣統元年七月，命奉天督撫錫良程德全，與日本駐奉總領事訂約如次：

(1)中國確承認前次兩國委員勘定之路線，陳相屯至奉天一段由兩國再議。

(2)此約簽定之日，即協定購買土地及一切細目，翌日即行開工。

(3)沿鐵道之地方官，關於施行工事，應妥爲照料。

（乙）間島問題　間島圖們江北一隙地也，海蘭河南，光霽峪前，有灘地一方，縱橫不過數里，朝鮮人呼之爲間島，其地向屬吉林。同治間朝鮮飢，其人民多渡江移居間島，其後墾闢日廣，琿春局子街皆有朝人足跡，光緒十一年特設延吉廳以治之。日俄戰後，朝鮮爲日本保護國，來議疆界，彼此文書往還，未得結果。至宣統元年七月，日使伊集彥吉與清外部梁敦彥結間島條約。

(1)中日兩國以圖們江爲中韓國界，其江源地方，以界碑爲起點，依石乙水爲界。

(2)准韓人仍在墾地（卽間島）居住，歸中國管轄。

(3)准外人在龍井村局子街頭道溝百草溝居住，並准日人於上四處設領事館。

(4)中國允延長吉長路至延吉邊界與朝鮮會寧路連絡。

(丙)五案協約　以上二案解決時，日本遂同時提出五案協約，悉就日本之意見解決於下：

(1)新法鐵路　新民屯至法庫門鐵路，中國建築時須先與日本商議。

(2)營口支線　中國允日本展修至營口街市，俟南滿鐵路期滿時交還。

(3)撫順烟台煤鑛　允日人有開採權，但須納稅於中國。

(4)安奉路及南滿路沿線路之鑛務　歸中日合辦。

(5)京奉路之延長　京奉路延長之至奉天城根一節，日無異議。自是南滿漸入日本勢力範圍，此外案件甚多，從略。

六　中俄北滿及蒙古之交涉　先是日俄以利害衝突交戰。至是復以利害關係，彼此攜手，成立新協定，俄北日南各不相犯，東省遂有主客易位之勢。中俄交涉之最要者可分下三項：

(甲)哈爾濱行政問題　光緒三十四年，俄人援東清鐵路條約第六款，謂哈爾濱行政權，當屬諸東清鐵路會社，竟發布東清鐵路市制，規定哈爾濱市內中外人民悉課租稅。我國與之幾經交涉至宣統元年，始由清外部梁敦彥與俄哈領結立自治會條約，其略如下：

(1)東清鐵道界內，俄國承認中國主權，不稍侵害。

(2)凡界內重要地設立自治會，由該地住民選舉議員，更由議員互選執行委員，議長由議員互選，不論國籍，地方公益事件均歸該會議決。

(3)執行委員，不分國籍，惟不得過三人，此外另由交涉局總辦，鐵路總辦各派委員一人，會同自治會議長組織執行委員會，會長即由議長兼任。

依右約哈爾濱之行政權，由自治會主持，中俄以前交涉，因得解決。

（乙）松花江航權問題　先是瑷琿條約，規定松花江通航，限於中俄兩國，此松花江係指黑龍江下流而言。義和團變亂時，俄據東省，竟航行松花江上游，日俄戰後，我國欲開放松花江上游以免俄人壟斷，俄人大起抗議。延至宣統二年，由外部與俄使訂約如下：

(1)滿洲界內之松花江，許各國自由航行。

(2)船舶稅依所載貨物重量收納，兩國國境各百里內之消耗貨免稅。

(3)穀物稅比從前減三之一，內地輸出貨在松花江稅關輸納。

依右約各國均得航行於松花江，北滿之局勢一變，中俄問題得以稍安。

（丙）蒙古問題　俄國在蒙古積極進行非一日矣，宣統二年中俄通商條約期滿，清廷欲加修正，俄使抗議，並向我國提出要求如下：

(1)兩國國境各百里內，俄政府制定之國境稅章，不受限制，兩國領土內之物產及工商品，皆無稅貿易。

(2)旅華俄人之訟案，歸俄官審理，兩國人民之訟案，歸兩國會審。

(3)蒙古及天山南北路俄人得自由居住，無稅貿易。

(4)俄國於伊犁，塔爾巴哈台，喀什噶爾，烏魯木齊，哈密，古城，科布多，烏里雅蘇台，庫倫，張家口等處，得設領事，並有購買土地之權。

並謂如不得允，將自由行動。清政府不得已許之，時宣統三年二月也。未幾俄人以我易欺，又要求庫倫開礦優先權，外部拒之。俄遂運動活佛獨立，至清亡此案還未解決。

七　中英西藏及片馬之交涉

日本崛強東亞改觀，英國亦樂爲與國，故光緒三十一年，有英日同盟之續訂。其與中國交涉有下列二項

(甲)西藏問題　西藏久爲英國所垂涎。光緒二年芝罘（烟台）條約，許英人入藏游歷，其後因藏人不願，故於中英緬甸條約時，取消入藏。但英人暗中進行甚力，嘗以私人資格入藏，爲秘密之探險，或以商人資格往來藏印，從事聯絡。光緒十三年，西藏以哲孟雄事，與英發生衝突，不敵，哲孟雄遂歸英有。至十八年，中英訂結印藏條約，認英對哲孟雄有保護監理之權，十八年又訂印藏續約，亞

東開爲商埠，英人勢力，直達藏境。達賴惡之，欲倚俄制英，西藏遂爲英俄兩國之競爭場。會日俄戰事起，英乘俄不暇過問，起兵入藏，達賴出走，光緒二十年七月，由班禪出面與英人訂立英藏和約，開埠賠款，不一而足，不惟有礙中國主權，直將西藏視爲英之保護領矣。我國堅不承認，俄德美意亦羣起抗議，於是英稍退步，遂於光緒三十二年，由唐紹儀主持，成立印藏正約。

(1)光緒三十年之英藏和約，作爲本約之附約。

(2)英允不佔西藏，及不干涉西藏一切政

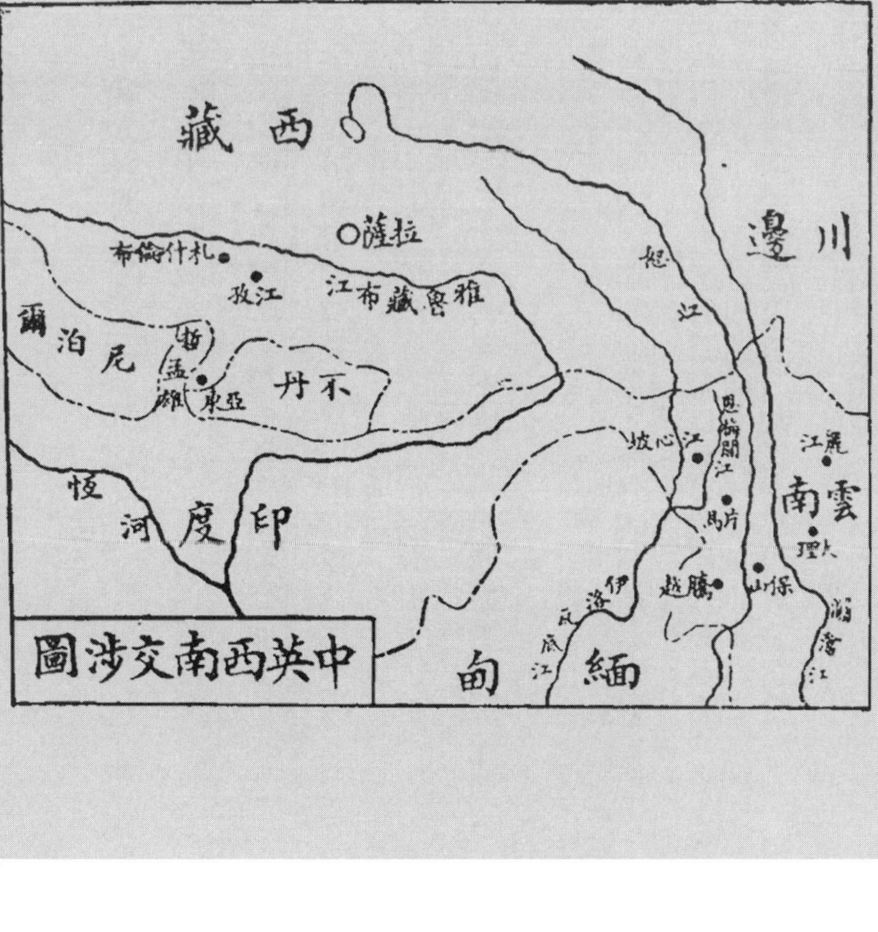

中英西南交涉圖

治，中國亦不准他國干涉藏境及一切內治。

(3)英國得於印度境內設接連亞東噶大克（在藏境極西）江孜三商埠之電線。

依據右約，西藏主權雖屬我國，然其實一切事項，悉受英人干涉，西藏不啻爲中英之共同保護國矣。

（乙）片馬問題　片馬位滇緬間，東阻潞江，西接恩梅開江，在騰越北境，向屬保山縣登埂土司。英自併吞緬甸以來，與我國國境素未劃勘。光緒三十一年，兩國會勘境界，至片馬附近，各執爲本國土地，不及解決而止。宣統二年，英國遽以兵力據之，雲南人士大爲憤激，各省應之，電請政府力爭。滇督李經羲亦請外部與英使嚴重交涉。英使一味敷衍，絕無退兵之意。三年兩國派員劃界，亦無成議。英兵來去無時，片馬儼成無主權之土地云。

八　中葡澳門之交涉　清季向我國進攻者，匪僅諸強國已也，即葡萄牙，亦有澳門拓界之事。明嘉靖時，葡租澳門，年科租金二萬兩。萬曆以後減爲租金五百兩，迄清道光時無異。鴉片戰後，不納租金，清亦聽之。光緒十三年三月，我國與葡訂約，委託代防鴉片漏稅，以澳門割爲葡有，用以酬之，於是澳門遂爲葡人領地。但因界址迄未劃定，遂種後日葡人拓界糾紛。

初葡人租借，原以關閘爲界，並築有牆壁以示區別，附近島嶼不在租借之內。其後葡人欺我闇弱，漸拓境壁外，並侵佔附近諸小島，移民建屋修道。光緒末年，日本二辰丸密運軍火來華，停泊澳門海面，我國兵艦捕獲之，日人強詞謂該海面係葡領，而葡亦欲假此擴張領地，於是中葡劃界問題起。清廷派高爾謙赴香港與葡使議，久無結果，時宣統二年也。是年十月移北京會議，無何，葡國革命起，事遂中斷。不久我國亦發生革命，此事遂成懸案。

附日俄戰役簡明表一

甲 原因
- 1 主因——俄國經營遠東政策，與日不相容，日本發展大陸政策，與俄不相容。
- 2 遠因——光緒八年，俄國強以千島羣島交換庫頁島，日久飲恨在心，
- 3 近因——(甲)俄國干涉還遼，(乙)俄人擴張在滿勢力，(丙)俄人伸張在韓勢力，(丁)俄國不遵約撤兵，(戊)滿韓交換案不成，

1 九連城之役——俄將亞歷塞夫聞第三第六師團之敗，爲之奪氣，

日俄戰役

- 乙戰役
  - 陸戰
    - 2 金州之役——日兵佔領青泥窪等處，旅順之後路絕，
    - 3 得利寺之役——俄兵號稱二十萬，日軍攻破之，聲勢大振，
    - 4 大石橋之役——日兵苦戰得勝，俄兵無南下之望，旅順之救援遂絕，
    - 5 遼陽之役——日進攻，俄反攻，雙方死傷最鉅，爲開戰以來第一血戰，
    - 6 奉天之役——戰員合計約八十萬，最後日本勝利，陸戰告終，
  - 海戰
    - 1 仁川之役——日船護送陸軍登岸，俄大小兵艦數艘，被擊沈沒，
    - 2 旅順之役——彼此血戰多次，最後俄國太平洋艦隊全歸覆沒，
    - 3 對馬之役——俄國波羅的海艦隊，全歸覆沒，于是戰事終結，
- 1 地點——美國朴子茅斯
- 2 調停者——美大總統羅斯福

丙和議

3 主和者
- 日本——外務大臣小村壽太郎，駐美公使高平。
- 俄國——內務大臣微德，駐美公使羅栓。

4 要項
1 俄承認日本在韓之卓越利益，及保護監督權之處置。
2 俄承認中國轉租旅大於日本，
3 日俄承認滿洲門戶開放，雙方定期撤兵。
4 俄讓長春旅順間之鐵路於日本，
5 俄割庫頁島南半與日本，

5 時日
- 中曆——光緒三十一年七月二十九
- 公元——一九〇五年八月二十九

直接的
1 滿洲善後條約成立，承認日本在滿洲一切權利。
2 韓國駸駸爲日本掌中物，促成日韓之合併。
3 我國以日勝俄，即爲以立憲戰勝專制之表現，引起立憲之動機。

- 丁影響
  - 間接的
    1. 日俄成立協定，日南俄北各不相犯，使滿洲有主客易位之勢。
    2. 英日續訂同盟，彼此利用，俾我國外交上之應付益臻困難。
    3. 日本西進政策漸告成功，在太平洋海權日益，因引起日美海權之爭，而關東三省，遂有東方巴爾幹之趨勢。

日俄戰役詳情表二

- 陸軍
  - 日
    1. 其組織以師團為最大，合步兵二旅團，騎兵三中隊，炮兵六中隊，工兵輜重各二中隊而成，計萬二千五百人，
    2. 有近衛師團及第一至第十二師團凡十三，戰時合兩師團稱軍團，
    3. 於東京置中東西三部都督，政令掌於陸軍大臣，作戰計畫屬參謀本部。
  - 1. 其組織以軍團為最大，合步兵二師團，騎兵一師團，加以砲工築城兵、

甲　兩方實力

俄

- 電信架橋鐵道隊，計四萬八千六百人，

2 全國有二十九軍團，在東部西北利亞者二，

3 全國分軍區五十三，皆有司令，直轄於陸軍大臣，參謀本部不獨立。

海軍

日

1 有一二等戰艦九，一二三等巡洋艦二十二，一二三等海防艦十一，一二等砲艦十六，通報艦四，驅逐艦十九，水雷母艦一，水雷艇六十二，在艦者萬六千餘人，

2 分橫須賀，吳，佐世保，舞鶴，室蘭五海軍區，其政令掌於海軍大臣，作戰計畫屬海軍司令部，

俄

1 有戰艦二十八艘，一二三等巡洋艦三十七，海防艦十一，一二等砲艦三十一，驅逐艦三十九，水雷母艦十，水雷艇二百零七，將卒凡四萬人。

2 分波羅的海，黑海，裏海，太平洋四艦隊，最高之官曰海軍元帥，皇族任之，海軍大臣爲之佐。

乙　兩方將領

日本方面

1 大山巖爲滿洲軍總司令，兒玉源太郎爲總參謀長。

2 黑木爲楨統第一軍渡朝鮮攻九連，奧保鞏統第二軍攻金州取遼陽，乃木希典統第三軍由金州攻旅順，野津貫道統第四軍出岫巖逼遼陽，川村統第五軍趨撫順。

3 東鄉平八郎率第一艦隊，派瓜生外吉護陸軍由仁川登岸，自攻旅順俄艦，上村彥之丞率第二艦隊警戒海面，攻海參威，片岡七郎率第三艦隊掃除旅順海面危險物。

俄國方面

1 其始以亞歷塞夫爲滿洲軍總指揮，黎涅威治爲第一軍團司令，斯陀爾克爲東洋艦隊司令長官。

2 其後以苦魯巴金爲滿洲軍總指揮，馬哥羅夫爲東洋艦隊司令。

日軍進攻

1 第一軍爲右翼出其東北，第四軍爲左翼出其西北，第二軍出其前，當遼陽正面。

丙　陸軍大戰

- 遼陽之役
  - 2 自光緒三十年七月十五起，雙方血戰，至二十五日，攻陷遼陽，日軍死傷者至萬七千五百人，是爲日軍第一次大勝。
  - 俄軍反攻
    - 1 第一第四第五軍團爲正軍，寨爾巴夫統之，攻遼陽，威烈士統第二軍團出遼陽東南，斷日軍歸路，第三軍團及餘軍爲總預備隊，爲策應。
    - 2 自八月二十五起，至九月六日，日漸勝利，俄退守渾河北岸，日軍死傷者萬五千餘人，俄軍死者近四萬，是爲日軍第二次大勝。
- 奉天之役
  - 1 日本步兵二十萬，炮工輜重兵共十五萬，大炮千一百門，陣地長四十餘里。
  - 2 命第四軍爲中堅，第二軍爲左翼攻正面，第一軍爲右翼，第五軍爲最右翼攻撫順，第三軍爲最左翼，出其西北，繞俄軍後路。
  - 3 俄國步兵三十八萬，騎兵二萬六千，炮兵三萬，大炮千三百門。
  - 4 命第三軍團爲中堅，第二軍團陣其左，第一軍團居其後，第四軍團爲總預備隊，當日軍之最右翼。

5 自光緒三十一年正月十六起，至二十六日，日本第三軍繞出俄軍後方，俄軍形勢不利，奉天遂於二月五日失陷，日軍死傷者四萬餘，俄軍死者二萬，傷者十一萬，是爲日軍第三次大勝。

丁 海軍大戰

- 旅順之役
  - 1 日將東鄉冒死封鎖旅順港口，廣瀨武夫死事最烈，迄第三次封鎖，始告成功，然前後九次進攻，卒無大利，
  - 2 俄艦初持保守主義，及馬哥羅夫至，乃出港與日艦爭雄，不幸誤觸水雷而死，然仍不時出沒，爲日本患。
  - 3 乃木希典統第三軍攻旅順後防，自光緒三十年七月起至十一月，四次進攻，死者甚衆，最後乃與海軍收夾擊之效，旅順遂爲日本所有。
- 對馬之役
  - 1 先是俄皇以極東戰事告警，特遣羅哲斯德統波羅的海艦隊繞好望角東航，至光緒三十一年四月，始至中國海，聞旅順已陷，乃謀入海參威軍港。

2 日將東鄉知俄艦必由對馬島而北，先設伏以待之；四月二十四日，俄大小戰艦三十四艘果銜接而至，日艦乘之，復以主力艦乘夜襲擊，俄軍大敗，自羅哲斯德以下員兵皆爲俘虜，戰事遂結。

戊　勝敗原因

- 日之優點
  - 1 軍令迅速——能先發制人。
  - 2 戰士勇敢——人人富武士道精神。
  - 3 國民愛國——(甲)日童不受俄人糖果，(乙)殘廢者以不得當兵爲痛，(丙)母送子，妻送夫，以戰死爲榮，(丁)勞力者積有微資，送供軍費。
- 俄之劣點
  - 1 編制之無法——(甲)軍政腐敗，將與兵不相習，(乙)種族複雜，兵與兵不相習。
  - 2 調度之乖方——舉動遲滯，坐待日軍來擊。
  - 3 軍隊不相聯絡——(甲)陸軍與海軍不聯絡，坐視旅順失陷，(乙)海軍與海軍不聯絡，以致受各個的擊破。

日本侵略東省機關組織表三

甲 滿鐵會社

1 成立時——光緒三十二年五月。

2 性質——代表國家經營國家事業，其性質與英之東印度會社同，爲經濟侵略的大本營。

3 業務經營

1 鐵道業，2 鑛業（撫順煙臺之煤，鞍山之鐵最著，）3 水運業，

4 電氣業，5 倉庫業。

6 鐵道附屬地的土木，敎育，及衞生等重要的設施，7 其他政府特許的事業。

1 成立時——光緒三十二年七月

2 性質——爲司法行政最高機關，等於我國省政府，爲政治侵略的大本營，

直屬的

1 長官房，2 內務局

3 警務局，4 財務局

乙 關東廳

3 行政組織

所屬的

1 遞信局——下分郵政電信電話三局及郵便所。

2 民政署——民政支署。

3 警察署——警察支署。

3 警察官練習所。

5 海務局——支局。

6 醫院。

7 監獄。

8 觀測所——支所。

9 博物館。

10 農業，水產，蠶絲試驗場。

11 交易所及屠場

12 臨時戶口及土地調査部

- 13 臨時土地調查部職員講習所。
- 14 土地審查委員會。
- 15 建築技藝者檢定委員會。
- 16 地方行政審查委員會。
- 17 市制調查委員會。
- 18 法院——高等法院——地方法院及支廳。

丙 關東司令部

1 成立時——光緒三十二年七月。

2 性質——為軍事最高機關，直屬日皇，為軍事侵略的大本營。

3 軍隊編制

- 1 關東司令部——駐大連灣。
- 2 駐防師團——駐遼陽及南滿鐵路。
- 3 獨立守備隊——駐長春，奉天，安東，普蘭店一帶。
- 4 旅順要塞司令部——駐旅順。

5 旅順重炮兵大隊——駐旅順。

6 關東憲兵隊——駐旅順，大連，柳樹屯，大石橋，營口，海城，遼陽，奉天，鐵嶺，開原，四平街，公主嶺，長春，撫順，連山關，安樂等地。

7 關東陸軍庫房——爲軍需總機關。

8 衛戍病院。

9 衛戍刑務所。

第十六章　光宣之內政及宣統退位

一　慈禧之惡跡　德宗冲齡卽位，慈禧聽政。奕訢罷去，奕環當國，吏治腐敗，賄賂公行。其贓私營缺者，如啓伯陽以查無履歷之人，而謀簡放蘇松太道，玉崑以一木廠之管事，而謀簡放四川鹽茶道，二案其尤著也。其最關重要者，又有下列二事：

(1)寵任李蓮英　蓮英本河間無賴子，先以事繫獄，得脫、改業皮工，人呼爲皮硝李。以內監沈蘭玉薦，入侍爲梳頭房太監，尋擢總管。有子四人，分捐戶兵刑工四部郎中。蓮英權傾朝右，一時無恥之徒，爭奔走其門，奕環巡閱北洋海口，亦派蓮英同往監視，於是海陸諸將如丁汝昌衞汝貴葉志超龔照嶼等，皆執贄稱受業。御史朱一新疏奏恐蹈唐代監軍覆轍，中有「深宮或有不得已之苦衷」等語，奉旨嚴飭鐫級。而蓮英又往往侮辱大臣，藐視一切，莫可如何。德宗之幽禁瀛台，蓮英實媒孽之。義和團之變，蓮英實主持之，珍妃之溺死寧壽宮外井中，蓮英實推墮之。寵眷之隆，一時無兩，慈禧生死不悟，是眞不可解也。

(2)修治頤和園　圓明園自咸豐末年焚燬後，屢議修復，迄無經費，慈禧乃以興辦海軍爲名，詔各省年解鉅款僅提十之一二，給辦海軍，餘悉供頤和園建築之用。園包萬壽山，山頂建佛香閣，俯臨排雲殿，矗立雲表，松槐夾道。又有玉瀾堂、樂壽堂、寶蓮舫諸勝。慈禧在園中日夜以聽戲爲樂。嘗率妃嬪福晉太監等盪舟湖中照像，用漁家服，有時著古漢裝，后扮觀音，餘扮龍女善財童子等，李蓮英扮韋馱旁立，其影片流傳外間不之禁。甚至親演戲劇，以資笑樂。於德宗進見時，輒厲色對之。有寇連材者，賢太監也，嘗上摺十條，一請太后勿攬政權，二請勿修頤和園，以幽皇帝，餘皆爲人所不敢言者，慈禧殺之。是時內苦天災，外多邊釁，民不聊生，全不之念，而園中費用日須萬二千金，此淸室之所由衰亡也。

二　戊戌以前之新政　慈禧再次垂簾時，中外多故，然爲環境所迫，其新政亦有可述者，其要如左：

(1)設電線　光緒六年八月，李鴻章以各國交通便利，均恃電報，獨中國文書尙恃驛遞，雖日行六百里，已遲速懸殊。故奏請設南北洋電報，並立電報學堂，用洋人教習。奉旨允行，是爲中國設立長途電線之始。

(2)、辦、鐵、路、 我國之有鐵路，自光緒二年英商創辦淞滬鐵路始。江督沈葆楨購回毁之，蓋爲輿論所排斥也。四年留美學生唐荳聲，請於直督李鴻章創辦開平煤鑛築鐵路以便運輸，此爲吾國現在鐵路之始。光緒十二年，改築鐵軌廣四尺八寸，爲中國鐵軌定則。其後逐漸推廣，吾國鐵路事業至今遂有可觀矣。

(3)、營、航、業、 同治十一年，李鴻章創辦招商局，購置輪船三艘，先後撥用直隸江蘇江西湖北等處官款，計一百九十萬八千兩。自光緒六年起，分期繳還官款，惟存商股四百萬兩。迄今數十年資本增至四百八十萬兩，計船三十餘艘，實爲我國航業公司之巨擘。

(4)、創、郵、政、 泰西各國，皆設郵政局，以遞信寄物，流通文化。吾國雖設電線，然須費不貲，非常人所能堪。且止於通信，效用不廣，總理衙門有鑒於此，乃於光緒二十二年二月，奏請創辦郵政，設總局於北京，分局於各省，推之各地，奉旨允行，是爲我國有郵政之始。

(5)設官書局　先是京師官紳，設強學書局，講求時務，經御史楊崇伊奏請封禁。旋於光緒二十二年正月御史胡孚宸奏請將強學書局改歸官辦。嗣經總理衙門奏准改設官書局，命孫家鼐管理，是爲清廷提倡新學之始。

中日戰後德宗銳意變法。惜不爲舊黨所容，而政變起。瀛台幽廢，慈禧至是垂簾凡三次矣，一切政治，概復舊觀。未幾義和團之亂起，而政局又變。

三　辛丑以後之新政

辛丑講和以後，慈禧憬然覺悟知排外之非計，亟思改革以圖補救，其新政概況如下：

(1)整理中樞　光緒二十七年春，倣各國樞密院之制，設立政務處，集王公大臣會議新政，以奕劻王文韶鹿傳霖等爲督辦政務大臣。江督劉坤一，鄂督張之洞，直督袁世凱，遙爲參預。

(2)改革科舉　光緒二十七年，命開經濟特科至二十九年考取袁嘉穀馮善徵一二等共二十七名。又廢八股改試策論。至三十一年停止考試，以後人才，概由學堂出身。

(3)興辦學堂　光緒二十七年，命各省府州縣，改書院爲大中小學堂，並多設蒙養學堂，同時命各省選派學生出洋肄業。明年以張百熙爲管學大臣。又明年，頒布張之洞之奏定學堂章程。三十二年，宣布教育宗旨注重忠君，尊孔，尚公，尚武，尚實五項。

(4)改良軍制　命各省裁汰舊營精選若干分爲常備續備巡警等軍。又命各省設武備學堂，京師立練兵處，以徐世昌段祺瑞等主之。

(5)增設巡警　始於北洋，袁世凱創之，各省做行，而京師設巡警部統之。

(6)整理財政　庚子賠款既鉅，每年償本利銀約須二千萬兩。加以練兵新政各費，須款過多，度支告匱。乃依戶部尚書趙爾巽之請，行預算決算法。又開辦計學館，以爲整理之基。復整頓幣制，改鑄銀元。各省競鑄銅元，流弊孔多，百貨騰貴自此始矣。

(7)提倡實業　清季內閣設農工商部，掌全國之實業，各省設勸業道，掌一省之實業，對於農工商業，講求頗力，以示提倡之意。

(8)剔除積弊　光緒二十八年，命沈家本伍廷芳修改法律，參酌各國法律而變通之，非刑及刑訊等，以次禁革。而其最關重要者，則爲二十七年之停止捐納，三十二年之嚴禁鴉片是也。

⑼預備立憲　光緒三十一年日俄之役，中國士大夫，羣以為立憲戰勝專制。於是駐法使臣孫寶琦，首先奏請立憲。清廷然之，卽於是年秋，命載澤、戴鴻慈、端方、徐世昌、紹英等出洋，考察各國政治。旋以黨人吳樾拋擲炸彈，徐紹受傷，改派尚其亨、李盛鐸前往。次年歸國，奏請宣布立憲宗旨，於是釐訂官制，以為立憲之預備。三十三年，改考察政治館為憲政編查館，歸併會議政務處於內閣。迄三十四年秋，遂有憲法大綱之頒布焉。

按辛丑以後之新政，注重政治方面，較戊戌以前之偏重物質方面者，似稍進步。惟政府一意以敷衍遷延為事，故連年紛更，迄無效果。

四　溥儀入繼及其初政　光緒三十四年十月二十一日，德宗崩，年三十有八，以醇親王載灃之子溥儀入承大統，年僅三歲，改明年為宣統元年。尊慈禧為太皇太后，德宗后為隆裕太后。次日慈禧崩，謚曰孝欽顯皇后，載灃攝政，欲一新國人耳目，爰再下詔，申明實行九年預備立憲之期，降革各省官吏玩誤憲政者，如陝甘總督升允，甘肅布政使毛慶蕃等若干員，以風示天下。是年九月一日，為各省諮議局開會之期，特降諭旨，誥誡各省議員及督撫，詞頗懇摯。冬十二月，頒布禁烟條例，以除毒物，又頒布府廳州縣及城鎮鄉自治章程，以備實行地方自治。人民聞之，皆以爲憲政自此當實行矣。詎知攝政王之才既不如慈禧，而其徒具文飾全無誠意，與慈禧如出一轍，此時局之所以益臻混亂也。

五　國會之延期　初光緒末，有都御史陸寶忠，御史江春霖等，先後疏請開國會，不允。尋都察院又代遞湖南舉人蕭鶴祥等條陳，請速開國會，並交政務處一併議駁。至是各省諮議局成立，有直隸議員孫洪伊聯合各省諮議局議員，於宣統元年冬，上書政府，籲請縮短期限，早開國會，奉旨俟九年期滿召集。二年夏，洪伊等又作大規模之請願，奉旨同前。時年秋，資政院成立，資政院議員，分欽選民選二部，欽選居多數，又佔勢力，人民疾之，稱欽賜議員。是年冬，各省諮議局議員及人民代表，又聯合入都，爲第三次之請願，速開國會，並組織責任內閣，政府不得已，始允於宣統五年召集國會，三年先行釐訂官制，組織內閣，編定憲法，於時論者謂，清廷舍國會而先組織內閣，則所謂責任內閣者，將何所附麗。且人民請願，皆云責任內閣，而詔删責任二字，無責任之內閣，爲我國所固有，何俟宣統三年而始成立，又何俟再下詔書爲之規定，況當是時，一方下詔縮短籌備年限。一方降諭所有各省代表人等，著民政部及各省督撫剴切曉諭，令其即日散歸，各安職業。尋又命民政部與步軍統領衙門，將東三省請願代表，送回原籍，不准逗留。並命各省督撫開導彈壓，如有違抗，查拏嚴辦。尋又發遣天津人溫世霖於新疆，以其在津組織第四次國會請願團也。於是人民咸曉然於清廷意旨所在，而僞立憲之面目大白於天下矣。

六　親貴內閣之失望

光緒末年第一次釐訂官制，仍以慶親王奕劻爲軍機處領袖大臣，其餘十一部尚書，民政部善耆，陸軍部鉄良，度支部載澤，禮部溥良，學部榮慶，農工商部溥頲，理藩部壽耆，親貴計居其七。至宣統三年，第二次釐訂官制，組織新內閣；仍以奕劻爲總理大臣，以那桐爲協理大臣。其餘十國務大臣，民政善耆，陸軍蔭昌，度支載澤，海軍載洵，司法紹昌，農工商溥倫，理藩壽耆，親貴又居其七，故人稱爲親貴內閣。此外資政院總裁，則屬之世續，軍諮大臣則屬之載濤，弼德院院長，則屬之榮慶。所有重要職務，多以皇族充之。於是各省諮議局議員，以其不合立憲之公例；聯合陳請都察院代奏，請另行組閣。奉旨申飭，以「黜陟百司，係君上大權，議員不得干預。」嗚呼，以一國之政權而私諸一家親貴，猶自命曰立憲，其誰信之。先是御史江春霖已痛參奕劻爲老奸竊位，引用匪人，奉旨著回原衙門行走。給事中陳田，御史趙炳麟，胡思敬等，先後籲請收回成命，不許。於是全臺憤激，聯名上疏，謂「言路無所遵循，請明降諭旨」，亦不省。四川提學使趙啓霖聞之，又抗疏嚴劾奕劻，皆留中不報。江春霖，趙炳麟，趙啓霖三人，皆爲當日臺諫中之錚錚者，彈疏雖不中，人皆引以爲快。

七　鐵路國有之召變　清室亡象，已在眉睫，乃宣統三年，又有鐵路國有之事。發之者御史石長信，主之者郵傳部大臣盛宣懷，爲新閣成立時第一政策。由政府向英法德美四國借款千萬磅，尋又加入日本借款，以爲收回鐵路之基金。凡全國幹路，均歸國有，將前此批准商辦鐵路舊案，一律取消，停止川楚鐵路租股，宣布收回川漢粵漢鐵路辦法。以侍郎端方爲督辦粵漢川漢鐵路大臣，三品京堂鄭孝胥，爲湖南布政使，二人皆力主鐵路國有者也。於是川鄂湘粵四省人民大譁，以川漢粵漢鐵路，前由政府售與美商合興公司，竭四省人民之血資，爭回自辦。組織甫成，政府忽借外債，收歸國有，不啻奪四省人民之生命財產，以授之外人，人民氣沸騰。湘撫楊文鼎，以湖南諮議局主張激烈，慮有他變，一面代爲奏請收回成命，一面謂有匪徒從中煽惑，非挾雷霆萬鈞之勢，不足以示威。盛宣懷力贊其說，攝政王從之，於是有「格殺勿論」之上諭。四川諮議局議尤激烈，主張以不納稅爲抵制。川督王人文以政府顯拂輿情，慨允代奏，不納。廣東湖北同鄉京官聯名彈劾盛宣懷。湖北諮議局又刊發傳布召集會議至者數千人，競籌對付之策。而御史趙熙、歐家廉等據以入告，劾盛宣懷借款賣路二十餘款。政府迄不爲動，僅將原摺交盛宣懷閱看而已，亦無效果。兩湖四川諮議局正副議長湯化龍，譚延闓，蕭湘等又聯合力爭。粵路公司聯合南洋華僑十餘萬人電爭，尤力，皆不報，且有以武力解散之說。於是四省士民知政府已無餘地，乃退而商自保之策，立保路同志會以謀抵制。川中人士尤激烈。無何，清廷以趙爾豐代王人文督川，拘保路同志會長鄧孝可、及諮議局正副議長蒲殿俊、羅綸十餘人於署中，人民相率要求釋放，槍斃四十餘人，以致激成民變，乃以謀亂入告。四川諮議局副議長蕭湘自京回過漢，亦爲鄂督瑞澂捕禁。於是各省諮議局大動公憤，而浙江諮議局議長陳黻宸首電請斷盛宣懷趙爾豐首以謝天下，清廷不省。詔促端方帶兵入川，起復前粵督岑春煊前往會同趙爾豐辦理剿撫事宜。爾豐恐春煊至，則川事眞相畢露，乃僞稱亂平，春煊不行。清廷以川事辦理迅速嘉獎趙爾豐瑞澂功。人民於是益大不平，而革命起矣。

八　革命之爆發　清季政治改革之思想，漸輸入一般社會心理之中，其時可分兩派：

（甲）立憲派　主張維持清室，以孫寶琦袁世凱爲首領。

（乙）革命派　主張推倒滿清，以孫文黃興爲首領。

其初立憲派盛，官僚階級士紳階級皆主之，一般苟安之徒，亟望其成功。革命派以下級社會爲大本營，潛滋暗長，其勢力自不可侮。僞立憲揭破，向之言立憲者亦羣趨於革命一途，而武昌革命起。

先是革命黨人以武昌據天下上游，運動新軍，原約宣統三年八月十五舉事。旋以事未就緒，展期至二十五。而十七日事洩，機關多處同時被破，憲兵彭楚藩劉汝夔楊宏勝三人被害。遂於十九日發難，（公元一九一一年十月十日）工程營熊炳坤先發，輜重營繼之，當推吳兆麟爲總指揮，先取火藥局，直撲督署，鄂督瑞澂及統制張彪逃去，於是武昌光復。推第二十一混成協協統黎元洪爲都督，諮議局議長湯化龍爲總參議，議員張國鎔夏壽康爲副參議，即以諮議局爲軍政府。二十三四日，派兵渡江，連克漢陽漢口，即照會駐漢各國領事，請其確守中立，並申明四項：

(1)以前清政府所定條約，軍政府概認有效。但以後所訂條約，概不承認。

(2)承認各國既得權利。

(3)賠償外債，照應由各省如數攤還。

(4)各國僅以軍用品助清軍政府概須沒收。

領事團即宣告中立，旋各國皆承認軍政府爲交戰團體。清廷聞耗，即以陸軍大臣蔭昌統陸軍南下，並命薩鎮冰以海軍赴鄂，而各省獨立之信紛至沓來，攝政王不得已乃起復袁世凱，負軍國重任。

九 袁世凱出山及宣統退位　先是辛丑講和，李鴻章病卒，遺疏薦袁世凱自代，由是小站練兵，參預朝政，隱然負天下重望。宣統即位，載灃攝政，即罷袁世凱職，令其回籍養痾，蓋惡其威權震主也。至是以事機急迫，起復袁世凱爲湖廣總督，所有該省軍隊及第一二軍軍統馮國璋段祺瑞等，咸受節制。並罷除盛宣懷趙爾豐瑞澂職，下詔罪己。略云「朕用人無方，施治寡術，政地多用親貴，則顯戾憲章。路事蒙於僉壬，則動違輿論。促行新政，而官紳或藉爲罔利之圖。更改舊制，而權豪或祇爲自便之計。民財之取已多，而未辦一利民之事。司法之詔屢下，而實無一守法之人。馴至積怨於下而朕不知，禍迫於前而朕不覺。」資政院奏請改組親貴內閣，允之，於是奕劻載澤等皆罷去，以袁世凱爲，內閣總理大臣組織內閣。並頒布十九信條，以示立憲決心。袁世凱當國，一方令馮國璋攻陷陽夏，予民軍以打擊。一方面遣使與南方議和、冀收漁人之利。先下令停戰，遣唐紹儀爲代表，與黎元洪或其他代表議和，嗣以會議地點，改設上海，南方公推伍廷芳爲代表，雙方會晤。伍代表主張必須承認共和，方可開議，唐代表主張召集國會解決國體問題，相持不決。已而孫文返國，十七省區代表，公舉爲臨時大總統，改用陽曆，即以是年陰歷十一月十三日，爲中華民國元年元旦，總統即于是日就任。袁世凱聞南京政府成立，唐紹儀等所議國民會議方法又不合，撤消唐紹儀和議代表，直接與伍代表電商，時良弼鐵良載濤載洵載澤等組織宗社黨，劫持其間，故久無成議。及良弼爲彭家珍炸死，親貴皆逃，和議始無阻力。旋段祺瑞等通電贊成共和，而退位之議遂決。舊曆十二月二十五日，（即民元年二月十二日）清廷接受優待條件，發布退位詔書，命內閣總理袁世凱組織臨時共和政府，而我國數千年之君主政體，遂于是結局。

附憲法大綱內容表一　（注）光緒三十四年八月頒布

甲 關於君上大權者

1 大清皇帝，統治大清國，萬世一系。

2 君上神聖尊嚴，不可侵犯。

3 有欽定頒行法律及發交議院之權。

4 有召集開閉停展及解散議院之權。

5 有設官制祿及黜陟百司之權。

6 有統率海陸軍及編定軍制之權。

7 有宣戰講和訂約及派遣使臣與認受使臣之權。

8 有宣告戒嚴之權。

9 有爵賞及恩赦之權。

10 有總攬司法權，委任司法衙門，遵欽定法律行之，不以詔令隨時更改。

11 有發命令及使發命令之權，惟已定之法律，非交議院協贊奏經欽定時，不以命令更改廢止。

憲法大綱

12 在議院閉會時，遇有緊急之事，得發代法律之詔令，並得以詔令籌措必需之財用，惟至次年會期，須交議院協議。

13 皇帝經費，應由君上製定常額，自國庫提支，議院不得置議。

14 皇室大典，應由君上督率皇族及特派大臣議定，議員不得干涉。

乙 關於臣民權責者

1 臣民于法律範圍以內，所有言論著作出版及集合結社，有自由權。

2 臣民非按照法律所定，不加以逮捕監禁處罰。

3 臣民可以請法官審判其呈訴之案件。

4 臣民應接受法律所定審判衙門之審判。

5 臣民之財產及居住，無故不加侵擾。

6 臣民按照法律所定，有納稅當兵之義務。

7 臣民規定之賦稅，非經新定法律更改，悉照舊輸納。

8 臣民有遵守國家法律之義務。

清季內閣人員調查表二　(注)親貴于其名下作○爲記

第一次——光緒三十三年六月	第二次——宣統三年四月	第三次——宣統三年九月
軍機處領袖大臣——奕劻○	內閣總理大臣——奕劻○	內閣總理大臣——袁世凱
軍機大臣——世續○鹿傳霖	協理大臣—那桐○徐世昌	
外務部尚書——呂海寰	外務部大臣——梁敦彥	外務大臣——梁敦彥
民政部尚書——善耆○	民政部大臣——善耆○	民政大臣——趙秉鈞
陸軍部尚書——鐵良○	陸軍部大臣——廕昌○	陸軍大臣——王士珍
度支部尚書——載澤○	度支部大臣——載澤○	度支大臣——嚴修
吏部尚書——陸潤庠	海軍部大臣——載洵○	海軍大臣——薩鎮冰
禮部尚書——溥良○	軍諮府大臣——載濤○	
學部尚書——榮慶○	學部大臣——唐景崇	學部大臣——唐景崇

法部尚書——戴鴻慈	司法部大臣——紹昌〇	法部大臣——沈家本
農工商部大臣——溥頲〇	農工商部大臣——溥倫〇	農工商大臣——張謇
郵傳部尚書——陳璧	郵傳部大臣——盛宣懷	郵傳部大臣——唐紹儀
理藩部尚書——壽耆〇	理藩部大臣——壽耆〇	理藩部大臣——達壽〇

辛亥革命各省獨立一覽表三

地名	宣統三年 公元一九一一	民軍都督	
武昌	八月十九（雙十節）	黎元洪	黎本二十一協協統、革命黨人臨時推爲都督
長沙	九月初一	焦達峯正 陳作新副	焦陳本會黨首領、聯合新軍起事、旋被殺、推譚延闓爲都督

九江	九月初二	馬毓寶	馬本新軍標統
南昌	九月初十	吳介璋	吳本新軍協統、獨立、巡撫馮汝騤自殺、後彭程萬稱奉孫文委任至、繼爲都督、旋他去、馬毓寶到南昌就都督職
西安	九月初四	張鳳翽	張新軍管帶、于初一起事、初二攻克滿城
太原	九月初九	閻錫山	閻本新軍協統、清巡撫陸鍾琦被殺
雲南	九月初九	蔡鍔	蔡本新軍協統、與管帶羅佩金唐繼堯等起義
貴州	九月十四	楊晉	楊本新軍教練官、巡撫沈瑜慶出走、民安堵如故
上海	九月十三	陳其美	先據閘北警局、次據製造局、旋定吳淞口

蘇州	九月十四	程德全	程本江蘇巡撫、宣布獨立
杭州	九月十四	湯壽潛	湯本浙路總理、巡撫增韞被拘、尋釋之、將軍德濟降
安慶	九月十八	朱家寶 孫毓筠	朱本安徽巡撫、由諮議局宣布獨立、推爲都督、旋他去、由孫繼任
福建	九月十八	孫道仁	孫本新軍統制、總督松壽自盡、將軍樸壽被殺
廣東	九月十九	胡漢民正 陳炯明副	將軍鳳山于初四炸死、十九日諮議局宣布獨立、推總督張鳴岐爲都督、張遁去、改推胡陳
廣西	九月十六	沈秉堃	沈本廣西巡撫、沈去職、以陸榮廷代
山東	九月廿三	孫寶琦	孫本巡撫、由保安會推爲都督、十月初四、孫取消獨立而去、由胡建樞代爲巡撫、旋藍天蔚攻克煙台、至元年二月、乃與民軍議和、時胡瑛爲都督

成都	十月初七	蒲殿俊 尹昌衡	四川官民衝突最久、外縣以次下、至是乃舉蒲爲都督、旋改推尹昌衡、十一月初三趙爾豐被殺
甘肅	十二月十八		新軍三標一營起義、總督長庚被囚
伊犂	九月以後	廣福	廣本前任將軍、被推爲都督、現任將軍志銳死焉、旋楊增新繼爲都督
奉天	九月廿二		推東三省總督趙爾巽爲保安會會長、吉黑兩省亦同時設保安會、推巡撫爲會長

優待清室條件表四

1 尊號仍舊，以外國君主之禮待之，
2 皇室經費歲給四百萬兩，
3 暫居宮禁後移居頤和園，
4 宗廟陵寢由民國設兵保護，

優待條件

（甲）關於皇室者八

5 德宗陵制如舊，經費由民國支出，
6 清宮人員照舊，惟不得再招閹人，
7 皇室私產由民國特別保護，
8 原有之禁衛軍由民陸軍部編制，額餉照舊，

（乙）關於皇族者四

1 王公世爵仍舊，
2 公權私權與國民平等，
3 私產一體保護，
4 免除當兵之義務，

（丙）關於滿蒙回藏者七

1 與漢人一律平等，
2 保護其原有私產，
3 王公世爵仍舊，
4 王公中有生計過艱者，設法代籌生計，

5先籌八旗生計，於未籌定之前，俸餉照支，
6蠲除從前營業居住限制，各州縣聽其自由入籍，
7滿蒙回藏固有之宗教，聽其自由信仰。

第十七章　晚清之學術

一　古文學之後勁　清代學術，以漢學爲中堅，惠戴二王，登峯造極。然古文派之漢學，易涉於破碎，道咸以後今文漸興，光緒初年，說經者皆主今文，其能堅守古文家法者，有下列四人：

(1)俞樾（字曲園號蔭甫浙江德清人）　俞氏爲曾國藩門生，主盟學界數十年，著有羣經平議諸子平議各五十卷，皆本二王之說而引申之，最後著有古書疑義舉例，舉凡前此難通之義，後學聚訟不休者，莫不迎刃而解，數百年未有之業也。其後丹徒馬建忠（眉叔）倣西歐文法義例，分別而部居之，作馬氏文通，中國之有文典自馬氏始，此則受王俞兩家之影響也。

(2)孫詒讓（字仲容浙江瑞安人）　衣言子，潛心經術，蔚爲儒宗，有周禮正義四十卷。光緒末，競言變法，學者多比附古籍，特作周禮政要一書。又有札迻一種，亦俞氏平議之亞也。兼治墨子，著有墨子閒詁，號爲千秋傑作。著書雖不及俞氏之多，而精深有時過之，清季經學之魁也。

(3)劉師培（字申叔江蘇儀徵人） 幼負神童譽。初在日本，與革黨游，歸國後改節事端方。後又參與洪憲帝政，士論鄙之。然其經學極深，用王俞旁證法，確無疑義，乃著之簡，凡前人所已發者不錄也。承其祖文淇父壽曾之學，專精左氏，著春秋左氏傳例略、佚禮考、禮經舊說考、太誓答問、周官略說若干卷。書雖不多，而精言微義，足補俞孫諸大家缺失，不可多得之作也。

(4)章炳麟（字太炎浙江餘杭人） 初師事俞樾，盡傳其訓詁之學，著述極富，其關於說經之作，雖無專書，然散見於章氏叢書中者不勝舉也。凡所闡發，精微博雅，現代之魯靈光也。

二　今文學之勃興　今文學之中心在公羊，起於莊存與（字心耕江蘇武進人）著春秋正辭，刊落訓詁名物之末，專求其所謂「微言大義」者，與戴段一派所取途徑不同。其同縣後進劉逢祿（申受）繼之，著公羊何氏釋例。凡何氏所謂非常異義可怪之論，如「張三世」「通三統」「絀周王魯」「受命改制」諸義，次第發明。其書亦用科學的歸納研究法，有條貫，有斷制，在清人著述中，實最有價值之創作。龔自珍（號定庵浙江仁和人）曾從逢祿問業，著春秋決事比，僅存其序。然其爲文，瑰恢假詭，時假公羊之說，以諷刺時事。晚清思想之解放，自珍確有功焉。魏源（字默深湖南邵陽人）今文學，推及於詩書。著詩古微，攻毛傳及大小序，謂爲晚出僞作，其言博辨，比於閻氏之尙書疏證。亦時有新理解，其論詩謂不爲美刺而作，此與爲文藝而作文藝之旨相合，直破二千年來文家之束縛。著書古微，不惟謂東晉晚出之古文爲僞，卽東漢馬鄭之古文說，亦非孔安國之舊，眞大胆之論也。清季以今文學著者，有下列三人：

(1)王闓運（字壬秋湖南湘潭人）　幼鈍魯，發憤苦攻，竟成大儒，經師詞宗，主盟壇坫者五十餘年。說經主公羊，著有春秋公羊箋，春秋例表等書。其他經子皆有箋注，後門人輯刊遺著名湘綺樓全書。晚年德望益高，徧歷南北各省，凡知名之士大半其弟子也。

(2)廖平（字季平四川井研人）　爲王闓運高足弟子，專治今文學。成進士後，徧注羣經百餘種，然其說屢易，初謂今文孔之眞，古文劉之僞。後謂今文孔子所傳，古文周公所述。故後謂今文古文皆孔子書，而有大義微言之別。初爲張之洞所賞識，後惡其非聖無法，迫改前說。及康有爲敗，益懼禍爲游移支離之說。晚年所著無足論矣。然其精專博邃，今文學至平觀止矣。

(3)康有爲（字長素廣東南海人）　有爲受廖平之影響，最初所著書，曰新學僞經考。新學者，新莽之學也。僞經指周禮，逸禮，左傳，及詩之毛傳，凡西漢末劉歆所力爭立博士者皆是也。又作孔子改制考，謂「六經皆孔子作，晚周諸子皆改制，」復取公羊三統三世之義，與禮運大同之說，作大同書，說極詭辨，或雜以讖緯神怪之說。此實晚清思想界一大颶風，而富有政治改革社會改革之意味者也。傳其學者有梁啓超，與師說稍異。有爲始終主張帝清，尊孔子爲國教，啓超不謂然，蓋有爲自信甚深，太有成見，啓超則固無成見者也。受有爲影響最鉅者，有瀏陽譚嗣同，著仁學一書。

三　理學佛學之流別　道咸之際，曾國藩倭仁（艮峯）倡道於京師，羅澤南（羅山）講學於鄉里，皆程朱之學也。其時眞治王學者有徐繼畬（松龕）朱次琦（稚圭）二人。徐官巡撫，清節如寒士。父好陸王之學，幼承家訓，推重陽明而身效焉。朱講學九江，世稱九江先生，康有爲師也。初研訓詁經說，中歲治宋儒書，由程朱而陸王。靜悟有得，略近釋氏，彭紹升（尺木）羅有高（台山）而後，蓋第一人矣。

彭羅篤信釋氏。彭號知歸子，龔自珍從受佛學。特作知歸子讚以張之，晚受菩薩戒。魏源亦然，晚受菩薩戒，易名承貫，著無量壽經會譯等書。龔魏爲今文學家所推獎，故今文學家多兼治佛學。石埭楊文會（仁山）少曾佐曾國藩幕府，復隨曾紀澤使英，棲心內典，學問博而道行高。晚年息影金陵，專以刻經宏法爲事，至宣統三年武昌革命之前一日圓寂。文會深通法相華嚴兩宗，而以淨土教學者，晚清佛學大師也。

四　史地學之發達　清代史學，號爲發達。道咸以後，其博採古籍補訂舊史誤漏者，則有洪齮孫之補梁疆域志，錢儀吉之晉書兵志補，侯康之補三國藝文志，郝懿行之宋史刑法食貨志補，及周嘉猷之南北史表，五代紀年表，洪頤煊之諸史考異是也。其改造一代之全史者，則魏源之元史新編其首出也。近人柯劭忞之新元史，雖以魏書爲底本，而精博詳確，尤稱傑構。屠寄之蒙兀兒史，參合中西著述而成，其卷帙雖較柯少，而精審過之。搜輯當代掌故，添助新史料者，魏源之聖武記，李元度之國朝先正事略，朱孔彰之中興將帥別傳，亦有足多者焉。

地理考據，宜都楊守敬（惺吾）實爲近代第一人，所著水經注疏，集諸家之大成，此屬於水道者也。屬於考古者，有歷代疆域志，歷代地理沿革圖，隋書地理志考證，極爲精博，而李兆洛（申耆）之歷代地理志韻編今釋，恐不如也。言西北地理者，何秋濤（願船）之朔方備乘，最負盛名。言海外地理者，徐繼畬之瀛寰志略，魏源之海國圖志，今日觀之誠爲簡陋，然二人毫無憑藉，在當日實爲創作，首功不可沒也。地圖之學，前有李兆洛胡林翼之一統輿圖，及新化鄒代鈞（沅帆）出，博綜舊籍，參用西法，著中外全圖，板用銅刻，精確詳明，今之言地圖學者宗之。

五　文學美術之概況　清季桐城古文，以吳汝綸（摯甫）爲大師，嚴林兩家，亦優爲之。其不囿於桐城範圍者，前有龔魏，以恢詭奇闢著。復有薛福成（叔耘）所著庸庵文集，其中包函史料特多。王闓運胎息漢魏，號爲一代文宗，然近人頗以假古董譏之。自張之洞爲湖廣總督，幕僚善爲詞章。一時駢文以湖北爲中心，若樊增祥（樊山）易順鼎（石甫）鄭孝胥（蘇堪）等，皆以詞章鳴世。辛亥革命，一時檄文公電，往往間以四六，蓋以入人甚深也。

詩詞小說亦多名家，金和（亞匏）之秋蟪館詩鈔，因親與太平軍及清軍往來，目擊時事，故所作足補歷史之遺。黃遵憲（公度）人境廬詩鈔，不規規於前人死法，而能兼前人之長，清季第一流詩人也。王鵬運（幼遐）詞界泰斗，生逢晚清，遘閔既多，受侮不少，故多蒼涼慷慨之作，蘇辛以後一人而已。戲曲梁啓超之新羅馬傳奇，亦有可觀，惜未成書。林紓有蜀鵑啼，天妃廟，合浦珠三種，此外雖有作者，卑下不足道矣。

林紓以翻譯小說著名。國人自作者，魏子安之花月痕，脫胎紅樓夢，工整精麗，爲世推重。李寶嘉（伯元）之官場現形記，描寫清季官僚之腐敗，窮形盡相，風靡一時。吳沃堯（趼人）自署我佛山人，著二十年目覩之怪現狀，劉鶚（鐵雲）自署老殘，著老殘游記，皆有名諷世小說家也。札記小說作者甚多，大半皆倣聊齋誌異。王韜（紫銓）之滬濱叢話，俞樾之右台仙館筆記，皆以詞藻擅長，當時有消夏閒談錄一書，文筆淒豔，別成豐采。若以聊齋比史記，此書可擬漢書也。惜不著撰人姓名。若夜雨秋燈錄，又其次也。

近代書法，漸棄唐宋而法周秦漢魏，以大篆著者有吳昌碩（俊卿，）以隸著者有俞樾張祖翼（逖先，）以魏碑著者有李瑞清（梅庵）曾熙（俟園。）而翁同龢，康有爲，鄭孝胥，亦皆以書法鳴也。畫家湯貽芬（若儀）戴熙（醇士）二人齊名，皆殉太平軍之難，湯謚貞愍，戴謚文節，是不徒以畫見長也。及西洋畫輸入，於是水彩鉛筆鋼筆炭筆油畫漆畫之法大行。且前人多臨摹，今則注重寫生，未始非進步也。他如雕刻建築等藝術，亦受西洋影響而漸變矣。

六　譯學之改進　明季譯著全在宗教天算方面，注重西語歐文及工藝實學方面者，實自清穆宗時始。同治二年，立同文館於京師，並設印書處印譯籍。李鴻章復立廣方言館於上海，教西語西學，以譯書爲學者畢業之資。後併歸江南製造局，譯品多有可觀。時有格致彙編，秉筆者爲英人傅蘭雅，內詳論格致工夫及製造機器諸法，繪圖集解，月出一冊，週年價值半元。在格致書院印售，其裨益於我國科學思想者不少。同治十年，曾國藩李鴻章選派年青學生唐紹儀，梁敦彥，詹天佑等出洋肄業，以刑部主事陳蘭彬，同知容閎領之，多在美國哈佛各校肄業。又二年，沈葆楨督辦馬尾船政局，又選學生出洋肄業，此歐美留學生也。派遣東洋留學生，則在辛丑變法以後，鄂督張之洞實倡之。學生愈多，譯品愈濫，陋劣實不足觀。其在譯學界最有價值者當推下列二人：

(1)嚴復（字又陵號幾道侯官人）　復爲西洋留學生之一，先後譯有赫胥黎天演論，斯密亞丹原富，穆勒約翰名學，羣己權界論，孟德斯鳩法意，斯賓塞爾羣學肄言數種，皆名著也。雖半屬舊籍，去今時頗遠，然使西洋思想與本國思想發生關係者，復其首功也。

(2)林紓（字琴南號畏廬閩人）　紓本不通歐文，好治桐城義法，其譯品恃舌人述之。所譯人破侖本紀、布匿革第二次戰紀、特史部之簡本。雖文筆雅潔，實不足與嚴譯比。惟林譯小說，多至百數十種，使華人知西洋文學家亦自有其思想結構，不可謂非其功也。

七 通俗文之應用

通俗文之應用，發端於報館。蓋報館文字，以通俗爲第一義者也。西人於每日時事，必刊刻傳布，謂之新聞紙，與我國舊時之邸鈔略同。特邸鈔由官刊布，新聞紙則民自爲之耳。滬上設立報館，原非一家，聚鉛字成板，皆係英文，排印極速。同治初年，字林印字館始設華文日報。嗣後繼起者，(一)曰申報，倡於同治十一年，英人美查主之。(二)曰彙報，倡於同治十三年，美人葛理主之。皆筆墨雅飭，議論宏通，而字林遂廢。申報創辦時，延山陰何桂笙主筆政，所載猥瑣。迨王韜間撰時務論說，弁之報首，署曰「天南遁叟」，銷數大增，獲利遂以不貲。光緒中葉改組，添招商股，由吳縣席裕福經理之。旋由江海關道蔡乃煌收買，後又展轉售予滬人。是報爲吾國之首創者，至今滬上賣報人，於所賣各報，必呼曰「賣申報」，是申報二字，在滬上已成爲新聞紙之普通名詞也。繼申報而起有名者爲新聞報，係上海電報局總辦經元善所創。時光緒十九年冬，往往用二等官電傳遞要聞，消息靈捷。甲午之役，痛詆當局失計，直言不諱，一時風行滬上。以其銷數之多，廣告雲集，至今商家廣告，仍以新聞報爲最焉。若夫宣傳政聞之報，當以時務報爲首，戊戌梁啓超汪康年所創也，梁著變法通義，按日排印風靡一時。已而八月政變，梁氏出走乃設清議報於日本之橫濱，詆毀慈禧倖黨備至。拳變以後，復創辦新民叢報，縱筆所至，不加拘束。時雜以俚語韻語及外國語法，大行解放，務以平易暢達爲主，對於讀者具有一種魔力。故每期銷報達十萬以上，梁氏實通俗文第一人也。至反對清廷，鼓吹革命者，民立報聲價最高。其時東洋留學生，亦有湖北學生界，浙江潮，湖南游學譯編等刊物，皆以鼓吹革命爲主。爲文者務極痛快淋漓，以激刺人之心目。又欲充實篇幅，不憚冗長，而體格乃大變。其以覺世牖民爲主者，則用通俗之說，述淺近事理，期略識文字之人亦能閱覽，而白話文學遂萌芽焉。

八　實用科學之進步　自歐美機械發明，而世界局勢一變。我國亦受其影響，不能墨守故技，而以做造機械爲立國要圖。始於曾國藩，同治元二年間，駐紮安慶，設局試造洋器，全用華人，未雇洋匠，成黃鵠小輪一艘，長五十餘尺，每小時能行二十餘里，此我國自造輪船之始。李鴻章繼之，建江南製造局於上海，其機器購自外洋，帶至內地裝配船殼。從未有自擲樣式，造成重大機器汽爐全具者。

六年四月，蘇松太道應寶時，及馮焌光，沈保靖等，朝夕討論，考研圖說，期於必成。本年七月，第一號告竣，命名曰惠吉輪船，其汽爐船壳兩項均係自造。船長十八丈五尺，闊二丈七尺二寸，每一時上水行七十餘里，較前大爲進步矣。復就原有機器推廣，造成大小機器三十餘座，用以鑄造槍砲炸彈。十三年做製黑色火藥。自光緒四年至二十四年凡二十年間，前膛快砲，開花彈，浮雷，沈雷，針鎗，後膛快砲，快利新鎗，及各種新式後膛快砲，大砲，栗色火藥，無煙火藥，新式毛瑟，皆能製造。天津機器局，規模稍小，而製造鎗炮，兼製輪船，略如之。

馬尾船政局之設，起於同治五年左宗棠總督閩浙。左去，薦沈葆楨自代，訂聘法人日意格，德克碑，爲正副監督，並法員匠數十人以爲導。八年第一號萬年清輪船告成。十二年華匠徒於製造之技，漸能悟會，遂於是年遣散洋員匠回國，計九年之間，成大小兵商輪十五號，洋人所經理完成者十二號，餘三號皆華人成之。惜中法之役，船局被毀，殊爲可惜。

次於輪船者爲電報。光緒五年，李鴻章於大沽北塘海口炮台架線以達天津，極言其便，後推行之。電話電燈電車之屬，皆與於光緒中，實外人倡行之。我國自辦鐵路，始於光緒四年開平煤鑛鐵路。

李鴻章從留美學生唐景星之言，聘英人金達爲技師長。嗣後鐵路增修，爲養成鐵路人才計，特設唐山工業專門學校，而製造廠亦最著名，能造鐵路上各種器械，是則機械工業進步之徵也。

機械人才，詹天佑獨力監造京綏鐵路，最負盛名。此外名不甚著，而其人確可推重者有三：

(1)徐壽父子　壽字雪村。總理江南製造局務，時百事草創，壽於製造船鎗炮彈等事，多所發明。子建寅（仲虎，）從壽精研理化製造之學。壽與華蘅芳謀造黃鵠輪船時，苦無法程，日夕凝思，建寅出奇思以佐之，黃鵠遂成。旋於上海製造局助成惠吉，操江，測海，澄慶，馭遠等船。山東設立機器局，建寅實主其事。先造子藥，次造鎗炮，成績甚佳。惜光緒庚子春，在漢陽藥廠配合棉質無煙火藥轟斃。

(2)蕭開泰　開泰字汝階，蜀人，同文館學生，時值甲午後，數上條陳，言測繪戰守器具，中有「製火鏡焚毀敵船」一條，大爲世詬病。開泰憤而歸，自以心得，製造各種器具，其鏡能焚小物於十丈外，烤炙鴨猪等肉，故終信其可用。製木鳶爲人傳信。製鹽井起水機，多有效者。庚子時鄉人目爲洋教，毀其居與製造品，僅隻身避免，中國有一好學深思之士，能發明製造，且爲社會所不容，可慨也。其洗恥芻言，詳列其製器之說，而潛水艇之粗製，且在西人之前。使竟其業，未必不成一空前絕後盛業也。

附經學今古文對照表一

甲今文學	乙古文學
1 崇奉孔子	1 崇奉周公
2 尊孔子爲受命之主	2 尊孔子爲先師
3 視孔子爲哲學家、政治家、教育家、宗教家	3 視孔子爲史學家
4 以孔子爲託古改制	4 以孔子爲信而好古、述而不作
5 以六經爲孔子作、其次第詩、書、禮、樂、易、春秋	5 以六經爲古代史料、其次第易、書、詩、禮、樂、春秋
6 爲經學家	6 爲史學家
7 以春秋公羊傳爲主	7 以周禮爲主
8 經學傳授多可考	8 經學傳授不可考
9 西漢皆立于學官	9 西漢多行于民間

10 盛行於西漢	10 盛行於東漢
11 斥古文經爲劉歆僞造之作	11 斥今文經爲秦火殘缺之餘
12 今存儀禮、公羊、穀梁、及小戴禮記、大戴禮記、韓詩外傳	12 今存毛詩、周禮、左傳
13 信緯書、以爲孔子微言大義、間有存者	13 斥緯書爲誣妄

康有爲三大名著內容表二

(甲)新學僞經考

要點
1 西漢經學，並無所謂古文，凡古文皆劉歆僞作。
2 秦焚書並未厄及六經，西漢十四博士所傳皆孔門足本，並無殘缺。
3 孔子時所用字，卽秦漢間篆書，卽以文論，亦絕無今古之名。
4 劉歆欲彌縫其作僞之迹，故校中祕書時，於一切古書多所羼亂。
5 劉歆所以作僞經之故，因欲佐莽篡漢，先謀湮亂孔子之微言大義。

影響
1 清學正統派之立脚點，根本搖動。
2 一切古書，皆須從新檢查估價。

（乙）孔子改制考

要點

1 春秋爲孔子改制創作之書，非口授不能明。

2 凡六經皆孔子作昔人言孔子刪述者誤也。

3 孔子託古改制，堯舜爲孔子所託，其人有無不可知，卽有亦至尋常，經典中舜堯之盛德大業，皆孔子之理想所搆成。

4 周秦諸子罔不改制，罔不託古，老墨許行之託黃帝大禹神農皆是。

5 孔子改制，實具有一種政治革命，社會改革之意味。

6 孔子改制，上掩百王，下俺百世，應尊之爲敎主。

影響

1 敎人讀古書，不當求諸章句訓詁名物制度之末，當求其義理，所謂義理者，又非言心言性，乃在古人創法立制之精意，於是漢學宋學皆在所吐棄，爲學界闢一新殖民地。

2 語孔子之所以大，在於建設新學派，鼓舞人的創造精神。

3 僞經考既以經中一大部分爲劉歆僞造，改制考復以眞經全部分，爲孔子託古之作，則數千年來共認爲神聖不可侵犯之經典，根本發生疑問，引起學者懷疑批評的態度。

4 謂孔子之創學派，與諸子之創學派，同一動機，目的，手段，則已夷孔子於諸子之列，所謂別黑白定一尊之觀念，全然解放，導人以比較研究的精神。

1 無國家，全世界置一總政府，分若干區域。

2 總政府及區政府皆由民選。

3 無家族，男女同棲不得逾一年，屆期須易人。

4 婦女有身者入胎教院，兒童出胎者入育嬰院。

5 兒童按年入蒙養院及各級學校。

6 成年後由政府指派，分任農工等生產事業。

7 病人則入養病院，老人則入養老院。

(丙)大同書

要點

8胎教育嬰，蒙養，養病，養老諸院，爲各區最高之設備，入者得最高之享樂。
9成年男女，例須以若干年服役於此諸院，若今世之兵役然。
10設公共宿舍，公共食堂，各有等差，各以其勞作所入自由享用。
11警惰爲最嚴之刑罰。
12學術上有新發明者，及在胎教等五院有特別勞績者得殊獎。
13死則火葬，火葬場比鄰爲肥料工廠。

影響

1爲民治主義之先聲。
2爲國際聯合主義之先聲。
3爲兒童公育主義之先聲。
4爲老病保險主義之先聲。
5爲共產主義之先聲。
6爲勞工神聖主義之先聲。

（附）譚嗣同仁學之要點

1 排斥尊古——嘗曰「古而可好，何必爲今之人哉。」

2 批評政學——嘗曰「二千年來之政秦政也，皆大盜也。二千年來之學荀學也，皆鄉愿也。惟大盜利用鄉愿，惟鄉愿工媚大盜。」

3 詆斥名教——其言曰「俗學陋儒，動言名教，以名爲教，則其教已爲實之賓，而決非實也。又況名者由人創造，上以制其下，而下不能不奉之，則數千年三綱五常之慘禍酷毒由此矣。」

4 辨論善惡——謂「天地間無所謂惡，惡者名耳，非實也。」又謂「俗儒以天理爲善，人欲爲惡，不知無人欲安得有天理。」

5 發揮民治——與盧梭民約論之旨暗合，

6 鼓吹排滿——其略云「有知遼金元清之罪，浮於前此君主者乎。還其兇殘淫殺，攫取中原子女玉帛，猶以爲未饜，錮其耳目，桎其手足，壓其心思，挫其氣節，方命曰此食毛踐土之分然也。夫果誰食誰之毛，誰踐誰之土哉。」

7 提倡革命——謂「吾華人愼毋言華盛頓拿破侖矣。志士仁人求爲陳涉楊玄感，以供聖人之驅除，死無恨焉。若機無可乘，則莫若爲任俠，亦足以伸民氣倡勇敢之風。」

8 世界主義——其言曰「春秋大一統之義，天地間不容有國也。」又曰「不惟發願救本國，並彼極盛之西國與夫含生之類，一切皆度之。不可自言爲某國人，當平視萬國，皆其國，皆其民。」

晚清物質文明一覽表三

- 起原
  - 1 英人瓦特，於嘉慶十二年（公元一八〇七）發明蒸汽機，而世界之局勢一變。
  - 2 曾國藩於同治元二年間，在安慶設局試造洋器，此我機械工業之始。
  - 3 李鴻章，崇厚，沈葆楨，張之洞等繼起，於是物質文明大爲發達。
- (甲)機廠
  - 1 屬於軍器者——如江南製造局是。

類別
- 2 屬於鍊鐵者——如漢陽鐵政局是。
- 3 屬於船舶者——如馬尾船政局是。
- 4 屬於紡織者——如上海機器織布局是。
- 5 屬於建築者——如廣東士敏土廠是。
- 6 屬於印刷者——如商務印書館印刷廠是。

（乙）汽船

起原
- 1 美人富爾敦，於嘉慶十二年，始作汽船，試行於哈得孫河。
- 2 左宗棠於同治五年（一八六六）設福建馬尾船政局，旋李鴻章成立招商局，此我國汽船營業之始。

航路
- 1 沿海線
  - 北洋——由上海北至烟台，天津，營口間，
  - 南洋——由上海南至寧波，溫州，福州，廈門，潮州，香港，廣州間，
- 2 長江線——由上海上至鎮江，南京，蕪湖，九江，漢口，宜昌，重慶間，

- 1 美人模斯，於道光十七年（一八三七）發明電報機，同年英政府採用之。

（丙）電報

- 起原
  - 2李鴻章於光緒五年（一八七九）設大沽天津間電線，此我國自辦電報之始。
- 電線
  - 1陸線
    - 北部
      - 由上海北達直隸，
      - 由直隸東通東三省，北通恰克圖，西通陝甘新疆，
    - 南部
      - 由上海南通浙閩兩廣，西通湖北，
      - 由湖北南通湖南，北迪河南，西通川黔滇，
  - 2水線
    - 1徐聞縣與瓊州間，2石龍與香港間，
    - 2福建與台灣淡水間，4黑河屯與海蘭泡間，
- 起原
  - 1英人士提反生，於道光五年（一八二五）作火車，試行於利物浦曼徹斯他間，此世界鐵路之始。
  - 5同治時英人築淞滬鐵路行車，國人大駭，沈葆楨購回毀之。至光緒七年（一八八一）李鴻章築開平運煤鐵路，此我國自辦鐵路之始。

（丁）鐵路

- 路線
  - 1 國有路
    - 1 京奉路——長一三一二里，光緒三十一年通車。
    - 2 京漢路——長一八八七里，光緒三十一年通車。
    - 3 京綏路
      - 京張段，長三六三里，宣統元年通車。
      - 張綏段，長六八九里，民國三年通車。
    - 4 津浦路——長一五七二里，民國元年通車。
    - 此外如甯滬，滬杭甬，隴海，粵漢川等路，或成功，或成一部，或在進行中。
  - 2 國際路
    - 1 南滿路——長四二七英里，光緒三十一年，由俄讓歸日有。
    - 2 滇越路——長八六七里，宣統二年通車。
    - 3 龍州路——長一五〇里，光緒二十九年通車。
- 起原
  - 1 美人畢爾，於光緒三年（一八七七）發明電話機，由是電車，電燈，無線電報等相繼而起。

（戊）電話
- 2 英商於光緒七年，得上海電話敷設權。庚子亂後，丹麥人得清政府許可，創辦京津電話。後由盛宣懷收回自辦，各省次第設立。
- 類別
  - 1 局部電話——各省皆有。
  - 2 長途電話——京津，京漢，滬寧，漢保，鄭武。

（己）郵政
- 起原
  - 1 海通以後，各口均有外國郵政，歸稅務司兼辦。
  - 2 光緒四年（一八七八）政府於上海，烟台，天津，北京，牛庄五處，倣設郵政局，委總稅務司赫德董其事。
  - 3 光緒二十一年，張之洞奏設郵政局，是為我國自辦郵政之始。
- 區域
  - 1 普通——一省為一區。
  - 2 特別——東三省合為一區，上海獨立為一區。
  - 3 郵路——分火車，輪船，民船，郵差四種。
- 郵件
  - 1 普通——分信函，郵片，新聞紙，印刷物等。
  - 2 特別——分掛號，快郵，保險信函，及包裹，匯兌等。

機械工業發達概況表四

- 第一期
  - 時期——自同治元年至光緒七年，以製造鎗炮彈藥兵艦爲主，
  - 軍用工業
    - 1 同治元二年間，曾國藩設機械局於安慶。
    - 2 四年李鴻章設江南製造局於上海。
    - 3 五年左宗棠設船政局於福建。
    - 4 六年崇厚設機器局於天津。
    - 5 光緒元年，沈葆楨設機器局於山東。
    - 6 三年沈葆楨設四川兵工廠，其後張之洞設漢陽兵工廠。
- 第二期
  - 時期——自光緒八年至二十年，爲自營實業期。
  - 官督商辦
    - 1 光緒八年，李鴻章奏請在上海試辦機器織布局，至十六年始成立，十九年遂燬於火。
    - 2 前乎此者，左宗棠在甘肅創辦機器織呢廠。

3 後乎此者，張之洞在漢陽創辦鐵路局，及武昌紡紗，織布，製麻，繅絲諸局。

4 官商合辦者，有唐松岩之上海紡紗局，盛宣懷之華盛紗廠。

5 完全商辦者，有祝六椿之上海機器五金廠等。

第三期

時期——自光緒二十一年至二十八年，外人在我國內地經營實業最盛。

外人企業

1 如日之東華公司，英之怡和，老公茂，鴻源，德之瑞記，相繼成立。

2 國人私營企業，如張謇之大生紗廠，夏粹芳之商務印書館，亦出現於此期。

3 政府獎勵工業政策，亦萌芽於是期。如能發明輪船機械者，許專利五十年，發明日用新械者，給工部郎中實職，專利三十年，做造西器製法未入中土者，給工部主事職，專利十年之類。

第四期

時期——自光緒二十九年至宣統三年，爲政府獎勵及利權收回之時。

1 光緒二十九年，遂設商部，奏定公司註冊章程。

2 三十一年，因美國禁止華工，提倡國貨之心因是益堅，袁世凱特在天津設工藝總局；商部在京設勸工陳列所，又奏設各省高等實業學堂。

收回利權

3 三十二年，商部奏定獎勵工商勛章章程。學部考驗游學生，給予工商科進士學位。

4 農工商部奏定華商辦理實業爵賞章程。

5 宣統二年，端方在南京舉行南洋勸業會，為六十年內僅見之舉，實遠東博覽會之冠。

第二編　民國成立時代

第一章　辛亥以前之革命運動

一　廣州之役　革命團體，原來極多，如三合會哥老會，皆以反淸復明爲宗旨，饒有民族革命意味。徒以無濟世之主義與偉大之領袖，以致終不能有爲眞正之革命運動，實自三民主義創造者孫先生乙未（淸光緒二十一年公元一八九五）廣州之役始。先生姓孫名文字逸仙，別號中山，廣東香山縣人。世業農。幼肄業於檀香山基督敎徒所辦之小學校，後入廣州之博濟醫學校，又改入香港之英文學校。學成後，見淸政不綱，慨然有澄淸天下之志，從事革命。二十年間，五至日本，三至檀島，四至美洲，三至歐洲，先後創立興中會、同盟會，卒能摧倒滿淸，建立民國。

初孫中山先生之肄業博濟醫學校也，與同學鄭士良（弼臣）交最契，適中法戰後，二人鼓吹革命甚力。光緒二十年中日開戰，中山以爲有機可乘，乃赴檀島創立興中會，謀實行革命。甲午敗後，全國憤怨，遂密購軍火，並募兵汕頭及西江，約期乙未十月攻陷廣州，以爲根本，然後北伐倒滿。不意期前一日，軍械之運來廣州者，被海關查獲。汕頭西江之兵，又被阻不至。同志陸皓東死之，中山與鄭士良僅以身免。是爲乙未廣州之役，即失敗第一次。

二　惠州之役　廣州敗後，孫中山先生遨遊歐美，倫敦被難，以康德黎之援救釋放。客居兩年，學識益富，定三民主義，五權憲法，爲革命建設之標準。己亥至日本，使畢永年組織各會黨首領，復謀革命。會庚子（光緒二十六年公元一九〇〇）義和團之變起，孫先生令鄭士良等舉事惠州，自運餉械以濟之。復命史堅如入廣州，招集同志以謀響應。士良受命，即率同志占領新安縣（今寶安縣）之大鵬灣至惠州平海一帶沿海之地，渴望先生與幹部人員及武器之接濟，即可向內地進攻。乃先生至香港，即爲奸人告發，不得登岸。士良知應援不至，部衆潰散，投奔南洋，尋病卒。同志楊飛鴻在香港，爲刺客所殺。畢永年適至日本，先生亦他適。

當鄭士良之在惠州舉事也，史堅如在廣州，屢謀響應，卒不得當；遂決意用炸藥攻燬兩廣總督德壽之署而殲之。及炸發，斃官吏二十餘人，燬署後圍牆數丈，德壽獲免，而堅如被執，死之。此庚子之役，爲先生失敗第二次。

三　漢口及長萍之役　戊戌政變後，康有爲梁啓超出亡海外，設立保皇黨，謀擁清德宗，施行君主立憲，與中山先生政見本截然相反。湘人唐才常，受康梁運動，組合會黨，以勤王保國爲名。旋宗旨漸異，設自立會于上海，分會於漢口，其規約內不認滿洲爲政府，與孫先生宗旨相合，蓋亦革命運動也。才常以武漢據上游形勢，乘庚子之變，謀與湖南黃興等及各會黨首領，刻期起事，會事機不密，才常與其同起事者死之，繼起者有長萍之役。

長萍起事，以黃興爲主要人物。漢口敗後，興走日本，與陳天華宋敎仁等創立華興會，又與馬福益相結。甲辰十月，（光緒三十年公元一九〇四）謀起義長沙，事洩，走日本，與中山先生相遇，組織同盟會，成立黨綱，一時加入者逾萬人，革命聲勢驟振。丙午黨人以馬福益在湘被殺，起事萍鄉醴陵黃興返國謀大舉。時東京會員，莫不激昂慷慨，亟思飛渡內地，身臨前敵，與虜廷一決生死，到機關部請纓者日有數起。稍一延卻，輒痛哭流涕而莫可如何。此役事前孫先生一無所知，臨時又無準備，以故爲反革命湘贛鄂軍所敗，黃興走免，禹之謨劉道一寧調元等先後被殺，是爲同盟會員流血第一次。

四　潮惠欽廉之役　丁未四月間，孫中山運動潮州饒平黃岡會黨，與福建詔安縣會黨結合，謀刼黃岡協署軍械起事。適會黨中人爲營兵所捕押，遂合衆圍攻，佔領協署，繼克寨城。不久爲潮州鎮兵所敗，革命軍棄城而遁。同時孫先生又命鄧子瑜發難惠州，起事于七里湖，復爲清軍所擊破，此爲先生失敗第三四次，然革命志士，不因此而灰心，是年七月，復有欽廉之役。

先是欽廉有徵收糖捐之事發生，廉州三那之萬人會，舉劉恩裕爲首領，起而反抗，粵省大吏派郭人漳趙聲兩軍往平之。先生乃命黃興隨郭人漳營，胡毅生隨趙聲營而游說之，使贊成革命。二人皆首肯，謂有堂堂正正之革命軍起，彼等必反戈相應。于是先生一面派人往約欽廉會黨及各屬鄉團，爲一致行動。一面遣人赴日購械，擬器械一到，則佔據防城至東興一帶沿海地方，爲組織軍隊之用。不期東京黨員，忽起風潮，購械計畫破壞。而欽廉黨軍攻陷防城，武器一無所有。郭趙見黨軍勢力薄弱，不敢加入。孫先生亦以力薄難進，遂退入十萬大山中，此第五次失敗也。

五　鎭南·欽廉·及河口·之役　欽廉計畫失敗後，孫中山乃與黃興胡漢民等百數十人，改由安南進攻廣西，襲取鎭南關，以爲根據地。鎭南附近那模村駐紮游勇，頗敢善戰，孫先生乃往聯絡之，使爲先鋒。遂於丁未十月，佔領鎭南關，收其降卒，擬由此集合十萬大山之衆，會攻龍州。不圖該衆以道遠不能至，陸榮廷龍濟光率清兵三千來攻，連戰七晝夜，卒以軍火不繼，孤力難支，乃棄關退入安南境，此第六次失敗也。已復命黃興再入欽廉，又有第七次之失敗。

方革命黨之攻鎭南關也，同時遣同志黃明堂往雲南河口運動清軍內應。戊申三月，攻下河口，清軍不戰而降者達五千人。滇督錫良大驚，出省督師。時孫先生遠在南洋，電令黃興前往指揮，不幸取道安南，爲法吏所疑，留之河內，旋逐出境。河口革命軍隨敗，黃明堂遁去，此爲第八次失敗。

此二年間革命軍在兩廣雲南先後六次失敗，黨人頗失望。汪精衛遂入北京，謀刺清室要人，後以暗殺攝政王載灃不中被逮，至武昌起義時始釋。而孫先生亦以留居中國近邊，每不自由，乃赴美洲，專任籌款，以國內一切計畫，委諸黃興胡漢民云。

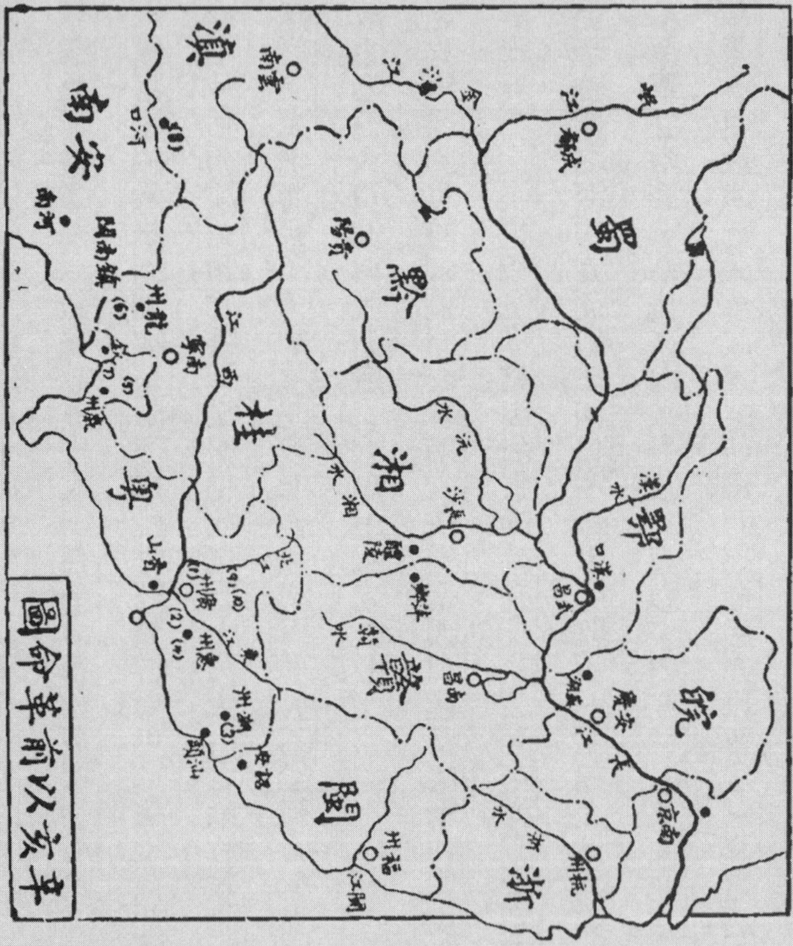
蜀
鄂
皖
浙
黔
湘
贛
閩
桂
粵
滇
安南
南京
安慶
杭州
漢口
武昌
長沙
南昌
萍鄉
醴陵
福州
廣州
惠州
潮州
汕頭
香山
南寧
龍州
鎮南關
河口
河內
雲南
貴陽
成都

辛亥以前革命圖

六　安慶徐熊之役　革命運動分暗殺軍事兩途。暗殺運動，始于史堅如之炸德壽繼之者有徐錫麟槍殺恩銘之事。錫麟浙江紹興人與秋瑾女士倡導革命。錫麟官安徽，丙午五月（光緒三十二年公元一九〇六）乘其所辦巡警學堂畢業之期，槍殺巡撫恩銘，率學生據軍械局起事防營兵圍之，錫麟被執死。同時浙省大吏，捕秋瑾殺之，此女子革命流血之最著者。

軍事運動，前此屢見至戊申十月，安慶又有熊成基之事。成基江都人，充馬砲營隊官。時清德宗慈禧后先後殂，人心惶惑，成基乘機起事。先至陸軍小學，取得槍枝，又至火藥局，收得子彈，擬率衆入城。時皖撫朱家寶知有變，閉城堅守，通電太湖縣秋操軍隊及長江水師來援。成基知城難克，遂率衆退走，逐漸遣散。後以謀炸貝勒載濤于哈爾賓，死于吉林。是役也，雖倉猝失敗，然事先布置有條，事後居民無擾，在當時尤爲難得云。

七　廣州最後之義舉　以上皆光緒時革命運動也，至宣統時，起于廣州者又有三次：

(1)倪映典之役　映典爲廣東新軍統領，受革命黨首領趙聲運動，于庚戌正月（宣統二年公元一九一〇）乘新軍與巡警以細故交惡，遂率衆起事。水師提督李準督兵攻之，映典死焉，新軍潰散，是爲第九次失敗。

(2)溫生才之役　暗殺運動，繼徐錫麟而起者，有吳樾之刺五大臣，汪精衞之刺攝政王，熊成基之刺載濤，至辛亥三月，又有溫生才刺孚琦之事。時有飛行家馮如在廣州演放飛機，將軍孚琦盛飾儀衞往觀，生才出其不意鎗殺之。旋被執，嚴訊問主使，生才指粵督張鳴岐曰「是爾教我也」，遂不復訊，殺之，故此案未牽累一人。

(3)黃花岡之役　此役爲孫先生失敗第十次，亦革命黨在淸季最後血戰也。爲首者黃興，趙聲，原定辛亥三月二十八日舉事。先二日有女黨員由省至港，謂黨中有敵探，故淸吏戒備極嚴。聲防事洩欲改期，黃興不可，先入城自任總指揮，率隊攻督署，于二十九日發動，炸死衞隊數十人，入署搜張鳴岐不獲。會李準督兵至，黃興傷右手斷兩指，率方聲洞等十人，出大南門，擬與防營接應。聲洞誤槍斃其哨官溫帶雄，溫素熱心于革命軍者，徒以此役爲嚴密計，各部之事不相聞問，以致互相殘殺，至可惜也。黃興以衆寡不敵，遂縋城遁，同黨死者七十二人，多青年志士，或留學有成者。後叢葬於城北之黃花岡，號七十二烈士墓。趙聲聞敗，撫膺悲痛，未幾亦卒。

自是以後，革命黨以嶺南方面，難以有爲；益注重長江流域。至秋八月霹靂一聲而武漢之民軍起矣。

附秘密社會概狀表一

（甲）三合會

1 名稱——一名天地會，又名三點會，自稱洪門，隱洪武及朱姓也。

2 起原
- 相傳始于福州莆田縣九連山中之少林寺僧蔡德忠，方大洪，馬超興，胡德常，李式開等五人，稱前五祖。
- 加入者爲湖廣境內壯士吳天成，洪大歲，姚必達，李式地，林永超等五人，稱後五祖。

3 宗旨——主反淸復明，隱淸明二字也。

4 等級——頭目有總理（大哥），香主（二哥）白扇先生（三哥），先鋒，紅棍之稱，普通稱草鞋。

5 會章——有三十六誓，二十一則，十禁，十刑等名目，團結力極强。

(乙)哥老會

1 名稱——普通稱洪家兄弟，別稱各地不同，兩湖豫陝稱江湖，四川雲貴稱工口，河北稱混混，江浙稱洪幫，江西稱洪江會，廣東稱三點會。

2 宗旨——反清復明。

3 等級
- 首領稱正副龍頭，次爲坐堂，陪堂，刑堂，理堂，執堂，五堂，又有盟證及香長，共稱內八堂，皆老大。
- 次爲心復及聖賢，皆老二，當家老三，管事老五，福祿老六，巡查老八，大九小九皆老九，大么小么皆老十，共稱爲外八堂，會中無老四老七，相傳謂出會而反叛者，疑莫能明也。

4 權限——機關部曰碼頭，會中首領曰掌舵，例以老大充之，有指揮一切之權；每有命令，會衆無不遵辦，老三經理內部，老五經理外部，老六以下供奔走而已。

5 會章——限制極嚴，凡身家不清白者，與理髮匠轎夫伶人等，皆不許入會。

興中會章程綱要表二

興中會

1 正會名——定名興中會，總會設中國，分會設各地。

2 明本旨——聯合有志黨人，力圖富强，振興中國。

3 定志向——擬辦之事，以利國益民爲前提。

4 得人才——按年公舉辦理人員一次，擇才德兼優者充之。

5 擇交友——由舊會友二人介紹，須得總會許可，方爲會友。

6 廣支會——須得會友十五人，方成一新會，但一處不宜成立兩會。

7 集人才——各會友隨時物色人才，以備他日之用。

8 籌款項——特設銀行，收集鉅欵，用濟公家之急。

9 設公所——各支會須設一公所，以資聯絡。

10 善變通——除以上大綱外，各地分會，遇必要時可變通之。

同盟會章程綱要表三

同盟會

- (甲)四大綱
  - 1 驅除韃虜
  - 2 恢復中華
  - 3 建立民國
  - 4 平均地權
- (乙)三時期
  - 1 軍法期——掃除舊染
    - 政治的
      - 1 政府之壓制
      - 2 官吏之貪婪
      - 3 差役之勒索
      - 4 刑罰之殘酷
      - 5 抽捐之橫暴
      - 6 辮髮之屈曲
    - 風俗的
      - 1 奴婢之蓄養
      - 2 纏足之殘忍
      - 3 鴉片之流毒
      - 4 風水之阻害
  - 1 約法期——地方自治
    - 1 民選議員及行政官
    - 2 規定人民與軍政府之權利義務

- 3 憲法期——公布憲法
  - 1 軍政府解除兵權行政權，
  - 2 公舉總統議員組織國會，
  - 3 一切政事依憲法行之。

黃花岡之役事要表四

- 設統籌部
  - 1 黃興爲部長，趙聲副之，
  - 2 姚雨平爲調度課長，
  - 3 趙聲爲交通課長，
  - 4 胡毅生爲儲備課長，
  - 5 陳炯明爲編制課長，
  - 6 胡漢民爲秘書課長，
  - 7 李雲海爲出納課長，
  - 8 羅熾揚爲調查課長，

9 洪承點爲總務課長。

（甲）革黨方面
- 原定計畫
  - 第一路黃興攻兩廣總督署，
  - 第二路趙聲攻水師行台，
  - 第三路徐維揚，莫紀彭攻督練公所，
  - 第四路陳炯明，胡毅生，防截旗滿界，佔歸德大北城樓，
  - 第五路黃俠毅，梁起，攻警署及協署，兼守大南門，
  - 第六路姚雨平占領飛來廟，攻小北門延新軍入，
  - 第七路李文甫，攻石馬槽軍械局，
  - 第八路張六村，占領龍王廟，
  - 第九路洪承點，攻西槐巷砲營，
  - 第十路羅仲霍，破壞電信局。
- 1 黃興自攻兩廣督署，

- 黃花岡之役
  - 改變計畫
    - 2 姚雨平攻小北門佔飛來廟，並延防營及新軍入，
    - 3 陳炯明攻巡警教練所
    - 4 胡毅生攻大南門。
  - (乙)清軍方面
    - 總督張鳴岐
    - 水師提督李準
    - 事先下令
      - 1 豫備開戰
      - 2 城內火警不准赴救
      - 3 大索黨人
  - (丙)結局
    - 1 革黨以衆寡不敵，林時爽方聲洞等皆戰死，
    - 2 黃興受傷遁去，死難者七十二人，潘達微葬之于黃花岡。

附吳稚暉黃花岡薤露歌曰，「嗚呼大名爭自娛，他人頸血購得來，黃花落，黃花開。嗚呼論功行賞客，不記昔人刀頭摧，黃花落，黃花開。花開花落年年在，斯人一去不復回。」

第二章　臨時政府成立及二次革命

一　武昌革命之暴發

先是清政不綱，民心離怨。及親貴內閣鐵路國有之事行，益招國人之忌。革命黨乘之，進行益力。清廷知之大懼，通電各省督撫嚴加防範。會辛亥八月十七八日，鄂督瑞澂先後搜獲黨人，發現印刷告示等件，即將彭楚藩，劉汝夔，楊宏勝等三人首先正法。又於督署內發現炸藥一箱，有教練隊軍士二名，形跡可疑，訊明希圖炸署不諱，即於署前處死。黨人見機關破獲，同志被捕，又以黨冊搜去，恐按冊窮治，爲救死計，遂有八月十九日之事。工程營熊秉坤首先發動，蔡濟民等亦揭孫中山先生之名而起。以同心協力爲暗號，擘下肩章，手纏白布，號稱民軍。當推吳兆麟爲總指揮，攻楚望台，旗兵被殺者數十人。遂趨火藥庫，刼取子彈。十五協兵士已同時齊集大操場，與工程兵合。悉運子彈至蛇山下閱馬廠諮議局旁，即大呼攻督署，瑞澂張彪遁去。民軍擁黎元洪爲都督，湯化龍爲民政長，宣布獨立，是爲雙十節國慶紀念日，隨遣兵渡江，克復漢陽漢口，各國領事團，遂公認民軍爲交戰團體，宣布中立。各省響應民軍宣告獨立者，如湘，贛，蘇，皖，閩，雲，貴，兩廣，魯，晉，陝，甘，諸省，吏先後相繼。本部十八省中未獨立者僅以北洋軍直接監視下之直隸河南二省。而大江以南僅張勛困守南京一隅，以與民軍頑抗而已。

按武昌之成功，乃成於意外，其主因在瑞澂一逃。倘瑞澂不逃，則張彪斷不走。……以當時武昌之新軍，其贊成革命之大部分，已由端方調往四川，其尚留武昌者，祇炮兵及工程營之小部分耳。其他武昌之新軍尚屬初無成見者也。乃此小部分以機關破壞而自危，決冒險以圖功，成敗在所不計，初不意一擊而中也。此殆天心助漢而亡胡者歟。（引用孫中山語）

二 民清兩軍之和戰　當武昌革命之暴發也，清廷遣將南下，民軍亦積極備戰，其最關重要者有下列二役：

(1)武漢之役　武昌警報到北京，清廷即令蔭昌薩鎮冰統陸海軍南下，不三日又起用袁世凱爲湖廣總督，督軍進攻。蔭昌軍隊先到失利，退至灄口以北。適馮國璋大隊援軍至，擊退民軍，進駐大智門劉家廟一帶。九月七日漢口失守，民軍退回武昌。黎元洪委黃興爲總司令，渡江迎敵，二十日中互有勝負。十月初六，漢陽又失，武昌岌岌可危，此爲民軍大敗第一次。

(2)南京之役　南京爲軍事必爭之地，總督張人駿自武昌起義後，卽陸續調集江防營分駐要隘，而令新軍統制徐紹楨移駐秣陵關，以江防統領張勛扼守南京。九月十八日，新軍攻雨花台，以子彈缺乏之不利，退駐鎮江。適蘇滬浙援軍至，公推徐紹楨爲聯軍總司令，反攻南京。十月初三，與張勛兵接戰，迭獲勝利，十二日佔領雨花台，由太平門攻入。張人駿張勛俱遁走，南京光復，此爲民軍大勝第一次。

淸廷聞南京失陷，知大勢已去，雖得武漢，亦屬無濟。各省又紛紛獨立，乃下詔罪己，能親貴內閣，以袁世凱爲總理大臣組閣。又宣布立憲信條，期與民軍講和。而獨立各省，(一)方公推伍廷芳與淸廷和議代表唐紹儀會議於上海。(二)方則集合各省區代表，從事於臨時政府之組織。以南京爲臨時政府地點，隨開臨時大總統選舉會，到會者十七省區，浙江代表湯爾和爲主席，共投十七票，孫中山以十六票當選大總統，黎元洪副之。定國號爲中華民國，改陰歷十一月十三日爲中華民國元年一月一日，孫總統卽於是日就職，國務院亦繼續成立，而民國之基礎始立。

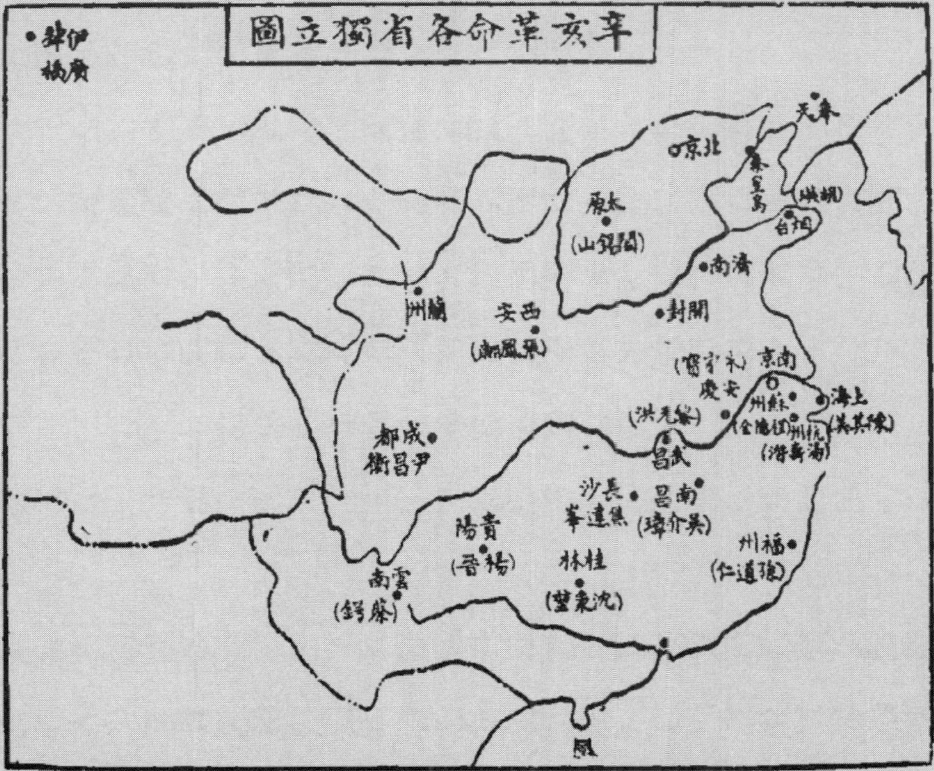
伊犁
廣福
北京
天津
秦皇島
太原
(閻錫山)
煙台
濟南
開封
蘭州
西安
南京
安慶
上海
(陳其美)
蘇州
杭州
(湯壽潛)
武昌
成都
尹昌衡
長沙
焦達峯
南昌
(吳介璋)
貴陽
桂林
(沈秉堃)
福州
(孫道仁)
雲南
(蔡鍔)

辛亥革命各省獨立圖

三　和會之波折及南北統一　上海和議初開，伍廷芳主張以優待條件請清帝退位。唐紹儀主張由清廷召集各省代表會議解決，雙方皆已承認。而南京方面，竟先期舉臨時總統，唐氏認為交涉失敗，引咎辭職。袁世凱尤不承認中華民國臨時政府，來電詰責，兩方幾至決裂。臨時政府乃定下列作戰計畫：

（甲）以湘鄂為第一軍，由京漢路前進，寧皖為第二軍，向河南前進，與第一軍會合於開鄭之間。

（乙）淮揚為第三軍，烟台為第四軍，向山東前進，會於濟南。

（丙）秦皇島合關外之兵為第五軍，山陝為第六軍，向北京進攻。

未及實行，而和局略有端緒，伍廷芳與袁世凱直接電商講和。適清廷宗社黨首領良弼，為彭家珍所炸，皇族主戰之氣燄頓衰。而民黨亦不惜犧牲固有主張，以臨時大總統讓與袁世凱，為交換條件，請其主張共和。於是北洋軍人段祺瑞等聯名通電請清帝退位。乃規定優待條件，清帝遂於民國元年二月十二日發布退位詔書，而南北統一。

溯自革命起事以至成功，僅一百二十六日耳，事機之速，實為革命史中所僅見。然向使熊蔡等，不揭孫先生之名，獨立，即漢口領事團會議，未必宣布中立。而設非先生積屢次轟轟烈烈之犧牲，瑞澂雖胆怯，未必一嚇即走。雖曰天命，豈非人事哉。

四　臨時政府之北遷及內閣更迭　清帝退位，孫中山隨即提出辭職書，薦袁世凱自代，由參議院開會通過。並由參議院宣布臨時約法，規定採用內閣制。定南京為國都，請袁世凱南下就職。後袁恐南下為民黨所制，藉口北京兵變，不克南來。參議院遂允其在北京就職。成立新內閣，以唐紹儀組織之，臨時參議院亦北遷。唐氏以舊同盟會人員組閣，毅然依據約法，主張責任內閣，特設國務會議，以行使職權，遂與袁世凱主張總統制者根本不容。而袁氏私人又時指唐閣為專擅。唐氏不安其位，乃因王芝祥督直事不成去職，袁以陸徵祥代之。陸氏素無黨派之標幟，時人謂之超然內閣。然陸氏為人易與，一切政令，皆承袁氏意旨以行。其後陸氏在參議院發表政見，不滿人意，參議院提出彈劾案。袁氏不許，陸亦知難而退。改任趙秉鈞為國務總理，所謂虛名政黨內閣也。蓋趙秉鈞已加入國民黨，其餘閣員，亦皆掛名國民黨籍，而實皆袁氏私人，故時人以虛名政黨稱之。趙既組閣，益依附袁氏，將唐閣所設之國務會議，移於總統府，國務院形式雖存，而精神已失，內閣制已完全變為總統制矣。而南北意見之爭，卽因之以起。

五　二次革命之因果　二次革命，實民黨向封建餘孽進攻之發端也，其原因可分爲下列二項：

(甲)遠因　辛亥革命，以極短時間，成絕大事業，多數國民，尚未了解共和眞諦，易爲舊勢力所刼持，(一)也。政府之措施，共和其名，專制其實，以民黨艱難創立之局，自便私圖，(二)也。民黨中人，不求澈底改革，希圖苟安，與反革命派謀妥協，(三)也。

(乙)近因　民元之時，財政困難，屢借外債，民國二年，更以整理善後爲名，向英法德俄日五國銀行團借款二千五百萬金鎊。然未經國會通過，違法簽約，大召國民黨之反對。而贛督李烈鈞，皖督柏文蔚，粵督胡漢民，反對尤烈，此(一)因也。宋教仁本唐閣中國民黨健者，以主張政黨內閣不成下野，從事宣傳其主張，而爲袁政府所忌，刺死於滬甯車站。凶犯武士英，主使應桂馨被捕，辭連國務總理趙秉鈞。一時輿論，皆以政府爲集矢之的，民黨三督，攻之尤力，此又(一)因也。

袁政府既偪於長江三督之義聲，遂爲先發制人之計，遣李純王占元雷震春等分道南下，以次罷免三督。三督表面奉命辭職，暗中則積極備戰，未幾而討袁軍起。

(1)李烈鈞起兵湖口　二年七月八日李烈鈞由上海抵湖口，約九十兩團，密謀舉事，並調集輜重工程兩營分守要隘。十二日駐紮德安贛軍旅長林虎所統之軍隊，突樹討袁軍旗幟，向李純北軍進攻。同時湖口宣布獨立組織討袁軍，嗣經省議會布告推李烈鈞為江西討袁軍總司令，傳檄遠近，二次革命發端。

(2)黃興起兵南京　湖口獨立，黃興即於七月十四日由滬抵寧，召集一八兩師軍官會議，決定響應江西。次日以都督程德全名義，宣告獨立，並委黃興為江蘇討袁軍總司令。即令軍隊由津浦路出發，聯絡駐紮徐州之第三師師長冷遹，防禦北軍南下。旋程督以獨立非其本意，託故離寧。

(3)柏文蔚起兵安慶　安徽受湖口南京影響，官紳會議獨立，舉第一師師長胡萬泰代理都督，孫多森仍任民政長。旋胡孫相率離省，嗣柏文蔚由寧返皖，遂為安徽都督，組織討袁軍。

(4)粵閩湘三督獨立　安徽獨立之後，廣東都督陳炯明，於七月十八日宣告獨立。福建都督孫道仁，以十四師師長許崇智之請，亦繼粵皖獨立。七月二十五日，湘督譚延闓獨立。八月四日，四川重慶第三師師長熊克武獨立。自是中國政局，遂入戰爭狀態。

討袁軍發動後，袁氏卽命重兵南下。水陸會攻，突陷湖口，黃興棄職而去。北軍以次戡定贛皖，收復南京。陳其美攻上海製造局失敗，福建湖南以次取消獨立，廣東亦爲龍濟光所定。興兵數十萬，蔓延六七省之大革命，不三月而蕩平。袁氏之氣燄日熾，而國民黨亦四分五裂矣。

附南京政府人物表一

孫總統
1 陸軍總長黃興，字克強，湖南人——次長蔣作賓，湖北人，
2 海軍總長黃鍾英，福建人——次長湯薌銘，湖北人，
3 司法總長伍廷芳，字秩庸，廣東人——次長呂志伊，雲南人，
4 財政總長陳錦濤，字瀾生，廣東人——次長王鴻猷，湖北人，
5 外交總長王寵惠，字亮疇，廣東人——次長魏宸組，湖北人，
6 內務總長程德全，字雪樓，四川人——次長居正，湖北人，
7 教育總長蔡元培，字鶴卿，浙江人——次長景耀月，山西人，

8 實業總長張謇，字季直，江蘇人——次長馬君武，廣西人，
9 交通總長湯壽潛，字蟄仙，浙江人——次長于右任，陝西人。

臨時約法綱要表二

約法要點
- 甲人民
  - 1 一律平等各種族階級之別，
  - 2 有言論居住信教自由之權，
  - 3 有請願訴訟選舉被選舉之權
  - 4 有納稅當兵之義務。
- 乙立法
  - 1 參議院有立法之權，
  - 2 有審查豫算決算之權，
  - 3 有彈劾總統國務員之權，
  - 4 得自由集會開會閉會。

丙行政
1大總統有統治權，但任命國務員，須得參議院同意，
2各部總長爲國務員，對於總統發布命令，須副署之。

丁司法——法官獨立，不受上級官廳干涉。

唐內閣人物表三　（注）唐紹儀字少川，廣東香山人。

唐內閣
1外交總長陸徵祥，字子欣，江蘇上海人，
2內務總長趙秉鈞，字智庵，河南開封人，
3財政總長熊希齡，字秉三，湖南鳳凰人，
4陸軍總長段祺瑞，字芝泉，安徽合肥人，
5海軍總長劉冠雄，字資穎，福建閩侯人，
6司法總長王寵惠，字亮疇，廣東東莞人，
7教育總長蔡元培，字鶴卿，浙江紹興人，
8農林總長宋教仁，字遯初，湖南桃源人，

9 工商總長陳其美，字英士，浙江吳興人，
10 交通總長施肇基，字植之，浙江杭縣人，

辛亥革命概況表四

- 辛亥革命
  - (甲)意義
    - 1 因滿族之壓迫，與吾民族的反抗運動，
    - 2 因帝國主義之壓迫，與吾民族的反抗運動。
  - (乙)經過
    - 戰
      - 武漢之役
        - 馮國璋——清軍統帥
        - 黃　興——民軍元帥
        - 清勝民敗
      - 南京之役
        - 張　勛——清軍統帥
        - 徐紹楨——民軍聯帥
        - 清敗民勝
    - 和——上海會議
      - 唐紹儀——清軍代表——主君憲，無效，
      - 伍廷芳——民軍代表——主共和，成功。

- (丙)成績
  1. 打倒滿洲政府，是民族解放第一步，是民族主義一部分的成功，
  2. 推翻數千年君主專制是政治革命第一步，是民權主義一部分的成功。
- (丁)流產原因
  1. 不應與反革命派謀妥協，
  2. 誤認我們的敵人祇一個大清皇帝。
  3. 黨的組織不良
     1. 縱的方面無中央省縣市區等部的組織，
     2. 橫的方面無青年農工等部的組織，
     3. 因是黨不能訓練黨員，黨員不能訓練民衆，故民黨全無實力。

二次革命要事表五

- (甲)原因
  - 遠因——(1)國體不能驟合，(2)政府不滿人意，(3)民黨輕與妥協，
  - 近因——(1)借款，(2)宋案，(3)黜罷贛皖粵三督。

二次革命

（乙）經過

兩方戰況

1 湖口——獨立者李烈鈞，林虎，平之者李純，湯薌銘，

2 安慶——獨立者柏文蔚，逐之者胡萬泰，

3 南京——獨立者黃興，何海鳴，平之者張勛，馮國璋，

4 上海——獨立者陳其美，平之者鄭汝成，

5 廣州——獨立者陳炯明，平之者龍濟光，陸榮廷，

6 重慶——獨立者熊克武，平之者胡景伊，

7 湘閩——獨立者譚延闓，孫道仁，旋自取消。

袁氏方略

1 因改進鬧之變，進兵武漢，

2 因徐企文之變，駐兵製造局，

3 命黎元洪就近防堵，段芝貴宣撫江西，

4 遣馮國璋宣撫江淮，倪嗣冲鎮守皖北，

5 命張勛鎮撫江北，徐寶珍協攻南京，

6 派湯薌銘進兵長江，劉冠雄巡閱沿海。

（丙）結局

1 不滿三月，全局底定事後捕拿參院居正田桐，衆院朱念祖，褚輔成等，並解散國省議會，

2 先是參院議長張繼等南下，至是改選王家襄爲議長，民黨各督以次更易袁氏爪牙，民四帝制運動，其端實發於此。

宋案發生後國民黨分裂表六

國民黨

（甲）正統派

主要人物——張繼，謝持，白逾桓等，

其主張——絕對反對袁政府。

1 相友會

主要人物——劉揆一，陳黼宸等，

其主張——表示與國民黨不合作。

2 政友會

主要人物——景耀月，孫毓筠等，

其主張——自云鞏固共和，發展國力。

（乙）妥協派

3 癸丑同志會
主要人物——陳家鼎等，
其主張——與上二派之反國民黨者異趣。

4 集政社
主要人物——朱兆莘等，
其主張——後除朱個人外皆併入梁士詒之御用黨。

5 超然社
主要人物——郭人漳，夏同龢等，
其主張——自云超然于各黨之外。

第三章　袁氏叛國及護國戰役

一　袁氏叛國之由來　二次革命後，民黨之聲勢大殺，長江一帶，悉入北洋軍閥之勢力範圍。時憲法方在起草之中，經此一變，附袁者謂有先舉正式總統之必要。遂於二年十月舉袁世凱為第一任大總統，黎元洪副之。熊希齡組閣，由司法總長梁啓超撰布宣言，主張以法治國，凡所措施，思循正軌，一時有人才內閣之稱。惟袁世凱以戰勝餘威，決不容內閣國會與總統爭權。未幾袁氏以撤消國民黨國會議員之令，強熊副署，熊不能拒。其後停辦地方自治及解散省議會諸令，皆由熊副署，熊閣之名因之掃地。至三年二月，修改約法，內閣制根本取消，熊始去職，以孫寶琦代之。五月一日，袁世凱特任徐世昌為國務卿，於是國務院竟一變為總統府之政事堂。而中華民國之內閣制，至是蓋名實兩亡矣。十二月又修正大總統選舉法，改總統任期為十年，並訂定治安警察法，以箝制人民集會言論之自由，袁氏之中央集權政策，遂告成功。時值歐洲大戰起，西歐列強，不暇東顧，袁氏乃思結好日本，以圓其皇帝之夢。其長子克定，復從而慫恿之，而帝制問題起矣。

二　帝制運動之發端　當民國二三年間，北京曾流行共和不適國情之傳言，清室遺老勞乃宣等，從而附和之，鼓吹清帝復辟。三年十一月，肅政史夏壽康等呈請查禁，經下令告誡，並以宋育仁言論與復辟有嫌疑關係，由步軍統領拘捕入署，押解回籍。經此挫折，帝制運動，暫歸沈寂。四年八月，公府顧問美人古德諾，有「共和不適於中國」之論文，遂爲一般野心家所藉口。楊度、劉師培有「君憲救國論」—「君憲論」—之撰著，與孫毓筠、嚴復、李燮和、胡瑛等，發起籌安會，時稱爲籌安六君子。通電各省，請派遣代表，來京參加討論，當經各省區紛紛復電贊成，派員參加。惟肅政廳不察袁氏意旨，上書請取消籌安會以靖人心。袁氏批交內務部查考。旋內務部呈覆，略云「該會發起人，皆學識閎通之士，此次討論範圍，已鄭重聲明，倘有擾亂秩序之虞，自當加以干涉，俾有限制而保治安。」觀此所謂限制云者，不過表面文章而已。楊度等以爲君憲說當可實行，遂通告改籌安會爲憲政協進會，對於帝制爲具體之促進。

三　洪憲帝制之成立　先是袁氏新約法中，有參政院之組織，以備總統之諮詢，審議重要政務。三年五月，參政院成立，以黎元洪汪大燮爲正副院長，一時名流，多網羅其中，隨申令以參政院代行立法院，於九月一日開幕。初楊度等擬以籌安會議決國體，呈請總統實行。嗣以該會非法定機關，無遞行呈請資格，乃改變方針，在京組織公民請願團。由各省旅京人士，分頭組織，所有請願書，一律由該會起草，卽於參政院開幕時呈遞。楊度等又嫌其曠日持久，乃命梁士詒等復組織全國請願聯合會，推沈雲霈那彥圖張鎮芳爲正副會長，一時請願會風起泉湧，五花八門，無奇不有，在此數月之中，參政院收到各團體請願書，至八十三件之多。審查結果，建議召集國民會議解決。請願聯合會以國民會議開會遲緩，請由參政院議決，從速召設民意機關，解決國體問題。隨公布國民代表大會組織法，由楊度梁士詒等操縱，舉代表一千九百九十三人，至十二月投票，全體一致主張君憲，並推戴今大總統袁世凱爲皇帝。袁氏遂於四年十二月，下令承認接受帝位，設大典籌備處，改明年爲「洪憲」元年。並大頒爵賞，封黎元洪爲武義親王，錫龍濟光等百二十八人以五等爵位。以徐世昌趙爾巽李經義張謇爲嵩山四友，表示不臣之意。又申令優待清室條件，永不變更。內廷供役，改用女官。此時大總統之命令鈐用大總統印者，均改爲政事堂奉策令或申令，下鈐政事堂印，與前清之內閣奉上諭等。此後遂入帝制時代，而民國中斷。

四　護國軍之奮起　當帝夢之正酣也，以文字反對者，推梁啓超之「異哉所謂國體問題者」一文。以武力反對者，當首推蔡鍔。蔡先在京爲參政院參政，陽示贊同，陰謀反對。旋祕密赴滇，與唐繼堯李烈鈞戴戡任可澄等於十二月二十五日組織護國軍，首倡獨立，是爲「雲南起義擁護共和紀念日」。隨由蔡李分統一二軍向川桂邊進發。袁氏聞訊，一面免唐蔡李等職，一面豫備軍隊以資應付。

當雲南獨立後，各省相繼響應，五年一月，貴州劉顯世獨立，三月廣西陸榮廷獨立，廣東龍濟光，爲環境所逼，亦於四月宣布獨立。旋海珠會議，龍濟光嗾使顏啓漢槍殺廣西代表湯覺頓，及譚學夔王廣齡諸人。陸榮廷梁啓超遂率大軍離桂赴粵。龍濟光大懼，遣使赴肇慶與陸梁會晤，委罪於軍務幫辦蔡乃煌而殺之。爰於肇慶成立兩廣都司令部，推岑春煊爲都司令，梁啓超爲都參謀。旋浙江獨立，推巡按使屈映光爲都督，將軍朱瑞聞變出走，後屈辭職，推呂公望爲都督。時獨立各省既多，爲軍事統一起見，乃於五年五月，成立軍務院於肇慶，推唐繼堯爲撫軍長，岑春煊副之，遙戴黎元洪爲大總統，對內對外，一切以軍務院名義行之。南方政府成立，由是護國軍之聲勢大振。陝西鎮守使陳樹藩，亦據三原獨立，進取西安，與滇粵軍一致行動，山東方面，吳大洲居正，亦各據一部分獨立，護國軍之勢力，遂由珠江長江流域、蔓延於黃河流域矣。

五　帝制取消及袁氏之死

帝制議起，反對雖多，概置不顧。四年十一月，上海鎮守使鄭汝成，以附袁爲黨人所刺殺，袁頗震驚。繼陳其美在上海肇和兵艦舉事，謀奪製造局不成。袁氏左右，以爲無他，故帝制運動，不肯中止。及雲南獨立，乃亟亟爲軍事上之準備，設臨時軍務處於總統府內之豐澤園，派遣三七兩師長曹錕張敬堯，入川拒蔡。復命廣東鎮守使兼粵軍一師師長龍覲光，由桂入滇，對雲南取圍攻之策。蔡鍔進兵川南，與北軍酣戰於敍瀘之間，四川團練，遙應滇軍，川軍師長劉存厚亦與蔡鍔通款。此外李烈鈞入桂之軍，及由黔入湘之軍，皆獲勝利。袁氏知帝制終不可成，乃於五年二月，延緩登極，更於三月下令取消帝制，並焚燬帝制文件全部准國務卿徐世昌去職，以段祺瑞代之。復恢復國務院，廢政事堂，由徐段黎元洪三人出面，電請護國軍講和，冀保存其總統地位。護國軍嚴電拒絕。同時江蘇將軍馮國璋，邀集未獨立各省，開南京會議，亦無結果。會四川將軍陳宧，湖南將

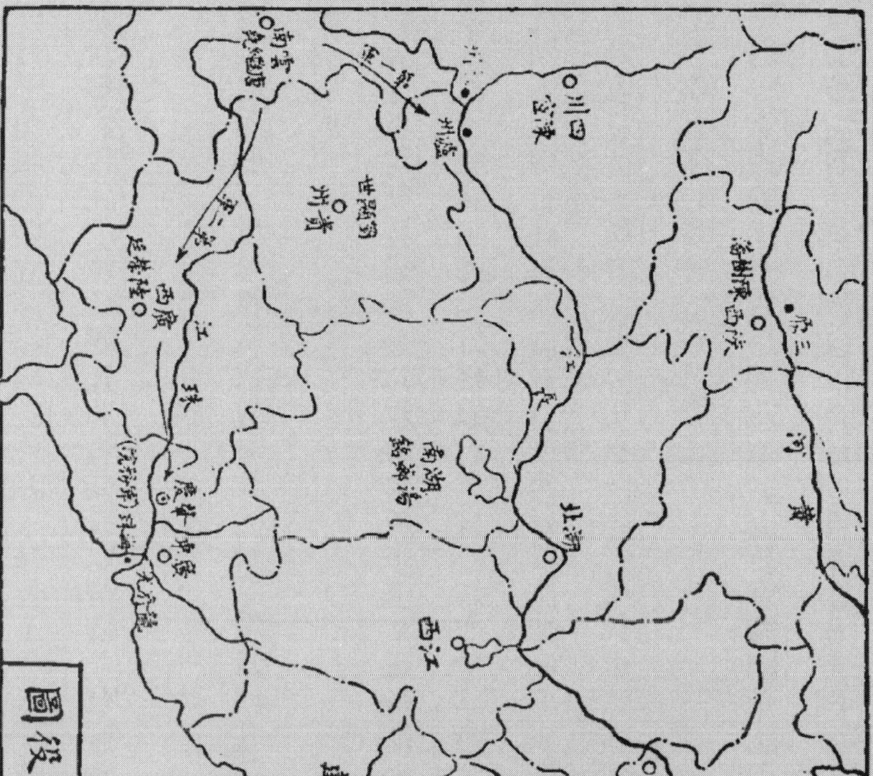
護國戰役圖
黃河
三原
陝西 陳樹藩
四川 陳宧
瀘州
第一軍
雲南 唐繼堯
第二軍
貴州 劉顯世
廣西 陸榮廷
珠江
肇慶
廣東
長江
湖北
湖南 湯薌銘
江西
南京
上海
陳其美
浙江 呂公望
福建

軍湯薌銘，均於五月下旬相繼獨立。陳湯均袁氏私人，今皆叛去，袁氏羞憤交集，竟以不起。於六月六日病沒於北京之新華宮。黎元洪依法繼任，各省先後取消獨立，軍務院亦宣告撤消，而南北復歸統一。

六　洪憲帝制之影響　洪憲帝制，自宣告改元至撤消，爲期僅八十三日，實中華民國一大怪劇也，其不良之影響有四：

(1)民氣之斲喪　袁世凱妄冀非分，以利祿誘天下，對於根性薄弱者，極盡牢籠之術。楊度梁士詒等，復從而操縱之，故當國體請願之時，怪象百出。有所謂商會請願團者，爲北京總商會所發起。有所謂教育會請願團者，爲梅寶璣等所發起，有所謂婦女請願團者，爲婦人安靜生等所發起。有所謂妓女請願團者，爲妓女花元春所發起。此外更有所謂乞丐代表請願團，人力車夫代表請願團者。妖雲怪霧，彌漫燕京，甚矣民氣之斲喪盡矣。

(2)外力之壓迫　袁氏圖謀帝制，恐外國掣肘，因要求德國承認，與青島總督以祕密文件。又與俄訂立外蒙條約，許蒙古自治。與英國接洽西藏交涉，承認英人內外藏之說。對於日本，尤不惜重大犧牲。四年一月，日使日置益提出二十一條，全國人士，一致反對。惟袁氏欲圓其皇帝之好夢，對於日本最後通牒，竟於五月九日覆牒贊同。自是日本在華之勢力驟張，爲民國史上新增一大汚點。

(3)北洋軍閥之分裂　清光緒十年，李鴻章設武備學堂於天津，採用新式教練，段祺瑞馮國璋王士珍等均肄業其中。甲午敗後，議練新軍，胡燏芬主之，成定武軍十營於天津。旋以袁世凱統之，增募爲七千人，號新建軍，駐兵於津南之小站，以武備學堂畢業生爲軍官，兵制悉仿德國，是爲北洋軍隊之始。自袁死後，馮段各統一部分勢力，暗鬥甚烈，遂分爲直皖兩派。及護法戰役起，段主戰，馮主和，裂痕益顯，故未幾即有直皖之戰。

(4)粵桂爭端之導線　雲南起義護國，以廣西陸榮廷響應爲最力。事定以後，陸榮廷爲廣東督軍。廣西督軍，以部將陳炳焜任之，自是兩廣勢力，完全入於桂系之手。護法軍起，孫中山被舉爲護法政府大元帥，粵系漸在廣東得勢。旋軍政府改組，岑春煊爲主席總裁，孫中山去職，廣東再入桂系之手。直皖戰後，岑春煊等通款北方，取消軍府。粵系軍人乃實行驅逐岑陸，而粵桂戰端遂開。

(5)經濟之擾亂　國體變更，引動干戈，糜爛六七省，耗金五千萬，金融緊迫，政府乃由中國交通兩銀行提取現款，經濟界益呈恐慌狀態。國務院遂於五月，令中交兩行，暫時停止兌現，自是金融界爲之大擾矣。

附人才內閣表一

熊內閣：
1 外交總長——孫寶琦，字慕韓，浙江杭縣人，
2 內務總長——朱啓鈐，字桂莘，貴州紫江（旋改開陽）人，
3 財政總長——熊希齡兼，
4 陸軍總長——段祺瑞，仍舊，
5 海軍總長——劉冠雄，仍舊，
6 教育總長——汪大燮，字伯棠，浙江杭縣人，
7 司法總長——梁啓超，字卓如，廣東新會人，
8 農商總長——張謇，新任，
9 交通總長——周自齊，字子廙，山東單縣人，

袁氏部下北洋派人物表二

- 北洋派
  - （甲）文治派——徐世昌，楊士琦，
  - （乙）武功派
    - 1 直系——馮國璋，
    - 2 皖系——段祺瑞，
  - （丙）法律派——楊度，施愚，
  - （丁）財政派
    - 1 粵系——梁士詒，周自齊，
    - 2 皖系——周學熙，龔心湛，

政事堂人物表三

- 局長
  - 法制局長施愚
  - 機要局長張一麐
  - 銓敘局長夏壽康
  - 主計局長吳廷燮

政事堂國務卿徐世昌
- 左丞楊士琦
  - 鑄印局長袁思亮
  - 所長——司務所長吳笈孫
- 右丞錢能訓——參議
  - 林長民
  - 金邦平
  - 伍朝樞
  - 郭則澐

洪憲要人表四（注）黎元洪為參政院長，係袁世凱指派，是消極反對帝制者，

洪憲要人
- （甲）政治會議
  - 議長——李經羲，張國淦，
  - 成績——製造約法會議組織條例。
- （乙）約法會議
  - 議長——孫毓筠，施愚，
  - 成績——製造新約法，及參政院組織法。

(丙)參政院
- 院長——黎元洪，汪大燮，
- 成績——修正總統選舉法。

(丁)大典籌備處
- 處長——朱啓鈐，
- 處員——梁士詒周自齊，楊度，等十五人。

護國戰役表事要表五

(甲)原因
- 1 袁世凱陰謀叛國，利用籌安六君子，達其野心，
- 2 梁士詒組織請願聯合會推沈雲霈爲會長，催促進行，
- 3 楊度顧鼇梁士詒等操縱國民代表大會，表决國體，隨卽推袁氏爲帝，
- 4 改元洪憲，頒布封爵，總統府改稱新華宮，而護國軍起。

- 1 雲南——唐繼堯首義，蔡鍔李烈鈞分道出兵川邊，
- 2 貴州——劉顯世獨立，遣戴戡赴川，與蔡鍔相呼應。

護國戰役

（乙）護國軍方面

3 廣西——陸榮廷獨立，遣兵分向湘粵兩方進發，

4 廣東——龍濟光為環境所逼迫亦宣布獨立，

5 浙江——呂公望獨立，將軍朱瑞，巡按使屈映光去職，

6 陝西——陳樹藩獨立，將軍陸建章去職，

7 四川——陳宧為環境所逼迫，宣告獨立，

8 湖南——湯薌銘為環境所逼迫，宣告獨立，湯逃，曾繼梧代督，

9 肇慶——推唐繼堯岑春煊為正副撫軍長，梁啓超兼政務委員長，章士釗為祕書長，統一南方軍政事務。

（丙）袁政府方面

1 下令討滇，遣曹錕張敬堯龍覲光分路出發，

2 對於其他獨立各省，欲以調停息爭，然終無效，

3 英日俄法意公使，提出勸告，對於洪憲公文拒絕接受，

4 李純，靳雲鵬，馮國璋，張勛等聯名電請撤消帝制，

5 康有爲，張謇，湯化龍，伍廷芳，唐紹儀等先後致電勸退，康電竟出以惡罵，有三家分峇尤千刀剸王莽之語，

（丁）結果

1 袁氏憂憤而死，黎元洪依法繼任，

2 各省取消獨立，軍務院撤消，而南北復歸統一。

第四章　張勛復辟及護法戰役

一　黎段之衝突

黎元洪繼任之初，段祺瑞組閣，約法恢復，國會再開，南北統一，海內喁喁望治。乃不意府院之爭又起，遂鬧成不可收拾之局。推其原因可分為二：

(1)黎段異性　黎段二人關係本淺，性情尤異。黎性和緩，段之遇事專斷，每為黎所不滿。

(2)孫徐搆釁　內務總長孫洪伊接近民黨，遇事敢為，受黎信任，凡事皆與密議，隱然執府中之牛耳。徐樹錚為段氏門人，以國務院祕書長而兼陸軍次長，儼然為總理第二，孫徐各持其主，兩不相下。於是由孫徐之水火，促成府院之意見，迄對德參戰問題發生，而黎段決裂矣。

對德問題之起也，段氏主張絕交，府方不同意，段曾一度負氣棄職避津，復經副總統馮國璋之斡旋，段始允復職。卒于六年三月發布對德絕交令。段乃進而為參戰之主張，謂一在目前可以得協約國同意，修改關稅稅則，及緩付庚子賠款，將來在歐戰和會中亦可以佔住一席，提高中國國際地位。黎氏爲愼重計不許。在野要人如唐紹儀等，督軍中如張勛倪嗣冲等，亦皆持反對之論。段乃召集督軍團會議，遂一致主張參戰。及參戰案提交衆議院審議時，段氏私黨竟糾合公民團，包圍國會，要求通過。輿論大譁，民黨閣員孫洪伊先已去職，谷鍾秀張耀曾程璧光亦相率辭職。衆議院因以內閣非總理一人所能負責爲口實，將參戰案擱置，欲以倒閣。黎氏徇國會主張，竟明令免段，而以李經羲繼任總理，於是府院之爭遂擴大。

當參戰案之擱置也，督軍團在徐州開會，一致擁閣。及段免職令下，安徽省長倪嗣冲首先獨立。奉天張作霖，陝西陳樹藩，河南趙倜，浙江楊善德，山東張懷芝，黑龍江畢桂芳，直隸曹錕，山西閻錫山等繼之。且引兵進逼，於六月二日在津設立軍務總參謀處，以雷震春爲處長。並通電全國，謂「出師各省，意在鞏固共和，另訂根本大法，設立臨時政府。」風聲所至，草木皆兵，黎氏大懼，亟從李經羲之請，召張勛入京作調人，而復辟之變作。

二　復辟之事變　張勛秉性頑固，南京敗後，駐兵徐州，從不去辮。袁氏死後，督軍安徽，帝制餘孽多歸之。與保皇黨首領康有爲交最契，始終以恢復淸室爲職志。此次奉召入京，假調停爲名，解散國會，逼迫黎氏退位。偕康有爲王士珍江朝宗吳炳湘萬繩栻等，奏請溥儀復辟，遂改民國六年七月一日爲宣統九年五月十三。封黎元洪爲一等公，授張勳王士珍等七人爲議政大臣，徐世昌爲弼德院長，康有爲副之。一切官制朝儀，皆復清舊，是爲民國成立以來第二大怪劇，故不二日而段祺瑞馬廠之師起。

段氏自去職後，伏處天津。及聞張勳復辟，以梁啓超之勸，遂馳往馬廠李長泰軍中，於七月三日誓師討逆。設總司令部於天津，以直隸督軍曹錕爲西路司令，將軍段芝貴爲東路司令，由京漢京津兩路進攻。五日西路軍進駐盧溝橋，同日東路軍亦佔黃村，六日馮國璋在南京布告就代理大總統職，各省一致承認。七日兩路軍進攻北京，圍攻逆軍於天壇及南河沿張勳住宅，解除其武裝。張勳逃奔荷蘭使館，康有爲遁去。十三日段氏入京，亂事全定，黎元洪引咎去職，馮國璋遂由南京入京，代理大總統職務。段再組閣，以實現其參戰政策，而政局又告一段落。惟段氏主張召集臨時參議院，意欲消滅國會，遂再致南北分裂。

三　護法軍之崛起　當國會之被逼解散也，兩院議員相率南下，在上海設立通信處，並電致滇黔粵桂川湘各省，聲稱「約法大總統無解散國會之權，且副署解散命令之江朝宗，爲步軍統領，無代理國務總理資格，認解散令爲非法。」廣西督軍譚浩明，廣東督軍陳炳焜，遂通電暫行自主，雲南督軍唐繼堯，亦聲明國會未恢以前，不受非法內閣之干涉，並於六年八月，發布通電，主張四義：

(1)總統應仍復職，否則應向國會解職，照大總統選舉法第二項辦理。

(2)國會非法解散，不能認爲有效，應卽召集國會。

(3)國務員非得國會同意，由總統任命，不能認爲適法。

(4)稱兵抗命之禍首，應照內亂罪按律懲辦，以彰國法。

旋李烈鈞起兵廣州，龍濟光被迫走瓊島。海軍總長程璧光，第一艦隊司令林保懌，亦南下護法。時護法議員羣集廣州，開非常國會，九月二日，舉孫中山先生爲大元帥，唐繼堯陸榮廷副之，于是廣州政府成立，南北又分裂。滇黔軍進佔四川，許崇智起事閩南，于右任樹幟陝西，聲勢益熾。迨北政府任命傅良佐爲湘督，劉建藩獨立零陵，林修梅獨立衡陽，湖南遂爲南北之戰爭點。

時馮國璋倘主和平，北方在湘直系將領王汝賢范國璋，承馮氏意旨電請停戰，傅良佐被逼北走，譚浩明統湘粵桂聯軍佔領長岳，護法聲勢大振。段氏因主戰失敗下野，王士珍組閣，南北戰爭一時停止。此爲護法戰役第一期。

王氏組閣後，馮國璋極力籠絡西南，作和平之表示，並下弭戰令。而荊州之石星川，隨縣之王安瀾，黃州之謝超，紛紛宣告獨立。雖不久失敗，而馮氏主和政策，頗受打擊。段系恨之，徐樹錚引奉軍入關以壯聲勢，又一致主戰。七年春，曹錕張敬堯統直皖軍南下，攻陷長岳。段再組閣，曹回直督原任，張敬堯被命督湘。曹部第三師師長吳佩孚進駐衡陽，通電主和，又成南北相持之局，此爲護法戰役第二期。

四　馮段暗鬥及非法大選　馮段爲北洋領袖，然性質各別。辛亥之役，馮攻民軍，段主共和，二人行事已不同趨。袁死黎繼，馮近民黨，獲選副座。段遠民黨，故與兩院不協。復辟變作，段復京師，邀馮入京。馮以黎受制于段，恐蹈覆轍，故北上之先，通款南方，並舉李純督蘇，陳光遠督贛，與鄂督王占元爲長江三督之聯盟，以爲外援。又改編所部爲十五師，親率入都，藉以自衞。征湘之役，段主戰，馮主和，政見不同，段因有辭閣之舉。及再組閣，對于馮氏，益加制裁，二人嫌隙已成。迨安福部（以北京宣武

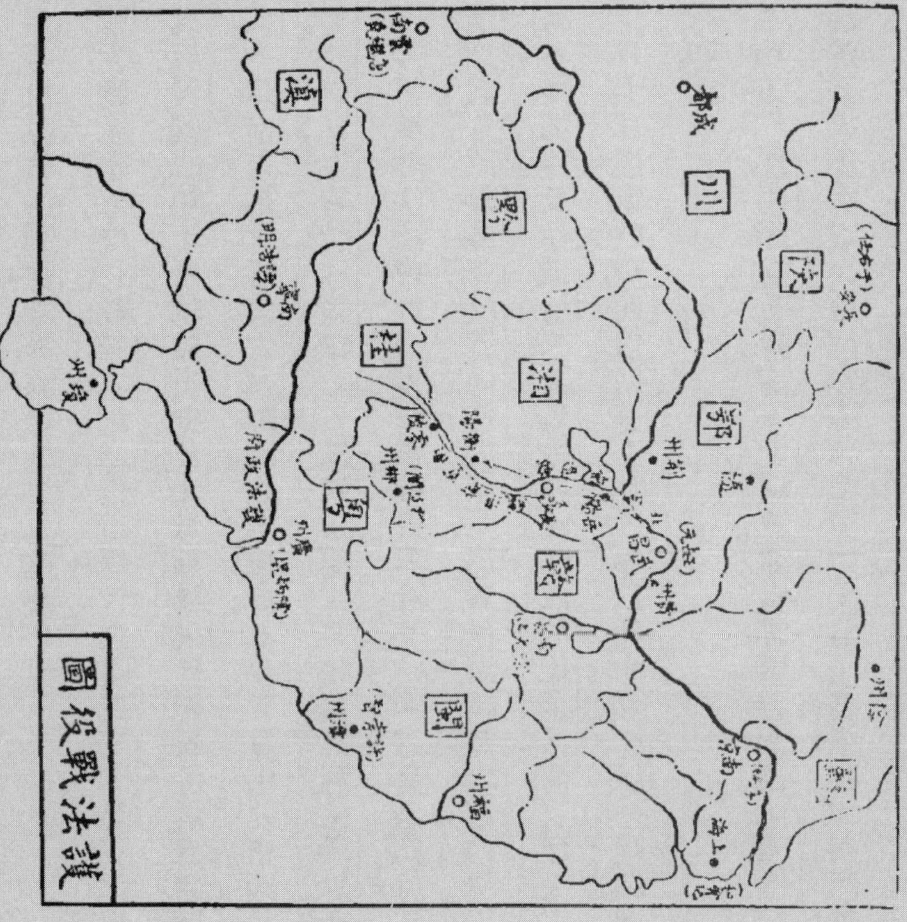
護法戰役圖
成都
川
陝
鄂
湘
黔
桂
粵
滇
贛
閩
蘇
荊州
武昌
岳州
衡陽
零陵
郴州
廣州
護法政府
南寧
瓊州
福州
漳州
南京
上海
徐州
雲南

門安福胡同而名）組織非法國會，選舉僞總統，二人遂致分裂。

按中華民國大總統，本五年一任，黎元洪之總統，係代之袁氏；馮國璋又係代理黎氏者，故其任期皆袁氏任期。袁於民國二年十月就職，至七年十月期滿，馮代總統遂於八月間通電表示意見，請另舉賢能以謀統一。時南方軍政府，感大元帥制之困難，於七年五月由非常國會，選舉孫中山，唐紹儀，唐繼堯，伍廷芳，陸榮廷，岑春煊，林葆懌七人，爲政務總裁，與北政府對抗，段知南方不可猝平，乃成立安福部，（一）方組織非法國會與南方非常國會對峙。（一）方另選總統，爲根本倒馮之計。其部下人物，以徐樹錚爲首領。外特曹汝霖向日借款鉅萬，爲包辦政黨之用，內特王揖唐運動選舉。而被選資格，在當時不外馮段及徐世昌三人。馮段惡感已成，故徐世昌坐收漁人之利，遂於九月一日，獨選爲大總統，十月十日通電就職。馮以期滿下野，段亦以徐主和平統一，呈請辭職。徐特任錢能訓爲國務總理，進行和議。

五　南北之和議　當馮徐交遞時，南方七總裁，即宣言攝行大總統職權，以北方國會，爲非法組織，大選爲非法選舉，故不承認徐世昌爲總統。徐標榜文治主義，主張和平，然每爲安福系實力派所扼，不能自拔。曾十一月二十日外交團提出警告，責中國不應借參戰名義以修改稅則之增益稅，及緩還之庚子賠款助長內亂。徐氏氣為之振，下令前方軍隊即日罷戰。長江三督暨前敵將領，在野名人，亦有同樣之請求。於是遂有上海和會。南代表唐紹儀、北代表朱啓鈐，於八月二十日齊集上海開會。然開會之初，最難解決者，有下列二項：

(1)陝西停戰問題　時北方雖下令停戰，然不承認陝西于右任之軍為護法軍，用全力以攻之。南方則以陝西為護法區域，必停戰後始開議，後北政府雖下令停戰，而北軍進攻不已，北代表因此一度辭職，此一事也。

(2)取消參戰軍問題　段氏借參戰之名，編三師四混成旅之多，非僅意在平南，實暗以制直。故南代表要求取消，決非段系所許，此又一事也。

以此二事，和會一時停頓。旋由長江三督及衡陽吳佩孚之調停，雙方讓步。北認陝西為護法軍，南亦擱置參戰軍不問，和會遂賡續開會。而新舊國會問題，又為最大爭點。南主舊，北主新，兩不相讓。會巴黎和約發表，我國所持之山東問題完全失敗。而其所以失敗之故，則以七年段再組閣時中日所訂之山東善後密約，爲其致命傷。於是南代表對於北政府大不信任，提出下列條件：

(1)對於巴黎和會所擬之山東條件，不予承認。

(2)中日密約，宣布無效，並懲辦訂立密約關係之人。

(3)參戰軍，國防軍，一律撤消。

(4)撤消劣跡昭著不洽民情之督軍省長。

(5)由和會宣布黎元洪六月十二解散國會之命令無效。

(6)設政務會議，由和會推全國最有聲望之人組織之，監督南北議和之執行事件。關於統一內閣之組織，由其同意。

(7)其他已經議定之交付審査，或另行提案各項，分別整理決定。

(8)由和會承認徐世昌爲臨時大總統，執行職權至國會選舉正式總統之日止。五月十日，正式開會，北代表聲明不能同意。雙方代表卽分別發電辭職，滬和議破裂。後雖北遣王揖唐，南遣溫宗堯爲代表，謀繼續開議。然終不能實現，南北依然分裂。

附黎總統繼任政要表一

黎總統政要

- (甲)恢復約法，
- (乙)召集國會
  - 1參議院，王家襄王正廷爲正副議長，
  - 2衆議院，湯化龍陳國祥爲正副議長，
- (丙)組織新閣總理段祺瑞
  - 1外交唐紹儀，2財政陳錦濤，
  - 3陸軍段兼，4海軍程璧光，
  - 5內務孫洪伊，6教育范源濂，
  - 7交通許世英，8農商谷鍾秀，
  - 8司法張耀曾。
- (丁)懲辦罪首
  - 1楊度 2孫毓筠 3顧鼇 4梁士詒
  - 5夏壽田 6朱啓鈐 7周自齊 8薛大可
- (戊)改定官名
  - 1各省督理軍務，改稱督軍，
  - 2各省巡按使，改稱省長。

復辟事變表二

復辟事變

(甲)原因

1 由孫洪伊與徐樹錚交惡，激成府院不和，

2 由參戰案發生，黎段意見不合，漸相齟齬，

3 段以督軍團爲後盾，黎倚國會爲奥援，進致決裂，

4 黎免段職，督軍團獨立，黎元洪大恐，請張勛入京調停。

(乙)經過

1 倡復辟者勞乃宣，

2 實行者張勛，康有爲，

3 附和者，江朝宗，吳炳湘，劉廷琛，沈曾植等。

(丙)結果

1 段祺瑞馬廠誓師，聯合馮國璋等一致進討，

2 張勛失敗，逃入荷蘭使館，從張者皆鳥獸散，

3 擒獲復辟要犯張鎭芳，雷震春，馮德麟，寘之獄，

4 黎元洪去職，馮國璋代行大總統職權，而第二幕怪劇告終。

南方舊國會派別表三（注）林森王正廷爲參院正副議長，吳景濂褚輔成爲衆院正副議長。

舊國會

- （甲）民友社：胡漢民　張繼　孫洪伊　馬君武　謝持　居正　田桐　黃夏聲——擁孫中山爲首領，爲國民黨嫡派。
- （乙）政學系：章士釗　李根源　李肇甫　楊永泰　谷鍾秀——擁岑春煊爲首領，爲南方之右傾派，
- （丙）益友社：吳景濂　王有蘭　曾彥　褚輔成　王正廷　呂復——推吳褚爲首領，爲南方之調和派，
- （丁）新新俱樂部：張知本　尹承福——爲新補兩院之集團，多數與褚氏表同情。

北方新國會派別表四（注）梁士詒朱啓鈐爲參院正副議長，王揖唐劉恩格爲衆院正副議長，

- （甲）安福部：徐樹錚　田應璜　于寶軒　王揖唐　王印川　曾毓雋——推徐王爲首領，在國會中佔最多數，把持一切政權，

- 劉恩格　烏澤聲　康士鐸

新國會

- (乙)研究會
  - 梁啓超　蒲殿俊　林長民
  - 徐佛蘇　梁善濟　陳國祥
  - 項忠寅　王家襄　藍公武
  - 推梁啓超爲首領，盛倡再造共和之說，南方深惡之
- (丙)舊交系
  - 梁士詒　任鳳苞　權量
  - 周自齊　葉恭綽　龍建章
  - 朱啓鈐　關冕鈞
- (丁)新交系
  - 曹汝霖　曾雲沛
  - 陸宗輿　丁士源
  - 以曹陸爲首領，爲親日派，
- (戊)己未俱樂部
  - 靳雲鵬　于寶軒
  - 錢能訓　易宗夔
  - 意在對抗安福部
- (己)討論會
  - 江天鐸
  - 孫潤宇
  - 與新交通系，有密切關係。

護法戰役表五

- 護法戰役
  - (甲)原因
    - 1 由於國會解散，陳炳焜，譚浩明，唐繼堯等首倡自主，
    - 2 兩院議員南下廣東，開非常國會組織護法政府，
    - 3 北方亦召集臨時參議院，旋組織安福部，成立新國會。
  - (乙)首領
    - 北
      - 1 馮國璋代總統時，段祺瑞當國，
      - 2 馮任滿去職，新國會舉徐世昌爲大總統，段仍當國。
    - 南
      - 1 孫中山爲大元帥，唐繼堯陸榮廷爲副元帥，
      - 2 改選孫中山唐紹儀唐繼堯伍廷芳陸榮廷岑春煊林葆懌七人爲總裁，推岑春煊爲主席。
  - 戰
    - 1 北任傅良佐督湘，劉建藩起兵，譚浩明入湘，傅遁去，
    - 2 北兵南下，譚浩明逃，張敬堯督湘，吳佩孚進駐衡州。

（丙）狀況

和

1 吳佩孚倡議主和，北方朱啓鈐，南方唐紹儀開和會於上海，

2 以陝西畫界及取消參戰借款中日軍事協定，和議無形破裂，

3 李純等從中調停和議復開又以新舊國會問題，及北方中日間種種密約發表，和議遂完全破裂。

（丁）惡果

1 北有直皖兩系，南有粵桂兩系，彼此各不相容，

2 北有直皖奉直之戰，南有粵桂孫陳之爭，益糾紛不可究詰。

第五章　南北軍閥之混戰

一　直皖之戰　馮段分裂以後，直系主和，久爲皖系所積恨。北兵第二次入湘，皆直系爲前驅，段引己系之張敬堯爲湘督，更大爲直系所不滿。自復辟事變以後，至直皖戰爭前，爲皖系勢力極盛時代。段祺瑞先後督辦參戰邊防事務，兼管將軍府，編練邊防軍（參戰軍改稱）達三師之多。徐樹錚任西北籌邊使，亦增募西北軍，擴充爲四混成旅。北方政局殆全爲段系所操縱，每次閣員，安福人員，恆居多數，專以賣國媚外壓迫異己爲無上政策。迄巴黎和會山東問題失敗，上海和會破裂以後，吳佩孚遂乘舉國不滿段系之際，引兵北還，屯駐鄭縣。湘南譚延闓軍，乘勢驅逐張敬堯，兩系之暗潮益烈。直系首領曹錕乃聯絡奉天張作霖，通電數安福系禍國之罪，請罷斥徐樹錚西北籌邊使及邊防軍總司令之職，置邊防軍於陸軍部統轄之下。段氏憤怒，開會議於將軍府，組織定國軍，逼徐世昌下討伐曹吳令，而直皖之戰起，時民國九年七月也。

（甲）皖軍總司令段祺瑞
- 東路總指揮——徐樹錚
- 中路總指揮——陳文運
- 西路總指揮——曲同豐

（乙）直軍總司令吳佩孚
- 東路總指揮——曹　瑛
- 中路、西路總指揮
  - 吳佩孚
  - 王承斌

直軍根據地在保定，皖軍根據地在北京。七月十六七日，兩軍開戰，西路在涿州琉璃河，東路則在楊村。西路直軍由固安猛撲皖軍，皖軍惶急，誤擊本軍十五師劉詢陣地。十五師以爲直軍從後夾攻，遂投降。其一部未降者，知砲爲皖軍所發，大罵不止，均不戰而退，曲同豐亦被俘，西路皖軍全覆。東路皖軍，初勝於楊村、旋以奉軍加入直系，皖

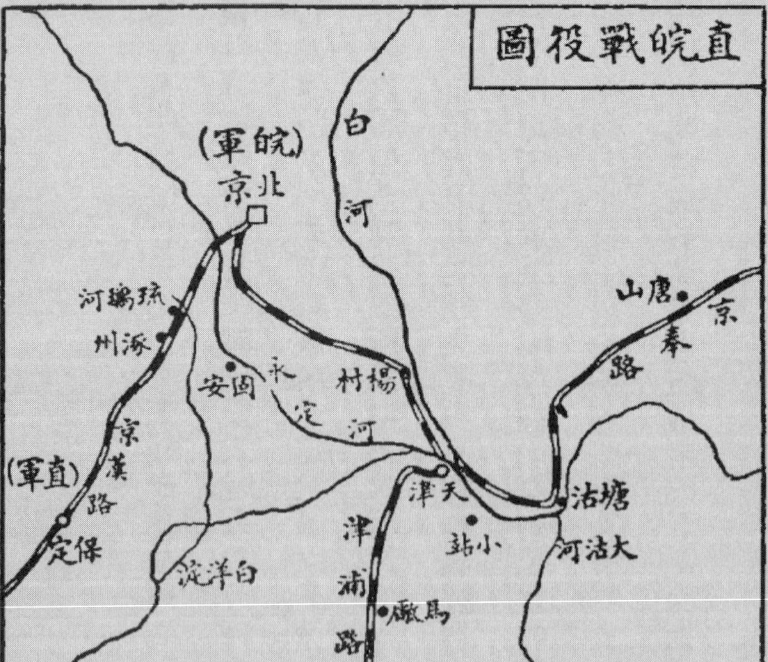

軍亦敗。而中路陳文運之軍，不戰自潰。段祺瑞數年來疊借日鉅款爲擴張己派勢力而編練之軍隊，不五日而全部皆敗。段氏下野，徐樹錚等被通緝，安福部遂一蹶不振。自是中央政權，落於奉直兩系之手，新國會無形解散。九月任曹錕爲直魯豫巡閱使，吳佩孚副之。免長江巡閱使兼安徽督軍倪嗣冲職，長江巡閱使以蘇督李純兼代。任張景惠爲察哈爾都統。此後奉直兩系各布勢力，各擴地盤，遂釀成十一年奉直之戰。

二　直與湘川之戰　吳佩孚倒段後，卽承襲其武力統一政策。乘南方政府內閧之際，對於長江流域，於十年八九兩月，遂有下列二戰役：

(1)湘鄂之戰　王占元督鄂久，爲鄂人所不滿，武昌兵變，尤爲鄂人所切齒，孔庚蔣作賓等皆赴湘乞援。時趙恆惕高唱聯治，允之。卽任宋鶴庚爲援鄂軍總指揮，以夏斗寅爲先鋒司令，沿長武路前進。王占元亦積極備戰，急電曹吳求援。吳佩孚遣蕭耀南靳雲鶚等先後南下。時王氏部隊相率潰退，羊樓司汀泗橋等處皆歸湘軍佔領。王知大勢已去辭職，北政府遂改任蕭耀南爲鄂督，吳佩孚爲兩湖巡閱使，鄂軍聲勢驟振。八月十四，吳佩孚密令決金口隄，湘軍損失甚鉅。復率軍艦溯江西上截斷岳州後防，於是湘軍全敗。

(2)川鄂之戰　湘鄂戰爭之起也，湘趙聯合四川自治派首領劉湘進攻鄂西。唐式遵但懋辛等統兵東下，連下秭歸利川各縣，進逼宜昌，聲勢大振。及直吳佔領岳州，湘趙求和，率兵西上，炮火極為猛烈。而川軍以地勢險要，故兩軍在宜相持至三星期之久。川軍卒以子彈缺乏，退出鄂境。

經此二戰，吳佩孚留張福來鎮岳州，孫傳芳守宜昌，而直系在鄂之勢力乃穩固矣。

三　奉直之戰　直系之擴勢於南，既為奉張所不滿。奉張為安福罪魁請特赦，更大召直吳之反感。梁士詒組閣，本為張奉推轂而成，對於奉直兩方之軍餉，常為左右袒。故內閣問題，遂為奉直衝突之發端。適梁閣電我國在華盛頓會議之代表，關於山東問題，囑其對日讓步，遂與吳以口實。吳攻梁之電發出後，張卽反電相譏。時曹錕與奉張有親戚關係，欲事調停，不能有效，於是奉直之戰起。

(甲)奉軍總司令張作霖
- 東路——張作相，張學良，李景林，
- 中路——許蘭洲，闞朝璽，鮑德山，
- 西路——張景惠，鄒　芬，鄭殿陞。

（乙）直軍總司令吳佩孚

- 東路——張國鎔，彭壽莘，
- 中路——王承斌，張福來，
- 西路——吳佩孚，董政國。

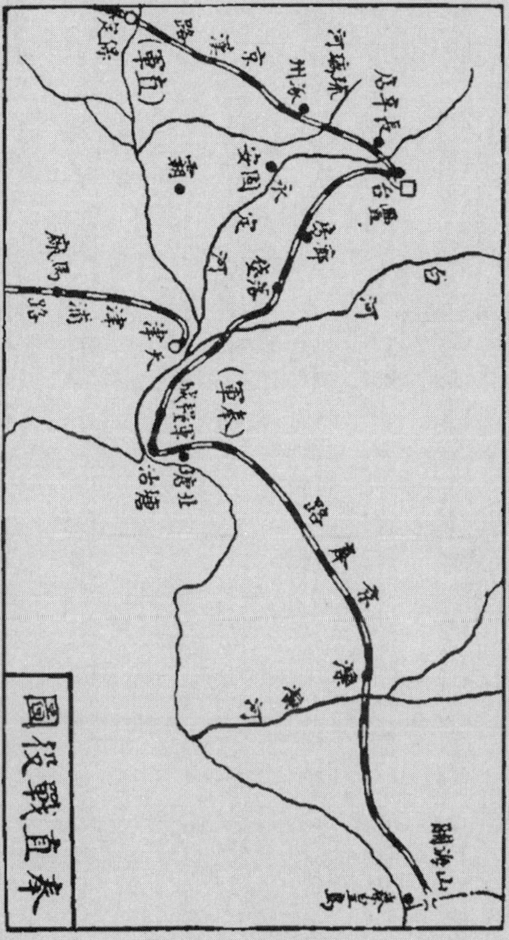

十一年四月三路開戰，張作霖在軍糧城督師，吳佩孚則設司令部於涿州督戰。西路沿京漢線，

在長辛店與琉璃河之間。東路沿津浦線，在馬廠以南。中路則在固安霸縣一帶。炮火之烈，以西路爲最甚。南崗窪之役，血肉相搏，雙方傷亡極多。直軍以林木僞裝軍隊，燃爆竹僞充槍炮聲，奉軍濫發大炮，漫無限制。直軍乘之，遂於五月佔領長辛店。又有馮玉祥一旅，由西路繞出奉軍之後，奉軍驚潰，直軍遂佔領豐台。中路東路之奉軍，亦連帶敗潰。奉軍退據灤縣，爲直軍所逼，更退守山海關。直軍進攻，奉軍郭松林憑險拒戰，直軍始退。兩軍停戰講和，戰事告終。由是奉系退處關外，直系獨據北方政局之中心矣。考此次奉軍失敗之原因，固由於奉方將領少戰事經驗，而其最大原因，則由於原定計劃失敗。

奉方最初之計劃，係聯絡粵皖兩系使爲己助。再合張勛殘餘之勢力，協力攻吳。一面運動陳樹藩擾陝，浙督盧永祥制蘇。一面更令河南趙倜趙傑兄弟爲內應，佔據直系洛陽根本之地。倘川軍乘機攻鄂，與北伐之粵軍相呼應，則奉軍之勝，可預卜矣。不意戰爭發動，段系督魯之田中玉，轉與直系合作。奉方派遣擾魯之張宗昌吳光新，均不能有所作爲。浙盧坐觀事變，不肯爲實力之援助。張勛進攻徐州之計劃，既因中外人士之反對而取消，孫中山北伐之軍隊，又因障礙而莫出。趙氏兄弟本可以爲直系大患，乃以馮玉祥坐鎮後方，發動較遲，故一舉即敗。凡此均非張作霖所及料也。然直系自有此勝，益招敵方之忌，而反直戰爭起。

四　虛名之統一　民國九年，北方直皖內鬨，南方軍政府，亦發生破裂。先是南北分裂以後，孫中山任大元帥，擬統一南方，以爲推倒軍閥張本。乃政學系首領岑春煊等盤據非常國會，以桂系陸榮廷等爲外援，軍政府改總裁制，岑得爲首席總裁，即以桂系軍人莫榮新爲廣東督軍，南方政權遂落於桂系之手。孫總裁既不就職，伍總裁亦離粵赴滬，唐繼堯遠在雲南，唐紹儀羈留上海。而舊國會參衆兩院議長林森、吳景濂及議員等，亦相繼離粵，有另地開會之議，馳驅於滇川兩省。岑春煊鑒於軍府情形之複雜，乃思與北廷通款。北方當皖系戰敗之餘，亦持和平統一之旨。靳雲鵬組閣，務與桂系政學系結好感。時各省自治之聲浪正高，「廣東人之廣東」，一倡於時。岑知事不可爲，遂於九年十月，與陸榮廷、林葆懌等，通電取消自主，聲明南北統一。孫中山、唐紹儀、伍廷芳、唐繼堯等否認之。粵系軍人陳炯明久居閩南，至是奉孫中山密令，又得閩督李厚基之助，率師回粵，逐莫榮新，宣布廣東自治。孫中山等返粵，再開政務會議。時非常國會議員陳家鼐等，討論新政府之組織，有選舉大總統之必要。十年一月，離粵議員陸續歸來，四月再開非常會議，選舉孫中山為非常總統，即於五月五日就職。由是南方非常大總統，與北方非法總統對峙焉。

五　粵桂之戰爭　岑陸通款北廷時，以取消新舊國會為條件。北方自直皖戰後，新國會無形瓦解，南方則舊國會重開，並有非常大總統之選舉。北廷恨之，利用桂系以謀牽制，給與餉械，為有力之援助，此粵桂開戰之一因也。桂系自被逐出粵後，時作捲土重來之想。聞孫陳有意見上之暗鬥，更啓侵粵之野心，及十年二月，顧品珍由川返滇，驅逐唐繼堯，桂軍絕後顧之憂，又有北廷為之助，此粵桂開戰之又一因也。在粵系視之，以桂系中途變節，取消自主，如不將其攻下，實為肘腋之患。於是劍拔弩張，而粵桂之戰起。

當戰事發動時，桂軍以陳炳焜為前敵總司令，集中梧州，分三路攻粵，粵軍則分守北江西江欽廉一帶，暫取守勢。以黃大偉為總指揮，陳炯明設援桂粵軍總司令於肇慶以應之。十年六月開戰，粵軍所向克捷，佔領梧州。七月桂軍右翼總司令沈鴻英通電宣布自治，乞降於粵，所部四十二營改稱救桂軍，聲明脫離兩廣督辦陸榮廷關係，與粵省一致行動。昭平平樂桂林等處，相繼為粵軍佔領。廣

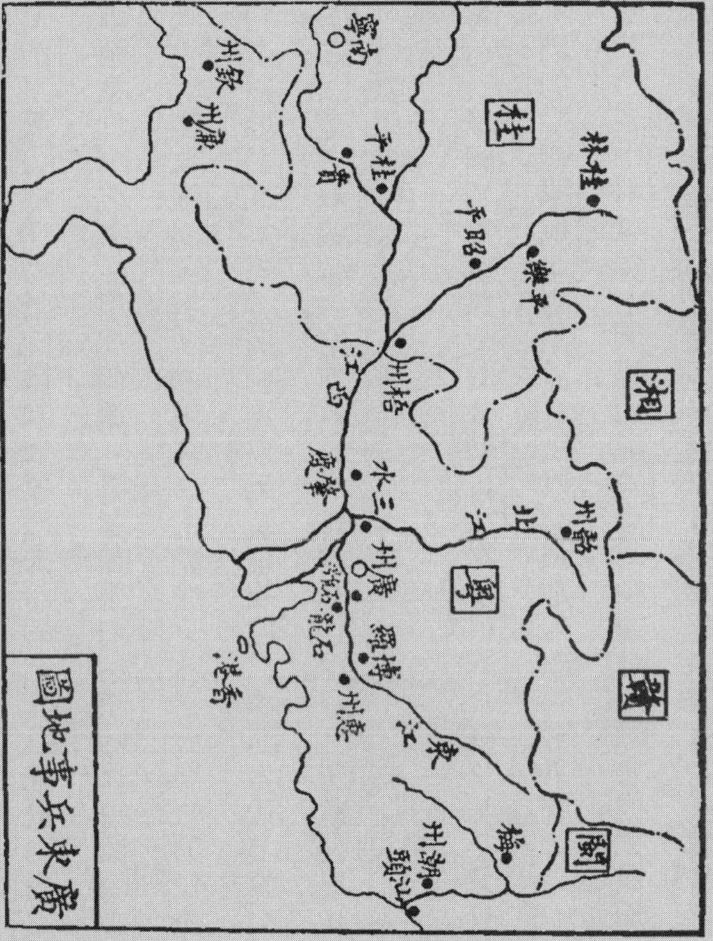
廣東兵事地圖
桂
湘
粵
贛
閩
桂林
平樂
昭平
梧州
南寧
欽州
廉州
桂平
西江
肇慶
三水
廣州
北江
韶州
石龍
博羅
惠州
東江
梅
潮州
汕頭
香港

西護軍使陳炳焜通電解除職務，聲明所有軍事，統歸督軍譚浩明辦理。及粵軍進攻貴縣，譚浩明不戰而逃。貴縣既下，南寧無險可守。陸榮廷自知大事已去，乃於七月通電退出南寧，解除兩廣督辦職務。時沈鴻英又取消救桂軍名義，改稱廣西第一軍軍長，乘機佔領桂林，復與陸譚暗通聲氣。陳炯明急飭洪兆麟魏邦平等往攻，沈鴻英退入湘境，桂局大體底定。非常大總統即任命陳炯明爲廣西善後督辦，不設總司令，以馬君武爲省長。廣西遂全入廣東政府之手，而北伐之聲浪遂高矣。

六　陳炯明之叛變　兩廣統一，南方氣象一新，本可有爲。乃北既奉直不和，而南方又因陳炯明之中貳，發生變故，其原因有二：

（甲）入黨問題　民國二年後，孫中山改國民黨爲中華革命黨。及九年又改組爲中國國民黨，凡入黨者須宣誓絕對服從，陳炯明殊不滿意。後雖勉強加入，而心實不甘。

（乙）北伐問題　孫中山欲集中大權，而以廣東爲根據地出師北伐，完成國民革命。陳炯明志在據廣東地盤，以保存一己之勢力。意見既異，嫌隙自生，幸有名流派之汪精衛，實力派之鄧鏗（陳之參謀長，與孫感情甚好）出而調解，得以無事。

十一年二月，孫中山出師桂林，欲假道湖南北伐，陳從後方牽制不給餉械；湖南趙恆惕又反對假道。孫乃託辭假道出贛，轉至三水，遂正式發表免陳氏本兼各職。陳即逃回惠州，但當時陳部之在廣西者，尚有六十八營）陳已走，即拔隊回粵。由葉舉發難，以六月十六日炮轟觀音山，迫孫總統與徐世昌作同樣之下野。孫總統登永豐兵艦，（今改名中山艦）伍廷芳從之，旋病歿，中山仍奮勇討逆，督率艦隊炮轟廣州，支持至二月之久。後以無可發展，始離粵赴滬。陳炯明仍回廣州主政，與湖南趙恆惕，浙江盧永祥，高唱「聯省自治」。迄十二年初，滇桂軍佔領梧州，而討陳擁孫之電至。

梧州為兩粵要地，此次事變，由桂軍沈鴻英及失勢退桂之滇軍楊希閔朱培德等聯合所致。陳炯明聞訊，派葉舉往禦，不利，肇慶隨陷。而廣州內部，亦有不穩消息，陳乃不得不通電下野，退出廣州，由魏邦平組織廣州維持治安辦事處。旋滇桂軍紛紛入城，由楊希閔沈鴻英發起時局善後會議，魏被幽禁，胡漢民及國民黨要人相繼離粵赴港，孫中山亦中止回粵。其後滇軍總司令楊希閔，宣言擁孫，力促返粵，沈鴻英亦有無不樂從之表示。十二年二月，孫中山遂毅然回粵，組織大元帥府。以大元帥名義，節制主客各軍。擬令譚延闓回湘，楊希閔回滇，沈鴻英回桂，李烈鈞出贛，許崇智出閩，向外發展。乃沈鴻英受直吳利用，遽行倒戈卒爲楊希閔等所破，退走湘桂邊境，西江北江粗平，而東江陳軍又起。

東江要地，在惠州潮汕，爲孫陳兩軍之戰爭點。十二年五月，陳軍洪兆麟攻入潮州，許崇智向廣州引退。而孫軍劉震寰圍攻惠州，佔飛鵝嶺，楊坤如死守不下。且陳部熊略猛攻至石龍惠州博羅間孫軍有被包圍之勢，廣州大震。幸孫中山應付敏捷，得以無虞。

(1)免海軍總司令溫樹德職，令炮台加緊戒備，制止海軍異動。

(2)盡調西北江兩路防軍，令楊希閔蔣介石（中正）率往前敵，恢復失地，卒能轉敗爲勝。至十月底，陳部林虎洪兆麟等大舉西上，解惠州之圍，石龍石灘隨陷。孫中山急開軍事會議，從李烈鈞楊希閔之言，堅守廣州。（一）面收編潰兵，布置防守事宜。（一）面增調援隊，得譚延闓由湘退來之湘軍，及樊鍾秀來歸之豫軍，聲勢遂振。卒能戰退陳軍，解廣州圍，於是遂成相持之局。

附直皖戰役表一

直皖戰役

- (甲)原因
  - 遠因
    - 1 對待南方,段主戰,馮主和,意見已起,
    - 2 攻取長岳,本吳佩孚之功,而湘督反為張敬堯所得,
    - 3 靳雲鵬本段門下,頗傾向直系,徐樹錚等必使之不安其位。
  - 近因
    - 1 吳佩孚撤防北還,逼張敬堯退出湖南,大為皖系所不滿,
    - 2 曹錕要求罷免徐樹錚職,解散安福部,段主查辦曹吳,遂開戰。
- (乙)事實
  - 直軍方面
    - 1 與奉,吉,黑,豫,鄂,蘇,贛,結合號八省聯盟,
    - 2 合曹錕衛隊,直隸警備隊,及吳佩孚曹瑛所部,共五萬六千人,
    - 3 吳佩孚為討賊軍總司令,王承斌副之。
  - 皖軍方面
    - 1 與陝,甘,晉,魯,浙,閩,新,熱,察,綏,結合號十一省區同盟,
    - 2 合邊防軍,西北軍,及魏宗瀚李進才劉詢所部,共五萬五千人,
    - 3 段祺瑞為定國軍總司令,徐樹錚為總參謀長,段芝貴為前敵總司令。

(丙)結果

1 西路皖軍段芝貴先敗，中路隨潰，東路徐樹錚先勝，以奉軍加入直方，亦敗。

2 段氏下野，由徐世昌下令懲辦徐樹錚，曾毓雋，段芝貴，丁士源，朱深，王郅隆，梁鴻志，姚震，李思浩，姚國楨等十罪魁，

3 解散邊防軍安福部，新國會瓦解。

直皖戰後奉直兩方武力擴充表二

(甲)直軍方面

1 第三師—吳佩孚兼　2 第九師—陸錦

3 第十一師—馮玉祥　4 第二十師—閻相文

5 第二十三師—王承斌　6 第二十四師—張福來

7 第二十五師—蕭耀南　8 第二十六師—曹鍈

9 第十二混成旅—葛樹屏　10 第十三混成旅—董政國

11 第十四混成旅—彭壽莘　12 第十五混成旅—孫岳

（乙）奉軍方面

1 第十六師——鄒　芬

2 第二十七師——張作相

3 第二十八師——汲金純

4 第二十九師——吳俊陞

5 暫編第一師——張景惠

6 二十三個混成旅——其中屬於奉天者一至十一，吉林一至七黑龍江一至四，屬於中央者僅第十九混成旅而已，旅長名從略。

奉直戰役表三

（甲）原因

1 皖敗以後，吳佩孚勢力大盛，爲奉張所忌，

2 奉張聯王占元以制直，而王氏位置反爲蕭耀南所奪，大爲奉張所不滿，

3 奉與浙盧粵孫結三角同盟，又爲直吳所深惡，

4 奉擁梁士詒組閣，吳以梁爲媚外通電倒閣，雙方遂開戰。

1 以軍糧城爲後路集合地，設司令部於落垡，張爲總司令，

2 以京奉津浦線爲東路，張作相，張學良，李景林等主之，

奉直戰役

- (乙)事實
  - 奉軍方面
    - 3 中路固安方面，以許蘭洲，闞朝璽，鮑德山等主之，
    - 4 以京漢線爲西路，張景惠，鄒芬，鄭殿陞等主之，
    - 5 又於永定河集合重兵，合計十二萬五千人。
  - 直軍方面
    - 1 以鄭州洛陽爲後方集合地，設司令部於涿州，吳爲總司令，
    - 2 以馬廠及津保汽車路爲東路，張國鎔，葛豪，彭壽莘等主之，
    - 3 中路固安方面，王承斌負指揮之責，
    - 4 以琉璃河一帶爲西路，吳佩孚，王承斌，董政國等主之，
    - 5 又於隴海路集合重兵，合計約十萬人。
- (丙)結果
  - 1 西路激戰最烈，奉軍以猛攻致敗，中東路亦因之而潰，
  - 2 秦皇島講和，奉軍退出關外，直軍亦不得入奉境，
  - 3 褫梁士詒，葉恭綽，張弧職，交法庭訊辦，
  - 4 免張作霖東三省巡閱使等職，張遂宣布東三省自治，自稱保安總司令。

陳烱明背叛事實表四

陳氏背叛

（甲）原因

1 孫改中華革命黨爲中國國民黨，凡黨員對於黨魁，須絕對服從，陳則貌合神離，

陳主組織聯省政府，孫自可充當主席，孫則以聯省爲割據變象，篤信大權集中，

3 陳主廣東自治，謀固一己地盤，孫力主北伐，欲求國民革命之實現，

4 孫部許崇智李福林素與陳不睦，陳部則有葉舉洪兆麟等爲之盡力，

5 孫陳意見，原有名流派汪精衛，實力派鄧鏗爲之調停，後汪去滬，鄧遇刺，孫陳決裂，遂一發不可收拾。

1 十一年四月，孫中山由桂返粵，免陳氏本兼各職，陳即日赴惠州，

2 同年六月，陳部葉舉等由桂返粵，砲擊總統府，請孫下野，孫旋離粵，

3 十二年一月，桂軍沈鴻英，聯合滇粵軍反陳，孫旋回粵，仍任大元帥職，

（乙）經過
4 同年四月，孫陳兩軍在潮汕開戰，孫圍惠州陳進窺石龍，相持不下，
5 同年十一月，陳部進攻廣州，被孫軍擊退，
6 十三年四月，孫軍向東江行總攻擊，陳部稍却，
7 同年七月，孫陳講和不成，
8 十四年三月，孫部許崇智佔領潮汕，惠州亦被蔣介石學生軍佔領。

（丙）結果——孫中山北上病故，陳部死灰復燃，然卒歸淘汰。

第六章　徐黎曹段之起仆

一　徐世昌被逐及黎氏復位　徐世昌獲任總統，以安福國會為立場。奉直戰後，安福部根本動搖。吳佩孚遂欲乘機謀南北之統一，由長江上游總司令孫傳芳首先通電，主張「恢復法統，請黎元洪復位，徐世昌孫中山同時下野，召集民國六年舊國會。」直系軍官應之。民國十一年六月一日，參衆兩院議長王家襄吳景濂，及在津議員百五十餘人自動集會，即日發布宣言，主張逐徐。次日徐氏出京，依據大總統選舉法令周自齊以教育總長兼署國務總理代行大總統職權，而黎氏復位之時機遂熟。

當齊方敦請黎氏復位時，黎氏為慎重計，始則通電不允。繼則要求四種條件：(1)南北統一，(2)恢復舊國會，(3)廢督裁兵，(4)全國財政公開，而尤注重於裁兵一條。直系雖不慊意，惟事已至非黎入京不可之勢，保曹洛吳均覆電認可，並允實行廢督為各省倡。黎乃於六月十一入京就職。惟入京未久，院部卽發生下列二事項：

(1)民六民八議員之爭　民六議員，指民國六年黎元洪非法解散之分子。民八議員，卽民國七年在廣州遞補八年被莫榮新驅逐離粵者。民八議員謂「六年國會分子既據院法變更，已在廣州自由行使職權，復於民八續開憲法會議，現在開會，只能繼續八年召集。且六年之留京議員早被除名，當然無職可復。至於賣身新國會或任北方官吏者，更無恢復之可能。」民六議員謂「廣州開會，祇能認為護法手段，不能認為適法行為。非常國會當初開議時，卽未依國會組織法第十五條之規定，有過半數出席。按之違法行為自初無效之原則，不但解除議員職權無效，卽民七民八之名義，法律上亦不能成立。至其遞補分子，既無當選證書，又非依法遞補，根本卽不能認有議員資格。」當八月一日正式開會之時，兩派議員文爭武鬥，各不相下。嗣經黎總統調停，分別任用民八議員為政治討論會會員，其事始寢。其時政黨情形，極為複雜，較之民國初元遠遜矣。

(2)財羅案之紛糾　先是奧款合同規定購買炮艦四艘，計價英金六百萬磅。旋因歐戰發生，工程停止，中國對奧宣戰後，本利均停付。十一年十一月，華意銀行華經理徐亞翰，突以財政總長羅文幹，密訂奧款合同，有受賄情事，報告衆議院議長吳景濂。吳遂與副議長張伯烈入府陳訴。黎總統，立諭警廳將羅傳送法庭拘押。按國會未開會時，議長私自請託逮捕閣員本屬違法，而總統不交閣議，徑自下條逮捕，手續既誤，又無拘票，於法更無根據。統計羅氏入獄，歷八月之久，訟案則糾纏一年三月有餘，時而出獄時而傳拘。而吳景濂張伯烈，始終又不到庭對簿，中國司法界之黑暗，於此可見也。

二　張閣之紊亂　黎元洪復位，周閣辭職，令顏惠慶組織過渡內閣，並擬伍廷芳組閣，爲統一之先聲。旋伍於廣州事變時病死，改任唐紹儀，迄不到任，命王寵惠組織好人內閣。又以財長羅文幹受賄嫌疑被捕事辭職，乃以張紹曾組閣。張爲恢復國會最有力之人，黎元洪吳景濂皆德之。就職之初，標榜「和平統一」，分遣代表疏通各方，頗得孫段諒解。後復爲洛吳聲勢所屈，任命沈鴻英督粵，孫傳芳督閩，以武力對待南方，而時局又壞。閣員分子尤不健全，其紊亂情形如下：

(1)敎彭與北京學潮　彭允彝湘人，以趙恆惕之推薦，入長敎育。張氏組閣，彭得連任，到任未久，卽以章士釗劉彥分長農業法政兩專校。二人本學者，但校務非其所長，彭本府方閣員，與直系無甚關係，乃思結好國會，一面受議員之請託，於敎部添置閒員百餘人，一面思結歡吳景濂，適羅案地檢廳以不起訴令羅出獄，彭卽在國務會議中，建議以國務院代表國家請求再議。按國務院既非原告，卽無請求再議之權。北大校長蔡元培，因彭氏蹂躪司法，憤而去職。北京國立各校，遂一致宣言驅彭。事雖不成，而彭之人望可知也。

(2)法程與司法界　張閣之法長本爲王正廷，王不就職，乃以程克充之。羅案既以不起訴出獄，此事本已了結，乃程克以敎長彭允彝之請求再議，遂以部令再逮羅氏。論者多誚彭氏違法，更責程之無用。蓋司法總長如發見原廳不起訴處分錯誤時，應令原廳重行偵查，提起公訴，卽用聲請再議之手續，亦應由司法總長提出國務會議也。修訂法律館總裁江庸，因此憤而出京，並以一司法總長破壞法令一罪名通電全國。而程氏又以己意撤換各省高等審檢廳長，法潮遂不可收拾矣。

(3)農李與農部　李根源滇人，以日本士官生出身，此次得黎信任入長農商，增加額外職員數百人，月增經費十餘萬，而措施則一無可稱。

(4)財劉與財政　劉恩源本一陸軍中將，以與保曹有關，得長財政。時各部大增冗員，財政困難，遂思辦妥法國金佛郎案以圖應急，以國會反對而止。乃於十二年四月間，有私印印花票之事。由財部印刷局長薛大可主持，加印一二分印花票五百萬元。事爲印花稅處長李景銘所知，乃往高檢廳控告。薛得撤職處分，反謂事經總長批准，不能認爲盜印，財部自此益多事矣。

張閣之紊亂如此，於是倒閣之聲大起。張爲保全祿位計，投降直系，參加最高問題。又以推薦崇文關監督薛篤弼，爲黎總統所拒，憤而去職，而政變起。

三　黎氏被逐及曹錕賄選　黎氏復位，由直系擁戴而成，根基本不穩固。時國會中分黎曹兩派，擁黎者以黎任將滿，謀爲下期總統之豫備。擁曹者則欲一致選曹，爲盡量之活動。兩派相爭，而驅黎之謀起，遂有十二年六月十三日之變。

六月十三者，驅黎之大政變也。曹錕自以爲北洋正統所係，有總統資格。其部下分爲津（曹銳）保（錕自領）洛（吳佩孚）三派，均主擁曹，而步驟不同。

（甲）急進派　津保派屬之，欲以威勢驅黎，復於絕續之交，乘間而以武力奪之。

（乙）緩進派　洛派屬之，欲假徑於內閣國會，以謀去黎，而迎曹之際，仍假手於國會之大選，以免非法之嫌。

兩派相爭，至爲劇烈，結果綏進派勝。至六月十三日，握軍隊實權者如馮玉祥王懷慶等，恐事機稍縱卽逝，因張紹曾辭職赴津，遂借索餉爲名，以實力迫黎去職，迨黎赴津，又使直隸省長王承斌攔車勒黎交出總統印信，極盡急進之能事。於是高凌霨以內長攝閣，曹謀大選之事起矣。

曹錕天津人，因緣時會，累官至直魯豫巡閱使。驅黎以後，圖謀大選，而選舉途徑，仍不能出乎國會。於是吳景濂等一再籌商，謀以巨款作選資收買議員，由吳包辦。後議員票價，竟漲至五千元一張。十月三日，宣告新憲告成。五日大選，來者踴躍，至有雖已病困，亦輿榻而入投票者，曹錕卒以得票最多數當選，隨於國慶日入京赴衆議院宣誓就職。而以運動大選之故，內閣之爭潮以起。

(1)對擁閣議員，許以張紹曾復職。

(2)對籌備大選人員，則許以高凌霨繼任。

(3)對於小孫派議員，許孫洪伊組閣。

(4)以疏通外交故，則許顏惠慶組閣。

(5)以包辦選票故，又許吳景濂組閣。

(6)繼以奔走出力故，又許王承斌組閣。

一閣揆也而許予者六人，曹旣就職，六人互爭，最後乃折衷歸孫寶琦，不久又爲各方所逼辭職，以顧維鈞兼代。兼代非長局，仍以顏惠慶爲綏衡，迄江浙戰爭起，顏閣成立，亦卽曹政府最後之內閣矣。

四　反直派之組合及江浙戰爭　曹吳自奉直戰後，勢力陡張，吳佩孚抱其向所主張之「武力統一」政策，向四方發展，(1)援助湖南趙恆惕，以遏粵軍北伐之路。(2)使黔軍袁祖銘，川軍楊森，自鄂西反攻四川，以爭長江上流。(3)命孫傳芳入閩，監視臧致平皖系軍隊。(4)利用陳炯明，沈鴻英攻粵，牽掣孫中山活動。(5)駐兵山海關喜峯口，以防奉軍之侵入。(6)聯合蘇齊燮元，皖馬聯甲，贛蔡成勛，閩孫傳芳，以制浙督盧永祥，於是大招對方之忌，成立奉粵浙三角同盟，從事於反直運動。以奉系爲中堅，而發難實自浙江。

江浙開戰之遠因，實起於民九直皖之戰。浙督盧永祥屬皖系，以段敗不得已屈服於直系之下，及十二年北京政變，國會議員褚輔成等二百餘人，創遷地制憲之議，盧永祥首先贊成。大選問題起，盧復通電反對奉張粤孫應之，浙江遂成爲反直派之中心。直系聞之大憤，令蘇督齊燮元備戰。時上海爲盧軍駐守，齊以地本蘇境，陰欲奪之。賴兩省士紳呼籲和平，一時得以苟延。至十三年七月，浙盧收編臧致平楊化昭軍，而江浙之戰起。

臧楊本皖系軍隊，駐防閩南，前爲閩督孫傳芳所敗，由贛入浙，盧永祥收其殘部，編爲邊防軍。於是蘇齊來電詰責，洛陽吳佩孚亦令蘇皖贛閩四省監視浙江行動。浙盧不服，遂於九月三日開戰。

(甲)蘇軍總司令齊燮元

- 第一路——陳調元，駐崑山，
- 第二路——黃振魁，駐無錫，
- 第三路——白寶山，駐鎮江，
- 第四路——馬玉仁，駐瀏河。

(乙)浙軍總司令盧永祥

- 第一路——何豐林，臧致平，守上海，
- 第二路——陳樂山楊化昭，攻宜興，
- 第三路——張載揚，潘國綱，守仙霞嶺防閩贛。

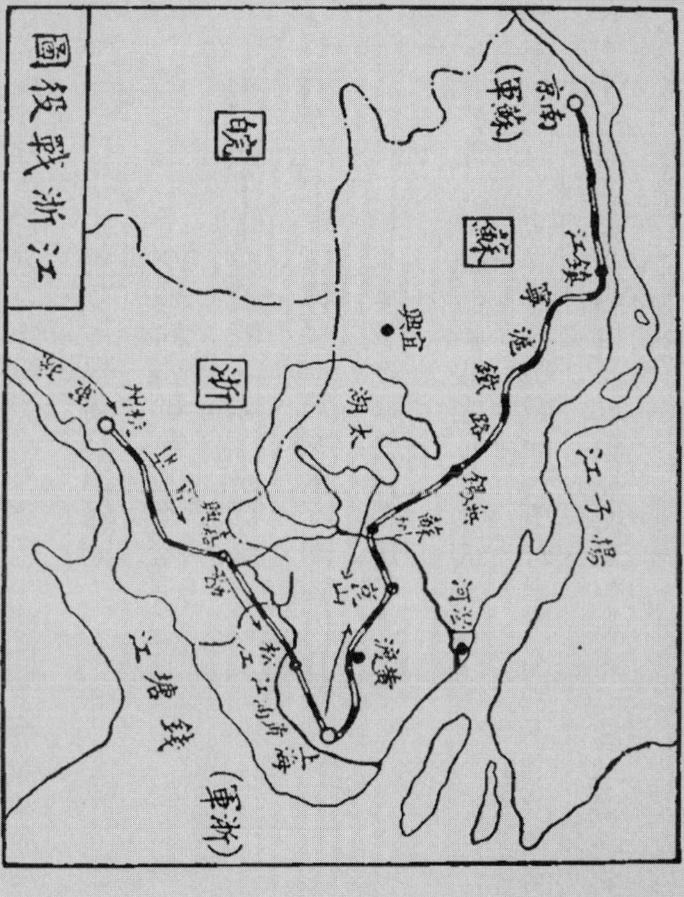

兩軍開戰，約分三線，蘇嘉水道無甚動作，太湖方面彼此相持。惟甯滬鐵路，齊燮元親赴崑山指揮，臧楊亦身臨前敵，相持於黃渡崑山間，血戰最久，兩無勝負。及閩孫入浙，而形勢驟變，盧永祥離杭赴滬。孫軍長驅直入，又有松江之捷。於是盧何通電下野，戰事告終，時十月十三日也。

五 奉直之再戰

江浙戰起，浙盧以討曹相號召。孫中山以有機可乘，遂於九月八日，出師詔關，聲討曹錕與浙盧相應。奉張亦於八月下動員令分路入關。曹卽下令討奉，命吳佩孚拒戰。

(甲)奉軍總司令張作霖
- 第一路——姜登選，張學良出榆關，
- 第二路——李景林，郭松齡出朝陽，
- 第三路——吳俊陞，許蘭洲出赤峯。

(乙)直軍總司令吳佩孚
- 第一軍——彭壽莘，王維城，董政國赴山海關，
- 第二軍——王懷慶，米振標，劉富有，守熱河，
- 第三軍——馮玉祥，張之江，李鳴鐘，赴赤峯。

開戰之始，奉軍注重熱河。王懷慶部不耐戰，而馮玉祥軍又遲迴不進，故朝陽赤峯，全爲奉有。榆關方面，姜登選，張學良冒死前進，奪九門口，直軍旅長馮玉榮戰死。吳佩孚親赴前線督戰，乃成相持之局。至十月二十三日，而馮玉祥班師主和之電至。

馮玉祥字煥章，安徽巢縣人，初爲旅長，以軍紀嚴明著稱。直皖戰後，吳佩孚引爲心腹。會陝督閻相文自戕，馮代督陝。奉直戰後，改任豫督。旋吳奪之以畀張福來，改授馮以有名無實之陸軍檢閱使，二人之嫌隙始此。及直系與黎不合，馮氏承旨首先發難，遂演成十二年六月逼宮之惡劇。事後曹爲總統，論功行賞，諸將皆得實惠，而馮則依然故我。此次奉直再戰，馮爲第三軍總司令，乃故遲遲其行，日以要索餉械爲事。最後吳命王承斌代之，以期熱河戰事有利。至是二人破臉。馮遂與陝軍第一師師長胡景翼班師回京，得留守北京之第十五混成旅旅長孫岳同意，逼曹下停戰令，罷免吳職，自稱國民軍總司令，以胡孫副之。令教長黃郛代閣，兼攝總統職權，逼曹下野。並令溥儀移出宮禁，永遠革除帝號。吳佩孚退至天津，受馮張兩方壓迫，直軍瓦解。不得已泛海南下，由滬而寧，不能有爲。旋由黃州蟄處岳陽，而所謂常勝將軍者，乃與時局隔絕矣。

六　段祺瑞之執政　段祺瑞自直皖戰後，息影津門，於今五年。此次北京倒曹，馮張聲言擁段。北方中立各省，亦一致推戴。即吳佩孚亦有尊段之表示。斯時擁段者，咸欲尊之爲大元帥，且有請其入京繼曹任大總統者。惟吳慎重出處，聲言「須在津收束軍事，與各方接洽妥當後，始可入京。」及

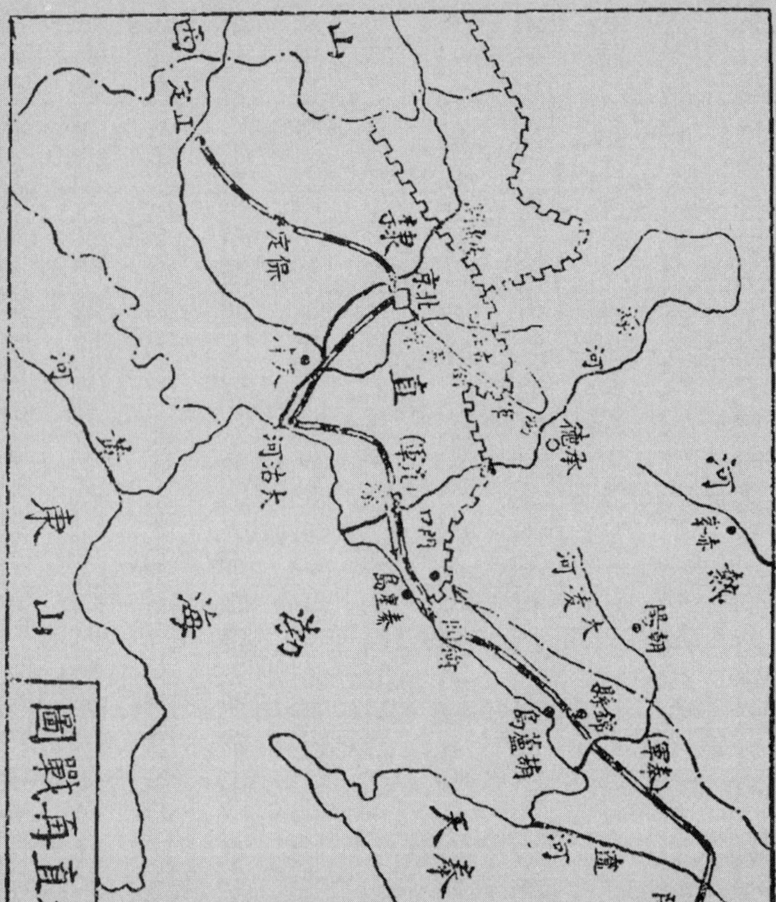
奉直再戰圖
熱河
渤海
直
北京
保定
天津
大沽河
秦皇島
山海關
錦縣
葫蘆島
朝陽
承德
奉天
瀋陽
山東
石家莊

吳佩孚南下，齊燮元有八省獨立之電，又吳佩孚在武昌有護憲軍政府之組織。馮張知事機迫迫，非
促段入京不足以資號召。段亦知時機已至，乃於十一月二十三日通電宣布大政方針，略云「一國
元首，選以賄成，法統已壞，無可因襲。革命既已百廢待興，中樞乏人，徵及衰朽。祺瑞欲本良心上之主
張，冀爲澈底之改革。」卽於次日以臨時總執政名義入京，二十四日就職。同日公布中華民國臨時
政府制度，其大要如下：

(1)臨時執政，總攬軍民政務，統帥海陸軍，對外代表國家。

(2)處理國務，仍設國務員，不設總理，其命令及關於國務之文書，由國務員副署。國務會議，由臨時執政召集之。

依照上項規定，臨時執政，實集從前總統，內閣，國會，三機關之權力於一身。黃郛通電去職，卽任唐紹儀，龔心湛，李思浩，吳光新，林建章，章士釗，王九齡，楊庶堪，葉恭綽，分任外內財陸海法教農交各部總長，（惟外唐迄未到任）而含有革命性之臨時執政府，遂完全成立。

江浙戰役表一

江浙戰役

- (甲)原因
  1. 浙盧原屬皖系，與直系本不相容，
  2. 盧於黎倒以後贊成禇輔成遷地制憲之議，又反對大選，與直系以最大打擊，
  3. 杭州爲反直中心，成立奉粤浙三角同盟，更爲直系所深惡，
  4. 盧氏收編臧致平楊化昭軍，蘇齊認爲與己不利，遂開戰。
- (乙)事實
  - 蘇軍方面
    1. 齊燮元爲總司令，駐節蘇州，
    2. 分四路出師，以陳調元，黃振魁，白寶山，馬玉仁等領之，
    3. 以上海爲目的地，竭全力防禦宜與，而分兵攻滬，爲出奇制勝之計，
    4. 魯豫皖贛均以實力加入，而閩軍尤爲得力。
  - 浙軍方面
    1. 盧永祥爲浙滬聯軍總司令，仍留杭州，
    2. 分爲三軍，以何豐林，陳樂山，張載陽等領之，
    3. 以太湖方面爲主體，竭力以攻宜與，於蘇軍三路攻滬之師，專取守

勢，

4 粵孫奉張聲言討直，而實力未及江浙。

（丙）結果

1 寧滬路綫，激戰最烈，兩方相持不下，蘇嘉太湖亦然，

2 孫傳芳由閩入浙，浙軍後方搖動，盧永祥離杭至滬，勢力遂挫，

3 閩蘇兩軍合攻松江，進迫上海，盧何下野，戰事告終。

奉直再戰表二

（甲）原因

1 張欲報往歲之恥，吳欲償其克服關外之心，各圖一逞，

2 張以三角同盟之關係，乘直系進攻浙盧，卽向直宣戰。

奉軍方面

1 張作霖自爲總司令，組織六軍，以姜登選，李景林，張學良，張作相，吳俊陞，許蘭洲等領之，

2 設大本營于錦縣，分三路布防，其計劃向朝陽者主攻，向榆關者主守，

再奉直戰

(乙)事實

3 設有飛機三隊，以葫蘆島爲根據地，向山海關喜峯口活動，

4 後方未動軍隊，有奉吉黑步兵，及蒙古騎兵，合以上動員約十五萬人。

直軍方面

1 吳佩孚爲總司令，分爲三軍，以彭壽莘，王懷慶，馮玉祥等領之，

2 設總司令部於灤縣，亦分三路布防，其計劃向山海關者主戰，向熱河者主守，

3 有飛機四隊，分駐於北戴河灤縣朝陽，及舊航空處備用，

4 以張福來爲援軍總司令，及曹瑛等十路援軍，合以上動員約二十萬人。

(丙)結果

1 熱河方面，奉軍優勝，山海關方面，兩方血戰，吳佩孚親赴前敵，

2 馮玉祥返旆主和，直軍根本搖動，前後受敵，遂一蹶不振，

3 曹錕被逼退職，吳佩孚下野，段祺瑞執政。

千年學府文庫

中國近百年史

（下）

羅元鯤 著
陳 峰 整理

湖南大學出版社 · 長沙

第七章　奉直軍閥之混戰

一　東南再次戰禍

段既執政，因欲解決長江問題，卽下令免直系齊燮元職，以省長韓國鈞兼督辦江蘇軍務善後事宜。復恐齊氏抗命，以皖系要人盧永祥爲蘇皖宣撫使，率奉軍南下。齊初本願移交，繼見敵人盧永祥南下，乃逗留南京，與同系之孫傳芳聯絡布置防守。繼以各方調解，齊始離寧赴滬，不意爲時不久，又有東南戰禍。

此次戰禍，以陳樂山復職爲導火線。陳本浙盧第四師師長，戰敗以後，隱居滬上，其所部歸孫傳芳節制，駐守松江。當齊離寧時，盧亦停止南下，奉軍暫駐徐州，由韓國鈞負責收束軍事。陳突於十三年十二月稱奉執政密令赴松江復任第四師師長職。孫傳芳疑其圖己，戰禍重開，陳部潰散。同時盧率張宗昌所部之奉軍南下入寧，就宣撫使職，東南大局岌岌可危。十四年一月，齊孫聯合，驅逐淞滬護軍使張允明，上海鎭守使宮邦鐸，佔領上海。隨卽組織蘇浙聯軍，窺取蘇州，與盧部張宗昌正式交戰。

時奉軍已沿寧滬路東下，收復無錫，更以一部別動隊，抄襲蘇州以東。齊氏不支，退至上海。奉軍追踪而至，齊逃日本。張宗昌與浙孫相持于龍華附近。旋由陸軍總長吳光新居間調停。

(1)浙孫軍退松江，奉張軍退崑山，兩不相犯。

(2)上海兵工廠交總商會接收，上海永不駐兵。

兩方接受，而東南二次戰禍，至是始告結束。

二　孫傳芳起兵驅奉　盧永祥入寧，逐齊，張宗昌實建大功，故十四年一月，即任張爲蘇皖魯三省剿匪總司令，以酬其庸。旋又任張作霖之祕書長鄭謙，繼韓國鈞爲江蘇省長，以與盧永祥平分春色。旋盧去職，即以楊宇霆督蘇，姜登選督皖，於是奉系勢力，遠及於長江下流。及五卅慘案起，奉軍邢士廉部，又開赴上海，大有壓迫浙孫之勢。浙孫遂於十月十日，假秋操爲名，集合已系大兵，於十五日，自稱江浙皖贛閩五省聯軍總司令，向淞滬進發，宣言討奉。蘇軍師長陳調元、白寶山、馬玉仁應之，聲勢大振。楊鄭即放棄南京，不加抵抗，姜登選亦棄職北去。聯軍遂長驅直入，不一月佔領徐州。考此次奉軍之所以急退者，其原因有二：

(1)因前此雞公山會議，表面上爲岳維峻蕭耀南籌畫豫鄂聯防事宜。實則孫傳芳岳維峻馮玉祥參加訂有密約。如奉軍南下，與浙軍戰於蘇皖之境，馮岳卽以兵襲其後，此必敗之勢。

(2)因楊宇霆爲奉系健者，善以陰謀操縱時局，見孫軍勇進，爲保全實力計，故收兵急退，以待他方之變。

奉軍以故棄徐北去，孫傳芳亦停止進兵，而東南第三次兵禍，復告一結束。

三　馮張暗鬥及郭松齡反奉

驅曹之役，馮玉祥實爲首功。及奉軍入關，擴張勢力，與國民軍起權利上之衝突。後再四調和，津浦路歸奉軍所有，於是李景林督直，張宗昌督魯蘇皖，亦爲奉系地盤，國民一二三軍，則以京漢路爲發展地。胡景翼統國民二軍南下，與直系張福來李濟臣所統之豫軍，相持于順德彰德間。吳佩孚卽由鄂赴洛，負指揮之責。十三年十二月，陝軍憨玉琨反戈襲洛，吳佩孚走雞公山。胡景翼渡河入汴，與憨玉琨平分豫省。已而二人決裂，憨氏失敗，河南遂歸國民二軍所有。胡死，岳維峻繼之。三軍孫岳，則向陝西發展。國民一軍，原駐防京兆。後奉軍又來相爭，不得已以一部分退往南口，於是馮張交惡。馮乃南聯浙孫，遇有事變暴發時，對於奉軍有「孫擊其頭，岳擊其

腰，馮擊其尾」之計畫。乃爲楊宇霆所覺，迅速退師，保全實力。馮亦虛與委蛇，製造和平空氣。及十四年十一月二十四日，而郭松齡灤州獨立之電至。

郭松齡瀋陽人，爲張作霖部下健將。初與舊派張作相不和，復與新派楊宇霆姜登選不合。去歲奉軍入關，李景林張宗昌姜登選楊宇霆先後得有地盤，郭欲求一熱河都統而不可得。此次駐兵灤州，與馮玉祥早通聲氣，所訂條約略如下：

(1)倒張以後，關外之事，馮不過問，完全由郭主持。

(2)中央政府之改造，須得兩方同意。

郭氏大喜，即通電請張作霖下野，扣留奉方要人姜登選殺之，改稱東北國民軍，班師出關。屢破奉軍第九師之汲金純部。十二月五日佔領錦州。時熱河都統闞朝璽，因馮部進逼，多倫退入奉境。馮即以宋哲元繼任，爲郭軍聲援。郭軍節節進逼，佔領溝幫子新民屯等要地，奉天震恐。會日本關東司令白川受張作霖運動，警告郭氏，不許在南滿鐵路作戰，故郭軍被日牽掣，進行遲緩。已而張學良會合吉黑軍反攻，吳俊陞新統之騎兵，尤爲得力，郭軍大敗，卒被捕殺。奉張位置，得以保全，而張吳合作

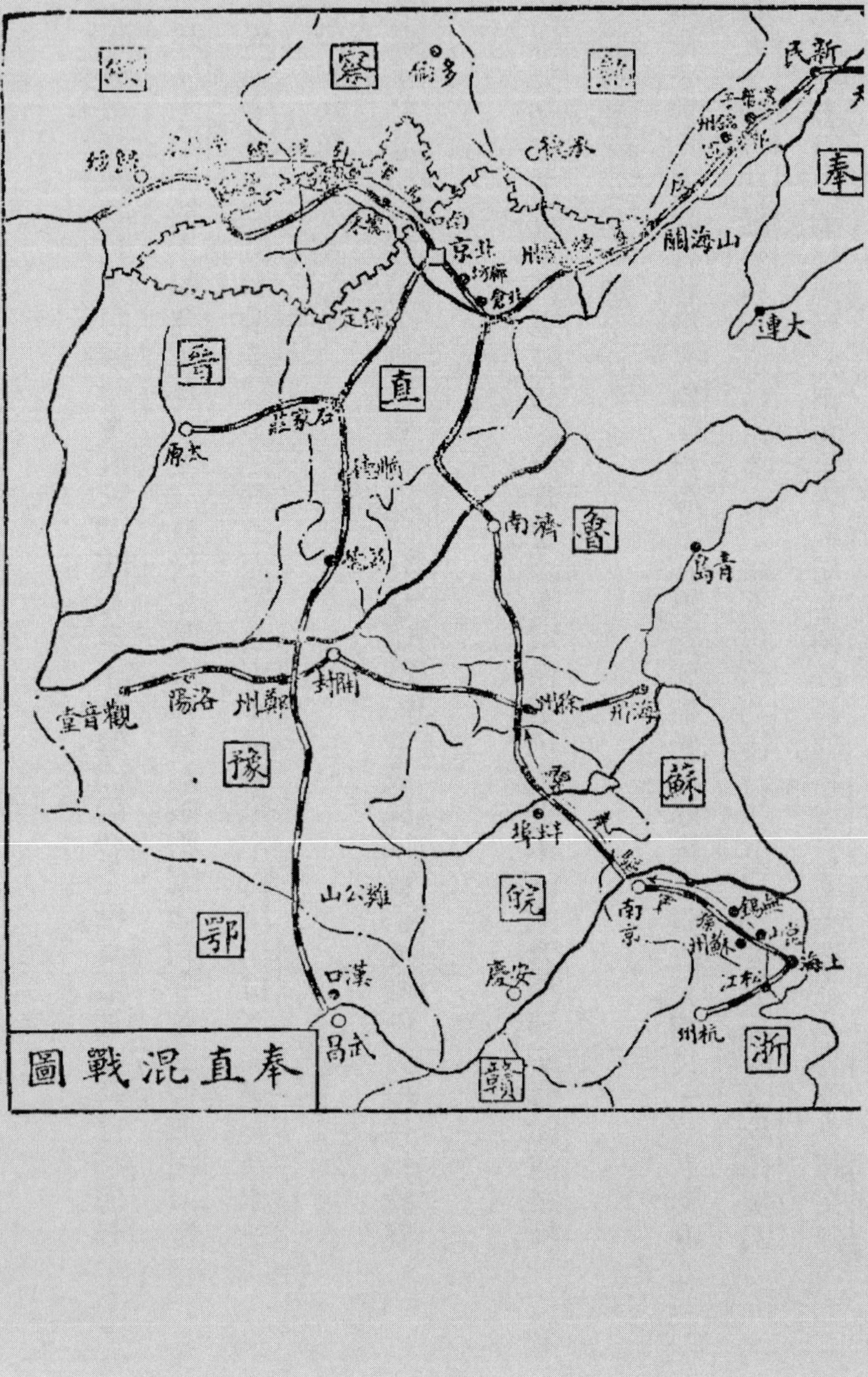
奉
熱
察
綏
晉
直
魯
豫
蘇
皖
鄂
浙
贛
新民
大連
山海關
北京
多倫
保定
石家莊
太原
濟南
青島
觀音堂
洛陽
鄭州
開封
徐州
海州
蚌埠
雞公山
漢口
武昌
安慶
南京
上海
松江
杭州

奉直混戰圖

之事起。

四　張吳合作及國民軍退敗　奉直交戰，張吳本不相容，而驅曹之役，吳恨馮尤甚。自孫傳芳驅奉之師起，吳佩孚亦於十四年十月二十一日，從岳赴漢，自稱討賊聯軍總司令。聲言假道河南，會師徐州，與孫氏聯軍相應。但因岳維峻不允假道，而軍費亦不易籌集，卒踯躅漢口，不能發展。及十一月十三日，段執政忽下左列命令：

(1)吳佩孚潛赴漢口，假借名義，希圖一逞。所有京漢路線，責成馮玉祥岳維峻極力維持，相機制止。

(2)孫傳芳初次通電，以奉軍駐兵淞滬為言。今奉軍撤退，仍前進不已，武力是圖。所有津浦路線，責成張作霖李景林妥為辦理，毋使蔓延。

此項命令，實謀馮張合作，與吳佩孚以嚴重打擊。及郭松齡反奉後，馮張破裂，國民一二軍，壓迫直魯，佔領天津。李景林退魯，與張宗昌組織直魯聯軍，以相對待。時張吳以利害關係，因李景林張宗昌靳雲鶚之結合，同立於反馮戰線上，而魯省戰局，亦頓改舊觀。靳雲鶚所指揮之攻魯豫軍陳文釗

王爲蔚田維勤等直系舊部，均樹反岳（維峻）旗幟。坐困武漢之吳佩孚，遂乘機活動，遣湖北第一師師長寇英傑進攻河南，與靳雲鶚收夾擊之效，國民二軍瓦解。奉軍再行入關，進逼灤州。李張所統之直魯聯軍亦向直隸進展，津南形勢，驟形緊張。時馮玉祥已自動下野，國民一軍，推警衛總司令鹿鍾麟，赴前線主持軍事。李鳴鐘到京坐鎮，頗能挽回已失之形勢。然爲時勢所逼，即依王士珍和平之呼籲，退集近畿一帶，天津復爲李景林所有。王士珍趙爾巽等通電主和，奉方以戰事得手不願，電致張之江，請國民軍讓出直熱，以爲講和條件。復遣飛機在北京附近，拋擲炸彈，以肆威脅。直軍將領靳雲鶚田維勤等，亦相率北上，與奉軍相應。會安福系有謀危國民軍嫌疑，鹿鍾麟行斷然之處置，解決段祺瑞。執政府既倒，國民軍即於十五年四月十五日，由北京退往南口，電稱西北軍，與張吳遂成相持之局。

五　國務院前慘殺案及執政政府解散　段祺瑞執政時，宣布大政方針：

(1)爲善後會議，於一個月內召集，以解決時局糾紛，籌備建設方案爲主旨。

(2)爲國民代表會議，於三個月內召集，擬仿照美國政府會議之先例，解決一切根本問題。

乃善後會議，關於出席會員，由段氏邀請，爲軍閥會議之變象。國民黨員拒絕加入，其結果毫無成績可言，僅議決國民代表會議條例而止。而外交方面，十四年四月十二日與法解決金佛郎案，依照一九〇五年（光緒三一）電匯方法計算，國庫既受重大損失。同年五月三十日，發生上海慘案，學生受帝國主義者之屠殺，又寃屈不伸。不意十五年三月十八日，而中華民國國務院前，復發生執政府衞隊向請願羣衆開槍，死傷二百人之大慘變。

是變之起也，由於奉聯向國民軍開戰，在浦津線相持不下。山東張宗昌因命畢庶澄所統之青島艦隊，及奉系海軍，炮擊大沽口。國民軍爲防守計，以水雷封鎖港口。八國公使團，向執政府提出最後通牒，謂爲「違反辛丑和約，限四十八小時，停止軍事行動。」各公團聞之，開市民大會於天安門，由徐謙主席，略謂「辛丑和約，各國已默認無效。前次李景林在距津十里之北倉作戰，即是一證。今次之最後通牒，實無理由，四十八小時之期限，尤屬欺人太甚。」當即決議督促政府嚴重駁覆八國通牒，宣布辛丑和約無效，驅逐八國公使。遂即游行示威，齊集國務院請願。乃府衞隊以豫定計畫，遂開槍射擊，當場死者四十七人，傷者百三十二人，是爲「三一八慘案」。風聲所播，國人痛憾。及四月

九日，段氏左右謀應奉軍危害國民軍之陰謀敗露，鹿鍾麟遂起而倒段，解散府衛隊，而十三年十一月以來之執政府遂歸消滅。

六 南口陷破及張作霖入據北京 自近畿戰事發生，北京政局遂呈中斷狀態。其時議員政客，復乘機活動，有護法護憲之爭。

(甲)參與大選派之議員，則在石駙馬大街設有羣治社之通信處。謀國會復活，樹幟護憲，恢復曹總統之職。

(乙)拒絕賄選之非常國會派，亦於南長街設立俱樂部。謀擁護約法，以恢復十二年六月十三日政變以前之政治狀態。

實力派之吳佩孚，則極端主張護憲，而奉方之張作霖，則又表示護法。及國民軍退守南口，護法護憲之爭，愈益顯著，張吳意見又不一致。以故鹿鍾麟設防南口，以張家口爲大本營，憑險拒守，聯軍前進軍隊，毫無發展。於是張作霖吳佩孚謀解決時局辦法，十五年六月，先遣代表鄭謙、張其鍠在天津開豫備會議，議決下列三事：

(1)對於西北軍軍事合作到底。

(2)奉方否認曹頒憲法與顏惠慶內閣，由顏自動辭職。

(3)解散賄選國會，按正當手續，選舉新國會議員以超越護憲護法之新國會，選舉合法總統。

因是張吳共同入京，意見一致，遂分路進兵。吳軍出西路懷來，奉軍出東路多倫，而以張學良張宗昌兩軍，進攻南口正面，同時大舉，自八月一日起至十四日止，兩張軍隊併力猛擊，不惜重大犧牲，用獨有之重砲卒將南口之要害攻破，西北軍向後退走。奉軍乘勝佔領張家口，復與閻錫山晉軍聯合，佔領豐鎮，西北軍退平地泉，（今察哈爾集甯縣）保守綏遠甘肅地盤。時國民革命軍北伐，兩湖緊張。吳佩孚不使追擊，率兵南下。張作霖得優越地位，謀解決最高問題。以時機未至，遂於十二月二日，在天津就安國軍總司令之職，以吳佩孚閻錫山孫傳芳張宗昌副之。於是北京政權，盡操於張氏一人之手矣。迄十六年六月，又通電討赤，號稱大元帥，期與南方國民革命軍作殊死鬥。

附段執政事略表一

段執政

1 開軍閥善後會議——以趙爾巽湯漪爲正副議長，開會七十餘日，僅議決國民代表會議條例一件。且其內容僅軍閥能派代表，國民不得過問。

2 解決金佛郎案——庚子賠款，法每年約得一千四百萬佛郎，歐戰以後，有紙現之別，約四與一之比。以通用紙幣付給，不過洋銀四千萬元，若以現金須一萬一千餘萬元，法要求現金，國人抵死抗拒，黎曹在位時，有所憚而不敢爲。段竟允照一九〇五年電匯辦法，以其價格折合美金，是損失鉅萬元矣。

3 開關稅及法權會議——上項會議由華府會議而來。乃關稅自主，以裁釐爲先決條件，而新稅率卒未實行。司法會議，僅從調查著手，而各國委員，對於撤消領事裁判權之執行，則謂尚須有待，可謂毫無結果。

4 批准日本對華文化侵略——日以庚欵作對華文化侵略，其主權半在日本。全國教育界一致反對，乃竟公然批准，委員辦理。

5 禁止五九游街運動——五九國恥，舉國不忘。乃竟令查禁，發生絕大風潮。

（6國務院前慘殺案——大沽炮擊事件，完全是我國內戰，與他國無涉，乃公使團竟提出最後通牒，要求極滿意之答覆。各公團向國務院請願拒絕，竟遭府衛隊開鎗，死傷多人。

民國元首及內閣更迭一覽表二

民國元首	姓名	在位起訖	內閣總理（國務卿附）
南京臨時總統	孫中山	元年一月一日起至三月十日止	無
北京臨時總統	袁世凱	元年三月十日起二年十月十日止	1唐紹儀2陸徵祥3趙秉鈞4段祺瑞5熊希齡
正式大總統	袁世凱	二年十月十日起五年六月六日死	1熊希齡2孫寶琦3徐世昌4陸徵祥5徐世昌6段祺瑞
繼任大總統	黎元洪	五年六月七日起六年七月一日走	1段祺瑞2伍廷芳3江朝宗

代理大總統	馮國璋	六年七月六日起 七年十月七日止	1段祺瑞 2王士珍 3錢能訓
非法大總統	徐世昌	七年十月十日起 十一年六月二日走	1錢能訓 2龔心湛 3靳雲鵬 4薩鎮冰 5靳雲鵬 6顏惠慶 7梁士詒 8周自齊
復任大總統	黎元洪	十一年六月十一日起 十二年六月十三日走	1顏惠慶 2唐紹儀 3王寵惠 4汪大燮 5王正廷 6張紹曾
空位時代		十二年六月十四日起 十月十日止	高凌霨攝政
賄選大總統	曹錕	十二年十月十日起 十三年十一月三日走	1高凌霨 2孫寶琦 2顧維鈞 3顏惠慶
空位時代		十三年十一月三日起 十一日廿三止	黃郛攝政
臨時執政	段祺瑞	十三年十一月廿四起 十五年四月九日走	初無後設 1許世英 2賈德耀

空位時代	十五年四月二十日起	1胡惟德 2顏惠慶 3杜錫珪 3顧維鈞

反直戰後奉馮兩軍勢力擴充表三

(甲)奉軍方面

1李景林部(直隸督辦)二師,五混成旅,三補充旅,共約六萬餘人。

2張宗昌部(山東督辦)一師,三旅,三梯隊,共約六萬五千人。

3張學良郭松齡部(分布錦州廊房間)六步兵師,一騎兵師,共約七萬五千人。

4姜登選部(分布蘇皖境)二師,一旅,三團,共約三萬三千人。

5東三省熱河方面計步兵四十餘旅,騎兵十餘旅,統稱東北陸軍,共九十萬人。

(乙)國民軍方面

1第一軍,馮玉祥回京時,計有一師,三混成旅,二補充旅,一衛隊旅,一騎兵旅。戰後馮爲西北邊防督辦,奄有察綏,擴充至六師,八旅,三團,共約八萬人。

2第二軍胡景翼原僅陝軍一師及第二混成旅,後成立三師,入豫以後,岳維峻繼任,擴充爲五師,十二混成旅,二騎兵旅,十補充團,人數甚衆。

3 第三軍孫岳原僅有第十五混成旅，後擴充爲二師，四混成旅，不過三萬人，在國民軍中勢力最弱。

奉馮戰役狀況表四

奉馮戰役
- (甲)均勢時代
  - 1 奉軍向津浦路發展，直魯皖蘇，歸其勢力範圍，
  - 2 馮軍向京漢路發展，近畿豫陜，歸其勢力範圍。
- (乙)馮勝時代
  - 1 南聯孫傳芳，蘇皖地盤喪失，奉軍受一次打擊，
  - 2 東聯郭松齡、關外搖動，天津喪失，奉軍受二次打擊。
- (丙)奉勝時代
  - 1 李景林張宗昌與靳雲鶚聯合，反攻河南，國民二軍受大打擊，
  - 2 張作霖系與吳佩孚聯合，收復天津，佔領北京，進攻南口，國民一軍受大打擊。

張作霖事略表五

張作霖史略

(甲)出身

1 出身馬賊，日俄戰後，投降東督趙爾巽，爲馮麟閣杜立山部下管帶，旋以勾結哨官張宗昌殺杜得趙寵。

2 辛亥以後，以催殘革命有功，升任師長。

3 袁氏叛國後，驅逐段芝貴任奉督兼省長，結好日本，掌握東省全權。

(乙)得勢東北

4 直皖戰後，得邊防軍餘械獨多，於是勢力遂大。

5 第一次奉直戰役奉敗，退守東三省，力圖報復。

6 第二次奉直戰役，奉勝，左右北京政權，餘威及於長江下流。

7 孫傳芳討奉，郭松齡倒戈，奉系大受打擊。

(丙)入居北京

8 張吳合作，戰敗西北軍，張氏掌握北京政權，由安國軍總司令稱大元帥，

9 奉軍入京，槍斃邵飄萍林白水，及一般有名記者。

10 十六年一月以後，大捕黨人，天津北京青島瀋陽等處，忠實黨員，死者甚衆。

「11國民革命軍北伐張氏退出關外車至皇姑屯被日方炸死。

第八章　各省之紛亂

一　河南白狼及老洋人之亂　當二次革命爆發時，河南復有白狼之亂。本姓李名白嵐，河南寶豐人，曾充吳祿貞部下軍官。初起于豫鄂之交，勢不甚大。二次革命起，北洋軍隊相率南下，而豫督張鎮芳玩寇，不以白狼爲意，白狼由是坐大。連陷河南大城，東竄皖省，陷六安霍山，據正陽關，旋復焚掠老河口，入紫荆關，蹂躪陝西各地。都督張鳳翽不能制，政府令陸建章率馮玉祥所部新軍入陝討之，屢敗狼匪。匪遂向甘肅逃竄，攻陷秦州，大肆掠刦，旋爲官軍所擊，遁回寶雞，馮玉祥于子午鎮截擊之，白狼隻身走河南魯山老巢，至三年五月死，亂始平。河南護軍使趙倜，以功代張鎮芳爲都督。陸建章亦以功督陝，馮部改編爲第十六混成旅，馮玉祥發跡始此。

奉直戰後，趙倜以遙助張作霖罷職，改任馮玉祥，馮去以張福來繼之。時豫東復有老洋人之叛。原名張國信，本張福來招撫匪首，至是變叛，聲勢甚大。嘗架去路局站長，要求當局以快槍五百枝贖

回。復竄至豫西魯山南陽一帶恃險頑抗十二年十一月張福來出駐許昌親自指揮進剿其後老洋人更謀入川與熊克武之反直軍聯絡。惟過鄂時，被鄂軍截回，遂攻陷隨西棗陽壓迫襄陽鎭守使張聯陞，于李官橋殺人四千，竄入陝西。旋復回豫至十三年一月，老洋人爲部下丁寶成刺死，豫省匪患始息。

二　山東孫美瑤之刧車案

民國以來，魯豫土匪，遍地皆是。老洋人之亂，竭張福來胡景翼吳光新等豫陝鄂三省兵力始克平之。山東匪禍，不亞河南十二年五月五日夜，忽發生臨城刧車案。爲首者孫美瑤，原係張敬堯舊部，以嶧縣之抱犢崮爲巢穴。是日率匪千餘人，於津浦路臨城附近，折毁鐵軌，襲刧北上快車，斃英人一名，架去外人十一，華人百餘名。九日北政府將山東督軍田中玉交部議處，派楊以德安特生入山調停。二十日交涉决裂，命鄭士琦爲剿匪司令，直魯豫蘇各抽勁旅前往，包圍抱犢崮。匪始懼，遣被虜中之美人鮑惠爾氏下山，與鄭磋商和議。六月一日，陳調元入山收編，以孫爲旅長，所有匪衆，概不繳械，仍歸其指揮。八月英美等國提出通牒，要求賠償損失，懲辦軍事長官。吳佩孚齊燮元等通電反對，外長顧維鈞與各方面磋商，始將覆文送出。大旨(1)賠償改爲卹金，(2)令

田中玉自請辭職，交通部自行組織護路隊，保護旅客安全，並大舉剿匪。使團猶不滿意，會十月十日曹錕行就職典禮，遂決議緩期入覲，以待臨案解決。曹卒徇其請，發布免田命令，以鄭士琦督魯。鄭令團長沈克誘孫美瑤誅之，旋賠償外人損失洋三十六萬元，此案始結。

三　湖南譚趙之爭　譚延闓三次督湘，第一次去職，在二次革命失敗之後。袁世凱死，復任湘督。護法軍起，譚氏退守湘南及吳佩孚衡陽撤防，遣趙恆惕爲前敵總指揮，驅逐張敬堯，於是譚氏三主湘政。旋與趙氏不合，譚氏去職。趙任省長，十一年一月一日，頒布省憲法，欲假自治之名，以和緩南北之衝。旋以混成旅長陳嘉祐加入南方伐贛失敗，特免其職。十二年六月，又以湘西鎮守使蔡鉅猷在沅陵招兵截稅，與陳嘉祐暗通聲氣，下令免職。蔡遂於七月初旬宣告獨立，並受孫中山命令，委田鎮藩、劉敍彝、周朝武分三路討趙。八月七日，譚延闓回湘，衡陽鎮守使謝國光迎入衡陽。譚卽日發出通電，宣布就孫中山所委任之省長兼湘軍總司令職。時省議會議長林支宇，第三旅長劉鉶，竭力調停，無效，乃相繼避往漢口。二十五日，雙方開始接觸。（第一旅長賀耀組

（甲）趙之主力

- 第二旅長唐生智
- 第一混成旅長葉開鑫
- 外有澧州唐榮陽一旅

（乙）譚之主力

- 湘西鎭守使蔡鉅猷
- 寶慶鎭守使吳劍學
- 衡陽鎭守使謝國光
- 外有陳嘉祐張輝瓚等軍

而第一師師長宋鶴庚，第二師師長魯滌平，則守中立。八月三十一日，中立軍團長朱耀華，突變態度，響應譚軍直逼省城。趙恆惕倉惶出走，在醴陵車站，設護憲軍總指揮處，九月十三收復省城。劉鉶亦回省率部驅譚。時洛陽吳佩孚亦應趙請，遣兵入湘。於是湘省局部之爭，一變而爲南北之衝突。北軍入湘消息證實後，魯滌平乃電致譚趙雙方，竭力斡旋和局。雙方贊成，指湘潭姜畬爲會議地點，推魯滌平劉鉶爲正副主席，議定趙任總司令，譚任省長及修改省憲等項。但葉開鑫等認爲代

表越權，不與同意。魯滌平因所部團長袁植，有親趙嫌疑，遣人殺之。於是和議破裂，戰事又起，挾湘江相持者盈月。趙方既得北軍援助，聲勢大振。而譚延闓方面，又以陳炯明反攻廣州，發生根本動搖，得中山密令不能不撤師回粵。於是與魯滌平朱耀華謝國光吳劍學陳嘉祐等退出湘境，而湖南仍歸趙氏統治。

四　雲南唐顧之爭　雲南倒袁，護國軍編爲三軍，以第三軍留守，歸唐繼堯統率。一二兩軍由蔡鍔李烈鈞統率，向川桂出發。兵行所至，雲南軍隊，遍於西南，因兵事上之必要，更變甚多。第一軍入蜀，即改編爲師旅制，以梯團司令顧品珍等任之。袁死以後，蔡鍔奉命督川，因病離職，赴日就醫，終致不起。羅佩金代理，與川軍衝突，全軍轉徙流離，編制混亂。而唐繼堯又加以歧視，不許回川，以致激成顧品珍率部回滇逐唐之事。

唐繼堯本蔡鍔部下，二次革命後，袁世凱忌蔡甚，召爲經界局督辦，以唐繼堯繼任滇督。故護國軍起，唐遂爲倒袁主角。護法之役，唐改稱所部爲靖國軍。加入軍政府，日惟坐收利益，不發一兵出境，人多惡之。十年二月，顧品珍回師，唐乃被逐去粵。始逼香港，繼依孫中山。中山令其率留粵之滇軍北

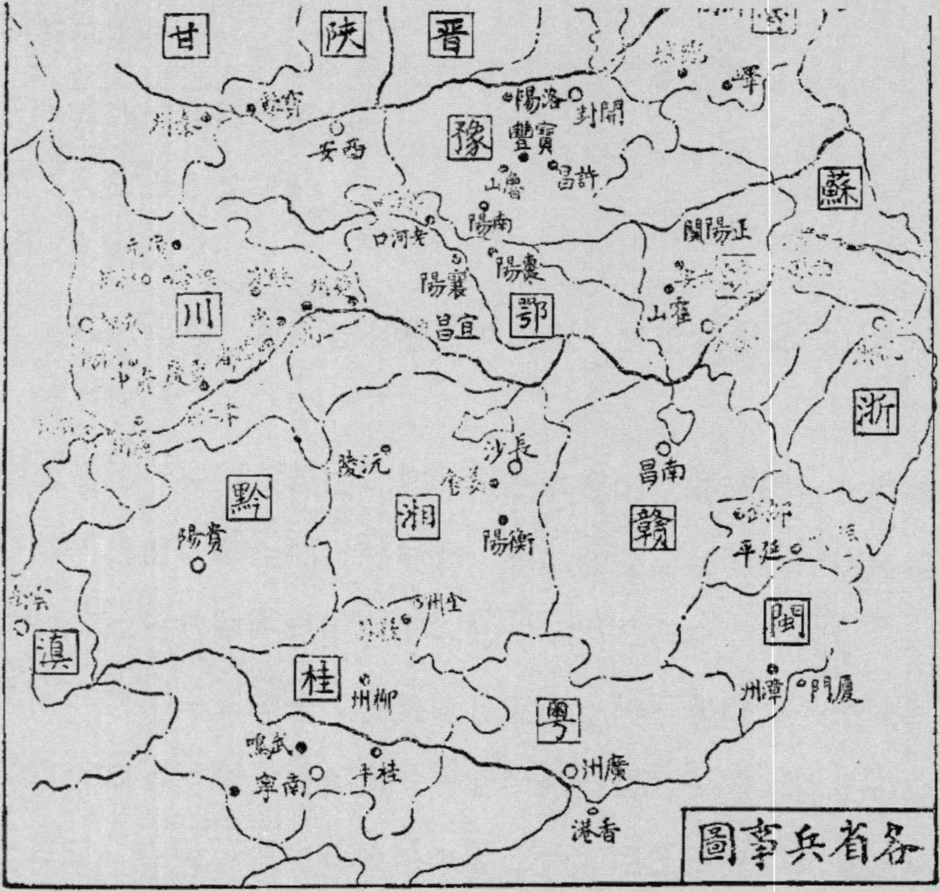
各省兵事圖
甘
陝
晉
豫
蘇
川
鄂
浙
黔
湘
贛
閩
滇
桂
粵
洛陽
開封
西安
寶豐
許昌
魯山
南陽
老河口
襄陽
宜昌
正陽關
霍山
長沙
南昌
沅陵
衡陽
貴陽
延平
全州
柳州
漳州
廈門
武鳴
南寧
桂平
廣州
香港

伐。詎唐竟乘孫中山出師桂林籌備北伐之際，不隨卽北行，而勾結滇匪吳學顯等回滇。時在粵滇軍，編爲一二兩師，以張開儒方聲濤統之。方部入閩而敗，張則以孤軍擁護孫中山護法，聲討桂系者也。至留滇之護國第三軍，始終未出雲南一步。顧品珍回滇，全軍除敗潰外多被收編。十一年唐繼堯回滇時，與唐有宿怨之范石生部，誓不助唐，仍流徙粵桂。唐收拾餘燼，合以吳學顯之大部，遂於三月，死顧品珍而有雲南。顧之嫡部金漢鼎，退入黔境，曾一度爲袁祖銘所收編。袁死，乃遠至江西，與朱培德部合。唐入滇後，逐吳學顯，廢除師旅制，以已部及回滇收編之部隊，編爲二十個獨立團，直隸于總司令，唐氏依然復長雲南矣。

五　四川・劉・熊・楊之混亂　四川地大物博，軍隊最多，派別最雜，概言之可分四系：

(1) 武備系，劉存厚等屬之。

(2) 士官系，熊克武但懋辛等屬之。

(3) 陸軍小學系，呂超石青陽等屬之。

(4) 弁目系，劉湘等屬之。

各軍皆就地籌餉，而鹽款歸總司令支配。以故防地之衝突，與總司令之爭奪，適爲內爭之導火線，此起彼仆，互相傾軋，川亂遂無已時。

民國五年，護國功成，羅佩金代蔡鍔督川。六年四月，劉存厚與滇黔軍衝突，驅羅氏而代之。七年熊克武合滇軍顧品珍共攻劉氏，劉退陝南，熊入成都，稱靖國軍總司令，將川軍編爲八師。

第一師但懋辛　第二師劉　湘　第三師向傳義　第四師劉成勛

第五師呂　超　第六師石青陽　第七師顏德基　第八師陳洪範

九年，三五六七師聯合反熊，推呂超爲總司令，熊退走保寧（今閬中縣）旋與劉存厚合兵反攻，呂超等退至瀘敘。劉熊進據成都重慶，分管軍民兩政。旋二人不合，劉走陝南，熊亦去職。但氏與劉湘等，遂通電川省自治，拒絕外軍侵入。劉湘被推爲總司令兼省長，於十年七月在渝就職。是時但懋辛爲第一軍長，防地在川東北。劉湘爲第二軍長，防地在川東南。劉成勛爲第三軍長，防地在川西，此外第八師長陳洪範，第三師長鄧錫侯，邊防軍師長賴心輝，第八混成旅長田頌堯，在川省均有相當勢力。

十年川軍援鄂之後，劉湘以第九師長楊森爲第二軍長。十一年七月，楊但衝突，楊軍由渝進迫忠州，但由梁山退守綏定。（今達縣）時劉湘已下野，一三兩軍代表在成都開會，推劉成勛爲臨時總司令，分派鄧錫侯賴心輝田頌堯各軍往攻二軍重慶瀘州各地。八月連克重慶萬縣，楊森逃宜昌，川局暫定。

十二年二月，第三軍師長陳國棟，以免職故，結鄧錫侯反抗劉成勛。楊森亦由鄂西捲土重來。一時川中川東復成混戰之局。川東戰爭，楊森以吳佩孚之助頗稱得手，四月二日，佔領重慶。川中戰爭，陳鄧初頗得手，後爲賴心輝軍所敗，退走廣元，復邀楊森由東路合攻成都。劉成勛自動下野，推中立派之劉文輝入成都，任衞戍司令，雙方停止進攻，此十二年四月初旬事也。旋熊克武但懋辛賴心輝等，聯絡滇唐反攻，成都將領推鄧錫侯爲聯軍總指揮以拒之。西路形勢突變，陳國棟部幾不能成軍，熊遂於五月十二，進據成都。由是熊但之勢大振，川北重鎭，多爲所有。鄧錫侯所指揮之川軍，劉存厚所統之北軍，及陝甘軍隊，均退駐梓潼保寧一帶。楊森軍亦退守資簡。川戰至此，復告一結束。

自十二年五月起至十月，兩方相持不下，其概況略如次：

（甲）楊鄧方面，以重慶爲根據地，北倚直吳。然以忠州之顏德基，及江津之周西成，酆都之賀龍部，先後脫離楊森，援助熊但，故楊鄧之敗局，迄無轉機。

（乙）熊但方面，以成都爲根據地，南結滇唐。然以劉湘受北政府之淸鄉督辦，加入楊鄧，故戰局亦不能大有發展。

迄十月十日，滇軍胡若愚加入作戰，攻克重慶，楊森退萬縣，劉湘退墊江，鄧錫侯退鄰水，袁祖銘退長壽，熊但之勢大盛。十一月底，楊鄧等反攻，劉存厚助之，連克重慶成都，熊但軍大敗。於是北政府先後任袁祖銘，劉存厚，劉湘，爲川黔，川陝，川滇邊防督辦，楊森爲四川督理，田頌堯副之，鄧錫侯爲省長，川省遂完全支配於北方勢力之下。迄十五年革命軍北伐，吳佩孚挫敗，楊森乃首先歸降，受編爲第二十軍。劉湘劉文輝鄧錫侯田頌堯劉成勛等亦先後受編。於是革命勢力，奄被四川矣。

六　福建李徐孫之起伏　福建地瘠民貧，始終隸屬北廷治下。然以與粵接近，亦時受南政府之影響。洪憲亂後，李厚基爲福建都督。護法軍起，李要好段氏，自請討粵，乃出師未半載，閩南三十餘縣，盡入粵軍陳炯明手。九年直皖戰後，李恐地位動搖，乃通好直系，聲明與段無關，更思聯陳以自重。

會陳返施攻粵，驅逐桂系，李氏資助餉械，閩南各縣，復歸李有。然效奔走者實第二師長臧致平之功。事成以後，反免臧職。適粵中孫系失勢，北伐入贛之許崇智軍，轉入閩南。第二十四混成旅長王永泉，亦對李宣布獨立。於是皖系失勢之徐樹錚，潛入閩北，遂於十一年十月聯絡臧許王各部，在延平設立建國軍政制置府，限李氏於二十四小時內退出。徐等卽入福州，以制置府名義，任王永泉爲總撫，統治軍民兩政。旋北政府令李厚基反攻，遣常德盛助之，不利，徐亦被迫離省。十一月八日，王永泉林森就福建總司令省長職。十二月長江上游總司令孫傳芳奉命援閩，與江西援閩軍周蔭人部抵邵武。見閩局紊亂，觀望不前。及十二年三月，與王永泉接洽妥協，遂派隊入閩。北政府下令派孫傳芳督理福建軍務，以王永泉爲幫辦，臧致平爲漳廈鎮守使，閩局暫定。

孫傳芳入閩之初，反對之聲，一時大起。然孫氏頗能運用手腕，使各方形勢，逐漸和緩。惟閩南之臧致平及李烈鈞部，（李係孫中山任命之閩贛邊防督辦）仍擁重兵，不與北方妥協。王永泉由閩北南下，與陳炯明部林虎洪兆麟取得聯絡，李烈鈞潰敗，惟臧致平尚能堅守廈門不屈。十三年二月，孫傳芳假名離省，忽與周蔭人結合，解決王永泉部。王卽將所部交旅長楊化昭，歸臧致平收編，隻身

赴滬。四月漳廈失陷，臧楊離閩入浙。於是北政府下令，派孫傳芳爲閩粵邊防督辦，周蔭人爲福建督理，而閩局再定。

七　廣西陸沈李之起仆　廣西僻處偏隅，恆倚廣東爲重。民六以後，卽隸屬於護法旗幟之下。內部情形，極爲複雜，可約分爲三系：

(1)武鳴系，以陸榮廷爲首領，譚浩明等爲中堅。

(2)柳州系，以陳炳焜爲首領，韋榮昌等爲中堅。

(3)桂平系，以莫榮新爲首領，沈鴻英等爲中堅。

三派各不相謀，桂系因以失敗。民國九年，岑陸通欵北廷，莫榮新被逼離粵。陳炯明卽以援桂粵軍總司令名義，率師西上。沈鴻英通電自治，聲明脫離兩廣督辦陸榮廷關係，與粵省一致行動。廣西護軍使陳炳焜因之下野，督軍譚浩明亦不戰先遁，陸榮廷知大事已去，退出南寧。十年七月，陳炯明受孫命爲廣西善後督辦，廣西遂全入民黨之手，而桂局暫定。

十一年八月，陳回廣州，劉震寰爲桂軍總司令。時孫陳交惡，而陸榮廷復自龍州通電，就廣西邊

防督辦職。十二年初，劉與沈鴻英聯合討陳，自是廣西軍隊，大部移駐粵境。陸氏二次登台之後，必欲統一全省，沈鴻英後路軍隊所駐之全州桂林各地，亦皆收入勢力範圍。沈遂正式降孫，對陸作戰，廣西復入混爭狀態。時有一異軍突起，卽李宗仁黃紹雄是也。初爲民團式，後得胡宗鐸夏威之助，遂正式成軍。對於擾桂部隊，不問伊誰，概予攻擊。沈軍瓦解，陸榮廷出走，廣西遂爲李黃所統一。

附譚趙戰後湘軍編制概况表一（注）留湘軍團長，如何鍵李品仙劉興葉琪鄒鵬振劉重威等，皆以功陞旅長。

（甲）走粵者——總司令譚延闓
- 第一軍軍長宋鶴庚，
- 第二軍軍長魯滌平，
- 第三軍軍長謝國光，
- 第四軍軍長吳劍學，
- 第五軍軍長陳嘉祐，
- 第六軍軍長蔡鉅猷（蔡旋離粵所部併入他軍）。

(乙)留湘者——總司令趙恆惕
- 第一師師長賀耀組，
- 第二師師長劉　鉶，
- 第三師師長葉開鑫，
- 第四師師長唐生智，
- 鄂軍混成旅旅長夏斗寅，
- 第二十二團團長蔣鋤歐。

川軍投降國民革命軍後受編概況表二

(甲)第二十軍長楊森
- 第一師長白　駒，
- 第三師長唐　莊，
- 第四師長何金鰲，
- 第六師長副師長包曉南，
- 第八師長王文俊，

第九師長楊自𤨏，
第十師長葉　濟，
第十二師長龔　逹。

（乙）新二十軍長郭汝棟
- 第二師長吳行光，
- 第七師長兼川邊防軍總司令范紹增，
- 第五師長劉公篤，（注）郭部係由楊森部分化而成。
- 第十一師長穆瀛洲。

（丙）二十一軍長劉湘
- 第一師長唐式遵，
- 第二師長許紹宗，
- 第三師長王陵基，
- 第四師長羅　緯，
- 第五師長王纘緒，

第六師長潘文華，
第七師長藍文彬，
外有獨立師旅各一，機炮司令一。

(丁)二十二軍長賴心輝
第一師長李宏錕，
第二師長范世傑，
第三師長張　英，
外有獨立師一。

(戊)二十三軍長劉成勛
第一師長李其相，
第二師長（待查），
第三師長（待查）。
第一路司令劉自兼，
第二路司令向傳義，

(巳)二十四軍長劉文輝
- 第三路司令夏首勛，
- 第四路司令冷薰南，
- 外有混成旅十六個特科司令一。

(庚)二十八軍長鄧錫侯
- 邊防總司令李家鈺，
- 江防總司令黃隱，
- 第三師長陳鼎勛，
- 第七師長馬德齋，
- 第十二師長羅澤洲。
- 外有混成旅九個。

(辛)二十九軍長田頌堯
- 第一路司令張震，
- 第二路司令董珩，
- 第三路司令王惠安，
- 外有混成旅八個。

(注)本表就受編時編制而言共計八個軍三十個師七路司令三十三個混成旅，兵額約三十餘萬，比任何省爲多。內戰比任何省爲烈。師旅更時時易長。且主將亦任意改編，擴縮無定，番號時易，故時間性極短。名屬革命軍，國民政府固未嘗過問也。

第九章　軍閥操縱下之外交

一　蒙藏之事變

蒙藏問題，發端淸季。迄民國成立，俄英對於蒙藏，爲進一步之侵略，遂發生下列事變：

（甲）外蒙獨立　俄國遠東政策，受日本打擊，乃轉而注重外蒙，慫恿活佛獨立。及辛亥革命起，外蒙宣告獨立，以共戴紀元，成立政府，別設上下兩院，一時傀儡國出現。淸廷不暇過問，日本乘民國未統一之時，與俄英訂立瓜分滿蒙藏秘約。於是俄國更進一步，於民國元年十月，直接與庫倫僞政府，訂立左列俄蒙協約：

(1)俄國政府，扶助蒙古自治，不准中國派軍入蒙古境內。

(2)蒙古政府，准俄人享受本約所附專條所開之各種權利。

(3)蒙古政府，不經俄國政府承認，不得與中國訂違背本約之條約。

另訂專條十六款規定俄人在蒙古得自由購地及工商農漁游牧開礦各項特權，民國聞之提出抗議，俄則以不承認民國政府相要挾。時袁世凱謀繼任正式大總統，亟求列國承認以爲榮，遣外長孫寶琦於二年十一月與俄成立中俄聲明文件，其要如左：

(1)俄國承認中國在外蒙之宗主權，並認外蒙爲中國領土之一部。

(2)中國承認外蒙之自治權。

(3)中國承認外蒙有自行整理內政及一切工商事宜之權，並允不駐兵外蒙，不辦殖民之事。俄國對於外蒙亦然。

(4)以後關於外蒙交涉事宜，中國政府允與俄國協商，外蒙亦得派員與會。依據是約，是中國已承認外蒙之變相獨立，及俄國對於外蒙之特殊關係矣。此爲民國成立之初，重要外藩第一次之大動搖。

(乙)西藏獨立　淸季英兵入藏，達賴喇嘛，出奔青海，旋入北京。已復歸藏，與駐藏大臣聯豫不合，出奔印度，求英人保護。淸廷廢之，而迎班禪以主持藏務。及中國大革命起，外蒙獨立，達賴遂由印

返藏，宣布獨立。民國政府，命川督尹昌衡，滇督蔡鍔率兵進討，連敗藏兵於巴塘裏塘之間。英國公使朱爾典，忽向民國政府，提出抗議四條：

(1)中國不得干涉西藏內政。

(2)中國駐藏官吏，除衞隊外，不得派兵入藏。

(3)關於西藏問題，中英兩國，另以新協約定之。

(4)中國若不承認以上各欵，則英國不承認民國政府。

袁世凱接此抗議，對於西藏，遂改剿爲撫。不但撤消討藏軍，並恢復達賴封號，旋以英人之請，於民國三年，在印京特里，開中英藏代表會議，毫無結果。此爲民國成立之初，重要外藩之第二次大搖動。

二　五國銀行團之干涉財政

民國成立，財政困難，達於極點。當時國務總理唐紹儀，向英美德法銀行團，商借六百萬元，以爲統一行政，及解散軍隊，改良貨幣，振興實業之用。美國主張日俄加入，以免另生枝節。於是六國銀行團成立，對於中國借欵，提出下列條件：

(1)由六國組織代表團，監督借款用途，並監督鹽稅。

(2)中國於善後借款期中，不得於六國銀行團以外借欵。

中國以條件過苛，拒絕承認，交涉年餘，沒有結果。其後美國新大總統威爾遜，以銀行團要求監督中國財政爲不當宣告退出。因此五國銀行團，態度一變，遂於民國二年四月成立借款契約，其要點如下：

(1)五國銀行團，借二千五百萬金鎊於中國政府，爲善後及行政之用。

(2)中國鹽稅收入，除擔保從前債務外，其餘全數，爲此項借款之擔保。

(3)中國政府於鹽務署內設稽核總所，由中國總辦一員，外國會辦一員，主管引票及收入表册。於產鹽地方設稽核分所，置華經理一員，外國協理一員，負徵收鹽務責任。所有鹽稅非華洋總會辦簽字，不得提用。

(4)中國政府於審計院內設稽核外債室，凡財政部之領款憑單，須由稽核外債之華洋稽核員簽字後，始可赴銀行領款。

此借款因美國銀行退出之故，始有此結果。然鹽務署與審計院內，皆用外國人爲稽核員，開外人干涉財政之端。是又爲民國成立國際地位，比前清低落也。

三　日本侵略內蒙及二十一條　日本侵略中國，終清之世，尚限於南滿而止。及民國二年，國會將選袁世凱爲正式大總統之時，忽向袁政府要求左列滿蒙五鐵路之建築權，以爲承認民國政府之交換條件：

(1)開原至海龍，(2)四平街至洮南府，(3)洮南至熱河，

(4)長春至洮南，(5)海龍至吉林。

此五路除15兩項，爲完成南滿之勢力外，其他三路，皆爲東部內蒙古之路。袁世凱知其與承認問題有關，即於十月二日允許之。不意爲時不久，復有民國四年二十一條之事。

民國三年，歐戰發生，英法德奧，分爲協約同盟兩方面。日本藉口於英日同盟，加入戰爭，以兵力迫令德國，將租借於我國之膠州灣，交付日本。德人不允，日本遂於八月二十七日，派兵奪而有之，並進佔濟南車站，掌握膠濟鐵路主權。又於四年一月，由駐華日使日置益，以非常手段，突向我國提出

極無理之要求計五號二十一條，其最關重要者略如下

(1)規定中國政府允許日本繼承德國在山東之種種利益。

(2)言明日本在南滿東蒙有優越之權利。

(3)給予日本在漢冶萍鐵廠及附近一帶之各種權利。

(4)中國不得將沿海各地租借或割讓與第三國。

(5)規定中國政府將警權交日人管理，及日本政府在福建之優先權。

條件提出後，全國大憤，黎元洪段祺瑞等均主戰。時袁世凱方熱心帝制，思以承認日本要求，爲交換條件。遂不顧輿論激昂，令曹汝霖陸宗輿與日使祕議。五月七日，日本提出最後通牒，限兩日內爲滿意之答覆，否則取必要手段。袁政府遂於五月九日承認之。略云「中國政府爲維持東亞和平起見，對於日本政府四月二十六日提出之修正案，除第五號中各項，容日後協商外。其一二三四號，及五號中關於福建問題，均行承諾。」是爲我國國民永矢不忘之五九國恥紀念。

四　日本侵略之更進一步　民國六年八月，馮國璋代行總統職權，以段祺瑞之主張，對德宣

戰，即組織參戰督辦處。一面籌備派兵赴歐，與德奧對敵。一面派員與日本祕密訂約借款購械，藉以掃除西南護法軍之勢力。日本侵略中國之傳統政策，惟恐中國不亂，斯時寺內正毅內閣決定利用段氏爲侵略中國之工具，特組銀行供段借款，藉以擴大中國之內爭，並扶植日本在華之特殊地位。綜計六七兩年間，實際借到日款約三萬萬元以上，即所謂西原借款也。又以我國參戰，恐異日在和會中有發言權，因祕密要求英法等國，承認日本在山東有卓越利益。復於七年九月以拋棄在山東民政，而要求駐兵設警合辦膠濟鐵路，經營濟順高徐兩鐵路爲交換條件，利誘北京政府令駐日公使章宗祥，予以「欣然同意」之照會。並引誘參戰督辦段祺瑞，以共同防敵爲名，成立中日軍事協定。

(1)日本軍隊，得進據吉林黑龍江及外蒙一帶，中國軍用地圖，須交日本軍官閱看。

(2)日本政府，派遣海陸軍官，供給中國，使練成强有力之軍隊，以備將來共同對敵之用。

據此協定，北滿外蒙，遂爲日本之勢力範圍，全國輿論，均極反對。然業巳簽字，無可挽回，直至十一年一月，直皖戰後，始告取消，此日本侵略之一般也。

外蒙古
東三省
黑龍江
庫倫
熱河
青海
中國本部
西藏
拉薩
黃河
揚子江
漢口
宜昌
萬縣
九江
長沙
南昌
上海
杭州
福州
潮州
廣州
香港
天津
安東
大連
旅順
膠州灣
青島
濟南
長春
洮南

外交上國恥圖

五　巴黎和會及五四運動　民國七年，徐世昌在位時，歐戰告終，開和會於法京巴黎。我國以協約國之一員，由南北政府協商，派遣陸徵祥顧維鈞王正廷施肇基魏宸組五人赴會，提出左列要案：

(1)由德直接交還在山東之一切權利。

(2)取消被强迫承認之二十一條件。

(3)希望列强所得於我國不平等之權利，如領事裁判，關稅協定，外國郵局，外兵駐防，軍港租借種種，皆依據公理撤消。

時和會全權，皆操於英法意美日五强國之手。二十一條，旣以非和會權限所能處分，擱置不議。而山東問題，英法意又一致袒日，美總統威爾遜，亦爲多數所刼持，不能抗議。我國全權，遂陷於窮蹙地位，而莫可如何，由是學生運動起。

八年五月，巴黎警耗傳來，舉國震憤，攷其原因，(1)由於民國六年二三月間，日本與英法諸國有青島讓歸日本之密約。(2)由於民國七年九月，我國當局與日本有欣然同意之山東換文，美國雖欲

援助，亦無能爲力。於是北京學生段錫朋等，遂於四日集合三千餘人，舉行示威運動。一面推舉代表，赴各使館接洽。一面取必要手段對付曹汝霖章宗祥陸宗輿三人，是爲五四運動大紀念。並上書政府，要求二事：

(1)巴黎和會，關於山東問題，拒絕簽字。

(2)賣國賊曹章陸三人，必須嚴辦。

是時各省響應，上海最爲激烈，學生罷課演說，商人罷市揭標語，務欲罷免曹陸章。政府知衆怒難犯，下令準曹辭交通總長，章辭駐日公使，陸辭幣制局總裁各職。和會代表，亦奮起，初請於和約內山東各條之下，聲明保留，不允。次要求於和約文後聲明保留，又不允。次要求於和約之外，聲明保留，又不允。次要求不用保留字樣，僅聲明而止，又不允。最後致書英法美三國代表，聲明不因簽字妨害將來提請重議，亦不答覆。於是我國代表乃於六月二十八日毅然拒絕簽字。而日本苦心經營之山東問題，卒不能達其目的。

附二十一條綱要表一

提出者——日本駐華公使日置益。

第一號關於山東者四

1 德國在山東所有權利，均歸日本，
2 山東省內各地，不得讓與或租借他國，
3 由烟台或龍口接連膠濟路線之鐵路，歸日建造，
4 山東各主要城市，開爲通商口岸。

第二號關於滿蒙者七

1 旅大租借權並南滿安奉路，均展期至九十九年，
2 日人在南滿東蒙有土地租借或所有權，
3 日人在南滿東蒙，有居住來往經營工商業之權，
4 日人在南滿東蒙，有採鑛之權，
5 南滿東蒙鐵道，非經日本許可，不得建造，非得日本同意，不得向他國借債，
6 軍財政治顧問敎習，非先與日商議，不得聘用，

廿一條 綱要

……7委任日本管理經營吉長鐵路，其年限爲九十九年。

第三號關於公司者二
1漢冶萍公司，歸中日合辦，
2公司各鑛之附近鑛山，非得該公司同意，不准別人開採。

第四號關於全國者一
中國沿海港灣及島嶼，一概不准讓與或租借他國。

第五號關於政權者七
1中國政府須聘日人爲政治財政軍事顧問，
2日人在中國內地，得建病院寺院學校，並有土地所有權，
3必要地方之警察，歸中日合辦，並聘多數日人籌畫之，
4設立中日合辦之軍械廠，須用日本技師，並買日本材料，
5接連武昌九江南昌，及南昌杭州間南昌潮州間之鐵路建築權，許與日本，
6福建省內之鐵路鑛山船廠。如需外資時，須先向日本協商，

「7中國政府允日本人在中國有宣教之權。

承認者——袁世凱，但一般國民則絕對反對之。

（注）本案結果凡兩起協約，九起照會，一起申令及第五號「容日後協商」之答覆書，凡日本要求之二十一條，實完全承認之。雖我國變成日本保護國之第五項尚未協定，然我國承認日後協商，則已自認爲「准保護國」矣。

段祺瑞當國時西原借款一覽表二　（注）據日大藏省所公布者，金額除九項外均指日幣言，

名稱	金額	貸款者	經手者	担保品	年月
1 善後借款之墊款	一千萬元	正金銀行	財政總長梁啓超	鹽稅餘款全部	六年八月
2 交通銀行借款	二千萬元	台灣朝鮮興業三行	交通銀行總裁曹汝霖	中國國庫券	六年九月

3	吉長鐵路借款	六百五十萬元	南滿鐵路會社	交長曹汝霖財長梁啓超	該路之財產及收入	六年十月
4	購買軍械借款	一千六百萬元	泰平公司	陸軍總長段祺瑞	以軍械折合交付無担保	六年十一月
5	京畿水災借欵	五百萬元	株式會社各銀行	財政總長梁啓超	臨清多倫殺虎口三常關收入	六年十一月
6	運河借款	五百萬元	日本銀行	政府代表熊希齡	運河收入及印花稅	六年十一月
7	印刷局借款	二百萬元	三井洋行	財政部	印刷局財產	七年一月
8	善後借款之墊欵	一千萬元	正金銀行	財政總長王克敏	鹽餘全部	七年一月
9	無線電信借款	五十三萬六千二百餘磅	三井物產株式會社	海軍部	以三十年管理權爲條件	七年二月

10	有線電信借款	二千萬元	中華匯業銀行	交通兼財長曹汝霖	全國有線電之財產和收入	七年四月
11	吉會鐵路借款	一千萬元	興業銀行	交通兼財長曹汝霖	該路之一切財產並收入	七年六月
12	購買軍械借款	二千三百六十萬元	泰平公司	陸軍總長段芝貴	以軍械折合交付無担保	七年七月
13	吉黑林礦借款	三千萬元	中華匯業銀行	農長田文烈交長曹汝霖	兩省林礦收入	七年八月
14	滿蒙四路借款	二千萬元	興業銀行	駐日公使章宗祥	四路之一切財產及收入	七年九月
15	濟順高徐鐵路借款	二千萬元	興業銀行	駐日公使章宗祥	二路之一切財產及收入	七年九月
16	參戰借款	二千萬元	日本銀行團	駐日公使章宗祥	以日軍官訓練軍隊爲條件	七年九月

17 電話借款	一千萬元	中日實業股分公司	交通總長曹汝霖	電話局及長途電話財產收入	七年十月

按上列借款中之十五項，並承認膠濟路中日合辦，及日本永遠駐兵於濟南與青島，用日人爲膠濟路巡警，且覆以「欣然同意」之照會，實爲我國在巴黎和會中之制命傷。

巴黎和會綱要表三

（甲）地點——法國巴黎凡爾賽王宮，

（乙）與會者——二十七國代表，我國爲陸徵祥顧維鈞王正廷施肇基魏宸組五人，

（丙）會期：民國八年（公元一九一九）一月十八開幕，同年六月二十八日我國拒絕德約簽字。

（丁）五巨頭：1 法國克理滿梭（議長），2 美總統威爾遜，3 英路德喬治，4 意國阿蘭刀，5 日本西園寺。

五四運動狀況表四

- 巴黎和會
  - （戊）組織
    - 1 十人會
      - 五強國各二人，
      - 選擇問題，決定大政方針。
    - 2 總會
      - 各國代表全體參加，
      - 審定委員會議案，再交十人會取決畫諾。
    - 3 委員會
      - 1 萬國同盟委員會，2 大戰責任委員會，
      - 3 賠款委員會，4 勞工國際立法委員會，
      - 5 國際港埠海陸交通委員會。
  - （己）議案
    - 1 已決者——對德奧土保四國條約，
    - 2 未決者
      - 1 阜姆問題，意與巨哥斯拉夫爭，後卒歸意，
      - 2 上細勒西亞問題，德與波蘭爭，後二國分領，
      - 3 山東問題，我國拒絕簽字，後卒收回。

（甲）原因

- 1 和會失敗
  - 1 由於民國四年曹汝霖陸宗輿承認日本之二十一條，
  - 2 由於民國七年章宗祥曹汝霖與日私訂濟順高徐路約，
- 2 內政腐敗
  - 1 袁世凱主政，專以賣國求榮爲目的，
  - 2 段祺瑞當國，對內則戰而不宣，對外則宣而不戰。
- 3 思想解放
  - 1 民國四年九月，新青年雜誌出版，打破我國傳統思想。
  - 2 民國八年一月，新潮雜誌出版，倡導自由思想。
- 4 教育革新
  - 1 北京高師校長陳寶泉，提倡新文化之普遍，
  - 2 北京大學校長蔡元培，倡自動教育，於是教育界面目一新。

- 1 事前籌備
  - 1 北大高師各校，原定五七游行示威，後以風聲緊急，改爲四日，
  - 2 議決電爭山東問題，喚醒各地國民，組織學聯會，指定游行線四項。
- 1 先至天安門集合，轉至東交民巷，推代表與外使接洽，不得要領，

五四運動

（乙）經過

2 示威情形

2 至趙家樓曹宅，曹聞聲逃匿，章適在座，遂被毆擊，

3 軍警前來彈壓，學生被捕者三十二人。

3 事後狀況

1 學生方面，議決同學未開釋前一律罷課，

2 曹章方面，臥病提出辭呈，段祺瑞持鎮靜態度，

3 政府方面，初主查辦，旋卽委曲求全，責令學生上課，敷衍曹章陸三人諷令教長傅增湘辭職，蔡元培亦託故離京。

（丙）影響

1 北京總商會，立誓不買日貨，並斷絕中日間工商業關係，

2 上海大罷市，電請懲辦賣國賊，不得簽字巴黎和約，

3 各地學生聯合會相繼成立。

（丁）價值

1 我國和會代表，拒絕簽字，

2 罷免曹章陸三人，

3 社會組織力增加，除學聯外，工商界亦有中華工會同業公會之組織，

「4 新文化運動普遍，關於改造國家改造社會之日刊週刊旬刊月刊季刊等出版物，不下四五百種，平民教育，亦大提倡，婦女界亦因之釋放。

第十章　民衆運動下之外交

一　華府會議及膠灣收還

自巴黎和會後，世界弱小民族，皆不滿意於五强國之處置，我國民衆，尤爲憤激。民國十年，美國大總統哈定，爲防止未來大戰起見，以維持遠東和平及限制軍備爲名，發起華盛頓會議，於十一月開會。參加者英法意荷比葡日美及中華九國。先討論海軍限制及太平洋島嶼支配問題，次及遠東問題，由我國代表施肇基提出議案，約分下列二種：

（甲）基本問題　大意爲各國當尊重中國之領土完全，及政治獨立，計分十項。旋由美國代表羅得，修訂爲四原則，(1)尊重中國之主權獨立及領土完全。(2)給與中國之機會，俾自行發展，成爲强固之政府。(3)各國在華之工商業機會平等。(4)各國不得在華謀特殊利益及有害於友邦之行爲。此四原則，一致通過，作爲遠東公約之一部。

（乙）特殊事件　仍不外巴黎和會中所提出者。會議結果，(1)關稅增加，客郵及無線電撤去，則

皆通過，作爲議決案。(2)領事裁判權，及駐華軍警，雖議決取消，然須俟各國派員來華調查後方實行。(3)廢止租借地問題，法允歸還廣灣，英日允歸還威海膠灣，而於九龍半島及旅大，英日均堅持不允放棄。(4)二十一條，美助中國主張撤消，日代表拒絕討論，僅於遠東委員會發表左列宣言：

(一)日本將南滿東蒙建路借款獨占權及各種稅課抵借優先權，均讓予新銀行團。但關於新銀行團成約之範圍，不因此變更。

(二)日本將南滿聘用政治軍事警察之外國顧問優先權，聲明放棄。

(三)日本將訂約時第五號之保留，聲明放棄。

中國代表主張全部廢棄，日本不允，僅由大會將中國有「保留他日提議解決此案之權」，登載議事錄而止。此間所可注意者，自袁政府簽註「容日後協商」之五字，中國無形中變爲日本之「準保護國」。至此次日本有「放棄第五號保留」之聲明，日本始認爲中國脫離日本「準保護國」之地位云。

山東問題，爲我國在華府會議中之重要提案。日本主張直接交涉，我國代表力持在大會中公

開。後由英美調停，於十一年二月在會外解決。

（一）日本交還膠灣德國舊租借地之行政權，及其一切公產於中國，中國開放膠灣，爲萬國商埠。

（二）撤退山東所有日軍。

（三）中國出日金四千萬元，贖回膠濟路。

（四）烟濰路由中國自築。濟順高徐兩路由國際財團出資承辦。

（五）膠濟路線各鑛山交還中國，日人亦得投資但不得超過華股之半，此事至十二年一月，由顏惠慶接收完畢。自民三歐戰發生以來之山東問題，至此始告結束。惟二十一條之全部取消，仍在國民之努力如何耳。

二　抗日運動之迭起　自五四運動後，國人以「抵制日貨，」爲抗日武器。日政府不得已，要求我國取締。時安福系當政，遂於八年七月通令禁止，國人益憤，乃改用「提倡國貨」以相號召。日政府無所藉口，於是搆成各地交涉，以摧抑民氣，茲略述於下：

(1)福州事件　八年十一月，因焚禁日貨，日本福州居留民衆，擊傷我國學生多人。至次年十一月，日方始用公文道歉，並與恤金千二百元，我國聲明對於排貨深爲惋惜了案。

(2)廟街事件　九年三月，日本廟街居留民衆，爲俄赤黨所殺，誣我國駐紮廟街軍艦，有助赤嫌疑。我國卒屈服於日人勢力之下，向彼道歉並給卹金三萬元。

(3)琿春事件　九年十月，韓國獨立黨人，會同俄匪，焚燒日領館及日街市。日本遽派大兵，佔據和龍延吉汪清東寧寧安五縣。迫我國將延吉一帶之韓人驅逐出境，方始退兵，而置日警於五縣，以爲侵略地步。

上項交涉方已，至十二年六月，湖南復發生六一慘案。是案之起，因旅大租借期，原約爲二十五年，至民國十二年三月二十七日期滿。我國提議收回，日本不理。湘人憤之，遂實行經濟絕交，即日輪亦相約不得乘坐。六月一日，日輪武陵丸入口，坐客恐被非笑，延不上陵，觀者頗衆，日本水手上岸驅逐之。隨有金陵丸入口，有一乘客上岸，被學生於背後蓋「亡國奴戳記」，日本伏見艦水兵突登岸二十餘人開槍射擊，當時斃王煥廷黃漢卿二名，傷者甚衆。一時湘人大憤，輿尸游街，外交後援會及

省議會，均主張嚴厲對付。旋省政府議決四條，由外交司長楊宣誠，向羣衆報告。

(一)撤換日領及伏見艦長。

(二)開槍行凶日兵，以軍法治罪。

(三)水兵上岸開槍，侵害我國主權，日本政府，應向我國道歉。

(四)撫恤死傷者，並擔保以後不發生此類事件。

於是一方面通電全國，喚起民衆同情。一方面通牒日領，並電北京外部與日使嚴重交涉。此事提出後，日領表示道歉，但全案遷延至今，尚無正當解決辦法也。此外國人生命，無故死於日人之手，不獲伸雪者，尚有三案：

(甲)漢口舊俄界日商本多洋行，絞死華籍廚役田仲香案。

(乙)漢口華衡日商前田一二洋行，殺傷三乞丐案。

(丙)天津日本水兵大久廣次毆斃人力車夫案。

雖由外交部迭向日本公使提出抗議，然彼方拒不承認，外部無如之何。而賄選總統曹錕，更漠

置之矣。

三　外蒙變亂及中俄協定　民國初元，外蒙獨立。及二年中俄聲明文件成立，外蒙警懼交集。三年九月，中俄蒙三方各遣代表會議於恰克圖，經長期之討論，至四年六月，始成立中俄蒙協定，其大要如次：

(1)外蒙承認中俄聲明文件。

(2)外蒙承認中國宗主權，中俄承認外蒙自治爲中國領土一部分。

(3)俄蒙協約，繼續有效。

由是外蒙取消獨立，活佛改稱博克多汗，組織自治政府以統治之。時財政困難，復受俄人壓迫。蒙古王公喇嘛陳清取消自治，歸附中央政府，於民國八年，遣徐樹錚爲西北籌邊使，赴外蒙冊封活佛，外蒙遂復收屬。次年俄國白黨敗將恩琴者侵入，驅逐中國軍隊，利用博克多汗，操縱其主權。蒙古國民黨，得蘇俄協助，以民國十年，攻破恰克圖，建設蒙古國民政府，與恩琴所利用之庫倫政府對立。旋即會同蘇俄赤軍，奪取庫倫，誅鋤白黨，而外蒙古赤色政府，遂於十年六月成立。迄民國十三年，蘇

俄對華，忽有自動取消不平等條約一事。

俄羅斯素抱帝國主義，舊爲侵略我國之一。民國六年，忽起革命，改建蘇維埃政府，赤白兩黨，內鬨不絕。我國遂於民國九年，認該國原有駐華使領等官已失代表國家資格，宣告停止待遇。對於蘇俄新政府，亦未正式承認，中俄邦交斷絕，旋蘇俄遣優林，越飛，加拉罕，先後來華，與顏惠慶王正廷交涉，中俄協定，略有端倪。至十三年五月，由中國外交總長顧維鈞與蘇俄全權代表加拉罕，在北京正式簽字，而兩國邦交遂告恢復。其協定要項如下．

(1)廢除俄羅斯帝國政府所訂之一切不平等條約，

(2)尊重中國在外蒙主權，並盡數撤退蘇俄在蒙軍隊。

(3)兩國邊界上之航業問題，按照平等相互之原則定之。

(4)中東鐵路，係商業性質，所有沿路一切主權，概歸中國處理。

(5)拋棄庚子賠款，及一切租界特權。

(6)取消領事裁判權。

是爲我國取消不平等條約第一次。蘇俄所以如此，實係暫時一種策略，未必完全本諸正義也，故爲時未幾，卽有赤色帝國主義向我國進攻之事。

四　金佛郎案及中法協定　庚子賠款原約本息皆按金貨付給，或按還時市價易金付給，光緒三十一年，又重訂賠欵電匯辦法。歐戰以後，列强國債驟增，金融緊張，紙幣跌價，法之金佛郎價格實超過紙佛郎三倍以上。十一年六月，法國向我國要求庚款法國部分照辛丑條約規定之率（每海關銀一兩合三佛郎七五生丁）改用金元計算。比意西班牙三國，亦作同樣之請求。適値北京政變，徐世昌去職，黎元洪復位，恢復第一屆國會。國會以承認賠款照現金計算，則中國國庫增加負擔至八千萬元之多，極力反對之。法國乃糾合與庚子賠款有關之各國，一致主張用現以肆要挾。黎元洪政府懾於輿論之激昂，終不爲動。法乃採用不擇手段之壓迫，(一)方不批准華府會議條約，使中國不能召集關稅會議。(二)方請外交團於中國關餘鹽餘兩項之內，照法意比西四國按現金計算之賠欵，盡數由總稅務司方面扣留，不准中國政府提用。至民國十三年，此項被扣之款，已達一千六百萬元之多。値段祺瑞執政，急欲提用此欵。乃於十四年四月，命外長沈瑞麟，與法使成立中法協定，

其要如次：

(1)法國政府承認一九二二年（民十一）以來由總稅務司扣留之關鹽餘款，悉數交與中國政府。

(2)中國政府，承認法國部分之庚子賠款餘數，以後不用匯兌佛郎計算，而改爲匯兌美金計算。此項匯兌之美金，逐年借與中法實業銀行，作爲該行發行五釐美金公債之担保。

約中所謂匯兌美金者，卽承認賠款用現金計算也。蓋佛郎跌價，美金不跌價也。於是數年來全國反對之金佛郎案，段政府變相承認之。意比西三國，當然不能在例外。據當時最近數年佛郎匯兌率平均計算，我國國庫之損失，實至八千數百萬元之鉅云。

五　上海五卅慘案及漢粵二案　段祺瑞執政內外混亂。不意十四年五月三十日，又有上海公共租界槍殺學生之事。此事原因，由於本年二月，上海日商紗廠工人罷工失敗，而上工以後，又有日廠職員槍殺華工顧正紅之事。上海各校學生，憤人權掃地，因於課餘自動向租界講演，一面喚起國民同情，使知帝國主義者之凶惡。一面募集款項，撫恤死者家屬。五月三十，在南京路講演，被捕房

拘去數人。於是民衆及學生聚集捕房之前，隨觀者亦多。捕頭遽令印捕開槍射擊，先後死者四十五人，是爲五卅慘案。舉國開聲大憤，上海全市，一致罷業。外交部卽向公使團提出抗議，並派稅務督辦蔡廷幹，外交次長曾宗鑑來滬調查，公使團亦派委員六人來滬。調查結果，蔡曾向六委員提出下列十三條：

(1)撤消非常戒備，(2)釋放被捕華人，並恢復公共租界學校原狀。(3)懲凶，(4)賠款，(5)道歉，(6)收回會審公廨，(7)罷工人員將來仍還原職時不得扣薪，(8)優待工人，不得因此處罰。(9)工部局投票案，納稅華人與西人平等，(10)制止越界築路。(11)撤消印刷附律，交易所領照案，(12)華人在租界內有言論集會出版之自由。(13)撤換工部局總書記魯和。

右項提出後，初次談判，六委員對於前列五條，認爲可以蹉商。及二次談判討論開鎗責任問題，各委員遂藉口無權開議，不辭而去，此案遂無結果。繼滬案而起者，除九江青島關係較輕外，又有下列二案

(甲)漢口之六一一案　滬案發生後，武漢各界憤激異常。適六月十日，英商大古公司管事，以

細故毆傷工人余金山，激成大古碼頭全體罷工。次日英艦來泊江面，羣疑其以武力來壓迫者，聚衆往觀。英人不察，遽開槍射擊，計死八人，傷十一人，且斃有未成年之童工，及前往彈壓之警士，至死者之手無寸鐵則一也。

（乙）沙基之六二三案　滬漢案發生後，廣東各界主張以廢除不平等條約爲根本解决辦法。於六月二十三日對慘案死者開追悼會，會本此意提出議案，一致通過，舉行游街。巡行羣衆，秩序謹嚴。行至沙基與外人居留地沙面，尙隔一水。英法軍隊忽開槍射擊，繼以大炮，頓時血肉橫飛，死傷至二百餘人之多。國人自游界內，乃亦遭彼帝國主義者之屠殺，其情形較滬漢兩案尤慘云。

六　省港罷工之經過　吾國民衆運動，始於民國八年「五四運動」之毆擊賣國賊。國人參加世界勞動團體，則自九年上海舉行第一次「五一節」始，自後工人覺悟，罷工屢起，然以十四年六月十九日晚九時省港罷工，爭民族生存，與國家體面，爲最有價值。先是滬案傳來，廣東民衆，謀向英帝國主義者之巢穴進攻，派遣代表赴港，與香港全團工團聯合，遂有十九日之壯舉。及沙基慘案發生，粵人益憤，厲行經濟絕交。罷工工友，更努力於下列二方面：

（甲）本身組織　成立省港罷工工人代表大會，以人數爲比例，每五十人選一代表，爲最高議事機關。成立省港罷工委員會，由大會選舉十三人組織之，爲最高執行機關。其下設幹事分局七部。另設財政委員會等機關，均直隸於罷工委員會，分頭辦事，秩序井然。

（乙）封鎖海口　成立糾察隊，共人數二千餘人。每十二人爲一班，置班長，其上有小隊支隊大隊總隊等名目，分任指揮之責。並請黃埔學生，加以軍事訓練，分派各海口駐防，其責任爲維持秩序，嚴拿走狗，截留糧食，扣緝仇貨，從此省港交通完全斷絕。

自罷工實行後，香港帝國主義者，受極大打擊，於是致恨國民政府。（一）方利用內奸，勾結梁鴻楷等暗殺廖仲愷，並供給陳炯明鄧本殷器械，使從東南兩路進攻。（二）方用恫嚇手段，說英國決計對華用兵，預定十萬大兵東來，北攻天津，中攻滬漢，南攻廣州，使國民畏懾却步。卒之英倫以鑛工大罷工，自難爲計。而陳鄧二股又先後爲國民政府所肅清。廣東統一，農工商學兵大聯合，其勢益不可侮。至十五年北伐勝利，於是中英談判，遂於七月十五開幕。然以慘案責任問題，英方推謝，致無結果。其時國民政府當局，主張整個的打倒帝國主義，及廢除一切不平等條約，因於八月間由廣州中央

黨部代表甘乃光，與罷工委員會協商，放棄狹義的封鎖政策，求全國之自由平等矣。

七　關稅會議及法權會議

南方民衆運動最盛，對於帝國主義者作殊死鬥，故慘案屢起。北方尙在軍閥操縱之下，對於帝國主義取妥協態度，故段政府時代進行下列二會議：

（甲）關稅會議　本會議依據華會議決案而來。十四年十月，集合英法意比荷葡西瑞挪丹美日十二國代表，開會議於北京之居仁堂，推我國外長沈瑞麟爲主席。我國提案「各國應尊重中國關稅自主。並聲明裁釐與國定稅率同時實行。但在未實行國定稅率以前，中國海關稅則照現行値百抽五外，普通品加征値百抽五之臨時附加稅，奢侈品得加征値百抽二十至三十之附加稅。」此外尙將國定稅率提出。各國委員雖不反對關稅自主，然不過承認其原則而止。尤其是日本代表，主張中國實行關稅自主尙早。又提議附加稅，萬不能超過華會條約二、五之數。且應將附加稅一部分，撥爲無擔保借欵之擔保品而後可。蓋以民國六七年間，日本助長我國內亂之西原借欵，尙有許多無擔保故也。各國委員對此意見不一，以致自十四年十月開會起，至次年四月止，僅議決下列裁釐加稅一案。

(1)各締約國，承認中國關稅自主，並允中國國定稅率條例於一九二九年（民十八）一月一日發生效力。

(2)中國政府聲明裁釐與國定稅率同時施行，並聲明於民國十八年一月一日將釐金切實裁竣。

已而段政府推倒，關稅會議，無形停止。不但中國所提之附加稅，不得各國承認，卽華會議決之二，五附加稅，亦無法施行，是則誠可慨也。

（乙）法權會議　本會議亦依據華會議決案而來。十五年一月開會，推我國代表王寵惠爲主席。各國委員分若干組，或研究中國法律，或赴各省區調查司法狀況。惟廣東政府表示拒絕。至同年十一月，調查完竣，製成報告書，說明各國在中國執行領判權之複雜情形，與中國法律及司法制度不良之各點。其建議案則爲改良現行法律，司法與監獄制度。尤其是法院須獨立，不受行政軍政各機關之干涉。對於中國要求取消領事裁判權之本身問題，毫未置議。我國王寵惠特爲提出，各國委員，表示贊同，而對於取消領事裁判權之實行，則謂尙須有待。於是法權會議，又告失敗。

附華府會議綱要表一

- 地　點——華盛頓府大陸紀念館，
- 發起者——美國大總統哈定，
- 會　期——自民國十一年（公元一九二一）十一月十二起，至十一年二月六日止。
- 與會者——美日英法意荷比葡及我國代表施肇基顧維鈞王寵惠伍朝樞等。
- 1 總會議
  - 組織——九國全權全部，
  - 幹部——議長許士，事務總領巴洛特，
  - 權限——審議下列委員會報告。
- 2 軍備限委會
  - 幹事會
    - 組織——五大國首席全權，或其指定者，
    - 職員——許士及書記長拉德，
    - 權限——規定議事程序。
  - 組織——五大國全權全部

華府會議組織法

（續前）

總委會
- 職員——同前，
- 權限——審定幹部會提出之議題，並報告其結果於總會且得組織股員會。

3 遠東委員會

幹事會
- 組織——九國首席全權，或其指定者，
- 職員——許士及書記長拉德，
- 權限——規定議事手續。

總委會
- 組織——九國全權全部，
- 職員——同前，
- 權限——審議幹部會提出之問題，並報告其結果於總會，且得組織股員會。

1 英二十二艘，共五十八萬噸，
2 美十八艘，共五十七萬噸，

議決案

（甲）軍備限制

海軍

3 日十艘，共三十萬噸，

4 法九艘，共二十二萬噸，

5 意七艘，共十八萬噸。

此外關於潛水艇，飛機，毒氣砲，均有規定。

（乙）中國問題

1 領判權案——通過消撤，但先從調查入手，俟司法改良時實行。

2 客郵案——通過撤消，但租界除外，郵局會辦須長用外國人。

3 關稅自主案——我國要求值百抽一二、五，各國否決，允照現行稅率，實行值百抽五，附加稅二、五。

4 撤退軍警案——通過撤退，但先從調查入手，俟中國有保護外人生命財產能力時實行。

5 無線電台案——未經中國允許者，由中國備價收回。

6 山東懸案——日本歸還青島行政權，撤退駐兵，膠濟由中國開

放。以日金四千萬元購還膠濟路，分十五年清償。烟濰路中國自辦，濟順高徐路，列國公辦。

7 二十一條案——我國提出取消，無結果。

五卅慘案及漢粵二案表二

五卅慘案
- (甲)原因
  - 遠因
    - 1 會審公廨——奪我司法權
    - 2 工部局——奪我行政權
    - 3 巡捕房——奪我警察權
    - 4 關稅協定——奪我財政權
  - 近因
    - 1 修正印刷附律
    - 2 增加碼頭捐
    - 3 交易所領照
    - 4 槍殺顧正紅案
- (乙)狀況
  - 1 上海大學學生在南京路講演，被英捕拘去，其他學生自願投捕房者拘留甚衆，
  - 2 馬路行人，見英捕拘學生，不知事由，紛紛往觀，英捕頭愛伏生即下令開槍，死者甚衆，驗死者，彈丸皆自背入。

3 六月一二三日，租界大戒嚴，繼續有槍殺者，
4 上海全部罷市，中政府提出抗議，全無結果。

漢口慘案
- (甲)原因
  - 遠因——漢口原屬英國勢力範圍，久受壓制，
  - 近因——援助上海五卅慘案，要求懲兇，賠償，道歉。
- (乙)狀況
  1 六月三日，武漢各學校，全體罷課，分隊游行講演帝國主義慘狀，
  2 八日武昌商界大游行，路長三十餘里，
  3 十日漢口工人余金山，被英商太古公司管事毆傷，激成罷工風潮，
  4 十一日，英艦越界停泊，羣疑為來施壓迫者，適英水兵有戳傷工人劉國厚之事，工人憤激求救，英艦遂開砲射擊，國人死傷枕藉，
  5 武漢各界，成立外交後援會，中政府提出抗議，亦無結果。

- (甲)原因
  - 遠因——英據香港，對於粵人，久肆壓迫，
  - 近因——援助五卅慘案，香港沙面，同時罷工，益招其忌。

沙基慘案

（乙）況狀

1 六月二十三日各界開民衆大會，參加者十餘萬人，以工學兵爲多，

2 羣衆游行高呼打倒帝國主義，聯合世界被壓迫民族，中華民族解放萬歲口號，

3 農工商經過沙基時，尙無異動，及到學兵兩界，遽槍砲轟擊，死者傷者落水及失蹤者無數，

4 成立對外協會，國民政府提出嚴重抗議，無效。

省港罷工前後狀況表三

1 民國九年上海勞動團體，舉行第一次五一節。

2 十年六月，京綏路機工罷工，十月粵漢川鐵路工人罷工，十二月南苑及清河工廠以薪水積欠罷工。

3 十一年一月，湖南第一紗廠罷工，又香港海員陸續抵省，宣言必加薪確定方上工，此我國工人向帝國主義進攻之始。七月漢陽鐵廠罷工，八月上海絲廠女工要求

（甲）罷工之前

加薪罷工，九月粵漢路罷工工人與警察衝突，十月開灤礦局工人罷工，又京綏路因要求未遂罷工，漢口英美煙公司罷工。

4 十二年一月，漢口花棧工人要求加薪罷工，二月京漢路工人因鐵路總工會在鄭縣開會不成，全體罷工，被吳佩孚部兵慘殺，此工人罷工流血之始。

5 十三年七月，廣州沙面華工罷工，九月廣州排字工人要求加薪罷工，

6 十四年二月上海日商紗廠罷工，四月青島日商紗廠罷工，六月上海工商學界以五卅案全體罷業，全國一致響應。

1 要求大綱

1 擁護上海工商學聯合會之十七條，

2 對港政府要求政治自由法律平等普通選舉勞動立法減少屋租，居住自由六項。

2 罷工分子

1 倡首者海員電車印務工人，繼起者起落貨物煤炭工人，

2 再後各項工人，殿後者機器船塢工人。

罷工方面

3 組織機關

1 立省港罷工工人代表會，爲最高議事機關，
2 立省港罷工委員會，爲最高執行機關，
3 成立糾察隊，擔任維持秩序嚴緝仇貨等事，
4 設特別法庭，懲辦一切漢奸走狗。

4 進行方法

1 實行特許證，凡非英船，可直接來黃埔營業，
2 修築中山公路，預備黃埔開埠，
3 提倡農工商學兵大聯合，
4 統一工會，並進行教育宣傳運動。

(乙) 罷工期間

1 最初辦法

1 宣布特別戒嚴及禁止糧食金銀港幣出口，
2 欲以鐵血手段鎮壓香港，
3 欲以封鎖政策餓死廣東。

1 變爲臭港，糞穢滿街，炎日蒸炙，臭氣薰天，

反動方面
- 2 香港苦況
  - 2 變爲餓港，雞蛋價亦五角，肉食菜蔬無從購買，
  - 3 變爲死港，交通斷絕，工商廢滯，一時社會大亂。
- 3 離間政策
  - 1 勾結梁鴻楷等，暗殺廖仲愷。
  - 2 利用陳炯明鄧本殷二股，由東南兩路進攻，
  - 3 宣傳廣東有過激穩健兩派，分化穩健派不日柄政。
- 4 幻想方法
  - 1 用恐嚇手段，說英倫十萬大兵，不日東來，
  - 2 宣傳張吳合作，分討南北兩赤，
  - 3 假糾察隊扣留八艇貨物爲名，嗾使海關封關。

勝利原因
- 1 客觀的
  - 1 英帝國主義者本身不健全，
  - 2 各帝國主義間之利害衝突。
- 2 主觀的
  - 1 廣東國民政府根基之穩固，
  - 2 罷工工人之覺悟，及組織完善，

3 罷工政策之適當及援助範圍之擴大。

(丙)罷工之後

- 中英談判
  - 1 代表
    - 廣東政府
      - 1 外交部長陳友仁　2 財政部長宋子文
      - 3 中央黨部宣傳部長顧孟餘
    - 香港政府
      - 1 律政司凱普　2 華民政務司哈利法斯
      - 3 沙面英總領事白利安
  - 2 提案
    - 1 我方主張設立第三者考察法庭，對方表示請示英國政府，
    - 2 對方主張實業借款，我方表示請示國民政府，無結果而散。
- 北伐軍起——我國主張整個的打倒一切帝國主義，取消一切不平等條約，十五年八月，自動取消省港罷工。

第十一章　國民政府成立前後之狀況

一　國民黨改組及商團之變　北方自曹錕賄選以來，政局黑暗。南方以陳炯明背叛，環境亦臻惡劣。孫中山以積年之經驗，知今日欲救中國，非努力於整理黨務不可，乃於十三年一月，召集國民黨第一次全國代表大會，發表宣言，說明中國之現狀，及三民主義之眞諦，並決定最低限度政綱，使國人知所趨向。隨於是年七月，改用青天白日滿地紅國旗。復使蔣中正（介石）籌辦黃埔陸軍軍官學校，授學生以軍事知識。加以政治訓練，使皆明瞭國民黨之黨義，能爲黨而奮鬥，期成立黨軍，鞏固革命根本地。且能向外發展，達吾人最後目的。不意是年十月，卽有廣州商團之事變。

此事發生，(一)因有英帝國主義者爲之後盾。(二)因與在粵之滇軍楊希閔，桂軍劉震寰等暗有聯絡。先是廣州商團，因政府徵收舖底捐，有罷市之醞釀，旋以省長楊庶堪布告取消而止。然各處商團感覺有自衞之必要，由陳廉伯主持，一面呈請省署立案。一面向大本營軍政部領得護照，由挪

威國軍艦裝運從德國購買之軍械入口，定八月十三日開商團成立大會。省署延不准，粂阻止商團聯防總部成立，孫中山更下令扣留軍械，陳遂赴香港。於是廣東各城鎮相繼罷市，陳受恭任攻城司令，將率團兵與廣州政府宣戰。孫中山乃命許崇智李福林吳鐵城譚延闓等，擊破該團，勒令解散。

二　孫中山北上及病故　曹吳倒後，段祺瑞執政，北方政局大變。孫中山以段祺瑞張作霖馮玉祥等之敦請，欲謀和平統一，乃抱下列二種目的北上。

(1)內對軍閥　主張召集國民會議，以職業團體代表組織之。

(2)外對帝國主義者　主張廢除一切不平等條約。

遂於十三年十一月十三日離粵赴滬，繞道日本轉至天津，十二月三十一日始抵北京。足跡所至，備受國內外民衆歡迎。中山曾演說「大亞細亞主義」，並勸段氏依法召集國民會議以解決國內一切糾紛，段氏不能從，惟汲汲進行善後會議，故中山先生通告國民黨員，拒絕參加善後會議。時先生已患肝癌，漸至急劇，乃於十四年一月二十六日遷入協和醫院，施行手術，無效。於三月十二逝世，享壽六十歲。先一日將汪精衞所擬之遺囑親筆簽字。由是全國民衆，遂爲先生精神所感化，至今

未泯。

三　唐繼堯之妄想　辛亥革命，唐繼堯隨蔡鍔起義，民國元年，任貴州都督，時年僅二十四耳。及蔡鍔辭滇督赴京，薦唐繼堯繼任。護國軍起，繼堯遂屹然爲西南領袖。護法時代，被選爲七總裁之一，九年冬春煊取消軍政府，唐與孫中山聯名反對之。民國十年，曾一度爲川滇邊防督辦顧品珍所逐，避居香港。十一年三月回滇，任雲南善後督辦，旋改任省長。當十三年九月陳炯明勢張之際，孫中山苦於應付，欲利用唐繼堯以制陳氏，俾便出師北伐，與奉浙軍共同反直。乃由廣州元帥府政事軍務聯合會，推定唐繼堯爲副元帥，並由大元帥任命在案。時唐繼堯態度猶豫，並未就職。至十四年，聞孫中山在京病故，遽電在滇就職。據其宣布理由略云「爾時軍國大事，夙賴大元帥主持，未便遽膺崇秩。今不幸大元帥在京逝世，一切未竟之主張，皆吾輩應盡之責在」揆其用意，蓋欲藉副元帥名義而攝行大元帥職權，以便推倒廣州政府，而作西南正式領袖。故一方面派兵入桂，擴張地盤。一方面派其弟繼虞，入據湘西洪江，助熊克武出常澧窺鄂。復運動在粵之滇桂軍楊希閔劉震寰等使爲己用，擬入粵組織建國政府以逞其大欲。而卒也入桂之軍，爲范石生李宗仁黃紹雄所破。入湘之軍，

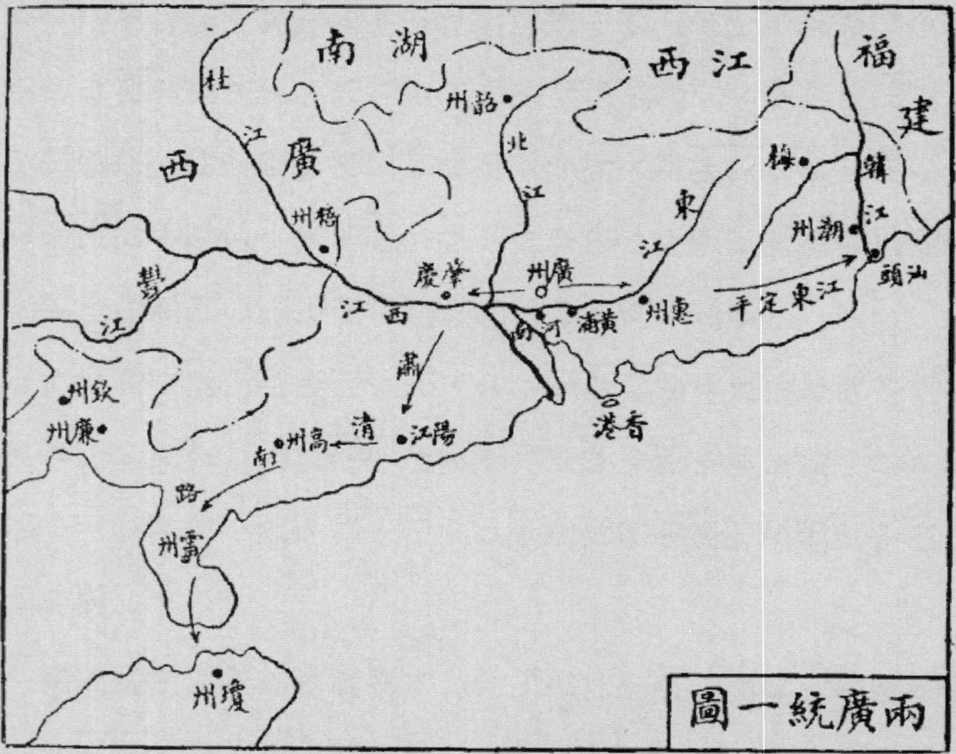
福建
廣西
湖南
江西
廣州
韶州
梧州
肇慶
黃埔
惠州
潮州
梅
汕頭
平定東江
香港
陽江
高州
南路
雷州
瓊州
欽州
廉州
北江
東江
西江
韓江
鬱江
兩廣統一圖

以熊軍被趙恆惕將葉開鑫所逐，亦遂撤回。著著失敗，一籌莫展。旋內部發生政潮，成立委員制，龍雲胡若愚張汝驥李選廷四鎮守使爲委員，唐任空名總裁。至十六年五月唐被刺死，龍胡相爭，旋龍雲任雲南省政府主席職。

四　肅清陳炯明及楊劉　先是孫中山在時，陳氏背叛，中山因之赴滬。中山歿後胡漢民膺代帥之職，遂於十四年三月，督率許崇智蔣介石等軍隊，與陳炯明作戰。未及一月，竟將陳部著名將領林虎洪兆麟之軍打破，收復潮梅汕頭。困守惠州多年之楊坤如，亦向滇軍將領胡思舜投降。積年老巢，一朝傾陷。自是陳炯明遁居香港，不復能起，是爲第一次東征之役。

陳氏敗遁後，廣州聲勢爲之一振。但楊希閔之滇軍，仍布滿廣州，劉震寰之桂軍，仍布滿西江，漸有越軌行動。加以唐繼堯之勾引，使爲內應，楊劉態度，益趨强硬。胡漢民廖仲愷迭向疏通，均無結果。繼復發見楊希閔等與林虎往來函件，六月五日，胡代帥遂毅然下令，免楊劉滇桂軍總司令職，聽候查辦。卽將親信軍隊朱培德李福林譚延闓程潛等部，集中河南與滇桂軍實行交戰。東江方面許蔣軍隊回師援胡，西江李濟琛部，亦開來應戰。楊劉等暮氣已深之軍隊，本無戰鬥力可言。故開戰不過

數日，蔣許軍隊大部猶未及同廣州，已完全失敗相繼出走，魏邦平率隊攻入省城。於是數年來盤據粵省之滇桂軍閥，遂被驅逐。唐繼堯統一西南之迷夢，無由實現，而廣州政府乃得轉危爲安。

五　國民政府之成立及政變　當楊劉肅清後，胡漢民等一方面收束軍事，一方面整理財政，頗有刷新之象。不幸十四年六月二十三日因五卅慘案之影響，又發生沙基慘案，外交棘手。胡等爲應付時艱起見，乃於七月一日成立國民政府，採合議制，以汪精衞，胡漢民，孫科，許崇智，伍朝樞，徐謙，張繼，譚延闓，戴季陶，林森，張靜江，程潛，廖仲愷，古應芬，朱培德，于右任十六委員主政務。並推汪精衞爲委員長，許崇智爲軍事部長，胡漢民爲外交部長，廖仲愷爲財政部長。其下成立廣東省政府，設軍事，民政，財政，建設，商務，教育，農工七廳，以許崇智，古應芬，廖仲愷，孫科，宋子文，許崇清，陳公博分任之，並推許崇智爲主席。復設廣州市政廳，以伍朝樞爲委員長，共謀治理，不意成立未久，竟發生下列二政變：

（甲）廖仲愷被刺　廖仲愷素以政治才幹見稱，主持財政統一，不少假借，遂於十四年八月二十日，爲敵黨所暗殺。凶手陳順當場被捕。廣州當局因案情重大，牽涉頗多，卽由中央黨部執委會，

國府委員會軍事委員會開一聯席會議，指定許崇智，汪精衛，蔣介石三人任特別委員，執行軍警政治全權。由許誘捕梁鴻楷等重要軍官十餘人，魏邦平等逃匿香港，下令通緝，留省嫌疑各軍盡被繳械，梁鴻楷等以未得確據釋放。胡漢民亦以國民政府代表名義赴俄。

（乙）許崇智去職　當廖案進行之際，許崇智部將莫雄許濟兩部軍隊，忽與當局發生衝突。經學生軍前往繳械遣散，並圍搜許之司令部。許氏遂於九月二十日，假病離粵赴滬。由是廣州軍權統一矣。

六　廣東之完全統一　許崇智去職後，廣州所有軍隊，咸立於國民黨指揮之下，然陳炯明之餘黨，於十四年九月一日，在汕頭之軍隊，由劉志陸發動，驅逐許崇智部，佔領潮汕。其他如洪兆麟謝文炳等部，亦先後響應，惠州復為陳有，廣州形勢，頗為緊張。蔣介石即派學生軍教導團及陳銘樞王懋功兩師前往應戰，獨立師吳鐵城部亦調赴東江，蔣自任東征總指揮。隨發覺由湘入廣州之川軍總司令熊克武有通敵嫌疑，即將熊氏拘禁，並將熊部在粵軍隊解散。十月十一日，國民政府發布東征宣言，決定掃除陳系，統一廣東。十三日，將軍第三師譚曙卿部，攻克惠州，直趨潮汕。十一月四日，何

應欽督軍攻入潮汕，陳系殘部敗退閩邊。蔣氏親往部署，以何應欽爲潮梅督辦，旋改綏靖委員辦理東江善後，由是東征之役完全結束矣。

先是陳部在東江發難時，陳炯明電約鄧本殷由南路進攻肇慶，遙爲聲援。鄧部蘇廷有徐漢臣等，即向陳銘樞朱培德部進攻。陳銘樞回兵應戰，十一月十日佔領陽江，鄧部撤回高州。廣西督辦李宗仁黃紹雄，亦遣俞作柏率兵討鄧，進取高州，鄧退雷州，勢益不振。同時瓊州島亦被李濟琛收復，鄧氏殘部逃入桂邊。由是國民政府任命陳銘樞爲欽廉善後督辦，朱培德爲瓊崖善後督辦，而南路軍事，亦告肅清矣。

七　國民政府之軍財狀況　廣東統一以後，汲汲進行者，在整理內政，及籌備北伐兩事。而內政又可分爲下列二項：

(1)軍事方面　粵中軍事大權，全操諸軍事委員會，向以汪精衛爲主席。後爲表示軍事公開起見，特在政治會議提出設立常務委員三人，以汪精衛，蔣介石，譚延闓三人任之。一切命令，由三人連署負責。並規定軍事委員有節制調遣軍隊全權。所轄軍隊，原有五軍，取消地域名稱，均冠以「國民

革命軍」五字。蔣介石爲第一軍長，譚延闓爲二軍長，朱培德爲第三軍長。李濟琛爲第四軍長，李福林爲第五軍長。其編制廢旅存師，悉用三三制。各軍均設有黨代表以資訓練。並均設有軍官學校，自營長以下未經陸軍學校畢業者，皆須入校補習。其各營兵士由連排長分負訓練責任，每日三堂兩操，無事不准外出。後又新編兩軍，以程潛爲第六軍長，李宗仁爲第七軍長。他如海軍則設有海軍局，飛機則設有航空局，以俄人斯米諾夫充之，統歸軍事委員會節制。另聘嘉倫將軍爲顧問，此軍事方面之情形也。

(2)財政方面　廣東自軍興以來，財政紊亂，達於極點。各項軍隊，均就其勢力範圍所及之地，或截留稅收，或設局籌餉。又每以防地肥瘠不同收入豐歉之故，於是此攘彼奪，時局益陷於糾紛而不可收拾。當局爲統一財政起見，迭開會討論，只以東南兩路，尚未肅淸，無法整理。加以財政部長廖仲愷被刺，一時無人負責。後來粵省統一成功，新部長宋子文爲統一財政起見，向各軍長官磋商，將從前截留之稅餉交回。並召集財政委員會，決定統一全省財政辦法，劃分國家稅與地方稅權限，分別征收。又禁止賭捐以革弊政，此財政方面之情形也。

至于北伐事宜，由蔣介石積極籌備。隨於十五年一月，由中央黨部，召集國民黨第二次全國代表大會，發布宣言對外打倒帝國主義，對內打倒帝國主義之一切工具，使國人咸曉然於本黨之趨向。及七月九日，蔣介石就國民革命軍總司令職，下令北伐，是爲國民革命軍誓師紀念日。自是迭獲勝利，中央黨部，國民政府，始遷南昌，繼遷武漢，終定南京，革命聲勢大振矣。

附中華民國國旗說明表一

國旗
- (甲)意義——1青色表示自由，2白色表示平等，3紅色表示博愛。
- (乙)黨徽——內圓形，外十二角，將十二角合成一圓形，等於內圓形，大小一樣。
- (丙)尺寸
  - 1 黨旗國旗之橫度縱度，均爲三與二之比。
  - 2 白日圓形，在黨旗縱橫平分線交點上。
  - 3 白日直徑，與黨旗縱長爲三與八之比，白日兩相對光芒頂角間之長，與黨旗縱長爲六與八之比。
  - 4 白日直徑，與黨旗橫長爲一與四之比，白日兩相對光芒頂角間之長，與黨

旗橫長爲二與四之比。

5 白日緣邊之寬度，等於白日體直徑十五分之一。

6 國旗中之黨徽，應在左上方，即靠旗竿之上方處，恰佔全旗面四分之一，黨徽橫度等於國旗橫度二分之一，縱度亦然。

（丁）用法

1 張掛法——凡遇國慶紀念及正式開會時，國旗掛左，黨旗或其他旗掛右。

2 升降法——凡行政機關立一旗杆，日出升旗，日入下旗。

3 禮遇法——凡中國國民無論在何地，遇國旗升降時，行立正禮。

孫中山事略表二

清同治五年丙寅（公元一八六六）生於廣東香山縣翠亨村，父道川，母楊氏，世業農。

光緒三年丁丑，赴檀香山依兄讀書，幼時所爲，早露革命性，時年十二，

十一年乙酉，中法戰役，我國失敗，先生始決意革命排滿，時年二十，

(甲)辛亥以前

十二年丙戌，入廣州博濟醫校，與鄭士良等作革命運動，時年二十一，

十八年壬辰，畢業於香港英文醫校，進行革命，上書李鴻章不納，時年二十七，

二十年甲午，中日交戰時，先生赴檀島，創興中會，助者甚少，時年二十九，

二十一年乙未，發難廣州，陸皓東死之，是爲第一次失敗，時年三十，

二十二年丙申，由美赴英倫敦被難，自是發明「三民主義」，時年三十一，

二十六年庚子，發難惠州及廣州，史堅如死之，是爲第二次失敗，時年三十五。

三十一年乙巳，重至歐洲，揭三民主義，開一二三次會議於比京柏林巴黎，再渡日本，開第四次會議於東京，成立同盟會，時年四十，

三十三年丁未，迭在潮州，惠州，欽廉，鎭南關，及欽廉起義，均不利，是爲第三四五六七次失敗，時年四十二，

三十四年戊申，命黃明堂攻取河口，旋復退，是爲第八次失敗，時年四十三，

宣統二年庚戌，命倪映典以新軍起事廣州，敗死，是爲第九次失敗，時年四十

六。

宣統三年辛亥，三月二十九日，發生七二烈士慘劇，是爲第十次失敗，時年四十七。

孫中山 (乙)革命以後

民國元年，（公元一九一二）就南京臨時大總統職，時年四十八，

二年二次革命失敗，袁世凱解散國民黨，先生東渡日本另組中華革命黨，

四年袁世凱叛國稱帝，先生命黨人討之，袁卒憂憤死，時年五十一，

六年張勛復辟，非常國會在廣州開會，舉先生爲軍政府大元帥，

七年軍政府改總裁制，先生辭職赴滬，著「孫文學說」—「建國方略」—發表心理上物質上之建設方案，時年五十三，

十年重回廣州，非常國會選先生爲大總統，出師桂林謀北伐，時年五十六，

十一年陳炯明變叛，先生避居上海，數年著述悉被焚毀，

十二年陳炯明敗走，先生復歸廣州，就海陸軍大元帥職，時年五十八，

十三年改組國民黨召集第一次全國代表大會，先生每週在廣州大學公開演講「三民主義」，曹吳倒後，先生發表「時局宣言」，主張開國民會議，並取消不平等條約，受段張馮之請北上，
十四年（公元一九一五）先生抱病入北京，三月十二日去世，時年六十。

總理遺教綱要表三

總理遺教——革命
- （甲）目的——求中國之自由平等，——分國際，政治，經濟三方面。
- （乙）方法
  - 概括的
    - 1 喚起民衆——農工商學兵大聯合，
    - 2 聯合世界上以平等待我之民族——分世界解放，世界大同二步，
  - 具體的
    - 1 建國方略——分心理，物質，社會三項，
    - 2 建國大綱——分軍政，訓政，憲政三期，
    - 3 三民主義——分民族（民有），民權（民治）

民生（民享）三項，
4 第一次全國代表大會宣言。

迫切的：
- 1 國民會議：
  - 1 決定憲法，
  - 2 取得中央統治權，
  - 3 選出國民政府。
- 2 廢除不平等條約：
  - 1 有侵害中國主權者廢除之，
  - 2 有損失中國利益者修正之。

三民主義簡明表四

（甲）釋名——大凡一種主義，是由思想，信仰，力量三者混合而成，三民主義，就是救國主義。

（乙）民族主義
- 定義：
  - 1 民族是由血統，生活，語言，宗教風俗習慣五種力量天然進化而成，
  - 2 民族主義就是國族主義，就是國家圖發達，種族圖生存的寶物。
- 辦法：
  - 1 對中國——中國民族，自由解放，境內各民族，一律平等，

- 對世界——聯合世界上被壓迫民族共同解放，全世界各民族一律平等。
- 目的——打破種族上不平等階級，人類無界限消弭種族戰爭，是曰「民有」。

(丙)民權主義

- 定義
  - 1 有團體有組織的衆人就叫作民，有行使命令的力量，有制服羣倫的力量就叫作權，所以民權就是人民的政治力量，
  - 2 所謂政就是衆人的事，治就是管理，管理衆人的事便是政治，人民管理政事，便叫作民權。
- 辦法（全民政治——五權憲法）
  - 1 權——政權——屬人民的——分選舉，罷免，創制，複決四項
  - 2 能——治權——屬政府的——分立法，行政，司法，考試，監察五項
- 目的——打破政治上不平等階級，天下爲公，是曰「民治」。

- 定義
  - 1 民生就是人民的生活，社會的生存，國民的生計，羣衆的生命。
  - 2 民生問題，就是社會問題，所以民生主義就是社會主義，卽是大同主義。
- 1 規定土地法，土地使用法，土地征收法，地價稅法，

（丁）民生主義

- 辦法
  - 1 平均地權
    - 2 地主自行報價，照價征稅或收買之，
    - 3 沒收土地自然的增價。
  - 2 節制資本
    - 1 節制私人資本——允許私人企業，限制私人資本操縱國民生計，
    - 2 發達國家資本——有獨佔性者，或私人能力不能舉辦者，由國家經營管理之。
- 目的——打破社會上不平等階級，社會無貧富，消弭階級鬥爭，是曰「民享」。

建國大綱簡明表五

（甲）根據——三民主義，五權憲法。

（乙）標準

- 1 民族
  - 1 對於國內弱小民族扶植之
  - 2 對於國外強權侵略反抗之
  - 廢除不平等條約，恢復國家主權獨立，
- 2 民權——行使選舉，罷免，創制，複決四權，政府先時訓練之，

- 3 民生
  - 1 發展農業以足民食，2 發展織造以裕民衣
  - 3 建築屋舍以樂民居，4 修治道路以利民行
  - 政府與人民合作。
- 1 軍政時期
  - 1 掃除國內之障礙，2 宣傳主義以開發全國之人心，
  - 3 促進國家之統一，4 各省完全底定，宣傳普遍之時，訓政開始。
- 1 政府方面
  - 1 人口調查，2 土地測量完竣，
  - 3 警衛辦理完善，4 道路修築成功。
- 2 人民方面
  - 1 受四權使用訓練，2 完畢國民義務，
  - 3 厲行革命主義，4 籌備縣自治。
  - (甲)使國民行民權
    - 1 選舉官吏，2 罷免官吏，
    - 3 創制法律，4 複決法律。
  - (乙)規定私有地權
    - 1 地主自報地價，2 地方政府照價收稅，
    - 3 地方政府得照價收買，4 土地日後增益公有。

(丙)程序

2 訓政時期

3 一縣方面

- (丙)地利收歸公有
  - 1土地之歲收，2地價之增益，3公地之生產，4山林川澤之息，5鑛產水力之利。
- (丁)經營地方公益
  - 1育幼，2養老，3濟貧，4救災，5其他，
- (戊)發展本縣天然富源，
- (己)確定本縣對於中央之負担，
- (庚)選舉國民代表，選舉省長監督自治，

4 一省方面

- 1 省民代表會議，選舉省長監督省自治，
- 2 確定省與中央之均權制度，
- 3 確定省爲縣與中央之聯絡機關。

1立法院，2司法院，1內政，2外交，3財政

- 3 憲政時期
  - 1 中央政府
    - 3 行政院，4 考試院，5 監察院，
      - 4 軍政，5 教育，6 交通，7 工商，8 農礦，
        - 省治——縣治
  - 2 國民大會
    - 1 議決憲法
    - 2 行使四權
    - 3 選舉政府
      - 每縣選舉代表一人組織之。

建國方略簡明表六

- (甲)心理建設　孫文學說
  - 1 以飲食爲證——飲食之事，人人行之，終身而不知其道，
  - 2 以用錢爲證——錢幣可爲百貨之中準，交易之媒介，而能知此理者蓋鮮，
  - 3 以作文爲證——中國文人，能作極妙之文章，知其當然而不知其所以然，
  - 4 以建屋爲證——施工建造不難，所難者繪圖設計耳，
  - 5 以造船爲證——鄭和無科學知識，而能造大船六十二艘，
  - 6 以築城爲證——秦時無科學機器工程學，而能造此偉大長城，亦行之而不

知其道耳。

7 以開河爲證——古人無科學知識，而爲需要所迫，亦能成此三千里之運河，

8 以電學爲證——指南針爲簡單電器，我國古時卽用之，所難者在研究電氣智識，

9 以化學爲證——中國人製豆腐燒陶器，行之而不知其道，

10 以進化爲證——物種進化爲自然之道，人類行之千萬年而不知其道。

1 開發交通
- (甲)修築鐵路
  - 1 中央系統，2 東南系統，3 東北系統，
  - 4 西北系統，5 高原系統。
- (乙)浚治河流
  - 1 整理河道，如黃河長江淮水等是，
  - 2 開浚運河，分新舊兩種。
- (丙)增設全國電話，電報，及無線電。
- (甲)三大海港——北方大港，東方大港，南方大港，

（乙）二等海港——營口，海州，福州，欽州，葫蘆島，黃河口，芝罘，寧波，溫州，廈門，汕頭，電白，海口，

（丙）三等海港——安東，海洋島，秦皇島，龍口，石島灣，新洋港，呂四港，長塗港，石浦，福寧，鄖洲港，汕尾，西江口，海安，榆林港，

（丁）漁業港——鎮江及北岸，南京及浦口，蕪湖，安慶及南岸，鄱陽港，武漢。

（戊）內河商埠——

（乙）物質建設實業計畫
3 應用工業
（甲）糧食工業——1 測量農地，2 設立農器製造廠，3 改良農種，4 改良貯藏法及運輸。
（乙）衣服工業——1 立絲廠棉廠，2 立毛皮廠，3 改造縫衣機器廠，
（丙）居室工業——1 改良建築材料，2 建公私住宅，3 供給自來水電燈熱汽燃料，

- (丁)行動工業——1建築長途馬路，2設立新街市，3設立船廠及各種車廠，
- (戊)印刷工業——1各大城市鄉村立印刷所，2設立紙墨印機工廠。

4興辦各大工廠
- 1士敏土廠，2冶鐵廠，3煉鋼廠，
- 4造船廠　5造紙廠，6其他工廠。

5發展水利，灌溉蒙古新疆西北一帶，

6建造森林於中國北部及中部，

7移民於東三省，蒙古新疆，青海西藏等處。

1集會性質
- (甲)永久集會
  - 1章程及規則，2職員及選舉，
  - 3議事之秩序，4議員之額數及權利義務等。
- (乙)臨時集會
  - 1會議之定義，2會議之種類及規定，

3召集之通式，2開會之秩序，5主席之選舉

(丙)社會建設民權初步——1議事法則——1動議之法則種類及其順序，2討論及停止討論；3表決及表決後之復議修正，4例外事件，5付審查委員會之手續及法則，6權宜問題及秩序問題。

國民黨代表大會第一次宣言綱要表七（注）十三年一月二十一日在廣州開會。

(甲)中國現狀——
1立憲派——藉憲法以謀統一，固善，但必俟人民能力能擁護時方可，
2聯省自治派——此派不過使大小軍閥相安無事而已，於人民之自由幸福無與焉。
3和平會議派——以各方均勢爲原則，但可暫而不可久的，
4商人政府派——此派欲以資本家代官僚軍閥，若與外國聯合，其禍更大。

(乙)主義——
1民族——中國民族，自求解放，中國境內各民族，一律平等，
2民權——人民有各項自由權，並有選舉，罷官，創制，複決權，

3 民生——平均地權，節制資本。

（丙）政綱

對外政策

1 取消一切不平等條約，2 自願放棄一切特權者中國認爲最惠國，

3 重訂新約以不害雙方主權爲原則，4 所借外債以不害中國政治實業主權爲限，

5 庚子賠款劃作教育費，9 非法外債，不負償還之責，

7 召集各職業團體社會團體籌備償還外債之法以求脫離半殖民地的地位。

1 中央及地方採均權主義，2 各省自定憲法，自舉省長但省憲不得與國憲抵觸，

3 確定縣自治單位，人民得行使選舉，罷官，創制，複決，四權，

4 實行普通選舉制，5 釐訂各種考試制度，

6 確定人民有各種完全自由權，7 改良徵兵制度，

（對內政策）

8 嚴定田賦地稅法定額，禁止額外征收，9 淸查戶口，整理耕地，以謀民食之均足，

10 改良農村組織，增進農人生活，11 制定勞工法，改良勞動生活，

12 確定男女平等之原則，13 勵行敎育普及，

14 由國家規定土地法，土地使用法，土地征收法，及地價稅法，

15 企業之有獨佔性者，由國家經營管理之。

第十二章　革命軍北伐之經過

一　北伐之發端　北伐成功，在十五年七月九日蔣中正（介石）廣州誓師以後。而北伐發動，實自十一年春，孫中山先生桂林誓師始。先生提倡革命，以統一中國爲職責，十年十一月，軍次桂林，組織大本營準備北伐，次年春舉行誓師典禮。不意陳炯明陰懷叛志，不肯接濟餉械。乃決議改道北伐，移大本營於韶關，師次肇慶，即免陳氏本兼各職，繼續北伐不懈。四月中誓師韶關，以李烈鈞任中路，許崇智任右翼，黃大偉任左翼，向贛邊進發。五月間黃大偉軍佔領崇義，許崇智軍佔領信豐，中路軍佔領大庾，北伐軍著著勝利。時第一次奉直戰役告終，徐走黎繼，論者以法統恢復爲言。孫中山乃發表宣言（一）懲辦罪首，（二）實行兵工制，仍命李烈鈞等前進。陳光遠遁走，蔡成勛繼任。至六月十五日陳部葉舉由桂東下，炮擊總統府，廣東根本動搖，李烈鈞等退出贛境，而北伐軍第一次失敗。

十二年二月孫中山由滬回粵組織大元帥府時湖南發生內亂湘西蔡鉅猷等逐趙恒惕宣布獨立。八月譚延闓受命北伐，率師援蔡，湖南軍官宋鶴庚魯滌平謝國光吳劍學等皆來歸，軍聲大振。譚入衡州，與趙恒惕相持於長沙附近。十一月陳炯明猛撲廣州，譚延闓回兵赴援，退出湘境，而北伐軍第二次失敗。

十三年十月，第二次奉直戰爭告終，曹吳下野，孫中山以爲有機可乘，令熊克武入湘西，程潛圖湘南，不幸失敗。而譚延闓向江西北伐之軍，亦於十四年一月爲方本仁所敗，退回粵境，是爲第三次失敗。未幾而湖南趙唐之爭起。

二　湖南之復　湖南自民國九年以來，趙恒惕藉名聯省自治，一時得以苟安。十二年譚趙戰後，趙軍編爲四師，以賀耀祖，劉鉶，葉開鑫，唐生智，分任一二三四師師長。葉唐勢力較盛，分任湘西湘南督辦，葉近直吳，唐近粵方。自十四年江浙奉直之戰起，馮玉祥國民軍勢力較盛。兩廣又爲蔣介石之黨軍所統一，餘力及於湘南。而唐氏聯粵之計畫大定，遂向趙恒惕責問三事：

(1)小人在位，民怨沸騰，若不立予斥退，後患何堪設想。

(2)熊克武殘部竄湘，概予收編，不知是何用意。

(3)統一軍政，整理財政，誠爲治湘要著，但皆粉飾太平，各有用意。主之者操之過激，引起各方反感，政府又從而庇護之。

此電發表後，湘局頓形緊張。趙一面令葉師往湘潭布防，一面請軍界前輩蔣方震來作調人，暫免無事。然唐驅趙之志已決，輸誠廣東國民政府，懇請出師援助，並布置軍事，伺機而動。趙氏乃於十五年三月自動去職，請唐氏入省主持。唐蒞省後，假開軍事會議爲名，逮捕劉鉶劉重威張雄與三人，葉開鑫唐希忭蔣鋤歐等免職。葉氏赴鄂，得吳部陳嘉謨馬濟等援兵返攻。唐退衡陽，正式加入國民革命軍，被任爲第八軍軍長，兼前敵總指揮。於是軍氣大振，進取湘鄉，連下湘潭，葉氏出走，唐氏於七月間回省主政。宣言一切聽命於黨及黨的政府，即有下列兩種表現：

（甲）取消省憲及省議會，國民黨湖南省黨部，遷入省議會辦公，

（乙）取消五色國旗，改用靑天白日滿地紅國旗。

時蔣總司令所部北伐軍陸續入湘，而湖南全省遂隸屬於國民政府勢力之下，於是鄂贛大戰

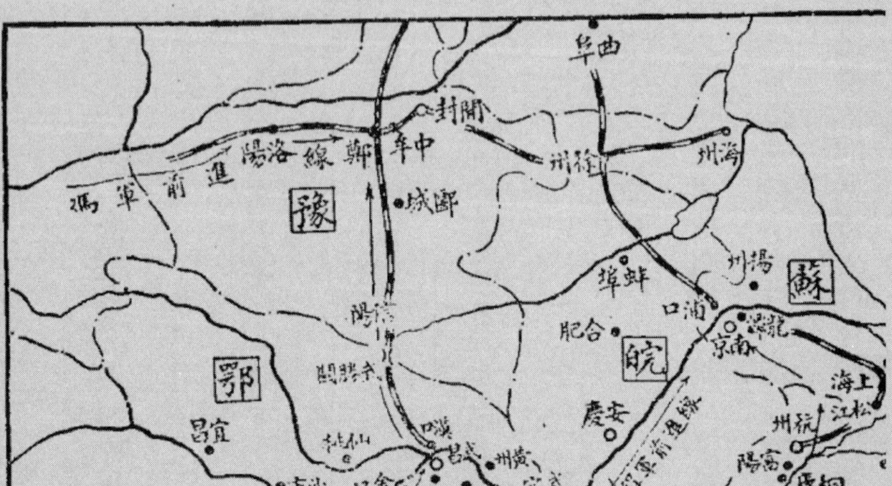
期北伐圖
豫
鄂
皖
蘇
浙
湘
贛
閩
桂
粵
中牟
開封
洛陽
郾城
曲阜
徐州
海州
揚州
蚌埠
浦口
合肥
南京
安慶
上海
松江
杭州
富陽
桐廬
嚴州
宜昌
沙市
漢口
武昌
黃州
武穴
九江
沅陵
湘潭
長沙
衡陽
萍鄉
高安
延平
福州
汀州
漳州
永定
梅
潮
大庾
信豐
韶關
廣州
肇慶
桂林

起。

三　武漢之佔領　當革命軍入湘時，北方之南口戰事頗烈，吳佩孚不欲南下，以葉開鑫余蔭森等當南面之衝。八月十一日蔣總司令入長沙十八日唐總指揮出發前敵，敵軍以次潰退時南口戰事告終，吳佩孚率兵南下，遂有下列三大戰：

(1)汀泗橋之役（在蒲圻東）　是處地極險要，吳佩孚督率劉玉春宋大霈之主力軍萬人，頑強抵抗。革命軍第四軍陳銘樞張發奎兩師，攻其正面。而以第八軍之一部，助第七軍會攻汀泗橋冒死衝鋒，敵方潰退，繳槍三千餘枝，得大砲子彈無算，由是第四軍有「鉄軍」之稱。

(2)金口之役（大江南岸）　吳佩孚爲保全武漢計，死守金口，親自督戰。革命軍採用包圍戰略，斃敵無數，吳部幾不成軍。

(3)紙坊之役（在武昌南）　此爲吳佩孚最後大戰。親率軍官團加入戰線，槍決敗退營團長數人，並委趙榮華組織執法大隊，以冀維持陣地。奈此時軍氣頹喪，劉玉春張占鰲馬濟三部，雖號能戰，已疲苦不堪。餘部則見青天白日旗幟，恐懼欲遁。趙榮華執法以徇，潰兵前後無路，反向執法隊開

鎗射擊，奪路而走，吳部遂一蹶不振。

八月三十，吳佩孚退回武昌，以陳嘉謨劉玉春担任防守事宜，命靳雲鶚為武陽夏警備總司令，劉佐龍為湖北省長。革命軍進圍武昌三次總攻，未獲收效，而漢口以佐龍之響應，歸革命軍所有。吳佩孚退出鄂境，武昌陷入重圍之中。然以陳嘉謨劉玉春之死守，集中火力，憑城掃射，革命軍犧牲極大，歷四十日之久，至十月十日始下，革命聲勢大振矣。

四　江西之肅清　當長沙克復時，孫傳芳與吳佩孚聯絡，進兵九江，定計由贛出湘，攻革命軍側面。蔣總司令遂命十一（原方本仁）十二（賴世璜）兩軍，分向贛西贛南活動。並令二軍魯滌平，三軍朱培德，六軍程潛等，策應之，以期牽制。使一（何應欽）四（李濟琛）七（李宗仁）八（唐生智）軍直趨武漢，俾無側顧之慮。賴將士猛勇，佔領漢口，惟武昌以劉玉春死守，支持逾月。江西之敵，正擬乘此時機，攻我側面，於是變更計劃，將第一軍調赴江西，應付孫傳芳之生力軍。令第八軍至武勝關，肅清鄂北，阻敵兵南下。又調第七軍至鄂城，以防武昌與江西之敵連為一氣。圍城者祇第四軍兩師，及八軍十五軍（劉佐龍）之一部而已。

革命軍在贛作戰，多由前線抽調。孫氏軍隊，由鄭俊彥指揮，係未戰生力軍。以我疲敝之師當此強敵，進步雖緩，然仍節節勝利。其時賀耀祖來歸，編爲獨立師，令由修水向九江前進，策應第七軍。於是戰事重心由鄂移贛，遂有下列二大戰：

(1)南昌之役　南昌爲江西省會，十六年九月，程潛朱培德集兵高安，進攻南昌。工人學生與守備隊聯絡內應，遂歸革命軍佔領。旋鄭俊彥由南潯路南下奪去之。王柏齡加入作戰，復入南昌。孫令盧香亭赴援，兩方再起劇烈之戰鬥。程潛部七次衝鋒，犧牲過半，不得已退出。此爲江西戰事中之第一大血戰。

(2)德安之役　德安爲南潯路聯絡要地，故雙方注意於此。第七軍奉令入贛，先於箬溪解決謝鴻勛部，進取德安。十月三日，與孫部盧香亭顏景琮李俊義接戰，自晨至午，革命軍左翼幾被包圍，豫備隊使用已盡，勢殊危急。幸官兵衝鋒肉搏，閱數小時，始將悍敵擊破，佔領德安，截斷九江南昌交通之路。惟其時三六各軍未克同時並進，故孫軍復集兵力作猛烈之反攻，第七軍遂引還箬溪。然李宗仁部於此役不特得「飛軍」之名，破孫軍之胆。更迫孫氏不得不撤其大冶陽新之兵，亦圍魏救趙

之妙用也，故此役實爲江西最驚人之一戰。

當兩方血戰時，孫氏遂盡調南京所屬各部，集中九江武穴，令陳調元王普等率之進攻鄂東。時武昌已下，遂令第四軍開向九江，以扼敵人咽喉。八軍及十五軍之一部，由唐生智統率，自黃州進攻，敵向黃梅潰退，革命軍聲勢大振。至十一月七日，賀耀祖克復九江。十一日，南昌亦歸蔣總司令克復。所有江西之敵，盡被繳械，並俘敵軍將領楊賡和，王良田，岳思寅，唐福山等。江西方面，完全肅清。

五　閩浙之底定　孫傳芳據有南京，稱五省聯軍總司令，善於用兵。當江西劇戰時，以勢不得逞，乃命周蔭人由閩窺粵，以冀擾亂革命軍後防。蔣總司令知之，遂令第一軍何應欽爲總指揮，率所部兵由潮梅東進，迭獲勝利。十月九日，佔領永定，周蔭人退守龍岩。已而閩軍旅長曹萬順杜起雲兩部，倒戈附粵，周蔭人退走漳州（龍溪）轉至延平（南平），其左翼軍張毅所部，亦望風潰退，福州告警。迄十二月，省防司令李春生，與閩廈海軍警備司令陳季良聯合，宣布服從國民政府。周蔭人退入浙境，而福建全省，遂歸革命軍所有矣。

浙江方面，前以省長夏超表同情於革命軍，不幸失敗。後以蔣尊簋陳儀等運動自治，約革命軍

孫軍毋入浙境，欲超然局外。然爲時勢所迫，孫傳芳於兵力毀敗之餘，欲收拾餘燼，負固其間，以爲恢復勢力地步，故不惜以滬寧要地讓予直魯聯軍，歸畢庶澄褚玉璞接防。十二月孫命孟昭月入浙，取消自治，對於浙軍陳儀周鳳岐兩部，大肆壓迫。時福建肅清，何應欽奉命主持浙事，會同魯滌平部分道入浙，後白崇禧受命爲東路前敵總指揮，十六年二月初旬一戰於嚴州，再戰於桐廬，其奮鬥精神，與在鄂贛血戰時無異。最後孫軍扼守富陽，憑險頑抗，卒以革命軍迭次肉搏，血戰多時，將孫軍主力完全擊潰，而杭州遂於二月十八日克復。

六　滬寧之收復

先是孫傳芳以東南戰事緊急，卽赴津以療治脚氣病爲名，請奉張援助。張卽在津召集軍事會議，以張宗昌爲援軍總司令。十二月十八日，張卽由津浦路南下，孫傳芳親赴浦口，迎入南京，商定合作辦法。以陳調元負皖省江防之責，制止革命軍東下，孫傳芳以全力對浙，同時直魯聯軍，實行渡江，鞏固後方防務。十六年三月，孫張以安徽總司令陳調元態度不明，乃將其在蚌埠之軍隊悉數繳械，陳遂與軍務幇辦王普，正式加入革命軍。孫張議定以後前綫軍事，交直魯軍負責主持，孫部暫退江北，以資休養。時浙江革命軍，已向蘇省發展，太湖方面，漸呈緊張之象。同時上海

鐵路工人罷工，滬寧路在眞茹附近被革命軍便衣隊拆毀，上海形勢尤爲嚴重，外兵上陸者計一萬五千人。革命軍爲避免衝突起見，特於上海組織政治分會，以鈕永建吳稚暉等爲委員，宣言「不以武力實行變更租界及公共居留地之地位，」以免外人疑忌。三月十四日海軍總司令楊樹莊正式宣告與革命軍一致行動。松江方面之革命軍，由前敵總指揮白崇禧指揮進取龍華，聲勢大振，駐滬之直魯軍畢庶澄等，以滬寧路截斷，向吳淞退走，淞滬警察廳付之一炬，無情烈火，波及民居，被難者在二千家以上，而上海巨埠，遂於三月二十二日完全克復。

南京爲敵軍褚玉璞所守。江右軍總指揮程潛督率魯滌平賀耀祖部，分路進攻。於三月二十三日，直逼雨花台幕府山等處，敵軍頑强抵抗。革命軍奮勇前進，褚玉璞知大事已去，卽令王棟徐源泉部向城外退却。是役也，在陣地所繳之鎗，在五千以上，其他軍用品不可勝計。二十四日，城內一律肅淸。惟當敵軍初退之時，有身著軍服之匪徒，向外國領事館襲擊搶刼。英美兵艦，卽開炮向南京轟擊，死傷我國軍民不少，時號爲「三二四寧案。」敗兵逃至下關繁華市場，付之一炬，幸革命軍趕至，敵始搶船渡江，向徐州退去。江南戰事，暫告結束。

七　河南之蕩平　吳佩孚自退豫後，屢次宣言反攻，然終不能實現，張作霖以馮玉祥加入革命軍，進取汴洛，將與奉魯軍以大不利。遂於十六年二月，通電進兵河南，以趙倜爲宣撫使，于珍任前敵總指揮，由京漢路南下。吳部靳雲鶚通電反對，兩方開戰，夾黃河鉄橋相持。于珍改變戰略，由東路陽武渡河，進取中牟。榮臻所部奉軍，藉鄭作華砲隊之掩護，由鉄橋渡河，夾攻鄭州，吳部潰退。奉軍積極南下，佔領郾城，前鋒幾及信陽。第四方面軍唐生智張發奎劉興等，乃於五月初旬，由漢口北上應敵，郾城一戰，大獲勝利。於是與馮玉祥部取得聯絡，兩路進攻，六月一日，佔領鄭州，而開封亦同日克復。于珍張學良退走黃河以南，遂無奉軍矣。

當唐生智之用兵河南也，四川楊森以勦共爲名，興兵東下，佔領宜沙，前鋒且及仙桃，與咸甯夏斗寅部相策應。武漢方面，又發現共黨陰謀，勢尤岌岌。故馮唐鄭州會議，汪精衞譚延闓徐謙顧孟餘，一致參加，議決下列二要案：

(1)河南行政事務，歸馮玉祥主持。

(2)唐軍凱旋，肅清共產黨，聯絡北伐，不與寧方作對。

由是馮玉祥就河南省政府主席職，進行黨治，並遣孫連仲部克復南陽，吳佩孚由鄂逃川，河南安定。唐生智卽率軍回漢，西破楊森，東平夏部。迄七月十五日，厲行淸黨，而武漢根本之地固矣。

八　寧方之征戰　南京克復後，國民黨以共產黨之關係，發生破裂。十六年四月十八，南京成立政府，與武漢政府對峙。於是孫傳芳以爲機不可失，與張作霖張宗昌商酌反攻計畫。奉軍出京漢線，謀壓武漢，孫軍出津浦線，進迫浦口。孫軍復佔揚州。北方軍閥有復振之勢。於是革命當局，東西並舉，西路馮唐合兵肅淸河南。東路一方面由津浦路直上，據徐迫兗，攻擊濟南正面。一方面由海州前進，攻取膠州，夾擊濟南，謀使魯張束手待斃。乃河南戰事告終，喧傳漢方遣兵東下。南京方面，遂將前線李宗仁賀耀祖葉開鑫等北伐部隊，調回抵禦。北方軍閥，聲勢驟振。加以日兵暗助奉魯，王天培敗衂乖方，以致徐州蚌埠，相繼不守。寧漢兩方，均知有合作之必要。蔣介石自動下野，武漢政府決遷南京。孫傳芳恐合力成功，彼等無存在餘地，乃於八月下旬，集中兵力，令李寶章段承澤鄭俊彥等，冒死前進，偷渡長江，進佔龍潭，意圖死灰復然。何應欽李宗仁白崇禧等，以事機迫切，與海軍總司令楊樹莊奮勇拒戰，南京得以轉危爲安。雙方主力，均視此役爲生死關頭，奮不顧身。我方將領夏威之躬率

部隊，攻擊黃龍山。劉峙之頭部受傷，猶親臨前線。衞立煌之落水不顧，指揮作戰。尤能顯其革命軍人之精神。結果孫軍死傷近萬，被俘萬餘，渡江軍隊，即於九月一日完全解決，是爲鄂贛克復以後一大血戰。乃商決北伐計畫：

（甲）左路、由安慶向合肥，趨蚌埠，截斷孫傳芳後路，唐生智主之。

（乙）中路、由津浦路北上，向徐州進攻，李宗仁，柏文蔚，賀耀祖，陳調元等任之。

（丙）右路、由揚州循運河而上，直逼魯南，何應欽主之。

上列計畫，如果內部不發生問題，一致合作。晉閻豫馮，又加臂助。打倒奉魯軍閥甚易耳。

附孫中山北伐宣言綱要表一（注）十三年九月，

（甲）北伐原因
- 1 因國內軍閥，與帝國主義者相勾結，
- 2 因袁馮徐曹，每對內用兵一次，必大借外債，如袁之五國借款，曹之金佛郎案是。

北伐宣言

（乙）北伐職任

1 掃蕩反革命之惡勢力使人民得解放而謀自治，

2 代表國家利益取消條約中所定之一切特權。

（丙）具體目的

1 使國民經濟得充分發展，

2 使勞動農民之生活有改善之可能，

3 使工人階級之生活有改善之機會，

4 使人民購買力增高商業得以繁盛，

5 求一切智識階級之失業失學問題有解決之端緒，

5 使中國新法律普及於全國領土。

蔣總司令北伐軍一覽表二（注）本表以十五年冬爲限，以後革命軍擴充各軍番號，增至四十九軍，

1 獨立第二師長——賀耀祖，

2 獨立第三師長——賀龍，（原歸彭漢章統率）

(甲)直轄部隊

- 3 鄂軍第一師長——夏斗寅,
- 4 湘鄂邊防司令——周朝武,
- 5 鄂豫邊防司令——黃　鉞,
- 6 北伐飛機二十架,
- 第一軍長何應欽
  - 第一師——王　俊,
  - 第二師——劉　峙。
- 第二代軍長魯滌平
  - 第三師——魯　秉,
  - 第四師——張輝瓚,
  - 第五師——譚道源,
  - 第六師——戴　岳。
- 第三軍長朱培德
  - 第七師——王　均,
  - 第八師——朱世貴,

總司令蔣中正

第四軍長李濟琛
- 第九師——韋杵。
- 第十師——陳銘樞，
- 第十二師——張發奎，
- 獨立團——葉挺，

第五軍長李福林——十四師——練炳章。

第六軍長程潛
- 十七師——鄧彥章，
- 十八師——鄧暫兼，
- 十九師——楊源濬。

第七軍長李宗仁
- 第一路——夏威，
- 第二路——胡宗鐸。
- 第一師——葉琪，
- 第二師——何鍵，

（乙）各軍部隊

第八軍長唐生智兼前敵總指揮
- 第三師——李品仙，
- 第四師——劉興，
- 教導師——周爛。

第九軍長彭漢章
- 第一師——賀龍，
- 第二師——楊其昌，
- 第三師——毛鴻翔。

第十軍長王天培
- 第一師——王天錫，
- 第二師——楊勝治，
- 第三師——王天生。

（第九軍、第十軍）歸右翼總指揮袁祖銘節制，

第十一軍長方本仁——在江西響應，

第十二軍長任應岐——在河南輸誠，

第十三軍長陳嘉佑——由粵出發，

第十四軍長賴世璜——在贛南響應
第十五軍長劉佐龍——在漢陽響應。

吳孫兩軍兵力調查表三

（甲）吳佩孚

1 葉開鑫等所部之湖南軍，兵力在兩師以上，
2 馬濟所部之廣西軍，兵力約一師，
3 劉志陸所部之粵軍謝文炳軍，兵力一師以上，
4 李倬章爲援湘總司令，所部湘鄂邊防軍數千人，
5 宋大霈師，及余蔭森孫建業兩旅，合編爲援湘第一路軍，
6 王都慶兵力一師，爲援湘第二路軍，
7 唐福由所部贛軍兵力一師，爲援湘第三路軍，
8 董政國由唐之道舊部編成之兩旅，爲援湘第四路軍，董兼援湘副司令，
9 陳嘉謨第二十五師之陸澐李炳煦兩旅，亦屬援湘第四路軍，

10 劉玉春第三師，尤爲援軍精銳所在，吳到後卽任劉爲討逆聯軍總司令，節制新到援軍，

11 海軍第二艦隊，亦參加援湘戰役。

（乙）孫傳芳

第一方面贛軍總司令鄧如琢統率鄧本部一師及一補充團，暨在贛之唐福山，蔣鎭臣，楊如軒，楊池生各一師，張鳳岐，劉寶題各一旅，共約四萬五千餘人，

第二方面蘇軍總司令鄭俊彥統率李彥青一旅，王良田兩團，鄭自率砲工輜三大隊，及騎兵一團，共一萬二千餘人，

第三方面浙軍總司令盧香亭統率盧本部一師，及在贛浙軍之謝鴻勛，周鳳岐師，李俊義一混成旅，楊震東旅，共約五萬餘人，

第四方面閩軍總司令周蔭人統率周本部一旅及騎兵一團，暨在閩之張毅，李鳳翔各一師，共約三萬五千人，

第五方面皖軍總司令陳調元統率陳本部一師，及在皖之王普，馬祥斌，劉鳳圖各

一混成旅，畢化東一旅一砲兵團，共約三萬餘人。

革命軍組織名稱表四　（注）各路總指揮及前三集團軍，十六年上期發表，惟四集團軍，乃十七年五月發表者，

（甲）各路軍總指揮

東路軍總指揮——何應欽——前敵總指揮白崇禧
- 第一路王　俊，
- 第二路馮軼裴，

西路軍總指揮——唐生智，

江右軍總指揮——程　潛，

江左軍總指揮——李宗仁，

北路軍總指揮——陳調元，

總預備隊總指揮——朱培德。

第一集團軍總司令蔣中正
- 第一方面總指揮何應欽
- 第二方面總指揮程　潛

根據長江流域。

第三方面總指揮李宗仁
第四方面總指揮唐生智

（乙）集團軍總司令
- 第二集團軍總司令馮玉祥——根據河南陝甘，
- 第三集團軍總司令閻錫山——根據山西綏遠，
- 第四集團軍總司令李宗仁——統率兩湖軍隊。

革命軍勝利原因表四

革命軍勝利之原上
- （甲）建設的精神
  - 1 下級軍官皆出身黃浦軍校，了解主義，富於奮鬥精神者，
  - 2 行黨代表制度，監察軍隊，兼司指導之責。
- （乙）嚴密的組織
  - 1 主力軍隊，多係入伍生，明了戰術者，
  - 2 監察軍隊機關之中堅分子，均係三十歲以內之青年。
- （丙）廣大的宣傳
  - 1 每到一處，必開軍民聯歡會，以聯絡感情，
  - 2 張貼標語，使民衆了解革命的眞實意義。

（丁）民衆組織化
1 其目的非社會共產化，僅採用赤衛軍之手段。
2 每到一處幫助農工，成立農工會及農工軍輔助北伐。

（戊）制度的完善
1 官長必身先士卒，親立火線上，軍師團營長皆然，
2 用連坐法，臨陣先退者立處死刑，
3 嚴令軍隊與民衆合作，不許拉夫擾民，並不得佔住民房學校。

第十三章　國民黨分合之概要

一　國民黨成立之由來及改組經過　國民黨以孫中山先生爲首領，成立於民國元年八月，（公元一九一二）其組成分子，爲統一共和黨，國民共進會，共和實進會，國民公黨，及同盟會，而以同盟會爲國民黨主幹。同盟會成立於淸光緒三十一年，（公元一九〇五）其組成分子有下列三種：

(1)興中會　以孫中山爲首領，提倡三民主義。

(2)華興會　以黃興，宋教仁，陳天華爲首領，主張興起中華。

(3)光復會　以章炳麟，蔡元培，吳稚暉爲首領，主張光復漢族。

三團體均有特點，而革命排滿，實爲公共目標，故有聯合之可能，遂組成同盟會，而以三民主義爲政綱。辛亥革命，排滿目的已達，一部分因與北洋軍閥謀妥協，思奪取政權，而同盟會亦與他團體

合併成立國民黨，仍推孫中山爲首領。

惟國民黨成立以後，一般非革命分子，故競投機加入，從事選舉競爭。民元國會成立，國民黨員佔最多數，清季立憲保皇各派，亦改創統一、民主、共和諸黨，而合成進步黨，以與國民黨對抗。並扶助袁世凱，極力破壞國民黨。國民黨因受種種壓迫，同時宋案發生，遂有二次革命。國民黨籍之國會議員，因受暴力解散。孫中山在日本另組織中華革命黨。黃興仍主張靜待時機。國民黨遂分派，黨員有依附岑春煊者，成爲政學系。中華革命黨，至民國九年，由孫中山正名爲中國國民黨。歐戰以後，孫中山感受革命新勢力之影響，遂於十三年一月召集國民黨第一次全國代表大會，發布宣言及政綱，實行改組，而國民黨組織嚴密矣。

二　容共政策之成立　我國社會黨之組織，始於民國元年之江亢虎。然考其實際，不過主張社會改良而已。民國八年五四運動以後，中國一部分青年，受陳獨秀之領導，即組織社會主義青年團，而與俄國共產黨通聲氣。至十年五月，中國共產黨開第一次成立大會，作爲第三國際共產黨之一支部，所有各地黨費，均由第三國際支給。共產主義青年團限定入黨年齡，不得超過二十八歲，共

產黨不限年齡。且青年團實際上受共產黨之指揮，不直接參與國政，支部組織，各地皆同。十三年國民黨改組時，孫中山以中國共產黨諸少年，震于德國馬克斯之學說，俄國列寧之政策，以爲新奇可喜，欲舉而移植之於中國，實爲誤解。而其銳于革命之精神，則頗爲有用。故欲一切羅致，使知三民主義，實較馬克斯階級鬥爭之主張爲更新，行之中國，且較列寧之共產制度，與新經濟政策爲適當，而使之努力於中國國民革命之實現。此孫中山容共政策之所由來也。

三　第一二二次中央全會及臨時全會

孫中山去世後，國民黨於民國十五年一月一日，開第二次全國代表大會於廣州，迄十九日閉會，發布宣言，確定第一次大會宣言之主旨。即於二十二日，開第一次中央執監全體會議，選出執行委員常委汪精衛，譚延闓，蔣中正，胡漢民，陳公博，甘乃光，譚平山，林祖涵，楊匏安等九人，監察常委張靜江，古應芬，鄧澤如，陳璧君，高語罕等五人。而其最重要之組織宣傳兩部，爲譚平山毛澤東所據，林祖涵爲農民部長，祕書處亦由譚林主持，於此可見共產勢力之澎漲矣。對於北伐，百端阻撓。軍事方面，亦漸露其背叛之跡，遂有三月二十日中山艦之事變。

是役也，以共派海軍局長兼中山艦長李之龍爲主動人物，其目的在倒蔣，蔣用迅雷不及掩耳

之手段解決之。共派將校全部退出黃埔軍官學校，教務長鄧演達解職，汪亦稱病出洋。事定以後，爲鎭定肘腋下之憂患起見，因於五月十五日開第二次中央執監全會議決整理黨務要案。

(1)組織聯席會議，以國民黨代表五人，共產黨代表三人組織之。

(2)凡他黨黨員加入國民黨者，應確實信仰三民主義。

(3)凡他黨黨員在國民黨高級黨部任執委時，不得超過執委總數三分之一。

(4)凡他黨黨員加入國民黨者，不得充中央機關之各部長。

(5)凡屬國民黨籍者，非得有最高黨部之許可，不得別有政治關係之組織及行動。

本案通過後，卽選張靜江爲中央常務委員會主席。以蔣介石爲組織部長，顧孟餘代理宣傳部長，甘乃光調長農民，邵元冲長青年，祕書長亦由葉楚傖担任。國黨中樞、乃克鞏固，而共黨勢力亦稍殺矣。

北伐籌備既竣，師旅戒途，軍資大備，於是有臨時全體會之召集，議決要案如下：

(1)蔣中正爲國民革命軍總司令，

(2)總司令就職典禮與北伐誓師典禮，於七月九日一並行之，

(3)改選蔣中正爲常務委員會主席，當出征時，由張靜江代理。

(4)組織政治會議由常會推汪精衞譚延闓等二十一人爲委員，以蔣中正爲主席，當出發前方作戰期，歸譚延闓代理。

綜上各項議決案，均所以齊一國黨政令，防止共黨牽制，爲鞏固後方之要圖也。其尤要者，爲第三十七次常會決議，農工商學等會，皆須受總司令之指導，所有宣傳印刷運輸機關，均予總司令以監督支配之權，是爲集中力量統一組織之作戰原則。嗣後戰勝攻取，所向無敵，未始非此時之信任堅篤，組織嚴密有以致之也。

四　國民黨之兩次分裂　當孫中山容共之初，頗有少數黨員，如馮自由等表示懷疑，然終信以孫先生之魄力與度量，必足以移化中國共產黨而有餘。及十四年三月，孫中山去世，共產黨員，以爲有機可乘，漸試其篡黨之手腕。是時有一部分黨員謝持鄒魯林森張繼葉楚傖戴傳賢等窺見其隱，議加制裁。爰於北京西山孫中山靈前爲一種會議，通過取消共產黨員在國民黨之黨籍，鮑羅廷

解除雇約。時留粵國民黨員，對於西山會議派，表示反對。於是西山會議派南下上海，召集代表大會，別舉執監委員，組織中央黨部，與粵方對立，是爲國民黨分裂第一次。

至十五年秋北伐進展，湘鄂贛省，先後平定，爲應付環境變遷起見，於十月五日，開代表聯席會議。時共黨大施其分化挑撥之手段，擬提出統一黨的領導機關案，以張靜江反對而止。惟通過國民黨最近政綱等議案而已，黨之組織系統如故也。十六年二月八日，國府決議遷都武漢，遂於三月十日，舉行第三次中央全體會議，除改選常委及部長外，並通過國府政治委員會軍事委員會委員，而以軍委會屬於中央執行委員會。又通過黨的領導機關案，統一革命勢力案，及對人民宣言農民宣言，對於黨員訓令等，完全爲共產黨所操縱。於是吳稚暉提出檢舉共產黨案，請求清黨。至四月二日，中央監委會召集全體緊急會議，舉發共黨謀叛證據，由蔡元培，李宗仁，古應芬，李石曾，張靜江，吳稚暉，陳果夫，黃紹雄等署名，咨請蔣總司令以非常手段制止共產黨與附共者之危險行動。於是江浙閩粵諸省同時淸黨。先解除上海總工會糾察隊武裝，其他共黨幹部人員，多被拘捕。四月十八日，特立中央黨部及國民政府於南京，與武漢中央對立，是爲國民黨分裂第二次。

五　剷共之經過

中國共產黨受第三國際指揮。考第三國際，爲俄列寧所創，俄國革命成功以打到帝國主義相號召，與國民黨宗旨正同。且列寧嘗有言曰「西方需要社會革命東方需要國民革命，東方國民革命成功，即可促進西方社會革命。」是東西兩大首領關於革命方法本互相默契。孫中山容共之初，蘇俄代表越飛發表宣言，聲明「蘇俄協助中國打倒帝國主義，完成中國國民革命，並不要求共產。」中國共產黨員李大釗亦于介紹共產黨員加入國民黨時，愼重聲明「以個人資格服從國民黨主張，」故皆默認而不疑。

乃自加入以來其始則藉國民黨之掩護以潛植其勢力及勢力漸長，乘北伐勝利，如鄧演達等，利用政治主任地位，遂嗾使黨徒四出擾亂，希圖挾制中央，篡奪國政，包辦農工團體，以湘省爲試驗場，演蘇俄之慘劇，遂激成許克祥等五月馬日之變。武漢中央，對於共黨，欲稍加裁抑以示限制。乃彼等猶復不自悛悔，愈肆猖獗，企圖顚覆國黨，實行暴民專政。其陰謀略如下：

(1)土地革命，從下級沒收土地起，不用國民政府下令沒收。

(2)消沒不可靠的將領，武裝兩萬共產黨員，加上從兩湖挑選五萬農工分子，組織新軍隊。

(3)國民黨現在的構造，必須改變。

武漢中央發見此種企圖，乃採取決然手段，於七月十五日，實行淸黨。彼等自知不容，因勾結賀龍葉挺兩部，竄入南昌，遂有七月三十一日之變，成立蘇維埃政府，由譚平山林祖涵，吳玉章惲代英，高語罕郭沫若等主持。武漢中央乃採取嚴厲辦法，除開除譚平山等黨籍外，更遣張發奎朱培德等督除進攻。賀葉等自知不敵，離省南竄潮汕，卒於十月間爲兩廣李濟琛黃紹雄部所滅，此剷共經過之概略也。

六 南京特委會之紛糾 寗漢分裂，原於共黨作祟，及漢方表示剷共，於是兩方有合作之可能。蔣介石下野，李宗仁親赴九江，歡迎武漢要人東上。譚延闓孫科先行，汪精衛繼之，商酌合作辦法。其時最難解決者，爲開會問題。漢方之意，欲開第四次中執監會議，承認第二第三兩次會議議案。寗方不表同情，乃在上海開談話會議，決滬漢寗三方要人，一致團結。而南京特別委員會，遂於九月十八日成立，其任務及職權如次：

(甲)受中央黨部之委託，分別行使中央執委會監委會之職權，至第三次全國代表大會開會

時爲止。

（乙）統一各地方之中國國民黨黨部。

（丙）籌備第三次全國代表大會以十七年一月一日爲開會期。

並聲明從前特立之三黨部，均不復行使職權。從前三方互相攻擊之言論，皆成陳跡。本會受任以後，誓恪守總理遺訓服從全黨公意一方面繼續清黨一方面繼續北伐期於最短期間，完成中國統一。

汪精衞之意見，謂此次特委會，雖在本黨原有先例，如十四年八月廖案發生，廣州成立特委會，以許崇智汪精衞蔣介石三人任之時蔣並非中央委員，亦得任職。然其異點有二：

(1)廣州特委會成立時，中央雖不常開會，然中央黨部依然存在，不過授權于特委會，使之措置時局。今南京特委會則不然，直是代行中央職權。

(2)中央黨部原定九月十五日，開第四次中央全體會議。後南京九月十日所開之會，却不是第四次中央全體會議。

以致汪不滿意，通電去職。武漢方面首先反對，粵省繼之，而國民黨內部之兵事起。

七　廣州之變亂

當特委會糾紛時，廣東李濟琛黃紹雄等亦表示意見主張特委會停止職權，先開中央執監預備會以期解決。惟對於唐生智東征之舉頗不滿意，有出師湖南牽制其後之趨勢，於是引起張發奎黃琪翔之反抗。十六年十一月十一日，乘李濟琛赴滬參加會議之時，解散其衞隊，驅逐黃紹雄，把持粵局，以朱暉日爲公安局長與唐生智相呼應。不意十二月十一日又有眞正共產黨之暴動，由蘇兆徵維綺園黃俠生等指揮，乘省軍出發西江抵拒黃紹雄桂軍之時，收繳公安局及警區槍械，佔據各公共機關，搗燬黃埔軍校，成立蘇維埃政府。推蘇兆徵爲主席，葉挺爲總司令，惲代英爲祕書長，黃平兼內政外交委員，張太雷爲海陸軍委員，其他勞動土地經濟委員，以周文雍彭湃何來等任之。殺人放火，無所不至。計至十三日止，共焚燬商店約萬餘家，殘戮市民數千人，張黃逃匿兵艦，朱暉日失踪，一時陷入極悲慘之境。幸李福林部據守河南，張黃軍隊薛岳所部由西江馳回，與共黨血戰市內，擊斃俄國共匪指揮二十餘名，中國共匪指揮十餘名，生擒者千五六百名，悉數處決。而共黨所急欲得之廣東海口，卒僅曇花一現。國民政府以蘇俄領事館及俄營實業機關，爲在華

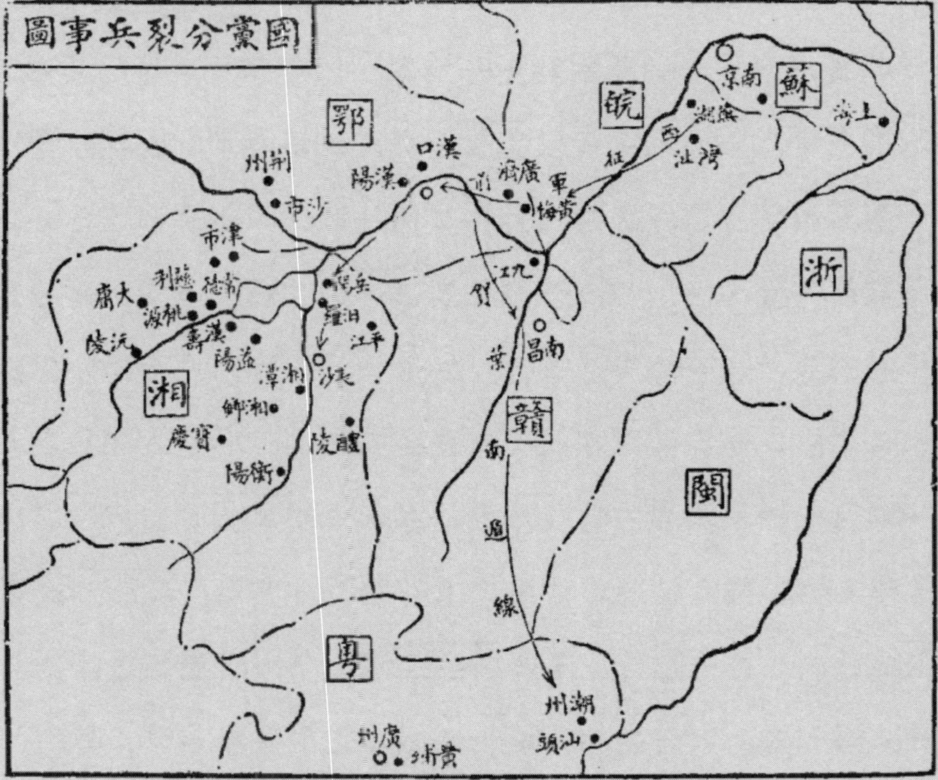
國黨分裂兵事圖
蘇
皖
鄂
浙
贛
閩
湘
粵
南京
上海
蕪湖
廣濟
黃梅
漢口
漢陽
荊州
沙市
津市
常德
慈利
大庸
桃源
沅陵
漢壽
益陽
湘潭
湘鄉
寶慶
衡陽
岳陽
平江
長沙
醴陵
九江
南昌
潮州
汕頭
廣州
黃埔

之暴動大本營遂實行斷交停止領事待遇勒令俄商停業。黃紹雄陳銘樞方鼎英軍隊，以討亂爲名，由西東北三方面，向廣州前進，張黃自動下野，所部第四軍由繆培南統率集中潮梅，候命北伐，廣東仍由李濟琛主持，而粵局定矣。

八　兩湖之兵事　特委會之成立也，以唐生智反對爲最力。九月二十一日，成立武漢政治分會，與南京特委會相持，程潛受特委會之命乘其不備在蕪湖灣扯繳唐部槍械，三十五軍何鍵三十六軍劉興退守黃梅廣濟李宗仁程潛白崇禧率師西征，唐部退歸武漢。十一月十一日，唐生智下野，殺師長張國威，何劉及第八軍李品仙等退回湖南組織第四集團軍辦公處宣言以保境息民爲職志。旋改爲湖南臨時軍事委員會，周爛葉琪亦就十七十八軍長職，時李宗仁以第四次中央執監會議事東下，兩湖軍事歸程白主持。程白遂督兵前進，胡宗鐸（十九軍）克平江，陳紹寬（海軍司令）克岳州，陳嘉祐（原十三軍旋改十四軍）當汨羅正面，雖四十四軍葉開鑫頗有異動，旋即解決。至十七年一月二十六日長沙遂歸西征軍佔領。程潛留鎮省垣，從二月二日起復動員前進。

（甲）湘西方面　歸陳嘉祐及第六軍程潛之一部負責前進。首將葉部衝散，何鍵部向常德引

退。程部胡文斗師進駐益陽，陳部成光耀岳森李韞珩等，由益陽佔領沅江漢壽，向前推進。旋程白兩總指揮，協商結果，對于湘西用兵，除原有軍隊外，令第二軍魯滌平部由荊沙進攻津澧，以新編之陳渠珍部由辰州攻桃源，以周朝武師由大庸慈利攻臨澧，取包圍之勢。何葉兩部，本不願延長內戰，相率歸服。

(乙)湘南方面　歸第七軍夏威，十九軍胡宗鐸，及二十一軍向成傑，並第六軍之一部，負責前進。分爲三路，夏威出中路，破劉興於湘潭，胡宗鐸出左路，破李品仙於醴陵，而湘鄉亦歸右路向成傑佔領。白崇禧親赴前綫，佔據衡陽，劉李及周爛所部，悉退寶慶。且以寶慶爲湘西湘南聯絡要地，令向成傑與六軍李明灝師由湘鄉前進，而以夏胡兩軍由衡陽向寶慶進展。劉李亦不願延長內戰，乃全部受編，李品仙受命爲十二路軍總指揮，率部北伐作戰，湖南兵事肅清矣。

九　上海豫備會及第四次中央全會　自唐生智下野後，南京方面，亦知有第四次中央執監會議之必要，因於十二月三日，汪精衛蔣介石譚延闓等，在上海開中央執監豫備會，所得結果如下：

(1)恢復中央黨部，

(2)取消容共政策，

(3)取消特委會，(4)免除西山會議分子之處分，

(5)改組國民政府，(6)改組軍事委員會。

最後由汪精衞提議，請蔣介石繼續行使革命軍總司令職權，完成北伐，並負責籌備開正式會議，一致贊成。旋以粵方共黨暴動，汪精衞等不無可議。十七年一月七日，中央黨部開辦公，由胡漢民、譚延闓、蔣介石、丁惟汾、孫科等議決，停止汪精衞、顧孟餘、陳公博、甘乃光四人出席。至二月二日，第四次中央執監委員會在南京舉行開會式，列席者二十九人，推蔣介石、于右任、譚延闓爲主席團，李仲公爲秘書長，連日議決要案如下：

第一次（二月三日）議決三案，(1)中央執委遞補案，(2)中央黨部改組案，(3)政治委員會改組案，指定廣州、武漢、開封、太原各設分會。

第二次（二月四日）議決兩案，(1)南京一一二二慘案，（時南京羣衆舉行西征勝利大會，政府飭令停會，以致發生慘案）仍歸法庭審判，(2)國民政府改組案。

第三次（二月六日）議決十二案，(1)黨員背誓條例案，(2)整理黨務案，(3)訓練黨務人才方法

案，(4)整理特別黨部案，(5)士兵入黨案，(6)改組軍事委員會案，(7)改組軍事系統案，(8)改良軍隊工作案，(9)寧漢兩方議決案之審查案，(10)暫行刑法案，(11)第三次國民黨全國代表大會日期案（定八月一日）(12)集中革命軍力量，限期完成北伐案。

並推定國民政府委員四十九人，譚延闓，于右任，李烈鈞，蔡元培，張靜江五人爲常務，譚爲主席。推定軍事委員會委員七十二人，蔣介石，馮玉祥，閻錫山，楊樹莊，譚延闓，李宗仁，李濟琛，程潛，朱培德，白崇禧，何應欽，于右任，十二人爲常務，蔣爲主席。

第四次（二月七日）　午前審查大會宣言，及選舉各部市長，午後舉行閉會式。

自是國民黨內部一致，努力於北伐工作矣。

附民國初年兩大政黨組織表一

一政綱
- 1 促成政治統一，
- 2 發展地方自治，
- 3 實行種族同化，
- 4 注重民生政策，
- 5 維持國際和平。

兩大政黨

（甲）國民黨

組成分子

1 同盟會——孫中山，黃興，宋教仁，張繼，汪精衛等，
2 統一共和黨——谷鍾秀，張耀曾等，
3 國民共進會——陳錦濤，王寵惠，徐謙等，
4 國民實進會——董之雲，許廉等，
5 國民公黨——岑春煊，王人文等。

（乙）進步黨

政綱

1 採取國家主義，建設强善政府，
2 尊重人民公意，擁護法賦自由，
3 順應世界大勢，增進和平實利。

組成分子

1 統一黨——章炳麟，王揖唐等，
2 共和黨——張謇，熊希齡等，
3 民主黨——湯化龍，梁啓超等。

國際組織一覽表二　（注）據高爾松國際社會運動小史，惟第十項除外，

（甲）第一國際

1 成立期——公元一八六四年，即清同治三年，
2 地點——英國倫敦，
3 主要人物——英人霍瓦爾，法人蒲魯東，德人馬克斯等，後巴枯寧亦加入，
4 主張——解放工人階級，建立世界平等制，以罷工手段反對戰事，
5 瓦解期——因巴枯寧與馬克斯不相容，至一八七三年宣告解散。

（乙）第二國際

1 成立期——一八八九年，即清光緒十五年，
2 地點——法國巴黎，
3 主要人物——法德各國社會黨人，
4 主張——消弭戰禍，促進資產階級統治的破產，規定五一節，
5 現在——一九一四年歐戰發生後，多失節參戰，遂至瓦解，戰後復行結合。

（1 成立期——一九一九年三月，即民國八年，

(丙)第三國際
2 地　點——俄國莫斯科，
3 主要人物——俄人季諾維埃夫，列寧等，
4 主　張——無產階級專政，排除一切勞資妥協派，
5 現　在——在世界上頗佔一部分勢力，又名「赤色國際。」

(丁)第二國際半
1 成立期——一九二二年二月，即民國十一年，
2 地　點——奧國維也納，
3 主要人物——法人浪格，奧人包愛羅等，
4 主　張——不妥協，不急進，為介乎第二第三兩國際間的團體，
5 瓦解期——旋與第三國際不相容，遂與第二國際合併為一。

(戊)第四國際
1 成立期——一九二一年，即民國十年，
2 地　點——德國柏林，
3 主要人物——德國共產勞動黨，

4 主　張——比第三國際更左傾，對于俄國新經濟政策亦加反對，
5 現　狀——空有其名，全無發展。

（已）亞摩斯德國際
1 成立期——一九一九年七月，卽民國八年，
2 地　點——荷蘭亞摩斯德爾登，
3 主要人物——與第二國際有密切關係，
4 主　張——恢復歐洲經濟，減輕德國賠款，對第三國際，持反對態度，
5 現　狀——仍極力維持一部分勢力，又名「黃色國際」。

（庚）赤色職工國際
1 成立期——一九二一年七月，卽民國十年，
2 地　點——俄國莫斯科，
3 主要人物——與第三國際有密切關係，
4 主　張——與第三國際聯合，期與亞摩斯德國際，作澈底的奮鬥，
5 現　狀——始終反對工會分裂，竭力求聯合戰線之實現。

（辛）基督教徒勞動組合國際

1成立期——一九二〇年卽民國九年，
2地　點——荷蘭海牙，
3主要人物——加特力敎徒的勞動者，
4主　張——反對暴力及階級鬥爭期由勞動立法的手段，改善勞動者的經濟地位，
5現　狀——頗有一部分勢力。

（壬）勞動立法國際

1成立期——一八九〇年卽光緒十六年；
2地　點——德國柏林，
3主要人物——瑞士社會黨議員，
4主　張——藉勞動立法的普遍實行，以改善勞動者的生活，
5現　狀——歐戰以後，大收功效，成立國際勞動總會。

1成立期——一九一九卽民國八年，

（癸）綠色國際

2 地　　點——捷克國都布拉格，

3 主要人物——捷克總理斯佛拉博士，

4 主　　張——保護國內農民利益，規定食物稅率，辦理農村借款，發起農業保險，

5 現　　狀——中歐各國，均設有強有力的機關。

按以上勞動團體，除第一國際完全消滅外，現存者可分三派。（甲）中派，爲第二國際與亞摩斯德爾登國際。否認資本主義，主張產業社會化。固執德謨克拉西主義，排斥無產階級專政的主張，不惜與現存資本主義相妥協。（乙）左派，爲第三國際與赤色職工國際。主張澈底的階級鬥爭，採取蘇維埃組織的政治。若第四國際，乃左派之最左傾者。（丙）右派，爲基督教徒勞動組合。否認階級鬥爭，思以博愛的精神，匡正資本主義的弊害。又有勞動立法國際，亦屬右派，歐戰以後大見功效，成立國際勞動總會，及屬於勞動理事會管理下的國聯勞動事務局。前者是由各締約國各任代表四人組織之。後者是設置於國際聯盟所在地的執行機關，其理事會人選，是由政府，資本家，勞動者，三方面

所選定的代表組織而成，現在很有許多工作綠色國際以謀農民利益爲主乃國際組織之別樹一幟者。

國黨分共情形表三

（甲）共黨首領
- 陳獨秀，鄧演達，林祖涵，吳玉章，高語罕，李立三，譚平山，毛澤東，惲代英，蘇兆徵，賀龍，葉挺等。

（乙）搗亂事實
1. 以黨團作用操縱黨務，盤據農工機關，並主張消滅智識階級，
2. 麻醉青年學生，指三民主義爲不澈底，對於忠實黨員，悉加以反革命罪名而驅除之，
3. 欺騙眞正農工，利用流氓地痞作急先鋒，摧殘一切，
4. 拆散農工商學兵聯合戰線，煽動階級鬥爭，造成恐怖社會，
5. 破壞社會秩序，搆成米荒，鹽荒，錢荒。
1. 關於土地革命，應從下級入手沒收土地，不用上級機關下令沒收，

國共分黨

（丙）魯易提案

2 在中央委員中，增加新領袖替代老中央委員，
3 國民黨現在的構造，必須改變，
4 消滅現在不可靠的將領，另行組織農工新軍隊，
5 以知名的國民黨員作領袖，組織革命法庭，處罰反動派。

（丁）第三國際訓令

1 共黨要人，立刻退出國民政府，
2 要求懲辦一切壓迫農工之人，
3 共產黨員，仍留國民黨內，毋庸退出，
4 共產黨員，應傳布農民革命理論，並設法鼓動農工暴動，
5 共產黨員，應在國民黨內，創立非法的戰鬥機關。

（戊）國共分家

1 吳稚暉提出檢舉共產黨案，南京首先清黨，武漢繼之，
2 共黨先後在南昌廣州變亂，後在贛皖鄂湘閩爲禍未已。

民生主義共產主義對照表四

甲民生主義	乙共產主義
1是孫中山先生發明的、國民政府、現努力行之、	1是德人馬克斯發明的、蘇俄政府、現實行之、
2在經濟落後手工業的國家、生產尚不能發達、全國無大資本家、便發生民生主義、	2在機器生產資本集中的國家、社會上形成勞資兩階級、便發生共產主義、
3以民生爲歷史的重心、不專是物質、故孫中山學說的基礎、可說是民生史觀、	3以物質爲歷史的中心、此外無他項、故馬克斯學說的基礎、可說是惟物史觀、
4民生史觀、是主觀的、自由意志的、多元的、要作使用物質的主人、	4惟物史觀、是客觀的、必然的、一元的、要作物質的奴隸、
5以事業主所賺的錢、決不單是工人的勞力、主張間接行動、共將來之產、	5以資本家的盈餘、是從工人勞力中剝奪來的、主張直接行動、共現在之產、
6持進化論、主張逐漸更新、決不抹殺全部、	6持革命論、主張流血破壞、改造一切舊觀、
7民生主義之要旨、曰平均地權、節制資本、由各階級合作的政府、以貫澈其主張、	7共產主義之要旨、曰階級鬥爭、勞工專政、由無階級的政府、以貫澈其主張、

8目的在使社會無極貧大富之差、所以民生主義者、好比防病的衞生學、是生理學家、	8目的在使社會絕滅有產階級、所以共產主義者、好比醫學、是病理學家、
9民生主義對於解決社會經濟問題、是互助的、多面的、有妥善方法的、	9共產主義對於解決社會經濟問題、是競爭的、片面的、祇一味蠻幹的、
10孫中山民生主義、是師馬克斯之意、而不用其法的、是民生的、所以行之有百利而無一害、	10列寧共產主義、是師馬克斯之意、而全用其法的、是死的、所以行之有百害而無一利、

民生主義共產主義對照表五

(甲)背景
- 民生主義
  - 1是孫中山觀察世界潮流，根據中國社會狀況，所指示的路徑，
  - 2中國是產業落後的國家，無貧富懸殊的階級，
  - 3中國是農業社會，都是被壓迫的階級，
  - 4是受世界潮流所鼓盪，與列强的侵略而產生。
- 1是馬克斯錯認西歐八十年前某一地的特殊情形，所倡導的一種謬誤見解，

共產主義
2 工業革命後，勞資兩階級完全成立，
3 是因工業社會，勞資兩階級常生衝突，
4 是由烏托邦派社會主義的反動而發生。

(乙)理論

民生主義
1 以民生爲歷史的重心，爲民生史觀，以階級利益調和互助，爲社會進化的原則，
2 資本家所得的盈餘價值，不專是工人勞動的結果，凡社會上各種分子，都有幫助、
3 增加工資，減少工作時間，減低出品價格，資本自日益發達，
4 自合作社會成立以後，商人必先消滅。

共產主義
1 以物質爲歷史的重心，爲惟物史觀，以階級鬥爭，爲社會進化的原則，
2 以爲資本家所得的盈餘價值，均從剝削勞動者而來的，
3 資本家要多得盈餘價值，必須減少工資，增加工作時間，抬高出品價格，

4 資本家商人，都要消滅，但先消滅資本家，後消滅商人。

（丙）方法

民生主義

1 主張適合於社會進化的各階級利益的調和，
2 主張用和平的有步驟的政治手段解決社會經濟問題，
3 主張平均地權，節制資本防將來的不均，注重生產事業，
4 主張國民革命，原於愛人在解決整個的社會問題。

共產主義

1 採用違背社會進化原則的階級鬥爭，
2 採用殘酷的暴動的屠殺手段，解決社會經濟問題，
3 利用無產階級剷除資本家，而實行目前的搶產，祇知破壞生產事業，
4 主張社會革命，原於恨人在解決單純的經濟問題。

民生主義

1 是生理的社會主義，
2 產業落後的國家用之，則產業發達，
3 實行之則社會不紛擾，而能平坦的達到公有共享的目的，

（丁）結論
- 4 是恐資本家將來發達，先事豫防，用和平的政治手段解決社會問題。
- 共產主義
  - 1 是病理的社會主義，
  - 2 產業落後的國家用之，必立至破產，產業發達的國家用之，成敗尚屬問題，
  - 3 實行後社會必紛擾不堪，而陷於混亂與退化的狀態，
  - 4 是資本家已發達後，再用暴力去壓制，是以凶暴的革命手段解決社會問題。

南京特別委員會人物表六

（甲）職權
- 1 受中央黨部之委託，分別行使執監職權，至第三次全國代表大會時止，
- 2 統一各地方中國國民黨黨部，
- 3 籌備第三次全國代表大會。

（乙）派別
- 1 西山派——鄒魯，謝持，林森，張繼，許崇智，戴季陶，居正，覃振等，
- 2 武漢派——汪精衛，譚延闓，于右任，孫科，程潛，朱培德，唐生智等，

南京特委會
- 3 南京派——蔣介石，胡漢民，吳稚暉，張靜江，蔡元培李石曾伍朝樞、李烈鈞王伯羣李濟琛、李宗仁何應欽，白崇禧，楊樹莊等。
- （丙）人選
  - 1 特委——鄒魯，汪精衛，蔣介石等外加馮玉祥，閻錫山，共三十二人，
  - 2 候委——劉積學，傅汝霖繆斌，褚民誼，甘乃光顧孟餘，陳公博，葉楚傖，茅祖權九人，
  - 3 監委——張繼，蔡元培李石曾，于右任，何香凝五人。

第四次中央執監全體會議綱要表七　（注）十七年二月，

（甲）地點——南京，到會者二十九人，蔣介石譚延闓于右任，為主席團。

- 1 中央黨部改組案
  - 1 設常委會，組織宣傳訓練三部，民衆訓練委員會，
  - 2 訓委會分科，接辦農民工人商民婦女青年五部事務。
- 1 各級黨部，一律停止活動，聽候中央派人整理，
- 2 各地黨員從新登記，登記期間停徵黨員，

(乙)要案

2 地方黨部整理案

3 各省及等於省之黨部，由中央派人組織指導委員會，辦理黨務，

4 在整理期間，指委會代行執委職權，

5 黨員登記時期，應愼重考查凡曾加入其他政治團體者，應切實聲明脫離關係。

3 特別黨部整理案

1 所有各級黨部固定的軍政機關，公安局，學校，及工會特別黨部，一律取消，劃歸地方黨部統轄，

2 所有職業團體確爲流動性質，如軍隊鐵道海員等特別黨部，不妨繼續存在；

3 一切特別黨部之職權，與縣黨部同。

1 凡黨員無論何人，必絕對遵守黨紀，違犯者必絕對服從黨的處分，

2 黨員違犯黨紀時，必須按照合法手續處理，任何機關或私人不得干涉，

4 黨員背誓條例案
- 3 凡黨員非經中央黨部許可，不得自行組織，或加入其他政治團體，
- 4 凡黨員不得違犯黨綱黨章，及一切議決案之主張，各級黨部亦然，
- 5 各地政府與黨部有衝突時，須呈報上級機關處理，
- 6 對黨務絕對不准以個人名義代黨發表宣言。

5 國民政府改組案
- 1 受中央黨部執委會之指導及監督，
- 2 設內政、外交、財政、交通、司法、農礦、工商等部，
- 3 設高等法院，及監察、審計、考試、大學四院，
- 4 設軍事、建設、蒙藏、僑務四委員會。

(丙) 宣言
- 1 總理所倡之國民革命，即求中國民族獨立，文化復興，民生發展之救國運動，
- 2 總理所發明之三民主義，為融合中外文化學術而成之最高原則，
- 3 第三國際所統治之共產主義，為東方民族獨立運動之敵。
  - 1 內政建設，實行建國大綱所指示之工作，

4 中央工作方針

2 教育建設保障經費獨立防止青年惡化腐化；

3 經濟建設，發展農工實業，實現建國方略宏遠之計畫，

4 掃除一切障礙，促進北伐之完成。

第十四章　北伐之完成

一　閻錫山治晉及參加北伐　辛亥革命以來，在位最久者，首推閻錫山。錫山山西五台縣人，其個人生活甚單簡，布衣蔬食，不邇聲色，刻苦讀書，其生平謹守一中字。嘗曰「他國無公道，我國不可不主張公道。他省無公道，我省不可不主張公道。他人無公道，我個人不可不主張公道。」其所謂公道者，即中也。綜其生平行事，可分爲兩時期：

（甲）民政時期　自民國六年兼任省長以來，以保境息民爲職志，注重內政，設六政考核處，消極方面，嚴禁纏足，蓄辮，吃烟，以除惡習。積極方面，獎勵植林，蠶桑，水利，以興實業。又開辦自省堂，洗心社，以標榜道德。廣立學校，限期實施義務敎育。施行兵工政策，築汽車路數千里，以利交通。實施用民政策，成立村政處，籌辦村民會議，以興利除害。一時家給人足，有模範省之稱焉。

（乙）軍政時期　山西軍隊，原僅有四混成旅，以維持地方秩序。至民國十二年以後，以環境之

關係乃擴張軍額至三師十二旅復設南北兩鎭守使倘有民軍十數營開辦太原兵工廠規模之大僅亞漢陽。復設飛機場購置飛機多架以備空中戰爭。

十五年六月，張吳合作，討伐西北軍，閻錫山雖曾一度參加，非其本意也。時北伐軍崛起，十六年四月，山西已懸掛黨國旗。六月六日，閻更在太原就國民革命軍北方總司令職。十月四日南北政府互下討伐令，閻錫山遂起兵討奉，分京綏、紫荊、正大三路出發。不幸援晉之馮軍，被阻漳河，不能前進。而北伐之蔣軍，又以共產黨之牽制，不能如期會師。結果晉軍失敗，傅作義之挺進軍，困守涿州，不能自拔，繼械改編。京綏正大兩路，乃縮短戰線，北守鴈門關，東守娘子關，以商震徐永昌主之，于是晉奉遂成相持之局。

二　馮玉祥之再起

自十五年八月奉軍攻陷南口以後，西北軍退處河套甘肅，韓復榘石敬亭石友三三師，卵翼于晉閻之下，徐圖發展。旋馮玉祥由俄回國，九月十七日，在五原就國民軍聯軍總司令職，宣言「服從三民主義，在國民黨領導之下，努力於國民革命工作。」於是令劉郁芬統率所部，由甘向陝，期與豫之在樊鍾秀，在鄂之唐生智軍相聯絡。十六年一月，馮玉祥抵西安，有進取洛

汴之勢。二月張作霖進兵河南，宣言助吳佩孚討赤，威勢甚盛。五月唐生智由鄂北上，馮玉祥自西會師，克復鄭汴。奉軍北走，唐氏南還，而豫陝甘遂全歸馮玉祥所統治矣。自後馮軍北伐凡二次：

第一次　時十六年二月，在蔣介石克復徐州，進攻魯南之時，馮軍前鋒，已抵大名。嗣因蔣部調防武漢，聯絡未成。乃由衞河撤退，維持原狀。

第二次　時十六年十二月，在何應欽再取徐州之時，復興師北上。其進兵路線，由鄭州至淇縣，再由淇縣分二路：(甲)東路沿衞河而下，先取內黃南樂，進取大名，鹿鍾麟統之。(乙)北路沿京漢綫直上，擬至石家莊，與晉軍會師，馮玉祥自統之。

十七年一月，馮玉祥親赴前線視察，藉悉奉軍憑漳河設防拒守，工作堅固，不易攻破，乃側重大名一路。因對方兵力單薄，且無堅固防線也。至三月蔣馮鄭州會議，而北伐之大計乃定。

三　張作霖之作戰計劃　十六年六月，張作霖稱號大元帥，即以帥令委任孫傳芳，張宗昌，張學良，韓麟春，（旋改楊宇霆）張作相，吳俊陞，褚玉璞，爲第一、二、三、四、五、六、七方面軍團長。旋孫軍南下失敗，退守魯南。奉張最初計畫，在南和蔣，西和閻，而以全力對馮。旋以晉不願妥協，乃於十七年二

月，特開北京最高軍事會議，決定津浦京漢兩線主守，對於晉軍及大名方面之馮軍主攻。隨發表總指揮一批：

(1)張宗昌爲津浦路討赤軍總指揮，褚玉璞副之。

(2)張學良爲京漢路討赤軍總指揮，楊宇霆副之。

(3)張作相爲京綏路討赤軍總指揮，湯玉麟副之。

(4)孫傳芳爲晉西討赤軍總指揮，策應津浦京漢兩路。

當蔣馮鄭州會議時，奉張知大戰在即，以馮閻當久戰之餘，其力必疲，乃竭其全力，由張學良楊宇霆統率向晉豫猛攻。閻馮早料及此，立命各部集中堅固陣地，以免被敵軍各個擊破之危險。當晉豫軍移動之初，奉軍將領連電告捷，甚至有謂閻部退回太原，馮部退回鄭州者。不知此是戰略關係，奉軍不察，遂冒險貪功，採取急進主義。孰知井陘方面，一戰失敗。雁門奉軍，片甲不返。在彰德與馮軍一戰，戢翼翹部，潰不成軍。同時磁州方面之楊宇霆部，亦無能爲力。旋津浦路大戰發生，而晉豫戰事和緩矣。

四　北伐軍之全部計劃及津浦路戰況　自第四次中央全會以後，國民黨內部一致，蔣介石復任國民革命軍全軍總司令，仍分爲四個集團軍。先有鄭州會議，蔣馮磋商北伐計畫。次有上海會議，（蔣介石李濟琛）鞏固廣東後防。繼有長沙會議（程潛李宗仁白崇禧）籌畫兩湖善後。於是蔣介石徐州誓師，即於十六年四月九日，下全線總攻擊令，其作戰計畫略如下：

第一集團軍總司令蔣介石　下分一二三四軍團，以劉峙，陳調元，賀耀祖，方振武爲總指揮，主攻。

第二集團軍總司令馮玉祥　京漢線正面，歸孫連仲担任，主守。大名方面，歸劉鎮華擔任，魯西方面，歸孫良誠擔任，均主攻。

第三集團軍總司令閻錫山　北路總指揮商震，東路總指揮徐永昌，均主守。

第四集團總司令李宗仁　以所部爲北伐軍總豫備隊。

第一集團軍開始作戰目的，在橫斷浦津路，截留敵方軍用品及火車材料，以便進抵北京交通上不感困難。總攻擊令下後，東西兩路，一齊發動，惟中路則進行稍緩，茲分述於次。

（甲）東路　由陳調元主持，以膠濟路爲目的地。所部陳焯軍，於四月九日拂曉出發。敵方爲魯軍張宗輔防地，略有接觸，卽向臨沂潰退。我軍進據郯城，向前發展。旋以敵方正面防守工具，頗形堅固，爲避實擊虛計，卽以重兵向東斜進，以期側擊濟南，此魯東戰況也。

（乙）西路　由賀耀祖方振武主持，敵方完全係孫傳芳部。孫部集中於此，意欲以全力衝出豐縣，進窺徐州。故自四月十一日起，激戰最烈，魚臺金鄉間，炮火累晝夜，賀部師長龔憲死焉。幸第二集團軍孫良誠猛力前進，於十六日佔領濟寧，截其後路，以致困鬥之獸，四面包圍。孫傳芳鄭俊彥雖幸走免，而實力竭矣。

（丙）中路　津浦路正面，由劉峙主持。敵軍爲許琨毛思義部，以韓莊爲第一道防線，界河爲第二道防綫。而此路戰事，完全得力於側擊。滕縣以南，由於顧祝同之得台莊，楊勝治之圍嶧縣。係右翼襲擊得力，敵遂放棄第一道防線。滕縣以北，由於孫良誠之襲取濟寧。係左翼得力，敵遂放棄第二道防線。遂連下兗州曲阜，以至泰安，攻陷敵軍第三道防線，而北伐之聲勢大振矣。

五　濟南克復及濟案發生後之作戰計畫

濟南爲奉魯軍閥巢穴之一，既下泰安，對於濟南，

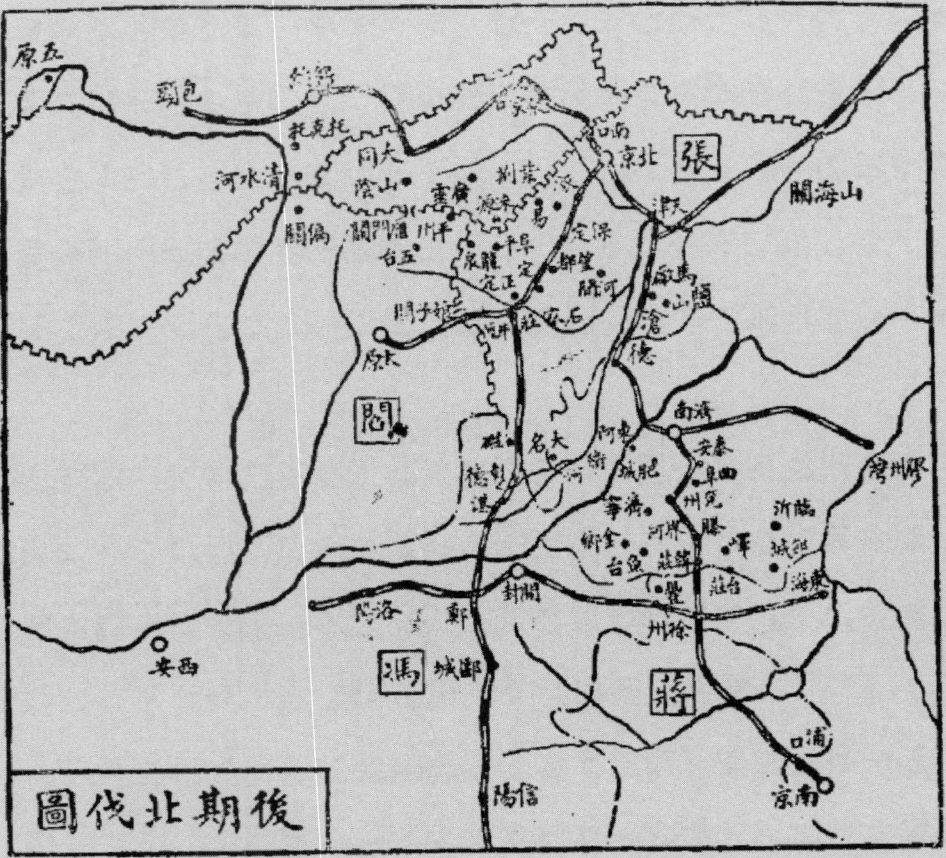
五原
包頭
托克托
清水河
大同
偏關
五台
太原
娘子關
北京
南口
張
天津
山海關
保定
滄
德
濟南
泰安
兗州
濟寧
魚台
滕縣
臨沂
郯城
海州
徐州
蔣
浦口
南京
開封
鄭州
洛陽
郾城
馮
信陽
西安
閻

後期北伐圖

取包圍辦法。方振武孫良誠部，由肥城攻其西。陳調元部，破壞膠濟路攻其東。劉峙賀耀祖部，由鐵路直上攻其南。馮總司令復命鄭大章之騎兵襲其後，四面截擊。三十日晨，賀部砲聲達城內，是晚陳部佔領濟南車站，孫張殘部遂不戰而退。五月一日，國軍入濟南，高懸青天白日滿地紅國旗。不意日本軍啓釁，發生五三慘案。並提出最後通牒，限我軍全部於最短期間退出日兵警備區域二十里外。我方爲完成北伐起見，不欲於此時引起外禍，遂退出濟南繞道前進。

當第一集團軍克復濟南之時，二集團軍，亦乘勢佔領彰德，克復大名。三集團軍亦同時反攻，克復石家莊，截斷京漢線。馮部之韓復榘，乘勢趕到，會合晉軍，分途前進，連克定縣望都，距保定不過數十里。一集團軍由津浦路北進，圍攻德州。兩張孫褚各部，均極狼狽，潰不成軍。奉張知大事已去，決退關外。不料五三慘案暴發，日本截斷津浦交通。後方運輸，不得已繞道東平東阿，利用土車，殊感困難。幸德州五月十三克復，敵退滄州。前方各軍，採草根樹皮而食，故進行極緩。張作霖以日人之助，乃謀最後掙扎，令孫傳芳何豐林指揮滄州守軍，而以張學良楊宇霆固守保定。蔣總司令乃改變作戰計劃，津浦線方面交前敵總指揮朱培德主持，親赴石家莊，指揮馮閻各部，計分三方面：

(甲)京漢路東面　歸一二集團軍擔任，由馮玉祥指揮之。

(乙)京漢路正面　歸四集團軍擔任，由白崇禧指揮之。

(丙)京綏路方面　三歸集團軍擔任，由閻錫山指揮之。

截至五月底止，方振武克復滄州，進攻馬廠，奪獲槍械鐵甲車甚多。陳調元由鹽山東面進逼，殘敵盡向天津撤退。馮部孫良誠劉鎮華鹿鍾麟等，由正定東向河間，襲擊天津側面，敵乃慄慄危懼矣。

六　閻錫山之苦戰及奉張出關　晉軍自十六年十月，與奉軍開戰以來，以一省之兵力，敵奉吉黑直熱察綏七省區之師，苦戰八閱月，既無海口以通運輸，經濟上給養上及各種軍用品，全被封鎖。而猶能支持不疲者，其原因約有三端：

(1)由於村制之完善，後方鞏固，軍隊之給養，不虞不足。

(2)由於十二年後，注重兵事，擴充兵額，開辦兵工廠，手榴彈，迫擊炮，有備無患。

(3)因兵事不能與蔣馮聯絡，縮短戰線，憑藉天險，故能應付强敵。

奉軍於十七年二三月間，猛力攻晉，蓋欲先除河北後患，而後可禦蔣馮於大河之南也。當時晉

軍由商震徐永昌指揮，據險死守，毫不畏挫。迄濟南下後，乃轉守爲攻。西北路出偏關，克淸水河托克托而達歸綏。北路出鴈門關，連克山陰大同。中路出平型龍泉，克廣靈淶源阜平。東路出井陘，克石家莊，連下正定望都，距保定不遠，此五月十三日以前之戰況也。

至蔣總司令親赴石家莊以後，晉軍努力於京綏方面，其便衣隊與騎兵，於二十五日，克復張家口。淶源方面已於二十二日肅淸殘敵，進攻紫荆關，敵向易州潰退。京漢線正面之敵軍，前受白崇禧部之壓迫，又恐後路截斷，遂放棄保定，國軍於三十一日完全佔領。奉張知大事已去，乃於六月三日自動出關，京漢京綏兩路之車輛，運奉者甚多。次日午前五時，專車行至京奉路與滿鐵路之交點皇姑屯，突然炸發，奉張傷重而死，黑督吳俊陞來迎張，亦死於車中。

七 北京克復後之狀況

張作霖當出關時，留鮑毓麟旅，維持北京秩序。由民衆團體，組織治安會，推王士珍主持，統率軍警，保護外人及北京人民。東交民巷，態度亦極鎭靜。晉軍徐永昌譚慶林商震各部，悉集北京西郊。王士珍與晉代表接洽，指定西直門爲入口。六日晉軍入城，市廛不擾。天津亦由徐源泉統率直魯殘部受閻改編，懸靑天白日旗。十一日，閻氏入京，任京津衞戍總司令職，聲明

專任軍事。軍事以外，請中央派員主持。中央認爲正當辦法，命戰地委員會蔣作賓等，會同中央專員負責辦理。

(1)易培基接收故宮博物院，

(2)周震麟接收總統府及國務院，

(3)蔡元培接收在京各項教育學術機關，

(4)趙丕廉，陶履謙，錢雋達，沈蕃，蕭瑜等，接收內政，外交，財政，交通，農商各部。

國府隨卽發表對內宣言，一勵行法治，二澄清吏治，三肅淸匪盜，四蠲免苛稅，五減少兵額。並發表對外宣言，取消整個的不平等條約。改直隸爲河北省，京兆區並入北京，改爲北平。以李石曾爲北平政治分會主席，旋改張繼爲主席，閻錫山，馮玉祥，鹿鍾麟，白崇禧，劉守中，王法勤，趙戴文，蔣作賓，馬福祥，陳調元，李宗仁等爲委員。特令蔣，馮，閻及孔祥熙赴西山總理靈前致祭，告北伐成功。蔣約李宗仁北上，開最高軍事會議，討論完成北伐及收束軍事大綱。九月二十二日，由白崇禧負責，解決直東張宗昌，褚玉璞殘部，關內肅淸。及十二月二十九日，關東張學良，張作相，萬福麟等，自動易幟，表示信

仰三民主義，服從國民政府，而全國完全統一矣。

附奉張軍隊調查表一

安國軍總司令張作霖

- 第一方面軍孫傳芳
  - 統第一軍自兼，二軍鄭俊彥，三軍李寶章部，
  - 担任魯西，兼截斷革命軍一二集團軍聯絡之責。
- 第二方面軍張宗昌
  - 統第一軍自兼，二軍張敬堯，三軍程國瑞，四軍方永昌，五軍王棟，七軍許琨，八軍柴雲陞，九軍朱泮藻，十軍吳寞卿，十一軍張宗輔，十二軍寇英傑，十三軍劉志陸及其他部，
  - 担任魯南方面。
- 第三方面軍張學良
  - 統第八軍萬福麟，九軍高維嶽，十軍王樹常，十五軍汲金純，二十軍于學忠，及其他部，
  - 担任晉東方面，及京漢路南下之責。
- 第四方面軍楊宇霆
  - 統第十三軍王瑞華，十六軍胡毓坤，十七軍榮臻，二十九軍戢翼翹各部，
  - 担任職務，略與張學良同。

（注）第三四方面軍，爲奉系中堅軍隊，

第五方面軍張作相——統第十一軍富雙英，十二軍湯玉麟，三十軍于芷山，三十一軍鄭澤生各部，担任晉北方面。

第六方面軍吳俊陞——統齊恩銘，吳泰來，吳希賢等師，任援軍總司令，負後備軍之責。

第七方面軍褚玉璞——統第六軍徐源泉，十四軍孫殿英，十五軍自兼，十六軍袁振青各部，担任大名方面。

革命軍全部軍隊調查表二

第一軍團劉峙——統第一軍自兼，四軍繆培南，九軍顧祝同，十軍楊勝治部，担任中路，由津浦路前進。

第二軍團陳調元——統第十七軍曹萬順，二十六軍陳焯，三十七軍自兼之部，担任右翼，由海州攻魯東，會師泰安。

（甲）第一集團軍總司令蔣介石

- 第三軍團賀耀祖
  - 統二十七軍夏斗寅，三十三軍張克瑤，四十軍自兼之部，
  - 担任左翼，由徐州攻魯西，會師濟南。
- 第四軍團方振武
  - 統第三十四軍阮玄武，四十一軍鮑剛，四十二軍馬文德，四十七軍高桂滋部，
  - 由歸德碭山北進，與左翼取聯絡。

（乙）第二集團軍總司令馮玉祥

- 第一方面軍孫良誠
  - 統第三軍自兼，四軍馬鴻逵，五軍石友三部，
  - 由豫東攻濟寧，與一集團軍取聯絡。
- 第二方面軍孫連仲
  - 統第一軍韓占元，十四軍秦德純，二十三軍馮治安部，
  - 由京漢路北進。
- 第三方面軍韓復渠
  - 統自兼之第六軍，
  - 進兵路線，初同一方面軍，後移石家莊，向河間南苑前進。
- 第八方面軍劉鎮華
  - 統第二十三軍自兼，二十六軍劉茂恩，二十八軍萬選才部，
  - 進攻大名，會師德州。

統第二軍劉汝明，十八軍自兼，二十軍龐炳勛，二十七軍王鴻恩，三十軍劉驥，騎兵軍鄭大章各部，

第九方面軍鹿鍾麟——鹿兼北路總司令，指揮前線戰事。

此外有四五六七方面軍分駐豫南陝甘一帶。

（丙）第三集團軍總司令閻錫山

第一軍司令商震——統第一師李培基，三師楊士元，騎兵師二，郭鳳山，張勵生，

第二三聯合軍司令楊愛源——統第二師趙承綬，六師孫楚，十二師楊效歐，混成旅二，楊守清，齊用宏，騎兵旅李德懋，

第四軍司令傅存懷——統第七師張會詔，十師盧豐年，騎兵旅郭殿丞，

第五七聯合軍司令張蔭梧——統第五師王靖國，九師吳藻華，十四師李服膺，十五師李生達，騎兵師楊兆林，

第六軍司令豐玉璽——係十三師所擴充，

第八軍司令譚慶林——統第三師孫長勝，騎兵旅韋盛勳，

第十軍司令李維新——統騎兵師二，一自兼，一李竟容，

第十一軍司令王茂公——統騎兵師二，一自兼，一王屏藩，獨立師四，關福安，杜春沂，高鴻文，孟興富，

第十二軍司令徐永昌，統獨立旅三，黃興初，王自祥，王鳳飛，騎兵旅黃德馨。

進兵路線：
- 商震兼第一軍團總指揮，任北路，出京綏路，
- 徐永昌兼第二軍團總指揮，任南路，出石家莊，
- 楊愛源兼第三軍團總指揮，任中路，出舊口北道。

（丁）第四集團軍總司令李宗仁：
- 出發前線者——第七軍夏威，十二軍葉琪，十三軍白崇禧，三十軍魏益三，三十六軍廖磊，三十七軍周斕，獨立師二，羅啓疆，劉春榮，
- 留守後方者——第八軍吳尚，十四軍陳嘉祐，十九軍胡宗鐸，三十五軍何鍵。

（注）李氏本人未赴前線，參加前線各軍由前敵總指揮白崇禧統率。白氏所部熊式輝李明揚兩師，參加一集團軍。又廖磊周斕吳尚三軍，歸十二路總指揮李品仙指揮。

東北易幟後人物表三

東北人物

（甲）東北邊防總司令長官張學良，張作相萬福麟副之。

（乙）遼寧省政府
- 主席翟文選，
- 委員陳文㪨張振鷺王毓桂，彭志雲高紀毅，王鏡寰王樹常高維嶽，邢士廉，

（丙）吉林省政府
- 主席張作相，
- 委員章啓槐，榮厚，王莘林馬德恩，誠允，孫其昌熙鈺，王之佑熙洽，劉鈞，

（丁）黑龍江省政府
- 主席常蔭槐，
- 委員馬杜桂，潘景武，高振驥陳耀光，孫放庸，杜彭年，孫炳文，宋文郁，萬國賓，

（戊）熱河省政府
- 主席湯玉麟，
- 委員酈克莊，梁國棠，李元著，金鼎臣，佟儷元。

第十五章　革命進行中及國府主持之外交

一　萬縣之九五慘案　五卅慘案後，反英空氣，瀰滿全國。英欲利用高壓手段，保持其勢力。又恃有內河航行之條約，每於開抵各碼頭時任意行駛，往往有浪沈民船之事。十五年八月，當革命軍克復長沙之時，英輪萬流，於四川雲陽縣境又發生此事，溺死官兵五十六人，喪失餉械甚鉅。於是四川總司令楊森，特將該輪扣留，以便交涉，而萬縣之慘案起。

（甲）變前之橫蠻　當萬流輪被扣時，重慶英領事疾駛來萬，威迫釋放。同時留萬兵艦，準備作戰，又由重慶調來戰艦一艘，脅同示威。時川人憤不可遏，作相當之戒備。英領自揣能力不足，遂飛電宜漢英國海軍，火速來萬，準備慘殺。

（乙）變時之悲慘　九月五日，英艦由鄂開來，哨聲未息，卽用機關槍大炮，轟擊扣輪兵士，死者殆盡。同時留萬英艦，開鎗亂轟，並用巨炮向萬城兩岸重要地點射擊。據法艦統計，英艦發大炮三百

餘彎，不轉瞬間繁華錦繡之場，一變而爲鬼哭神號之地，吁慘矣。

此案發生後，全國憤激，時革命軍已進攻武漢，吳佩孚欲令楊森援鄂，使與英人謀妥協。楊遂遣渝關監督季宗孟到宜，與英當局開談判，其結果如下：

(1)英副提督及駐宜英領保證交出被扣火輪後，與非英國之居間人，迅速調查處理關於未了之一切浪沈民船事件。

(2)英艦日後如上行時，由副提督及英領負責保證決無對敵意思之行動。

(3)所有關于萬縣一切應有賠款，雙方聲明保留，以備將來另案交涉。

由是萬案無形擱置，人民損失，百無一償。

二　漢·潯·英·界·之·收·回·　十五年十月，革命軍攻下武昌，議決國民政府遷都武漢。十六年一月，不意漢口方面，有一三慘案之發現。時漢口各界，舉行新年慶祝盛典，在英租界附近講演，與英艦水兵，在岸上發生衝突。英艦遽施槍砲，死傷我國民衆數人。鄂人大憤，組織公團聯合會，議決下列各條，向國府請願。

(1)立向英領，要求賠償死傷民衆損失。(2)英領交出行凶水兵，歸我方懲辦。(3)撤退駐漢英艦及電網沙袋。(4)英政府向我國道歉。(5)租界內集會結社言論自由。(6)解除義勇隊武裝，派軍警入駐租界。

國府當局，完全接受。一面向英領抗議，要求本案未解決以前，肇事英艦不得移動，否則遇有變故，不負任何責任。一面派遣軍隊入駐英租界，由黨代表陳羣，駐英工部局指揮，改懸青天白日旗。英人及水兵自動退讓。旋成立臨時管理委員會，以陳友仁，孫科，宋子文主之。漢口英界，遂由我國統治，自爲我國自動收回租界第一次。

同時九江方面，亦有英租界軍警與民衆衝突之事。英艦及岸上英兵，於發空炮及實鎗彈後，鑒於局勢之嚴重，將租界交賀耀祖維持，警察權亦並交出，英僑多移居艦中，是爲我國自動收回租界第二次。

當收回之初，英方頗持異議。旋國府外長陳友仁，與英代表阿馬利，將漢潯二案協定簽字，英界遂正式歸我國接收矣。自是英人知我國解放運動勢力之不可侮，適三月二十三日革命軍佔領鎮

江，豫備進行收回租界運動，英領卽自動交還。同時廬山牯嶺公事房之權操外人者，亦由我國收回，設管理牯嶺特別區。而廈門英界於十九年九月完全由我管理。天津比界，亦於二十年一月由我國正式接收云。

三　寧案之解決　當十六年三月二十四日，革命軍克復南京之時，共產黨煽動少數軍人乘機擾亂，對於在南京之英美日三國領事館，及英美法意日等國僑民加以損害。英美在寧炮艦，卽向城內開砲，因此我國人民，受生命財產上之損害亦甚大。五國聯合向武漢國民政府提出抗議，並要求賠款道歉懲凶。外交部長陳友仁，駁覆之。及黃郛爲部長，以修改不平等條約爲目的，先與美使磋商，彼此同意。遂於十七年四月四日，發表寧案之中美換文。其要如次：

(1)中國聲明此案之發生實由於共產黨之煽動。但中國政府仍負其責，肇事人業已懲辦。對於美國政府代表有不敬之處及領館僑民之損失，深示歉意。並擔負繼續切實保護之責，依照國際公法通行原則，擔負賠償損失。

(2)關於美國砲艦向南京開砲一節，美國聲明當日炮火爲保護炮，實爲不得已採取之手段，美

政府深爲抱歉。對於修改不平等條約問題，雖與本案無關，然美政府深願贊助無㝵。

中美寧案依此解決，是爲美國首先與我國修改關稅條約之張本。其後與英意法日四國寧案交涉，亦大致照中美換文而解決云。

四　漢口日界二慘案　日本自民國十二年長沙六一慘案發生後，迄民國十六年，又有下列二案：

（甲）漢口之四三案　四月三日，日本水兵，坐我國人力車，不肯給資，故意與工人尋釁。日艦水兵全部登岸開槍射擊，死傷民衆五十餘人。當捕行凶日兵六名，日商四名。國府外長陳友仁提出嚴重抗議，一面聲明保護日僑之生命財產。但日商紛紛歇業，相繼離漢，此案遂無結果。

（乙）漢口之九二一案　五月以後，日商復業於日華界線毘連路口，卽用沙包鐵絲網堵塞，僅留一口以通行人。日兵守之，常與華人發生事端。九月二十一日，日輪沅江丸，預備赴長沙，有徒手華兵數十，要求搭船。爲日本水手所拒，因而肇事。武漢衛戍司令李品仙，特派兵前往彈壓。日兵遽開鎗射擊，華兵亦開槍自衞。結果我國死傷數人，日兵亦輕傷兩人。外交當局，卽向日領抗議，日領亦承認

誤會，談判結果如下：

(1)日領派員向衞戍司令道歉，我國亦派員至日領署慰問。

(2)由兩國官署各出死傷恤金，按人分配。

(3)日本駐漢陸戰隊卽時撤退回國。

(4)日方肇事武官，卽時離漢。

此案遂告結束，惟是國民革命力爭中國之自由平等，斷不容他國有何特殊勢力存留中國，此一切租界之所以急宜收回也。不意十七年五月三日，竟發生空前未有之濟南慘案。

五　濟南慘案之始末

日本自田中義一組閣以來，對於我國，持積極侵略主義。當十七年革命軍進攻山東之時，以保護日僑爲名，出兵山東，自青島至濟南，分據商埠各要地。五月一日，革命軍佔領濟南，後二日有華兵在商埠爲日軍開槍射死因而起釁。日本卽派大隊圍攻我軍，不聽制止。又乘夜闖入外交公署，將交涉員蔡公時槍斃，交署人員全體被殺。開砲轟擊城垣，燃燬居屋，勒繳軍械，俘虜軍民，死者數千。日遂佔領濟南全部，截斷津浦路線，意欲阻止北伐。但革命軍迂道北上，卒達最

後目的，

六月八日，國府任王正廷爲外交部長，卽與日方非正式交換關於濟案之意見，未得要領。十二月王外長與日使芳澤開始談判，問題焦點，仍在撤兵問題。至十八年二月解決濟案細目大綱，大體擬定。(1)日本無條件撤兵。(2)濟案責任問題及賠償問題，組織中日聯合委員會，赴濟實地調查，再定辦法賠償以對等爲原則。(3)蔡公時被害事，日方另行道歉。乃日方對於對等賠償問題，不予同意。我方認爲交涉破裂，宣布停頓。旋由日本新任駐滬總領事重光葵，與我國外部亞洲司長周龍光，繼續交涉，大體決定。至三月二十三日，將擬妥文件，由王正廷芳澤簽字，其內容如下：

(甲)日軍撤退照會大要　山東日軍撤退後，國民政府以全責保障日僑在華生命財產之安全。日政府準於換文簽字之日起，至多兩個月內，將山東現有日軍全部撤去。

(乙)議定書之大要　關於去年五月三日濟案中日兩國所受之損害問題，雙方各任命同數委員，設立共同調查委員會，實地調查決定之。

(丙)聲明書之大要　中日兩國政府，對於去年濟南事件，雙方鑑於全國國民固有之友誼，視

此不快之感情已成過去，以期益臻敦睦，爲此聲明。而我國官民受日本最大暴力之濟南慘案，遂如是結局。

六　非戰公約之參加

非戰公約，發端於民國十六年（公元一九二七）六月，法美兩國，締結永久友好盟約之草案，嗣經美國國務卿凱洛格提議，擴張範圍，無論任何國家，願參加者皆得加入。遂於十七年八月二十七日，由德意志，美利堅，比利時，法蘭西，大不列顛，加拿大，澳大利，紐西蘭，南非洲，愛爾蘭，印度，意大利，日本，波斯，捷克諸國代表，在巴黎簽字。

（甲）非戰公約序言　(1)廢止以戰爭爲施行國家政策之工具，使現有各國人民開和平友誼的關係，永垂久遠。(2)此後設有簽字本約之國，欲藉戰爭以增進其本國利益，所有本約利益，應拒絕不令享有。並希望世界各國加入本約，俾世界文明各國聯合，共同排斥以戰爭爲施行國家政策之工具。

（乙）非戰公約條款　(1)用各該國人民之名義，鄭重宣言，彼等罪責依賴戰爭以解決國際糾紛。並排斥於各國間互相關係以戰爭爲施行國家政策之工具。(2)各締約國，互允各國間設有爭端，

不論如何性質，如何發端，均當用和平方法解決之。(3)本約應各依照已國憲法批准，送交華盛頓存案，各締約國間，卽發生效力。

美國政府於巴黎簽訂該約之日，照會我國政府，邀請加入。我國政府，以此種非戰公約，一方爲世界和平之保障，一方可以遏抑帝國主義者侵略之野心。遂於是年九月十四，正式照會美國政府，由駐美公司施肇基，以全權代表名義加入之。

七 不平等條約之修正 自革命軍出發以來，以打倒帝國主義爲職志。及北伐功成，取消不平等條約，急欲實現。十七年七月，由外長王正廷，按照中央常會所擬重訂條約之宣言，照會各國。

(1)中華民國與各國間條約之已屆滿期者，當然廢除，另訂新約。

(2)其尙未滿期者，國民政府，應卽以相當之手續解除而重訂之。

(3)其舊約已滿而新約尙未訂定者，應由國民政府另訂適當臨時辦法處理一切。如禮遇在華外交官，保護外人身體財產，在華外人應受中國法律支配，與華人盡同等納稅之責，在國定稅則未實行前照向章辦理之類。

當時不平等條約業經期滿者，爲日、法、丹、西、葡、比、意七國。接到此項宣言，法丹等均表示願派代表，修正前約。惟日本則態度强硬，堅持不得廢約。各國因而徘徊觀望，不肯切實進行。美本爲條約未滿期之國，見日本蔑視華府九國條約之存在，遂毅然於十七年七月二十五日，與我國在北平成立中美新約，其文如左：

(1)歷來兩國所訂有效條約內，所載關於在中國進出口貨之稅率，存票，子口稅，船鈔等項之各條款，應卽撤消作廢，而適用國家關稅完全自主之原則。

(2)締約兩國，對於上述及有關係之事項，在彼此領土內享受之待遇，應與任何國享受之待遇毫無區別。

(3)締約兩國，不得以何藉口，在本國領土內，向彼國人民所運輸進出口之貨物，勒收關稅或內地何項捐款，超過於本國人民或其他國人民所完納者或有區別。

此實開我國修正條約之先河。繼之而起者，中德條約，于八月二十七日，在南京簽字。中那條約于十一月十三日，在上海簽字。中比中意條約，亦同月簽字。惟比意新約，不滿人意者有三點：(1)撤消

領事裁判權，附有條件。(2)約中載明須有參加華府會議半數國家承認，始生效力。(3)兩方人民可到國內雜居有土地權。旋經外交委員會討論結果，對第三點決定保留，不予批准。繼起改約者，有英、法、荷、葡、瑞典、丹麥諸國，亦於十二月先後簽字。內容與中美條約同，以平等爲原則。而八十餘年來束縛之關稅，亦於十八年二月一日實行自主，卽最强橫之日本，不能不承認七等稅則，開始實行，最低七、五，最高二七、五，完全不受何種限制。取消領事裁判，已於五月由外交部照會英、美、法、荷、那威、巴西五國公使，要求實現。限制內河通航，收回租界租借地，亦著著進行。此統一後努力修正不平等條約之狀況也。

八　中東路之事變　民國十二年，蘇俄自動取消不平等條約，對華表示好感。但在外蒙方面，仍採用侵略政策。(1)訓練蒙古軍隊，擴張蘇俄勢力。(2)蒙古所用之大炮彈藥與其他材料，均由俄國運來。又編航空隊，所有飛機，亦由俄供給。(3)蒙古軍隊之指揮官，及其他一切重要位置，均用俄人充當。推其用意，欲使蒙古軍隊盡赤衞軍化而後已。不僅此也，南方各省，以廣州事變之關係，與俄絕交。北方則不然，所有俄領及國營商業機關，仍由蘇俄照舊辦理，因此中東鐵路，遂爲宣傳赤化機關。

十七年五月二十七日，哈爾賓俄總領事館，召集遠東各處之重要共產黨員，在地下秘室開會，被東省當局發覺搜得危害中國之證據甚多，拘捕共產黨員三十餘名。並查悉所有中東路之重要俄員，均係宣傳赤化之重要分子。遂於七月十二日由中東鐵路督辦呂榮寰，將俄方正副局長葉穆善諾夫，艾斯穆特免職，卽將中東路全部收回。蘇俄政府，見其在東省之勢力根本搖動，急向我國提出最後通牒，要求立時恢復中東路原狀。而于其背棄協定，宣傳赤化，則一字不提。旋接我方答覆，認爲不滿意，宣告絕交。一方用高壓手段，搜查我國駐俄領館，並拘捕旅俄華僑達十萬人，一方集中兵力，東攻綏芬河（東寧縣北）西攻滿洲里，（卽臚濱縣）而以艦隊由黑龍江而上，進攻同江。自八月起，綏芬河方面，差能自守。同江之役，俄艦大勝，佔富錦，奪樺川，吉東北告警。十一月十七日，俄兵三萬包圍滿洲里，兼猛攻札蘭諾爾。陸空軍聯合炮擊，札蘭諾爾失陷，旅長韓光第，團長林選青，先後陣亡。滿洲里守將梁忠甲，亦相繼被俘，中俄交涉，遂陷入悲慘之境。中央乃依照張學良辦法，任蔡運陞爲中國代表，與俄方代表西曼諾夫斯基，於十二月二十二日開伯力會議，所得結果略如下：

(1)中東鐵路，恢復一九二九年（民國十八年）七月以前原狀。

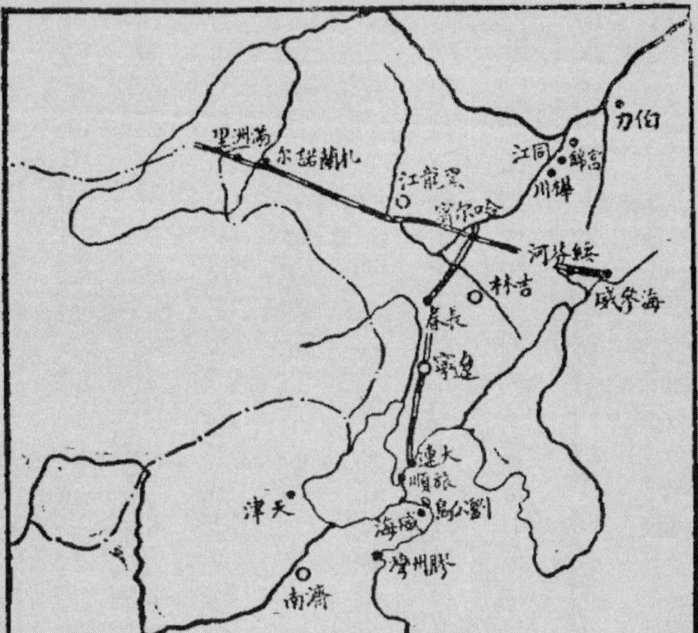

國府外交圖

(2)雙方開釋拘捕僑民。所有免職及自動辭職之中東路蘇俄職工，准其復職。東省白黨武裝，立卽解除，驅逐出境。

(3)現在雙方恢復一部分領事館，及國營商業機關。關於中俄全部復交問題，及保障方法雙方利益問題，由中俄會議解決之。

(4)中俄會議，定於一九三〇年一月二十五日，在莫斯科舉行。

(5)雙方隨即撤兵，恢復和平狀態。本記錄自簽字起發生效力。

右項發表，各方認蔡運升爲超越權限，由外交部予以處分。即電召中東路督辦莫德惠來京，磋商辦法。並任爲全權代表，出席中俄會議，討論中東路善後辦法。旋莫氏赴俄，與加拉罕會議數次，未得結果，迄二十一年十二月，中俄國交，始完全恢復。

九　威海衛之收回　廢除不平等條約，收回租借地，亦急切問題之一。華府會議，我國提出，英法兩國，表示好感，允將威海廣灣，附件歸還。十一年二月，英代表白爾福，函告我國施肇基代表，列舉英艦于夏季仍得在威海衛避暑，並裝卸存儲海軍軍用品，保留所需產業，及借海面訓練海軍，准外人參與威海市政，請中國建築鐵路聯絡內地等條件。嗣後我國派梁如浩督辦接收威海事宜，與英方於本年十月間，在威開議。因英方條件過苛，會議中輟。旋於十二年三月，又在北京續議，至五月，

議定接收意見書二十四條，附件四條。當時各界對之，大不滿意，梁亦去職。十三年六月，由外交部長顧維鈞，與英使重開談判，英使稍示讓步，當議定專約草案二十九條及附件等，雙方本可簽字。詎十月曹政府推翻，此案因而擱淺。北伐成功後，外交部長王正廷，復向英使提出交涉，英使堅持依照原案簽字，我方力爭至數月之久，始於十九年四月十八日，與英使藍浦森在南京成立交還威海條約，其要如下：

（甲）專約、(1)將威海衛全部交還中國，所有英國駐兵，一律撤退。(2)英允將威海區內所有一切檔案官產，並存儲公有物品等項，一律無償交還中國。

（乙）協定、(1)中國允將威海衛灣之劉公島內房屋數所，借與英國，作爲英海軍消夏養痾之用。以十年爲期，滿期雙方再行協議。(2)英國海軍經中國官廳許可後，得享在劉公島登岸操演打靶之利益。(3)所有英國海軍需用各項物品，在威海衛輸入存儲裝卸轉運，得照通商口岸慣例允許之。

是爲我國正式收回租借地第一聲。法之廣州灣，亦允我國交涉收回。惟日本轉租之旅大，則橫拒不還。且進一步而有二十年九一八之遼寧大暴動，其詳情另章述之。

附濟南慘案狀況表一（注）十七年五月三日，

濟南慘案

- （甲）原因
  - 1日本久視我國爲次殖民地，以保護日僑爲名出兵山東，
  - 2因其所利用之奉魯軍閥將被剷除，特加援助進兵濟南，
  - 3北伐軍入濟南，日軍無故槍殺我國士兵因而起釁，
- （乙）經過
  - 1五月三月晨，蔡公時宣誓就職，豫備接收各機關下午槍聲四起交通斷絕，蔡等被困交涉署內不得出，
  - 2夜半日兵衝入，假檢查爲名，卽將蔡等細綁，勒令繳械子後四時將蔡等列成五排，剝去上衣，先割耳鼻，然後槍斃，
  - 3四日我國員警前往檢查交署陵亂不堪，蔡等尸體尋覓不見。
- （丙）死難者
  - 1主任蔡公時，　2參議張鴻漸，　3科長譚顯辛，
  - 4科員周惠和，張麟書，袁家達，姚成義，熊道存，　5書記劉文品，
  - 6兵士王立泰，張德福，陳晋遠，黄繼曾，陳端成，傅寶山，　7火夫名未詳。

(丁)慘狀

1 發大砲數千響以九十兩日爲最烈；焚燬房屋約三千間；即外人所辦之德華醫院，齊魯大學亦不免。我國死傷人數約八千以上，以西公界等處爲最慘。

2 日軍進濟南城時，不問老少男女，逢人便殺；以檢查爲名，城廂內外，搜索奸掄，無所不至。

3 國軍退出時，被日方俘去者千七百人，備受虐待，生還者不及千人。

(戊)結果

1 日司令福田，反向我國提出道歉，賠償損失，保障安全等項，

2 蔣總司令暫時忍讓，決以外交手腕對付，以求北伐完成之實現，

3 十八年三月，日本始無條件撤兵，濟案遂如此敷衍了結。

修正不平等條約狀況表二

(甲)訂約之由來

1 戰敗——城下之盟，當然於我國無利，

2 通商，

3 劃界 平時所訂者亦多於我國不利。

（乙）條約之內容

1 割地，2 賠款及外債，3 領事裁判權，4 協定關稅，
5 租界及租借地，6 勢力範圍及優先權，7 最惠國條欵，
8 通商航行及製造權，9 內地旅行貿易權，10 築路及開鑛權，
11 駐兵及警察權，12 傳教權。

（丙）廢約之進行

1 巴黎華府會議，我國先後要求廢除不平等條約，五卅以後，進行益力。
2 國民政府以廢除不平等條約，爲固定對外政策，先後由外長陳友仁伍朝樞，黃郛，王正廷等發表宣言，要求廢除舊約，另訂新約。

（丁）期滿條約一覽

1 中丹天津條約，一八六三年七月十三日簽訂，民國十七年六月三十日滿期，
2 中西天津條約，一八六四年十月十日簽訂，民國十六年五月十日滿期，
3 中葡通商行船條約，一八六四年十月十日簽訂，民國十七年四月二十六日滿期，
4 中比北京條約，一八六五年十一月二日簽訂，民國十五年十月二十七日滿期，

5中意北京條約，　一八六六年十月二十六簽訂　民國十七年六月三十日滿期

6中法越南商約，分下三項：

陸路通商章程，　一八八六年四月二十五日簽訂，　民國十五年八月七日滿期，

商務專條，　一八八七年六月二十六日簽訂，　民國十五年八月七日滿期，

商務專條附章，　一八九五年七月二十日簽訂，　民國十五年八月七日滿期，

7中日商約，分下二項：

通商行船條約並附件及文憑　一八九六年七月二十一日簽訂，　民國十五年十月二十日滿期，

通商行船續約　一九〇三年十月八日簽訂，　民國十五年十月二十日滿期，

(戊)簽訂新約一覽

1中美關稅條約，　民國十七年七月二十五日簽訂，　民國十八年六月二十日生效，

2中德條約，　民國十七年八月二十七日簽訂，　民國十八年一月二十一日生效，

3中那關稅條約，　民國十七年十一月十二日簽訂，　民國十八年三月一日生效，

4 中比通商條約，民國十七年十一月二十二日簽訂，民國十八年二月二十八日生效，
5 中意通商條約，民國十七年十一月二十七日簽訂，民國十八年五月二十日生效，
6 中丹通商條約，民國十七年十二月十二日簽訂，民國十八年六月八日生效，
7 中荷關稅條約，民國十七年十二月十九日簽訂，民國十九年十一月十八日生效，
8 中葡通商條約，民國十七年十二月十九日簽訂，民國十八年三月二十七日生效，
9 中英關稅條約，民國十七年十二月二十日簽訂，民國十八年二月一日生效，
10 中瑞關稅條約，民國十七年十二月二十日簽訂，民國十八年三月二十七日生效，
11 中法關稅條約，民國十七年十二月二十二日簽訂，民國十八年一月二十八日生效，
12 中西通商條約，民國十七年十二月二十七日簽訂，民國十八年十一月三十日生效，
13 中國波蘭商約，民國十八年九月十八日簽訂，民國二十年五月一日生效，
14 中希通商條約，民國十八年九月三十日簽訂，民國十九年六月十四日生效，
15 中捷通商條約，民國十九年二月十二日簽訂，民國十九年十二月五日生效，

16 中日關稅協定，　國民十九年五月六日簽訂，　民國十九年五月十六日生效，

第十六章　國府統一後之設施

一　第二屆五中全會之概略　當十七年北平克復時，先後舉行全國教育，經濟，財政，交通，禁煙會議，及最高軍事會議，籌畫具體方案。而其最關重要者，尤在八月間所開之第五次中央執監全體會議。列席者三十四人，公推譚延闓，蔣介石，于右任，戴傳賢，丁惟汾，為主席團，王陸一為祕書長，所得結果如下：

、、、第一次（八月八日）　議決四要案，(1)程潛停止職權，以繆斌遞補中央執行委員。(2)總理葬期，暫定十八年一月一日。(3)通電全國獎勵北伐將士。(4)國民黨全國代表大會開會期，於全會閉會前，根據中央組織部報告再定。

、、、第二次（十一日午前）　議決四要案，(1)統一革命理論案，交常委會指定執委若干人組織審查會。(2)民衆運動案，在法律範圍內，有組團自由，但須受黨部與政府指揮監督。(3)革命青年之培

植與救濟案有根柢者出洋留學，程度低者設法使受教育。(4)厲行以黨治政治軍，及取締軍事機關干涉民衆運動案，交常委及軍事最高機關規定辦法實行。

第三次（十一日午後）　議決三要案，(1)訓政時期頒布紀律案，遵照總理遺教實行。(2)訓政開始，應否設立五院案，逐漸實行。(3)各級黨部與同級政府臨時辦法案，如有意見不合時，報告上級機關，咨請轉飭辦法。

第四次（十四日午前）　議決二要案：(1)中央政治委員會委員，由中央推舉，其議決案須由中央常委會交國民政府執行。當推定汪精衛，譚延闓，蔣介石，胡漢民，甘乃光，陳公博，郃力子，伍朝樞，孫科，朱培德，張靜江，丁惟汾，王法勤，吳稚暉，陳友仁，何香凝，顧孟餘，宋子文，李濟琛，陳果夫，李烈鈞，戴傳賢，柏文蔚，李宗仁，宋慶齡，蕭佛成，蔡元培，李石曾，鄧澤如，何應欽，白崇禧，陳可鈺，陳銘樞，賀耀祖，葉楚傖，馮玉祥，古應芬，閻錫山，于右任，易培基，楊樹莊，黃郛，孔祥熙，王伯羣，薛篤弼，王正廷四十六人爲政治會議委員。(2)各政治分會本年年底取消，不得以分會名義發表命令及任免人員。

第五次（十四日午後）　議決六要案，(1)第三次全國代表大會，定明年元旦舉行。(2)國府逐

漸設立五院。行政院下設內政，外交，軍政，財政，教育，工商，農礦八部，及建設，僑務，蒙藏三委員會。又另設參謀部，訓練總監，軍事參議院。(3)國府下設國防會議，取消軍事委員會。(4)財政統一，照宋子文提案實行。(5)設立預算委員會。(6)取消大學院。

至十五日發表宣言略云，「本會要點，一爲決定軍事之整理。二爲規定政治實施之基本機關，權責之分際，實施法治之規模，確定財政之系統，完成此次救國事業，惟在同胞同志刻苦堅忍，忠誠無間。」遂宣告閉會。

二　五院政府之成立　五中閉會後，各方意見，頗不一致，適胡漢民海外歸來，「宣言老黨員爲本黨的結晶，新黨員爲本黨的新生命，應一致團結，成立五院政府，實現總理主義。」於是意見統一，公推譚延闓，馮玉祥，胡漢民，林森，王寵惠，張繼，戴傳賢，孫科，蔡元培，陳果夫，閻錫山，何應欽，李宗仁，李濟琛，楊樹莊，張學良十六人爲國民政府委員，蔣介石爲主席，譚，馮，胡，林，王，張，戴，孫，蔡，陳，爲行政，立法，司法，考試，監察五院正副院長，卽於雙十節國慶日就職。旋發表訓政時期施政宣言，其內容如下：

（甲）屬於方針者二　救死扶傷，剿平土匪，剷除共黨，以安定社會，此其一。裁兵節餉，整理財政，體念民間疾苦，力求發展生產，此其二。

（乙）屬於實際建設者三　爲直接民權之訓練，與五權憲法之完成，地方自治完全成立，組織民選政府，此關於政治建設者一。改良稅收，統一貨幣，此關於經濟建設者二。教育爲國家社會之樞紐，發展科學智識，鍛鍊青年體育，此關於教育建設者三。

復發布政治會議條例，集合黨國要人，議決建國大計。規定下層黨員工作綱領，分識字，造林，造路，合作，保甲，衛生運動，努力地方自治。此一般國民所急宜實行者也。

三　軍隊之縮編　自北平克復後，軍事當局，卽注意於軍隊之縮編。以全國軍額，達二百餘萬，年需軍費約三萬萬元。全國收入以四萬萬元計算，除償還外債一萬萬元外，卽全數移作軍費，尙虞不足，欲言建設，更覺困難，故非縮減軍隊不可。當卽先令各部停止招兵，並于十七年七月十一，約各集團軍總司令及其他重要軍官，集會於北平湯山，討論整理方案，及軍事意見書，提交八月間第五次中央全體會議。當經修改通過，其要點如下：

(1)軍事系統及組織，其最高權屬於國民政府。

(2)切實縮編軍隊，六十師或七十師。

(3)軍費在整個豫算上，不得超過百分之五十。

(4)軍事教育統一。

(5)改組軍事機關。

(6)注意編餘軍官之安置。

(7)傷亡之撫恤。

(8)注意國防。

此案通過後，當即由各軍先後縮編。第一集團軍原有五十萬餘人，減去十餘萬。第二集團軍原有四十二萬餘人，亦裁去十餘萬。第三集團軍原有三十萬人，裁去七萬五千。第四集團軍及第八路總指揮部，分別如期縮編。國府爲執行編遣決議起見，於十八年一月一日特開編遣委員會，規定四原則：(一)公共信條，分不偏私，不欺飾，不假借，不中輟四項。(二)至多兵額，陸軍六十五師，騎兵八旅，

砲兵十六團，工兵八團，共計約八十萬人，海軍除外。（三）確定軍費，佔全國總收入百分之四十。（四）編留部隊，至多不得過十一師。分總務，編組，遣置，經理四部，主任以何應欽，馮玉祥，閻錫山，宋子文任之。其原設之國民革命軍總司令，各集團軍總司令，海軍總司令，各總指揮部，均限於三月十五日一律撤消。各兵工廠統限於四月一日一律停工。編遣辦事處限定六個月結束。破除軍人擁兵據地之惡習，樹立全國建設之始基，使國家軍隊眞正黨化，完全爲人民武力，此誠訓政時期第一步工作也。

四　裁・釐・之・實・行・　釐金爲前清弊政，始于洪楊亂時，雷以諴之籌餉，曾胡倣而行之，賴以削平大難。事定以後，各處遍設，最爲病民。民國初元，各地商會，鑒於釐金一項，阻滯交通，妨害貿易，盛倡廢止之說。乃北京政府蹈習故常，視爲重要財源，迄未改革。中經巴黎華府會議，民氣益爲激昂。迨至十四年冬，關稅特別會議開幕，中國代表爲貫澈裁釐加稅主旨，提出方案，列國亦表贊成。乃會議未終，禍重開，竟成泡影。十七年夏，國府統一，以爲欲圖國民經濟之發達，非增加關稅，將釐金及類似戰釐金之制度，澈底淸除不可。爰本此旨，於七月間邀集全國商會聯合會，上海總商會等職業團體，及財政主管人員，組織全國裁釐委員會，議決裁撤國內通過稅，改辦特種消費稅，訂定施行大綱。復於是

年十二月，根據此項大綱，制定特種消費稅條例，並定十八年上半年分期裁釐，同時舉行消費稅以資抵補。不意內戰發生，此項計劃，未克施行。及十九年十月，戰事漸告結束，國府以關稅自主，可以實現，此項裁釐政策，萬難再行延緩。於是經中央執委會第三屆第四次全體會議之決定，於二十年一月一日實行裁釐，並由國府明令公布。此誠改革積年粃政，解除民衆痛苦第一聲也。又恐遠近省市，或飾詞費紬，冀延時日。或變易名稱，仍肆誅求。藉此巧爲嘗試，以破壞黨國大計者。復由國府蔣主席，及財政宋部長先後嚴電各省市，如期實行。「無論如何困難，裁釐政策，斷難中止。如有陽奉陰違，意圖延宕者，繩以國法，不少寬假。」亦可見政府之決心矣。

五　立法之成績　立法院爲國府最高立法機關，五院政府，除行政院外，以立法院成立爲最早，成績亦以立法院爲最優。自十七年成立及二十年春季，均胡漢民長之。常年開會，並無休會期間。根據三民主義，通過重要法案甚多。其最關重要者，可撮述如下：

（甲）關於民法者　(1)親屬編規定以妻冠夫姓。夫入贅妻家，以冠妻姓爲原則。子女從父姓，贅壻之子女從母姓。(2)親權以父母共同行使爲原則，特設家制章，規定家設家長，不論性別。(3)妻之制

度亟應廢止，故此次親屬編，關於妾之問題，並無規定。(4)關於夫妻財產，分爲法定約定兩種。屬於法定者，爲聯合財產制。屬於約定者，爲共同財產制，統一財產制，分別財產制三項。夫妻得於結婚前後，雙方以契約規定採用約定制中之任何一種。其未規定者，則以法定制爲準。(5)規定結婚年齡，男十八歲，女十六歲。其低於此規定之年齡者，則絕對禁止成婚。(6)繼承編廢止宗祧之規定，其選立嗣子者，不爲男女之限制。(7)遺產承繼，男女平等。法定繼承人及指定繼承人，均不分性別，並規定配偶應有相互繼承遺產之權。

(乙)關于土地法者　(1)根據人民申報，政府估定之地價，征收土地稅。(2)對於不勞而獲之土地增益，行累進稅。(3)政府對於土地有一定之規劃時，如地主不能於規定期內依照使用，則將該地稅率增加，或估高其地價，以促進土地之改良。(4)規定土地稅全部爲地方稅。

(丙)關於進口稅則者　國定稅則，於十七年十二月七日公布，定十八年二月一日施行，此爲我國關稅自主第一聲。十九年復由財部國定稅則委員會，擬定進口新稅則，送立法院審查修正公布，於二十年一月一日施行，(1)依照新稅則之標準，預計可增加歲入七八千萬兩左右。(2)對於我國

可以仿造之進口貨均征重稅，如火柴磁器之類，征百分之四十。對于我國工業上所必需之機器原料等，則征輕稅，在百分之五與七、五左右。所以保護國內之幼稚工業也。(3)煙酒稅最高，寓禁於征，定爲百分之五十。首飾及裝飾品，征百分之四十。花邊衣飾繡花等征百分之四十五，所以提倡節約也。爲提倡文化起見，書報雜誌均免稅，此皆屬於社會政策者。

六　第・三・次・全・國・代・表・大・會・之・概・狀・　全國代表大會，爲國民黨最高機關。第一二次均在廣州開會，統一以後，由五中全會議決，第三次大會定十八年一月一日，在南京開幕。旋以不能如期選出代表，改爲三月十五日。由中央常會發布代表產生原則三項，(1)凡省及等于省之市特黨部，須於十八年二月十五以前成立，經中央認爲健全者，代表由黨員選舉。(2)到期未正式成立者，代表由指委會負責選出加倍人數，由中央圈定。或由中央指定加倍人數，由該省代表會選舉之。(3)二月十五以前，下級黨部組織還未就緒者，代表由中央指派。隨發表代表選舉法十八條。關於大會問題，由中央通告，分舊案整理，新案製成二大綱。屆期開會，報到者二百九十一人，推胡漢民，譚延闓，蔣介石，于右任，孫科，古應芬，陳果夫，陳耀垣，朱家驊九人爲主席團，戴傳賢爲祕書長。至二十八日止，共開會十五

次，議決案甚多，最關重要者，爲修改總章，其要點加下：

(1)黨員分預備普通基本三種，凡十九歲以上，得普通或基本黨員之介紹，經區分部通過，區執委考查，縣市執委核准者，爲預備黨員。過一年後，經縣市執委審查，省執委核准者，爲普通黨員，再過三年後，經省執委審查，中央執委核准者，爲基本黨員。

(2)預備黨員祇有發言權，普通黨員有發言表決權，但被選權有相當限制。基本黨員有完全權。

(3)加設青年團，凡年十六歲以上，未滿十九歲者，得加入爲團員，過二年後，得照手續爲普通黨員。

關於國防上軍事上的政策，議決飭國府依照編遣會議程序進行。對外問題，依照第一次全國大會宣言中對外政策去作。關於政治決議，集中各方力量，努力于地方自治，已頒布之訓政綱領，一併追認。關于黨務決議，無論在組織上宣傳上訓練上，均有相當的指導。對于黨政與人民行使政權治權之分際及方略，並黨紀之執行，亦有重要的決議，隨由大會選舉蔣介石，譚延闓，胡漢民，戴傳賢，孫科，于右任，丁惟汾，陳果夫，葉楚傖，馮玉祥，閻錫山，汪精衞，何應欽，朱培德，宋慶齡等三十六人爲執

行委員，以前九人爲常委。吳稚暉，張靜江，古應芬，林森，蔡元培，張繼，王寵惠，李石曾，邵力子，鄧澤如，蕭佛成，恩克巴圖十二人爲監察委員。發表宣言閉會。旋中央黨部推蔣介石，葉楚傖，戴傳賢，分任組織宣傳訓練部長。又成立政治會議，推胡漢民等二十四人爲委員，蔣爲主席。

七　第三屆中央全會之要略　自十八年三月全國代表大會閉幕之後，至二十年六月五中全會閉幕之時，對外關係，雖因關稅自主，法權交涉，一新耳目，然距取得平等地位尙遠。內則一般要人，意見不一，時起紛爭，輒以兵戈相向，令人扼腕。然黨國當局，爲謀治安起見，先後舉行下列中央執監全體會議：

第一次，於十八年三月二十八日舉行，

第二次，於十八年六月十日舉行，

第三次，於十九年三月一日舉行，

第四次，於十九年十一月十二日舉行，

第五次，於二十年六月十三日舉行。

以上會議，均有相當成績，而其最關重要者，可分述於下：

(1)保障和平統一　和平統一不可期，則訓政建設均屬空談。故一二次中央全會，集全力於編遣的實施，希冀一面保持和平，一面消除國家障礙。歷次大會其重要工作均在平亂，以躋國家於眞實和平統一之域。

(2)推進地方自治　地方自治，第三次全國代表大會，定爲最重要之實際工作，故歷次中央全會，均極重視。四中全會，且明定地方自治爲訓政工作之核心。

(3)力謀黨部與政府能力之充實　歷次中央全會，黨部與政府，均不斷的自己檢閱與自己批評。三中全會，且坦白的承認過去缺點在有方案而無方法。四中全會，更於宣言中特列「集中人才以充實建國之力量」及「改善制度刷新政治」兩項，以示改善黨國之決心。

(4)廢除不平等條約　廢約工作，爲歷次大會對外政策之中心工作。深知不平等條約不取消，無論如何美善之建設方案，必受限制。但欲廢約，必須努力於基本的準備，故歷次中央全會，均注意於努力建設。

(5)教育設施與經濟設施　教育爲推進社會的原動力，故歷次中央全會對於教育問題討論甚多，二中全會關於教育之警語有曰，「不惟必須以教育建立三民主義之社會，而且必須以教育充實三民主義之國家。不如此則中國民族應有之建國偉力，不能充實發展」至於經濟建設，每次全會均諄切反覆言之。

(6)剷除匪共　此項問題，四中全會決議剷共剿匪爲政府消極方面首要之急務，但以政局搖蕩，未收實效。五中全會爲維持社會之秩序安寧起見，決議一致剷共，此全國人民所渴望實現者也。

關於人選問題，據五中全會所得結果，陳立夫，劉蘆隱，馬超俊，爲中央黨部組織宣傳訓練部長，丁惟汾爲秘書長。蔣介石爲國府主席，以譚延闓出缺，兼任行政院長。林森，胡漢民爲立法院長，司法王寵惠，考試戴傳賢，監察于右任，三院長仍舊。此外有廢止徵求預備黨員實施辦法一項，亦五中全會關於黨務之要件也。

附國府及五院組織要人表一　(注)十七年十月

國民政府

（甲）國府主席蔣介石

1 文官長古應芬。

2 參軍長何成濬，

（乙）行政院長譚延闓　馮玉祥

1 內政部長閻錫山，（後改趙戴文）

2 軍政部長馮玉祥，（後改鹿鍾麟）

3 外交部長王正廷，　4 財政部長宋子文，

5 農礦部長易培基，　6 工商部長孔祥熙，

7 教育部長蔣夢麟，　8 交通部長王伯羣，

9 鐵道部長孫　科，　10 衛生部長薛篤弼。

外有建設，蒙藏，僑務，勞工，禁烟五委員會，及秘書政務兩處。

（丙）立法院長胡漢民　林　森

1 法制委員會，　2 外交委員會，　3 財政委員會，

4 經濟委員會，　5 軍事委員會。

外設秘書，統計，編譯三處。

（丁）司法院長　王寵惠　張繼

1 司法行政署，（旋升爲部）
2 司法審判署，（旋升爲最高法院）
3 行政審判署，（旋升爲行政法院）
4 官吏懲戒委員會。
外設秘書，參事兩處。

（戊）考試院長　戴傳賢　孫科

1 考試委員會，
2 銓敍部，
3 設計委員會及編譯局，
外設秘書，參事兩處。

（己）監察院長　蔡元培　陳果夫

1 監察委員得單獨行使彈劾權，各區分設監察使，
2 設審計部，掌理審計事宜，
外設秘書，參事兩處。

中央軍事機關組織狀況表二　（注）五機關人選，以蔣，馮，何應欽，李濟琛，李仁宗，主之，

軍事機關

- （甲）國防會議
  - 組織分子
    - 1國府主席，2行政院長，3參謀總長，4軍政部長，5訓練總監，6軍事參議院長，7外交，內政，財政，交通四部長，8其他軍界元勛。
  - 常立處務
    - 1參謀次長兼主任，2參謀本部第一廳廳長，3訓練總監部副監，4海，陸，空，軍需，四署署長。
- （乙）軍政部
  - 1總務廳，2陸軍署，3海軍署，4航空署，5軍需署，6兵工署，7審判署。
- （丙）訓練總監
  - 1總務廳，2步，騎，砲，工，輜，五監，3政治訓練部，4國民軍事教育處。5軍事編譯局，6陸軍軍官學校及兵科專校。

（丁）參謀本部
1 總務廳，2 管理陸軍大學校，
3 管理陸軍測量局，4 統轄駐外使館武官。

（戊）軍事參議院
1 在平時專備諮詢建議，並擔任點驗校閱各事宜，
2 在戰時選任高級指揮官或任其他重要職務。

革命軍縮編後各師長調查表三（注）本表據十八年二三月間調查，惟二集團軍縮編師長姓名，與此略有出入，附記於此以備考，

（甲）原屬第一集團軍者
第一師劉峙，二師顧祝同，三師毛炳文，四師繆培南，五師熊式輝，
第六師陳焯，第七師王均，八師朱紹良，九師蔣鼎文，十師方鼎英，
第十一師曹萬順，十二師金漢鼎，十三師夏斗寅。

（乙）原屬第四集團軍者
第十四師張定璠，十五師夏威，十六師胡宗鐸，
第十七師陶鈞，十八師魯滌平，十九師何鍵，

〔第二十師韓復榘，二一師梁冠英，二二師吉鴻昌，二三師馮治安，

（丙）原屬第二集團軍者——第二四師石友三，二五師査玉振，二六師程希賢，二七師張維璽，第二八師宋哲元，二九師劉汝明，三十師佟凌閣，三一師孫連仲。

（丁）原屬第三集團軍者——第三二師李培基，三三師孫楚，三四師徐永昌，三五師楊效歐，第三六師李生達，三七師王靖國，三八師李服膺，三九師趙承綬，第四十師關福安，四一師張會詔，四二師張蔭吾，四三師傅作義。

（戊）原直隸於中央者——第四四師方振武，四五師鮑剛，四六師范熙績，第四七師陳調元，四八師徐源泉，四九師任應岐。

（己）原屬第四集團軍者——第五十師譚道源，五一師李品仙，五二師葉琪，五三師廖磊，第五四師王澤民，五五師程汝懷，五六師張義純。

（庚）由第八路軍縮編者——第一師陳濟棠，第二師徐景唐，第三師陳銘樞，第四師黃紹雄，第五師范石生。

最近海軍實力調查表四（注）據十八年二月調查廣東及東北艦隊除外，

海軍總司令楊樹莊

- (甲)第一艦隊
  - 統海容，海籌，永健，永績，華安，普安，定安，海鴻，海鵠，海鷗，海鳧十一艦，計二萬三千九百二十噸，
  - 司令陳季良，計員兵共一千三百五十二名。
- (乙)第二艦隊
  - 統楚有，建威，楚同，楚泰，楚謙，楚觀，江元，江貞，江鯤，江犀，咸寧，德勝，威勝，公勝，義勝，勇勝，誠勝，利通，福鼎二十艦，計二萬零九十七噸，
  - 司令陳紹寬，計員兵共一千六百九十五名。
- (丙)練習艦隊
  - 統應瑞，通濟，靖瑞三艦，計一萬零九百五十噸，
  - 司令陳訓泳，計員兵共六百零六名。
- (丁)魚雷艦隊
  - 統聯鯨，建康，豫章，湖鵬，湖鶚，湖隼，湖鷹，辰字，宿字，列字，張字十一艦，計一千九百八十八噸，
  - 司令曾以鼎，計員兵共五百五十五名。

國民黨第三次全國代表大會宣言綱要表五　（注）十八年三月，在南京開會，

(甲)主義之發生

- 1 外國革命之錯誤——打破
  - 宗教上
  - 政治上
  - 經濟上
  - 不適宜制度產生
    - 軍閥主義，
    - 海外殖民競爭，
    - 虛僞的民主政治，
    - 資本主義，
    - 個人主義，
      - 1 對於社會，釀成階級鬥爭，
      - 2 對於國際形成海陸爭霸。
- 2 中國革命之進步——總理深識此種基本問題之意義
  - 一方欲領導中國人民，力謀改良己身之生存方法與組織，
  - 一方期與世界各民族共同解決此問題，而致人類生存方法與組織於最善之途。

（乙）努力之經過

1 辛亥革命之失敗——不依照總理之革命程序，及不作長治久安之建設，以致十餘年來，禍亂相仍，

2 二次革命之結果——集中革命勢力，使南北軍閥先後失敗，

3 第一次代表大會後之工作——以革命責任付託全黨同志，創立黃埔軍校，講演三民主義，曹吳倒後，謀和平統一，不幸總理逝世，

4 總理逝世後之努力——肅清兩廣反革命分子，成立國民政府，開第二次全國代表大會，決定北伐大計，任蔣介石爲國民革命軍總司令，平定大江南北，

5 共黨分子之跋扈——共黨分子把持武漢中央，牽制北伐，故定都南京，舉行清黨，

6 五三慘案及完成北伐——進攻奉魯軍閥，爲日帝國主義者嫉視，發生空前未有之大慘案，國府委曲求全，克復北平，旋東省自動易幟，全國統一，

7 軍事之整理——蔣總司令以軍事告終，召集最高軍事會議，商議縮編軍隊，

8 訓政之開始——開五中全會，成立五院，制定國府組織法，頒布訓政綱要，召集編遣會議，議決開第三次全國代表大會。

(丙)今後之努力

1 參照過去

1 就黨的本身言，示人民以三民主義之眞諦，

2 就政治方面言，欲打破紛擾割據之環境，在有實際的三民主義之建設，

3 就人民方面言，欲免除一切痛苦，當實施人民實際要求的三民主義，

2 準備將來——此次會議，爲繼往開來，決定各案，以爲本黨今後努力之方案，

第十七章　教育思想之變遷及文化概略

一　新思想之發端及新舊思想之衝突

我國教育思想之革新運動，始於清同治七年（公元一八六八）曾國藩用粵人容閎之言，派遣子弟赴美留學，然所歆羨者，不過船堅砲利而已。光緒時李鴻章號爲通達時務，亦僅限於水師學堂，武備學堂，兵工廠，製造局，及鐵路電線等交通機關，於政治之革新無與也。康有爲梁啓超首倡變法，繼起之人又建議立憲，似與政治革新有關，然終不能實現，於文化革新更無與也。及民國成立，政治革命成功，而後文化革新運動始漸表現。

中國之國民精神，二千年來，皆寄託於孔子。清季章炳麟以樸學聞人，將孔子之價値重新估定，一般青年學子，漸以孔子爲討論問題。及民國六年，蔡元培爲北京大學校長，循思想自由原則，取兼容並包主義，陳獨秀李大釗等皆爲教授，極盡力於新文化之提倡。新青年新潮雜誌，風靡一時，遂有打倒孔家店之謬說。於是林紓等主張國粹，諸學者研究國故，紛紛而起，與新派對峙。又有發明殷虛

甲骨文字，流沙墜簡者，而國學益昌明矣。

二 文言語體之爭論 清代文學，以桐城派爲中堅，而以吳汝綸爲後勁，嚴復林紓皆出其門。嚴復以之譯西洋哲學，林紓以之譯西洋小說，思想界雖別開生面，而文字仍守古派。梁啓超出，以流放之筆，雜通俗之辭，已成爲極淺顯之文字。及胡適海外歸來，倡文學革命論，主張八不主義：(1)不作言之無物的文章，(2)不作無病呻吟的文章，(3)不用典，(4)不用套語爛調，(5)不重對偶，文須廢駢，詩須廢律，(6)不作不合文法的文章，(7)不摹倣古人，(8)不避俗語俗字。再括爲四條：一要有話說，方纔說話，二有什麼話，說什麼話，要什麼說，就說什麼。三要說我自己的話，不說別人的說，四是什麼時代的人，說什麼時代的話。一時學者靡然向風，有以語體文代文言文之趨勢。八年九月，敎育部通令中小學校，採用語體文，而王璞黎錦熙等倡導之注音字母，亦風行一時焉。迄民國十七年，王雲五又有易學易檢之四角號碼之字典出現。

三 學生政治運動及異說之紛糾 我國學生政治運動，始於東漢郭泰賈彪之反對宦官，宋陳東之請誅蔡京，起用李綱。而其影響最大關係最鉅者，推民國八年之五四運動。歐洲和會，拒絕籤

字，青島濟路，因是收還。全國學生聯合會，亦於是年六月在上海成立。對於本身問題，要求參加校務會議。關於本身以外之各問題，學生須努力進行農工運動，反帝國主義，反基督教運動，及其他種種社會運動。由是士氣發揚，十四年對外有五卅運動，十五年對內有三一八運動。打倒帝國主義及一切工具，成爲當時最普通之口號。青年學生，遂成爲民衆運動之急先鋒，國民革命之主力隊，完成北伐，厥功甚偉。惟是腦經簡單，易受下列異說麻醉，發生不規則舉動，是則其失也。

（甲）共產主義派　五四運動以前，中國革命派，只有孫中山領導之國民黨，以三民主義相號召。五四運動以後，遂發生共產主義派。是派醉心於列寧等所倡導之第三國際，共產黨以陳獨秀李大釗等爲代表，遵守馬克斯列寧史丹林之策略，所謂惟物史觀，剩餘價值，階級鬥爭，無產階級專政，農人暴動沒收土地，工人暴動沒收工廠，無一不是受第三國際發縱指使，甘心作蘇俄走狗，不惜以中國四萬萬民衆，作其犧牲品。殺人放火，原不算一回事，中國之公敵也。

（乙）國家主義派　此派發生，與共產派約略同時，醉心于法國普恩加賚，意國慕沙里尼之國家主義派，極端反對國民黨容納共產分子。以「內除國賊，外抗强權」爲口號，不贊成建基礎於

和平人道之民族主義，而主張建基礎於武力霸道之國家主義，不服從三民主義創造者孫中山，而偏要高呼普恩加賚是吾師以示異。其墮落者且不惜賣身殘餘軍閥作反革命宣傳，亦國民之敵也。三民主義，具有博大革命性。國民黨人爲奉此主義者，一般學者亦宜研究也。

四　教育宗旨之變遷　我國舊無所謂教育宗旨也，清光緒三十二年，學部奏定以「忠君尊孔尙公尙武尙實」五端布告天下，此我有教育宗旨之始。民國元年，蔡元培爲教育總長，改爲「注重道德教育，以實利教育軍國民教育輔之，更以美感教育完成其道德。」一蓋採臨時教育會議之決議也。四年四月，袁世凱主政，頒定教育宗旨，分爲「愛國，尙武，崇實，法孔，重自治，戒躁進」七項，旋即廢止。民國八年，歐戰告終，和平空氣，彌滿全國，乃由全國教育聯合會呈請教育部，將民元之教育宗旨，明令廢止，以「養成健全人格，發展共和精神，」一定爲教育本義。十四年中華教育改進社，決議現時教育，應養成「以國家爲前提之愛國國民爲宗旨，」一然未經公布。至十七年五月，全國教育會議在南京開會，決議「以三民主義，爲中華民國教育宗旨。」一旋中央黨部訓練部，亦有同樣之提議。此由大學院頒行全國，其實施方法，可約分爲數端：

(1)三民主義爲大中小學校必修科目，黨義教師，須經政府檢定。

(2)以前教科書，須審查修改，或另行編訂，積極灌輸黨義。

(3)指導學生參加羣衆運動及集會，並酌設國民黨區分部於各校。

(4)利用各種紀念日，宣傳黨綱，每星期舉行紀念週，講演黨義。

旋由教育部頒布黨歌，令全國學校遵照歌唱。其辭曰「三民主義，吾黨所宗，以建民國，以進大同。咨爾多士，爲民先鋒，夙夜匪懈，主義是從。矢勤矢勇，必信必忠，一心一德，貫澈始終。」

五　三民主義教育之確定　十八年三月十五日，開第三次中國國民黨代表大會於首都，規定教育宗旨及實施方案，即由國府公布，其原文如下：

(甲)教育宗旨　中華民國之教育，根據三民主義，以充實人民生活，扶助社會生存，發展國民生計，延續民族生命爲目的，務使民族獨立，民權普遍，民生發展，以促進世界大同。

(乙)實施方針　前項教育宗旨之實施，應守下列之原則：

(1)各級學校三民主義之教學，應與全體課程及課外作業相貫連，以史地科闡明民族眞諦，以

集合生活訓練民權主義之運用，以各種之生產勞動的實習，培養實行民生主義之基礎。務使智識道德，融會貫通於三民主義之下，以收篤信力行之效。

(2)普通教育，須根據總理遺教，陶鎔兒童及青年忠孝仁愛信義和平之國民道德。並養成國民之生活技能，增進國民之生產能力，爲主要目的。

(3)社會教育，必須使人民具備近代都市及農村生活之常識，家庭經濟改善之技能、公民自治必備之資格，保護公共事業及森林園地之習慣，養老恤貧防災互助之美德。

(4)大學及專門教育，必須注重實用科學，充實科學內容，養成專門知識技能，並切實陶鎔爲國家社會服務之健全品格。

(5)師範教育，爲實現三民主義的國民教育之本源，必須以最適宜之科學教育，及最嚴格之身心訓練，養成一般國民道德上學術上最健全之師資，爲主要之任務。於可能範圍內，使其獨立設置。並盡量發展鄉村師範教育。

(6)男女教育機會平等。女子教育，須注重陶冶健全之德性，保持母性之特質，並建設良好之家

庭活生，及社會生活。

(7)各級學校及社會教育，應一體注重發展國民之體育，中等學校及大學專門，須授相當之軍事訓練。發展體育之目的，固在增進民族之體力，尤須以鍛鍊强健之精神，養成規律之習慣，爲主要任務。

(8)農業推廣，須由農業機關積極設施。凡農業生產方法之改進，農民技能之增高，農村組織與農民生活之改善，農業科學智識普及，以及農民生產消費合作之促進，須以全力推行。

六　西學之輸入　西洋哲學之被中國學者紹介，大牛仰承其師說與平素所信仰。如胡適之於實驗主義，張嘉森張東蓀之於直覺主義是也。而外國學者來華講演，又有八年九月之英羅素，美杜威，十年九月之美孟祿，十三年四月之印度泰果爾等。至於藝術與科學，亦較往時進步。公家之科學機關，有中央研究院，地質調查所等。

附全國敎育會議綱要表一　（注）十七年五月

（甲）人員
- 1 召集者——大學院正副院長蔡元培楊杏佛，
- 2 列席者——大學院長爲當然會員，及省市代表，選聘專家，凡七十八人。

（乙）分組
- 1 三民主義教育組，2 教育行政組，3 教育經費組，4 高等教育組，5 普通教育組，6 職業教育組，7 社會教育組，8 科學教育組，9 藝術教育組，10 體育組，11 出版組，12 改進私立學校組。

（丙）十大端
- 1 確定三民主義爲中華民國教育宗旨，
- 2 注重教育機會之均平，全國民衆，不分貧富，不分男女，不分智愚種族，不分城市鄉村，不分國內人民國外僑民，均設法予以教育均等之機會，
- 3 注重勞工神聖，4 提倡藝術教育及科學教育，5 寬籌教費並保障獨立，
- 6 注重體育，尤其是國技的訓練，7 籌辦國立中央圖書館，
- 8 注重中小學補充讀物，9 注重社會之娛樂改進，
- 10 促進私立學校之改進。

（丁）議案

1概數——收到四百零二件，通過者二百三十七件，合併結果凡百二十一件，

2特重者——學校實施軍事訓練，注重國恥教材，提倡國貨，嚴禁學生烟酒，

3討論較久者——1師範教育獨立問題，結果高中得設師範科，2女子中學獨立問題，結果以獨立爲原則，3小學不授文言問題，結果通過。

第十八章　國府統一後之糾紛

一　湘事問題之發生　當第三次全國代表大會之籌備進行也，滿擬全國一心，努力于訓政工作。孰意十八年二月二十一日，又有湘事問題之發現。魯滌平自十七年六月接任湖南省政府主席以來，亦有相當成績。武漢政治分會殊不滿意，下令撤職，以何鍵繼任。何鍵未到任以前，以民政廳長曾繼梧暫代。隨派夏威部李明瑞旅，胡宗鐸部楊騰輝旅入湘監視，魯滌平即于二十一日離省。據武漢分會所指魯氏罪狀，約分下三端：

(1)國地稅收，早經劃定，用人行政，權責攸分。該主席竟敢蓄意把持，妄為支配，政綱淆亂，整理奚從。

(2)湘省共黨蹂躪，受禍最深。該主席對於剿共剿匪，諸多不力。遂致伏莽潛滋，匪氛遍地，治安秩序，在在堪虞，除暴安良，尤辜民望。

(3)湘省連年喪亂，民困已深，綏靖撫循，猶虞弗及。該主席對於釐金鹽務諸端，橫征斂怨，商民來會籲陳者相繼于途。迭飭核實，置若罔聞。人民疾苦未獲解除，抑又甚焉。

同時湘西之譚道源師，亦受葉琪部何宣危宿鍾兩旅壓迫，由常德向慈利退却。何鍵以湖南不可無主，遂于三月二日入省視事。魯滌平已乘輪入京，報告經過情形，並陳武漢分會所加之罪名完全不確。略云：「如該電一、所謂違抗中央，究竟誰違誰抗，事實具在，不難證明。二、湖南國地兩稅，向來劃分清楚，國稅由武漢分會派人經理，地稅非經省務會議議決，不得擅支，何謂把持財政。三、湘省釐金，除奢侈品舶來品外，本省土貨收稅極輕，關於手工土布，且不征稅，所謂增釐，全非事實。湘省鹽稅，以前祇收五六十萬，最近切實整理，已增收至百萬左右。實際不獨不增稅額，且減去甚多，此事曾呈中央備案，亦可查考。」國府為明瞭真象起見，特交蔡元培何應欽李濟琛等查覆核辦。旋查辦案發表，「認武漢分會此次舉動為不合，李主席宗仁，事前並未與聞，所請處分，無庸置議。與議者為張知本胡宗鐸張華輔，應予以免職處分。」經中央政治會議通過。二月十四，張知本等覆電接受，而湘事問題，暫告一結束。

二　武漢兵事之平定

當湘事問題之查辦也，傳中央有軍事動作。李宗仁因自上海發出辭職通電。胡宗鐸夏威陶鈞等，特開緊急會議，討論應付方法，旋即決議以兵力抵抗。一面由白崇禧領銜，成立第四編遣區。一面用李宗仁名義，委任何鍵葉琪夏威胡宗鐸陶鈞五人爲五路司令。責成第一路何鍵，擔任株洲至平江工作。第二路葉琪，擔任大江南岸防守。前線工作由夏胡陶三人負責。中央以李宗仁白崇禧李濟琛爲此次事變主持者，由三中全會予以開除黨籍處分，隨由國府下討伐令，命劉峙，顧祝同，蔣鼎文夏斗寅部由江北之英山宿松，向鄂前進。在江南者爲繆培南，方鼎英，王均，金漢鼎，與江北取聯絡之勢。而陳紹寬海軍，擔任江面工作。魯滌平王均之一部，在銅鼓萬載方面，謀出湘東，截桂系後路。十八年四月一日，中央軍佔領黃州，向前急進，海軍於二日晨，佔領劉家廟。夏威幹部李明瑞投誠，夏威出走，所部紛紛渡江，由長武路退蒲圻通城。其他各部集中楊羅黃陂孝感，爲最後之線。蔣介石黃州督師，著著勝利。同時馮部韓復渠軍由武勝關南下。而何鍵亦於四日，在湖南就第四路總指揮職，通電擁護中央。桂系處此四面楚歌之中，紛紛向鄂西潰散，于是武漢三鎮，完全克復。蔣介石五日蒞漢，即以魯滌平爲武漢衛戍司令，維持治安，任劉峙爲武漢編遣區特派員，肅

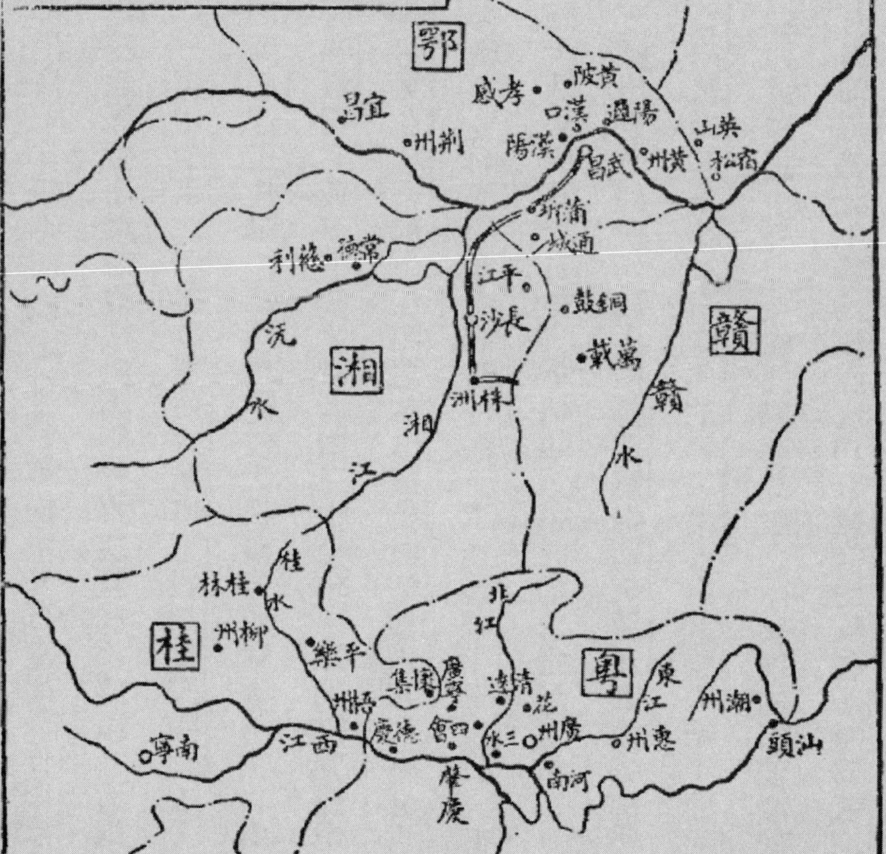
鄂
湘
贛
桂
粵
宜昌
荊州
孝感
黃陂
漢口
漢陽
陽邏
武昌
黃州
英山
宿松
蒲圻
通城
常德
慈利
平江
長沙
銅鼓
萬載
株洲
沅水
湘江
贛水
桂水
桂林
柳州
平樂
梧州
懷集
廣寧
清遠
北江
花
四會
德慶
三水
廣州
惠州
東江
潮州
汕頭
南寧
西江
河南
肇慶

國府統一後南方兵事圖

淸鄂西殘敵。旋夏胡陶下野，全部改編。鄂省主席，以方本仁代之，而武漢定矣。

三　兩廣兵事之糾紛　兩廣原隸李濟琛指揮之下，自李在京軟禁，武漢戰事發生；于是內部分爲兩派。激進派主張響應武漢，以鄧世增黃紹雄爲代表。溫和派主張擁護中央，以陳銘樞陳濟棠爲代表。十八年三月中旬，鄧世增等卽在粵設立前敵總指揮部，行營積極準備作戰。同時黃紹雄回桂調兵，集中粵省。陳銘樞在港，首先發出和平通電，及陳濟棠由京回粵，遂決定以武裝維持和平，陳策蔣光鼐等，亦署名通電。主戰空氣，爲之一變，桂軍乃全部離粵。其時李宗仁白崇禧等由滬回桂，與黃紹雄整兵經武，以抵抗中央爲事。中央因下討伐決心，命第四路總指揮何鍵，與第八路陳濟棠，第十路龍雲三路討桂。何率四縱隊周瀾劉建緒吳尙范石生師，分途前進。五月十四，劉部戴斗垣旅，佔領桂林，同時平樂亦爲范軍克復，桂軍紛紛向柳州撤退，此廣西方面之戰況也。

廣東方面，爲桂系注意點所在，以梧州爲大本營，對湘取守勢，對粵取攻勢，懷集開火，桂軍佔領德慶。又勾引海軍將領舒宗鎏賄買中山，江大，江固，江漢等艦在廣州發生異動。第二師徐景唐部李務滋雲瀛橋兩旅；亦在東江響應桂系，廣東情勢，一時緊張。幸陳濟棠應變有方，用飛機隊制止變艦。

禧，蔣光鼐克復惠州與福建張貞部會攻潮汕東江漸告無事。而西北兩江，桂軍進行，仍極順利。白崇禧爲總指揮，分三路東下，白任中路，許宗伍王應榆分任左右兩路，黃旭初爲總預備隊。粵軍連失清遠蘆苞，(在三水上六十里)廣州大爲震動，陳濟棠聞訊大加戒備，扼守白泥，(在清遠三水間)五月二十一日，雙方開戰，白親率部隊向粵軍陣地猛攻。粵軍由戴戟余漢謀陳章甫三旅分路截擊，桂軍終不能衝破陣線。其時花縣民團亦紛起擾亂桂軍後防，于是陣線搖動，桂軍向四會廣寧潰退，集中梧州，拒粵軍前進。其時第四路軍已沿桂江而下，攻其側面。粵軍余漢謀香翰屏旅于收復四會後，向德慶追擊。同時飛機隊由黃克鉄指揮與陳策所部艦隊會攻梧州。在鄂受編之李明瑞楊騰輝部，由海道開來，歸俞作柏指揮參戰，而梧州遂于五月二日克復。桂軍初退柳潯，再退南寧，李宗仁白崇禧出走，中央以俞作柏爲廣西主席，李明瑞爲編遣特派員，辦理善後。旋桂局發生變動，李白復起，李受閻錫山命任第一方面軍總司令，于十九年六月侵入湖南，攻陷長岳，何鍵與何應欽所統之中央軍聯合反攻，桂軍退出湘境。重守廣西，粵桂遂成相持之局。

四　馮玉祥之事變　十七年十月，五院政府成立，馮玉祥以行政院副院長兼軍政部長，本

為國府重要人物。十八年初，編遣會議後，馮氏託病北歸。初居衞輝，再移華山，相傳有反抗中央企圖。此時馮氏有關諸通電發表，滿信其無他。迄三月底濟案解決，中央統籌兼顧，頒布接防辦法。其時山東主席孫良誠突離泰安。同時供職中央二集團人員，如鹿鍾麟唐悅良等，亦相繼離職，裂痕漸顯。中央以孫等本馮部屬，乃迭遣邵力子賀耀祖北上，解釋誤會，約馮回京。一面以陳調元方振武為魯皖主席。唐生智部集中德州濟寧，劉峙節制在鄂軍隊，對於兵事有所計畫，劉驥薛篤弼南返，聲言馮絕對服從中央。不意五月十五左右，武勝關隧道，漳河及黃河鐵橋，隴海路東段，均為二集團軍炸毀，同時信陽電線，亦被截斷。河北豫南馮部，紛紛向鄭洛集合。聞自汜水至陝州，畫分五道防綫，以少數兵隊掩護河南，而以重兵向華北發展，此其最初計畫也。旋召集潼關會議，由劉郁芬等署名，發表通電，指斥中央，號稱護黨救國軍。中央為維持威信起見，一面執行紀律，除其黨籍，同時仍冀其翻然悔悟，貫澈和平統一政策。閻錫山亦迭電馮氏，諄諄以結伴外遊為言。馮部將領韓復榘馬鴻逵石友三等，通電服從中央。馮因有五月二十七日下野通電。中央應付此事，乃兼用下列二種政策：

(甲)軍事方面　命唐生智方振武兩部，由隴海路西進。劉峙由鄂北上，劉鎮華自漳南來，向潼

關紫荊關兩地發展。復命馬廷勳由寧夏襲其後，鄧錫侯田頌堯由川北截其南，取大包圍之勢。

（乙）和平方面　由閻錫山主持舉行太原會議。何成濬唐生智代表中央，曹浩森鄧哲熙代表馮氏，所得結果如下：(1)馮限於十日內出洋，保證其生命財產之安全。(2)國府於馮出洋時，取消通緝令。(3)馮部暫守原防，歸閻改編。(4)馮部將領，俟改編後由國府加委。

馮玉祥爲環境所迫，卽於六月二十日，親抵運城（原安邑）隨赴太原，刻日放洋。國府亦不咎既往，取消通緝令，漫天大霧，一旦廓清，全國人民喜可知也。

五　唐石之役　十八年馮部事變，唐生智受命爲討伐西北軍第二路總司令，轉戰中州，所向有功。不意是年十二月，與石友三第十三路軍，忽發生異動。石部集中浦口，準備南下援粵。十二月二日之夜，突然譁變，擄掠大宗餉械，乘津浦路北去，竄入蚌埠。唐生智亦發布護黨救國軍第四路總司令就職通電，並於二三日間，聯合河南湖南及西北軍將領，表示擁戴汪精衛。七日國府明令免唐石本兼各職。湖南將領何鍵，及豫西將領楊杰王金鈺徐源泉等，先後通電，表明心跡，一致反唐。唐乃徘徊於平漢線上，不能發展。二十日，閻錫山張學良等復聯名通電，「擁護中央統一，共同奮鬥。」韓

復渠，孫殿英，劉珍年楊虎城等，亦先後響應，唐氏情形更壞。

先是蔣總司令任何成濬爲第五路總指揮，與第二路總指揮劉峙北上討唐。蔣鼎文夏斗寅師，卽向豫南挺進，連戰皆捷。豫西徐源泉王金鈺部，已早與唐軍發生衝突。韓復渠亦向許昌進攻。而晉軍此際亦實行出動，孫楚部開抵鄭州，繼之以楊愛源馮鵬翥部。唐氏已陷入四面重圍之中，不能自拔矣。

十九年開始，劉峙信陽督師，連日與唐軍主力劉興龔浩門炳岳等，激戰于冰天雪地中。楊虎城出其不意，襲其後方，乘勝佔駐馬店。一月四日，唐軍紛紛向汝南上蔡遂平潰退，實力傷亡過半，遂一蹶不振。北路軍事，由閻錫山指揮，兵威所及，敵人喪胆。唐生智電閻，願以所部交劉興接管，下野出洋。閻氏許之，卽委劉興爲第八軍軍長，負責收撫。而漯河以南之唐軍，全被劉峙繳械。唐氏本人，於十三日離軍下野，其軍事生涯于以告終。與唐並起之石氏，踢躇蚌埠，不能有爲，賴馮福祥等之斡旋，脫離護黨救國軍旗幟，移防豫東。由國府予以河南清鄉總指揮名義，而石部問題，亦告一段落。

六　擴會之役

唐石之役方終，不意爲時未久，又有擴會之投，以閻錫山爲主角。閻與蔣本

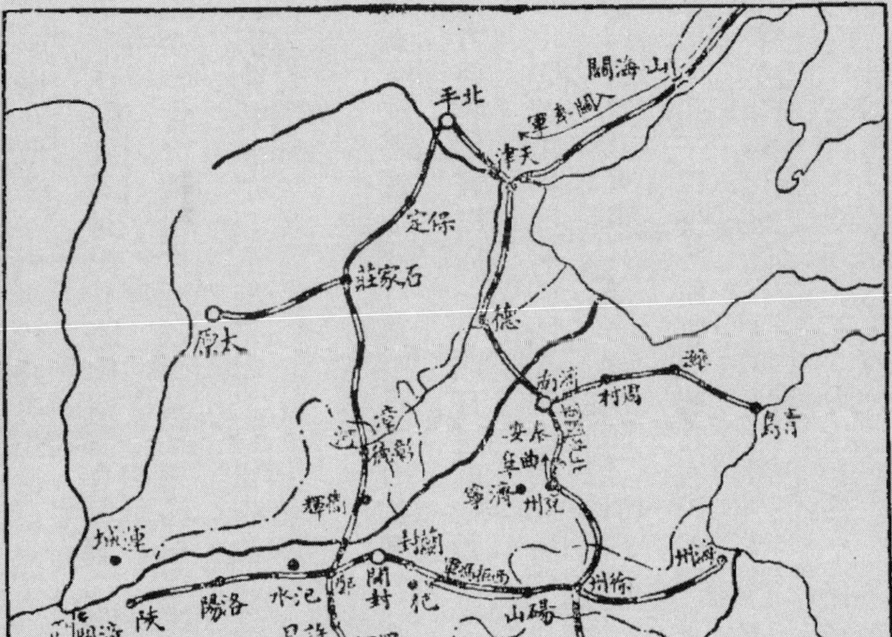
北平
天津
山海關
保定
石家莊
太原
德
濟南
周村
青島
泰安
曲阜
濟寧
兗州
蘭封
開封
杞
碭山
徐州
海州
運城
洛陽
陝
潼關
華山
汜水
許昌
漯河
遂平
上蔡
駐馬店
汝南
信陽
武勝關
紫荊關
蚌埠
浦口
南京

國府統一後北方兵事圖

異趣，意欲結合北方國民黨員西山會議改組兩派份子，另立中央黨部，以與南京對抗。但兩派各有立場，相持不下。及汪精衛主張擴大會議，以集中黨的人才爲前提，于是意見一致，至八月間舉行正式會議，成立中央黨部，隨組織國民政府，閻推爲主席，統一國府又告分裂。而兵事發端，實始于十九年二月十日閻請蔣同時下野之一電，初以文字爲接觸，後遂以兵戎相見，三月十四日二三四集團軍將領擁閻爲總司令，其作戰概況如下：

北方軍總司令閻錫山
- 第一方面軍總司令李宗仁，由廣西進窺湘粵，
- 第二方面軍總司令馮玉祥，擔任河南軍事，以鹿鍾麟爲前敵總司令，
- 第三方面軍總司令閻兼，擔任河北軍事，命徐永昌統率傅作義、孫楚各路，
- 第四方面軍總司令石友三，受閻命爲山東主席，由豫入魯。

中央軍總司令蔣介石
- 第一軍團總指揮韓復榘，本河南主席，暫退守魯西，
- 第二軍團總指揮劉峙，防守徐州碭山宿縣一帶，
- 第三軍團總指揮何成濬，防守平漢線許昌以南各地，

總豫備軍團總指揮陳調元，防守黃河南岸，
另以何應欽為武漢行營主任，主持武漢一切軍事。

五月十一日，兩方接火，第二軍團主力向隴海路挺進，發展甚速，至二十二日，已達蘭封至杞縣之線。但過此以西，馮軍加厚，漸成堅持之局。山東方面閻部取攻勢，韓復榘退守黃河南岸。六月二十五日，韓以敵勢大增，放棄濟南，退守周村濰縣之線。而馬鴻逵軍亦退守曲阜兗州濟寧各處。自五月下旬至七月上旬，中央軍事之重心，仍在隴海線。卒以敵軍陣地堅固，無法進展。蔣總司令乃改變作戰計畫，守隴海路而攻津浦。以劉峙為總指揮，向泰安濟南前進，期與膠濟路之韓復榘軍相策應。八月六日，佔領泰安，閻部大潰，傅作義李生達等僅以身免，卒于濟南近郊，將敵軍主力根本解決，克復濟南。時隴海路戰事正急，調劉峙部加入，與蔣鼎文顧祝同朱紹良三路軍，聯絡夾擊。九月八日，石友三部敗退，馮部以長期戰爭亦筋疲力竭，漸不能支。此時坐鎮關外之張學良，於九月十八，通電表明態度，閻馮喪胆。二十二日，于學忠王樹常兩軍入關，接收平津，擴會瓦解。旋鄭汴洛相繼克復，擴會諸要人皆他去，閻馮亦下野，而此南北分裂之戰事又告結局。

七　國民會議及京粵之分合　擴會之役告終，中央當局，欲成立訓政時期約法，急于國民會議之進行。二十年二月十七日選舉事務所開始辦公，先後發布國民會議代表選舉法國民會議組織法及議事細則等各項要規。四五月之交，招待處秘書處警衛處均成立。各省市國民會議代表陸續抵京，遂于五月五日開會。出席代表凡四百餘人，推定張繼，戴傳賢，吳鐵城，周作民，林植夫，陳立夫，劉純一，于右任，張學良九人爲主席團，連日議決要案甚多，尤以通過「中華民國訓政時期約法」一案關係爲最重要。計分八章，共八十九條，關於人民之權利義務，訓政綱領，國民生計，中央與地方之權限，均有詳細的規定。大會八次，遂於十七日發表宣言，宣告閉會。

惟當國民會議進行之時，立法院長胡漢民，因提議約法問題，不與同意，于四月二日去職，初居湯山，繼居雙龍巷。因引起粵方之誤會，致有鄧澤如，林森，蕭佛成，古應芬等之陷電，對於蔣氏私人有所攻擊。蔣卽呈請中央監委會查辦。中央監委認古等陷電無當事實，由蔡元培張繼李石曾張靜江吳稚暉署名電致粵方，糾正錯誤。一方邀請在滬之孫科，赴粵疏解。及孫科抵粵後，復有五月二十五日唐紹儀汪精衞陳濟棠等領銜之通電。自是粵桂攜手，舉行非常會議，成立中央黨部，組織國民政

府，推定唐紹儀，汪精衞，古應芬，鄧澤如，孫科，鄒魯，許崇智，林森，蕭佛成，李宗仁，李烈鈞，熊克武，唐生智，蔣尊簋等，爲國府委員，與南京成立對抗之局。中央爲保全大局起見，注重劃匪。對於粵方，信使往返，遷延數月，未克就緒。及九一八倭禍暴發，羣知有合作之必要。張繼蔡元培陳銘樞銜命南下，與汪精衞，孫科，李文範等接洽。決定「蔣發通電引咎聲明議定統一政府時下野，粵亦通電引咎赴京開會，取消廣州政府。」十月十八日，粵代表汪精衞，李文範，伍朝樞，孫科，與張蔡等北上，開上海和平統一會議。對外取一致行動。國民黨第四次全國代表大會決定京粵雙方舉行，選舉同一的中央執監委員。十一月間，雙方舉行第四次全國代表大會，凡以前因政治關係開除黨籍者一律恢復。旋由一中全會選林森爲國府主席，于二十一年一月一日就職，於是國黨要人大結合矣。

八　各省之紛擾　各省變亂，與中央全局有關者略述如前。其關於局部者，又有下列數省：

（甲）新疆　新疆自清光緒改省以來，尙稱安靜。辛亥革命，楊增新繼起獨立，治新十七年，民情頗洽。不意是年七月一日宣布服從國府，懸掛青天白日滿地紅國旗，至七日遂有樊耀南暗殺之事。樊爲新疆交涉員，隸共產黨籍，受第三國際指揮，企圖暴動。時楊以七十高年，親赴俄文學校，參加畢

業典禮，突爲所殺。是晚民政廳長金樹仁率兵討亂，樊卽伏誅，金爲主席，而新亂遂定。金爲政數年，貪殘無道，大失民心，以故回漢相仇，禍延全省。至二十二年四月十二日，遂發生政變，金氏出走。民政廳長劉文龍爲臨時省府主席，剿匪總指揮盛世才爲臨時邊防督辦，中央爲鞏固邊圉計，特先後遣黃慕松、羅文幹前往宣慰焉。

(乙)寧夏　寧夏爲西北要地，自十七年改省以來，以門致中爲主席，與該地回民頗不相安。已故甘肅提督馬安良之子馬廷勷，世有勢力。其弟擁衆數萬，由西寧而來。門氏被逐，馮玉祥遣劉郁芬統兵前進，馬卽遁去。門復入寧夏任主席，此五月五日事也。迨馮氏失敗後，馮部軍人概他去，而馬仲英等復起事，肆行蹂躪，甘肅苦於兵禍焉。

(丙)四川　四川軍閥自革命軍發動以來，同隸於國民政府之下。其時可分二派：(1)劉湘爲首，根據重慶，劉文輝、鄧錫侯、田頌堯等屬之。(2)楊森爲首，根據萬縣，賴心輝、郭汝棟、羅澤洲等屬之。十七年七八月間，雙方對立，大有一觸卽發之勢。旋因北伐完成，雙方似有覺悟，舉行資中會議，籌畫善後辦法，頗有相當結果。國民政府特發布治川綱要，於十月委任劉文輝、鄧錫侯、向傳義、任鴻雋、謝持、劉

湘田頌堯楊森呂超盧師諦熊驤黃復生盧仲琳等爲省政府委員，而以劉文輝爲主席。不意省政府未克成立，至十二月，賴心輝羅澤洲等向川北活動，劉文輝起而禦之，川戰又起。結果楊森敗退廣安，劉湘佔領川東，以王陵基爲夔萬衞成司令，川戰暫告結束。十八年三月，劉文輝在成都就主席職，旋劉湘任四川軍務善後督辦，于是川省勢力集中二劉。二十一年十月，二劉以權利上之衝突發生激戰。文輝挫折，十二月九日退出成都，向劉湘求和，辭川省主席職，于是二劉成立妥協局面。是戰結果，劉湘得文輝防地數十縣，鄧錫侯亦有所獲。劉文輝以二十二年春，突向鄧進攻，逼令退出成都附近防地。鄧不得已于五月十四日離開成都在新都策劃軍事，分三路布防。田頌堯以利害關

國府統一後西部事變圖

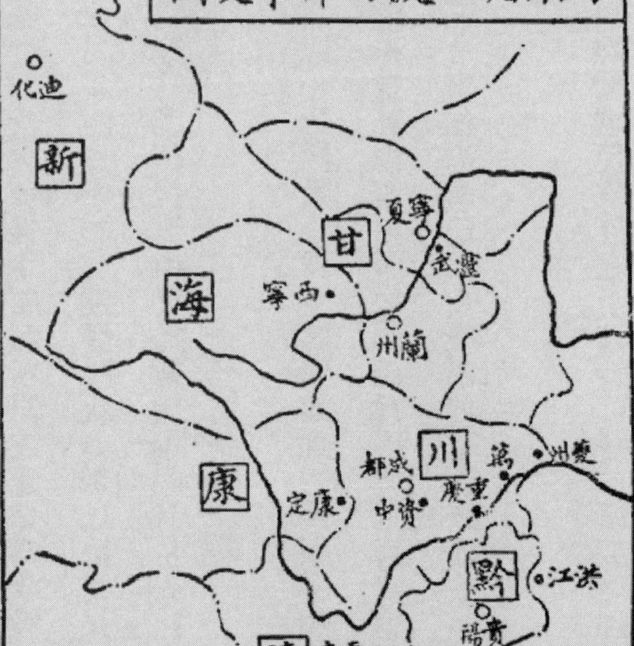

係，加入鄧方，劉湘亦加入鄧田方面。文輝自知不敵，放棄成都，退守岷江。旋復爲劉湘軍所敗，向西康引退矣。

（丁）貴州　地小民貧，劉顯世盧燾袁祖銘互爲起伏。十五年北伐軍起，袁祖銘加入作戰，開向湘西，周西成任主席，編爲二十五軍。袁至常德，徘徊不進，唐生智密令周斕誅之，所部彭漢章王天培兩軍長亦先後伏法。餘部歸李燊統率，編爲四十三軍。十七年春，加入西征軍作戰，頗著勤勞。十一月率兵回黔，爲周西成所拒。十八年夏，李燊攻陷貴陽，周氏被殺，副軍長毛光翔起而逐之，任黔主席。旋王家烈由洪江返黔，毛去王繼。迄二十一年十一月，毛復與師長猶國材等結合，驅逐王氏，猶主省政。二十二年春，王氏捲土重來，內爭紛糾不已。

附國民會議綱要表一　（注）二十年五月五日，

（甲）出席者
1 各省市區代表四百餘人，分農工商敎黨五項資格，
2 主席團張繼，戴傳賢，吳鐵城，周作民，林植夫，陳立夫，劉純一，于右任，張學良九人。

（乙）分組

1 軍事組，2 法制組，3 外交組，4 約法組，5 敎育組，6 內政組，7 財政組，8 經濟組，9 提案組。

（丙）要案——訓政約法

1 總綱，中華民國，永爲統一共和國，
2 人民之權利義務，無男女種族宗敎階級之區別，
3 訓政綱領，依建國大綱之規定，
4 國民生計，勞資雙方本調協互助原則發展生產事業，
5 國民敎育，以三民主義爲根本原則，
6 中央與地方之權限，採均權制度，
7 政府之組織，中央之院部會地方之省縣，以法律定之，
8 附則，本約法解釋權，歸中央執委員，全國有過半數省分，達到憲政時期，即開國民大會，議定憲法。

1 接受總理全部遺敎，促其實現，

（丁）宣言要點

2 確定訓政綱領，實行地方自治，
3 實現國際上之平等自由廢除一切不平等條約，
4 於最短期間，剿滅赤匪，以安定社會，
5 對於殺身成仁之將士極表敬意對於國府當局，極端信仰，
6 解決民生問題，以實業建設爲首要務使人盡其才，地盡其利，物盡其用貨暢其流開國民經濟發展繁榮之新路。

上海和平會議概況表二（注）二十年十月，

（甲）原因
1 京粵兩方對立，彼此均感不安，
2 九一八倭禍暴發，均知有合作之必要，相率北上。

（乙）代表
1 粵方——汪精衛，李文範，伍朝樞，孫科，陳友仁，鄒魯，
2 京方——張繼，蔡元培，陳銘樞，李石曾，張靜江。

1 在上海伍宅開會，外交問題，彼此一致，

上海和會
（丙）經過
2 粵方提出黨政改革案，意見不一，暫行停會，
3 民衆團體，以時局危險，敦促開會，雙方代表遂繼續開議。
（丁）決議
1 雙方以合作精神，各於所在地刻期開第四屆全國代表大會，
2 前述雙方通電，因中央政府改組後，廣州政府當然取消，無須發表，
3 關於軍事之決議，陸海空軍總司令之存廢問題，于修正國民政府組織法定之，
4 第四屆中央執監委員名額，暫定照第三屆增加一倍為七十二人，候補人數亦照原例，以當選人數三分之二為候補名額，歷屆中央執監委員，除有共黨嫌疑開除黨籍者外，其餘均有被選資格。

第十九章　日本之遼滬大暴動

一　萬寶山慘案及韓人暴動　日本侵略我國屢矣，及二十年九月二日，又發生萬寶山慘案。萬寶山地屬吉林長春。先是有郝永德者租得該處生熟荒地五百晌，轉租與韓人李昂薰等耕種。該項契約，並未呈明縣政府批准，韓人竟挖掘水道長二十餘里，毀壞他人良田四百餘畝。該地農民羣起反對，由縣政府派委制止，並向日領交涉。詎日領不依照和平意旨解決，反令日警監護韓民工作，於是糾紛擴大。會六月底，天陰大雨，當地農民，眼見河水浸溢，秋收無望。相約韓人如再强行工作，即自動起而驅逐。日方亦增派大批武裝警察，馳往保護。七月二日，雙方發生衝突，結果我方農民受傷，被捕去者十餘人。並將附近村莊佔領，肆意騷擾，挖掘戰壕，如臨大敵，是爲萬寶山慘案。乃日方將眞相掩蔽，完全作謬妄宣傳，朝鮮報紙據日人之煽動文字，濫出號外，沿途叫賣。鮮人因而暴動，發生慘殺華僑案件。自七月三日起，至十三日止，暴動及於平壤，鎮南浦，漢城，仁川，公州，釜山等處，幾乎普被

朝鮮全境，死傷華人達數千人，財產損失千萬，流離滿道。朝鮮既歸日本統治，當然有維持秩序之責，與保護僑民之義務，然而日本政府推托不理，且橫暴不已。二月又有中村被害事件出現，要求懲辦東北軍官，業已照辦，表示滿意，乃旋即發生東省之大事變。

二　東省事變之暴發

日本侵略東省植基於前清季年，民國以來，進行益力。二十一條無論矣，十六年四月，田中義一組閣，主張積極侵略政策，對奉方提出要求，比二十一條之關於滿蒙者爲尤酷。並恢復拓殖省，管理台灣朝鮮滿蒙拓殖事務。此種企圖，非併吞滿蒙不止。北伐完成以後，日本更憤張學良擁護中央，遂於二十年九月十八日向東省肆行暴動，其概狀如下：

(1)瀋陽之被佔　九月十八夜，日本關東司令本莊繁，以豫定計畫，命部兵開始行動。先以大砲轟擊城外之北大營，駐軍三百人死焉。次攻東大營，駐兵被迫退去，軍械全歸日有。遼寧當局臧士毅榮臻等聞訊，方籌策應付，而日兵已入，所有衙署悉在日軍掌握中。兵工廠，迫擊砲廠，糧秣廠及飛機場，均被佔領。

(2)長春之被佔　十九日早三時，駐長日軍突向寬城子護路軍包圍，營長傅冠英死焉。同時佔

領長春附近南嶺營房，卽以大炮向長春市轟擊，長春遂陷。

(3)吉林之被佔　日軍旣佔長春，卽預備向吉林省城進攻。二十一日，包圍長春站，乘車東發。不費一彈而入吉城，原有駐軍，一部退去，餘被繳械。

此外如新民，營口，安東，鳳城，昌圖，遼源，洮南，延吉等處，均先後被佔。舉凡北寧路，吉長路，吉敦路，四洮路，洮昂路，打通路，南滿路，各重要城鎭，無不在日軍掌握之中，眞我國空前未有之鉅禍也。

三　東省事變之擴大

日本旣不勞而獲遼吉兩省，更進一步，冀完成其統一滿蒙之計畫。遂於二十年十一月初，唆使張海鵬進犯黑省，强令我軍退出嫩江一帶。代主席馬占山拒之，日兵進攻，迭爲我敗，先後調四洮路長春日兵參加，亦遭挫折，卒不能越嫩江橋一步。日本增加兵力，並調本國飛機前來。十八日拂曉，嫩江日軍四千，向我方取大規模之攻勢，又有野戰隊，坦克車，航空隊以助戰。我軍仍奮勇肉薄，不稍退讓。日軍多門師團，復率兵二千加入，我軍死傷達二營以上，勢漸不支，退守昂昂溪。馬占山親臨前線，督衆反攻。無如兵少彈絕，昂昂溪卽於是日下午失陷。馬率殘部，掩護各機關職員，並省城商民退守克山，而黑垣遂歸日軍佔領矣。

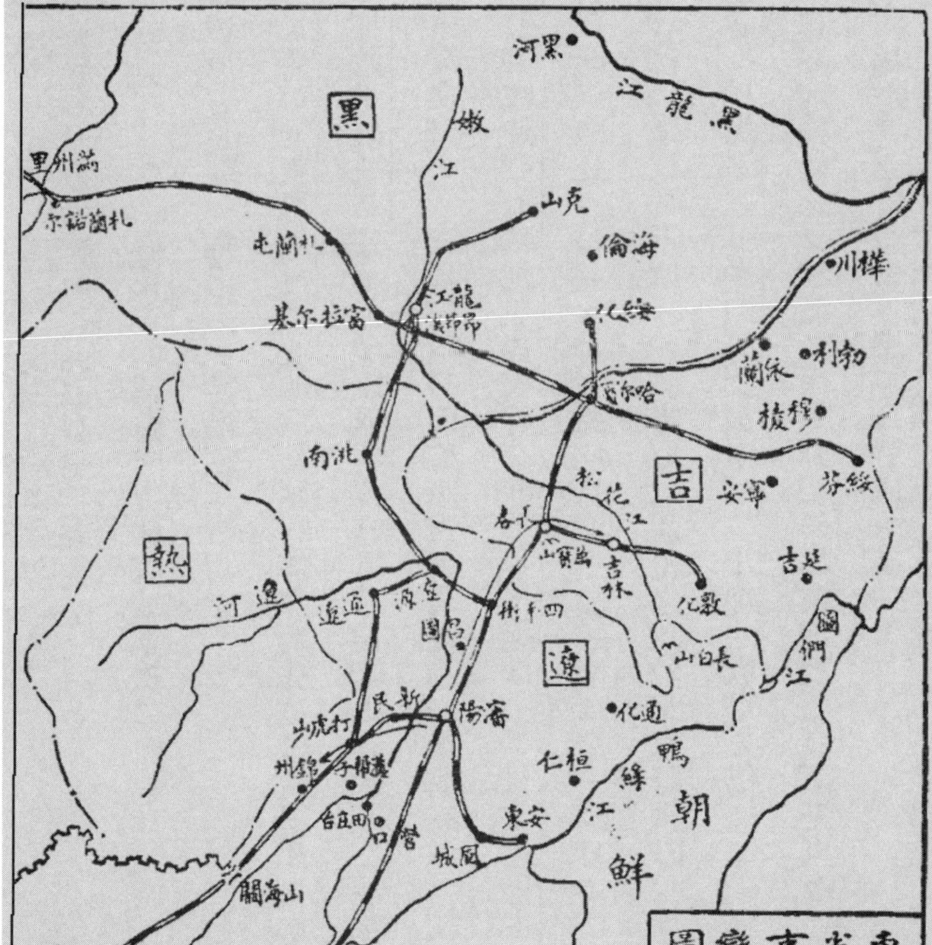
黑河
黑龍江
黑
嫩江
克山
海倫
滿洲里
札蘭諾尔
札蘭屯
龍江
昂昂溪
富拉尔基
綏化
樺川
勃利
依蘭
哈尔濱
穆稜
洮南
綏芬
寧安
吉
松花江
長春
吉林
敦化
延吉
熱
遼河
通遼
四平街
昌圖
遼
長白山
圖們江
通化
新民
瀋陽
打虎山
錦州
溝幫子
桓仁
鴨綠江
朝鮮
安東
鳳城
營口
田庄台
山海關
天津
東省事變圖

當遼寧被陷後，榮臻等退守錦縣，組織省政府，以冀保持關外一角地。日本先勾結胡匪潰兵使擾亂北寧路，再以維持治安名爲，向錦縣進攻。十二月二十一日，營口日軍由鈴木統率前進，先後奪取田庄台盤山溝帮子，而錦縣遂急。先是敵軍分路來攻，復以飛機坦克裝甲汽車等利器相威脅。我軍傷亡損失極重，自三十日起，駐錦軍隊先後入關。日軍遂於二十一年一月三日佔領錦縣，而此綰轂關內外之要地遂失。

吉林雖陷，誠允另在賓縣組織臨時省府，誓死抗日。丁超李杜，復在哈爾賓組織自衞軍以應之。一月五日，日軍向哈猛攻，凡我軍隊密集處，均遭轟炸。騎兵以無掩蔽，損失尤重。不得已放棄哈埠向東退却。

此次事變，遼吉黑三省逐漸喪失。全國國民憤不可遏，積極抗日工作，日本欲示威嚇遂引起上海事變。

四　上海戰事之發端　日政府欲永久佔領東省，乃進一步思在沿海各省滋生事端，冀圖轉移目標，使我國窮於應付，俾得從容將東省劃入日本版圖。爲圖達此項目的，乃分遣浪人赴我國沿

海任意擾亂使海軍有藉口登岸之機會。天津兩次事變，青島焚毀黨部，福州發生糾紛，皆出預定計劃，如法泡製。上海為吾國商業中心，亦抵貨運動之策源地。會二十一年一月十八日有日僧五人在上海馬玉山路，與我三友實業會社工人發生衝突，日僧有受傷者。日本浪人乃乘機而起，於二十日晨，攜帶武器及引火物前往暴動，因廠中防衛得法，僅焚毀工房六間，機器二十四架。浪人遷怒巡警，擊斃華捕二人。且日僑在北四川路沿途騷擾，搗毀商店。二十二日，上海吳鐵城市長特向日領松井抗議。而日領及遣外艦隊司令鹽澤，反向我國提出嚴重警告，謂「逾期不為滿意之答覆，卽將自由行動」。吳市長為顧全滬市安全起見，對彼所要求者(1)正式道歉，(2)賠償損失，(3)懲辦凶手，(4)制止反日，遂於二十八日一併承認。日領亦表示滿意，詎是晚十一時半，日海軍陸戰隊及浪人便衣隊，進據淞滬路天通庵車站，勒令我國將閘北方面所有中國軍隊，及其防守設備，從速撤退。我淞滬戍軍十九路軍將士，以守土有責，出而抵抗，而上海戰事開幕。

五　上海戰事之經過　自戰事發動起，至三月一日我軍退出淞滬第一道防線止，計一月又四日。我國物質損失，不堪言喻。兵士死亡約二千餘人，平民死於日軍炮火與屠殺者，則在六千以上。

日本三次易將，傷亡甚多。而我國十九路軍之武勇，遂爲世界所共見，茲撮述其戰況如下。

(1)臨澤之失敗　一月二十八日晚，日軍恃強發難。我軍迎戰甚力，奪得鐵甲車三輛。次日晨五

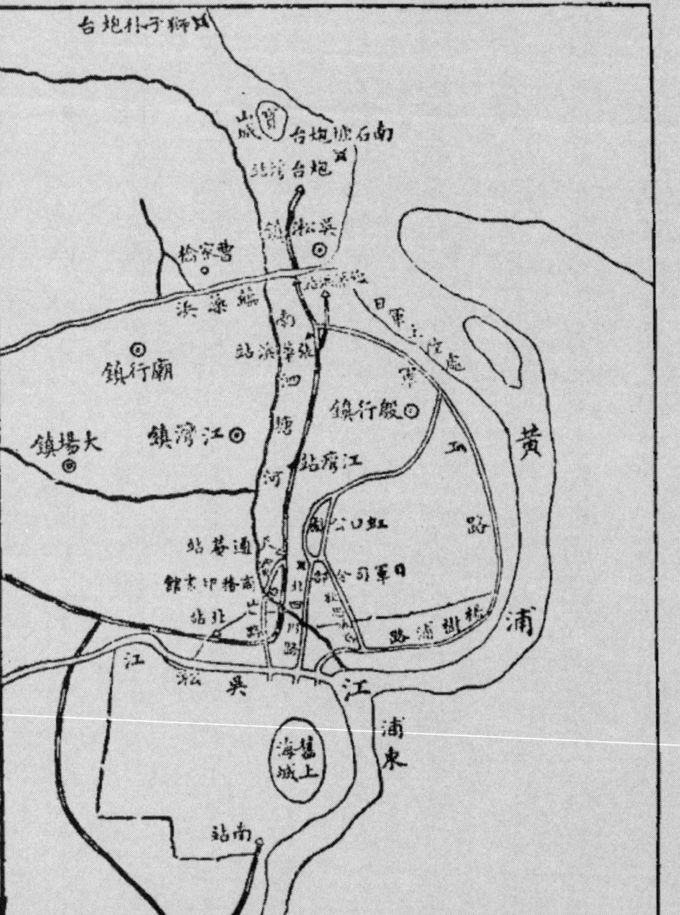

上海事變圖

時，日航空隊派轟炸機三架，飛到閘北，亂投炸彈，寶山路商務印書館及北站房屋被炸，各處房屋，亦皆被燬，居民死傷無數。然終不能勝我軍。乃改變戰略，於二月三日令其軍艦向我吳淞炮台進攻，亦不能勝。其飛機之擲彈眞茹者，亦被擊落，是爲日將失敗第一次。

(2)野村之失敗　日以陸海空軍連日失敗，故自六日晚起，新從日本調來之兵四千餘名，由野村統率，分海陸空三方，向吳淞進攻。我軍沈著應戰，敵不得逞。至八日晨，日軍趨重吳淞後路之蘊藻濱方面，以原有之兵力，加以續到之六千餘名，遂有十三日之大戰。日以精兵三千偷渡蘊藻濱，抱必死之心，向我軍防線衝擊。我軍區壽年旅，急調援軍包圍，兩方肉搏，呼聲震天。戰至晚九時，始將悍敵解決，我方軍氣大振，是爲日將失敗第二次。

(3)植田之失敗　日在滬兵力原有三萬人左右，因連戰失敗，死亡無算，乃再調第九師團全部，由植田統率來滬，於十四日到齊，準備作大規模之攻擊。但因布防有待，又以英法美三使出任調停，故數日內尚無大戰。旋以日方條件太苛，和議破裂，閘北江灣吳淞，發生劇戰，尤以二十二日廟行鎮之役爲最烈。敵以鐵甲坦克車三十餘輛，在猛烈炮火之下，掩護衝鋒。企圖一舉佔領，直取大場，以斷

吳淞與閘北之聯絡線。我方迎頭痛擊，並由左右突出，襲敵側面，或包抄其後，敵漸不支。敵又調集後方部隊加入作戰，佐以飛機擲彈，拚命猛攻，其血戰較諸十三日之役爲尤甚。但彼衆我寡，至十時許，大有危急之象。幸我方援軍趕至，抄敵後路，始能轉敗爲勝，斃敵至多，實爲滬戰中第一奇捷，是爲日將失敗第三次。

日本經此三敗，爲顧全體面計，乃特命白川，統兩師團來滬。一方放出議和空氣，布置戰地軍事。一方改變戰略，注重側擊，由瀏河登岸，謀截斷我軍後方聯絡。時戰線延長至數十里，日軍增加至十萬以上。我軍總數不及四萬，且久戰力疲，安能當此強寇。故蔡軍長廷楷，爲保全實力計，遂於三月一日晚，下令退兵，堅守南翔一帶第二道防線，而戰事遂歸沈寂。

六 上海戰事之結束 自一二八起，至戰事停頓，其間和議可分三段：(1)爲三十一日英領，及二月二日英法美三使之和議，主張彼此退出接觸地點，日方不同意。(2)爲二月十八英使藍浦森之和議，日要求我方須將吳淞閘北軍隊退去二十公里之外，我方不同意。(3)爲二月二十九日各國公使之和議，磋商停戰初步辦法。日本野心不已，竟向瀏河進攻。我國退守第二道防線，以圖繼續抵抗

暴日。三月四日國聯遂毅然通過一案，勸告「雙方停戰。」我方表示接受，日本亦表示願開停戰會議。於是我國代表郭泰祺，與日使重光葵，在英領署交換意見。於三月二十一日，在英法美三使監視之下，決定三原則。一中國軍隊暫駐原防。二日本軍隊，按照一定程序，退至一二八以前原防。三由參加各友邦代表在內之合組委員會證明一二兩項之實行。二十四日，卽開正式會，我方代表爲郭泰祺，戴戟，黃强，日方代表爲重光葵，植田，田代。但日方節外生枝，多方刁難。關於撤兵日期，更不願爲明確之規定。延至四月十一日，此耗時十餘天開議十四次之會議，卒告停頓。旋國聯特委會議決一案，又經英藍使之折衷，雙方同意。乃四月二十九日，日本軍政界要人，齊集虹口公園，舉行慶祝日皇天長節閱兵典禮時，突遭韓人尹奉吉之轟炸。白川斃焉，野村，重光，植田等均受重傷。然協定簽字，不因此中止，日政府，訓令繼續進行。停戰協定，遂於五月五日正式簽字，計分五條：

(1)自五月五日起，確定停戰。雙方軍隊，盡其力之所及，在上海周圍，停止一切戰鬥行爲。

(2)中國軍隊，暫留駐其現在地位。

(3)日本軍隊，應退至公共租界及虹口方面之越界築路，一如二十一年一月二十八日事變以

前之原狀。但爲容納日軍人數起見，可暫駐上述之毗連地點。

(4)爲證明雙方之撤退起見，設立共同委員會，加入友邦代表爲委員，協助兩方移交事宜，以便日軍撤退時，中國警察立卽接管。

(5)本協定自簽字之日起發生效力，如有疑義，以英文本爲準。

共同委員會，卽於六日成立，上海戰區陸續歸我接管。而日軍留駐之毗連地點，其初協議時，指定各處，要索萬狀。及簽字後而日軍忽迅速退去，移其全部於東北矣，亦可見日人之陰猾也。

七 僞組織之實現

當上海事變前後時，日本對於東省正岌岌於僞組織之實現。蓋日本雖橫蠻侵奪，然爲掩飾國際耳目計，不敢公然佔領。故第一步計劃，莫若使東省與中國分化，俟其機會成熟，然後師亡韓故智而滅之。而此時最適宜利用者，莫若清廢帝溥儀。故令土肥原誘致旅順，遂於二十一年一月十六日，使中國漢奸在瀋陽開所謂滿洲善後會議。直至二月十九日，復開所謂東北行政委員會者，始將僞國醞釀成立。其組織內容如下表：

(甲)立法院

- 執政（元首）
  - 1 設沿院
  - 2 參議院
  - （乙）國務院
    - 1 總務廳
    - 2 法制局
    - 3 參議會
    - 4 公安局
    - 1 民政部
    - 2 外交部
    - 3 軍政部
    - 4 財軍部
    - 5 實業部
    - 6 交通部
    - 7 司法部
    - 文敎部
  - （丙）司法院
    - 1 最高法院
    - 2 高等法院
    - 3 地方法院
  - （丁）監察院
    - 1 監察部
    - 2 審核部

原定三月一日成立僞國後之所以一再延期者，一因美國一再聲明，不承認東省在暴力下有任何組織各國亦有同樣趨勢。二因溥儀表示不能就職。日本乃刦持溥儀出任執政，遂有滿洲國之積極進行，定僞國爲立憲民主制。復恐國際批評，更令于沖漢等，成立請願團，促新國之成立。溥儀遂率鄭孝胥等於三月九日入長春就職，定國號爲大同元年。而東北僞組織，遂在日本卵翼之下實現。迄九月十五，日本復單獨承認僞組織，由武藤與鄭孝胥主持，成立日滿親善協定。

八　馬占山復起及各路義軍之奮鬥

馬占山去冬退守克山，雖曾一度參加僞組織。潛回黑省，遂有四月十二日反正之通電。即在黑河成立省府，決定作戰計畫。(1)由丁超李杜負責肅清哈綏路日軍。另由馬派現駐海倫之砲九團傘希均部進攻哈爾濱，爲中路軍。(2)派吳松林率部助李海青進攻長春，爲南路軍。(3)以程志遠旅爲內應，掃滅龍江省城日軍。並令徐寶珍團向嫩江橋出動，截斷日軍歸路，爲北路軍。五月十五日，親率三軍出發。馬自兼前敵總司令，吳松林副之，石蘭斌爲前敵總指揮，大舉前進。至國聯調查團抵長春赴哈爾濱之時，各路頓形緊張。濱江全市，一夕數驚。但自上海停戰協定簽字後，日軍悉數運赴東北。二十七日，馬之才鴻猷團，爲敵之大批陸空軍襲擊，勢漸不支，

向綏化退却，他部亦縮短戰線，固守海倫。迨八月間，馬氏以日方飛機轟炸之故，放棄海倫，後退入俄境。此外義軍繼馬氏而起者，可撮述如下：

（甲）遼寧方面　當以唐聚五爲首領。唐之名義，爲遼寧民衆自衛軍總司令，奮鬥最力，以通化一役爲最著。十月十一日，日軍乘秋收告畢，分三路來襲，唐軍四面應敵，浴血抗戰，始終能維持陣線，敵不得逞。自十五日起，日軍分南北兩路，猛烈衝鋒。我方王鳳閣部，以大刀隊陷陣，殺敵無數，彼乃採用飛機擲彈手段，以苦吾民。唐氏至此，鑒於平原作戰之不易，又不忍人民無辜塗炭，乃於二十二日放棄通化、桓仁等處，向長白山一帶引退矣。

（乙）吉林方面　以李杜、丁超合組之自衛軍爲主力。李駐穆稜，指揮軍事。丁則駐勃利，管理行政事宜。統治吉東十二縣，懸掛靑白旗，人民照常樂業，學校仍舊弦歌，實東北一片乾淨土也。十月十五，收復樺川，繳敵械一團，日軍百餘退往依蘭。寧安之役，我軍亦勝，力圖節節進展，規復吉西各地。但終以環境關係，卒歸失敗。

（丙）黑龍江方面　先以馬占山爲主力，後則蘇炳文崛起，九月二十七日，蘇在滿洲里，扣留日

僑數百人。十月間，即在札蘭屯（即雅魯縣）開軍事會議，成立東北鐵血救國軍，由張殿九指揮向前推進。富拉爾基一戰，日軍死傷在五百名以上，昂昂溪可聞砲聲，可知戰事之激烈矣。日以僑民被拘，遣使講和。十一月十五，蘇特電國聯、聲明日人請求妥協經過、及本人始終抱定武力抗日意旨以示決心。惟十二月初，蘇軍終不敵日方飛機大砲之壓迫，不得已退入俄境，此中東路西段之戰況也。

附日本侵略我國概況表一

（甲）日本概觀
- 1 種族——1 大和族（日本主族），2 熊襲族，3 蝦夷族，
- 2 政治——明治以前，政權在幕府，明治以來，改爲君主立憲，
- 3 領土
  - 原有三島——1 本州，2 四國，3 九州。
  - 現在範圍
    - 1 北有千島及庫頁島南半，
    - 2 南有熱帶內加羅林羣島，
    - 3 西併朝鮮半島。

（乙）對華侵略

- 1 原因
  - 1 主因
    - 1 土地過小，生產量大薄，
    - 2 人口過多，消耗費最大，
    - 故須發展勢力於國外。
  - 2 助因——向外發展
    - 1 東方是美的勢力範圍，此路走不通，
    - 2 南方是英的勢力範圍，此路也走不通，
    - 3 西面是中國，柔弱不振，故提倡大陸政策。
- 2 奪地
  - 第一次縣我琉球，第二次奪我台澎，第三次併我朝鮮，
  - 第四次强佔我遼東，第五次想併我山東，第六次强奪我東省。
- 3 機關
  - 1 拓殖省，主持侵略滿蒙計劃，2 關東廳，主持侵略滿蒙行政，
  - 3 關東司令部，主持武力侵略，4 滿鐵會社，主持經濟侵略，
  - 6 駐濟總領，主持侵略交涉。
- 1 偵探——清同治十一年，副島種臣來我國，窺探虛實，
- 2 欺騙——琉球本我屬國，有歷史證據，光緒五年，日本强奪而去，

4 方法

3 挑撥——光緒十年，日駐朝鮮使臣竹添進一郞，唆使金玉均等作亂，

4 尋釁——光緒二十年，朝亂已平，日本偏不退兵，壓迫我國開戰，

5 助虐——光緒二十八年，加入八國聯軍，逼迫我國成立辛丑和約，

6 棄信——馬關條約，承認朝鮮獨立，日俄開戰，又宣言保護朝鮮自主，乃旋卽併吞朝鮮，

7 乘隙——民國三年，歐戰發生，奪取膠灣，次年又乘袁謀帝制，突向我國提出二十一條，

8 納奸——凡作奸犯法之徒，彼皆容留，自北京日使館以至南滿附屬地，皆成逋逃藪，自政治禍首以至販賣毒藥者皆其顧客。

9 助亂——民國六七年間，成立西原借款，助長我國內亂，其他唆使內亂及土匪等皆不勝舉。

10 暴動——民十七年，濟南暴動，阻我革命軍勢力，又以張學良服從中央，

於二十年九一八，在遼寧大暴動，復於二十一年一二八，發生上海事變。

東省事變狀況表二

- （甲）原因
  - 遠因——根本的大陸侵略政策，
  - 近因
    1. 以張學良不甘為日本傀儡，偏要服從中央，
    2. 先之以萬韓兩案，意欲引起絕大糾紛，我國仍持穩健態度，不與決裂，日遂藉口中村失踪事件，在遼寧暴動。
- （乙）暴動狀況
  1. 九月十八夜，炸毀北大營兵工廠，隨將糧秣槍械軍用品一概搶去，
  2. 將瀋陽城內外軍警全數繳械，即派日軍守衛各城門，不准出入，
  3. 東北飛機場所有新舊飛機不下二百架，全為日軍搶去，
  4. 東北中交銀行及官銀號，並造幣廠所有現金鈔票，概被搶去。
  5. 焚毀官署，隨將關東司令部，移設東北邊防司令公署，並擅委司令及官吏，强制執行地方行政司法職務，

6 派遣軍隊逐戶檢查，查封東北大學，馮庸大學，威逼商店復業，稍違其意旨者卽遭槍斃。

東省事變

（丙）擴大範圍

1 攻奪長春，指定爲僞組織中心地點，
2 佔據延邊，强築鐵路，將吉長，吉海，吉敦，三路聯合，
3 脅取錦州，劃山海關外爲掠奪地，並不時向熱河進攻，
4 强奪龍江，壟斷中東鐵路地帶。

（丁）利用傀儡

1 令土肥原潛往天津，誘致溥儀來旅順，用作工具，
2 挾溥儀爲僞國執政，以便內足以號召滿蒙無知人民，外足以掩飾國聯耳目，而其政權皆操於僞國務院總務廳長駒井之手，
3 以臧式毅，熙洽，張景惠，爲遼吉黑三省僞省長，而日顧問諮議廳長等之握實權者，幾佔三分之二，
4 令僞國交財兩部，攘奪東省郵電機關，及海關鹽務，並貸二千萬日金於僞

國，而以日籍爲總稅務司，

5 用程剛瑞等組織僞建國軍，以遂其以中國人殺中國人之毒計。

(戊)侵奪方法

1 統一關東長官關東司令滿鐵總裁駐瀋總領四項政治設關東總督府，以便與僞國便宜行事，

2 命武藤爲駐滿大使承認僞國，即與訂日滿親善條約，

3 消滅以前奉票及官銀號，令正金朝鮮等銀行，操縱東省金融機關，令三井三菱兩公司，把持東省各種企業，

4 令日本在鄉軍人組織武裝移民團，成立新村，使東省日本化。

5 灌輸日本奴隸教育，凡以前各種教科書，概行改編，使東省人民，歸化日本。

(己)義軍奮鬥

1 黑省方面——省主席兼總指揮馬占山，救國軍總指揮蘇炳文等，

2 吉林方面——省主席丁超，東北邊防副司令李杜，國民黨救國軍總司令王德林，與之合作者，又有馮占海宮長海兩部，

3 遼寧方面——東北國民救國軍總監朱霽青，第一軍團彭振國，第二軍團王化一，第三軍團唐聚五，第四軍團劉振東，第五軍團盧乃賡，第六軍團熊飛，此外又有各路司令，獨立師，支隊，動別隊等名目。

上海戰事狀況表三

上海戰事

（甲）原因

1 自九一八事變以後，全國舉行抗日運動，上海尤甚，

2 日本意欲轉移世界目標，故在上海遂有一二八暴動。

（乙）兵力

1 日軍除在滬陸戰隊六千人外，先後運來師團，總數在十萬以上，由鹽澤，野村，植田，白川等統率作戰，

2 我方爲蔣光鼐，蔡廷鍇，戴戟等所統之十九路軍，及張治中所統之第五軍，總數不過四萬。

第一次由鹽澤指揮，自一月二十八夜起，至二月五日，戰區在閘北吳淞，一味蠻幹，首先吃虧，

（丙）戰況

第二次由野村指揮，自二月七日起至十四日，戰區在吳淞閘北及吳淞東之蘊藻浜，蠻幹之外，兼用襲擊法，亦受重大損失，

第三次由植田指揮，自二月二十日起至二十九日，戰區在吳淞及江灣西北之廟行鎭，閘北之八字橋，作猛烈之攻擊，死亡亦鉅，

第四次由白川指揮，自三月一日至二日，戰區偏重瀏河方面，利用側擊法，我軍退守第二道防線，戰事告終。

（丁）損失

1 生命——我方兵士死亡約二千人，平民死於炮火與屠殺者在六千以上，

2 財產——動產與不動產，合計十數億萬之鉅，

3 文化——閘北之商務印書館東方圖書館，江灣之持志大學，吳淞之中國公學，及其他之學校工廠等，均化爲灰燼。

第二十章　中日問題之國聯會議

一　遼吉事變中之國聯會議　自民國八年（公元一九一九年）威爾遜提倡國際聯盟以來，其規約卽于是年六月二十八日在巴黎和會通過。聯盟本部設立于瑞士日內瓦，先後參加者凡五十餘國，爲維持世界和平之惟一機關。二十年九一八事變起，我國代表施肇基卽向國聯理事會提出請求書詳述日軍侵略情形，希望國聯仗義執言出而干涉恢復戰前原狀而保證中國所受日軍軍事行動之全部損失獲得賠償。日代表芳澤極力辨論，謂：「此乃地方事件，其衝突起于華兵先挑釁，日本政府可望及早恢復秩序，以中日兩國直接交涉爲好。」當由理事會會長西班牙外長勒樂通知中日兩方，阻止形勢擴大及令軍隊撤回原防。隨于九月三十日國聯行政院通過下列議案，其要如次：

（一）本會承認日政府在滿洲，幷無土地目的之重要。幷悉日政府意欲日僑在滿生命財產之

安全保障時將軍隊撤至鐵路區域內。

(二)本會備悉中代表所稱中政府在日軍撤退，及中國地方官與警察恢復後，擔負鐵路區域外日僑生命財產安全之責任一節。

(三)本會請雙方各盡其力從速完成上述諒解之實施，以恢復尋常關係。

乃日本竟置之不理，益擴大侵略範圍。於是我國施代表復請求國聯，開正式會議。時國聯中人，極望美國派員參加以增進國聯力量，日代表反對之。國聯不爲所動，毅然發出請牒，美國亦派員列席。日代表遂依照日軍閥意旨，向國聯主席法外長白里安，提出下列五項基本原則：

(1)中日兩國互不侵犯，保障雙方領土完整。

(2)中國一切抗日運動，須永遠取消。

(3)東三省建築鐵路時，須用日方資本。

(4)中國須承認一切關于東三省鐵路建築之中日現行條約。

(5)中國須承認一切中日現行條約所規定之日方權利，包括租借權在內。

嗚呼，彼之所謂現行條約者包括二十一條在內，其野心遂爲世界所共見。十月二十二日，國聯行政院以十三票對日本一票之結果通過下列決議案。

（一）要求日政府立卽開始并順序進行將軍隊撤至鐵路區域內，俾在規定下次開會之前，完全撤退。

（二）要求中政府履行其保證負責保護在滿一切日僑生命財產之安全。

（三）建議中日兩政府，應卽指派代表，協定實行關于撤兵及接收撤退區域所有各事之細目，俾得進行順利，不致延緩。

（四）建議一俟撤兵完成後，中日兩政府，開始直接交涉。

（五）決議延會至十一月十六日，屆時行政院對于時局將重予考量，惟授權于行政院主席，渠認爲必要時，得提早召集開會。

斯時國聯空氣頗覺淸爽，但以後中日兩方之情形如何。

（甲）中國方面　(1)發表宣言，擁護國聯主張，并聲明深信日本能遵重世界公意，如期撤兵。(2)

組織東北接收委員會，任顧維鈞爲委員長。(3)極力遏制愛國運動之軌外行爲。(4)向日政府抗議其在華之繼續暴行。(5)將日方之暴行報告國聯主席及秘書處。

(乙)日本方面 (1)發表宣言，否認國聯主張。(2)答復中國通牒，拒絕中國聲明，要求承認五項基本原則，爲撤兵之前提。(3)向滿洲方面增加大軍。(4)援助張海鵬奪取嫩江，凌印清進攻錦州。(5)佔領洮昂路，迫擊黑省主席馬占山，攻陷龍江省城。(6)嗾使便衣隊襲擊天津，繼續不止。(7)組織東北非法政府，使與國民政府斷絕關係。(8)强取東北稅收。(9)製造空氣，轉移世界輿論。(10)與國聯重要分子陰謀攜手，以支配東亞政權。

兩相比較，我國所取之途徑，悉是和平的，解釋的，自守的。日方則趾高氣揚，進攻不已。且宣言滿洲匪盜充斥，國際決議不得束縛日軍之自衛行動。時國聯小國代表，義憤塡膺，極力反對，而英法代表，逐漸軟化，于十二月十日通過一空洞無聊之決議案，派遣國際調查團五人就地考查，報告所得實況，以備核奪。而二十年之國聯工作，遂如是結局。

二 上海事變中之國聯會議

當國聯調查團來華時，日本益擴大侵略範圍，二十一年一

月二日襲陷錦州，同時侵入熱河，駸駸有進窺關內之勢。一二八上海事變，尤顯露其猙獰之面目。國聯理事會乃正式開幕于日內瓦，法總代表彭古；繼白里安為主席。中國則改由顏惠慶為總代表，日總代表改為駐比日使佐藤。我國顏代表首先作沈痛之演說，謂：「日本既以暴力強奪我東北，今則長江流域亦同在嚴重危險之中。國聯苟欲解決此案，自當于調處之外，另採其他有效方法。」日代表狡辯云：「日軍佔據錦州，係臨時性質，且亦取得當地官廳之同意。滿洲地方匪盜橫行，實為日本佔據該地之真正原因。即此次上海事變，亦由於中國排日運動所致。」主席彭古答云：「雙方陳述各事件之中，有發生于上年十二月十日決議案之前者，行政院無須討論。惟最近上海事變，實有研究之必要。但在未討論之前，務請雙方代表轉告本國政府，設法防止衝突，勿使擴大。」隨依國聯祕書長英人德魯蒙之請，指定各國駐滬代表組織調查團，將上海事變之原因，迅速報告。我國代表表示歡迎。日代表聲稱襄助，但仍極力否認日本破壞中國主權之說，言日方如其外相所聲明，對于滿洲以及他地，皆無侵佔之意，日人行動完全係自衛。佔領地撤兵期之延長，皆因土匪未清與鐵路區域治安未恢復之故。現在上海日人亦係自衛作用。」且其演說中有「中國侵略日本」之語，全

場皆失笑。二月八日，上海調查團報告書發表，幾與我國顏代表在行政院所提出之消息完全相符。國際視聽，爲之一變，遂依我國代表之請，根據盟約第十五條，定于三月三日召集國聯全體大會，期作有力之解決。按國聯此次之所以轉變態度者，其原因有二，(1)由于我方抗日將士奮鬥自衛精神之表現，使各國轉變其向來輕視之目光。(2)實由于日本暴行侵入長江流域，使英美等國感受其對于自身利益之威脅，故不得不起而干涉，有此決議也。

三月三日全體大會開幕，出席者五十會員國，推比外長希孟爲主席。中日代表，均有辯論，主席宣言此事交總務委員會，定翌日下午審查之。屆時大會重開，主席將總委會所作下列之決議，交大會討論。

（一）中日兩國政府，立下停戰令，爲有效之實行。

（二）各關係國及中日政府，應將第一條規定之條件，通知大會。

（三）建議中日雙方代表，經各關係國家海陸軍代表之協助，應卽會商決定停戰，幷商洽日軍撤退辦法，幷請關係國，將談判之進行，向大會報告。

結果一致通過日方亦無異議。至三月八日，討論中日糾紛之辦論，已告一段落。大會將各種決議案，交起草委員會合併爲一種決議。至十一日，經四十五國全體代表，（中日代表均除外）可決如左之議案：

（一）大會鑒于盟約所載各項規定，對于此次爭端，完全適用。尤以關于，(1)嚴格遵守條約原則。(2)聯合會會員，擔任尊重並保持所有聯合會各會員領土之完整，及現在政治上之獨立，以防禦外來侵略之約言。(3)將彼此間所有一切爭執，以和平手續解決之義務，採用一九三十一年十二月十日，行政院主席白里安宣言中所奠立之原則。回溯行政院十二委員于一九三二年二月十六日致日政府聲請書中，曾重申此項原則，宣言凡侵犯盟約第十條之規定，蹂躪聯合會會員領土之完整，及變更其政治獨立之舉動，均不能認爲有效。

（二）大會鄭重聲述，如有任何一方用武力壓迫，以覓取中日爭執之解決，實與盟約之精神違背。

（三）本會適用盟約第十五條第三節所規定調解手續之義務，幷于必要時，適用同條第四節

所規定說明建議手續之義務爰決定組織十九委員會幷以大會主席爲主席其職務爲停止戰爭，規定日軍撤退各事項。經雙方當事之同意，擬具辦法，提交大會。遇必要時，得建議一切之緊急辦法。

國聯全體大會卽于是日閉幕。十九人特委會依照上列決議，于三月十七，開第一次會議。就上海停戰的進行接受中日代表報告。四月十六日，上海和議停頓，卽依中國之請求，開第二次會議。十九日通過促成上海停戰交涉十四項，內容要點爲：「一就地成立協定，談判應依大會決議進行，日本軍隊，完全撤退。組織混合委員會，付與決定日軍撤退時期之權限。」中國表示接受。日本代表，不贊成混合委員會有決定日軍撤退時期之權，反對態度，非常倔強，以致會議陷于停頓。國聯空氣，異常沈悶，多數委員，非難日本，尤以小國代表爲甚。惟主席仍極力容忍，勸各委員稍事含默。旋接駐華英使藍浦森所提之折衷案，于是特委會再行活動，從事修改，日本亦不再行爭持。國聯全體大會，遂于四月三十日，通過上海中日問題決議案。五月五日，上海停戰協定簽字，上海問題至此告一段落。惟東北問題，日趨嚴重。

三　**國聯調查團之工作**　自滿洲事變發生後，中國方針，以日人不宣而戰，武力佔領遼吉，中

請國聯，根據盟約制止暴行。尤堅持先行撤退南滿線外之日軍，然後進行中日交涉。中國自始至終，未變此種政策。國聯派員實地調查日本暴行，立爲有效之制止，原爲九一八以後中國首先提議之事。洎乎東北三省全部淪陷，侵略事實，世界周知，原無所用其調查。日本方面，首稱中國危及其既得權利，繼則提出須中國承認其後五項基本原則方始撤兵，最後則于佔領毫無條約根據之北滿後，撤回其五項原則，而提議派遣視察團。其用心所在：（一）則延宕撤兵，完成其佔領工作。（二）則以侮辱中國之用心，使爲廣泛的視察，藉覘中國過渡時代之政象，證實其中傷中國之讕言，爲彼侵略東北加一有利之詮釋，其用心亦狡矣。國聯本一信義機關，屢次開會，不能制日本破壞和平之行動，予中國以日本撤兵之保障。則調查團之派遣，正可避免國聯與日本正面之衝突，故有二十年十二月十日之決議。任定李頓等五人爲調查委員。次年二月三日，自巴黎出發，二月底至日本，半月之後，由日抵滬，參與上海停戰事件，並視察京漢北平各地。于四月二十一日分海陸兩路到瀋陽，至六月四日，完畢東北實地調查工作。以後雖漫遊日本青島，無非以編寫報告書爲中心。九月一日，在北平全部寫畢。迄十月二日，而此二十萬字左右之重要報告書，始於日內瓦南京東京三地公布。其內

容大概如下：

（甲）報告書第一至第八章，係報告調查所得之事實。其中第一章中國近年變遷之概況，第二章滿洲之狀況，及其與中國其他部分及俄國之關係，第三章一九三一年九月十八日以前關于滿洲之爭執。據報告書緒言所述，此三章爲說明九一八瀋陽事變之發生，乃歷年輕微衝突之結局者，實則與本問題無甚關係。第四章九月十八日及其事變後之敘述，第五章上海，第六章滿洲國，爲事實之報告。第七章日本之經濟利益與中國人之經濟絕交，第八章在滿洲之經濟利益，則又將調查範圍擴大矣。

（乙）九十兩章，爲全書重要部分。第九章解決之原則及條件，其原則爲：(1)認定問題之複雜，因滿洲具有許多特點，非世界其他各地所可比擬。(2)認定必須從事調解，因日本在東省之特權，中日解釋不同之故。(3)斷言恢復舊狀及維持滿洲國，均非解決辦法。(4)維持國際利益及蘇聯利益。其所規定適當解決之條件，爲(1)適合中日雙方之利益，(2)考慮蘇俄利益，(3)遵守現行多方面之條約，(4)承認日本在滿洲之利益、(5)樹立中日間之新條約關係，(6)解決將來之有效辦法，(7)滿洲自治，(8)內

部須有秩序並須安全以禦外侮，(9)掖勵中日間經濟協調之成立，(10)以國際合作促進中國之建設。

第十章審查意見及對于行政院之建議，則直捷提出由國聯行政院請中日依照前章綱領，討論糾紛之解決。由顧問會議討論設立一種特殊制度以治理東三省，幷另行討論中日間所爭論之事。會議結果規定爲：(1)中國向國際間作有國際協定之約束性質之宣言，聲明組織特殊制度治理東三省。（規定中央以極大權限歸自治政府。自治政府多用外國顧問，尤多用日顧問。以外國顧問監督警察及稅收機關。境內惟一實力之特別憲警，亦由外國教練官協助。）(2)關于日本利益之中日條約。（目的在確定日本于不取得經濟政治管理權條件下，自由參加東三省經濟之開發。維持日本在熱河之權利，以領事裁判權原則變更爲條件。擴大日人居住及租地權于東三省全境，中日鐵路合作。）(3)訂立中日和解公斷及不侵犯與互助條約。(4)訂立中日商約。（中政府擔任遏抑有組織之抵制日貨運動在內。）

報告書之內容略如此，雖不能盡滿人意。但李頓等往東省實地調查時，在日人嚴重監視與非

法干涉之下。本不屈不撓之精神，忠于職責與夫委曲求全之無限痛苦，亦有令吾人感念不置者。

四　李頓報告書發表後之國聯會議　自二十一年十月，李頓報告書發表後，各方對之，均認爲有相當成績。獨日本對之，大肆抨擊，要求國聯延期開會，以便彼方提出之所謂意見書者。延至十一月二十一日國聯行政院開會，愛爾蘭總統凡勒拉主席，中代表顧維鈞與日代表松岡舌戰數次，最後松岡理屈氣弱，徒知狡辯。于是決議移交國聯全體大會解決，而此中日問題，遂轉入第二階段。

十二月六日，國聯大會開幕，列席者五十一國，此外長希孟爲主席。我國首席代表顏惠慶與日代表松岡，仍作激烈之論戰。小國代表出席演說者十八國，均維持正義，主張罪責日本，取消滿洲國。尤以愛爾蘭、捷克、瑞士、西班牙四國爲最激烈。所提議案，惜爲英法大國代表所操縱，未得通過。僅于九日通過一空泛不實的決議，交與特別委員會，以期解決。而此中日問題，復轉入第三階級。

十九國特委會于十二月十三日召集。首先通過五國起草委員完成之二決議草案，及一說明書，其大意如次：

(1)重申此項解決，必須尊重國聯會章非戰公約及九國條約之規定。

(2)圖謀根據李頓報告書第九章原則，并考慮第十章之建議，合宜解決。

(3)美俄如能參預談判，有利進行，應請兩國參加。

上述草案通過後，于二十日決議休會，并決議下次開會期，延至二十二年一月十六日。以便國聯主席希孟，秘書長德啓蒙，與中日兩方，有磋商調解之餘地。乃中國既不滿意，而日本尤故肆刁難。屆時十九國特委會開會，決定推舉英法德比意瑞士瑞典捷克西班牙九國代表，組織起草報告委員會，以德代表爲主席，希孟氏爲小組會與十九國特委員之聯絡員。二十七日起草委員開會，決定繕製報告內容分爲四部：(一)歷史，(二)事實，(三)結論，(四)建議。歷史及事實兩部，均以李頓報告爲根據。一則追溯東三省與我國歷史之關係，一則叙述九一八事變發生後之變遷，及國聯處理之經過。結論部份，說明日本在東三省之行動，是否爲合法自衞，及僞組織是否爲眞正之民意組織，並宣告國聯對中日爭端調解之失敗。建議部份，各小國代表均主張明白規定九一八事變爲日本有計劃之侵略行動，並宣言否認僞組織。惟大國態度仍然灰色，乃決議交特委會辦理。

在九國起草報告書聲中國聯對于調解，仍未放棄，故又徵求日方之意見。日方乃有新案之提出，其大意注重兩點：(1)爲放棄邀請非會員國之美俄，(2)爲修改說明書之末段第九節「承認目前滿洲之政局，亦非解決之道」的文句。二月六日特委會開會，英法代表以日方刁蠻，態度驟變，會議結果，在原則上獲得三點。(一)不承認僞組織，(二)將建議送達各鄰邦及九國公約簽字國，以期得到合作，(三)成立小組委員會，俾繼續代表國聯與遠東時局接觸，草擬報告書建議部份，旋由代表轉來日政府新妥協案一件、其大意與前略同。而對于熱河問題，謂「與國聯現議中日問題無關。彼曾宣言保留滿洲國剿匪問題，則此次討伐熱河軍隊，實爲正當行爲國聯無置喙餘地。」一時國聯無可如何，僅促九國委員會草成報告書全部，其建議部分之要點如下：

第一節本會之建議，係注意本案件異常特殊之情形，幷以下列各項原則條件及觀念爲基礎。

(甲)援用國聯盟約第十條之原文，非戰公約及九國公約關于中國土地完整之部份。並聲明上列各原則必須遵守。

(乙)援引去年三月十一日國聯大會所通過之決議案，謂此決議案，亦必須遵守。

（丙）援引李頓報告書第九章十項原則，勸國聯大會接受之，視爲中日爭議美滿解決之必要條件。

第二節，本節所載各項規定，係完成大會根據盟約第十五條第四節作所之建議。

（甲）建議組織談判委員會，其辦事權限爲在滿洲成立適合中國權利，保障公共秩序，及保護日人權利之政府。

（乙）建議此委員會，必須首先辦理日軍撤入南滿鐵路區域內事。

（丙）建議李頓報告書第九章十項原則中其他原則之適用。

（丁）規定中日間談判，以此談判委員會指導之。此委員會遇有困難，必須報告國聯大會，而由大會斷定之。至于此委員會人選，由國聯大會指定之。但九國公約之簽字國，十九特委會之委員數人，及蘇俄政府宜請其加入。

第三節，建議國聯各會員國，應不承認滿洲國，并不得有任何行動，致礙及談判委員會之工作。又建議請非國聯會員國，採此同樣態度。

上列報告書草竣後，遂提交十九國特委會。二月十三日，通過報告書前三部，十四日，復通過建議部份。而此十九國特委會之使命已完成一段落。以後移交國聯大會，於是此中日問題，遂轉入最後之一階段。

五　國聯大會通過報告書後及日本退出國聯　自調解中日爭端報告書發表後，國聯大會，即于二月二十一日集會。首由主席希孟報告中日糾紛之發展，及十九國特委會調解之失敗。旋即決定延會至二十四日，再行討論報告書，俾各國政府，得有充分研究之機會。屆時大會重開，由王席宣告報告後，請中日代表發言。兩方意見懸絕，無接近之可能。乃將報告書付表決，卒以四十二票對日本一票之結果，一致通過，日代表松岡繼起發言，表示遺恨及失望，幷暗示退出國聯之意。我國顧代表發言，對熱河嚴重形勢，有詳細陳述。大會嗣通過決議案，令祕書長將報告書副本分送非會員國之簽字非戰公約者，請與國聯採取一致行動。幷決定組織一顧問委員會，以原有十九國特委會委員，及加拿大等之代表充之。二十五日顧問委員會開幕，即函美俄二國參加工作。旋美國表示參加，而俄獨否，其態度未免離奇。蓋東省被日佔領，則蘇俄之遠東利益，當亦大受威脅也。

日本退出國聯之論調，早倡于二月二十四日大會以前。今在大會失敗，日本外務省，即于二十六日開始起草諮詢樞密院退出國聯具體案。至三月八日，方將內容奏報日皇，再經內閣集議核准，十一日交到樞密院。至二十七日，齊集皇宮開會，一致通過退出國聯案。即由外長內田電達國聯，同時發表退盟理由書及今後對外方針。

（甲）對于國聯所採之方針　(1)退出後對于國聯大會及行政院會議，在法理上今後二年間仍有參加權利，但決不參加。(2)退出後二年間日本應負擔之國聯經費，按日計算付清。(3)在國聯服務之日籍職員，不必與政府同進退，其自願退職者聽之。(4)對于國聯所屬各種專門機關，凡根據和平條約所創者，仍與合作。但如與日本有不利者，即時取消。

（乙）對于一般外交之方針　以自主外交為原則，(1)對于滿洲國，與以充分之援助。(2)對于中國，希望達到中日滿三國之提攜。(3)對于美國，務排去史汀生主義所培植之對日惡感，使承認日本在遠東之重要位置。(4)對于蘇俄，希望締結日俄不侵犯條約，使承認滿洲國。(5)對于英國，尊重其在東洋特殊利益，同時使理解日本在滿之政策，而維持日英同盟以來之友誼關係。(6)對于法國，贊

助制止德國之復興，擁護法國在安南之利益，使法國諒解日本在遠東之行動。

關于國聯委任統治舊德領南洋島嶼問題，決定以武力保持之。而日本軍部，尤積極于軍備之擴充，（一）充實在滿兵力，并建設黑龍江艦隊。（二）養成軍事專門之技術家及下級軍官。（三）實行軍隊之機械化。不惜與全世界作對，其侈心野志實駕歐戰前威廉第二而過之。返觀吾國之況狀則如何，尤足令吾人毛髮悚然也。

附國際和平條約簡明表一

提倡者——美總統威爾遜，

成立期——一九一九年即民國八年，

1 歐洲——最初英，法，意，比，希，葡，塞，捷克，波蘭，羅馬尼亞十國。加入者挪威，瑞典，丹麥，荷蘭，瑞士，西班牙六國。續加入者奥，匈，保，芬，愛沙尼亞，拉脫維亞，立陶宛，盧森堡，亞爾巴尼亞，愛爾蘭十國。後德意志加入。

2 亞洲——最初中國，日本，暹羅，印度四國，後波斯加入。

（甲）國際聯盟

參加者

3 美洲——最初加拿大，古巴，海地，尼加拉瓜，巴拿馬，関都拉斯，危地馬拉，祕魯，玻利維亞，烏拉乖十國。加入者薩爾瓦多，哥倫比亞，委內瑞拉，智利，巴拉圭，五國。續加入者哥斯德爾黎加，三多明各兩國。

4 非洲——最初里比利亞，南非二國。後阿比西尼亞加入。

5 大洋洲——澳大利亞，紐西蘭二國。

（以上截至一九二六年九月止，退盟者除外。）

第十條——擔任尊重並保持所有聯合會各會員之領土完全及現有之政治上獨立，以防禦外來之侵犯。

第十一條——凡任何戰爭或戰爭之危險，不論其立即涉及聯合會任何一會員與否，皆爲有關聯合會全體之事，聯合會應用任何辦法，視爲敏妙而有力者，以保持各國間之和平。

第十二條——儻聯合會會員間發生爭議，勢將決裂者，當將此事提交公

規約要項

斷，或交行政院審查，無論如何，非俟公斷或行政院報告後三個月屆滿以前，不得從事戰爭。

第十三條——無論何時，聯合會會員發生爭議，認爲適于公斷而不能在外交上圓滿解決者，將該問題提交公斷。聯合會會員約定彼此以完全誠意實行所發表之裁決，對于遵從裁決之任何會員，不得以戰爭從事。設有未能實行此項裁決者，行政院應擬辦法使生效力。

第十五條——如聯合會會員間發生足以決裂之爭議，而未照十三條提交公斷者，各造中任何一造，可將爭議通知秘書長，即籌備一切，以便詳細調查及究研。

相爭各造，應以案情之說明書，連同相關之事實及文件，送交祕書長，由行政院公布。

行政院應盡力使此爭議得以解決。如其有效，將相爭之事實與解釋，並

解決之條文，酌量公布。

倘爭議不能如此解決，則行政院經全體或多數之表決，繕發報告書，說明爭議事實，及認爲公允之建議。聯合會任何會員列席行政院者，亦得將爭議之事實，及自國之決議，以說明書公布之。

如行政院報告書除相爭之一造或一造以上之代表外，該院會員一致贊成，則聯合會會員，約定彼此不得向遵從報告書建議之任何一造從事戰爭。

如行政院除相爭之一造或一造以上之代表外，不能一致贊成，則聯合會會員得保留權利，施行認爲維持正義與公道所必需之舉動。如相爭之一造，對于爭議自行申明，爲行政院所承認者，則行政院不必爲解決之建議。

按照本條任何案件，行政院得將爭議移送大會。經相爭之一造請求，應

卽如此辦理，在十四日內提出。凡移付大會之任何案件，所有本條及第十二條之規定，關于行政院之行爲及職權，大會亦適用。

第十六條——聯合會會員，如不顧本約第十二十三十五條所定之規約而從事戰爭者。其他各會員擔任立卽與之斷絕各種商業上或財政上之關係。禁止其人民與破壞盟約國人民之各種往來。遇此情形，行政院應向關係國政府建議，俾各出陸海空之實力，組成軍隊，以維護盟約之實行。

（乙）九國條約

提倡者——美總統哈定，

成立期——一九二二年，卽民國十一年，

參加者——英，法，意，葡，荷，比，中，日，美九國，

第一條——除中國外，締約各國協定，（一）尊重中國之主權與獨立，暨領土與行政之完整。（二）予中國以機會之發展，並維持一有力鞏固之政府。

(三)切實維持各國在中國境內商務實業機會均等之原則。(四)不得因中國現狀，乘機營謀特殊權利，並不得獎許有害友邦安全之行爲。

條約要項

第二條——締約各國，不得締結侵犯或妨害前記各項原則之條約。

第三條——締約各國除中國外，協定不得在中國謀取一切之優越權利。

第四條——締約各國，不得在中國創設勢力範圍。

第七條——締約各國協定，無論何時，遇有某種情形發生，締約國中之任何一國，認爲牽涉本條約之適用問題，宜付討論者，有關係之締約國，應完全相白互相通知。

提倡者——美國務卿凱洛格，

成立期——一九二八年，即民國十七年，

參加者——美，日，法，德，意，英，比，波蘭，捷克，愛爾蘭，加拿大，澳大利，紐西蘭，南非洲，印度十五國。後中國加入，以後加入者不少，總計五十餘國。

（丙）非戰公約

公約要項

第一條——締約國代表各該國人民鄭重宣言，反對用戰爭以解決國際爭執。並否認在各國相互關係中，以戰爭作國家政治的工作。

第二條——各締約國承認凡締約國間一切糾紛及爭執，不問其起因及性質若何，除以和平方法解決外，概不得訴諸其他方法。

第三條——本約俟締結各國批准後，卽發生效力。並應繼續開放，以候世界其他國家之加入。

國聯調查團綱要表二

（甲）委員人選

1 英國李頓爵士，（委員長）

2 美國麥考益少將，

3 法國克勞德將軍，

4 意國馬柯迪伯爵

5 德國希尼博士，

（外秘書長哈斯。

（乙）調查日程

1 民國二十一年二月二日，由歐出發，二十九日抵日本，此正滿洲兵事延及上海之時。在日凡十二日，荒木陸長頗有強硬之表示。

2 三月十一，離日來華，此正日人手造僞國，成布新政府成立時。參加滬案和平談判。二十七抵南京，與我國政府接洽，接受我方所提意見書。

3 四月一日赴漢，七日轉京，八日到濟，九日由津平，謝絕應酬，以全力進行調查工作。先後接到馬占山李杜丁超報告書，得悉日本在東北種種暴行。二十一日抵瀋陽，詰問本莊繁事變原起，嚴峻過于法官。三十日向國聯發初步報告書。

4 五月二日赴長春，與溥儀晤面。九日赴哈，擬會馬占山，以日人阻止不成。返瀋後赴大連，調查南滿鐵路狀況。

5 六月四日，離瀋回平，汪精衞等由京飛來會談，無甚結果。

6 七月四日，由平赴瀋，取道朝鮮，抵日東京，訪問荒木陸長，內田外長，意見齟齬，不歡

而散。與日政府之會商，至此告一段落。十七日離日來華，卽在北平埋首作報告書。

7 九月一日，全部寫成，三日校畢，四日共同簽字，卽相率返歐。

8 十月二日，調查團報告書在日內瓦及南京東京二處同時公布。

1 新中國之統一——現代中國之重要原動力，卽其民族自身之近代化。所以其國民之種種活動，均呈過渡現象。——見第一章，

2 以前東北獨立並非欲建新國——張作霖迭次宣布獨立，絕不含有個人或滿洲人民情願與中國分離意義。卽其軍隊侵入中國，亦不過參加內戰而已。故滿洲無論如何，仍爲中國完整之一部。——見第二章，

3 東三省爲中國不可分之一部——此爲中國及列國共認之事實。在中日條約，及其他國際條約上，均可證明。——見第三章，

4 九一八夜日本軍事行動之不當——日方于事前確有充分計劃，屆

時實行，迅速證確。中國既無進攻日軍之準備，亦無危害日人生命財產之計劃。故日軍是夜行動，不能認爲合法自衛。——見第四章，

（丙）報告書之要點

令人滿意者

5 上海中國抗日軍大有影響于東北之情勢——自十九路軍奮勇抗日，舉國狂熱。東北得此消息，馬占山再起抵抗。幷激起環球華人愛國心，義勇軍之勇氣，亦因是而增加。——見第五章，

6 滿洲僞國爲日人所製造者——滿洲獨立運動，前此無聞。此次之所以產生者，一爲日本軍隊之在場，一爲日本文武官吏之活動。故現在政體，不能認爲由眞正自然的獨立運動所產生。——見第六章。

7 門戶開放之維持——日本以暴力侵略東北，滿洲人民首受其害，各國利益，亦受打擊。如欲維持國際合作，則門戶開放，實爲必要。——見第八章，

8 遵守現行多方面條約——任何圓滿解決，必須遵守國際盟約，非戰

公約，及華盛頓九國公約之規定。——見第九章，

9 日本武裝實力應退出東北——日本利用鐵路守備隊，威脅中國，以致事變擴大。故欲免除此患實有退出日本武裝實力之必要。——見第十章，

10 日本不得在東北取得經濟上或政治上之特權。——見第十章，

不滿人意者

1 未明白規定日本應負東北事變之責任，
2 中國政府應禁止并遏抑有組織之抵制日貨運動，
3 組織特殊制度以治理東三省，
4 中國武裝實力應退出東三省，
5 雇用外國顧問，其中日本人應佔一重要之比較，
6 東省經濟上之開發，日本得自由參加，
7 居住及租地之權，推及于東三省全境。

（丁）兩方之得失

中國方面

1 滿洲非復中國之普通行政區，而在名義上，仍為中國之一部。東三省長官之任命權，屬于中央，但受顧問會議所定條件之限制。

2 中國在東北不復有駐兵權。所以維持秩序者、惟有地方保安隊，此保安隊，由外國敎官參加訓練。

3 關于經濟方面，中國但有所失，惟財政上如海關郵電鹽稅印花稅，仍為中央稅收，

4 東北行政長官，應用多數之外國顧問，日人居多數，餘外大小國人民均得被選。

日本方面

1 取消滿洲國之獨立，以滿洲為脫離中國本部之特別行政區。

2 日本之駐兵權與護路隊一律撤消，保安隊由外國敎官訓練，日人亦在參加之列。

3 日本有內地雜居與租地之權，有自由參加滿洲經濟發達之權，熱河方

4 東三省之顧問，大多數以日本人充之。
而日本所享受之權利悉仍其舊。

李頓報告書發表後各方態度及國聯況狀表三

（甲）中日之態度
- 日本方面
  - 發布意見書——內分緒論，第一章中國，第二章滿洲，第三章九一八事變及其後的軍事行動，第四章新國家，第五章結論。
  - 其大意
    1 醜詆中國不成爲國家，以爲中國現在不過是一個廣大地域的名稱而已。
    2 認滿洲與中國本無關係，最初就離中國本土而獨立，在淸朝雖曾一時合併，淸亡自然分離。
    3 申說所謂新國家，非日本所造成。因爲日政府與軍部，均嚴命日本國民，不得參加滿洲政治活動。
    4 指責李頓報告書之認識不足，尤以滿洲國的成立，與調查團

所得的情形，完全兩樣。

中國方面

1 對于李頓報告書第一章至第八章所敍述的事實，大都認爲有相當的成績。

2 對于報告書之九十兩章，大都認爲失意。

(乙)列國之態度

1 美利堅——堅持不承認以暴力造成的局面，及其所締結之任何條約幷協定，

2 英吉利——暗中優容日本，諉責國聯，

3 法蘭西——態度穩健，無偏袒成見，亦宣言不投贊滿洲國，

4 蘇俄——袖手旁觀，容許滿洲國設領事于海蘭泡以敷衍日本，

5 其他小國——均主張罪責日本，否認滿洲國。

第一期

1 二十一年十一月二十一日，國聯行政院開會，審查李頓報告書。中日代表顧維鈞松岡，舌戰數次，乃決議移交國聯全體特別大會解決。

2 十二月六日，國聯大會開會，中日代表顏惠慶松岡，仍作激烈之論戰，乃

決議召集十九國特委會解決。

第二期

1 十二月十三日特委會開會英法代表，始終袒日主張調解以免引起事態之嚴重，小國代表則主張通過李頓報告書及否認滿洲國。然終爲大國所把持，不能實現。

2 依大國之主張，成立英法瑞士捷克西班牙五國小組委員會，草成二種決議草案，及一種說明書，經特委通過，卽于二十日休會。

3 其時日本代表，對特委會聲明下列三原則。(一)日政府依據保留盟約第十五條之原則，不承認十九國委員會及其他特委會，有根據第十五條第三項之和協權限。因此委員會之無論若何決議，皆不能拘束。(二)十九國委員會之邀請美俄兩國案，不能贊成。且李頓報告書與日本意見書，已提交理事會，故任非會員國之美俄參交，係不合理。(三)日政府表明反對邀請美俄兩國之態度，對該決議則棄權，持傍觀態度。該和協

委員會，蔑視日本意見書，且無條件採決李頓報告書之第一章至第八章，而蔑視日方之原則，則決意由正面加以攻擊。

4 中代表及中政府，對于特委員決議案，均表示失望。（一）因決議案中既未宣言反對滿洲國，又未聲明日本蓫反國聯盟約及其他國際條約。（二）決議案既無制裁辦法，對于李頓報告書之重要說明，亦未列入。（三）決議案雖記載李頓報告書之十章，然完全不當，亦非中國人民所能同意。（四）決議案對于中國所要求之解決日期，未能規定。

1 特委會休會後，決延期至二十二年一月十六開會。在此休會期間，由國聯主席希孟，秘書長德魯蒙，與中日兩方磋商調解辦法。

2 一月十三，聞德魯蒙與日代表杉村，成立下列修正案。（一）調解委員會之組織，限于英法德意比五國，中日不參加。（二）邀請美俄問題不取消，但不使用美俄等明瞭文字，惟表示與中日問題有利害關係之會

員國及非會員國，將來得邀請美俄。（三）不使用直接交涉之字句，但認直接交涉之精神。調解委員會，以援助中日紛爭之根本解決爲其權限。（四）理由書問題，完全捨棄理由書之形式，作爲主席之宣言，故理由書最後段否認滿洲國之字句決定削除。（五）國聯大會繼續至解決中日問題時期爲止。調解委員會于必要時報告大會以表示國聯與中日問題有完全關係。

3 中國代表，以此項修正案完全抹煞中國立場，一味敷衍日本，提出質問，德魯蒙否認之。

（丙）國聯會議　第三期

1 一月十六日，特委會重開，日代表依照該國訓令，提出兩要點（一）五國委員會決議草案之邀請非會員國參加部分，必須削除。（二）聲明中日糾紛，國聯不能干涉，國聯應處旁觀地位，以待中日直接交涉。中國方面則否認滿洲國，反對直接交涉，爲全國一致之主張。兩方距離懸遠，

特委會乃宣告調解失敗。

2 二十三日開會決定組織九國起草報告委員會，決定報告書分爲四部，前三部分二月一日完畢，後一部分則交特委會辦理。

3 二月四日，特委會，仍本調解意旨，授權主席通知日方代表，聲明兩點：（一）理由說明書，可改爲宣言。（二）邀請非會員國一節，予以删除。日本對于其他文件，是否可以接受。已而日方發布新妥協案，表示不同意。

第四期

4 二月九日，再函告日本代表團，請明白答覆下列兩問題：（一）日本是否承認中國在滿洲之主權。（二）日本能否停止攻熱的軍事行動。亦有露骨的表示。時九國起草的報告書，已全部完畢，遂于二月十四日，經特委會通過。

5 報告書綱要，（一）遠東之事變，國聯調查團報告書首八章之採用，及

本報告書之計劃。(二)中日爭端在國聯方面之進展，內分十五節，(三)爭議之主要特性，所得結論分十一項。(四)建議之敘述，係敘明關于此次爭執事件大會所認爲公允適合之建議，分爲三節。

第五期

1 二十二年二月二十四日，國聯大會通過十九國特委會報告書。主席希望中日兩方，接收和解建議案，切勿再有行動，使糾紛延長。

2 成立顧問委員會，以二十一國代表組織之，幷請美俄參加國聯工作。中國代表略表同情，惟日本代表大示失望。

3 三月七日，日本政府電告退出國聯。其外交政策，拋棄國聯至上主義，發展自主外交。尤注重于實力之充足。(一)陸軍省積極擴張軍備，(二)關東軍部內設立武裝移民機關，(三)定期舉行海軍大會操，(四)海軍省籌建黑龍江艦隊，(五)收買多數英船以供軍用，(六)積極進行侵略滿蒙計劃。

第二十一章　榆熱事變之經過及華北協定

一　榆關之失陷　自東北事變提交國聯後，國聯屢次決議，均主張雙方宜暫時維持現狀，不得擴大事態，以便聽候公平解決。此項決議，並經日政府及其代表之同意。乃日本幾無時不背信食言，擴大其侵略行動。至二十二年一月三日，復有攻陷榆關之事。

榆關即山海關，扼長城終點。西逾石河，可以攻灤東。北出長城，可以犯熱河，爲華北東陲要地。日本旣陷東省，復圖熱河，其目的首先注意于此。二十一年十二月八日，駐錦日軍，曾一度炮擊榆關，嗣經我軍與日軍交涉，就地解決，一時得以無事。二十二年一月一日，令其便衣隊，向榆關南門，開槍射擊。同時車站日步哨擲放炸彈，日憲兵隨亦放槍。經我當地駐軍派員詰問，日軍反指中國軍隊先行放槍，並提出極無理之要求四項：

(1)山海關南門，應由日本方面派兵巡邏。

(2)中國方面，撤退南門防軍。

(3)中國方面，撤退駐紮南門之憲兵隊。

(4)中國方面，撤退山海關城牆一帶駐軍。

我方堅決拒絕，日軍卽將我南關警察繳械，并將當局監視。二日日方開來步炮兵三千餘名，卽向榆關肆意轟炸。我軍爲自衞計，開炮還擊，戰事發端。日軍暫退，更向榆關車站增加兵力，海面並來軍艦兩艘。三日敵方令其海陸空軍，向榆關總攻。以飛機向臨榆城內，作大規模之爆擊，並連絡步騎重炮兵，及海面炮艦，向城內猛烈射擊。南門內外火起，破壞旣鉅，市民死傷尤多。同時日軍坦克車，又在其炮火掩護之下，猛攻南門。我方以寡敵衆，竭力抵抗。卒因武器懸殊，地形受制，不得已退出城外，守城營長安德馨死焉。日軍旣得榆關，先于四城門上懸掛日旗，其次就搜索殘軍，徒手青年及學生模樣者，指爲義勇軍，被殺尤多。城內外之大火，烟焰衝天，截至四日午後止，猶延燒不絕。統計全城建築物，被炮火所燬者，約十分之七。人民之傷亡，比例略同。屍骸徧地，血肉狼藉，古城精華，悉成灰燼。

我守榆軍退出後，日軍卽派騎兵及坦克車，向西追擊。我軍據守石河西岸，與敵夾河相持。而敵

飛機復向秦皇島昌黎等處偵察我軍動作。已而戰事重心移至九門口石門寨一帶。旋九門口失守，而熱河之事急矣。

二　熱河之淪亡　日人侵熱計劃，早已擬定。曾宣言熱河係舊東北四省之一，與其他三省有不可分之關係。當滿洲國獨立之時，亦明白宣布爲滿洲國之一部分。即對李頓調查團之質問滿洲當局亦聲明其國境以萬里長城爲界。至二十一年十二月，更形畢露，日人幷在平津積極收買直魯軍殘逆，編爲僞建國軍，接濟軍費子彈槍械，使爲侵熱先鋒。復集中兵力於熱邊，擬分三路進犯。南路由綏中攻凌南凌源，東路由錦州義縣攻朝陽，北路由通遼攻開魯赤峯。再以一部侵擾灤東，牽制關內。至我軍方面，初以榆關形勢不利，於一月三日放棄。又於九日退出九門口，固守石門寨一帶。熱河方面我軍亦三路布防。北路開魯一帶由熱軍及義勇軍等部駐守。東路爲北票朝陽一帶，亦由熱軍駐守。南路凌南凌源一帶，則由東北軍等部駐守。熱軍祇知虐民斂財，平日絕少訓練。義勇軍散漫，恃之爲游擊之師則可，以之正式作戰則不可。故布防之師，除南路稍雄厚外，東北二路，均空虛不足恃。

二月二十三日，敵軍依照原定計劃，開始總攻。東路北票熱軍首先背叛，北票南嶺，拱手喪失。日

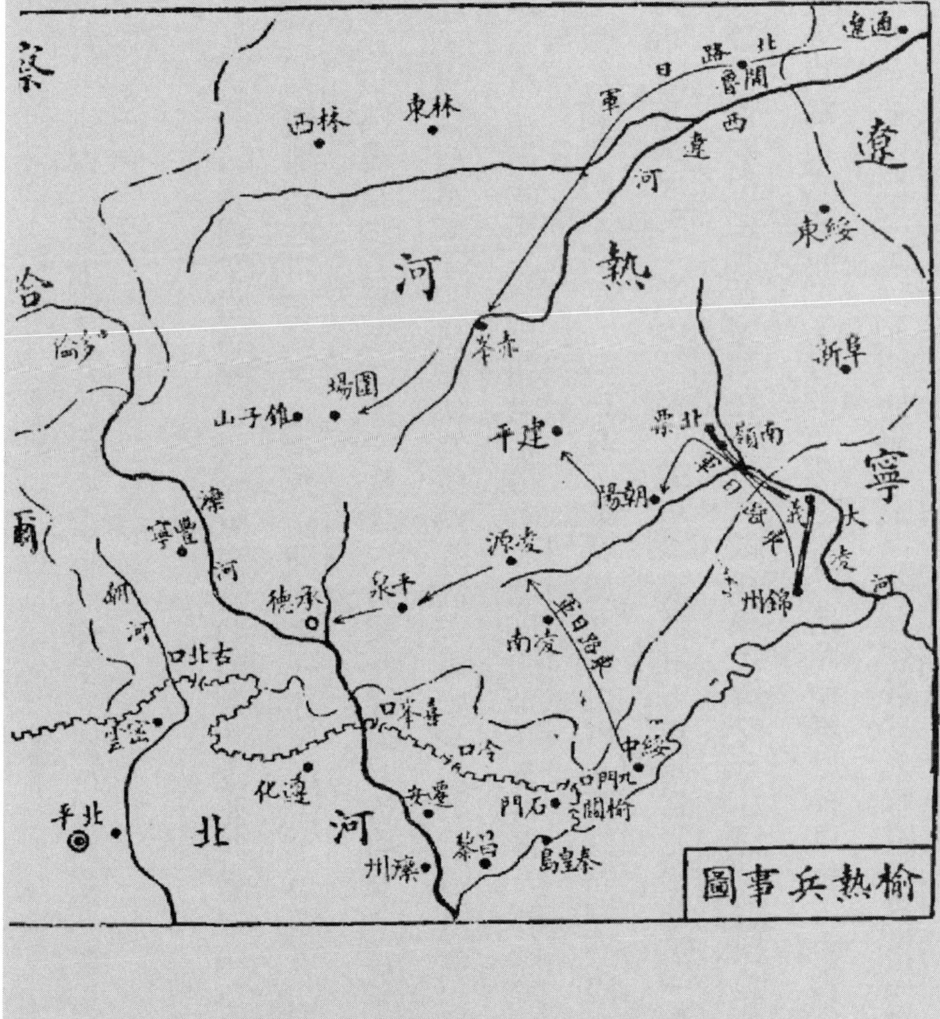
通遼
開魯
北路日軍
西遼河
遼寧
東林
西林
熱河
綏東
阜新
赤峰
圍場
山子鎮
建平
北票
南嶺
朝陽
大凌河
錦州
凌源
平泉
承德
灤河
豐寧
古北口
喜峰口
冷口
九門口
綏中
凌南
山海關
石門
遷安
遵化
密雲
北平
河北
昌黎
灤州
秦皇島

榆熱兵事圖

軍進逼朝陽，熱河旅，又不戰而退，其餘或逃或降，無形消滅。義軍不相統一，袖手冷觀。至北路開魯之師，又皆啓匪，本無愛國觀念，遇日軍即首先潰叛，其同地之熱軍亦潰退，林東不事抵抗。所謂義軍亦直奔赤峯東北。

兩路既不戰而退，日軍即跟踪猛進。至此時張學良始派軍增援赤峯、凌源，然爲時已晚。北路日軍，乘援軍初抵赤峯陣地未固之時，即於三月三日將赤峯攻陷。至東路日軍，乘吾後路空虛，直趨建平，如入無人之境，而凌源已於三月二日攻陷。餘兵退守平泉。其時南路軍聞訊，已先一日倉猝放棄凌南。其退避稍遲者，中途遇伏，全軍覆沒，餘亦損失極重。

張學良聞前線失敗，始於三日晚令援熱軍總司令張作相，前敵總指揮萬福麟反攻。不料是日熱主席湯玉麟在承德，敵尙未臨，聞風先遁，扣留軍用汽車，載私產運入古北口，張萬等亦不能前。以致熱河省治，留一空城，日軍一百二十八名，於四日晨揚長而入，嗚呼，古今來失地之辱，孰有甚於此者哉。

三　長城各口之血戰

自熱河陷落，湯玉麟先走，張學良因之下野，軍政部長何應欽，繼爲北

平軍事分會主席於是華北局勢驟變。日軍乘勝南下，而長城之血戰起。

(1)古北口之役　古北口位密雲東北，爲長城要口之一，東北軍等駐防於此。三月六日，敵軍鈴木旅團大舉進犯，不得逞，乃改用飛機炸彈威脅後方，我軍仍誓死抵抗。嗣中央軍關麟徵黃杰兩師開往接防，東北軍撤退休養。日軍乘我軍換防之際，遽以重炮轟擊，激戰至十日夜，敵方以飛機坦克車夾攻，我關師長竟於是役受傷。全軍勢不支，乃放棄口外，另在南天門一帶布防，搆築新陣地，以便扼險固守。相持至四月初旬，日軍不斷的以重炮向我陣地襲擊，數日內發炮至八百餘響之多，我軍卒能維持陣地。至十三日，我軍死傷達五千人，古北口遂爲敵軍佔領。但我徐庭瑤軍亦猛烈逆襲。南天門之線，歸黃杰師主持，士氣仍極盛旺。

(2)喜峯口之役　喜峯口在古北之東，亦長城要口之一，爲兵家必爭之區。服部鈴木兩旅團，乘三月九日萬福麟退却之際，佔領喜峯口外山地。時宋哲元部尚在遵化，聞變立於九日晨傳令前進，至下午四時已達目的地。遙見日軍在城上駐守，無不激憤塡胸，立由前鋒馮治安師，挑選精鋭兵一營，手提大刀，傍晚前進。日軍猝不及備，即遭砍殺，移時守城兵一千人已全數斃命。而我方大刀隊，

亦同時犧牲，生還者僅二十餘人而已。卒克復喜峯口。此一幕壯烈悲劇，實爲我民族爭得無限光榮，令國人景仰者也。自後相持至四月十二，敵復以坦克車飛機大炮掩護其步兵，向我陣地正面猛攻。我軍以血肉之軀，沉著應戰，蕁至短兵相接，呼聲震天。血戰又一晝夜，始奪回陣地。我方傷亡約七百人，敵方倍之，誠壯烈之戰也。至十五日，形勢復轉嚴重，敵再增精銳，襲我側背，復以冷口之失守，敵由右側侵入，而此之天險，亦以陷落聞矣。

(3)冷口之役　冷口在喜峯東，外險內平，爲對外防禦較難之地，關係灤河上下防軍之安危。承德陷後，冷口守軍繼退，敵竟以大兵直達關口。其時商震擠任灤東防務，聞警立飭軍趕來堵截，用三路包圍方法，驅敵兵於口外四十里地。此商部黃光華師第一次戰績。我軍既佔口外，設險布防，三月二十四日，敵屢以重兵來襲，與黃師激戰終日，終不得逞。自後戰事沉寂，直至四月九日，敵傾全力猛攻，以飛機三十餘架，山野炮四五十門，猛轟兩日之久。其步兵則於十日開始活動，雙方肉搏數十次，均未得逞。敵知正面攻擊未易收效，乃連續向我口外各陣地轟擊，復利用烟幕彈掩護步兵，向我兩翼迂迴攻擊。於是我正面及左右兩翼，同受非常壓迫，勢漸不支。黃師長急電商震請示，商立覆電

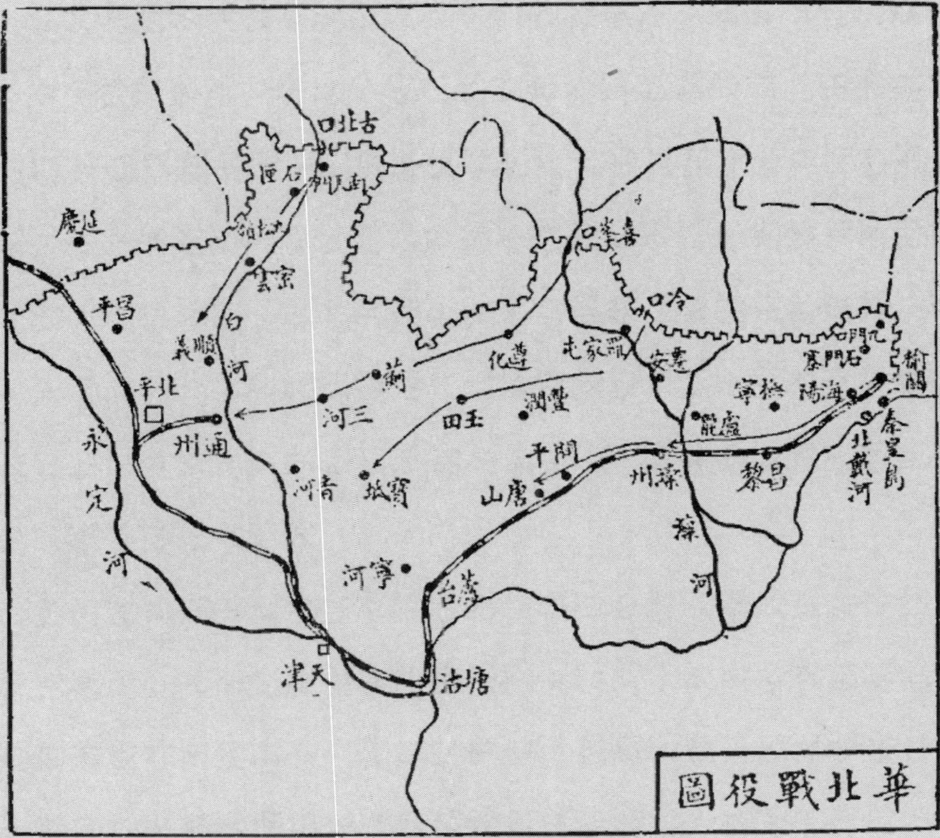
華北戰役圖
古北口
石匣
密雲
延慶
昌平
順義
白河
北平
通州
永定河
薊
三河
香河
寶坻
玉田
豐潤
遵化
喜峯口
冷口
遷安
盧龍
撫寧
石門寨
秦皇島
北戴河
昌黎
灤州
開平
唐山
灤河
寧河
天津
塘沽

「固守毋動，四小時內援兵必到。」一黃乃率部浴血再戰，掙扎至三小時之久，而援軍以交通不便，屆時未至。前敵將士，至此已陷入重圍之中，不得已放棄冷口而犧牲已過半矣。商震聞訊，乃撤兵至遷安附近，又以地勢平坦，無險可扼，乃撤過灤河，於是冷口一帶險要盡失，喜峯口以之不守，灤東勢成孤立，而華北戰事緊張矣。

四　灤東之一再失陷　灤東一帶，本何柱國軍駐守，以石門寨爲第最前線。日軍自攻陷熱河後，由九門口徑攻石門寨，自三月末日起。敵機無時不來轟擊。四月一日，兩方肉搏，一再得失。旋敵續調步騎兵二千餘人來攻，同時秦皇島海面航空母艦之敵機二十餘架，亦編隊飛來，向我陣地集中轟炸。我方陸空兩面，皆受壓迫，村落悉成灰燼。而榆關之敵，亦以鐵甲車來肆威脅。我軍不得已，乃棄石門寨，退守海陽鎮。四月三日，敵軍進攻海陽，與我軍相持，海陽失而復得者數次。數日中風沙狂吼，難民載道，傷兵塞途，戰事之慘，已達極點。雙方作肉搏戰，至四月七日，我軍一度再克海陽，但終以砲火過猛，不得不再行退却。至十五日，敵以飛機掩護，逼入秦皇島，我軍安全退守北戴河，旋北戴河亦失，退守灤西，與日軍隔河相持，是爲灤東之一失。

，至四月二十二日，日軍部忽發一離奇之聲明，略云：「關東軍本擬確保長城線，不欲向關內進展，惟因華軍迭襲挑釁，遂不得不進取灤河右岸地區。現已達此目的，基於自衛之見地，是以願退回本來之配備地點。」於是日軍之在灤東方面者，陸續撤退，放棄遷安盧龍昌黎北帶河等要地，僅留少數僞國軍隊防守。經我軍渡河猛擊後，僞軍相率奔潰，於是灤東完全收復。五月六日，日方以我方挑釁爲辭，突要求我軍即夜撤退灤東軍隊。我方立予拒絕，翌日日鐵甲車一列遂由秦皇島駛至北戴河，向我軍轟擊。我軍退讓，敵遂再佔北戴河。八日，日第六師團之高田，松田，當岡各部隊，及十[illegible]師團之平賀部隊，對我東北兩軍作大規模之總攻，激戰數日，昌黎撫寧盧龍等地，皆次第陷落，是爲灤東之再失。

五　南天門及多倫之失守　當日軍灤東之撤退也，論者揣測不一。不知日軍以灤東突出，不利行軍，欲假道南天門，進取密雲，以便對平大肆威脅。南天門爲古北口第二道防線，形勢極爲重要，撤兵之後，日軍即調集於此。自四月二十一日起，以猛烈炮火及飛機六架，掩護其步兵約二千餘名，向南天門，及左翼八道樓子一帶陣地進攻。我軍血戰三晝夜，傷亡達二千人，仍死守不退。徐庭瑤軍

長，親自督戰。其後敵之第八師團全部來犯，飛機十餘架，協同炮兵，向我左翼轟炸。我軍死守，幾及旬日。直至二十八日，敵再以重炮來擊，我陣地所搆工事，被燬殆盡。至是無險可扼，乃改守左右翼之東西新店，迄於石匣，步步設防。此長城最後之天險南天門竟告陷落。同時復有日人小柳津率日兵四五百人，指揮逆軍及匪兵攻陷多倫之事。

多倫爲察北重鎭，東與熱河毗連，趙承綬部，駐防於此。四月二十八日，日逆軍大舉來犯，趙部奮勇抗戰。至二十九日，敵復增援，利用坦克車飛機掩護，以全力壓迫，炮火非常猛烈。我方陣地，被敵突破，趙部傷亡殆盡，且無豫備隊爲後繼，同時多倫城內，復有便衣蒙匪爲敵內應，到處放火，發生巷戰。我軍內外受擊，無可支持，遂棄多倫退守沽源，而張垣亦受壓迫矣。

六　灤西之繼陷　灤東再失後，敵我兩軍又恢復四月中旬狀態。然此時敵以優勢壓迫，已非昔比，欲得灤西以窺平津。故五月十一日，數次圖渡灤河，均未得逞，嗣乃以燒夷彈到處拋擊，我方慘被蹂躪。十二日午，敵在遷安盧龍等處，炮擊灤西，旋放烟幕彈，掩護渡河，是晚敵軍千餘人，竟達西岸，後隊亦不斷湧來。維家屯（在遷安北）方面因河狹水淺，利於徒涉，偷渡者尤衆。由是敵方大隊，迫至

灤州，十五晚灤州亦失，因其地形凸出，無法堅守，我軍乃退集唐山以圖反攻。旋因唐山有開平礦業關係，不便作戰，再退蘆台一帶，北平火車，僅通至塘沽而止。同時密雲石匣方面激戰尤烈，我軍堅守密雲北之九松嶺以保密雲。至十五日敵以大炮飛機坦克車裝甲車等種種科學武器，與我軍相持三晝夜，我軍死傷近萬，石匣成爲焦土。徐庭瑤部乃不得不放棄石匣，于是密雲亦陷。喜峯口之日軍，亦由間道抄至遵化附近，迫脅宋哲元部側背。宋不得已遂放棄其苦守兩月之喜峯口遵化陣地，向薊縣三河退却。由是日方各部隊，自南而北，聯成一線，作大規模之壓迫，平津慄慄危懼矣。

七　華北協定之成立　自敵軍大舉進逼後，平津附近險要，相繼陷落，敵兵已至通州，距北平僅數十里，天津方面，復發現便衣隊五六百人暴動，先在老站擲彈，炸壞津浦車二輛。東南西南城角，復有擲手溜彈者。海光寺方面炮聲隆隆，全市驚擾。同時日機復飛北平示威數次，一時滿城風雨，有岌岌不可終日之概。北平古物，積極南遷。時有平分會遷移保定辦公之說，并有一般老朽，呈請分會迅撤駐平軍隊，劃北平爲文化區，以阻止敵軍之來犯者。平分會立予嚴斥，並極力于平津兩市爲各種設備以安定人心。適此時黃郛以駐平政務整理委員會委員長資格，于五月十七日北上抵

平。二十二日，召集在平政委黃紹雄宋哲元丁文江王克敏等開談話會。各委發言極多，以宋哲元爲最激烈，謂：「我軍此次忍辱撤退，原冀和平解決，乃日軍狠子野心，進逼不已，除背城借一外，尙有何途。」各委亦有主張仍在和平上重新設法，俟完全絕望時再圖死戰者。適何應欽致黃電話，謂已有和緩辦法，乃散會。

先是黃郛在平發表談話，謂其北上任務「非求和，非妥協，乃在互相諒解下拯救中國。」不意黃到平數日，而事態仍極嚴重，幾至棘手。至二十二晚，我方通告各使館：「如近郊發生戰事，累及英美僑民，其責任應由日本負之。」英使得此消息，乃出調停，日代辦中山，亦恐牽及國際問題，態度轉趨和緩，親赴居仁堂訪何，詢和平有無辦法，何答可以商量。是晚，何，黃，中山，及英使藍浦森遂在居仁堂會議，此爲和戰問題之惟一關鍵。數小時後，雙方意見接近，二十三晨，我方通知前線停止軍事行動，日亦宣告關東司令部不再前進，於是事態遂急轉直下，已露和平曙光。第一步停戰既已實行，第二步乃商確雙方撤兵及撤兵後非武裝區域如何維持問題，並經鄭重決定原則，即交涉純以軍事爲範圍，絕不涉及政治，雙方代表以軍人爲限，地點則定塘沽。其代表人選如下：

(甲)中國方面
- 最高代表——軍分會總參議中將熊斌，
- 隨員——錢宗澤，雷壽榮，徐燕謀，殷汝耕，張熙光，李擇一等，
- 參贊——張羣，何柱國。

(乙)日本方面
- 最高代表——關東軍參謀副長少將岡村寧次，
- 隨員——喜多城一，永津比重，河野悅次郎，遠藤三郎等，
- 參贊——小幾國昭，

五月三十日雙方代表集議塘沽，是晚十時，一度非正式談話。至三十一日晨，日代表提出協定全文，我方酌提修正數點，日未堅持，遂得順利解決，協定全文如次：

(1)我軍撤延慶，昌平，高麗營，順義，通州，香河，寶抵，林亭口，甯河，蘆台以西以南地區，不為一切挑釁擾亂舉動。

(2)日軍為悉上項實行情形，可用飛機視察。

(3)日軍自動撤至長城線。

(4)長城線以南，第一項之線以北地區，駐中國警察。

(5)協定簽字後卽生效。

協定簽字後，日軍陸續撤退，卽開始接收戰區，收編李際春等僞軍。惟馮玉祥不甘雌伏，在張垣通電就民衆抗日同盟軍總司令職，宣言槍口對外。委任方振武吉鴻昌主持軍事，卽于七月間克復沽源多倫，完成察哈爾疆土。中央爲愼重起見，迭向馮氏疏通以免引起意外。馮氏亦遂諒解，宣告下野，此則協定簽字後之餘波也。

綜計華北各戰役，自三月四日熱河喪失起，至五月末日停戰協定止。前後九星期中，我中央，舊東北，舊西北各軍之參戰者，不下三十五六師之衆，戰鬥員總數當在三十萬人以上，比日軍爲多。徒以戰鬥器械，遠不如人，及其結果，損失總數約六萬五千餘人，（死傷失蹤被虜合計，中央軍三萬餘，西北軍二萬餘，東北軍一萬餘，）達戰鬥員百分之二十以上，足覘此次戰爭之猛烈。而徐庭瑤之第十七軍，耗減實力至百分之六十五，尤足見其犧牲之精神。或謂華北協定成立，戰事已告一段落，今後無須抗日，亦不必繼續抗日。熱血男兒，寧能首肯。想滿熱之淪亡，望燕雲之黯淡，凡我國人其共念

之。

附熱河兵事失敗狀況表一

（甲）兩方之兵力

中國方面

1 馮占海李海靑劉桂堂等各軍，及熱軍崔新五部約四萬人，擔任魯北開魯至林東之線，

2 熱軍主力崔福亭等約二萬人，擔任綏東阜新亘北票至朝陽之線，

3 東北軍于兆麟等約三萬人擔任朝陽以南至凌源凌南之線，以上爲第一防線。

4 熱軍石文華部，擔任赤峯之線，萬福麟東北軍豫備隊，擔任平泉之線，共約三萬人；是爲第二防線。

5 尙有朱霽靑等雜色部隊極衆，但均各自爲戰，不相聯絡，

6 以上總數約二十五萬三千人，其始終能保持作戰形式者，惟東北軍于兆麟孫德荃沈克數旅耳。

日本方面

1 茂木騎兵旅三聯隊，附機械化兵團一部，高田旅團全部，張海鵬部騎兵，共約四萬人，自魯北開魯向西南挺進，最後目標爲赤峯。

2 松田旅團全部，附程國瑞部數支隊，共約三萬五千人，自綏東阜新向建平進迫，最後目的亦爲赤峯。

3 西義第八師團全部，約一萬五千人，向北票朝陽凌源之縱線進攻。

4 第七師團之主力七千人，附逆軍一部約萬人，向紗帽山凌南凌源之橫線進攻。

5 以上日軍五萬，附逆軍六萬，共約十一萬人。前兩縱隊，均係向我最脆弱之義勇軍及熱軍攻擊，且我軍多係騎兵，一敗即不可收拾，故戰鬥結果，卒至牽動全局。後二縱附屬多數空軍戰車重炮，務摧破我東北軍主力最後目標在承德。

1 北路開魯方面由熱軍崔新五及義軍馮占海等駐防，開魯後路之赤峯，後爲孫

殿英之防線。孫軍奉令入熱，步行近三千里，二月二十六日始抵赤峯，而崔馮等已失敗，陣地未固，遽為日軍所乘，赤峯遂陷。孫軍退守圍場，向察邊引退，猶能保全實力。

（乙）戰鬥之情形

2 中路朝陽北票等處，係董福亭駐守。凌源平泉，駐東北軍于兆麟王永盛兩師，為朝陽聲援。董旅潰敗，朝陽不守。日軍復陷凌源，直逼平泉。同時由建平方面出奇兵抄襲熱河。湯玉麟聞警失措，星夜出走，張作相亦退至古北口。承德拱手讓人，而前方部隊，遂全局搖動。

3 南路凌南紗帽山一帶，原為丁喜春孫德荃繆徵流各師防守。更有沈克駐防冷口以資策應。紗帽山之役，日不得逞。繼受中路影響，全部潰退，而熱河全境，遂歸日有。

1 熱軍素無訓練，戰鬥力本不足恃。且欠餉一年以上，軍心渙散。近得中央協餉，湯氏盡入私囊。一旦大敵當前，自不肯效死。

（丙）失敗之原因

2 熱軍腐敗，盡人皆知，湯乃視熱為禁地，不願客軍入境以分其勢。熱邊告警，始允客軍輸入，而對於統兵大員又示迎拒。最後以張作相擔任，組織尚未完成，而日軍已長驅入境，倉卒應戰，自難取勝。

3 防熱軍隊分子複雜，既無統一的指揮，復少密切之聯絡，故日軍乘虛突入，一路擊破，全線瓦解。

4 開魯防務，原由崔新五馮占海等擔任。乃張學良於軍事緊急之時，忽將義軍改隸分會指揮。崔又以不獲升任師長，心懷怨望，故均不戰而退。朝陽方面之董福亭，因御下無方，激起內變，凡此皆北東兩路失敗之最大原因。

5 日軍攻熱，後方有鐵路之運輸，及嚴密組織之輜重制度，更加以數月之準備，始後最後之一擊，飛機隊，坦克車，裝甲車等，無不應有盡有。返觀吾國，處處與之相反，又烏可以制敵。

6 張學良主持華北，調遣不靈。

7 張作相以與湯有私人關係，故以防熱重任委之，

8 湯玉麟主熱七載，徒知暴斂。二子總握財政，稅捐名目多至二十餘種，以販賣烟土爲惟一的發財機關。興業銀行紙幣每百元跌至兩元一角。人民破產，死亡無日。爲寇作倀，亦固其所。

（丁）事後之影響

1 湯玉麟革職拿辦，張學良下野，何應欽繼任北平軍事分會主席，汪精衛返國，復行政院長任。

2 東北軍改編四軍，以王以哲，于學忠，萬福麟，何柱國充之。喜峯口方面，由舊西北軍宋哲元接防。古北口方面由中央軍黃杰關麟徵兩師參加作戰。察哈爾方面，由晉綏軍傅作義王靖國負責布防，而戰事重心，則移長城各口。

九一八後國聯調解中日問題概況表二

1 民國二十年九月三十，國聯行政院決議，日軍撤至鐵路區域內，並請美國派員參加，日本堅決反對。

（甲）初調解期

2 十月二十二，行政院以十三票對日本一票之結果，決議日本撤兵，日本不理，益擴大侵略範圍，北攻黑省，西攻錦州，形勢嚴。

3 十二月十日，由國聯大會成立之十九國特委會通過派遣國聯調查團五人東來考察，報告國聯以備核奪。但日本第二次擴大侵略範圍，發生上海事變。

（乙）後調解期

1 二十一年三月三日，國聯全體大會開會，討論上海問題。至十一日，四十五國代表，決議嚴守國聯規約原則，否認武力侵略。至四月十三日通過特委會解決案，日本退兵，而滿熱復趨嚴重。

2 十月二日，李頓報告書發表，行政決議移交大會。十二月九日，決議十九國特委會設法解決，但是日本第三次擴大侵略範圍，攻陷榆關，熱河情勢益急。

（丙）日本退出國聯

1 二十二年一月十六，特委會開會，以日本橫蠻違抗，宣告調解失敗。乃起草報告書，否認滿洲國，請美俄參加國際工作。

2 二月二十四，國聯全體大會，以四十二票對日本一票之結果通過特委報告書，

于是日本宣告退出國聯，不惜與全世界作對。

(丁)兩方之兵力

中國方面

1 中央軍——蔡廷鍇軍三師，張治中軍兩師，徐庭瑤軍三師，蕭之楚軍三師以上直接參戰者凡十一師，約十三萬人。外高桂滋師，上官雲相師，胡宗南師等部部隊，皆動員而未參戰者。

2 東北軍——萬福麟軍四師，于學忠軍四師，王以哲軍四師，何柱國軍四師，以上十六師，除于軍四師外，直接參戰者約十師，實數十萬人。

3 西北軍——宋哲元軍三師，孫殿英軍三師，傅作義軍三師，商震軍三師，趙承綬騎兵隊，以上共十三師，實數約十四萬人。

4 義勇軍——馬占山，蘇炳文，丁超，李杜，王德林，馮占海，宮長海，唐聚五及朱霽青各支隊，實數約三十萬人。

5 總計共六十七萬人，炮四百餘門，飛機三十架。

1 陸軍——第一仙台，第六熊本，第八弘前，第九金澤，第十姬路，第十一善

通寺，第十四宇都宮，第十六京都（未參戰）第十九羅南，第二十龍山，各師團全部合計十師團，戰時編制共十八萬七千人，野山炮三百六十門，重炮一百門。另第三名古屋師團近衞師團之各一個騎兵旅，第七旭川師團第十二久留米師團之各一個混成旅，合計約十二萬餘人，野山重炮一百門。統計兵員二十一萬，火炮四百六十門，戰車二百輛，內坦克車三十輛。

日本方面

2 海軍——艦船約七十艘，二十萬噸，以第三艦隊爲主力，海軍陸戰隊約一萬人，炮四十門。

3 空軍——飛機約三百架，

4 僞軍——區分爲張海鵬，程國瑞各軍，及李際春，丁强，邵本良，劉桂堂，崔新五各支隊，約十萬人，炮約百餘門。

5 總計共約三十二萬人，炮六百門，助以飛機三百架，戰艦七十艘，戰車二

百輛。

（戊）我軍之損失

1 東北戰役——最少限度死傷十二萬人，
2 淞滬戰役——死傷一萬五千人，另民衆非戰鬥員約二千人，
3 熱河戰役——死傷一萬五千人，
4 華北戰役——死傷六萬五千人，另民衆非戰鬥員約萬人。

第二十二章　國難期間之重要會議

一　國民黨四全大會在京舉行之概略　自二十年十一月七日上海和平統一會議後，決定京粵雙方各開國民黨第四次全國代表大會，選舉同一的中央執監委員。京方遂於十二日依照原定計畫，舉行全國代表大會。當推蔣介石、戴傳賢、于右任、蔡元培、林森、戴愧生、潘公展、黃慕松、恩克巴圖九人爲主席團，葉楚傖爲祕書長，計開大會八次，其重要議決案略如下：

（甲）關於禦侮者　以大會名義，致電慰問黑龍江馬占山主席及黑軍將士。並由全體代表將公費全部或一部犒賞馬軍。請國府速令張學良派遣大軍，協同馬占山收復失地。閻鈞天等臨時動議，暴日侵略日急，大會應決議國府主席蔣同志迅卽北上。一致通過。復議決二要點，(1)本大會鄭重喚起國聯各會員國，及非戰公約九國公約各簽字國，對於本身所負之神聖義務，眞實注意。(2)本大會授與國民政府以採取一切必要的正當防禦手段之全權，爲保障國家生存世界和平而奮鬭。

（乙）關於政治者　大要依據訓政時期約法之規定。(1)推進地方自治。(2)關於國民生計國民教育之規定，確定其實施方針。(3)各省區實業建設與文化建設之方針，確定其切實施行辦法。(4)遵照總理遺訓，嚴定禁烟辦法，務於一年以內禁絕之。

（丙）關於人選者　第四屆中央執監委員名額，除第一二三屆之一百一十二人外，其餘四十八人，京粵雙方自由選舉二十四人。當選舉之始，蔣介石建議，請各代表盡量接受廣州同志提出之名單，所得結果如下：(1)當選執委者爲周佛海，顧祝同，夏斗寅，賀耀祖四人。以楊杰，蕭吉珊，朱紹良，龍雲，謝作民，馬福祥，錢大鈞，段錫朋，鄭占南，黃慕松，張礪生，羅家倫，戴愧生，李敬齋十四人爲候補。(2)當選監委者爲張學良，楊虎，蔣作賓，洪陸東四人。以黃吉宸，方聲濤二人爲候補。

迄二十三日，舉行閉會式，由蔣介石致詞，激勵全國代表，「統一國家，集中力量，外禦強侮，內除漢奸。」旋呼口號，攝影而散。

二　國民黨四全大會在粵舉行之概略

粵方全國代表大會，原定十月十日舉行，後以上海和平統一會議之結果，延至十一月十八日開會。先後推定孫科，鄧澤如，蕭佛成，經亨頤，李宗仁，李揚

敬，黃旭初，關素人，姚禔昌，胡漢民，伍朝樞十一人爲主席團，李文範爲祕書長。計開大會九次，第一次會議，對於禦侮問題，嘉勉馬占山盡職守土，責成張學良恢復失地，略與京方決議同。惟至第二次會議時，對於上海和議各項辦法，各代表顯然分贊否兩派，辨論異常劇烈，空氣突然緊張。孫科，李文範，陳友仁三代表因之離省赴港。即致書大會各代表，關於對人及黨章問題，多方解釋。適胡漢民伍朝樞由上海歸來，發布調解意見書，首言暴日侵凌，亟宜一致對外。次言獨裁制度之豫防，及中央執監委員選舉之妥愼，言之極爲詳盡，於是空氣爲之一變。當第七次會議時，一致接受其意見，勉爲精誠團結，以求實現和平。但爲貫澈初衷起見，仍須促蔣下野，解除兵柄，爲最後聲明。乃進行選舉第四屆新中央委員，所得結果如下：

(1)當選執委者，爲白崇禧，李揚敬，余漢謀，林翼中，張惠長五人，以區芳浦，黃旭初，程天固，詹菊似，黃季陸，梁寒操，關素人，李任仁，曾仲鳴，崔廣秀，黃復生，張定璠十二人爲候補。

(2)當選監委者，爲香翰屏，張發奎，唐紹儀三人。以林直勉，繆培南，李綺菴，陳中孚四人爲候補。

迄十二月五日，由胡漢民主持閉幕典禮，並有極懇切的演詞，略云「希望今日同志精誠團結，

一致對外，共赴國難。目前最要工作，厥爲抗日剿共。」而此次開會之初最令人注意者，有東方被壓迫民族聯合請求案。署名者爲韓國國民革命黨前衛總部，印度同盟會，越南國民黨總部三團體，讀其提案書歷數被壓迫民族的痛苦，躍然紙上。

三　在京舉行之一中全會

京粵第四次全國大會閉幕後，即於十二月二十二日集合雙方中委在京舉行第一次中央執監全體會議。先開豫備會，推舉孫科，丁惟汾，顧孟餘，居正，伍朝樞，何應欽，于右任七人爲主席團，吳鐵城爲祕書長。以伍朝樞爲特種外交委員會委會長，增加唐生智，鄧飛黃等十八人爲中央候補執監委員。成立黨務，政治，外交，軍事，財政，教育六組。自二十四日起至二十九日止，計開正式會四次，其重要議決案如下：

(甲)中央政制改革案　(1)國府主席爲中華民國元首，對內對外代表國家，但不負實際上政治責任，並不兼其他官職。任期二年，得連任一次。但於憲法頒布時，應依法改選之。(2)國府委員會設委員若干人。(3)在憲法未頒布以前，行政立法司法監察考試各院，各自對于中央執委會負其責任。(4)行政院長，負實際行政責任。(5)司法行政，改隸行政院，設部管理。(6)國府主席及委員五院長，由中

央執委會選任之。

（乙）中央黨務改革案　決定中央執委會組織宣傳兩部，改設組織宣傳兩委員會，各設委員若干人。訓練部取消，改組民衆指導委員會，設委員若干人。

此外通過國民政府組織法，規定國府主席標準，以年高德劭者任之。當選舉國府主席，委員，及五院院長時，由主席團聲明兩點：(1)五院院長副院長及所屬各部部長委員會委員長不兼任國府委員。(2)現役軍人不兼任國府委員，衆無異議。隨選舉林森爲國府主席。孫科陳銘樞，張繼覃振，伍朝樞居正，戴傳賢劉蘆隱，于右任丁惟汾，爲行政，立法司法考試，監察，五院正副院長。成立中央政治會議，以中央執監委員組織之，推舉蔣介石汪精衛胡漢民三人爲常務，同時各會部長陸續選出。惟當二十五日舉行第二次會議時，以日軍進攻錦州，情勢緊迫，特提出應付方案。因此案與閻錫山所提『派十萬勁旅死守錦州以救危亡案』有連帶關係，於是併案討論。全場一致決議「令張學良固守錦州，倘日軍進攻，須頑强抵抗。」乃不數日而張軍以退却聞，錦州失陷矣。

四　在洛舉行之二中全會　當一中全會閉幕時，局勢緊張。林森孫科，即於二十一年一月一

日，就國府主席及行政院長職。旋一二八滬戰暴發，汪精衛繼孫科爲行政院長，爲避免日軍威脅起見，政府移洛辦公。國難日趨嚴重，咸知有集中意志共商應付之必要。爰於三月一日召開第二次中央執監全體會議於洛陽。先期電邀各委，除道遠及有特殊任務者外，屆時報到者七十餘人。由汪精衛領導開會，報告首都軍事、外交、財政四問題，請詳細討論。當推汪精衛、蔣介石、于右任、居正、顧孟餘五人爲主席團，葉楚傖爲祕書長。計開豫備會正式會各三次，前後會期共六天，其重要決議如下：

（甲）禦侮問題　通過國難期間臨時黨務工作綱要：(1)中央方面，集中全體力量，負切實領導之責。制定國難期間工作實施方案，關於組織宣傳民運三項，爲詳細之規定。(2)各省市方面，遵照中央頒布之工作方案，積極督促下級黨部努力推行。(3)各縣方面，接受各省市黨部之指導，實際進行禦侮自衛之工作。(4)黨員方面，絕對服從所屬黨部命令，實際努力禦侮自衛之工作。(5)經費，國難期間，財政極度困難，各級黨費應盡量撙節，並緊縮其辦公生活費用，移充爲禦侮自衛之活動用項。

（乙）政治問題　由汪精衛報告施政方針，陳述下列四要點：(1)實行財政公開。(2)實行減政。(3)成立財政委員會，並使自由行使職權。(4)現役軍人，不得兼任政務長官之規定，應於最短期間次第

實行。(5)籌設各級民意機關，以導入於憲政時期。當經大會全體接受。

(丙)軍事問題　修正國府軍事委員會組織大綱，(1)軍事委員會直隸國民政府，爲全國最高軍事機關。(2)對於國防，綏靖，軍制，軍學，軍費，軍官等項，有完全處理之權。(3)本會設委員長一人，委員七人至九人，由中央政治會議選定，國民政府特任之。此外行政院長，參謀總長，軍政部長，訓練總監，海軍部長，軍事參議院長，爲當然委員。

此外通過頒行大赦案。以長安爲陪都，定名西京，以洛陽爲行都。卽於六日頒發勉勵抗日將士，發布宣言，宣告閉會。

五　國難會議之概狀

中央全會，限於國民黨員，國難會議，卽國民黨以外之人物，如曾琦，胡適，章炳麟，陶知行，溫宗堯，吳佩孚，段祺瑞，熊希齡等，亦在邀請之列。蓋以時局嚴重，希望一般人民與國黨共負責任也。最初建議召集者爲蔡元培。經中央政治會議決議，凡國難期間之外交，財政，軍政，及關於國難一切臨時設施方針之決定，均爲國難會議之職責，其權限頗大。後以他種關係，縮小範圍，僅討論禦侮，救災，綏靖三項。其中有一部分被邀會員，拒絕出席，而國難會議，仍於二十一年七月

四日在洛陽開幕。當選定王曉籟，張伯苓，高一涵，劉蘅靜，童冠賢五人爲主席團。隨由汪院長報告政府關於處理禦侮，救災，綏靖三項事宜，極爲動聽。乃成立三組審查委員會，以鄭震宇，楊端六，李根源等充之。對於一百零六件的提案加以整理。其中較有精彩者如下：(1)李星輝之打破封建軍隊，樹立民族武力以固國防案。(2)龔德柏之抗日具體方案，(3)胡庶華之準備長期抵抗案，(4)張耀曾之確定應付國難的方針案。其他具有特質者尙多。而由大會通過經過熱烈辨論者，有下列數案：

(甲)共同禦侮案　(1)凡侵害我國家政治獨立領土，及行政完整之敵國，政府應兼用武力與外交抵抗到底。有違反上述原則之條約，概不得簽訂。(2)在政府努力實行上述原則之時期內，全國人民不分黨派階級，概應盡最大之力量，贊助政府共同禦侮。

(乙)國難期間外交方針案　積極聯絡主張正義維護國聯盟約，九國公約，非戰公約之各友邦，以期充分獲得各國之同情，並鞏固太平洋永久之和平。

(丙)政治改革案　(1)切實辦理地方自治，如期結束訓政。(2)憲政未實施前，提前設民意機關，定名爲國民代表會。(3)國民代表會，至少有決議下列各事項之權，第一預算決算，第二國債，第三重

要國際條約，(4)國民代表會，由各大都市職業團體及省區地方海外華僑人民，選出三百人以上組織之，(5)國民代表會定民國二十年十月十日以前成立。

此次計開會六天，於十二日閉會，其中參加人物最可紀念者有二。(1)爲章嘉活佛，共赴國難，最爲熱心。(2)爲女主席劉蘅靜，領導會衆足與國民會議主席劉純一女士先後媲美。而其一鳴驚人者爲朱綸女士提出撤懲張學良案，大會一致通過。

六　國都遷回後之三中全會　國難期間，百端待理。一二全會，已具有相當成績，然對內對外諸要務，仍亟待籌商。故國都於十二月一日遷回南京，即於同月十五日開第三次中央執監全體會議。計列席者一百零九人，當推定蔣介石，于右任，孫科，顧孟餘，丁惟汾，戴傳賢，居正七人爲主席團，葉楚傖爲秘書長，計開大會六次，其極關重要之議決案如下：

(甲)定期召集國民參政會案　(1)國民參政會，於民國二十二年內召集之。(2)國民參政會代表之產生，參用選舉及延聘兩方法。(3)國民參政會之職權，應以訓政時期約法爲基礎，參酌中央政治會議及國難會議所舉各點規定之。(4)關於國民參政會之一切法規，交中央執委會常務會議，於

四個月內依照立法程序制定頒布施行。

（乙）改革教育制度案　(1)關於國民教育者，使兒童必須常識，其內容應包括三民主義，國文，本國歷史以及數學衞生自然科學等初步常識，使之了解且能應用。尤注重訓練，以堅定其自信力及愛國家愛民族之觀念。(2)關於生產教育者各省市應盡量擴充職業學校注重生產教育技能勞動習慣，且不必規定畢業時間不必分農工商學科。以不收學費爲原則，俾貧寒可以升學。(3)關於師資教育者簡易師範師範學校師範大學概不收費，現有之師範大學，應力求整理與改善。(4)關於人才教育者中學爲預備人才地方，應採取絕對的嚴格訓練。高中不分文理科國立大學應提高程度，充實內容。各省市私立大學，應設農工商理醫各院，不得設文法學院。

（丙）集中國力挽救危亡案　(1)關於目前之內政，政府應切實履行本黨保障人民集會結社言論出版居住信仰各種自由之政綱，禁止一切非法干涉，濫行拘捕。各地以不設政委會爲原則，原有之政委會於事實上無必要時，即行取消。(2)關於憲政之準備，集中民族力量，澈底抵抗外患，挽救危亡。應於最短期間，積極進行地方自治工作，籌備憲政開始，國民大會，定於二十四年三月開之。

迄二十二日，發布宣言三要點，⑴有侵犯我國領土及國家主權者，誓以全力抵禦之。⑵有危害世界和平者，誓共同努力保障之。⑶本黨之責任，爲訓政完成後，實現憲政，以政權歸還人民，誓以全力負之。遂宣告閉會。按此次大會，充滿親愛謙和精神，實爲前此所未有。惟是共禍川戰內亂既未終止，而國聯大會雖受接李頓報告，對於暴日又無法制裁。瞻念前途，不寒而慄。此全國人士所以急宜自覺，共圖生存也。

七　第五次全國代表大會之概略——

附第四屆黨國要人一覽表一（注）二十年十二月

（甲）中央黨部

1人數
- 執委七十二人，候補六十人，
- 監委二十四人，候補二十二人。

2常務——胡漢民，汪精衛，蔣介石，于右任，葉楚傖，顧孟餘，居正，孫科，陳果夫九人，葉兼祕書長，

1組織委員會十六人，吳鐵城，陳立夫，爲正副主任，

3 四會
- 2 宣傳委員會十五人，邵元冲，劉蘆隱，爲正副主任，
- 3 民運委員會十七人，張知本馬超俊，爲正副主任，
- 4 海外委員會十六人周啓剛，陳耀垣，爲正副主任。

(乙)政治會議
- 1 以中央執行委員監察委員組織之，
- 2 推舉蔣介石，汪精衞，胡漢民，三人爲常務，曾仲鳴爲祕書長。

- 1 國府主席——林森，
- 2 五院
  - 1 行政正副院長——孫科，陳銘樞，（後汪正宋副）
  - 2 立法正副院長——張繼，覃振，
  - 3 司法正副院長——伍朝樞，居正，
  - 4 考試正副院長——戴傳賢，劉蘆隱，
  - 5 監察正副院長——于右任，丁惟汾。

1 內政部長李文範，（後任爲黃紹雄）

（丙）國民政府

3 十部

2 外交部長陳友仁，（後任羅文幹）
3 軍政部長何應欽，
4 海軍部長陳紹寬，
5 交通部長陳銘樞，（後任爲朱家驊）
6 教育部長朱家驊，（後任爲王世杰）
7 司法行政部長羅文幹。
8 財政部長黃漢樑，（後仍任宋子文至二十二年十月辭職改任孔祥熙）
9 實業部長陳公博，
10 鐵道部長葉恭綽。（後任爲顧孟餘）

4 兩會

1 蒙藏委員會委員長石青陽。
2 禁煙委員會委員長劉瑞恆。

5 軍事機關
- 1 參謀總長朱培德，
- 2 訓練總監李濟琛，
- 3 軍事參議院長唐生智。

附第一編習題

1 清高宗極盛而衰之原因，屬於私人者，可分爲幾項？

2 略述和珅之罪惡，此外又有何項貪汚官吏？

3 乾隆時豪侈軍官，以何人爲最著？

4 嘉道時有何苗亂？傅鼐羅思舉有何治苗功績？

5 白蓮敎匪，如何發動？其初勢力如何？最後何以能夠平定？

6 嘉慶海盜，以何人爲首領？何人平之？

7 天理敎之亂，較海盜孰大？

8 道光回疆變亂凡幾次？

9 略述林則徐禁煙辦法，及其防守計劃？

10 鴉片戰役失敗，琦善奕山奕經之罪惡孰大？

11 南京條約，雙方何人當局，其內容及其影響如何？
12 仁宗善善而不能用，惡惡而不能去，有才而不能盡其用，試略舉事實以證明之，
13 嘉道時代河工糜費之狀況如何？
14 宣宗之私德如何？其時有何庸相？
15 略述太平天國之政情，及起事時重要人物？
16 太平軍定都南京以後，其作戰計畫如何？最後何以失敗？
17 太平軍後起二傑，各有何特點？
18 湘軍自曾國藩以下，有何重要人物？其撲滅太平軍之戰略如何？
19 太平變亂時對於上海之影響如何？
20 捻匪有何首領？最後如何平之？
21 試言左宗棠平定陝甘新疆回匪之概略，
22 英法聯軍之禍，誤於葉名琛，譚廷襄，僧格林沁三人，其罪過孰大？

23 中英中法天津條約，其不同之點安在？北京條約，又增加那幾項？

24 英法聯軍戰役之影響，可約分爲那幾項？

25 中俄愛琿，天津，北京條約，我國均受損失，其關係最普偏而最大者推何約？

26 曾紀澤伊犂條約，較勝於崇厚新約者安在？

27 文宗始勤終怠，試略述其事實？

28 慈禧三次垂簾，以何次爲最好，何次爲最壞？

29 馬加理滇案之了結，較天津教案之了結爲更壞，試略舉事實以證明之？

30 中日何時正式訂約通商，其時是否平等條約？

31 琉球歸日，其原因安在？

32 煙台續約，於我國有何利益？

33 法侵越南，如何起原？其進行之計畫可分幾步？

34 中法戰事，陸路緊張，罪在何人？轉敗爲勝，功在何人？海軍戰事，孰勝孰敗？

35 越緬喪失孰難？與我國西南邊防有何關係？

36 暹羅脫藩後，至今何以尙爲亞洲獨立國？

37 中日戰役，起原朝鮮，我國應付失策凡幾次？

38 中日之役我國海陸軍全敗，除李鴻章外，何人實尸其咎？

39 馬關條約之內容如何？中有何項不克現實？並言其故，

40 我國總統制度，發端台灣，何以僅曇花一現？

41 租界制度，如何起原？專管租界，起于何時？

42 軍港租界，何國發端？定期二十五年或九十九年者有那幾處？

43 戊戌變法，如何起原，其新政可分幾項？何以卽歸失敗？

44 義和團如何起原？主持者何人？反對者何人？東南保全，滿洲糜爛，其故安在？

45 辛丑和約之內容如何？其在國際上損失最大者推何項？

46 試略評李鴻章之功罪？

47 日俄交戰之原因，可約分爲幾項？

48 我國劃遼東爲日俄戰場，是否合於局外中立原則？我國不參戰，日本不望我國參戰其命意安在？

49 日俄海陸大戰，其最關重要者何役？

50 朴子茅斯和約，何人主持？俄國有何損失？日本何以不能向俄國索償軍費？

51 日本滅韓之計畫，可約分爲幾步？朝鮮有何賣國罪魁？

52 日本戰勝俄國以後，對於東省成立何項侵略機關？

53 間島問題，如何起原？結果如何？

54 南滿漸入日本勢力範圍，除安奉鐵路外，又有五案協定，試舉其目？

55 日俄協定後，俄國經營北滿，與我國又有何項交涉？

56 日俄戰時，英國對於西藏，有何侵略舉動？我國主權是否喪失？

57 清末中葡有何交涉？

58 戊戌以前之新政，與辛丑以後之新政，有何不同？

59 清季豫備立憲，何人發端？其動機如何？後何以卒歸失敗？

60 鐵路國有政策，何人主持？試言事變擴大之概略？

61 武昌起義，何人發端？漢口領團，何以卽承認軍政府爲交戰團體？全國響應，何以直隸河南獨無動作？

62 清帝退位，固由於南方反對君主，其原因於北方者，又可分爲幾項？

63 晚清經學，有何今古文大師，並各舉其重要著作？

64 試列舉今古文學之異點？

65 清季有何佛學大師？

66 宋濂元史，最爲舛陋，晚清以改造元史著名者，有何重要人物？

67 晚淸地理考據家以何人最負盛名？參用西法改進地圖學，自何人始？

68 吳汝綸王闓運同爲古文名家，其局度同否？

69 清季有何諷世小說名家？

70 我國選送出洋學生，東西洋孰早？

71 嚴復林紓，號爲譯學界泰斗，其譯品之價值孰大？

72 我國報紙，何報最早？在商界方面最佔勢力者推何報？在政論方面，立反對地位而最有勢力者推何報？

73 自造輪船，始於何地？造輪進步，由於何人？至何時始有大規模之造船廠？

74 架設電線，始於何處？自辦鐵路，起於何人？爲養成鐵路人才計，創設何種學校？

75 晚清機械人才，我國有何名家？

第三編習題

1 近代的眞正革命運動，起於何役？

2 革命運動，分兵事暗殺兩途，清季之屬於暗殺者有那幾次？

3 嶺南革命，何以十次失敗？武昌革命，何以一舉成功？

4 略述辛亥革命和戰之概況，

5 二次革命，如何起原？結果如何？

6 洪憲帝制發動者何人？促進者何人？助成者何人？以文字與武力反對者，當以何人爲最著？

7 洪憲帝制之惡影響，可分幾項？

8 張勛復辟，如何起原？結果如何？

9 護國護法兩役之成績孰優？

10 馮段對南政策，有何不同？

11 護法期間之上海和會，何以卒歸破裂？

12 直皖之戰如何起原？結果如何？

13 直吳之勢力，何以穩固於長江中樞？

14 奉直之戰，如何起原？結果如何？

15 粵桂戰爭，如何起原？結果如何？

16 略述陳烱明背叛之由來？及其頑抗之經過，

17 略述徐世昌起仆之狀況，

18 略述黎元洪起仆之經過，

19 反直派之組合，如何成立？

20 江浙齊盧之戰，何如起原？結果如何？

21 略述曹段起仆之經過，

22 東南直奉之戰，如何起原？結果如何？

23 馮用郭松齡反奉，張聯吳佩孚倒馮，其結果如何？

24 段氏執政，何以時局益臻混亂？

25 北洋派統治下之豫魯，有何重要匪患？

26 湘趙滇唐，主政較久，其時有何內爭？

27 四川軍閥，時南時北，至何時始完全受國民政府編制？

28 廣西軍閥，以何人爲首領，至何時始歸李宗仁統治？

29 民國初年，有何傀儡國出現？

30 何謂五國銀行團，我國財政，是否受其干涉？

31 日本滿蒙五鐵路之要求，我國何時承認之？

32 二十一條之國耻條件，其未經我國完全承諾者，尙有那幾件？

33 日本對我國之西原借欵，及軍事協定，其用意安在？

34 五四運動，與巴黎和會，有何關係？

35 華府會議，我國是否得到相當利益？

36 湖南六一慘案，如何起原？結果如何？

37 蒙古自治政府，何時成立？何時取消？何時復立正式國民政府？

38 中俄第一次恢復邦交，我國有何利益？

39 金佛郎案，如何解決？
40 五卅慘案，如何起原？其影響如何？
41 段執政時代之關稅法權兩會議，有無相當成績？
42 我國何時採用三色國旗？何時成立黃埔軍校？其意義安在？
43 孫中山被邀北上，何以拒絕與段合作？
44 孫中山病故後，唐繼堯何以忽就副元帥職？
45 胡漢民代帥時，廣州有何內亂？
46 護法軍興以後，國民政府以前，廣東政府名稱凡幾變？
47 國民政府成立時，廣州有何政變？廣東何時始完全統一？
48 廣東統一以後，內政如何整理？北伐如何籌備？試述其略，
49 蔣介石廣州誓師以前，凡幾次北伐？其況狀如何？
50 北伐軍克復武漢，較克復長沙孰難？其間有何大戰，

51 北伐軍克復江西閩浙，有何重要大戰？

52 滬寧克復時，敵方何人主持？是否引起外國交涉？

53 南京克復以後，敵方有何反攻計畫？其結果如何？

54 興中會成立以後民國十三年國民黨改組以前，試略述其變遷之經過，

55 北伐完成以前，國民黨分裂凡幾次？後何以復合？

56 南京特委會，引起何項糾紛？其後如何解決？

57 馮閻何時參加北伐？其所受之艱苦孰大？

58 蔣張兩方面之戰計畫如何？

59 濟南慘案發生後，我國何以須忍辱退讓？又何以須改變作戰計畫？

60 北京克復後，以何人主持軍政事務？對內對外，有何表示？

61 漢潯英界，如何收回？繼起收回者尚有何地？

62 南京中美換文，解決何事？美國對於我國，有何良好表示？

63 試略述中日長沙六一案，漢口九二一案，濟南五三案之結果，

64 非戰公約，如何起原？我國參加之情形如何？

65 我國關稅自主，何時實行？最高最低稅率，如何規定？首先與我國修改不平條約者何國？

66 中俄自民國十二年復交以後，又發生何項糾紛？最近國交，是否恢復？

67 威海收回，附有何項條件？

68 北伐完成以後，中央舉行何項重要會議？其宣言之要點如何？

69 五院政府，何時成立？何人主持？其施政方針如何？

70 釐金如何起原？何時始議裁撤？何時開始實行？採用何法抵補釐金收入？

71 新民法之關於親屬者，最要者有那幾項？

72 立法院修正之進口稅則，以何項爲最高？何項爲最低？何項不收稅？

73 第一二三次國民黨全國代表大會，各在何處開會？三全大會對於黨員的資格分幾種？

74 第三屆中央全會，共開幾次？國黨要人，是否意見一致？其重要議決案之關於內部者，可約分

爲幾項？

75 民六新思想發達以後，其時主張維持舊文化者，以何人爲最著？

76 我國學生政治運動，始於何時？其影響及於國際方面者推何次？

77 民國時代之教育宗旨凡幾變？試述其要，

78 外國學者來華講演，有何著名人物？各有何項特長？

79 我國現在有何研究科學機關？

80 武漢兵事，如何發生，結果如何？

81 何謂擴會之役？

82 萬寶山慘案，如何起原？其影響及其結果如何？

83 東省事變，如何發生？遼吉即告淪陷，罪在何人？

84 東省事變擴大之情形如何？

85 上海戰事，如何發生？日將幾次失敗？最後我國何以退守第二道防線？

86 上海戰事之結果如何？

87 東省淞滬事變發生後，我國有何民族英雄？

88 僞組織如何產生，其時有何傀儡人物？

89 遼吉事變發生時，國聯有何重要決議？

90 上海事變發生時，國聯有何重要決議？何以卽能生效？

91 國聯調查團報告書，令吾人滿意者有那幾項？

92 國聯大國多袒日，何以最後對於九國委員會草成之報告書，卒一致通過？

93 國際大會最後決議後，日本之態度如何？

94 熱河失守，罪在何人？

95 華北戰役，我國有何血戰英雄。

96 試言華北協定成立之得失？

97 京粵雙方，如何分立？如何合作？試述其略，

98 在京在洛舉行之中央全會，各有何特點？

99 國難會議之性質，及其範圍如何？

100 第四屆三中全會之成績如何？

附民國成立以來中外大事分類月表

例言

（一）本表爲一般國民明瞭民國成立以來中外大事時代觀念起見，分爲九欄。首欄紀元，自民國元年起至本年，公元附之。

（二）民國十四年七月以前南北政府對稱。自十四年七月國民政府成立起，爲民國正統所在，凡北方政府大事，例低一字，以示區別，列第二欄。

（三）凡國民黨成立改組之經過，幷歷屆重要決議，以及前此之國會省會之要項，列入第三欄。

（四）凡南北和戰，各省軍閥勢力之消長，北伐軍之過程，以及民國統一以後之糾紛，列入第四欄。

（五）財政爲國家命脈所繫，外交關係國際地位，列入第五六欄。

（六）教育及民衆運動，爲國民思想之養成及表現，彙入第七欄。

（七）兵變之變，人所共知，匪共尤甚，特立第八欄。

（八）中國民族之自由獨立運動，由世界潮流鼓盪而成，故以世界大事殿焉。

（九）本表根據各大報紙及各種時事雜志而成，無終止期。末附空白紙數頁，豫備讀者自由補記。

民國二十二年十二月新化羅元鯤識於湖南妙高峯學校之卷雲亭

民國成立以來中外大事分類月表

民國紀元（附公元）		元年（壬子）（1912）
中國大事	政府	一月臨時大總統孫文就職於南京改用陽曆 舉黎元洪爲副總統臨時政府成立黃興黃鍾英伍廷芳陳錦濤王寵惠程德全蔡元培張謇湯壽潛爲
	國會及黨務	一月參議院舉行開會式 三月頒布民國臨時約法 同盟會破裂宋教仁黃興等主張成立國民黨拋棄平均地權之黨綱擁孫文爲首領
	兵事	二月南北和議成清帝下詔退位 七月四川都督尹昌衡率兵出征西藏克復裏塘旋達賴喇嘛遣使求和川邊肅清 十月全國各地舉行第一次雙
	財政	五月財部與四國銀行團訂立墊款合同 八月宣布倫敦新借款一千萬鎊成立 七月江西鐵路借款日幣五百萬元成立 十月頒布印花稅法 十二月破
	外交	八月英使照會外交部西藏不得改設行省 九月俄使以俄蒙協約通告政府不准中國軍隊入駐蒙境 十一月蒙古王公通告各國不承認俄蒙
	教育與民衆運動	三月女子向參議院要求參政權 九月教育部宣布教育宗旨注重道德教育以實利及軍國民教育輔之更以美育完成其道德
	兵變及匪禍	二月袁世凱不願往南京就職嗾北京兵變 三月天津及蘇州兵變 五月江西玉山縣兵變 六月山東奉天省城兵變 七月景德
外國大事		一月瑞典婦女爭參政權 二月墨西哥革命建臨時政府 三月各國女工舉行遊街運動以先年各女社會黨人規定每年三月八日爲國際婦女日

各部總長　二月　孫文辭職　參議院舉袁世凱爲大總統　三月　唐紹儀爲國務院總理　六月　唐辭職　陸徵祥爲國務院總理　八月　陸辭職　趙秉鈞爲國務院總理　九月　孫黃入京　政府宣布內政大綱八條

四月　參議院移往北京　八月　頒布國會組織法及議員選舉法　九月　頒布省議會議員選舉法

十　國慶祝典

獲日人廣東紙幣僞造犯　通令全國行使中國銀行兌換券

協約

鎭蕪湖洛陽安慶俱兵變　八月　浦口滁州武昌安慶北通兵變　九月　沙市兵變　十一月　奉天安東及陝西兵變　十二月　南昌兵變

六月　比利時社會黨暴動　七月　日本明治天皇崩大正立　十月　土耳其與巴爾幹小國戰事起

民國紀元 附公元			二年(癸丑)(1913)
中國大事	政府	定雙十節為國慶日 十一月 改全國府廳州治為縣以知事為縣行政長官	五月 趙辭職段祺瑞為國務院總理 七月 命熊希齡為國務院總理 十月 袁世
	國會及省黨務		一月 召集國會及省議會 四月 頒布省議會暫行法國會開幕參議院舉張繼
	兵事		三月 袁世凱使人暗殺宋敎仁於上海二次革命發端 五月 上海革命黨攻
	財政		一月 通令交通銀行兌換券照中行一律辦理 二月 頒布元年內國公債條例
	外交		一月 庫倫活佛派專使至俄答謝俄國承認蒙古自治要求代練蒙古軍 四月 用客
	敎育與民衆運動		一月 教育部開讀音統一會 五月 漢陽兵工廠工人罷工 六月 保定軍官學校
	兵變及匪禍		一月 煙台兵變 二月 吉林延吉間島及熱河俱兵變 五月 蒙匪劫掠科爾
外國大事			一月 英國女子參政團因政府撤回選舉法改正案大起暴動 法國樸薩開雷當選

凱黎元洪當選爲正式正副總統旋卽就職 袁世凱通電各省討論憲法草案	王正廷爲正副議長 衆議院舉湯化龍陳國祥爲正副議長 進步黨成立 八月 解散江西廣東湖南省議會 九月 頒布議院法 十月 頒布大總統選舉法 十一月 取消國民黨籍之國會議員及省會議員	叛製造局 七月 江西都督李烈鈞起兵討袁世凱江蘇安徽廣東福建湖南相繼獨立未幾均失敗 湯薌銘爲湖南都督 九月 任張勛爲江蘇都督李純爲江西都督 十二月 黎元洪入京任段祺瑞兼代湖北都督	總額二萬萬元 四月 袁世凱擅借五國債款二千五百萬金鎊 十二月 政府商借法款一萬五千萬佛郎 交通部與英普林公司訂立鄂黔鐵路合同	卿監理財政 十月 列國正式承認中華民國 與日本訂立滿蒙鐵路洮四洮長洮熱開海海吉五路合同 十二月 外部與德使訂立高沂濟順鐵路合同	校長蔣方震因辦事計畫爲部所阻自戕未死 十一月 釐定尊孔典禮	沁 九月 湖南省城兵變 汴匪白狼擾豫鄂邊境 十一月 江蘇江陰兵變 十二月 雲南大理兵變	爲次期總統 二月 威爾遜當選爲美國大總統 四月 日本抗議美國排日案 五月 印度決定停運鴉片烟來中國 七月 巴爾幹第二次戰爭開始 八月 萬國和平會議決縮減軍備 十月 巴拿馬運河開通 十一月 新阿爾巴尼亞國王就位

民國紀元 附公元	三年(甲寅)(1914)
中國大事 政府	二月熊希齡辭職孫寶琦爲國務總理 五月廢國務院設政事堂命徐世昌爲國務卿 改各省民政長爲巡按使 六月改各省都督爲將軍 七月政事堂設法制政治財政
中國大事 國會省會及黨務	一月解散國會頒布約法會議條例 二月解散各省議會停止各省地方自治 三月約法會議開會孫毓筠施愚爲正副議長 五月修改約法參政院成立以黎元洪汪大燮爲正
中國大事 兵事	六月庫倫活佛背叛行文駐京各使自稱獨立國
中國大事 財政	一月頒布驗契條例導淮借款成立 二月交部與中法實業銀行訂立欠款各同 四月借法債一億五千萬佛郎 五月取消國稅地方稅名目 七月政府與英保林公司訂立
中國大事 外交	一月英人要求將滇邊土司劃歸英有經滇政府拒絕 二月中國加入萬國郵政會 八月歐戰開幕我國宣告局外中立旋日本對德宣戰進兵膠州灣 九月俄蒙鐵路協約
中國大事 教育與民衆運動	一月政府規定元旦端午中秋冬至爲春夏秋冬四節 二月恢復文廟規定祀孔典禮 廈門鼓浪嶼商民以印捕拘留華人罷市 三月設立清史館上海開全國商聯會 七月公布
中國大事 兵變及匪禍	一月白狼陷破豫皖各縣 二月江蘇東海縣兵變 三月廣東黃岡兵變 白狼竄入荊紫關 四月雲南臨安兵變 又黑龍江防軍譁變 六月張家口兵變官軍擊敗白狼於甘肅
外國大事	一月南非洲大同盟罷業德國社會黨示威 二月祕魯革命放逐總統 三月日本大正博覽會開會 五月俄京同盟罷工 法國發明空中火車 六月意國無政府黨暴動

三討論會　十二月改訂大總統選舉法任期十年且得連任

副院長　六月以參政院代行立法院　七月孫中山以國民黨員多失節遂改組爲中華革命黨

沙市興義鐵路合同　八月頒布三年內國公債條例總額一千六百萬元　九月中英漢口商場借款成立　十月發行有獎儲蓄票一千萬元　十二月增加三年公債八百萬元

成立　十月外部抗議日本佔據濟南車站　十二月日本拒絕我國改派青島稅務司幷在山東架設電線

獎學基金條例　八月查禁人權急進社　十二月教育部呈派留學生監督

江北三元會匪滋事　七月郴縣衡陽兵變　九月川邊兵變　十二月四川達縣雲南永昌兵變福建歸化縣兵變

奧太子非迪南遇害歐戰始此　七月奧對塞宣戰旋俄法英比日意羅門協約國對德奧土保同盟國宣戰　八月德由比進攻巴黎終爲英法軍所拒　十一月日本攻陷青島强行佔領

民國紀元 附公元	四年(乙卯)(1915)
中國大事 政府	八月楊度等成立籌安會鼓吹帝制 十月停止國慶紀念慶祝會徐氏請假陸徵祥爲國務卿 十二月袁世凱籌備稱帝大典以明年爲洪憲元年
國會省議會及黨務	三月頒布國民會議組織法 十月頒布國民代表大會組織法 十二月代行立法院決定變更國體上書勸進以清室溥倫爲參政院長
兵事	六月庫倫活佛宣告取消獨立 十二月上海製造局被黨人攻擊雲南起兵討袁氏舉唐繼堯爲都督蔡鍔李烈鈞爲護國軍總司令袁派曹琨張敬堯分道入川
財政	二月新華銀行開幕 三月鹽業銀行開幕 四月頒布四年內國公債條例總額二千四百萬元又派蔡乃煌爲蘇贛粵專賣鴉片烟委員
外交	一月日本提出二十一條件 五月日本提出最後通牒我國承認之是爲五九紀念 六月中俄蒙約簽字庫倫活佛取消獨立 九月中日發生間島交涉派員參與舊金山和
教育與民衆運動	一月教育部呈請提倡忠義施行辦法 二月考試東西洋留學生 四月全國教育會聯合會開會於天津上海開遠東運動會 六月人民自動排斥日貨 七月定清明爲植樹
兵變及匪禍	一月川滇黔土匪滋事 二月山西垣曲縣兵變甘肅平涼兵變 三月庫匪進擾開魯 七月河南破獲仁義會匪
外國大事	二月俄德在東普大戰俄人敗退巴拿馬萬國博覽會開幕英國絕斷德國糧路 四月德在西戰場始用綠气炮 五月美國抗議德用潛艇戰略 十一月德軍破滅塞

民國紀元 附公元		五年(丙辰)(1916)	
中國大事	政府	三月 袁世凱撤消帝制復稱大總統命徐世昌爲國務卿 四月 改命段祺瑞爲國務卿	
	國會及黨務	六月 約法復活續行召集國會進步黨執政 八月 國會開會令各省召集省議會	
	兵事	一月 護國軍入敍州進攻瀘州貴州劉顯世獨立 三月 廣西陸榮廷獨立 四月 廣東	
	財政	五月 梁士詒以國務院令停止中交兩銀行兌現付現 七月 嚴禁各省私借外債	
	外交	一月 袁以周自齊爲賀日皇加冕專使日本拒之 三月 中日吉長鐵路簽字 九月 以與	平會議 十一月 中俄外蒙交涉又起
	教育與民衆運動	八月 全國商會聯合會在京開會 十月 第二次全國教育聯合會開會教育部公佈外	節 八月 全國師範校長在京開會 十二月 教育部試辦注音字母傳習所
	兵變及匪禍	二月 湖北軍隊暴動 四月 拱衞軍譁變 五月 湖北巴東兵變 六月 資慶寧鄉兵變又河南嵩	
外國大事		一月 門國爲奧匈所滅德飛機襲擊巴黎英倫 二月 英國招募未婚男子德太子指揮西	爾維亞德潛艇橫行地中海協約國停攻他大尼里海峽

六月袁世凱死黎元洪繼任大總統任段祺瑞爲國務總理 六月明令各省巡按使改爲省長將軍改爲督軍 十月選舉馮國璋爲副總統

九月國會憲法會議開會 十月國會選舉馮國璋爲副總統 十一月公布修正國會及省議會議員選舉法 國會議員開國會解散紀念會于北京 十二月北京發生憲法促成會

浙江獨立 廣東海珠會議湯覺頓等被刺 五月獨立各省設軍務院於肇慶舉唐繼堯岑春煊爲撫軍長遙戴黎元洪爲大總統陝西四川湖南相繼獨立 七月湘督湯薌銘遁去曾繼梧代理旋推劉人熙爲都督唐繼堯等宣告撤消軍務

九月財政農商兩部與日商訂立借款條約 十月中國銀行實行兌現 十一月國會通過中美實業借款美金五百萬元 十二月英法公使抗議中美借款條約財部與保利銀公司訂立借款及鍊錢合同

英國訂約禁煙期滿申令嚴切進行 十月天津法領事强佔老西開爲法租界外交部提出抗議 十一月日本設警察處於廈門我國提出抗議 十二月外蒙又向俄國訂立借款條約

國留學生規章 十一月天津華人因老西開案一律罷工表示反法 十二月雲南學生與巡警衝突

縣兵變 七月岳陽及山西豐鎮兵變 八月湖北漢川湖南澧州四川鹽城及揚州兵變 九月四川新津吉林長春兵變 十月甘肅涇州西甯兵變 十一月黑龍江青岡兵變 蒙邊匪勢復熾旋攻陷呼倫貝爾 十二月奉

歐戰揚迭獲勝利 三月德攻凡爾登大勝 六月英德海軍大戰於丹麥 七月英法聯軍突取攻勢奪回已失要地 十月巴爾幹戰爭保勝羅敗旋羅京陷破 十二月協約國拒絕議和

民國紀元 附公元	六年(丁已)(1917)	
中國大事 政府	一月馮國璋等電請總統信任段總理主持國政 五月免段祺瑞職令外交總長	
國會及黨務	五月北京公民團滋擾衆議院 北方督軍呈請改制憲法 六月張勳入京逼黎	
兵事	四月成都滇川兩軍衝突 五月安徽省長倪嗣沖等宣告與中央脫離關係旋	院一律服從中央 十一月蔡鍔病卒日本福岡醫院年三十五歲
財政	一月北京交通銀行訂借日款 八月財政部與日本銀行團訂借一千萬元墊款條	
外交	二月外交部接德國海上封鎖通牒向德提出抗議 三月布告與德絕交 八月布告	
教育與民衆運動	五月第三次遠東運動會在日本開會北京公民團滋擾衆議院請將參戰案通過	
兵變及匪禍	一月奉天發見宗社黨四川兵變 二月陝西武關廣東南雄兵變 三月山西	天發見鐵血團
外國大事	一月德國宣布無限制潛艇戰略 三月俄國革命俄皇退位克倫斯基成立	

伍廷芳暫代國務總理　六月 伍辭職任江朝宗暫代總理　七月 張勳擁清帝復辟黎元洪去職馮國璋代行大總統職權段祺瑞爲國務院總理收復京師　九月 孫中山在廣州就大元帥職　十月 段辭職王士珍

總統下令改散國會兩院議員通電解散令無効　八月 非常國會舉孫中山爲大元帥　九月 馮總統令內務部籌備新國會選舉

在天津設立總參謀處　六月 海軍總長程璧光赴滬陳炳焜譚浩明通電兩廣暫行自主　七月 程璧光林葆懌等宣言否認國會解散後之政府　八月 唐繼堯宣言擁護約法北政府下令通緝孫文吳景濂等孫亦下令

約山東訂借日款　九月 中日商人訂立合辦鋼鐵鍊廠契約資本金一千萬元交通銀行訂借日款二千萬元外蒙訂借俄款　十月 財部向外國銀行訂借天津水災善後銀七十萬兩　十一月 中美運河借款合同簽

與德奧宣戰奉天錦縣發生中日兵隊衝突交涉　十一月 駐京日美兩使以石井蘭辛對華協定宣言照會外交部　十二月 段祺瑞督辦參戰事宜

六月 國史館併入北京大學文科　十月 第三屆全國教育聯合會在浙江開會

大同奉天新民屯陝西藍田俱兵變　七月 徐州張家口及廣東陽山俱兵變　八月 山東禹城兵變　九月 安慶徐州當塗均兵變　十二月 陝西省城兵變

新政府俄歷號爲二月革命四月美國對德宣戰德國因麵包問題發生暴動　六月 美國宣布參戰目的　七月 美以經濟援助協約國協約國社會黨大會開會　八月 俄皇放逐於西北利亞　九月 俄新政府克倫斯基宣布

爲國務總理

緝捕北政府首領段祺瑞等　九月湖南劉建藩林修梅在衡永宣告自主　十一月譚浩明入湘傅良佐逃北軍曹錕李純王占元陳光遠通電主和旋下令停戰　十二月石星川在荊州郭堅在鳳翔宣告獨立

字財部與日商訂立直隸水災借款五百萬元條約　十二月公布國定關稅條例

共和政體　十一月列寧推倒克倫斯基政府成立勞農政府主張對德休戰俄歷號爲十月革命

民國紀元 附公元	七年(戊午)(1918)
中國大事 政府	二月王士珍請假內長錢能訓兼代國務總理 三月段復任國務總理 五月孫中山向非常國會辭海陸軍大元帥職 七月唐繼堯等通告南方軍政府成立擁護約法
中國大事 國會及黨務	二月公布新國會組織法及選舉法令內務部籌備選舉事宜 五月非常國會選舉唐紹儀唐繼堯孫文伍廷芳林葆懌岑春煊陸榮廷七人爲軍政府總裁 六月在粵議員通告國會正式
中國大事 兵事	一月王天縱在河南宣告獨立西南各省組織聯合會湘桂軍據進岳州石星川獨立軍失敗 二月熊克武統川滇黔聯軍入成都劉存厚出走 三月北軍張敬堯吳佩孚入湘譚浩明程
中國大事 財政	一月財部與日銀行訂借日金一千萬元條約財政部呈准有獎儲蓄票自本年四月起繼續開辦三次所有本金暫緩償還中日軍械借款四千萬元簽約 四月交通部與日商訂立電信
中國大事 外交	二月中東鐵路督辦公所成立 三月參戰督辦處成立 五月中日海陸軍共同防敵軍事協定簽字 八月法使抗議我國添設駐羅馬廷公使滿洲里中日軍隊發生衝突
中國大事 教育與民衆運動	四月全國商聯會在天津開會 五月留日學生因中日共同出兵交涉罷學回國北京大學學生呈請廢除軍事協定 七月全國高等專門校長會議開會 十月第四次全國教
中國大事 兵變及匪禍	一月河南淅川兵變 三月藏番進犯川邊延及甘肅粵海等處 六月福建兵變因與粵軍聯絡故也 七月山東定陶兵變 九月山東振武新軍譁變北京新聞社八家登載日中大
外國大事	一月芬蘭獨立德國基爾港水兵譁變美國衆議院通過女子參政權俄國西北利亞成立新政府英國宣布食物儉約法蘇俄紅軍組織成立旋公布土地國有令 二月協約

八月岑春煊為南方軍政府總裁主席　九月新國會舉徐世昌為大總統旋卽就職　十月南方軍政府通告攝行大總統職權　十二月錢能訓為國務總理

開會　八月新國會開會梁士詒王揖唐當選為參衆兩院議長　十一月北京新國會追認對德宣戰案

潛等退却　八月于右任為陝西獨立軍總司令　九月南北軍官通電主和　十月熊希齡等通電發起和平期成會　十二月全國和平聯合會在京開會

借款約二千萬元　五月交通部與日本訂立順濟鐵路借款約二千萬元　北政府訂借美商運河借款美金二千萬元　六月財交兩部與日商訂立吉會鐵路借款條約　七月財農兩部與日訂立吉黑林鑛借款約三千萬

十一月協約諸國與德簽定休戰條約　十二月駐京外使勸籌國內和平統一

聯會在滬開會全國中學校長開會　十一月教育部公布注音字母表　十二月主張國際稅法平等會在上海開會

借款被警廳封查　十月安徽振武新軍潰變　十二月川邊鎮守使報告與西藏議定停戰條約

國反對蘇俄取消國債　四月蘇俄優恤文豪托爾斯泰家屬　五月美國派兵赴歐助戰　六月英法實行飛機郵遞蘇俄下令沒收大工業　七月俄廢帝被殺　九月西歐興登堡陣線被協約國佔領德軍自是不振

元

九月　中日訂立滿蒙山東鐵路借款條約二千萬元

十一月　交通部向中日實業公司訂電話借款約一千萬元

十二月　財政部向日本正金銀行續借一千萬元

十月　德軍退出比境土耳其休戰條約簽字

十一月　德皇出奔荷蘭愛倍爾組織新政府奧匈共和國成立

十二月　英行普選女子投票者甚衆

民國紀元	八年(己未) (1919)
附公元	

類別		內容
中國大事	政府	六月徐世昌咨新參議院辭職錢能訓辭職以龔心湛兼代國務總理 八月南方軍政府總裁孫中山辭職赴滬從事著述 九月靳雲鵬兼代國務總理 十月廣東軍政府發
	國會及省黨務	二月北京新國會閉會 六月上海各團體主張解散新國會 十一月舊國會在廣州開憲法會議
	兵事	二月南北和會代表唐紹儀朱啟鈐在上海開會 三月上海和會停頓 四月上海和會繼續開會 五月南北和會代表辭職 六月廣東政局變動莫榮新通緝前省長李耀漢
	財政	一月京綏路局向日本東方展拓公司商借三百萬元 五月設立全國烟酒事務署交通部向英商馬可尼公司訂借無線電款七十萬磅隴海鐵路局向比利時公司訂借二千萬
	外交	一月派陸徵祥顧維鈞王正廷施肇基魏宸組為歐戰和會全權委員 二月中外人士在北京組織中華萬國禁烟會陸徵祥在歐洲和會發布中日各項密約 三月外交部續布各
	教育與民衆運動	二月上海日華紗廠罷工 四月山東公民開國民請願大會 五月北京學生舉行示威運動焚曹汝霖住宅毆章宗祥時稱五四運動各省國民大會主張無條件收回膠澳
	兵變及匪禍	一月藏番擾邊 二月藏番攻陷裏塘 四月阿爾泰兵變安慶兵變 六月肇慶兵變 八月察哈爾興和湖北蒲圻兵變 十月熱河兵變白俄謝米諾夫侵擾蒙邊
外國大事		一月南斯拉夫國成立巴黎和會開幕德國斯巴達卡斯團暴動李卜克內西及盧森堡被殺 二月國際社會黨在瑞士京城開會 三月第三國際社會黨在莫斯科開第一

生政潮　舊國會通過改組軍府案岑春煊辭職旋被挽留　十二月　前代總統馮國璋病故

九月　南方軍府反對北方和議代表王揖唐開會不成　十月　駐庫倫辦事大臣電告外蒙請願取消自治

六月　佛郎部呈准發行國庫券一千萬元　九月　北政府公布公債辦法　十月　北陸部向英國訂飛艇借款八十萬鎊　十一月　中美烟酒借款三千萬美金成立

項密約留吉韓人運動獨立　四月　英使質問陝西烟禁　六月　外使提出勸告南北和會重開說帖　赴歐和會委員電告拒絕對德和約簽字　八月　英使向外交部提議西藏問題　十一月　北外部照會俄使取消中俄蒙協約

六月　全國學生會成立要求罷免曹陸章職　七月　全國學生會宣告罷課終止　九月　北政府取締各界聯合會　十月　長沙學生舉行對日遊街大會被張敬堯解散　全體罷課　第五次教聯會在山西開會　十二月　北京學商界

次大會宣言國際共產黨成立　朝鮮人舉李承晚爲臨時總統運動獨立　四月　日本通過普選案　五月　美國大西洋飛行成功　又通過女子選舉權案　六月　對德和約簽字　七月　黃色職工國際在荷京開會成立　九月　意通

葡人填築澳門海面提出嚴重抗議
日人在福州發生暴行我國提出交涉

因閩案開國民大會
北京敎職員要求現薪停止職務
敎部呈請以柯劭忞新元史列入正史
廣東女子要求參政權舉行示威運動
濟南學生因開會被阻罷課

過女子選舉權案對奧和約簽字
十月 國際勞動黨員在華盛頓開第一次大會
十一月 美參院否決批准巴黎和約英國禁止愛爾蘭新芬黨
十二月 英政府提出愛爾蘭自治大綱

民國紀元（附公元）	九年（庚申）（1920）
中國大事：政府	四月南政府發生政潮林葆懌伍廷芳去職旋熊克武溫宗堯劉顯世補充軍府總裁 五月薩鎮冰兼代北政府國務總理 六月孫中山唐紹儀伍廷芳唐繼堯宣言廣州軍政
中國大事：國會省議會及黨務	三月北京新國會開會 四月廣東舊國會議長林森吳景濂等先後離粵 五月北京新國會通過對奧和約 七月廣東舊國會通告移滇開會 八月吳佩孚主開國
中國大事：兵事	三月駐湘直軍撤防 五月川軍內訌熊克武被迫出逃呂超代爲川督桂軍方聲濤與粵軍陳炯明在閩南發生衝突 六月滇軍師長顧品珍通電與唐繼堯脫離關係吳佩孚衡陽
中國大事：財政	二月北政府向日本訂借日金九百萬元北交部呈准募集公債三千萬元限制各省官銀錢號發行紙幣 四月北農部發行有獎實業債券二千萬元 五月中英訂立飛機
中國大事：外交	一月南方軍府反對山東問題中日直接交涉 三月九江英警刺傷工人當局向英領提出交涉日本越界拘捕韓人吉督請向日使抗議 四月勞農俄國通牒放棄在華權利
中國大事：教育與民衆運動	一月濟南學警衝突教部通令國民學校一二年級改用語體文 二月北京學生團反對山東問題直接交涉舉行遊街講演發生風潮北京警廳解散學生聯合會 四月上海
中國大事：兵變及匪禍	三月藏番進攻川邊河南鄭州兵變 四月湖北天門兵變福建閩侯壽甯俱兵變河南信陽山東魚台均兵變 八月湖北武穴直隸保定通縣山東兗州俱兵變 九月湖北
外國大事	一月俄赤黨肅清南俄及西北利亞反動派蘇俄始統一印度始開國民會議第一次國際同盟開會荷蘭拒絕引渡德皇 二月日本在西北利亞撤兵英與澳洲飛行成功

府無效 八月 靳雲鵬爲北方國務總理 十月 廣東軍府岑春煊陸榮廷林葆懌溫宗堯等宣言解除職務取消自主旋孫中山等通電否認南北統一 十二月 孫中山等通電重在廣州開政務會議
民大會解決時局 雲南舊國會決議取消岑春煊政務總裁 十一月 直隸省議會通電各省議會各派代表齊集上海共同制定省自治法
撤兵湘軍譚延闓等收復長沙張敬堯逃 七月 北軍直皖兩系開戰皖系段祺瑞徐樹錚失敗 八月 閩南粵軍進取潮汕桂軍退走 九月 劉存厚熊克武合兵入成都呂超逃 十月 陳炯明率粵軍入廣州莫榮新逃蘇督李純自戕
借款一百萬金鎊英美法日五國銀行團成立 七月 北交部向荷比公司訂借隴海路款一萬五千萬佛郎停付俄國庚子賠款 八月 北財部呈准有獎儲蓄票撥發五年公債票 十一月 新銀行團通告東三省除外 十二月 內
五月 英美法日對華新銀行團成立 六月 張敬堯潰軍在岳州殺美教士飛雷美使提出抗議 我國正式加入國際聯盟 八月 我國加入萬國電報公會 十一月 赤俄願放棄庚子賠款將中東鐵路交還中國 福州中日
全國學生會通電罷課香港機器工人青島日紗廠罷工 安徽學生因檢查日貨與商民衝突 五月 上海勞動團體舉行第一次勞動紀念節上海婦女組織女子參政同盟會 青島日紗廠工人舉行第二次罷工日當局以武力
武穴山東鄆城均兵變 十月 俄舊黨擾亂庫倫 十一月 貴州省湖北鍾祥及宜昌俱兵變
三月 國德政變共產黨崛起 四月 愛爾蘭要求獨立實行大罷工 土耳其開國民大會於安哥拉推凱末爾爲首領 五月 日本勞動界開第一次紀念大會法國大罷工 美國社會黨議決協約國廢棄戰爭賠款 六月 萬國女子參政

十一月 湖南譚延闓等宣言湖南自治 旋貴州劉顯世湖南譚延闓去職盧燾趙恒惕繼任 各省自治聯合會在京開會

國銀行團成立

交涉由日本行文道歉給受傷人卹金
十二月 我國萬國郵政會代表劉符誠電告通過撤廢在華客郵案
中暹減稅交涉結束入境人頭稅全免

屈服之
六月 上海日商楊樹浦紗廠工人及蘇州機緞工人因米貴要求加薪罷工
八月 定華俄道勝銀行股本爲教育基金 北京大學以名譽博士學位贈法前總理班樂衛 我國以學位授予外人始此
十月 英國哲學家羅

會在日內瓦開會 英國勞工會要求修正和約承認赤俄
七月 日本國會否決普選案 俄波開戰波蘭退敗 比國實行普選
八月 英與埃及代表訂約承認獨立
九月 英國路鑛運輸工人三角同盟開會 德法恢復邦交

素美國教育家杜威來華講演北京大學贈杜威以哲學博士芮恩斯以法學博士學位

十一月 教育部定卿雲歌爲國歌

十月 意德二國社會黨加入莫斯科第三國際

十一月 美國哈定當選爲大總統英國愛爾蘭自治案通過國際聯盟在日內瓦開第一屆會議

十二月 希臘前王復位法國社會黨多數加入第三國際

民國紀元附公元	十年(辛酉)(1921)
中國大事 政府	五月孫中山就南方大總統職 十二月北總理靳雲鵬辭職顏惠慶暫代旋梁士詒爲國務總理
中國大事 國會省議會及黨務	四月廣東舊國會開選舉會孫中山當選爲總統 六月廣西省議會通電主張實行省自治 七月陝西組織省憲法會議 八月趙恒惕主開國民大會先制省憲再定國憲 九月張紹
中國大事 兵事	一月孫中山等宣言願繼續和議川軍劉湘等宣布自治貴州盧燾通電實行自治 二月顧品珍入雲南唐繼堯出逃 六月浙江盧永祥主張自定省憲桂軍沈鴻英宣布自治粵軍
中國大事 財政	一月北交部訂立中央無線電台借款美金四百六十萬元北海部訂立中央飛機借款一百二十九萬鎊北交部與內國銀行團訂車輛借款六百萬元吉林訂借日款二百萬元
中國大事 外交	一月取消軍事協定接收德國歸還觀象台天文儀器楊增新電告俄黨在新疆暴動 二月俄舊黨入蒙庫倫失陷旋被驅逐蒙古成立國民政府 四月顧維鈞電告國際聯盟理
中國大事 教育與民衆運動	一月粵漢鐵路工人罷工北教部令止勤工儉學生赴法 三月北京國立學校教職員因欠薪相繼罷課開平煤礦罷工 四月陳嘉庚獨力捐四百萬創辦廈門大學北京學界
中國大事 兵變及匪禍	二月湖北沙市兵變 三月蒙匪攻陷恰克圖 四月河南彰德兵變唐努烏梁海失守 八月湖北宜昌武昌當陽兵變湖北孝感兵變 十月鄂省兵變擾預 十一月湖北武穴宜
外國大事	一月法政府解散勞工總同盟土耳其國民軍擊退希臘兵瑞典行普選制 二月美國退出德奧賠款委員會無政府主義者克魯泡特金死于莫斯科 三月英俄商約成立

會主開廬山國是會議均不成　浙江公布省憲　十月　湖南省憲法審查竣事江蘇省議會發起組織全國省議會聯合會　十二月　廣州省憲法審查完竣旅京舊國會議員發表宣言主張完成憲法促進自治

陳炯明佔領梧州　七月　粵軍陳炯明入南甯陸榮廷陳炳焜出逃　李書城孔庚等來湘會師趙恒惕出兵援鄂在羊樓司開戰旋王占元去職　八月　趙恒惕援鄂失敗旋至岳州與吳佩孚講和　沈鴻英軍隊通電入湘

直隸向中央銀行公司訂立滄石路借款一千萬元　二月　湖南造幣廠訂借日款一百二十萬元　福建船政局訂借美款三十萬元　三月　上海造幣廠向國內銀行團訂借二百五十萬元　四月　北交部向東亞興業公司

事會通過鴉片禁絕案北京公使團否認廣州總統　五月　中德協約簽字　六月　法國會議決退還庚子賠款爲留法學生經費　七月　赤塔赤衞軍佔領庫倫　八月　美政府邀請我國參列太平洋會議　赴歐專使顧維鈞被舉爲國際聯盟行政

罷課風潮擴大　教部訂定教會學校立案辦法　五月　中國共產黨開第一次成立大會　六月　北京學界請願被毆時稱六三慘劇　京綏路機工罷工　七月　教育部令各省速立女中學　九月　美國孟祿來華講演　十月　粵漢

昌兵變　十二月　駐多倫軍隊五營譁變

日本宣布佔領東省屯兵廟街　四月　日本鑛工罷工　英國煤鑛罷工　美國向哥倫比亞購買巴拿馬運河區域地　蘇俄莫斯科成立東方大學　五月　協約國致德最後通牒每年付賠款一萬萬金鎊外加百分二十五之出口稅年息五厘

九月　川鄂
交戰川軍
失敗旋議
和
沈鴻英軍
退入江西
十二月　川
軍但懋辛
唐式遵部
退回川境

訂借延長
京綏路款
三百萬元
五月　北京
電車借款
成立
北交部向
中英銀行
公司訂借
唐榆塍軌
路綫款五
十萬磅
廣東與日
商訂立軍
械借款八
百萬元
八月　北交
部向中央
銀行公司
訂湘鄂段
鐵路借款
八十五萬
元

命會長
十月　任施
肇基王寵
惠顧維鈞
伍朝樞爲
太平洋會
議代表
十一月　外
部公布我
國在太平
洋會議提
案十原則
十二月　太
平洋會議
中我國魯
案交涉停
止議判外
交部公布
魯案交涉
經過

川鐵路罷
工
北京各團
體發起國
民外交聯
合會卽在
上海開會
十一月　教
育部員以
欠薪故停
止辦公
廣州成立
中韓協會
通電全世
界隴海路
機師罷工
留法勤工
儉學生陸
續回國
十二月　南
苑及靖河
工廠以薪
水積欠罷

每次借款
於三十七
年內贖還
德政府承
認之
六月　不列
顛島開帝
國會議討
論外交問
題
七月　美總
統哈定發
起太平洋
會議英與
愛爾蘭開
始議和國
際婦人在
維也納開
會議決不
參加任何
方面之戰
事赤色職
工國際開

九月　中央無線電報借款成立
十月　北交部向英馬可尼無線電公司訂借英金二十萬磅　北財部向哈連武公司訂借一千五百萬佛郎　中美煙酒借款美金一千萬元成立　北財部簽訂隆記行商借款法金三十萬佛郎　北京中交

工　北京國立八校校長以經費無着呈請辭職

第一次成立大會
八月　黑人國際大會在紐約開　萬國紅十字會開會於日內瓦討論救濟俄國饑荒方法
八月　俄國改用新經濟政策
九月　國際聯盟第二屆開會顧維鈞為主席　萬國黑種人在巴黎開會　印度運動獨立暴動

兩行發生擠兌風潮

民黨領袖被捕甘地獲免

十月 奧前皇復辟失敗勞農政府願承認協約戰前外債

十一月 俄國大選舉列寧脫洛斯基仍當選

太平洋會議開會

十二月 英政府承認愛爾蘭爲自由邦

民國紀元 附公元	十一年(壬戌)(1922)
中國大事 政府	一月梁士詒被吳佩孚攻擊請假顏惠慶兼代北閣總理 四月顏辭兼職周自齊兼北閣總理 孫中山偕胡漢民許崇智由桂返粵 五月孫傳芳電請南北兩大總統同時下
中國大事 國會省會及黨務	一月湖南省憲法公布 四月張紹曾通電由國會自由行使職權 北京新國會通電反對恢復舊國會 五月孫傳芳等通電主張召集六年舊國會以謀統一 湖南第一
中國大事 兵事	一月沈鴻英在湘向吳佩孚要求歸附 二月廣州大本營組織七軍駐紮桂林 三月唐繼堯由桂入滇顧品珍敗死 張作霖派兵入關擁護近畿 四月湖南軍界在衡州開會贊
中國大事 財政	一月海軍截留兩淮鹽稅充餉 北財部發行八厘公債九千六百萬元 二月遺產稅則大綱由財部通令各省照辦 三月八年公債中發現重號及空白票各三百餘萬 董康檢舉
中國大事 外交	一月全國各公團組織贖路集金會 北外部公布魯案經過 二月太平洋會議中我國提出取消二十一條日本抗議僅載入議事錄 三月朱兆莘參入國際禁煙委員會 中德新約成立
中國大事 教育與民衆運動	一月香港罷工海員陸續到粵者五千人 宣言必加薪確定方上工此我國工人向英帝國主義進攻之始 廣州小學教員要求加薪提出總辭職 二月全國教育會獨立運動會
中國大事 兵變及匪禍	二月藏番侵入川邊 三月湖北蘄縣及多倫兵變 陳遐齡克復川邊藏番退去 五月駐岳州豫軍譁變 六月安徽壽縣兵變 七月河南衛輝兵變 江西豐城兵變熱河殺軍謀變
外國大事	一月意大利發起基諸亞經濟會議 協約國凱痕會議討論賠款及歐洲經濟改造問題 二月太平洋會議閉幕 美日耶普島爭端解決 三月國際法庭在海牙行開幕禮 埃及正

野　六月徐世昌去職黎元洪入京爲大總統任顏惠慶爲內閣總理　孫中山在粵發表宣言一懲辦六年亂法罪首二實行兵工制　七月顏請假以王寵惠爲內閣總理　八月孫中山在滬宣布今後統一意見以尊重全民

屆自治省議會開會　六月舊國會宣告自由行使職權取消南北政府另組合法政府　七月粵省議會各團體通電贊成統一請孫中山下野　旅居上海一部份分舊國會議員在京組織法統維持會反對民六會議　八月孫中

成加入南方者佔大多數袁祖銘入黔盧燾去職孫中山由桂入廣州陳炯明去職赴惠州　五月奉直開戰張作霖失敗出關宣言自主與西南各省取一致行動孫中山下令北伐北政府以蔡成勳爲援贛軍總司令　六月陳部粵軍葉舉

財部有關人員　四月財部職員以欠薪積欠未發停止辦公司法內務兩部人員亦因欠薪停止辦公　五月財部呈准繼續發行八釐公債　六月董康與安格聯商定每月由關餘鹽餘合助政費一百萬元　七月陸內

四月英使提出交還威海條件　五月蘇俄私與外蒙訂約外部提出抗議　澳門葡兵與華人衝突槍殺華工數十人廣州當局提出賠償損失及撤兵條件　六月任王正廷爲魯案中日聯合委員會委員長　七月上海美國郵局自動撤消

在北京開成立大會　三月教部設立籌備退款興學委員會　世界基督教學生同盟會在北京清華學校開會同時上海方面亦發起非基督教學生同盟大會　五月北京午門歷史博物館所貯明清檔案歸北京大學接收　六月中國

八月江西九江兵變近畿及北苑湖南平江俱兵變　八月河南土匪陷陝州靈寶　九月南昌蔡成勛部第一師因索餉譁變　十月江西撫州直隸順德兵變河南土匪陷上蔡舞陽泌縣靳雲鶚攻破匪巢匪首老洋人旋伏誅

式宣告獨立　四月社會黨第二第三國際在維也納與柏林開會謀統一計畫基諾亞會議開會　六月俄國沒收教堂財產充賑災費印度甘地以事被捕　八月協約國倫敦會議討論德償現金問題　九月土耳其凱末爾

自治實行工兵政策爲主　十一月　黎總統以逮捕羅文幹事受各方攻擊吳佩孚通電擁護王寵惠辭職汪大燮爲國務總理旋卽辭職以王正廷兼代

山離粵改中華革命黨爲中國國民黨聲明三民主義　舊國會在京開會王家襄吳景濂主席北京憲法會議通過各省得自制省憲　其時修正憲法草案請願團發表下列主張：聯省民主二女子參政三信教自由四教育獨

等炮擊廣州請孫中山下野　唐繼堯通電主張開聯省會議與陳炯明趙恆惕主張相呼應　七月　川軍楊森但懋辛內訌楊軍失敗退入鄂西謀反攻江西北伐軍潰散　八月　陳炯明粵軍大敗孫部許崇智黃大偉等孫中山離粵赴

財農各部職員八百餘人因索薪大鬧國務院財長董康受傷　張作霖將東省鹽稅全部扣留　八月　北京關稅研究會開會　九月　財部發行短期公債一千萬元　十月　廣東政府向聯華公司訂立貨幣借款二百萬磅

八月　英人擅劃片馬隸屬緬甸外部電唐繼堯查覆核辦　十一月　天圖鐵路張作霖派員與日領在奉天簽約　上海英國郵局撤消　十二月　王正廷協定魯案細目以日金四千萬元贖還膠濟路線　美法日英四國向外交部聲明外債到

共產黨發表第一次對時局宣言主張民主主義聯合戰線廢除不平等條約　七月　漢陽鋼鐵廠工人罷工　八月　上海絲廠女工要求加薪罷工　女權運動同盟會在北京女高師開成立大會　北京新潮社十四團體合宴蘇俄代表越

大破希臘軍于小亞向君士但丁前進　國際聯盟第三屆開會　愛爾蘭第一屆國會開幕　十月　意國棒喝團慕沙里尼組閣　十一月　土耳其國民政府接收君士但丁行政權　近東和會在瑞士洛桑開會　十二月　國際職工聯

立五勞工保護九月民八議員擾鬨衆議院十月四川開始起草省憲法十一月衆院正副議長吳景濂張伯烈指財長羅文幹訂立奧國借款合同有弊請總統手諭逮捕發生政局糾紛十二月福建省議會適電起草省憲

瀘楊森敗逃宜昌山西閻錫山召集第一次全省村範會議十月趙恆惕當選爲湖南自治省長許崇智王永泉入福州李厚基逃十一月四川軍事會議推劉成勛爲總司令暫取自治態度十二月孫傳芳率軍由鄂援閩桂軍沈鴻

期不償在關餘扣除政府代表勞之常赴青島接收膠濟路日本郵局撤消惟南滿鐵道除外法郵亦撤消

飛九月粵漢路罷工工人與警察衝突萍鄉煤鑛工人罷工教育部舉行學制會議十月京學界蔡元培等乘國慶紀念日舉行國民裁兵運動大會開灤鑛局工人罷工京綏路因要求未遂罷工第八屆全國教聯會在山東開會

合會議決以國際罷工抵制宣戰

英滇軍朱培德出廣西東下粵軍許崇智由閩邊西進克復廣州陳炯明再逃惠州

德教育家杜里舒來華講學

十一月湖南教育會坪舉行俄國革命紀念會湖南公布學制系統改革案漢口英美煙公司承認工人要求即上工

十二月長沙華實紗廠罷工勞工會首領黃愛龐人銓被殺

民國紀元附公元		十二年(癸亥)(1923)
中國大事	政府	一月任張紹曾爲國務總理孫中山與蘇俄代表越飛在上海發表聯合宣言又發表統一宣言旋回粵推爲大元帥 四月孫中山元帥府遷士敏土廠 五月張紹曾因倒閣
	國會及省黨務	四月衆議院開議不信任張閣案倒閣擁閣兩派幾釀命案兩議院關於議憲程序以兩院議員總數過半數之出席開議出席議員過半數之同意議決 六月北京國會議員間有人強
	兵事	一月張紹曾電告西南各省主張和平統一陳炯明通電下野孫中山回粵 三月劉顯世率滇軍入貴陽袁祖銘出走北政府明令以沈鴻英督理廣東軍務孫傳芳督理福建軍務
	財政	一月稅務司布告實行值百切實抽五新稅律教育基金委員會成立 四月總稅務司格安聯請假回英聲明反對北政府推翻內債基金辦法北京軍警全體由馮玉祥王懷慶率領包
	外交	三月外交部向日本聲明取消二十一條上海市民大會主張否認二十一條如約收回旅大並以經濟絕交爲抵制日本手段全國各埠先後響應 五月英美法日四使因中國內
	教育與民衆運動	一月唐山大學風潮了案江蘇省立各校校長因省議會核減經費發生衝突教育部嚴行整頓學風北大校長蔡元培與教育總長彭允彝發生衝突去職北大發生風潮漢口花樓工人
	兵變及匪禍	四月安徽和縣兵變 五月安徽定遠兵變綏遠及山西五台兵變山東臨城發生刼車案主持者孫美瑤唐山鐵路駐軍譁變九江樊鍾秀豫軍譁變 六月開封附近兵變
外國大事		一月勞農俄國統一法以德款延期佔領魯爾德行消極抵制法 三月比利時大索共產黨法汽車團橫斷撒哈拉沙漠成立 四月埃及憲法公布洛桑會議經濟條款解決

風潮提出辭職書
六月　公府對內閣議決之崇門稅務監督任免案拒不蓋印內閣以公府所籌制憲經費手續不合退回稅務處府院爭執日烈
十三日北京黎總統因軍警鬨餉被迫出京旋高凌霨等發電由國務院攝政

迫選舉總統紛紛出京
七月　南下議員楮輔成二百數十人在上海舉行集會式
浙江省議會起草省自治大綱完竣
八月　留京國會議員通過臨時支給預備費方法進行大選
九月　北京衆議院議決延長任期開選舉

四月　楊森攻克重慶但懋辛退瀘州鄧錫侯被推爲四川聯軍總指揮沈鴻英叛擊孫系楊希閔之滇軍旋即敗退陳炯明軍隊與孫系軍在潮汕開戰孫軍圍攻惠州陳軍抄出後方進窺石龍廣州震動
七月　北京各政團主張孫曹聯

閣國務院勒令財長劉恩源限期發餉劉進行大借款
九月　北京銅元票跌價至五折以下中南等六銀行發生擠兌風潮
十月　英法日美四使反對以關餘充內債基金北京衆院否認金佛郎案
十一月　駐京法荷兩使促政府

亂向政府警告
外交團因臨城刼車案外人被架多名向北政府嚴重抗議
六月　長沙市民與日輪搭客衝突日輪勾日艦水兵登陸槍殺市民三人傷數人時稱六一慘劇
十月　北外部答覆各國承認臨城匪案之要求

要求加薪罷工
二月　京漢路工人因總工會在鄭州開會不成全體罷工漢口軍隊受吳佩孚命令槍斃工人首領示衆由軍警壓迫恢復交通時稱二七慘劇
三月　北京學界舉行元宵提燈大會促進廢督裁兵爲警察干涉發生風

八月　援粵豫軍樊鍾秀部在大庾譁變
援川北軍在萬縣譁變
九月　楊森部新編團在宜昌譁變
十月　南京兵變卽平
河南鹿邑收編之老洋人軍隊有不穩消息當局計畫解散因而生變
十一月　吉林綏芬張宗昌部兵

五月　俄國廢除天主教
六月　國際鴉片會議公決鴉片用途非法
日本搜拘社會黨人
英工黨主張修正和約承認俄國
七月　俄蘇維埃憲法成立列寧被舉爲總統德國馬克價大跌
八月　德國被佔及未佔區域紛起罷工及

北京清宮大火焚燬古物無算損失在千萬元以上　八月　曹錕當選爲大總統雙十節就職高凌霨繼爲國務總理　孫中山通電全國討伐曹錕並電段祺瑞盧永祥張作霖一致討曹兼通緝賄選議員

總統會　十月　吳景濂等在北京舉行公布憲法典禮留天津國會議員通告否認賄選總統及新憲法　十一月　北衆院內訌吳景濂率警毆傷議員數人

合開一和平會議香港河東爵士亦以爲言不成　湖南蔡鉅猷獨立譚趙戰爭開始　八月　趙軍進取衡陽譚軍襲攻長沙　十月　譚趙議和不成譚以廣州軍事緊急退兵趙軍肅清湘境　浙江盧永祥與曹政府斷絕公文往來　十一月　援

解決金佛郎案　十二月　廣東政府要求留截粵海關稅否則收粵海關爲自由市財部以庚子俄款發庫券五百萬作外使領署經費

十一月　蘇俄代表加拉罕宣言放棄庚子賠款作教育經費并聲明中東路不允交還中國　十二月　漢口日捕拷斃華役激成重大交涉　總稅務司安格聯拒絕孫文截留關餘之要求

湖正大路工會被當局解散　五月　北京學生因舉行五四紀念再起驅彭運動結隊搗毀彭允彝住宅　六月　中國共黨第二次大會決定聯合戰線得以黨員資格加入國民黨實行國民革命　十月　上海杭州等處舉行反曹大遊行

變　山東土匪擄去法教士向官軍要求收編　十二月　膠濟路段長被匪擄去要求贖價八萬元　山東招安匪軍孫美瑤伏誅　老洋人部隊攻郾襄陽焚殺甚慘

糧食運動　九月　日東京大地震死者二十萬人旅日華僑多被害　印度國民大會通過甘地不合作計劃　德國取消消極抵制辦法　十月　不列顛帝國經濟會議開會　萬國稅關大會開會　第五屆國際勞工會在日內瓦開會

民國紀元（附公元）	
中國大事：政府及國會省黨務	
中國大事：兵事	粵豫軍與鍾秀降孫中山陳炯明進攻廣州軍被孫系擊退兩方遂成相持之局
中國大事：財政	
中國大事：外交	
中國大事：教育與民衆運動	十一月哈爾濱工聯會舉行蘇俄六週紀念北京八校教職員開全體大會討論索薪教部職官罷工由教長黃郛給薪開工上海舉行八十年開港紀念會
中國大事：兵變及匪禍	
外國大事	土耳其安哥拉政府成立共和凱末爾被舉為總統世界農民國際成立十一月賠款委員會決派專員往德考查付款能力

十三年(甲子)(1924)

一月廣州民黨集議組織建國政府推孫文爲總統進行北伐曹錕任孫寶琦爲國務總理孫宣布維持憲法進行統一
五月孫寶琦主張將德賠款發行公債案提交國會與財長王克敏意見衝突提出辭職書
六月內部通令據新

一月廣東召集國民黨第一次代表大會發布宣言改組國民黨提出廢除不平等條約打倒帝國主義軍閥等口號北衆院臨時會通過查辦王克敏案
三月湘省議會通過林芝宇辭議長職舉歐陽振聲爲議長湘省議會表示堅决擁

二月四川楊森等攻下成都熊克武賴心輝等向重慶方面退却孫寶琦發起和平大會電請孫文張作霖等參與
三月孫傳芳周蔭人閩軍福州圍繳王永泉部槍械
四月廣東孫軍向東江行總攻擊陳軍稍退沈鴻英軍由湘回桂擊敗陸

一月廣州截留關餘問題依英國總領事調停辦法解決
二月廣州滇豫軍强用軍用手票槍殺店夥全城罷市孫文謀統一廣東財政設籌餉局以范石生爲督辦公使團要求金佛郎賠償庚款中政府否認之
五月美國會通過退

一月英領干涉各省所辦紙煙特捐王正廷與俄代表加拉罕商開中俄會議
二月中智商務條約簽字赤俄與外蒙訂立赤庫條約湖南外交司長楊宣誠赴京請速解决去歲六一慘案
三月中俄協定大綱雙方簽字

一月北京學生團開會遙祭俄列甯教育部告戒學校整頓學風
二月教育部公布國立大學條例得設董事會全國鐵路總工會成立
三月北大全體教授反對教部所頒國立大學條例天津北洋大學來京請願學生被軍警强

一月豫軍所編第三支隊譁變
三月河南歸德駐軍譁變
四月方本仁部變兵竄入武穴一帶
五月湖北崇陽兵變湖南攸縣兵變
七月直隷張莊駐軍潰散山東濟南軍隊譁變陝西交口兵變
十二月張家口兵變南京第六

一月勞農政府首領列寧病卒英國麥納唐始成立工黨內閣
二月英始正式承認蘇俄賴柯夫繼列寧爲蘇俄首領印度政府釋放甘地
三月土耳其廢除回教主埃及始開國會阜姆正式歸意
四月賠償委員會依專家道斯

憲法裁撤各省道尹
七月 孫寶琦去職以顧維鈞兼代國務總理提顏惠慶組織內閣國民黨中央執委會呈請孫文以青天白日滿地紅爲國旗
九月 顧內閣去職顏惠慶爲國務總理
十月 曹錕爲馮軍所監視段祺瑞被推爲聯軍統帥

護省憲
五月 湖南各縣議會聯合會通電請修改省憲
六月 國會議員百三十餘人發表中俄協定宣言民治社議員開始倒閣運動
七月 民十新新議員在北京大活動謀倒現國會國民黨領袖張繼謝持等因反對共產加

榮廷軍編建周蔭人擊敗臧致平軍於同安
五月 臧致平楊化昭兩軍由閩潰退贛邊至浙江歸盧永祥收編
六月 袁祖銘軍分路回黔與唐系在川黔軍閥戰李宗仁軍佔領南甯沈陸在桂林講和停戰旋陸失敗下野

還庚子賠款餘額
六月 中德債務及賠款交涉正式換文中國可得現款一千一百餘萬元湖北權運局發現官商串吞國稅五十萬元巨案
七月 隴海路向內國銀行團借款五百萬爲建築西段之用
八月 廣州政府決定設立中央

各埠對日外交會紛電日本廢除二十一條交還旅大
四月 使團提出因川湘戰事僑民損失二百二十五萬請政府賠償新疆楊增新與俄成立局部商約上海租界發布印刷律及碼頭捐上海交涉員提出抗議
五月 中俄

押離京北閣議決交商務印書館影印四庫全書旋以政變而止
四月 趙運熙開除北洋學生百八十五名印度太戈爾來華講演
五月 北京學界反對日本文化侵略北京軍警大捕共產黨拘學生多人第二屆全國運動會

師留守部兵譁變

計畫準備實行希臘改建共和
五月 倫敦舉行國際航業大會英人麥蘇世發明死光
六月 英國電氣鐵路工人罷工法國米勒蘭總統去職陶梅果繼任
七月 美國實行新移民法限制有色人種入境萬國運動會在巴黎開會

顏惠慶去職以黃郛兼代國務總理　十一月曹錕辭職由黃郛暫行大總統職權孫文被邀北上以胡漢民代行大元帥職權段祺瑞被各方公推通告二十四日就臨時執政清帝溥儀辭去帝號出宮攝閣修正清室優待條件將清宮

入失敗去粵赴滬廣東國民黨開農民聯合大會　八月浙江省自治法會議成立　十一月湖北省議會發表中立宣言　未參與賄選之議員發表通電請懲賄選禍首湖南改修省憲竣事　十二月北京賄選議員相繼逃去浙江省

七月廣東孫陳議和不成　八月廣州政府與商團衝突用巨炮威迫商民開市蘇皖贛閩追盧永祥解散臧楊軍盧不應變方備戰　九月江浙開戰張作霖孫文通電援助浙方　十月盧永祥失敗赴日張作霖與吳佩孚血戰山海

銀行以便發行紙幣　十一月安格聯親臨監放北京治安費及政費為客卿直接監督中國財政之始　十二月公使團承認臨時執政府要求尊重不平等條約惟華會中議決各條願于短時間中設法履行

協定正式簽字兩國國交恢復取消不平等條約　六月國際聯盟禁煙會攻擊中國煙禁廢弛日本排斥華工上海廣州及旅日華僑向日抗爭　七月廣州沙面外人居留地行取締華人新律華人全體罷工　八月天津俄界由中國照約收回

在武昌開會　六月湖南學生界舉行六一週年紀念市民加入遊街者近十萬人上海市民大會電勸日本取消二十一條改變侵略政策　七月北京教育界及一部分議員進行反帝國主義及廢約運動中華教育改進社議決收回

八月日政府實行奢侈品稅則為百分之百我國絲織品亦在其內德國舉行歐戰十週紀念全國志哀賠償委員會及德政府簽定道斯計畫書全印自治大會主張自由聯邦制　九月美國環游世界飛行家麥克拉倫成功

開放作為圖書博物館之用旋溥儀入日使館復避居天津
十二月裁撤各省巡閱使改督軍為軍務善後督辦

自治會起草完畢
國民黨中央執行委員汪精衛等否認孫中山主張共產

闕馮玉祥倒戈返京吳孚佩大敗退鹽湖北黃州孫文下令攻廣州商團陳廉伯逃香港
十一月熊克武蔡鉅猷與林支宇聯絡入湘西進擾常澧程潛率軍入湘敗回粵境
十二月方本仁入南昌蔡成勳去職唐繼堯袁祖銘和議成唐

教育權廣州沙面華工罷工
八月北京國立各校宣言主張以庚子賠款為教育基金
九月七日各地舉行辛丑和約簽字紀念儀式廣州排字工人要求薪加罷工呈准組織外教兩部中華教育文化基金會
十二月清

十月印度耶回教徒奉甘地為總公處主任英國共產黨舉行示威運動法國正式承認蘇俄
十一月柯立芝道斯當選為美國正副大總統

民國紀元（附公元）	十四年（乙丑）	
中國大事 政府	一月臨時執政下令大赦惟曹錕賄選案除外又下令一撤消曹錕憲法二宣	
中國大事 國會及黨務	一月福建省憲法總表決手續完竣由省議會照制憲規程公布孫中山對段執政	
中國大事 兵事	一月蕭耀南撤岳州防湘政府令鄒序彬接防譚延闓北伐軍在江西為方本仁所	軍回滇宮軍入黔李宗仁黃紹雄就廣東政府所委廣西綏靖處督會辦職
中國大事 財政	二月陳籙興比代表成立秦隴豫海借款條約二千三百萬元三月公布十四年八	
中國大事 外交	一月日俄協定將簽字外交部聲明凡關於中國事件非得中國同意一概無效	
中國大事 教育與民衆運動	一月東南大學為校長郭秉文免職事發生學潮二月國立八校教職員反對王	紫光閣所存帝后名臣圖像撥歸歷史博物館陳列
中國大事 兵變及匪禍	四月河南汝州國民軍一部兵變五月江蘇溧陽兵變七月奉軍所收王懷	
外國大事	一月意政府採用高壓手段按名逮捕危險分子解散自由協會日俄會議基本協	

(1925)

告臨時約法無效三消滅國會機關 二月 改川邊道為西康特別區域 三月 孫中山前由粵北上在京病故廣州胡漢民許崇智等八要人宣言在國民會議未實現合法政府未成立前仍求完成革命工作維持胡漢民代帥職

之善後會議提出兩種要求一加入實業團體及農工商學代表二善會討論軍財問題而最後解決之標當選諸國民會議段未與同意國民黨拒絕加入 二月 善後會議開會舉趙爾巽湯漪為正副議長褚輔成提出臨時政府改組大綱

破退回粵境程潛部進攻湘南汝城為唐生智擊退盧永祥入南京組織宣撫軍齊燮元出逃廣西沈鴻英為李宗仁黃紹雄所敗 二月 孫傳芳張宗昌和議成雙方退兵 三月 廣東戰事陳炯明敗退許崇智佔領潮汕惠州亦歸滇軍

厘公債條例債額一千五百萬元為中央緊要政費及使領經費之用 四月 政府公布金佛郎案新協定收回展緩兩年之款一千〇〇三萬三千九百餘元并通電解釋外間誤會 五月 江蘇一部分省議員因省庫積虧三千餘萬元

四月 英美日意葡比西七國公使反對中政府單獨與法國解決金佛郎案意比援法例要求以金佛郎償付庚子賠款 中法委員根據中法協定管理中法教育基金及決定用途 五月 上海鴉片公賣事英使向外交部提出抗議上

九齡就教長職 上海日人所設紗廠罷工旋由總商會調停解決北京各界發表反對優待清室大同盟宣言 三月 國民會議促成會全國代表大會在北京開會倪道烺殺學生姜高琦案移京審理東南大學拒絕胡敦復就校長職北

慶舊部譁變 十月 上海浦東奉軍一連譁變

定簽字印度立法會議開幕土政府驅逐希臘教士出境 二月 限制軍備之日內瓦國際會議加入者共三十國 三月 英國牛津大學教職員上書政府以拳亂賠款作中國教育醫學之用日本宣布裁撤減四師 四月 猶太

權　四月臨時執政下取消法統令　廣東改香山縣爲中山縣　五月胡漢民用代理元帥名義宣言誓守大元帥遺囑與萬惡勢力奮鬭實現地方自治反抗帝國主義之壓迫侵略　六月廣州政府胡漢民等議決國民黨中

鍾才宏提出聯省自治大綱均擱之非國常會主張起草國民會議組織法　國民黨通電全國法團對於段政府召集之善後會議不表贊同　三月全國省議會聯合會在北京開會發表宣言督促各省制定省憲代國會糾正

佔領唐繼堯軍入南寧聲言就副元帥職　國民黨反對之憨玉崐與胡景翼交戰憨軍失敗吳新田繼劉鎭華爲陝督吳佩孚移駐岳州　四月湖南省軍與湘西客軍開戰熊蔡敗退湘境肅清四川楊森與反楊軍開戰　五月許崇智宣布湖

組織監算交代委員會審查韓國鈞任內財政京綏鐵路三千萬借款成立　九月關稅特別會議委員會在外部開成立會　十月中意金佛郎案照法比成例解決總檢察廳將敬棠報告金佛郎案法國一部損失凡八千萬合其

海英捕慘殺學生外交部向公使團提出抗議時稱五卅慘案　日本對華文化事業交涉之結果雙方推定柯劭忞爲委員長　六月上海中外委員會談判破裂公使團不負慘殺責任十一日漢口發生慘案二十三日廣州發生沙基慘案

京印刷工人大罷工報紙二十七家均停板　日本上海內外棉紗廠罷工　四月福州學生制止市場售賣美國魚發生風潮新教長章士釗發表將合併國立八校設考試院嚴考大學師生京教育界反對青島日商紗廠罷工加入

太學舉行開幕禮日本撤退北庫頁島駐兵法國兩院通過政府發行四十萬萬佛郎鈔票案德國興登堡將軍當選爲大總統　五月日本公布普選案意衆院通過女子參政權案遠東運動會在菲律賓開會　六月英國工人宣布

央執行委員會爲最高政令機關　七月　國民政府成立於廣東改委員制以胡漢民汪精衞許崇智譚延闓等爲委員又成立監察院以謝持等五人爲委員　八月　廣州政府以廖仲凱被刺案發生政變汪精衞蔣介石許崇智任特

中央失政　四月　非常國會通電反對金佛郎案　五月　非常議員再由天津發出通電反對金佛郎案辦法國民黨中央執行委員及浙湘省會議員通電反對解決金佛郎案辦法湖南省議會公布新省憲法段政府成立臨時參

梅施行黨治　六月　廣東滇桂軍楊希閔劉震寰等與學軍胡漢民等衞突旋楊劉失敗退出廣州　七月　孫岳軍隊攻入陝西吳新田退出長安　八月　四川反楊軍劉湘與袁祖銘聯合進取成都楊森退保嘉定熊克武蔡鉅猷軍

他援例要求者共損失一億二千萬唐紹儀通電主張關稅自主反對執政府之關稅會議　十一月　我國擬以關稅增收之一部整理內外債以他一部發展交通事業　十二月　吳佩孚在漢口布告發行軍需債券二千萬元翁敬棠

七月　蒙古教育受俄指使用共和國名義以類似照會之公文致北京蒙藏院要求承認該政府所頒法令　十月　關稅特別會議在北京開幕有十二國代表到會推沈瑞麟主席　十一月　美使照會法權調查委員會請在北京召集

者萬餘人　五月　第一次廣東全省農民大會開會北京學生舉行國恥紀念爲警監朱深敎長章士釗所阻發生風潮被捕學生由應鍾麟取保釋放三十日上海學生界以日紗廠因罷工事槍殺顧正紅起而援助在公共租界遊行講演被

全國總同盟罷工美科學家凱金思發明能以無線電照見數英里外之人物國際軍械會議禁止以化學藥品及黴菌作戰德共產黨爲中國五卅慘案舉行遊行示威　七月　哥洛哥里夫人反抗法西聯軍聲勢大振美勞工會上書

別行政委員由許誘捕梁鴻楷等胡漢民亦被捕魏邦平逃香港 九月 胡漢民由國民政府給與代表名義使俄 十月 蔣介石發覺新入廣州之川軍總司令熊克武有通敵嫌疑將熊拘禁並將該部解散蔣介石呈報國民政府

政院以趙爾巽湯漪為正副院長 九月 憲法起草委員會通過省得自制憲法國憲之內規定省憲通則 十一月 國民黨發生內訌將鄒魯之外交代表及廣東大學校長兩職撤消張繼等開西山會議排斥共產黨

假道廣西入粵唐繼堯軍在廣西失敗退出南寧范石生統在粵滇軍入雲南宣言倒唐 九月 廣東汕頭陳炯明軍驅逐許崇智部眾潮汕歸佔陳領旋由蔣介石軍收復廣州蔣介石與許崇智發生衝突許赴滬許部鄭潤琦莫雄遣散

繼續發表財長李思浩解決意比金佛郎案損失六七千萬元

開會關稅會議承認我國關稅自主我國聲明自動裁厘 十二月 使團以李景林馮玉祥在天津發生戰事認為違背辛丑和約請特別注意

英捕濫行慘殺發生最大風潮時稱五卅慘案旋漢口英界廣東沙基亦遭同樣慘殺 六月 上海工學商界全體罷業全國一致響應北京開全世界被壓迫民族國民大會德土印韓國人均到會演說省港大罷工 七月 各地

總統請取消在中國治外法權比政府退德境駐兵 八月 猶太民族大會通過募集一千萬元興辦巴勒斯坦建設事業之用 九月 美國任賓爾特女士為駐荷領事美任女領事始此國際聯盟第六屆在日內瓦開會 十月 列國保安公約

攻克惠州幷請解除軍職
十一月國民政府蔣介石軍攻入潮汕陳烱明部遁入閩邊北京警衛司令制止羣衆集會回復秩序段以馮玉祥表示擁護準備修改府制設責任內閣
十二月北京任許世英為國務總理

范石生攻滇失敗回廣州
十月孫傳芳起兵反奉就浙閩蘇皖贛聯軍總司令楊宇霆鄭謙卽棄南京北去皖督姜登選亦去職吳佩孚抵漢口就討賊聯軍總司令職助孫反奉
十一月孫傳芳克復徐州張宗昌敗退郭松齡在灤

舉行九七辛丑和約紀念重慶學生與英水兵衝突英兵傷多人川議會提出交涉辦法上海工商學聯合會啓封
八月北京女師大反對校長楊蔭榆發生風潮商務中華兩書局工人罷工
九月上海戒嚴司令部解散總工會北京

在瑞士羅加拿開會波斯國會通過廢除帝室案由內閣李查汗組織臨時政府
十一月意國社會黨會員謀殺首相墨沙里尼未遂德國國會批准羅加拿條約加入國際聯盟
十二月國際聯盟理事會舉定解除軍備會議籌備

州發電請奉張下野與馮玉祥聯絡改爲東北國民軍
十二月馮軍佔領天津李景林逃郭松齡戰敗於遼河附近旋爲張作霖部兵所執就地槍決

各團體愛國遊行經教長章士釗請軍警制止十三省區電報生要求加薪不遂罷工旋復職
十月全國教育會聯合會在湖南開會
十一月北京工學界舉行國民革命大運動包圍執政府要求改組京工學界要求執政府組織國

委員俄國姬采林與土代表訂立俄土條約印度舉行全國國民大會領袖諸人悉著甘地所提倡之手工織布衣

紀元 民國 附公元	
中國大事 政府	
中國大事 國省會及黨務	
中國大事 兵事	
中國大事 財政	
中國大事 外交	
中國大事 教育與民衆運動	民政府臨時委員會召集國民會議中學修業定六年分高初兩級 十二月國內反對日本出兵助張作霖上海市民舉行示威遊行
中國大事 兵變及匪禍	
外國大事	

十五年(丙寅)　(1926)

二月廣州政府任蔣介石爲革命軍總監節制全體革命軍許世英辭職以陸長賈德耀兼代國務總理 三月廣州國民政府政治委員會通過兩粵統一案廣西政府受國民政府命令處理全省政務其軍隊改爲革命軍廣州國府發生黨

一月廣州國民黨二次代表大會議決實行中山遺囑爲國奮鬭懲戒西山會議派舊國會議員在漢口發布宣言主張去段恢復攝政內閣及舊國會選新總統修正憲法張作霖吳佩孚表示諒解並通電主張恢復約法 二月湖北

一月馮玉祥去職命張之江繼任魏益三繼續反奉改爲國民四軍方振武脫離張宗昌改爲國民五軍國民二軍將領反對恢復法統主開國民會議吳佩孚遣寇英傑進兵河南與岳維峻開戰廣東李濟琛收復雷瓊陳系鄧本殷退守崖

一月許世英依財長陳錦濤計畫發行國庫券八百萬元 二月上海商界反對總稅務司安格聯保管關稅及內債基金運動另立關稅金庫 三月財長賀德霖定議發行二千萬元新公債 五月總稅務司安格聯升任華人數名爲

一月調查法權會議開幕到者美法意英日十一國代表王寵惠爲臨時主席奉艦出沒大沽國民軍設炮防守鎮事團以違反辛丑和約向孫岳提出抗議 二月使團以大沽架炮向外部抗議否則以武力制止 三月中俄

一月東三省留日學生三百餘人因反對日本出兵南滿離日回國 二月香港總督以罷工案認廣州政府爲當事人封鎖廣州及黃埔 三月北京各團體代表向執政府請願駁覆八國最後通牒被府衛隊槍傷多人次日各公團

二月江蘇寶應駐兵譁變 四月濟南張宗昌兩營譁變山東軍隊剿除魯南紅槍會屠滅村莊五十餘處 五月奉天西豐騎兵旅反對以奉票發餉譁變 七月奉天安東砲兵譁變 八月青島駐兵因欠餉譁變張宗昌部

一月印度偉人甘地決定休息一年不與聞政治瑞典丹麥公斷條約成二十年間不得以武力解決爭端波蘭捕共產黨數百人 二月荷蘭土耳其訂立臨時條約英政府批准國際鴉片公約上國會通過新民法許女子有離婚權廢

爭蔣介石以嚴厲手段對付共產黨中山艦長李之龍被捕國府主席汪精衛辭職
四月 北京政變段祺瑞受西北軍包圍逃入東交民巷府衛隊繳械遣散旋段氏逃往天津任胡維德署國務總理攝行執政權北京組織臨時治安會由王

書議員以蕭耀南出缺省長一職應由本會立法選舉
三月 奉天吉林省憲會議開幕
四月 廣州政府以段執政消滅主張召集國民會議改決一切糾紛
廣州共產派之青年軍人聯合會及反共派之孫文主義學會經蔣介石

州國民二軍李紀才爲張宗昌靳雲鶚所敗退回河南
二月 李景林張宗昌受吳佩孚命聲討馮玉祥靳雲鶚破開封旋下鄭州國民二軍岳維峻敗逃
三月 湖南省長趙恆惕去職唐生智繼任靳雲鶚率師北上國民軍主和

稅務司國人在上海關之地位漸有增進
張作霖在東三省發行公債五千萬元張宗昌在山東發行善後公債二千萬元
六月 奉票增發五千萬元價跌僅二折北京總商會因直魯軍軍用票僅至三折請求停止使用
褚玉璞在

會議開會我國委員會提出三十四萬萬虛布損失案俄委員否認之
八國公使以大沽事件向我國提出最後通牒限四十八小時答覆
四月 公使團因奉軍及魯聯軍連日用飛機亂擲炸彈於北京城內提出抗議上海總商會對

開國民大會復赴國務院請願被府衛隊包圍屠殺死亡四十餘人全國大憤時稱三一八慘案
四月 北京大學學生對於國務院前慘殺案控告段祺瑞賈德耀於地檢廳請求依法解決政變後奉聯軍入京以宣傳赤化罪名槍決

晉軍在落岱譁變
九月 河南周家口被匪焚殺三日人民死傷及損失爲白狼老洋人後惟一之慘劇

除多妻制
三月 日本勞工會復活定名爲勞農黨在大阪開成立會印度參議院通過實行遞減鴉片出口政策朝鮮人樸烈夫婦謀劃除日本帝制建設朝鮮國民政府被拘處無期徒刑
四月 德俄簽定德俄中立條約印度自立黨各黨因

士珍主持五月顏惠慶內閣實行復職因爲奉方所反對閣員多不就職廣州國民政府決行下列八端一取消煤油專賣二解決省港罷工三除盜安民四組織勞資共裁機關五禁止民團擅用武器六嚴辦貪官汚吏七查拿造謠亂黨八

調解自行解散五月廣州國民黨中央執行委員會通過整理黨務案大要爲改善國民共產兩黨間之關係通過黨員重新登記張靜江當選爲中央執委常務主席又與譚延闓蔣介石吳稚暉顧孟餘爲國共兩黨聯席會議代表旋

退出天津四月國民軍以吳佩孚不諒解驅段退出北京扼守南口與吳奉軍相持湖南葉開鑫得吳佩孚援助反攻長沙旋唐生智退衡州張吳代表會商政局護法護憲意見不一五月劉鎮華軍攻西安與陝軍李虎臣相持不下國

天津設直隸善後公債局發短期票四百萬元長期票六百萬元李景林之軍用票停止使用八月廣州政府發表反對重開關稅會議宣言望國人急求關稅自主北財部計畫發新公債或庫券二千萬元奉票大跌張作霖發令維持無效

於五卅案發表宣言會審公廨立即交還未決各項問題深願公平解決上海會審公廨由江蘇當局交涉收回五月北外部與五國代表開議收回上海會審公廨案仍無結果六月丁文江收回上海會審公廨交涉民事部分已

京報館邵飄萍並搜查各學校教授學生紛紛出京廣州共產派之青年軍人聯合會及反共產派之孫文主義學會經蔣介石調解先後自行解散五月各地舉行五卅週年紀會六月上海總商會電顏惠慶反對關稅會議僅依華

甘地建議開會討論進行之共同程序英國工團總工會通過援助鑛工案五月英國實行總罷工鐵路運輸印刷機械等在內約共三百六十萬人那威探險家阿孟曾乘飛艇飛過北極南非政府提出國旗案不用英旗摩洛哥里

整飭教育建築道路改良港口六月顏惠慶辭職海軍總長杜錫珪兼代國務院總理七月杜代閣用攝行大總統令任命各部總長十月杜代閣改組外長顧維鈞兼代國務總理廣州國民黨中央委員與各省代表聯席會議

張靜江辭職蔣介石爲常務主席七月蔣介石北伐中央黨部黨務主席由張靜江代政治會議主席由譚延闓代八月吳佩孚遣散國會議員每名給洋百元往領者四百餘人國會問題暫告解決十月國民黨聯席會議通過國

民軍向山西發展奪雁門關以北十三縣六月吳佩孚北上免靳雲鶚第一軍總司令職約奉系將領討伐國民軍即下總攻擊令國民政府任蔣介石爲北伐軍總司令唐生智任第八軍軍長及前敵總指揮袁祖銘軍退出四川劉湘移駐

即大捕全省錢商並槍斃五人沒收其財產九月唐生智以五百萬國民公債用盡課發行金庫券百萬元革命軍於所到之地發行中央銀行及湘桂紙幣北閣杜錫珪財長顧維鈞因秋節軍警餉項問題被圍兩日一夜卒付現款

有頭緒七月各國調查法權會議代表對於中國收回領事裁判權認爲尙非其時廣州政府與英國代表開始爲解決罷工及抵制英貨之談判北外部照會比使中比通商條約期滿宣告廢止改約八月北外部發布中法越南通

會條約加征附稅武漢各界舉行去年本月十一日漢口英人慘殺紀念到者萬餘人八月北京社會日報林萬里被張宗昌坐以通敵有據罪名槍斃廣州左右兩派之工會時起衝突國民政府公布調停勞工條例禁止工會使用

夫族首領阿白台爾克林戰敗降法第八次國際勞工大會在日內瓦開幕六月裁軍籌備委員會以十五票對英美德荷四票通過軍備標準案意政府因日內瓦會議對於棒喝團表仇視態度向瑞士提出抗議七月英國

議決國民黨最近政綱大要關於政治實現全國政治上經濟上之統一關於外交廢除不平等條約關於行政實現戶口調査土地測量鄉村自治關於軍事實行黨代表制
十二月 張作霖僭稱安國軍總司令以張宗昌孫傳芳副之

民政府發展問題案電請汪精衛消假并規定省政府採委員制下設民政財政建設教育軍事司法各廳及國民黨最近政綱
十二月 廣州中央黨部政治委員分會成立重慶國民黨左右兩派衝突發生流血慘劇劉湘下戒嚴令

重慶成都交劉文輝維持
七月 蔣介石就國民革命軍總司令職誓師北伐限在粤六軍於一週內開拔完竣唐生智以粤桂援軍反攻葉開鑫退走岳州唐入長沙厲行黨治廢五色國旗改用青天白日滿地紅國旗縣省議會以省黨

合庫券七十五萬方得解圍華俄道勝銀行在中國分行十三處停止營業
十月 廣州國民政府通過征收出產運銷物品暫時內地稅條例
張宗昌在山東派捐一千五百萬元名爲討赤特捐
十一月 北京使團對於廣州等

商章程中日通商條約相繼期滿應停止發生效力上海日輪水手慘殺小販陳阿堂交涉員提出抗議日領無滿意答覆日紗廠工人因公憤全體罷工
上海收回公共租界會審公廨之協定各領事正式簽定
九月 廣州英艦拘捕

武器廣州郵局員差報館工人因當局容納其要求相繼復業上海內外棉紗廠工人以工人陳阿堂被日暗殺發生罷工風潮
九月 廣州中央黨部代表廿乃光與省港罷工委員會協商結果變更罷工政策以全國新杯葛代舊式

鑛工八小時案通過兩院卽經英皇批准墨西哥政府禁止教會學校作禮拜及教士開辦學校并封鎖教堂產業
八月 亞細亞各民族大會在日本長崎開幕中代表要求取消不平等條約德法通商協定成立法政府頒布命令增收關稅

國民政府及中央黨部人員由廣州相繼北上

解散左派之省黨部禁止右派報紙發行

部主持一切

八月 南口戰爭奉軍開始用重炮轟擊旋佔領之西北軍退出察綏黔軍彭漢章王天培就國民革命軍第九十軍軍長職袁祖銘亦取同一態度蔣介石督率唐生智李宗仁克岳州平江與吳佩孚劇戰於汀泗橋一帶

處征收洋貨附捐提出抗議請予制止奉天當局續借日金五百萬元完成吉敦鐵路

十二月 北政府潘復擬發行新庫券二百四十萬元上海蘇皖浙聯合會通電反對謂爲增長內亂天津有金融實業家九十餘人發起產業協會

罷工糾察隊并入省河架炮示威萬縣被英艦轟城死傷人民四千餘人損失巨萬是爲九五萬縣慘案

十月 駐京比使表示自動提議修改商約日本使館亦準備接收改商約之照會旅比華僑在比京舉行廢約運動被比警

封鎖政策實行附加稅津貼工人

十一月 北京中小學教職員久未領薪一律停課齊赴國務院財政部索欠薪三月粵漢路武長段職工以薪水五月未發實行罷工武漢自佔領後各廠工潮紛起

十二月 上海進行特別市運動

百分之三十

九月 國際聯盟行政會通過德國加入聯盟時許爲常任行政會員

十月 俄國形勢緊張反對現政府者其勢愈盛英國工黨大會開會主張將鑛產收歸國有意國舉行棒喝革命四週紀念首相慕沙里尼復遇刺

吳氏戰敗命劉玉春陳嘉謨死守武昌靳雲鶚劉佐龍防守陽夏 九月 劉佐龍響應革命軍吳佩孚退出鄂境蔣介石督兵圍武昌馮玉祥由俄回國在五原宣布就國民軍聯軍總司令職宣告接受國民黨主義率衆向陝進發期與

並派代表與南方金融實業家接洽進行聯合自衛運動 武漢方面之國民黨臨時會通過財長宋子文關於湖北之財政計畫決定發行金融公債二千萬元財政公債一千五百萬元

捕去多人傷六百人 十二月 國民政府電英外部抗議天津英界捕國民黨員十四人引渡於奉軍

之市民大會因當局壓迫無法開會江西省政府取消張天師名號並沒收其財產第六十三代天師張恩溥逃滬 廣州公安局以嚴厲態度糾正工人運動不許工會擅自拘人及工人持械游行或封鎖工廠商店 浙江各界積極進行

未受傷 十一月 土耳其中國俄國波斯阿富汗五國代表成立亞細亞國際聯盟協定 十二月 英工黨領袖麥唐納建議承認中國政府日本大正天皇歿太子嗣立改元昭和印度國民大會表示服從甘地主義

在豫之樊鍾秀在鄂之革命軍聯絡江西發生巨戰革命軍朱培德程潛襲取南昌旋爲孫傳芳部鄧俊彥奪回蔣介石急至袁州指揮軍事

十月

駐外公使汪榮寶等電請停戰召集國民會議解決一切

唐生智等攻入武昌劉玉春陳

自治事宜請省外軍毋入浙境

嘉謨被俘蔣介石軍圍南昌五日後被鄭俊彥軍擊退浙省長夏超舉事孫傳芳調孟昭月部往攻夏超敗逃

十一月 賀耀祖部佔領九江孫傳芳退回南京蔣介石入南昌孫部唐福山岳思寅等被捕殺之

十二月 唐

生智部何鍵進攻鄂西盧金山宣告解除長江上流總司令職務福建周蔭人退入浙境浙人謀自治浙軍第三師長周鳳岐宣布就革命軍第二十六軍軍長職旋孫傳芳部孟昭月入杭州自治派瓦解

民國紀元附公元	十六年(丁卯) (1927)
中國大事 政府	一月國民政府定都武漢旋蔣介石張靜江譚延闓等主張中央黨部國民政府暫駐南昌北京顧維鈞代閣改組顧以外長兼任總理 三月七日譚延闓何香凝丁惟汾陳公博
中國大事 黨務	三月國共兩黨在漢開聯席會議討論合作辦法中央執委會議決統一財政批准懲治土豪劣紳條例任鄧演達爲總政治部主任武漢中央黨部爲擴大農運起見由湘鄂贛農協籌備
中國大事 兵事	一月何應欽改編福建民軍白崇禧入浙與孟昭月部在蘭溪激戰馮玉祥由平涼入西安 二月何應欽在閩勒繳李生春部槍械 雲南發生政變由胡若愚龍雲發動省政府採委員
中國大事 財政	一月國府財部通告湖北自本日起征收內地稅 孫傳芳電令滬蘇鎮江海關增收二五附加稅 國府財部發行九百萬元國庫券 二月奉軍發行兵站庫券三百二十萬元
中國大事 外交	一月上海公共租界會審公廨由孫傳芳派委接收 中法會商安南通商舊約宣告廢止東三省廢除專照屆期日商要求日領向東省當局抗議 英國派遣大批海陸軍來華南 北政府一
中國大事 教育與民衆運動	一月漢口羣衆舉行新年慶祝在英界講演被英兵刺殺數人羣衆大憤由黨軍當局接收漢口英界 廣州嶺南大學由美人交歸華人接辦 廣州機器總工會右派與鐵路工會左派
中國大事 兵變及匪禍	一月蕪湖陳調元部搶劫商民 羅市常德兵變革命軍右翼總指揮袁祖銘被殺彭漢章被捕解漢 三月河南信陽確山因靳雲鶚魏益三大軍屯駐民食徵發殆盡激成大規模之民
國外大事	一月比利時反對各國日前聯合宣布對華政策美國務卿對華宣言開洛發表謂遇必要時當單獨行動 二月英國向日內瓦聯盟會提議以上海爲自由市置於國際管理之下

等由南昌抵漢參與第三次中央執監會議打倒蔣介石之標語在漢提出陳銘樞劉文島相繼去職二十日新選出之國府委員二十八人宣誓就職當委爲汪精衛譚延闓孫科宋子文徐謙五人四月汪精衛回國旋赴武漢就主席職十

組織全國農民協會四月中央監委在滬開會由吳稚暉提出檢舉共產黨案請以非常手段分別監視中央監委蔡元培等斥責武漢救國通電發表護黨聯席會議國共兩黨首領汪精衛陳獨秀在上海發表合作宣言閻錫山加入國民

制奉軍于珍部入豫與吳部靳雲鶚發生衝突三月陳調元王普實布就革命軍第三十七軍第二十七軍軍長職孫傳芳部撤駐江北江蘇由直魯軍吳光新畢庶澄接防雲南成立委員政府唐繼堯胡若愚等宣誓就職奉

北政府免安格聯總稅務司職以易紈士代之北京公使反對征收附加稅三月張宗昌在上海發行庫券一千萬元四月江蘇兼上海財政委員會陳光甫等開會討論整理財政辦法宋子文之財政部駐滬辦事處撤銷武漢發布

致抗議收回漢口九江英界協定簽字三月張宗昌部在浦口捕獲鮑羅廷夫人解營香港當局以勵捕海盜名義焚燬惠陽村莊十餘處上海已到大批外兵白崇禧宣布不以武力收回租界革命軍入南京匪徒發生刦掠

發生慘劇由學政府制止上海工商聯合會爲調解勞資衝突進行組織勞資仲裁委員會三月上海各團體謀建民選市政府鐵路工人罷工與直魯軍以打擊長沙縣黨部函致縣長停止祀孔北京軍警以搜查黨人名義大捕各學

變八月湖南共黨密定三十日在長沙大暴動爲當局發覺捕獲多人九月漢口破獲共黨機關發見其焚毀武漢各要塞之密謀共黨在長武踏賀勝橋刦去餉銀鉅萬長武間交通斷絕粵海軍廣金艦自瓊州運銀毫紙幣數

並遣海陸軍來華美總統柯立芝建議於本年五月在日內瓦召集第二次裁軍會議四月美國對於南京事件決定單獨交涉日本田中義一繼若槻組閣規定對華政策意大利發布勞工大憲章此爲墨索里尼努力之一大表現

八日南京成立國民政府由蔡元培胡漢民行授印授印典禮六月馮玉祥約集漢寧兩方要人先後在鄭徐會議籌商合作辦法武漢政府任馮玉祥于右任劉郁芬爲豫陝甘省政府主席張作霖在北京僭稱大元帥八月蔣介

黨宣布服從三民主義李濟琛由滬回粵肅清共產黨農工團體五月湖南驅除共黨武漢局勢變動共黨多乘輪逃滬六月武漢政府解除鮑羅庭職務武漢總工會糾察隊繳械遣散七月馮玉祥進行清黨武漢發

軍于珍與吳軍靳雲鶚戰於鄭州靳軍敗退革命軍由白崇禧指揮二十二日佔領上海二十四日程潛克復南京四月蔣介石馮玉祥閻錫山任一二三集團軍總司令孫傳芳張宗昌謀反攻蔣介石親赴南京拒戰甯漢兩方軍

現金集中令行使中央中交三行票幣上海銀行界宣告與武漢暫斷往來南京發行國庫券三千萬元以海關附稅作抵拒絕武漢中央票幣使用南京財部宣布裁厘加稅値百抽一二・五并提議取消轄境鹽務分所關款收存中央銀

外僑行爲外艦發砲攻擊時稱三二四寧案四月北京軍警包圍俄使館搜出赤化證據捕共黨首領李大釗路友于等殺之外長陳友仁對英美日意法五國關於寧案之要求主張調査眞象漢口日水兵坐車不付資反將車夫

校學生康有爲在青島病故四月江西總工會攻擊接近蔣介石之南昌派殺戮二十餘人安徽省黨部之爭執武漢派受軍事當局壓迫湖南暴民懸川審判土劣條例葉德輝被殺上海總工會武裝糾察被當局勒令繳械發生罷工

十萬赴省艦員勾匪劫掠而去十月招商局愛仁輪被匪劫至大鵬灣遭英潛艇砲毀沈沒十一月共產黨在無錫東北各鄉實行大暴動宜興縣亦有同樣舉動四川發現與豫晉相似之神兵變擊大甯殺死鹽務機關數人共黨彭湃

香港政府解散海員工會六月英日美三國海軍裁減會議在日內瓦開幕日本舉行東方會議討論對華政策主張擁護在蒙滿特殊地位七月奧京維也納發生大暴動死傷數十人在檀香山之太平洋會議討論太平洋

石通電下野武漢政府決定遷甯　九月滬漢寧三方要人組織特委會推委員三十二人成立國民政府於南京推丁惟汾等四十六人爲委員以汪精衛胡漢民譚延闓蔡元培李烈鈞爲常務　十月武漢政治分會反對南京

見共黨陰謀汪精衛唐生智表示反共實行驅除鄧演達總政治部中之共產黨人悉走　九月汪精衛顧孟餘陳公博西回漢口後進行反對南京特委會之工作　十月武漢政治分會令湘鄂贛三省黨部限期改組汪精衛陳公博甘乃

隊在安慶九江對峙　五月鄂軍夏斗寅川軍楊森宣言反共向武漢政府進攻雲南唐繼堯病故胡若愚龍雲兩部內訌　六月蔣介石部佔領徐州馮玉祥唐生智會兵河南大破奉軍　七月雲南正式懸青天白日旗胡若愚爲主席吳佩

行　六月南京中央決定八月一日起實行關稅自主　七月武漢財政已陷入絕境發無担保之國庫券臨時兌換券各一千萬以爲救濟　八月廣州金融風潮劇烈財長古應芬爲維持中央紙幣起見發行短期公債一千萬元

戳死激起羣衆大運動　武漢當局因外艦壓迫改變外交方針取締無意義之排外行動　五月中荷中西條約滿期北外部提議改約南京國府外長伍朝樞宣布不採用暴動手段但於相當時期提議廢除不平等條約

風潮李濟琛由上海回粵嚴厲取締共產黨　五月南京勞動紀念大會提出驅逐共產黨繼續北伐口號湖南發生馬日剷共政變　六月漢口解散總工會糾察隊　國學家王國維在北京自溺死　南京政府任蔡元培爲大學院

在海陸豐組織蘇維埃政府開始慘殺　十二月廣州蘇兆徵等成立蘇維埃政府旋即消滅共黨處決者不下五千人

各國廢戰草約　八月日本第二次東方會議在大連開會討論滿洲問題　埃及國民黨領袖柴魯爾病沒　國際新聞學者在日內瓦開會　九月第八屆國際聯盟大會在日內瓦開幕　英國工團大會議決對蘇俄工會拒絕談

特委會南京方面爲求汪精衛唐生智等之諒解派孫科伍朝樞代表赴漢協商寧漢合作辦法定來月一日開第四次中央全體會議

光何香凝等七人聯名通電主張剋日在廣州開第四次中央全體會議 十二月 第四次中央全體預備會在上海開會汪提議蔣介石復任總司令職 廣州共亂汪精衛顧孟餘陳公博甘乃光王法勤王樂平潘雲超陳樹人何香凝等

孚由豫西遁川依楊森 張作霖以孫傳芳張宗昌張學良韓麟春張作相吳俊陞褚玉璞爲一二三四五六七方面軍團長孫張軍追近徐州革命軍前線不利旋將負責任之王天培槍斃 八月 共黨軍賀龍葉挺在南昌變叛向潮

十月 武漢財政委員會布告中央票停止兌現南京國府續發庫券二千四百萬元

日兵二千人由青島登陸 七月 日本二次出兵山東在青島繳華督槍械幷帶大砲赴濟南旋卽撤去 八月 日本新定滿蒙政策 九月 濟南日軍開始撤退漢口日輪水兵拒絕徒手革命兵乘輪與衛戍部軍隊衝突旋卽和

長 七月 漢車夫與軍警衝突總工會同時解散上海警備司令楊虎捕殺共黨直督難民出關者達八十七萬人南京通電各機關毋得送學生入莫斯科中山大學 八月 遠東第八屆運動大會在上海開幕 九月 奉天反日運動

判 國際聯盟會通過德法荷三國代表關於公斷保障及裁軍之聯合提議 十月 蘇俄中央執行委員會籌備蘇俄革命十週紀念 俄共黨中央執監委員會開除脫洛斯基與徐維諾夫之黨籍意大利舉行棒喝團勝利五週

不無嫌疑特派鄧澤如古應芬查辦

汕逃竄孫傳芳乘寧漢將合作時大舉渡江何應欽李宗仁大破之於龍潭
九月賀葉共產軍攻入潮汕宣言實行聯俄聯共農工三大政策封閉三民主義之農工會旋黃紹雄統中央軍攻入潮汕賀葉軍向西南潰散閻錫山響

平解決
十二月對俄絕交嚴查俄籍共黨

大發展遊行示威者萬餘人天津黨人九人執行鎗斃北京搜捕學生上海日商印刷工人全體罷工
十月上海英美煙公司罷工風潮因雙方協商破裂蘇州鐵機風潮擴大織工罷工風潮擴大
十一月南京市民開討唐勝利慶祝大會

年紀念

師討奉在京綏路開戰奉方于珍趙倜爲商震截捕解大同

十月張作霖通電討閻旋石家莊歸奉佔領晉軍傅作義死守涿州不下

南京政府下令討伐唐生智命程潛李宗仁爲江左右軍總指揮統兵西征旋佔領武漢唐生智下野所

戒嚴司令恐共黨乘機活動出示制止發生一一二二慘案居正謝持有重大嫌疑請停職監視

紀元 民國 元公附	
中國大事 政府	
中國大事 黨務	
中國大事 兵事	部退回湖南 十一月廣州發生政變張發奎解除黃紹雄部武裝包圍李濟琛住宅主持粵政 十二月張發奎出兵攻黃紹雄旋發生眞共黨變亂
中國大事 財政	
中國大事 外交	
中國大事 教育與民衆運動	
中國大事 兵變及匪禍	
國外大事	

十七年(戊辰)(1928)

一月蔣介石復職國府令蔣介石馮玉祥閻錫山楊樹莊四總司令刻日會師幽燕 國黨中央執委常會恢復議決汪精衛顧孟餘陳公博甘乃光停止出席 蔣介石宣布繼續行使總司令職權完成北伐負責籌備開第四次中央全會

一月中央黨部決定處置黨務糾紛辦法湘鄂皖閩滇省黨部停止活動江浙省黨部派員接收 二月第四次中央全體開會議決下列各案一改組中央黨部二整理地方黨部三整理特別黨部四改組國民政府五改組政治及軍

一月李濟琛回廣州主政涿州晉軍由萬福麟收編傳作義下野武漢要人程潛白崇禧決定以武力解決湖南白崇禧親赴前線督師二十六日佔領長沙李品仙劉興何鍵等向湘南湘西退却 二月程潛留鎮長沙白向前線指揮克復

一月外蒙庫倫政府向蘇俄借款六千萬盧布建築庫恰鐵路 宋子文就財長職 上海華商捲煙公會呈請照英美煙公司借款協定稅率抽值百徵二十之稅 二月財長宋子文聲明鹽務稽核所無保證中國債務之職責 三月財部

一月日本派後藤新平赴俄與俄訂立關於中東鐵路之協定俄將該路之一部分權利讓與日本 二月大通公司商輪在泰興口岸被日本厚田丸撞沈搭客落水貨物損失無算 三月廈門日領擅捕留廈韓人李箕煥李剛李潤昫

一月廣州政府通令各黨部停止一切民衆新組織 武漢衛戍司令胡宗鐸解散共黨把持民衆一切團體 奉天通化臨江農民不堪苛斂組織大刀會反抗官軍 二月大學院訓令廢止春秋祀孔舊典引起一部份反對 三月江蘇

一月廣州公安局得共匪二次起事之消息大舉搜查捕獲十餘人及共匪文告多箱 二月駐楊柳青直督軍因欠餉譁變 共匪朱德毛澤東等攻陷郴縣永興耒陽成立蘇維埃政府焚殺甚慘以後湘南各縣徧被蹂躪

一月蘇俄史丹林放逐脫羅斯基徐諾維夫加美尼夫賴台克賴柯夫斯基及前充共黨領袖若干人 日本衆議院解散定二月二十日行總選舉 二月德國復辟派之鋼盔團二千人作每年一次之遊行同時與共產黨之示威運

二月 于右任戴季陶丁惟汾蔣介石譚延闓爲中央黨部常務委員譚延闓爲國府主席蔣介石爲軍委會主席 三月 中央政會推蔣介石爲主席又任李濟琛李宗仁馮玉祥閻錫山爲廣州武漢開封太原分會席主 六月 改直隸爲河北

事委員會六取消聯俄容共政策 三月 兩湖善後會在長沙開幕程潛提出兩湖黨務軍事政治財務四大意見并槍決共黨首領郭亮 八月 五中全會在京開會發布宣言一整理軍事系統二實現法治規模三確定財政辦法胡

衛寶唐部全數改編西征軍告結束 國府軍委會任蔣介石馮玉祥閻錫山爲第一二三集團軍總司令籌備北伐 三月 李濟琛就總司令部總參謀長職何應欽退爲首席參謀張作霖下令進攻馮閻兩方血戰開始 四月 蔣介

公布皖北准鹽官運局運銷條例 北廷成立關稅自主委員會國府通過國定關稅委員會組織條例 六月 財部發行二期軍需公債四百萬元連一期共千萬元又發行煤油特稅債四千萬元 七月 開全國財政會議

李明齊并開槍示威引起廈市人民反日運動蘇俄與外蒙成立協定鐵路工程由俄投資包辦 四月 南北外部抗議日本出兵山東 五月 日軍在濟南大暴動時稱五三慘案 八月 美德與我國成立平等互惠新約 十一月 濟

全省商聯會閉幕旋設勞資糾紛審查委員會 五月 濟案發生後全國舉行反日運動實行經濟絕交東方文化委員會中國委員柯劭忞等以濟案退出委員會全國教育會議在南京開會以三民主義爲教育宗旨 六月 上海

三月 共匪賀龍攻入桃源焚殺甚慘 四月 毛澤東陷安仁焚毀公私房舍 五月 湖南成立清鄉督署厲行剿共 七月 新疆主席楊增新被交涉署長第三國際黨員樊耀南暗殺平江駐軍彭德懷黃公略加入共黨縣長劉作杜

動發生衝突全美人會通過要案一創設汽車大道直達南北美州二公認各種侵略戰爭爲非法制定聯美公約 三月 日政府檢舉共產黨在東京被捕者百餘人勞農黨本部被軍警占領 美法法荷希羅公斷條約均成立埃及國

省北京爲北平以閻錫山李石曾張繼等爲北平政治分會委員前大總統黎元洪病故天津七月改熱河察哈爾綏遠西康爲行省旋加設甯夏青海二省八月國府頒布禁煙條例限明年戒絕十月成立五院政府蔣介石爲

漢民回國宣言黨員宜一致合作九月胡漢民發表訓政大綱說明書黨國領袖意志統一十月中央黨部頒布政治會議條例其性質爲訓政時期最高指導機關規定黨員下層工作爲識字造林築路合作保甲衛生六種運

石對奉魯軍下全線總攻擊令津浦路大勝旋以李宗仁爲四集團總司令五月北伐軍克復濟南馮閻兩軍亦獲勝利蔣以日軍作梗改變作戰計畫六月張作霖出關炸死閻錫山入京爲津平衛戍總司令七月張學

八月財部令免十六年底以前之田賦舊欠九月國府成立預算委員會十月財部發行短期公債三千萬元十一月中央銀行開幕基金二千萬元財部發行長期公債四千五百萬元爲收回漢口中央中交鈔票之用規定

南代表團向國府請願須日兵退出國境始與開正式談判全國對日皇卽位停止慶祝比意葡萄那對我國關稅自主完全同意并允放棄領事裁判權十二月丹法英西新約簽字惟日本與我國外交尚未接近漢口日兵擅斃水杏林

學生界以濟案故成立學生軍一萬六千人七月全國反日會在上海開會十月國府規定教育經費暫佔百分之十并定孔子聖誕紀念日上海發生郵務工潮旋卽解決中央國術館在京舉行比賽十一月全國國貨展

被殺八月朱毛攻陷桂東吳尙克復之東陵被盜掘竊譚溫江被捕十月楊森部唐師譁變土匪張鳴九攻陷章邱肆行焚毀十一月通州吳杰部譁變共匪彭德懷攻陷萬載縣長被殺十二月湖南清鄉署撤消成立

民黨組閣反對英埃草約五月波斯王李若汗與英訂立關稅自主條約德美和平公斷約簽字八月美國提議之非戰公約十四國代表在巴黎簽字世界青年團在荷蘭舉行第一次大會九月國際婦女在日內瓦開會

國府主席譚延闓胡漢民王寵惠戴季陶蔡元培爲行政立法司法考試監察院長　十二月　國府下令廢除陰歷普用陽歷擬定梅花爲國花

動　十一月　中央黨部發布防共連坐法幷令各級黨部不得對外發表宣言　十二月　中央決議第三次全國代表會定十八年三月十五日頒布代表產生原則及組織法選舉法並發布大會十議題

頁表示服從三民主義　九月　白崇禧肅清平東張楮殘部一二三四集團軍着手縮編成師四川開資中會議　十一月　李燊與貴州周西成在鄂邊發生衝突　十二月　鹿鍾麟劉峙在安徽實行解散樊鍾秀殘部賴心輝等

田賦正稅不得超過現時地價百分之一附稅不得超過正稅之數發布驗契條例　中央財務整理完畢計積欠達二十三萬萬元

各界開會援助努力進行經濟絕交

覽會全國禁煙會議在上海開幕哈爾濱學生舉行護路遊街示威運動　上海發生慘劇運土巨案中外人民極爲注意　十二月　前北京大學發生接收風潮　南京民衆舉行革命外交運動搗毀王外長住宅

懲共法院及軍事科

主張取消在中國不平等條約　十月　意棒喝團舉行六週年紀念　十一月　日本昭和天皇行即位禮東方拓殖社向美借款一千九百萬元侵略滿蒙　賀佛爾當選爲美國大總統　十二月　蘇俄史丹林大捕脫羅斯基黨被押者四萬

民國紀元 附公元	
中國大事 政府	
黨務	
兵事	反對劉湘劉文輝川戰又起十二月在京舉行全國編遣會議湖南軍隊縮編爲三師兩旅以魯滌平何鍵譚道源爲師長吳尙張其雄爲旅長外蒙發生政變國民黨要人被拘
財政	
外交	
教育與民衆運動	
兵變及匪禍	
外國大事	七千人阿富汗王阿菲武烈厲行新政引起國內反對

十八年(己巳)(1929)

一月　國軍編遣會開幕推何應欽馮玉祥閻錫山宋子文爲總務編組遣置經理四部主任改直隸灣直隸海峽改爲渤海灣渤海海峽旋改奉天爲遼甯省平奉路爲北甯路
三月　武漢北平太原開封廣州政分會取消集團軍總司令名

一月　中央黨部確定反動與腐化之標準規定大學專門軍校黨義教師檢定辦法
二月　頒布中國國民黨歌及黨童子軍組織法
三月　第三次全國代表大會開會議決黨務政治要案并修改國民黨總章開除李宗仁白崇禧李濟琛

一月　何鍵就剿匪代總指揮職分任李文彬張與仁王俊捷吳尙劉建緒五路司令旋克復井岡朱毛彭黃逃去川戰楊森敗退川東歸劉湘佔領張學良鎗斃反對易幟之楊宇霆常蔭槐
二月　湖南主席魯滌平受武漢軍壓迫離出長沙

一月　北平總稅務司署南遷上海新稅務司梅樂和就職財部發行賑災公債一千萬元年息八厘
二月　我國關稅自主實行七等新稅則
三月　財部發行建國公債三百萬元
四月　財部續發行捲煙公債二千四百萬元

一月　俄在興凱湖建築鐵路對華商特別苛稅接收天津比國租界
三月　全國反日會在上海開會中日濟案解決日於最短期間撤兵雙方損失另組委員會查明確數再定賠償標準
四月　中日修約問題解決一關稅自主二

一月　北平學潮由吳稚暉調停解決太原民衆打毀偶像破除迷信
二月　北平第一師範院學生發生搗燬大學院辦公處風潮
三月　國府下整飭學風令校紀如軍紀冀學生作社會之中心謀人羣之幸福杭州發生人力車罷工風

一月　膠東劉開泰兵變朱毛共匪由井岡分路南竄廣西灌縣反對剷除煙苗發生暴動
二月　山東周村被僞皇帝馬士偉佔據
三月　孫殿英入章邱斬匪首張鳴九又壽光縣被匪焚燬三十餘村朱毛攻陷汀州上杭

一月　土耳其頒布新律廢除阿拉伯文字採用羅馬文字
二月　蘇俄驅逐反幹部派脫羅斯基等一千六百人東歐蘇俄波蘭羅馬尼亞愛沙尼亞立宛陶五國成立非戰公約阿富汗被叛黨薩高將軍佔領前王出逃
三月　阿富

目亦同時取消 四月 中央通過政治會議條例以本會為實行訓政之最高指導機關甲建國綱領乙立法原則丙施政方針丁各重要機關人選 五月 中央常會推胡漢民蔣中正汪精衛譚延闓蔡楚傖孫科于右任丁惟汾馮玉

等黨籍選舉蔣中正等三十六人為執委張靜江等十二人為監委 四月 中央黨部推蔣中正任組織兼楚傖任宣傳戴傳賢任訓練湖北省市黨部從新整理旋組織審查會取消民衆訓練委員會歸訓練宣傳兩部接收 五月 中央

三月 何鍵代理湖南主席國府對武漢下討伐令任朱培德劉峙韓復榘為一二三路總指揮 四月 中央軍克復武漢胡宗鐸陶鈞夏威下野以方本仁代鄂主席何鍵就第四路總指揮職命周爛劉建緒吳尙范石生分路討桂 五月 魯主

宋財長發布整理鄂省公債大綱甲以善後公債整理整理舊債中屬於地方者以十七年長期公債整理舊債中屬於國家者以十八年新公債整理國府到漢以後新債 五月 中央兩湖稅收暫行劃歸地方支用長蘆綱總五人押解

撤銷領事裁判三限制內河航行旋甯漢兩案同時解決 五月 山東日兵全部撤退但對於滿蒙有所計畫蘇俄遠東政府發布取締華僑苛例五條 五月 外部分致英美法荷那威巴西公使照會取消領事裁判權接收上海臨時法

潮揭燬公司汽車 四月 廣東豐順農民反對劇煙發生暴動 五月 上海法院查封大陸華南建華三校因容共有據上海學生團體整委會文件印信被刧委員洪鈞培等均被毆傷查係共黨預定計畫請當道妥為應付交春學生

四月 鄂共匪周逸羣陷石首旋譚道源部收復之皖匪朱富潤攻陷休甯屯溪焚殺甚慘回匪馬仲英攻陷甯夏省城主席門致中南退旋即克復山東章邱舊軍餘被匪洗刧損失甚鉅劉珍年肅清魯東匪軍張宗昌逃去

汗前王逃圖略布爾謀位復辟西哥革黨巴洛末拉失敗政軍全盛印度甘地以焚毀英布被捕旋各地發生罷工風潮 四月 國際開日內瓦軍縮預備會議無結果而散 五月 太平洋學術會議在爪哇巴達維亞府開會德政府通令

祥閻錫山陳果夫何應欽戴傳賢楊樹莊宋子文趙戴文葛敬恩張人傑李石曾蔡元培古應芬王寵惠邵力子林森二十四人爲政會委員蔣爲主席
六月總理奉安大典告成明定每年六三爲禁煙紀念日
七月中政會決議接

監委會推蔡元培王寵惠古應芬張人傑林森爲常務委員山東省北平市黨務指委全體撤職
六月第三屆中央執委第二次全會議決訓政時期爲六年確定農業政策
七月中央常會議決改組四川綏遠天津黨務機關

席孫良誠離職以陳調元代理担任山東接防事務粵桂軍憤集開火陳濟棠就第八路總指揮職廣東艦隊頗有異動旋即收復何鍵部克桂林平樂桂軍向梧州退却旋何部敗退湘邊馮玉祥部炸毀武勝關隧道黄河鐵橋推馮爲護黨

來京國府公布郵政儲金條例
六月財部召集蘇浙皖贛四省財政會議取消形式由宋子文接洽解款裁厘辦理特稅諸問題中比庚款委員會通過原則以百分之六十用於教育百分之四十用於慈善事業
七月東南

院英兵侵入滇邊江心坡擬提出抗議漢口水杏林案延未解決
六月接收膠濟路協定簽字哈爾濱俄領館開共黨宣傳大會被我方發覺拘捕多人俄方提出嚴重抗議
七月東省當局強制接收中東路俄對我國絕交下

舉行護路運動中央及北平大學定設蒙藏班教育蒙藏學生一律免費中央規定選派出洋學生注重純粹科學應用科學
六月全國反日會改名爲廢除不平等條約促進會天津比商經營之電車公司工人罷工各團體組織

五月汀泗橋陶鈞部一營譁變朱毛等共匪由閩竄皖復向江西湖南蹂躪河南魯山被匪攻陷焚殺甚慘
六月湘贛粵閩共黨乘機復起
七月四川鄧錫侯部鄺繼勛受共黨惲代英運動在西充合州變叛
八月湘鄂兩省派兵

各邦查封紅黨協會
六月英工黨領袖麥唐納組閣賠款專家委員會報告書公布謂德政府於最初五十七年中必以不起息之款存於國際銀行其數至少一萬萬馬克又於最初五十七年中每年平均付款爲一九八八〇〇〇〇〇〇

受現役軍人不得充省府委員 八月 准山西省府主席閻錫山辭職以商震繼任徐永昌繼商任河北省主席 九月 改組貴州省府指定毛光翔爲主席 十月 中政會決議國府從速成立監察考試兩院免廣西省府主席俞作柏職以呂

八月 河北省執委全體撤職另派員整理 九月 國府通令各機關對於黨員儘先任用 十月 中常會議決厲止黨員背誓條例另由立法院訂定黨員犯罪加重法 中常會通過各級學校教職員研究黨義暫行條例 解散廣西

救國西北軍總司令 中央開馮黨籍旋馮表示出洋取消通緝令 七月 馮西成部毛光翔反攻貴陽原據貴陽之李燊部戰敗退出 八月 編遣實施會議定全國六十五師及中央軍事機關每月一千八百八十四萬元

裁厘期限已滿除福建外延未實行 九月 遼甯省府發行捲煙統稅公債二千萬元規定公債現洋一元核收奉票五十元 十月 國府公布山西賑災短期公債浙江建設公債條例 公布交通部十八年電政公債條例計一

動員令 八月 中俄發生激烈戰爭收回天津比租界協定簽字 九月 中波通商條約成立明定無領判內河航行權 十月 上海航業公會發表宣言反對中日新約用平等互惠原則許日商有內河航行權 中俄衝突俄佔優勝

後援會 七月 遼甯民衆對日本在北甯路之舉動表示憤慨準備作大規模之運動 八月 青島附近之日紗廠六家停工工人失業者萬三千人 辛丑和約第二十七週年紀念各地民衆舉行國恥大集會 九月 國際青年運動

會劉賀龍無功九江王均部第七師有一部譁變參謀長被戕 九月 共黨首領彭湃在上海被捕槍決 宜昌曹萬順部有一營譁變 十月 河南澠池土匪焚毀民房五萬間以上被擄者五千餘人 蕪湖鮑剛部一部分譁變 廣東海豐

馬克名曰楊格計劃 國際航空大會在丹京開幕 凡爾賽和約十週年紀念德國宣布六二八爲國哀日 八月 德國齊柏林飛船飛行全球一週完成 九月 英軍開始撤退 德共產黨與國權黨發生衝突 十月 日本政友會總

煥炎繼任蔣發表討馮誓師詞任閻錫山為陸海空軍副司令
十一月國府明定八月十日為中國航空紀念日即航空先烈楊先逸殉難日石友三號安徽省主席職旋發生異動革職拿辦
十二月國府公布各項艦船旗幟圖

省執委會令呂煥炎楊騰輝妥為整理
十一月中常會通過預備黨員訓練之基本原則又決議開除王法勤柏文蔚朱霽青白雲梯王樂平顧孟餘陳樹人潘雲超郭春濤九人黨籍
十二月解散江蘇省執監會另派員整理中常會決

九月張發奎部自自由行動蔣令劉峙討伐傳廣西俞作柏有呼應張發奎駛迫廣東之勢令陳銘樞妥為應付
十月湖南何鍵出兵要截張發奎軍不獲張軍回桂陳濟棠至梧州向俞作柏下攻擊令第二編遣區宋哲元等發生異

千萬元
十一月中國銀行在倫敦設分行我國自辦國外銀行始此廣東粵漢鐵路收歸國有其原有商股由鐵道部發行公債贖回山西鈔票低落十分之四閻請發整理金融公債二千四百萬元
十二月財部發表施

我國擬以停戰為先決條件
十一月調查吉黑兩省受俄軍蹂躪者達十八縣札蘭諾爾滿洲里失陷旅韓光第梁忠甲一陣亡一被俘張學良等討論對俄結果派蔡運升赴伯力會議
十二月伯力協定成立中東路恢復原狀依俄方之

九一紀念日上海有小暴動教部因北大學生鬧部事令各大學校長整頓學風中訓部因胡適發表知難行亦不易文函教部加以警告
十月山東聊城楊氏藏書因兵災匪患頗有損失將書運津省政府擬設法保管北平人力

陸豐共黨活動蔣光鼐率師往剿
十一月安徽余亞農部變軍已解決被挾走之師長方策受傷回安慶常德五十二師一部分反對吳尚吳部旅團長王霈唐鉞被害朱毛共產軍攻陷福建上杭
十二月常州譚曙卿舊部發生

裁一致推戴犬養毅田中義一死舉行黨葬巴黎演習天空戰爭二十一日為安迪生發明電燈五十週紀念意大利棒喝團舉行進軍羅馬十週年紀念
十一月日本發表檢舉共產黨經過審明有罪者八百餘名中

議開除汪精衛許崇智居正鄒魯謝持黨籍又決議開除宋哲元石敬亭孫良誠鹿鍾麟薛篤弼劉驥六人黨籍

動下令免職拿辦中央軍與西北軍開始作戰
十一月河南戰事已入第一期大決戰蔣介石抵鄭城督師五路軍由總指揮唐生智左右翼中路指揮楊杰劉興何成濬分別督率西北軍敗退廣西軍由李宗仁指揮與張發奎聯絡向

行七級稅率後全國海關收入可得二萬萬元較去歲可增收四千萬元

意以晉德簡尼索爲正副局長

工會與電車工會發生巨大衝突
十一月中華教育文化基金委員會接收清華大學基金共計八百六十萬元
山東齊魯大學學生罷課組織收回教育權大同盟
十二月國府公布人民團體設立程序案
北平全國地質學會

異動旋即解決

國留學生亦有數人在內
蘇俄中央委員會決議放逐布哈林等右派分子
十二月印度全印大會通過甘地所提之獨立議案
意大利棒喝黨最高評議會通過該黨之新組織法
英國任命駐俄通商代表

梧州進展陳濟棠部向廣州退却特命何應欽赴粵主持對桂事旋佔勝利

十二月奉命援粵集中浦口之石友三部發生異動與唐生智就護黨救國軍第四五路總司令職發布擁汪通電唐石軍旋失敗

開會英法美科學家多人與會

上海絲廠宣告停止者達七十餘家

民國紀元 附公元	十九年(庚午) (1930)
中國大事 政府	一月發元旦授勛酬庸令給勛章者閻錫山張學良何應欽以下八十四人遼甯省主席翟文選辭職以臧式毅繼任宋子文兼行政院副院長湖北省政府改組何成濬仍任
中國大事 黨務	一月中常會通過中央委員黨務視察條例 二月立法院通過黨員犯罪加重處刑暫行法五條汪精衛電閻贊成全體黨員總投票解決黨內糾紛且有武力制裁之主張
中國大事 兵事	一月福建盧興邦系軍人扣留省委林知淵等六人謂林等與張貞圖迎改組派入閩請中央下令討伐張貞唐生智殘部乞降繳械討唐任務完畢石友三任河南清鄉督辦石變
中國大事 財政	一月金價暴騰銀價暴跌議決救濟辦法海關進口稅改金本位實行廢兩用元制工商部提議發行興業公債五千萬元 二月工商部建議指借十九年後庚款餘額約三萬七千餘萬
中國大事 外交	一月調查在華外僑共三十萬〇二千一百五十三人日僑計二十萬人五卅慘案撫恤費由公部局撥付十五萬元建築公墓餘款分付被難家屬 二月中捷友好條約簽字
中國大事 教育與民衆運動	一月中常會發表通過之學生團體組織原則學生自治組織大綱婦女團體組織原則及大綱文化團體組織原則及大綱等 二月國府通令禁售清史稿 三月禁止各省派遣
中國大事 兵變及匪禍	一月湖南周斕部發生問題由唐生明率之入桂加入李張方面 二月朱德毛澤東入贛連陷會昌南豐等九縣 三月南潯路要隘馬迴嶺爲匪佔領南昌九江交通斷絕贛西
外國大事	一月俄國舉行反基督教大運動日本官崎龍介一派組織無產黨舉行結黨式日本開始實行金解禁朝鮮發生學潮被檢舉者三百餘名倫敦五強海軍會議

主席　二月　任莫德惠爲中俄會議全權代表解決中東路問題　任馬福祥爲安徽省主席　三月　江蘇省府改組葉楚傖任主席　五月　定國曆五日爲端陽節通令放假一天　公布關閣廣東唐家灣爲無稅口岸定名

三月　第三屆第三次中執委全體會在京開會決議閻錫山之行動派李石曾張繼趙戴文查明眞相　北方省市黨部及中央各機關概被查封　平津陳公博鄒魯兩派集議組織擴大委員會解決黨務問題推汪精衛主持黨務　五月　北方

事件完全解決　二月　閻電蔣以禮讓爲國請同下野引起極大糾紛　粵桂軍在北流開戰雙方均受重大損失暫停戰　三月　閻錫山馮玉祥李宗仁稱中華民國軍陸海空軍總副司令旋卽就職李宗仁鹿鍾麟徐永昌石友三任一二

元作抵發行海關金單位公債二萬二千萬元名曰七釐庚款公債　三月　浙省府發行蕭常輕便鐵路建設公債一千萬元　郵政儲金匯業總局在上海開幕　上海米荒每石逾二十元官商合謀救濟　四月　首都建設委員

改組上海臨時法院協定正式簽字　三月　中日法權交涉請日本承認撤廢原則從本年內起日僑受中國法庭裁判日使重光葵答電東京請示　四月　收回威海衛專約及展租劉公島協定簽字　五月　中日關稅協定在京簽字

陸軍學生梁啓超所遺藏書四萬二千餘册捐贈北平圖書館　上海法界棉織廠失業工人要求復工與法工部局巡捕發生衝突死傷數人　四月　第四屆全國運動會在杭州開會　南京查封曉莊師範校長陶知行被通緝　第二屆全

南共產軍猖獗主席魯滌平電京自劾任張輝瓚爲全省剿匪總指揮賀龍亦在湘鄂界活動大湖匪勢猖獗與剿匪軍大戰旋敗潰　四月　湖南吳尙蒼部閻仲儒旅在寶慶有異動　距漢口三百里之仙桃鎭被紅軍佔領　五月　湖口

開幕旋以意見不一停頓　二月　印度鐵路工人罷工率及者十二萬五千人英發表失業者凡百五十萬人甘地實行非武力反抗運動蘇俄實行史丹林五年實業計劃代替列甯新經濟政策　三月　六日爲國際失業節全世界勞工有

中山港六月特任張學良爲海陸軍副司令七月下令改組各市政府南京上海青島天津漢口隸行政院北平廣州各隸屬省政府八月國府下令所有湘鄂贛剿匪事宜特派行營主任何應欽負責辦理九月北方成立新政

因汪精衛主張黨統陷入僵局七月中宣傳部制定檢查拍發電信辦法北方黨務問題由趙丕廉之奔走定議由粵二屆發表擴大會議宣言滬二屆發電贊成即在北平成立擴大會議八月擴大會議開幕通過汪精衛趙戴文許崇智王

三四方面軍總司令五月蔣發表討伐閻馮誓師詞隴海路正式開戰野雞閻陣線雙方死亡甚衆粵桂戰事轉變李宗仁等入湘湘贛告急六月何鍵退出長沙旋由中央軍援助驅逐桂軍津浦路戰事閻軍攻濟南泰安韓復渠退

會決議發行公債三千萬元英退還庚款約二千萬兩英方擬以六成作鐵路建設費五月閻令津海關扣留附稅否認國府新債國府亦不承認閻發行之一切內外公債六月農礦部發表救濟失業意見書推定我國失業

中法規定越南及中國邊省關係專約簽字六月閻任英籍顧問辛博森爲津海稅務司中央照會英使驅逐辛氏離華七月北平使團告戒本國商人不得以軍火售與中國之任何軍隊中日當案因日方要索百二十萬元

國教育會在京開會全國童子軍在京總檢閱五月第九屆遠東運動會結果日第一中第二六月教部重申廢止大學豫科令七月北平郵工要求加薪未遂罷工天津起而援助上海水電工人罷工八月湖南旅京同鄉

被匪攻陷距漢口六十里之蔡甸亦被匪共所迫六月湘鄂贛閩匪共猖獗朱毛入上杭南康上饒均爲土匪攻陷七月平江紅軍彭德懷孔荷寵黄公略等大集合戰敗危宿鏈軍攻陷長沙何鍵出走焚殺甚慘李感紅軍勢力驟

示威運動四月蘇俄禁止强迫農民組織合作農場此農田政策和緩之表示美總統荷佛定五月一日爲兒童節五月印度國民黨領袖甘地被捕孟買商店罷市舉行大規模之示威運動參加者二十萬人六月日本勞動組合同盟在大

府推定閻錫山唐紹儀馮玉祥汪精衛李宗仁張學良謝持爲國府委員閻爲主席旋以張學良進兵平津宣告瓦解改組安徽山東省政府以陳調元韓復榘爲主席行政院長譚延闓逝世舉行國葬 十月 任于學忠王樹常分任平

法勸謝持柏文蔚茅祖權爲常務委員 九月 中政解釋黨政機關職權謂各級政府施政方針必須經黨部核准難經上級政府核准監委仍有稽核之權 十一月 第三屆第四次中執委全體會在京開會決定召集國民會議以立建國基

膠濟路 七月 福建劉和鼎師總攻盧興邦盧部敗潰 八月 蔣光鼐部奉令北調加入津浦路作戰 隴海路馮軍爲牽制中央軍計發生猛烈戰爭 中央軍克復濟南閻軍敗退 九月 隴海平漢兩線中央軍取攻勢發生

人數皆在一萬萬七千萬左右 七月 中東路理事會厲行減政年省開支三千萬元 八月 北平國家銀行成立準備發行鈔票五千萬元 國府公布十九年關稅短期庫券條例定額五千萬元 九月 英國庚款全數退還供建築粵漢鐵

我方請求折扣付款 八月 中英日會勘長沙事變損失共六十餘萬元日僑被損害者三十一處 九月 外部發表宣言中外商民無論與僞政府成立何項契約不能有效 接收廈門英租界 十月 惠德惠加拉罕在莫斯科舉行中俄

會請政府懲辦何鍵及省黨部全體委員會改組縣政府以上各機關 九月 瑞典火柴商向國府要求專賣權引起各地同業之反對 十月 中央大學發生風潮校長張乃燕離校赴滬與教育部長蔣夢麟論戰 中國公學發生風潮

大武昌戒嚴 八月 何鍵部收復長沙犯南昌之朱毛紅軍亦被擊退與彭黃合圍長沙何鍵特據城死守 九月 長沙共產軍猛攻不利退往江西何鍵升王東原彭位仁李覺陳光中任師長 十月 共產軍由袞州入吉安江西告急中

阪開幕越南暴動青年處死刑者十三人 冰島舉行國會千年紀念 七月 蘇俄共黨大會仍選史丹林任領袖 八月 世界猶太青年大同盟在日內瓦開會 俄意在羅馬簽訂商約 橫跨澳洲悉尼港之世界大橋告成長三

津薊成司令河北省主席職任劉峙楊虎城爲河南陝西省府主席 十一月 特任張之江李鳴鐘劉鎭華爲江蘇豫鄂皖邊區豫陝邊區綏靖督辦 十二月 農礦工商合爲實業部衛生併入內政部以孔祥熙劉尙淸爲實業內政部

礎集中人才以充實建國力量改善制度刷新政治確定剿共剿匪救濟災民與完成地方自治等項 十二月 委託蔣氏指導淸剿匪共區域各省黨務推劉蘆隱馬超俊爲中央宣傳訓練部長

大激戰馮軍漸失利東北軍入關接收平津晉軍向石家莊退卻 十月 西北軍向黃河北岸及潼關退卻戰事告一段落 十一月 閻馮電張學良聲明卽日釋權歸田汪精衛離津赴港 十二月 粵桂由陳濟棠黃紹雄進行和平

路之用 十月 中政會通過展期裁釐案國府公布十九年善後短期庫券條例券額四千萬元 十一月 開整理內外公債委員會據調查所得總數約國幣十三萬爲元內債佔十分之三强外債佔十分之七弱 十二月 山西鈔票狂

會議俄要求履行伯力協定宣告停頓延吉龍井村發生日警釁事案向日方提出抗議 十一月 日警釁事案解結由華方給與對方死者日幣萬元 十二月 中俄會議在莫斯科開第二次會議隨組織三專會卽關於中東路通商問

校長馬君武辭職于右任繼任 十一月 任朱家驊爲中央大學校長教育部長蔣夢麟呈請辭職 十二月 任王景岐蔣夢麟易培基爲國立勞動大學北京大學北平師範大學校長教育部嚴令整飭全國學風

央特令討逆軍往剿 十一月 江西剿匪軍收復吉安共產軍退集甯都仍由魯滌平督剿賀龍攻陷津澧旋由范石生軍克復 十二月 新編第二十六師郭汝棟之一部在湖北黃陂受共黨煽惑變亂蔣赴南昌開剿匪會議公秉藩

千七百餘呎 九月 歐洲二十三國閣員在日內瓦開會討論歐洲聯邦問題各國退伍軍人在巴黎無名英雄墓前作擁護和平之大游行 十月 日本早稻田大學生一萬三千人罷課英美日三國海軍公約成立 十一月 法

長浙江省府改組張難先任主席

解決辦法李宗仁白崇禧張發奎表示中央果有適當處置個人去留不成問題

跌商震召各廳長會議維持辦法無結果

題復交問題者
滬煙沽水線由交通部與大東大北水線公司代表商妥收回自辦

報告克復東固匪巢

國有三大銀行停業金融界大起恐慌
日軍討伐台番番婦百八十人自殺
英印圓桌會議在倫敦開幕
十二月蘇俄實業黨陰謀案被告八人分別處以十年八年徒刑
土政府沒收上書可蘭經文之宗教旗幟

民國紀元附公元	二十年(辛未)(1931)
中國大事·政府	一月改組察哈爾省政府任劉翼飛爲主席改組山西省政府任商震爲主席二月監察院長于右任就職任黃紹雄伍廷颺爲廣西善後督會辦改組四川省政府以
中國大事·黨務	一月通過審查黨義教師資格條例及審查教師委員會組織通則中常會通過國民會議代表選舉法施行程序三月胡漢民對於蔣介石所主持之國民會議持異
中國大事·兵事	一月張學良會商蔣氏用總司令名義委任宋哲元商震徐永昌楊愛源傅作義等爲陸軍第三四五六七軍軍長龐炳勛等十人爲步兵師長周玳爲炮兵監山西西北軍編遣問題告一
中國大事·財政	一月各省遵令實行裁釐遼甯省因財政困難由東三省官銀號發行匯兌券二千萬元辦理全省農商貸款事宜國府公布棉紗火柴水泥統稅條例二月立法院通過銀
中國大事·外交	一月接收天津比租界中日鐵道交涉由南滿路總裁提案四條極爲苛刻二月莫德惠在京與王寵惠王正廷討論對日交涉方案三月中日甯漢兩案由王正廷與重光葵
中國大事·教育與民衆運動	一月中央黨部通令各地黨部限期組織人民團體幷通過北方各省人民團體改組或組織指導辦法二月國府決保障教育經費獨立辦法魯省府奉教部令向聊城楊氏提出收買
中國大事·兵變及匪禍	一月第十八師師長張輝瓚在興國龍岡失事陷入朱毛手中與旅長王捷俊同被害五十師譚道源部亦大受挫折鄂西賀龍被剿後化整爲零竄擾湘西賀德昌陷華容李明瑞
國外大事	一月英國南威爾士礦工十六萬人罷工法國霞飛將軍逝世甘地出獄羣衆熱烈歡迎二月英法海軍協定簽字全印大會授權甘地俾與印督解決各事蘇俄舉行全俄聯邦

劉文輝爲主席任劉湘爲四川善後督辦 三月 任張景惠爲軍事參議院院長 四月 國務會議通過內政部所定城垣保存辦法舉行南京建都四年紀念 五月 蔣主席因粵方之通電呈請中央執監兩會澈底查辦唐紹儀等致

議去職閉門養病引起京粵最大糾紛 四月 中常會通過現任黨務工作人員甄別審查委員會組織條例 久滯廣州之中央監委古應芬鄧澤如林森蕭佛成爲胡漢民事對蔣氏發出最重要之通電 五月 國民會議開議通過中華

段落八路軍令入桂各軍停止軍事行動 三月 康藏發生糾紛由西康商會代表前往調查 雲南發生政變旋龍雲仍回昆明師長盧漢朱旭張冲等他去 四月 川北因劉湘助李家鈺鄧錫侯田頌堯劉文輝聯合應戰範圍擴大

行法及浙江絲業公債條例 三月 由孫科主持之全國商運會在京開會謂國有各路負債在十萬萬以上 發行二十年短期關稅庫券八千萬元以補十九年之不足 四月 管理英國庚款董事會成立實業財政外交鐵道四部各

協議定賠款數目一爲七十萬元一爲三十五萬元 瀋陽發生中日兵警衝突事中警被日兵繳械旋交涉發還 四月 上海國貨工廠聯合會請政府制止外商在中國內地設廠 中俄第三次正式會議在莫斯科開會 五月 收回法權談判

海瀾閣藏書三種辦法 三月 教部通令各大學對於教務方面事項應注意改善 四月 教部通令各省市限制設立普通中學應增設職業學校 上海絲廠工人要求工資復原罷工 首都開亞洲文化協會代表大會高麗台

陷連縣 二月 贛匪方志敏陷玉山擾及浙屬常山 三月 平漢路廣水以北發見股匪萬餘人鐵路交通斷絕 三十四師長岳維峻失陷被害令蕭之楚往剿并護全路交通 四月 剿匪軍事朱毛踞甯都富田彭黃踞石城由何應欽指揮

大會選定中央執行委員 本月二十五日爲第三國際發起之世界失業奮鬥日歐洲各城市均有嚴重表示 三月 廿地與印督成立協定停止非武力抵抗大赦政治犯許貧民自製食鹽 德國試驗人造橡皮成功 莫斯科新

蔣電要求從速下野孫科赴粵後亦有同樣之主張旋廣州另立新政府六月 公布訓政時期約法任馬鴻逵爲甯夏省主席國府五院由五中全會通過蔣主席兼行政院長林森王寵惠戴傳賢于右任爲立法司法考試監察院

民國訓政時期約法中央對粵事主張以和平手段解決廣州方面依唐紹儀汪精衛等十六人之主張成立中央執監非常會六月 第三屆第五次中執委全體會在京開幕議決處理粵變方針努力剿匪各案推陳立夫劉蘆隱馬

旋舉行江津會議戰事和緩五月 吳佩孚電川領辭行赴成都游峨眉擬由陝甘北返六月 藏兵進佔裏化有攻康定之勢旋達賴聲明已停止軍事行動七月 石友三在順德發生異動合劉峙與張學良南北夾攻張部縮短戰

商收回開灤礦務公司廣州中央銀行發生擠兌風潮五月 山西省政府向各縣派借糧秣借款四百萬元待中央欠餉發到歸還六月 海關五十里內之常關奉令裁撤五十里外者前已裁撤廣東方面否認國府新公債

宣告停頓中德歐亞航空公司通告定五月底正式開航六月 天津日兵擅闖華婦毆傷華警案由日領道歉賠償醫藥費了結中俄會議因中東路管理問題兩方意見太遠暫停談判七月 長春萬寶山發生慘案朝鮮受日方

灣印度安南暹羅均有代表參加五月 中法學術考察團自張家口西行六月 各地舉行林公禁煙九十二週年紀念幷焚燒鴉片南京新住宅區徵用民地發生糾紛綏遠民生渠成功長二百里灌漑包頭至托克托田

王金鈺孫連仲蔣光鼐朱紹良作包圍之勢無大進展五月 公秉藩師進迫東固受極大之損失何鍵限期完成長沙要塞赤匪進犯廣昌與第五師胡祖玉大激戰胡氏受傷病故六月 孫連仲王金鈺部因與赤軍搏戰雙

設立反宗教大學在日內瓦所開之關稅休戰會議無結果閉幕四月 日本濱口內閣辭職若槻繼任組閣俄土成立黑海方面限制海軍軍備協定五月 紐約舉行八十五層大廈落成典禮凱末爾被選連任第四屆大總統

長任孫連仲朱紹良陳銘樞爲討赤軍中路左右翼軍團總指揮國府加給班禪額爾德尼護國宣化廣慧大師名號八月任徐永昌繼商震爲山西主席馬麟傳作義繼馬麒卒培基爲青海綏遠主席甘肅發生政變省主席馬鴻賓

超俊爲組織宣傳訓練部長七月張繼吳鐵城電勸學方中委古應芬等悔禍觸嫌合力剿匪謀黨內之大團結八月古應芬孫科通電覆張吳表示和平望張吳南下接洽九月中央黨部因遂變發生通電全國望團結一致努力救國

線北退石部猛攻保定旋商震出兵石家莊卽捨京而走石部開始奔潰八月石部因平漢線無退路乃沿滹沱河向津浦路退却退却稍綏之孫光前來文和部爲王樹常覩視同軍所截二人被俘石友三出德州通電下野俘虜二萬餘人

公布郵政儲金郵政匯兌法七月立法院通過四川善後公債條例債額二千萬元又通過鹽務公債條例債額二千萬元財長宋子文對於學方扣留粵海關暫收稅款發行有獎庫券事宣言否認八月長江水勢暴漲漢口全市

宣傳鼓煽發生排華大暴動我國向日提出嚴重抗議日允制止但不負國際法上任何責任收回上海會審公廨協定簽字八月中日萬案鮮案延未解決日方又傳有中村失踪事件向東省當局提出交涉日使重光葵慰問水災并告日

二百五十萬畝七月上海勞動大學部令解散強迫學生出校上海市商會通電自動抵制日貨首都各界舉行反日護僑救國大會宣言實行對日經濟絕交各地一致響應八月朱家驊在中央紀念週講整理大學敎育稱引

方均有重大損失共黨要人向忠發在上海被捕槍決何應欽出發撫州主持剿赤事七月江西剿赤軍發生大激戰左翼軍攻入廣昌當都匪軍右翼軍佔領東固匪仍負嵎瑞金興國開匪首重要會議八月剿匪軍佔領興

法國杜美爾當選爲第十三屆總統一八九九年五月十八第一次海牙大會之紀念日令定爲國際親善節六月瑞士國會否認新刑律列入死刑德國新發明之齊柏林火車每小時能行一百七十公里十月德國馬克慘落

被扣 九月 蔣主席電蘭州責成雷中田馬文車查辦甘變並恢復馬鴻賓自由 國府以遼變事通令全國下半旗并停止宴會以志國哀 十月 上海和平統一會議由張繼蔡元培陳銘樞張靜江汪精衞孫科伍朝樞鄒魯等主持議

并電粵方當局望精誠團結共挽沈淪粵方亦即覆電表示同意 蔡元培張繼陳銘樞南下磋商和平辦法結果圓滿 十月 中央黨部因近日謠言蜂起特召集首都各級黨部討論鎮靜地方維持秩序指導民衆諸辦法 十一月 南

送南京訓練餘由韓復渠收編討石軍告結束張桂軍集中全州聲擬攻湘蔣令湘軍取守勢 九月 粵方任陳濟棠爲聯軍統帥集中韶關前鋒達衡州旋自動折回由張繼等復進行和議 十月 洮遼鎮守使張海鵬受日人驅使向黑龍江省

被淹皖徐間黃河暴漲江北蘇湖水災亦烈據華洋義賑會估計損失爲三十萬萬元之鉅財部請發行賑災公債一千萬元立法院主擴充至八千萬元又議借美麥連運費約國幣四千萬元 九月 國府救災會收到先後捐款二百五

皇捐日金十萬元聊盡恤憐之義 九月 中村事件日軍閥主張強硬手段遂於十八夜暴動奪取瀋陽旋復擴大範圍遼吉各重要城市皆被佔領時稱爲九一八慘案 十月 日軍使熙洽組織吉林長官公署攫奪東省鐵路管理權

蘇俄教育計劃 前國務總理靳雲鵬步前江蘇都督程德全後塵出家爲僧 九月 瀋陽宮殿藏書被日人禁止公開全國人士電請收復失地對日宣戰 教育界組織救國聯合會學生界抗日運動尤爲急進 十月 廣州

國瑞金停獲甚多又克零都赤軍主力集中興國泰和零都之叢山中旋北向猛撲毛炳文師幸血戰兩晝夜擊退上官雲相部亦與朱毛血戰四晝夜雙方均受重大損失 第三國際牛蘭夫婦及鄧演達均在上海被捕鄧旋處以死刑

國家銀行停止支付另發新幣以資救濟 八月 蘇俄發表變更農村政策及中等階級工程專家待遇之命令并下令人人每年必有六日的築路工作 九月 甘地抵英參加圓棹會議謂印度希望獨立與大不列顛立於平等地位

定統一外交改革中央政制各案
調十九軍蔣光鼐蔡廷鍇等担任京滬衞戍事宜
十一月　京粵代表上海預備會結果圓滿京粵各開四全代表大會附以辦法開會時變方發表通電表示統一
十二月　蔣辭職林森當選爲國

京中央黨部議決自第二屆四中全會後因政治關係開除黨籍之俞作柏等三百四十八人一律恢復黨籍京方四全代表大會選出周佛海張學良等爲新執監委員粵方四全代表大會發生糾紛
十二月　粵方選出白崇禧香翰

城進攻爲馬占山所敗退卻
十一月　日本莊繁對黑主席馬占山下令總攻黑軍肉搏抵禦卒能維持陣線旋因彈盡援絕開始北退日軍入黑垣馬率部退克山仍繼續抗日

十餘萬元銀七萬餘兩晉鈔跌至不可收拾負販小商因此自殺者多
十月　宋子文因公債市面下跌在上海召集維持金融會議
十一月　京粵代表議決設立財政委員會全國經濟委員會發表二十一年上半年收支概算不敷七千

并向我國提出反日運動抗議書
十一月　在日當局指揮下之瀋陽新省政府成立袁金鎧任主席宣布與南京北平完全斷絕關係日人土肥原挾廢帝溥儀赴遼謀組組僞國
十二月　張景惠受日方指揮前赴黑垣就職又臧式

學生於雙十節舉行抗日提燈會與公安分局長杜煊泰發生衝突
十一月　國務會議通過設置獎學基金額南京學生界請願出兵東北收復失地蘇浙滬平學生續到者萬人
十二月　各省市學生到京聯合示威搗毀中央日報

九月　赤軍乘我軍移動朱毛彭黃主力五萬人與第十九路軍及第九師發生劇戰肉搏二十餘次方始擊退
十一月　上海發覺共產黨顧順章投誠後全家被黨中殺害慘案
十二月　彭德懷之赤軍向贛州活動旋被擊退

國聯會議決議日本關東軍退入南滿鐵路區域
美國有十六家銀行倒閉
十月　英國大發明家愛迪生逝世享壽八十四歲
國聯決議要請美代表參加理事會并限定東省日軍於十一月十六以前完全撤退
十一月　蘇

民國紀元 附公元		
中國大事	政府	府主席孫科張繼伍朝樞戴傳賢于右任爲五院院長任顧祝同魯滌平熊式輝邵力子爲蘇浙贛甘四省主席
	黨務	屏等新執監委員第四屆一中全會開會通過中央政制改革案及國府組織法汪蔣胡爲中政會常委粵方成立西南執行部及政治軍事委員會
	兵事	
	財政	三百四十萬元十二月通過整理山西金融公債條例及土布免徵營業稅業幷嚴禁現金出口
	外交	殺任奉天省長爲職日軍大舉攻錦外長顧維鈞發表對外宣言
	教育與民衆運動	館國府通令各地當局制止學生出境中大校長朱家驊電告學生家長卽召子弟回家
	兵變及匪禍	天津失意軍人受日方指使成立便衣隊搗亂幸免無事
外國大事		俄取消五日星期制從十二月起改用六日星期制國聯警告日軍向錦州活動日大藏省發新證券一萬萬元十二月日本犬養毅組閣通過陸相荒木滿洲增兵費百七十萬元

二十一年(壬申)(1932)

一月國府主席林森院長孫科部長何應欽等均宣誓就職汪精衛繼孫科爲行政院長蔣介石任軍事委員長二月國府移洛陽辦公任閻錫山爲太原綏靖主任三月改組湖北省政府夏斗寅任主席任陳濟棠李宗仁爲

一月學方各委通電取消學中央黨部及國府推仍設中執委西南執行部西南政委軍委三機關二月中常會議決三月一日在洛舉行二中全會三月二中全會在洛開幕通過大赦案以長安爲陪都洛陽爲行都中常會通

一月錦州陷落日軍仍向西進攻侵入熱邊錦西義勇軍拒日入熱日軍敗退二月日兵寇滬不利野村植田迭來督戰均失敗旋白川督率大隊到滬三月我軍以日軍掩襲瀏河誘截後路自動撤至第二道防線四月馬占山通電反

一月行政院決議減政政費均發五成辭明維持公債信用滬銀行界允月籌八百萬元二月國府宣布官吏停薪僅發生活費三月調查滬戰損失達十五億東北官方損失達一百七十億關稅收入較上月減少一千二百萬

一月上海日人暴動焚毀三友實業社工廠上海形勢嚴重滬市府忍痛承認日方要求但日軍仍採取軍事行動我十九路軍奮起抵抗是爲一二八滬難日二月國聯開緊急會議李頓調查團來華三月中日停戰會議郭泰祺與

一月日軍在閘北轟炸商務書館被燬東方文化大受損失國難救濟會通電責問黨國諸領袖二月首都婦女及滬商界募捐慰勞十九路抗日軍三月東北自衛軍義勇軍奮起反日四月東北民衆舉行東北淪亡七週月紀

一月共黨攻陷贛州組織蘇維埃政府兩粵將領通電剿匪與抗日進二月陳濟棠在粵開會討論協剿贛匪事宜三月濟南捕獲共產黨六十餘人四月共產軍攻陷湖北蘄春縣長被虜孫連仲叛部攻陷漳州廈門危急陳濟棠委

一月甘地被捕印度各省仍舉行獨立紀念發生嚴重暴動二月上海領事報告書在日內瓦發表英工黨宣言援華抗日三月德國舉行哥德百年紀念日政府大捕左傾分子帝大助教山田勝次郎被捕四月蘇俄舉行全國

廣州南當綏靖主任國府否認東北僞國成立五月粵省府改組林翼中任主席任蔣光鼐爲福建綏靖主任蔣自兼任豫鄂皖剿匪總司令六月對日承認僞國案發表否認宣言七月汪精衛召集各地學術專家集京研

過長期抗日案四月國難會議開幕討論禦侮及政制改革案電慰東北義勇軍五月孫科復于右任駁議仍主開放黨禁速行憲政七月長沙市黨部反對中俄復交何鍵亦請中央詳加考慮中政會提高常委職權各事均

正揭示僞國黑幕郎與李杜丁超蘇炳文等分路進行抗日工作五月陳濟棠改編海空軍廣東發生內戰日軍向馬占山進攻飛炸海倫全市成爲火海六月陳濟棠與陳策衝突擴大唐紹儀憤辭中山縣長職七月粵海

粵政會決議發行國防公債三千萬元四月核定全國軍費月一千萬元國債基金管理委員會成立五月水災會分撥豫鄂蘇皖賑款八十萬元六月僞國強奪海關稅總稅務司梅樂和訓令東北各關拒絕提款

重光葵在英領署舉行議定停戰三原則五月上海停戰協定正式簽字日軍逐漸退去國聯初步報告書發表六月外部抗日破壞海關完整并通告華會九國公約簽字國中俄復交問題有開展勢七月顏惠慶報告國

念日將領白川等在虹口公園閱兵被朝鮮獨立黨人尹奉吉投彈炸死五月上海郵工總罷工各重要都市相繼響應旋以調解復工六月北平大學反對校長沈尹默發生風潮中大兼校長段次段錫朋被毆行政院下令解散中大全國

李揚敬爲援閩總指揮五月命十九路軍入閩剿匪六月何應欽在江西主持剿匪會何鍵斷絕贛西匪區來贛接濟豫匪佔雞公山平漢路不通蔣召集廬山會議決定剿匪標本兼治辦法七月朱毛林彪犯韶關陷南雄

大檢查德國大選發表興登仍當選總統五月法總統杜美爾被刺死勒白倫繼任總統俄德關稅協定簽字日京大暴動犬養毅被刺死齋藤繼任組閣六月洛桑會議英法德同意暫停償付賠款暹羅革命

究應付時局問題 八月 汪精衛發出辭職通電并電張學良引退張辭北平綏靖主任仍任北平軍分會委員長汪決出洋宋子文代理行政院長調于學忠宋哲元爲河北察哈爾省主席 十月 特派顏惠慶顧維鈞郭泰祺出席國

由常委全權處理 蔣復天津大公報否認組織法西斯蒂團體 八月 西南執行部電中央請撤辦張學良 九月 中常會決議三常會延期在延期時日內力整黨務 十月 熊希齡等建議移全國黨費助東北義勇軍 十一月 中

軍潮解決陸軍陸戰隊歸蔡廷楷收編調往廈門 八月 東北義勇軍抗日戰爭擴大圍攻瀋陽進攻錦州 九月 山東韓復渠劉珍年發生衝突四川亦醞釀大戰國府定設法制止 十月 川戰開始劉文輝失利退出成都鄧錫侯部入

七月 汪宋會商劃匪軍費議定整理產區鹽稅辦法 財部發表六月份海關入超四千餘萬元日貨居第一 八月 海關公布新稅率奢侈品稅增重 滬銀行界要求財宋減低紙幣稅率 九月 財宋聲明到期外債本息照付

聯爲滿洲國刼奪東北郵權外部抗議 日人強奪東北鹽稅 九月 日武藤爲駐滿大使承認僞國我國抗議并通告九國公約關係國 馬占山馮占海李杜蘇炳文等均積極抗日 十月 外交委員會討論李頓國聯報告書決定四原

教師舉行六六教師節紀念 七月 教部接收中大特設委員會整理 八月 滬商會通電共同裁制奸商 廢止內戰大同盟在滬開會參加者四百餘團體 全國拒毒會在滬開會 九月 京市政府禁止游行及一切羣衆運

旋國軍往剿共匪在大庾南雄慘敗分路竄去 八月 國際共產宣傳犯牛蘭判處無期徒刑 九月 國軍克復豫皖匪巢新集金家寨蔣通電爲收復匪區災民乞賑 十月 共黨首領陳獨秀彭述之在滬被捕 何成濬飛往樊城督

成功設立君主立憲國 七月 直布羅陀海峽隧道工程開始 日本決派全權大使駐滿 八月 世界運動會在美閉幕 美國務卿史汀生聲明不承認日本以武力造成東北之地位 九月 國際調查團報告書在日內瓦發表

聯特別大會 十一月國府林主席赴洛豫備還回黨政機關手續改組閩省政府蔣光鼐任主席 十二月任猶國才代理黔省主席國府遷回南京國府公布改正中華民國國民政府組織法條文

執委會制止西南執行部印發黨證劉蘆隱柏文蔚張知本到漢謁胡漢民商三中全會黨政問題 十二月中央黨部由洛遷回即開三中全會決議組織特種外委會召集國民參政會集中全力挽救危亡案 黨史史料展覽會在

城維持 十一月山東韓劉衝突解決劉部調赴浙江川戰劉文輝復放棄瀘州國府重申停戰令戰事和緩 十二月貴州戰事王家烈向黔東退卻日軍向北滿總攻滿洲里失陷蘇炳文部退入俄境日軍轉向榆熱進攻 四川劉湘

漢總 十月頒布農村金融救濟辦法多種 交部擬訂匯價電報規則俾遠近價格一律 十一月二十一年度總概算書編就收入六萬二千餘萬支出七萬八千餘萬 國府下接收招商局 明令 十二月調查由滬運

則外 十一月外部向外使聲明否認中日直接交涉外部發表九月十六撫順煤礦慘案眞相 十二月中俄復交互遣顏惠慶鮑格穆洛夫爲全權大使國聯特別大會開會討論李頓報告書我國代表顏惠慶發言提出請求四點

勵 十月蘇省清查田賦江都發生流血慘劇 十一月首都擁護國聯盟約委員會發表宣言 中比庚款委員會決定舉辦全國大學論文獎金 十二月濟南學潮教部令嚴格處理 三中全會通過確定教育標準案各大學

剿匪共 十一月總部製定收復匪區新設縣治建置大綱 十二月陳誠剿匪軍向閩邊挺進克復金谿南城 何成濬在西安與楊虎城會商追剿赤匪徐向前辦法

德總統解散國會 十月倫敦失業工人大暴動 意法西斯黨舉行進入羅馬十週紀念 十一月美新總統羅斯福當選 十二月五强軍縮會議承認德國軍備平等德取消前發皇返國禁令 英印圓棹會議閉幕 議定制憲範圍

民國紀元附公元	
中國大事 政府	
中國大事 黨務	京開幕
中國大事 兵事	劉文輝主力戰雙方死亡逹二萬餘人旋開內江會議
中國大事 財政	瀋銀元自十一月六日起至本月十九止計二千二百餘萬元內財兩部議定加徵娛樂捐救東北難民
中國大事 外交	
中國大事 教育與民衆運動	注重農工商理醫不增設文法學院
中國大事 兵變及匪禍	
外國大事	

二十二年(癸酉)(1933)

一月 舉行上海抗日將領青天白日軍授勛典禮 立法院長孫科組織憲法起草委員會 二月 國府通令全國捐款購置飛機 張繼任華北臨時辦事處主任 故宮古物決定南遷 三月 張學良下野何應欽繼任平軍分會委員長

一月 西南黨政領袖決議抗日剿共雙方並進 中政會通過第三屆立法委員馬寅初等九十人 二月 西南黨政領袖成立西南國防委員會 漢總部公布整理黨務綱要鄂縣黨部一律停止活動 三月 中常會決議定

一月 榆關失陷我軍安德馨全營殉國 馬占山蘇炳文丁超李杜軍隊退入俄境 國府匯款接濟王家烈復入貴陽猶國才將在珍敗退 二月 日軍三路攻熱以赤峯凌南凌源爲目的地湯玉麟通電誓死抗日 三月 日軍長驅入熱

一月 財部決定統一國庫辦法 中政會通過航空公路建設獎券條例 湘鄂皖贛閩五省府請徵收洋米進口稅 二月 財部開整理田賦會議 財部發行救國公債二千萬元 平津銀行允借墊一千萬元應急 三月 財部核准兩浙

一月 我代表團照會國聯請儘速採用有效制止日軍暴動方法 汪精衛在日内瓦發表對日侵華宣言請國際注意 二月 國聯特委會明白否認僞國承認中國領土完整 三月 日本聲明退出國聯國聯顧問委員會決議擱

一月 上海市商會通告各業於一二八紀念日節食捐助軍需 二月 南昌剿匪總部規定軍民聯絡辦法以去隔閡 中國國學家馬相伯章炳麟等聯合宣言引歷史證據東三省實屬中國 三月 中山文化教育館在京舉行成立典禮

一月 赤匪主力進犯撫州被陳誠擊退國軍對贛匪開始作大規模之圍剿 湘鄂軍聯絡堵截賀龍 二月 朱毛洛閩贛邊境活動蔣自兼剿匪總司令以陳濟棠爲副蔡廷鍇陳誠爲左路中路總指揮 三月 徐向前匪衆由

一月 蘇俄第二次五年計劃開始 日軍部追加滿方軍費預算三千零八十四萬元 德國國社黨首領希特勒組閣 二月 倫敦二十五萬失業工人大示威 美國金融風潮嚴重 三月 德國希特勒獨裁政治告成全國歸希黨統治 興登堡總

汪精衛回國復任行政院長令劉峙陳濟棠分代豫鄂皖及粵贛閩剿匪總司令
四月 裁撤北平政務委員會
五月 任朱紹良邵力子劉鎮華爲甘肅陝西安徽省府主席 特設行政院駐平政務整理委員會以黃郛爲委員長

三月一日 開臨時全國代表大會并提前召集國民會議
四月 粵中委反對召集全國代表大會 蘇浙津滬各市黨部電請胡漢民陳濟棠李宗仁及其他西南各中委入京共挽危局
五月 中央電請粵委入京共負救亡之責

湯玉麟逃 長城各口發生戰事宋哲元屢戰挫敵
四月 喜峯口南天門戰事激烈 灤東失守 多倫陷落時局緊張 新疆事變擴大主席金樹仁出走國府派黃慕松爲新疆宣慰使
五月 日軍侵入灤西對平津取包圍勢馮玉祥在張

增加鹽稅 又定九日起實行廢兩改爲銀元本位
四月 軍費前訂每月一千三百五十萬現不敷甚鉅 華商紗廠一律減工 決議成立農村復興委員會籌畫救濟農村事件
五月 行政院通過救濟棉紗業案設法推銷存貨請銀行放款

置不理 羅外長發表宣言謂日雖退出國聯仍須履行公約義務國聯應以迅速手段處中日問題
四月 外部否認中日進行和議 中東路糾紛益趨惡化特派宋子文參加華府會議
五月 外部爲蘇俄擬出售中東路問題向蘇俄提出

四月 滬巨商葉鴻英捐産百萬辦理圖書館及鄉村教育 浙臨安農民以蠶種問題發生暴動 唐山交通大學全部南遷
五月 廣東各界歡送粵桂閩三省抗日軍士北上抗日 焦作英商福公司發生槍殺工人問題
六月 中常

陝入川後勢甚猖獗田頌堯奉命剿赤 郭炳生師長在贛剿赤陣亡柩回南昌 本月調查鄂省無匪縣分僅三十
四月 陳獨秀彭述之判決各處徒刑十三年 贛匪猖獗南昌撫州吃緊蔣回贛主持陳誠以失敗降級任用師長羅卓

統下令復用帝國國旗希黨挺進隊繼續佔領來因區境
四月 暹羅下解散國會令 蘇俄進行清黨運動 美金狂跌證劵大漲 德國舉行排斥猶太人運動
五月 俄國改五一勞動節爲復興節舉行極熱烈的慶祝 甘地開始

新疆劉文龍盛世才通電就臨時省主席邊防督辦職
六月 汪精衛通電申述華北停戰協定之經過
七月 改組湖北省府以張羣為主席
汪蔣等舉行廬山會議討論軍隊編制空軍計劃并聯名通電對馮玉祥提出四原

并卽日出兵剿共
六月 中常會決議臨時全國代表大會停開仍定十一月十二日開正式會
汪遣石瑛段錫朋赴粵與西南當局協商剿共及促成團結各問題
顏惠慶顧維鈞郭泰祺自英電請西南當局與中央合作

垣通電就民抗日同盟軍總司令職郛黃北上與日方成立塘沽停戰協定
四川劉文輝鄧錫侯開戰劉湘宣言武裝調停
六月 馮玉祥接收察省稅收機關聲明專為抗日并非對內委方振武吉鴻昌率部前進收復察東失地

決發絲業公債二百萬元救濟江浙絲業
六月 全國煤運會議決議發行煤業公債二千萬元請實業部咨財部照辦
宋子文在美成立棉麥借款五千萬元美金年息五釐三年還本
中央對閩粵軍事協款月定各六十萬元立法院通

抗議宋子文在美表示中國決不放棄滿熱
六月 我國代表向國際勞工大會提議主張租界內外人工商事業應遵守中國勞工條例
灤東偽軍李際春部規奪縣政接收戰區仍須與日方交涉進行
外交部為中東路事

會修正人民團體組織方案及農會法工會法原則
上海全浙公會以棉麥借款有害農村電立法院請展長分批運華期限
七月 華北運動會在青島開幕
留德飛行家孫桐崗以將近一月之時間飛行二萬餘里抵京
青海各團體電京因

英令戴罪立功
五月 特派陳濟棠劉峙何鍵為贛閩粵湘鄂五省剿匪軍南北西三路總司令張有谷率飛機隊圖炸甯都共匪有效
六月 蔣在南昌開五省剿匪會議朱毛北犯宜黃崇仁與吳奇偉李延年各師血戰
特派飛機

絕食未幾釋放出獄
蘇俄決發公債三十萬萬盧布供二屆五年計劃之用
美總統羅斯福發表請纘和平宣言
六月 世界經濟大會在倫敦開會
國聯函告各會員國及美國屬行不承認偽組織
德希特勒竭力鞏固

則汪發表行政計劃一棉麥借款決用於建設二治川先息爭而後剿匪三新變乃對事而非對人 八月令宋哲元回任察省主席羅文幹出巡新疆汪兼外交部長 九月宋子文回國報告出使經過特任顏惠

七月陳果夫由京赴湘調解黨務糾紛南昌行營訂定各路總司令處理匪區黨政規程 八月粵方中委仍電中央請緩開全國代表大會蔣召各省黨委商討匪區黨務辦法 九月陳濟棠李宗仁蔡廷鍇等電商汪蔣一停開五

劉文輝猛攻鄧錫侯田頌堯川戰激烈盛世才電告擊潰馬仲英部新疆戰事告一段落 七月馮部吉鴻昌收復多倫日僞軍向西推進劉文輝放棄成都退守眉州 八月馮玉祥通電結束軍事所有一切統交原主席負責辦理

過湘省公債五百萬專供綏靖地方之用國有鐵路積欠外債已達十三億元以上長江水勢暴漲撥防汛費洋六十萬元 七月中央造幣廠新銀幣開始發行 八月中政會通過豫鄂皖贛四省剿赤軍費治標一千八百萬元治本一

件向俄方提出第二次抗議 七月中日大連會議定接收戰區及收編僞軍問題法佔中國海九小島西南政會開會討論請國府力爭 八月榆關舉行交通會議討論北甯路交通事宜俄僞中東路交涉陷入僵局 九月戰區

供應艱難請令孫殿英勿率軍入境 八月全國各界慰勞馬占山捐款至二千萬元馬布告僅收到一百七十一萬餘元滬各界發起清查中國科學社在川開年會 九月汪令內政軍政兩部保護新聞事業人員首都及各

前往助戰川北赤匪陷南通巴後勢尤猖獗廣元保甯先後失守渤海三艦反對沈鴻烈司令發生異動開赴粵方 七月劉湘開成都會議商定剿匪計劃田頌堯往前方指揮 八月閩四剿共軍軍事緊張區壽年放棄連城蔡廷

政權下令解散前民主黨敵黨要人被捕下獄者多 七月國聯中國技術合作委員會在巴黎開會能波羅土及波羅的瀕海四國成立安全公約美國復興公債八萬萬元一日銷盡 八月甘地以不允停止非武力反抗運動